시원스쿨 新HSK

기본서 + 실전 모의고사

S 시원스쿨닷컴

시원스쿨 新HSK 5급

초판 3쇄 발행 2023년 8월 1일

지은이 최은정
펴낸곳 (주)에스제이더블유인터내셔널
펴낸이 양홍걸 이시원

홈페이지 china.siwonschool.com
주소 서울시 영등포구 국회대로74길 12 시원스쿨
교재 구입 문의 02)2014-8151
고객센터 02)6409-0878

ISBN 979-11-6150-000-3
Number 1-410301-18180900-06

머리말

▶ 시시각각 변하는 HSK 5급 출제 흐름에 맞춰 집필하다!

필자는 매달 직접 HSK 시험을 보고 시원스쿨의 총평특강을 준비하는 강사로서, HSK의 변화를 누구보다 잘 파악하고 있다고 자부합니다. 따라서 이 책 또한 HSK 5급 시험의 최신 경향을 완벽 반영했으며, 모의고사 7.5세트에 해당하는 풍부한 양의 기출 문제를 아낌없이 담아내어 이론은 물론이고 응용력을 충분히 기를 수 있도록 집필했습니다.

▶ 꼭 알아야 하는 내용만 명쾌하게 담았다!

학교 다닐 때, 친구의 필기 노트를 베껴 쓴 기억은 누구에게나 한 번쯤 있을 것입니다. 하지만 아무리 필기를 깔끔하게 하는 친구의 노트라도 자신이 직접 정리한 내용이 아니면 온전히 이해하기 힘들고 오히려 자신이 마구잡이로 쓴 내용이 더 쉽게 읽히곤 합니다.

책도 결국 저자의 필기라고 생각합니다. 자칫 욕심이 앞서 이것저것 나열하게 되면 막상 독자는 요점을 파악하기 힘들 것입니다. 10년이 넘는 강의 경력과 도서 집필 경력을 통해 필자가 얻은 교훈은 중요한 정보일수록 간략하게, 명확하게, 통일된 기준을 갖추어 전달해야 한다는 것입니다.

즉, 5급 종합서에서는 5급 수준에서 필수적인 것을 담아야 합니다. 너무 부족하면 6급으로 이어지기 힘들고, 너무 과하면 5급에서부터 겁을 먹고 포기하게 되는 경우가 생깁니다. 따라서 필자는 5급 시험을 독학으로 처음 접하는 학습자부터 강의와 함께 학습하는 학습자까지 모든 독자 여러분의 쉬운 이해를 돕고자 고민했습니다.

▶ 이렇게 탄생한 〈시원스쿨 新HSK 5급〉!

1. 합격에 꼭 필요한 진짜 핵심 내용만 집약한 5급 학습서
2. 친절한 이론 설명 및 해설을 통해 쉽게 답을 찾는 꿀팁까지 대방출
3. 실제 HSK 성우가 현지에서 녹음한 음원으로 실제 시험 시뮬레이션

시간과 경험은 배신하지 않습니다. 오랜 시간 동안 터득한 노하우와 현장에서의 경험을 바탕으로 단기간에 HSK 5급을 취득할 수 있는 종합서를 집필하게 되었습니다. HSK 고득점의 길 〈시원스쿨 新HSK 5급〉으로 쉽게 시작해 보세요!

저자

최은정

이 책의 구성과 특징

기본서

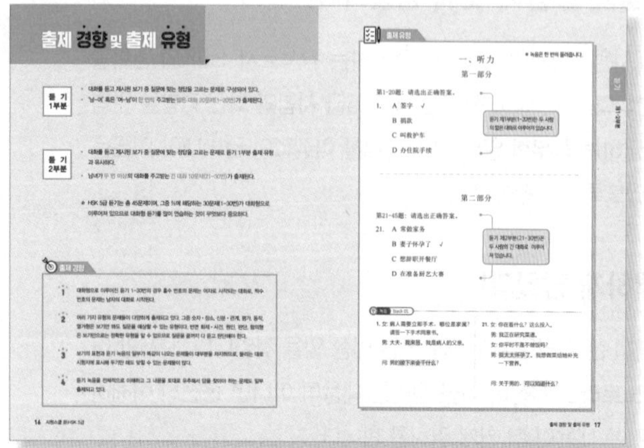

출제 경향 및 출제 유형

영역별 출제 경향을 제시하고, 실제 시험지를 참고하여 학습자 스스로 문제 유형을 분석하는 힘을 기르도록 구성했습니다.

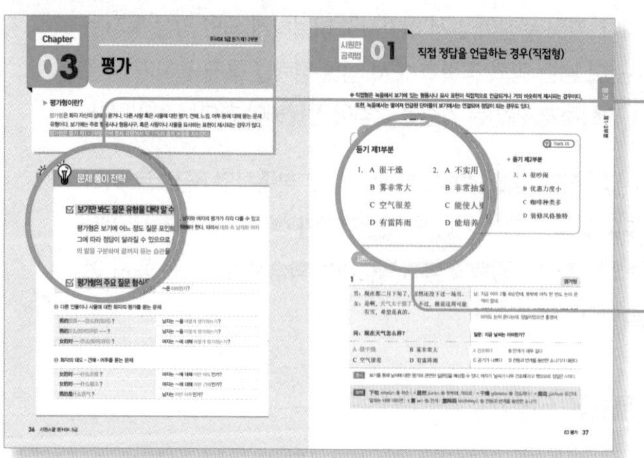

문제 풀이 전략

문제를 풀 때 핵심이 되는 노하우를 제시하여 학습자가 내공을 쌓을 수 있도록 구성했습니다.

시원한 공략법

실전 문제를 풀어보며 실전 감각을 익히고, 친절한 해설을 통해 100% 이해할 수 있도록 구성했습니다.

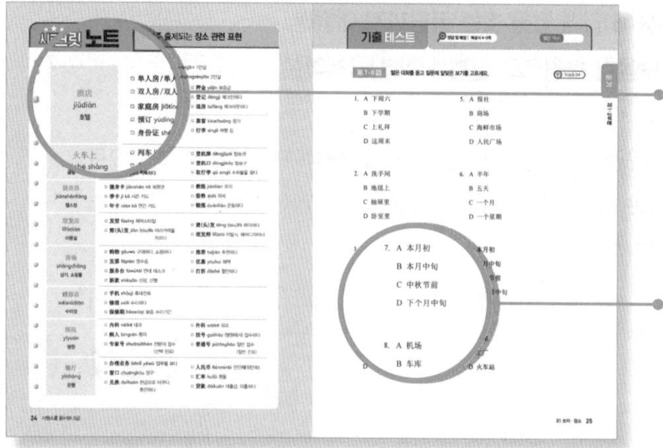

시크릿 노트

시험에 출제되는 빈출 단어와 핵심 구문 등 꿀팁 대방출! 시험 전날 시크릿 노트만 봐도 책 전체 복습이 가능하게 구성했습니다.

기출 테스트

모든 챕터마다 풍부한 기출 문제를 제공하여 내 실력을 테스트할 수 있도록 구성했습니다.

모의고사

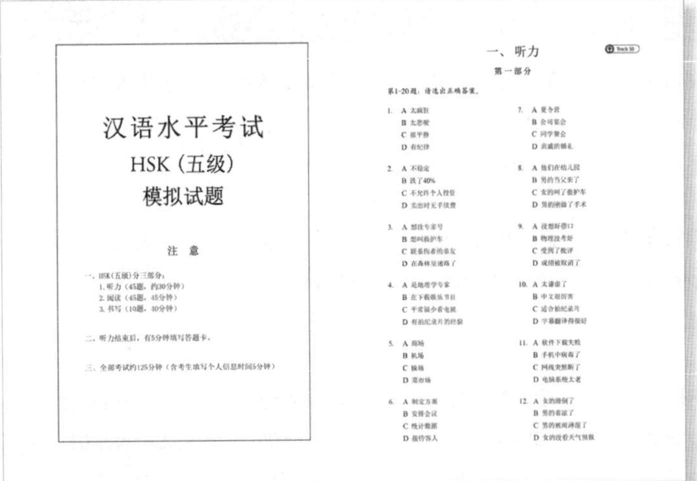
汉语水平考试
HSK（五级）
模拟试题

注 意

一、HSK（五级）分三部分：
1. 听力（45题，约30分钟）
2. 阅读（45题，45分钟）
3. 书写（10题，40分钟）

二、听力结束后，有5分钟填写答题卡。

三、全部考试约125分钟（含考生填写个人信息时间5分钟）

一、听力 Track 50

第一部分

第1-20题：请选出正确答案。

1. A 太疯狂 B 太悲观 C 很平静 D 有纪律
2. A 不稳定 B 跌了40% C 不允许个人投资 D 卖出时无手续费
3. A 想挂专家号 B 想叫救护车 C 联系伤者的亲友 D 在森林里迷路了
4. A 是地理学专家 B 在下载娱乐节目 C 平常很少看电视 D 有拍纪录片的经验
5. A 商场 B 机场 C 操场 D 菜市场
6. A 制定方案 B 安排会议 C 统计数据 D 接待客人
7. A 夏令营 B 公司宴会 C 同学聚会 D 亲戚的婚礼
8. A 他们在幼儿园 B 男的当父亲了 C 女的叫了救护车 D 男的刚做了手术
9. A 没想好借口 B 物理没考好 C 受到了批评 D 成绩被取消了
10. A 太谦虚了 B 中文很厉害 C 适合拍纪录片 D 字幕翻译得很好
11. A 软件下载失败 B 手机中病毒了 C 网线突然断了 D 电脑系统太老
12. A 女的摔倒了 B 男的着凉了 C 男的被雨淋湿了 D 女的没看天气预报

실전 모의고사

국내 최초! 실제 HSK 시험과 동일한 현지 성우가 녹음한 음원을 들으며 '모의고사' 한 세트를 풀 수 있도록 구성했습니다.

해설서

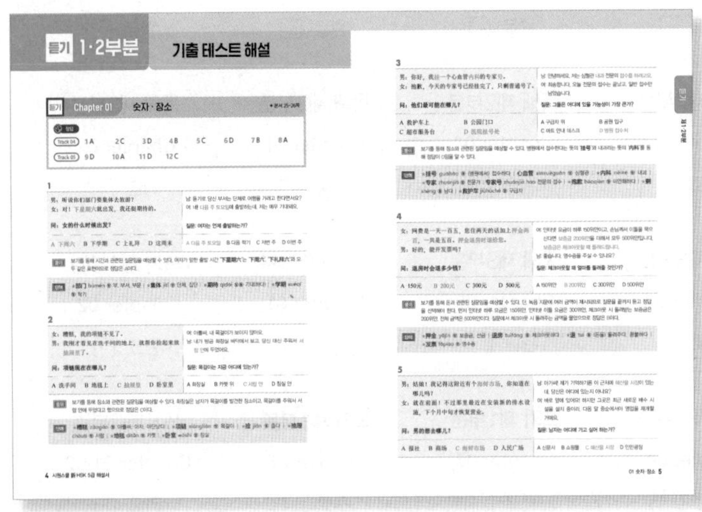
듣기 1·2부분 기출 테스트 해설

듣기 Chapter 01 숫자·장소

해설서

기출 테스트와 실전 모의고사 해설을 친절하게 정리했고, '본책 페이지 번호'와 '트랙 번호'를 삽입하여 학습자가 해당 문제와 답을 바로 찾기 편하게 구성했습니다.

부록 실전 모의고사 1회분 | 新HSK 5급 필수 어휘집

다운로드 MP3 음원 | 시크릿 노트 PDF | 듣기 받아쓰기 PDF | OMR 답안지 작성법 PDF

* 시원스쿨 중국어(china.siwonschool.com) 홈페이지 접속 → 학습지원센터 → 공부 자료실에서 무료 부록 파일을 다운로드 받으실 수 있습니다.

8주

8주	월	화	수	목	금
1주	듣기 제1·2부분 Chapter 01 완료 ☐	듣기 제1·2부분 Chapter 02 완료 ☐	듣기 제1·2부분 Chapter 03 완료 ☐	듣기 제1·2부분 Chapter 04 완료 ☐	듣기 제1·2부분 Chapter 05 완료 ☐
2주	듣기 제1·2부분 Chapter 06 완료 ☐	듣기 제1·2부분 Chapter 07 완료 ☐	듣기 제1·2부분 Chapter 08 완료 ☐	듣기 제1·2부분 Chapter 09 완료 ☐	듣기 제2부분 Chapter 01 완료 ☐
3주	듣기 제2부분 Chapter 02 완료 ☐	듣기 제2부분 Chapter 03 완료 ☐	듣기 제2부분 Chapter 04 완료 ☐	듣기 제2부분 Chapter 05 완료 ☐	독해 제1부분 Chapter 01 완료 ☐
4주	독해 제1부분 Chapter 02 완료 ☐	독해 제1부분 Chapter 03 완료 ☐	독해 제1부분 Chapter 04 완료 ☐	독해 제1부분 Chapter 05 완료 ☐	독해 제2부분 Chapter 01 완료 ☐
5주	독해 제2부분 Chapter 02 완료 ☐	독해 제2부분 Chapter 03 완료 ☐	독해 제2부분 Chapter 04 완료 ☐	독해 제3부분 Chapter 01 완료 ☐	독해 제3부분 Chapter 02 완료 ☐
6주	독해 제3부분 Chapter 03 완료 ☐	독해 제3부분 Chapter 04 완료 ☐	독해 제3부분 Chapter 05 완료 ☐	쓰기 제1부분 Chapter 01 완료 ☐	쓰기 제1부분 Chapter 02 완료 ☐
7주	쓰기 제1부분 Chapter 03 완료 ☐	쓰기 제1부분 Chapter 04 완료 ☐	쓰기 제1부분 Chapter 05 완료 ☐	쓰기 제1부분 Chapter 06 완료 ☐	쓰기 제2부분 Chapter 01-02 완료 ☐
8주	쓰기 제2부분 Chapter 03 완료 ☐	쓰기 제2부분 Chapter 04-05 완료 ☐	쓰기 제2부분 Chapter 06 완료 ☐	시크릿 노트 & 듣기 받아쓰기 완료 ☐	모의고사 완료 ☐

4주

4주	월	화	수	목	금
1주	듣기 제1·2부분 Chapter 01-02 완료 ▢	듣기 제1·2부분 Chapter 03-04 완료 ▢	듣기 제1·2부분 Chapter 05-06 완료 ▢	듣기 제1·2부분 Chapter 07-09 완료 ▢	듣기 제2부분 Chapter 01-02 완료 ▢
2주	듣기 제2부분 Chapter 03-05 완료 ▢	독해 제1부분 Chapter 01-03 완료 ▢	독해 제1부분 Chapter 04-05 완료 ▢	독해 제2부분 Chapter 01-02 완료 ▢	독해 제2부분 Chapter 03-04 완료 ▢
3주	독해 제3부분 Chapter 01-02 완료 ▢	독해 제3부분 Chapter 03 완료 ▢	독해 제3부분 Chapter 04 완료 ▢	독해 제3부분 Chapter 05 완료 ▢	쓰기 제1부분 Chapter 01-03 완료 ▢
4주	쓰기 제1부분 Chapter 04-06 완료 ▢	쓰기 제2부분 Chapter 01-03 완료 ▢	쓰기 제2부분 Chapter 04-06 완료 ▢	시크릿 노트 & 듣기 받아쓰기 완료 ▢	모의고사 완료 ▢

학습 스타일에 따라
4주 혹은 8주 학습플랜을
세워보세요.

목차

독해
제2부분

단문 읽고 답하기

독해
제3부분

장문 읽고 답하기

쓰기
제1부분

단어 배열하기

쓰기
제2부분

단어 · 사진 보고 작문하기

실전
모의고사

新HSK란?

新HSK는 '汉语水平考试 Hànyǔ Shuǐpíng Kǎoshì'의 한어병음 앞 글자를 딴 것으로 한국어로는 '중국어 능력 시험'이라고 한다. 新HSK는 제1언어가 중국어가 아닌 사람의 중국어 능력을 평가하기 위해 만들어진 중국 정부 유일의 '국제 중국어 능력 표준화 고시'이다.

新 HSK 시험 방식

- 지필 시험 (Paper-Based Test): 기존 방식의 시험지와 OMR 답안지로 진행하는 시험
- IBT 시험 (Internet-Based Test): 컴퓨터로 진행하는 시험

新 HSK 등급별 수준

新HSK 등급	어휘량
新HSK 6급	5,000단어 이상(6급 2,500단어 + 1~5급 2,500단어)
新HSK 5급	**2,500단어 이상(5급 1,300단어 + 1~4급 1,200단어)**
新HSK 4급	1,200단어 이상(4급 600단어 + 1~3급 600단어)
新HSK 3급	600단어 이상(3급 300단어 + 1~2급 300단어)
新HSK 2급	300단어 이상(2급 150단어 + 1급 150단어)
新HSK 1급	150단어

新 HSK 용도

- 국내외 대학(원) 입학 · 졸업 시 평가 기준
- 중국 정부 장학생 선발 기준
- 한국 특목고 입학 시 평가 기준
- 교양 중국어 학력 평가 기준
- 각급 업체 및 기관의 채용 · 승진을 위한 평가 기준

新 HSK 시험 접수

- **인터넷 접수** : HSK 한국사무국 홈페이지(www.hsk.or.kr)에서 접수
- **우편 접수** : 응시원서, 사진 2장(1장은 응시원서에 부착), 응시비 입금 영수증을 동봉하여 HSK 한국사무국으로 등기 우편 발송
- **방문 접수** : 서울공자아카데미에서 접수
  구비 서류 – 응시원서, 사진 3장(사진 규격 3×4cm), 응시비
  접수 시간 – 평일: 오전 9시 30분~12시, 오후 1시~5시 30분
  토요일: 오전 9시 30분~12시

新 HSK 시험 당일 준비물

❶ 수험표 ❷ 유효 신분증 ❸ 2B 연필, 지우개(PBT시험에만 해당)

新HSK 5급이란?

新HSK 5급은 《국제중국어 능력 기준》 5급과, 《유럽공통언어참조프레임(CEF)》 C1급에 해당한다. 新HSK 5급에 합격한 응시자는 중국어 신문과 잡지를 읽을 수 있고, 중국어 영화 또는 TV프로그램을 감상할 수 있으며, 또한 중국어로 비교적 완전한 연설을 진행할 수 있다.

新 HSK 5급 응시 대상

新HSK 5급은 2,500개의 상용 어휘와 관련 어법 지식을 마스터한 학습자를 대상으로 한다.

新 HSK 5급 시험 내용

▶ 총 시험 시간은 약 125분이다. (개인 정보 작성 시간 5분 포함)

시험 내용		문항수		시험 시간	점수
듣기	제1부분	20	45문항	약 30분	100점
	제2부분	25			
듣기 영역에 대한 답안 작성 시간				5분	
독해	제1부분	15	45문항	45분	100점
	제2부분	10			
	제3부분	20			
쓰기	제1부분	8	10문항	40분	100점
	제2부분	2			
총계		100문항		약 120분	300점 만점

新 HSK OMR 답안지 작성 방법

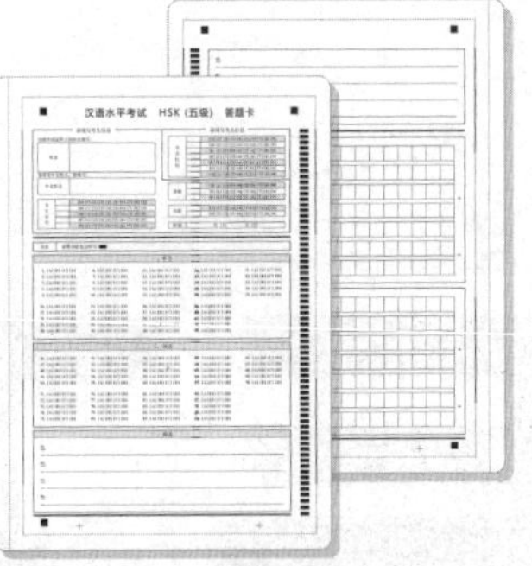

新HSK 1~6급 OMR 답안지 응시자 정보 작성 방법

- 답안지상의 모든 기재는 2B연필을 사용해야 한다.
- 답안을 마킹할 때는 진하고 꽉 차게 칠해야 한다.
- 시험 중간에 답안지 교환이 되지 않는다.
- 답안을 정정할 경우에는 지우개로 깨끗이 지운 후 새 답을 기재해야 한다.

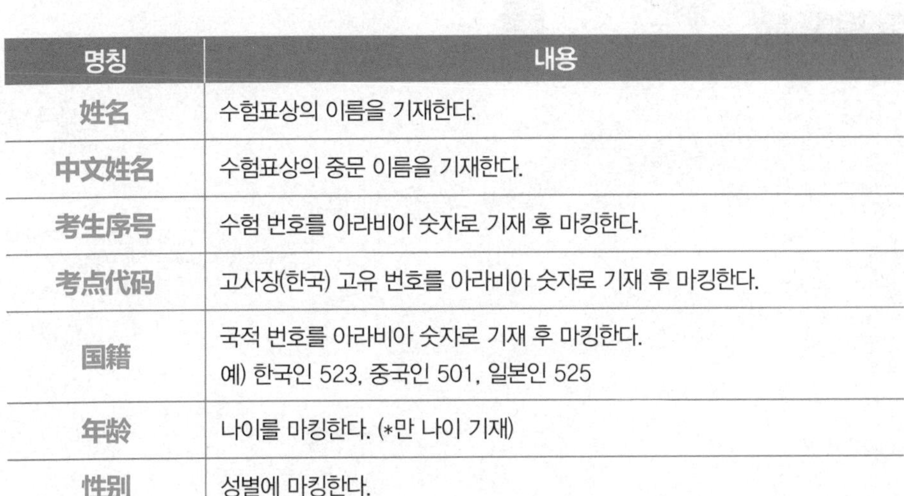

명칭	내용
姓名	수험표상의 이름을 기재한다.
中文姓名	수험표상의 중문 이름을 기재한다.
考生序号	수험 번호를 아라비아 숫자로 기재 후 마킹한다.
考点代码	고사장(한국) 고유 번호를 아라비아 숫자로 기재 후 마킹한다.
国籍	국적 번호를 아라비아 숫자로 기재 후 마킹한다. 예) 한국인 523, 중국인 501, 일본인 525
年龄	나이를 마킹한다. (*만 나이 기재)
性别	성별에 마킹한다.

*구체적인 작성 예시는 무료 PDF 제공 및 모의고사 문제 뒷면에 있습니다.

新 HSK 시험 성적 확인

- 지필 시험 성적 조회는 시험일로부터 1개월 후, IBT 시험 성적은 시험일로부터 2주 후 중국 고시 센터 홈페이지에서 조회가 가능하다.
- HSK성적표는 '시험일로부터 45일 후' 접수 시 선택한 방법(우편 또는 방문)으로 수령 가능하다.
- HSK성적은 시험일로부터 2년간 유효하다.

新HSK 5급

최은정 저자의 필승 공략법으로 HSK 5급 최단기 고득점 합격!

듣기 听力

제1·2부분

대화 듣고 답하기

출제 경향 및 출제 유형

듣기 1부분

- 대화를 듣고 제시된 보기 중 질문에 맞는 정답을 고르는 문제로 구성되어 있다.
- '남-여' 혹은 '여-남'이 한 번씩 주고받는 짧은 대화 20문제(1-20번)가 출제된다.

듣기 2부분

- 대화를 듣고 제시된 보기 중 질문에 맞는 정답을 고르는 문제로 듣기 1부분 출제 유형과 유사하다.
- 남녀가 두 번 이상의 대화를 주고받는 긴 대화 10문제(21-30번)가 출제된다.

☆ HSK 5급 듣기는 총 45문제이며, 그중 ⅔에 해당하는 30문제(1-30번)가 대화형으로 이루어져 있으므로 대화형 듣기를 많이 연습하는 것이 무엇보다 중요하다.

출제 경향

1 대화형으로 이루어진 듣기 1-30번의 경우 홀수 번호의 문제는 여자로 시작되는 대화로, 짝수 번호의 문제는 남자의 대화로 시작된다.

2 여러 가지 유형의 문제들이 다양하게 출제되고 있다. 그중 숫자·장소, 신분·관계, 평가, 동작, 열거형은 보기만 봐도 질문을 예상할 수 있는 유형이다. 반면 화제·사건, 원인, 판단, 함의형은 보기만으로는 정확한 유형을 알 수 없으므로 질문을 끝까지 다 듣고 판단해야 한다.

3 보기의 표현과 듣기 녹음의 일부가 똑같이 나오는 문제들이 대부분을 차지하므로, 들리는 대로 시험지에 표시해 두기만 해도 맞힐 수 있는 문제들이 많다.

4 듣기 녹음을 전체적으로 이해하고 그 내용을 토대로 유추해서 답을 찾아야 하는 문제도 일부 출제되고 있다.

출제 유형

※ 녹음은 한 번씩 들려줍니다.

一、听力

第一部分

第1-20题：请选出正确答案。

1. A 签字 √

B 捐款

C 叫救护车

D 办住院手续

듣기 제1부분(1-20번)은 두 사람의 짧은 대화로 이루어져 있습니다.

第二部分

第21-45题：请选出正确答案。

21. A 常做家务

B 妻子怀孕了 √

C 想辞职开餐厅

D 在准备厨艺大赛

듣기 제2부분(21-30번)은 두 사람의 긴 대화로 이루어져 있습니다.

녹음 Track 01

1. 女: 病人需要立即手术，哪位是家属？请签一下手术同意书。

男: 大夫，我来签。我是病人的父亲。

问: 男的接下来会干什么？

21. 女: 你在看什么？这么投入。

男: 我正在研究菜谱。

女: 你平时不是不做饭吗？

男: 我太太怀孕了。我想做菜给她补充一下营养。

问: 关于男的，可以知道什么？

Chapter 01 숫자·장소

▶ 숫자 • 장소형이란?

숫자형은 보기가 모두 숫자로 이루어져 있으며 주로 시간, 가격, 사람이나 사물의 수와 관련된 내용이 출제된다. 장소형은 보기가 모두 장소로 이루어져 있으며 사물이 있는 곳, 두 사람이 대화하는 곳, 남자 혹은 여자가 가려고 하는 곳 등 다양한 유형이 출제되고 있다. 숫자 • 장소형은 듣기 제1 • 2부분 전체 문제 유형에서 약 7%의 출제 비율을 차지한다.

문제 풀이 전략

☑ 보기만 봐도 질문 유형을 알 수 있다.

숫자형과 장소형은 보기에 이미 질문 포인트가 나와 있는 유형이다. 단, 녹음에서 보기 중 2개나 그 이상이 모두 언급되고 질문에 따라 적절한 답을 선택해야 하는 경우가 있으므로 질문을 끝까지 잘 들어야 한다.

☑ 숫자형의 주요 질문 형식을 미리 알아 두자.

❶ 시간을 묻는 문제

男的什么时候出发？	남자는 언제 출발하는가?
他们明天几点见面？	그들은 내일 몇 시에 만나는가?
男的哪天参加会议？	남자는 어느 날 회의에 참석하는가?
女的去北京玩了多长时间？	여자는 베이징에 가서 얼마 동안 놀았는가?

❷ 수를 묻는 문제

这些水果一共多少钱？	이 과일들은 모두 얼마인가?
这次活动大概有多少人参加？	이번 활동은 대략 몇 명의 사람이 참가하는가?

☑ 장소형의 주요 질문 형식을 미리 알아 두자.

❶ 사물의 장소를 묻는 문제

书架现在在哪儿？	책꽂이는 지금 어디에 있는가?
男的想把花儿放在哪儿？	남자는 꽃을 어디에 두고 싶어 하는가?
女的昨晚把戒指放哪儿了？	여자는 어젯밤 반지를 어디에 두었는가?

❷ 대화를 하는 장소를 묻는 문제

他们最可能在哪儿？	그들은 어디에 있을 가능성이 가장 큰가?
对话最可能发生在哪儿？	대화는 어디에서 발생했을 가능성이 가장 큰가?

❸ 현재 있는 장소를 묻는 문제

男的在哪儿工作？	남자는 어디에서 일하는가?
女的最可能在哪儿？	여자는 어디에 있을 가능성이 가장 큰가?

❹ 가려고 하는 장소를 묻는 문제

女的要去哪儿？	여자는 어디에 가려고 하는가?
他们接下来会去哪儿？	그들은 이어서 어디에 갈 것인가?
男的打算在哪儿举行婚礼？	남자는 어디에서 결혼식을 올릴 계획인가?

시원한 공략법 01

직접 정답을 언급하는 경우(직접형)

● 직접형은 녹음에서 직접적으로 보기에 있는 표현을 언급하는 경우이다. 단, 시간의 경우 같은 뜻을 나타내는 다른 표현으로 대체되는 경우가 많다.

주, 요일	星期 = 礼拜 = 周	15분	15分 = 一刻
이번 달	这个月 = 本月	30분	30分 = 半
월말	月底 = 月末	45분	45分 = 三刻

시원한 공략법 실전 문제

Track 02

+ 듣기 제1부분

1. A 酒吧
   B 市场
   C 操场
   D 报社

2. A 7:00
   B 7:15
   C 7:30
   D 7:45

+ 듣기 제2부분

3. A 大使馆
   B 篮球场
   C 实验室
   D 复印店

시원한 공략법 실전 문제 풀이

1 장소형

男：上次你说的那家酒吧具体在哪儿？
女：在一条小胡同里，不太好找。改天我带你去吧。

问：男的想去哪儿？

A 酒吧　B 市场　C 操场　D 报社

남: 지난번에 당신이 말한 그 술집은 구체적으로 어디에 있나요?
여: 한 골목 안에 있는데 찾기 그다지 쉽지 않아요. 다음엔 제가 당신을 데리고 가도록 할게요.

질문: 남자는 어디에 가고 싶어 하는가?

A 술집　B 시장　C 운동장　D 신문사

풀이 보기를 통해 장소와 관련된 질문임을 예상할 수 있다. 남자가 술집의 위치를 묻고 있으므로 남자가 가고 싶어 하는 장소가 '술집'임을 알 수 있다. 따라서 정답은 A이다.

단어 ★酒吧 jiǔbā 명 술집, 바 | ★具体 jùtǐ 형 구체적이다 | ★胡同 hútòng 명 골목 | 改天 gǎitiān 명 다른 날, 다음 | ★市场 shìchǎng 명 시장 | ★操场 cāochǎng 명 운동장 | ★报社 bàoshè 명 신문사

2

숫자형

女：明天上午几点去博物馆参观？我不小心把短信删除了。 男：7点一刻在公司门口集合，7点半准时出发。 问：他们明天几点集合？	여: 내일 오전 몇 시에 박물관에 참관하러 가나요? 제가 실수로 문자 메시지를 지워버렸어요. 남: 7시 15분에 회사 입구에서 집합하고, 7시 반 정시에 출발해요. **질문: 그들은 내일 몇 시에 집합하는가?**
A 7:00　B 7:15　C 7:30　D 7:45	A 7:00　B 7:15　C 7:30　D 7:45

풀이 보기를 통해 시간과 관련된 질문임을 예상할 수 있다. 7시 15분은 집합하는 시간, 7시 30분은 출발하는 시간이므로 질문을 끝까지 듣는 것이 중요하다. 질문에서 '집합 시간'을 물었으므로 정답은 B이다.

단어 ★博物馆 bówùguǎn 명 박물관 | ★参观 cānguān 동 참관하다 | ★短信 duǎnxìn 명 문자 메시지 | ★删除 shānchú 동 지우다, 삭제하다 | ★刻 kè 양 15분(시간의 단위) | ★集合 jíhé 동 집합하다, 모이다 | ★准时 zhǔnshí 부 정시에

3

장소형

男：下午的招聘会你去吗？ 女：本来是想去的，但实验室临时有事，去不了了。 男：没关系。你的简历准备好了吗？我可以帮你投。 女：真的吗？太感谢你了。 问：女的下午要去哪儿？	남: 오후의 채용박람회에 당신은 가나요? 여: 원래는 가고 싶었는데, 실험실에 잠시 일이 있어서 갈 수 없게 되었어요. 남: 괜찮아요. 당신 이력서는 다 준비되었나요? 제가 당신을 도와 넣을게요. 여: 정말요? 너무 감사해요. **질문: 여자는 오후에 어디에 가려고 하는가?**
A 大使馆　B 篮球场　C 实验室　D 复印店	A 대사관　B 농구장　C 실험실　D 복사하는 곳

풀이 보기를 통해 장소와 관련된 질문임을 예상할 수 있다. 여자가 실험실에 일이 있다고 말한 것으로 보아 여자가 가려고 하는 장소가 '실험실'임을 알 수 있다. 따라서 정답은 C이다.

단어 ★招聘 zhāopìn 동 채용하다, 모집하다 | ★实验 shíyàn 명동 실험(하다) | ★临时 línshí 형 잠시의, 임시의 부 그때가 되다, 때에 이르다 | ★简历 jiǎnlì 명 이력서, 약력 | 投 tóu 동 던지다, 투입하다 | ★大使馆 dàshǐguǎn 명 대사관 | 篮球场 lánqiúchǎng 명 농구장 | ★复印 fùyìn 명동 복사(하다)

시원한 공략법 **02**

유추를 통해 맞춰야 하는 경우(유추형)

● 유추형은 녹음에서 직접적으로 보기에 있는 표현을 언급하지 않고 일부 표현을 통해 정답을 유추해야 하는 경우이다.

시원한 공략법 실전 문제

Track 03

+ 듣기 제1부분

1. A 早晨
   B 中午
   C 傍晚
   D 深夜

2. A 维修店
   B 健身房
   C 照相馆
   D 理发店

+ 듣기 제2부분

3. A 除夕
   B 春节
   C 中秋节
   D 国庆节

시원한 공략법 실전 문제 풀이

1 숫자형

女：孩子是晚上6点10分出生的，六斤二两，医生说很健康。 男：恭喜恭喜，是男孩儿还是女孩儿？ 问：孩子是什么时候出生的？	여: 아이는 저녁 6시 10분에 태어났고, 3.1kg이며 의사 선생님께서 건강하다고 했어요. 남: 정말 축하해요. 남자아이인가요, 아니면 여자아이인가요? 질문: 아이는 언제 태어났는가?
A 早晨　B 中午　C 傍晚　D 深夜	A 새벽　B 정오　C 저녁 무렵　D 깊은 밤

풀이 보기를 통해 시간과 관련된 질문임을 예상할 수 있다. 녹음에서 아이가 태어난 시간을 저녁 6시 10분이라고 말했으므로 가장 비슷한 시간대를 나타내는 C가 정답이다.

단어 斤 jīn ⓐ 근(=500g) | 两 liǎng ⓐ 10분의 1근(=50g) | ★恭喜 gōngxǐ ⓑ 축하하다 | 早晨 zǎochen ⓜ 새벽, 이른 아침 | ★傍晚 bàngwǎn ⓜ 저녁 무렵, 해질 무렵

2

장소형

男：小姐，你想换个发型吗？ 女：不了，你帮我稍微剪短点儿就行。 问：女的现在最可能在哪儿？	남: 손님(아가씨), 당신은 헤어스타일을 바꾸고 싶나요? 여: 아니요. (당신은 저를 위해) 조금만 짧게 잘라주시면 됩니다. 질문: 여자는 지금 어디에 있을 가능성이 가장 큰가?
A 维修店　B 健身房　C 照相馆　D 理发店	A 수리점　B 헬스장　C 사진관　D 미용실

풀이 보기를 통해 장소와 관련된 질문임을 예상할 수 있다. 녹음의 '헤어스타일'과 '조금만 짧게 자르다'라는 표현을 통해 미용실에 있음을 유추할 수 있으므로 정답은 D이다.

단어 **发型** fàxíng ⓜ 헤어스타일 | ★**稍微** shāowēi ⓟ 조금, 약간 | **剪** jiǎn ⓢ (가위로) 자르다 | ★**维修** wéixiū ⓢ (기계 등을) 수리하다, 보수하다 | ★**健身** jiànshēn ⓢ 헬스하다 | ★**理发** lǐfà ⓢ 이발하다

3

숫자형

女：快看！大家都在外面放鞭炮呢。 男：真快啊！转眼又要迎接新的一年了。 女：赶紧想个新年愿望吧，到零点就可以许愿了。 男：许愿就是个心理安慰，想要实现还得靠行动。 问：对话最可能发生在什么时候？	여: 얼른 봐! 모두들 밖에서 폭죽을 터뜨리고 있어. 남: 정말 빠르네! 눈 깜짝할 사이에 또 새로운 한 해를 맞이하게 되었어. 여: 빨리 새해 소원을 생각해. 자정이 되면 소원을 빌 수 있어. 남: 소원을 비는 것은 심리적 위안이고, 실현하고 싶으면 행동에 의지해야 해. 질문: 대화는 언제 발생할 가능성이 가장 큰가?
A 除夕　B 春节　C 中秋节　D 国庆节	A 섣달그믐날　B 구정　C 추석　D 건국 기념일

풀이 보기를 통해 시간과 관련된 질문임을 예상할 수 있다. 녹음의 '새로운 한 해를 맞이하게 되었다'와 '새해 소원'이라는 표현을 통해 새해를 앞둔 상황임을 유추할 수 있으므로 정답은 A이다.

단어 ★**鞭炮** biānpào ⓜ 폭죽 | **转眼** zhuǎnyǎn 눈 깜짝할 사이, 순식간에 | ★**迎接** yíngjiē ⓢ 맞이하다, 영접하다 | ★**赶紧** gǎnjǐn ⓟ 재빨리, 서둘러 | ★**愿望** yuànwàng ⓜ 소원, 바람, 희망 | **许愿** xǔyuàn ⓢ 소원을 빌다 | ★**心理** xīnlǐ ⓜ 심리 | ★**安慰** ānwèi ⓜⓢ 위안(하다), 위로(하다) | ★**实现** shíxiàn ⓢ 실현하다 | ★**靠** kào ⓢ 의지하다, 기대다 | ★**行动** xíngdòng ⓜⓢ 행동(하다) | ★**除夕** chúxī ⓜ 섣달그믐날, 제야 | **中秋节** Zhōngqiūjié 고유 추석 | **国庆节** Guóqìngjié 고유 건국 기념일

시크릿 노트 시험에 자주 출제되는 **장소 관련 표현**

酒店 jiǔdiàn 호텔	□ 单人房 / 单人间 dānrénfáng/dānrénjiān 1인실 □ 双人房 / 双人间 shuāngrénfáng/shuāngrénjiān 2인실	
	□ 家庭房 jiātíngfáng 패밀리룸 □ 预订 yùdìng 예약하다 □ 身份证 shēnfènzhèng 신분증	□ 押金 yājīn 보증금 □ 登记 dēngjì 체크인하다 □ 退房 tuìfáng 체크아웃하다
火车上 huǒchē shàng 기차 위	□ 列车 lièchē 열차 □ 车厢 chēxiāng 객실 칸 □ 座位 zuòwèi 좌석	□ 靠窗 kàochuāng 창가 □ 行李 xíngli 여행 짐
机场 jīchǎng 공항	□ 飞机 fēijī 비행기 □ 起飞 qǐfēi 이륙하다 □ 降落 jiàngluò 착륙하다	□ 登机牌 dēngjīpái 탑승권 □ 登机口 dēngjīkǒu 탑승구 □ 取行李 qǔ xíngli 수화물을 찾다
健身房 jiànshēnfáng 헬스장	□ 健身卡 jiànshēn kǎ 회원권 □ 季卡 jì kǎ 시즌 카드 □ 年卡 nián kǎ 연간 카드	□ 教练 jiàoliàn 코치 □ 姿势 zīshì 자세 □ 锻炼 duànliàn 운동하다
理发店 lǐfàdiàn 미용실	□ 发型 fàxíng 헤어스타일 □ 剪(头)发 jiǎn (tóu)fà 머리카락을 자르다	□ 烫(头)发 tàng (tóu)fà 파마하다 □ 理发师 lǐfàshī 이발사, 헤어디자이너
商场 shāngchǎng 상가, 쇼핑몰	□ 购物 gòuwù 구매하다, 쇼핑하다 □ 发票 fāpiào 영수증 □ 服务台 fúwùtái 안내 데스크 □ 新款 xīnkuǎn 신상, 신형	□ 推荐 tuījiàn 추천하다 □ 优惠 yōuhuì 혜택 □ 打折 dǎzhé 할인하다
维修店 wéixiūdiàn 수리점	□ 手机 shǒujī 휴대전화 □ 修理 xiūlǐ 수리하다 □ 保修期 bǎoxiūqī 보증 수리기간	
医院 yīyuàn 병원	□ 内科 nèikē 내과 □ 病人 bìngrén 환자 □ 专家号 zhuānjiāhào 전문의 접수(선택 진료)	□ 外科 wàikē 외과 □ 挂号 guàhào (병원에서) 접수하다 □ 普通号 pǔtōnghào 일반 접수(일반 진료)
银行 yínháng 은행	□ 办理业务 bànlǐ yèwù 업무를 보다 □ 窗口 chuāngkǒu 창구 □ 兑换 duìhuàn 현금으로 바꾸다, 환전하다	□ 人民币 Rénmínbì 인민폐(위안화) □ 汇率 huìlǜ 환율 □ 贷款 dàikuǎn 대출금, 대출하다

기출 테스트

정답 및 해설 | 해설서 4~9쪽

맞은 개수

第1-8题 짧은 대화를 듣고 질문에 알맞은 보기를 고르세요. Track 04

1. A 下周六
   B 下学期
   C 上礼拜
   D 这周末

2. A 洗手间
   B 地毯上
   C 抽屉里
   D 卧室里

3. A 救护车上
   B 公园门口
   C 超市服务台
   D 医院挂号处

4. A 150元
   B 200元
   C 300元
   D 500元

5. A 报社
   B 商场
   C 海鲜市场
   D 人民广场

6. A 半年
   B 五天
   C 一个月
   D 一个星期

7. A 本月初
   B 本月中旬
   C 中秋节前
   D 下个月中旬

8. A 机场
   B 车库
   C 工厂
   D 火车站

기출 테스트

第9-12题 긴 대화를 듣고 질문에 알맞은 보기를 고르세요.

9. A 酒吧
B 医院
C 健身房
D 酒店前台

10. A 银行
B 餐厅
C 家具店
D 火车车厢

11. A 几百
B 三万
C 13万
D 30万

12. A 营业厅
B 服装店
C 手机维修店
D 动物园售票处

Chapter 02

신분 · 관계

▶ 신분 • 관계형이란?

신분형은 보기가 모두 사람의 신분이나 직업으로 이루어져 있으며, 주로 남자 혹은 여자의 신분을 묻거나 대화에 언급되는 제3자의 신분을 묻는 문제가 출제된다. 관계형은 보기가 모두 사람 간의 관계를 나타내는 단어로 이루어져 있으며, 대화를 나누는 남자 혹은 여자의 관계를 묻거나 대화에 언급되는 제3자와의 관계를 묻는 문제가 출제된다. 또한, 관계형은 녹음에 나오는 표현을 통해 두 사람의 관계를 유추하는 문제가 출제되기도 한다. 신분 • 관계형은 듣기 제1 • 2부분 전체 문제 유형에서 약 5%의 출제 비율을 차지한다.

문제 풀이 전략

☑ 보기만 봐도 질문 유형을 알 수 있다.

신분형과 관계형은 보기에 이미 질문 포인트가 나와 있는 유형이다. 단, 녹음에서 보기 중 2개의 신분이 언급될 경우 각 인물에 해당하는 동작을 잘 구분해서 듣고 질문에 맞게 정답을 선택해야 한다.

☑ 신분형의 주요 질문 형식을 미리 알아 두자.

❶ 화자의 신분을 묻는 문제

男的从事什么职业？	남자는 무슨 직업에 종사하는가?
女的最可能是做什么的？	여자는 무슨 일을 할 가능성이 가장 큰가?
女的最有可能从事什么工作？	여자는 무슨 직업에 종사할 가능성이 가장 큰가?

❷ 제3자의 신분을 묻는 문제

小王从事什么职业？	샤오왕은 무슨 직업에 종사하는가?
男的要去机场接谁？	남자는 공항에 누구를 마중하러 가려고 하는가?
谁告诉女的这个消息的？	누가 여자에게 이 소식을 알려준 것인가?

男的周末约了谁？	남자는 주말에 누구와 약속했는가?
女的让男的给谁打电话？	여자는 남자더러 누구에게 전화하라고 하는가?
女的觉得谁很了不起？	여자는 누가 대단하다고 생각하는가?

☑ 관계형의 질문 형식을 미리 알아 두자.

❶ 대화를 나누는 두 사람의 관계를 묻는 문제

说话人是什么关系？	화자는 무슨 관계인가?
他们最可能是什么关系？	그들은 무슨 관계일 가능성이 가장 큰가?

❷ 제3자와의 관계를 묻는 문제

男的和小王是什么关系？	남자와 샤오왕은 무슨 관계인가?
女的和小李是什么关系？	여자와 샤오리는 무슨 관계인가?

시원한 공략법 **01**

직접 정답을 언급하는 경우(직접형)

● 직접형은 녹음에서 직접적으로 보기에 있는 신분이나 직업을 언급하는 경우이다. 단, 녹음에서 2개의 신분이나 직업이 언급되는 경우 질문에 따라 답이 달라질 수 있으므로 끝까지 정확히 듣고 답을 선택해야 한다.

시원한 공략법 실전 문제

Track 06

+ 듣기 제1부분

1. A 演员
   B 教练
   C 模特
   D 会计

2. A 农民
   B 教师
   C 外公
   D 姥姥

+ 듣기 제2부분

3. A 房东
   B 中介
   C 邻居
   D 舅舅

시원한 공략법 실전 문제 풀이

1 신분형

男：你姐姐长得真漂亮，身材也好，又高又瘦的。 女：她是一名职业模特。为了保持身材，她平时吃得很少。 问：姐姐从事什么职业？	남: 너희 언니 정말 이쁘고 몸매도 좋네. 키도 크고 날씬해. 여: 그녀는 직업 모델이야. 몸매를 유지하기 위해, 그녀는 평소에 적게 먹어. **질문: 언니는 무슨 직업에 종사하는가?**
A 演员　B 教练　C 模特　D 会计	A 연기자　B 코치　C 모델　D 회계사

풀이 보기를 통해 신분과 관련된 질문임을 예상할 수 있다. 여자가 자신의 언니는 '직업 모델'이라고 했으므로 정답은 C이다.

단어 ★**身材** shēncái ⓜ 몸매 | ★**职业** zhíyè ⓜ 직업 ⓗ 프로의 | ★**模特** mótè ⓜ 모델 | **保持** bǎochí ⓓ 유지하다 | ★**从事** cóngshì ⓓ 종사하다, 일을 하다 | ★**教练** jiàoliàn ⓜ 코치, 감독 | ★**会计** kuàijì ⓜ 회계(사)

2

신분형

女：从小到大你最佩服的人是谁？ 男：我姥姥。她在农村生活了一辈子，无论遇到什么困难，脸上总能挂着微笑。	여: 어렸을 때부터 클 때까지 네가 대단하다고 생각하는 사람은 누구야? 남: 우리 외할머니. 그녀는 농촌에서 한평생을 살았는데, 어떤 어려움을 맞닥뜨리든 관계없이 얼굴에 항상 미소를 띠고 있어.
问：男的最佩服谁？	질문: 남자는 누구를 가장 대단하다고 생각하는가?
A 农民　B 教师　C 外公　D 姥姥	A 농민　B 교사　C 외할아버지　D 외할머니

풀이 보기를 통해 신분이나 관계와 관련된 질문임을 예상할 수 있다. 누구를 가장 대단하다고 생각하냐는 여자의 질문에 남자가 '우리 외할머니'라고 했으므로 정답은 D이다.

단어 ★佩服 pèifú ⓓ 탄복하다, 감탄하다 | ★姥姥 lǎolao ⓜ 외할머니 | ★农村 nóngcūn ⓜ 농촌 | ★一辈子 yíbèizi ⓜ 한평생, 일생 | ★无论 wúlùn ⓙ ~에 관계없이 | ★挂 guà ⓓ (표정을) 띠다 | ★微笑 wēixiào ⓜⓓ 미소 (짓다) | ★农民 nóngmín ⓜ 농민 | ★外公 wàigōng ⓜ 외할아버지

3

신분형

男：周末你打算做什么？ 女：我约了中介去看房。 男：你不是刚在隔壁小区租了间公寓吗？ 女：不是我，是我舅舅，要回国了。我得尽快帮他找个房子。	남: 주말에 너는 무엇을 할 계획이야? 여: 나는 부동산 중개업자와 집을 보러 가기로 약속했어. 남: 너는 막 옆 단지에 아파트 하나를 임대한 거 아니었어? 여: 내가 아니라 우리 외삼촌인데, 곧 귀국하셔. 나는 되도록 빨리 그를 위해 집을 찾아야 해.
问：女的周末约了谁？	질문: 여자는 주말에 누구와 약속했는가?
A 房东　B 中介　C 邻居　D 舅舅	A 집주인　B 부동산 중개업자　C 이웃　D 외삼촌

풀이 보기를 통해 신분이나 관계와 관련된 질문임을 예상할 수 있다. '부동산 중개업자'는 여자가 주말에 약속한 대상이고, 외삼촌은 여자가 집을 찾아주기로 한 대상이다. 이 문제에서는 주말에 약속한 대상을 묻고 있으므로 정답은 B이다.

단어 ★中介 zhōngjiè ⓜ 부동산 중개업자, 중개, 매개 | ★隔壁 gébì ⓜ 이웃(집), 옆방 | 小区 xiǎoqū ⓜ (아파트, 주택가 등의) 주거 단지 | ★租 zū ⓓ 임대하다, 세내다, 세놓다 | 公寓 gōngyù ⓜ 아파트 | ★舅舅 jiùjiu ⓜ 외삼촌 | ★尽快 jǐnkuài ⓑ 되도록 빨리 | ★房东 fángdōng ⓜ 집주인

시원한 공략법 02

유추를 통해 맞춰야 하는 경우(유추형)

● 유추형은 녹음에서 직접적으로 보기에 있는 표현을 언급하지 않고 연관성 있는 일부 표현을 통해 정답을 유추해야 하는 경우이다. 특히 관계를 파악하는 문제는 유추형으로만 출제되고 있다.

시원한 공략법 실전 문제

Track 07

+ 듣기 제1부분

1. A 同学
   B 同事
   C 兄妹
   D 师生

2. A 秘书
   B 导演
   C 记者
   D 总经理

+ 듣기 제2부분

3. A 父女
   B 夫妻
   C 大夫和病人
   D 售票员和游客

시원한 공략법 실전 문제 풀이

1 관계형

女：看，这是我们十年前毕业时的合影。 男：天啊！时间过得太快了，真怀念那个时候。 问：他们最可能是什么关系？	여: 봐. 이건 우리가 10년 전 졸업할 때의 단체 사진이야. 남: 세상에! 시간이 너무 빨리 지나가네. 정말 그때가 그립다. **질문: 그들은 무슨 관계일 가능성이 가장 큰가?**
A 同学　B 同事　C 兄妹　D 师生	A 동창　B 동료　C 오빠와 여동생　D 교사와 학생

풀이 보기를 통해 관계와 관련된 질문임을 예상할 수 있다. 여자의 '우리가 10년 전 졸업할 때'라는 표현을 통해 두 사람이 '동창'임을 유추할 수 있으므로 정답은 A이다.

단어 ★合影 héyǐng ⓜ 단체 사진 ⓢ 함께 사진을 찍다 | ★怀念 huáiniàn ⓢ 그리워하다, 그리다 | 兄妹 xiōngmèi ⓜ 오빠와 여동생, 오누이 | 师生 shīshēng ⓜ 교사와 학생, 스승과 제자

2

신분형

男：李总，非常感谢您接受我们的采访。我们下次见。 女：好的，期待我们的下次会面。 问：男的最可能从事什么职业？	남: 이 대표님, 저희 인터뷰를 수락해 주셔서 감사합니다. 다음에 뵙겠습니다. 여: 그러죠. 우리의 다음번 만남을 기대합니다. **질문: 남자는 무슨 직업에 종사할 가능성이 가장 큰가?**
A 秘书　B 导演　C 记者　D 总经理	A 비서　B 감독　C 기자　D 대표

풀이 보기를 통해 신분과 관련된 질문임을 예상할 수 있다. '**李总(经理)**'은 여자의 신분이고, 남자가 여자에게 '인터뷰'를 수락해 주셔서 감사하다고 하는 것으로 보아 남자의 직업은 '기자'임을 유추할 수 있다. 따라서 정답은 C이다.

단어 ★**接受** jiēshòu ⓢ 수락하다, 받아들이다 | ★**采访** cǎifǎng ⓜⓢ 인터뷰(하다) | ★**期待** qīdài ⓜⓢ 기대(하다) | **会面** huìmiàn ⓢ 만나다 | ★**秘书** mìshū ⓜ 비서 | ★**导演** dǎoyǎn ⓜ 감독 | ★**记者** jìzhě ⓜ 기자 | ★**总经理** zǒngjīnglǐ ⓜ 대표, 사장

3

관계형

女：这是什么票据呀？有些年头了吧？ 男：这是我们第一次约会的那个公园的门票。 女：这么多年过去了，你还留着。 男：我觉得很有纪念意义啊！ 问：他们最可能是什么关系？	여: 이건 무슨 영수증이에요? 햇수가 좀 됐죠? 남: 이건 우리가 처음 데이트했던 그 공원 입장권이에요. 여: 이렇게 여러 해가 지나갔는데 당신은 아직도 남겨두었네요. 남: 나는 매우 기념적인 뜻이 있다고 생각하는걸요! **질문: 그들은 무슨 관계일 가능성이 가장 큰가?**
A 父女　B 夫妻　C 大夫和病人　D 售票员和游客	A 부녀　B 부부　C 의사와 환자　D 매표원과 관광객

풀이 보기를 통해 관계와 관련된 질문임을 예상할 수 있다. 남자의 '우리가 처음 데이트했던'이라는 표현을 통해 두 사람의 관계가 연인이나 부부임을 유추할 수 있으므로 정답은 B이다.

단어 **票据** piàojù ⓜ 영수증 | **年头** niántóu ⓜ 햇수 | ★**约会** yuēhuì ⓜⓢ 데이트(하다) | **门票** ménpiào ⓜ 입장권 | ★**纪念** jìniàn ⓢ 기념하다 ⓗ 기념의, 기념하는 | ★**意义** yìyì ⓜ 뜻, 의의 | **夫妻** fūqī ⓜ 부부 | **游客** yóukè ⓜ 관광객, 여행객

시크릿 노트 시험에 자주 출제되는 **신분 관련 표현**

导演 dǎoyǎn 감독	□ 拍(摄) pāi(shè) 촬영하다 □ 改编 gǎibiān 각색하다 □ 电影 diànyǐng 영화 □ 剧本 jùběn 극본, 각본, 대본 □ 姓 xìng (성)+导 dǎo (감독) → 감독님
记者 jìzhě 기자	□ 采访 cǎifǎng 인터뷰(하다) □ 报道 bàodào 보도(하다)
律师 lǜshī 변호사	□ 案子 ànzi 소송 사건 □ 法院 fǎyuàn 법원 □ 法庭 fǎtíng 법정
秘书 mìshū 비서	□ 姓 xìng (성)+总 zǒng (사장) ~사장님, ~대표님 □ 接嘉宾 jiē jiābīn 내빈을 맞이하다 □ 接待客户 jiēdài kèhù 고객을 응대하다 □ 安排日程 ānpái rìchéng 일정을 짜다
模特 mótè 모델	□ 苗条 miáotiao 날씬하다 □ 保持身材 bǎochí shēncái 몸매를 유지하다 □ 服装设计师 fúzhuāng shèjìshī 의상 디자이너
演员 yǎnyuán 연기자	□ 表演 biǎoyǎn 연기(하다) □ 演技 yǎnjì 연기 □ 演出 yǎnchū 공연(하다) □ 电影 diànyǐng 영화 □ 观众 guānzhòng 관중 □ 角色 juésè 배역 □ 表现出色 biǎoxiàn chūsè 활약이 뛰어나다
中介 zhōngjiè 중개업자	□ 看房 kàn fáng 집을 보다 □ 房子 fángzi 집 □ 租 zū 임대하다, 세내다, 세놓다 □ 公寓 gōngyù 아파트
作家 zuòjiā 작가	□ 小说 xiǎoshuō 소설 □ 出版 chūbǎn 출판(하다) □ 人物 rénwù 인물 □ 出版社 chūbǎnshè 출판사 □ 新书 xīn shū 새 책

기출 테스트

정답 및 해설 | 해설서 9~14쪽

第1-8题 짧은 대화를 듣고 질문에 알맞은 보기를 고르세요.

1. A 球迷
   B 投资人
   C 志愿者
   D 主持人

2. A 客户
   B 总裁
   C 秘书
   D 中介

3. A 邻居
   B 夫妻
   C 老师和家长
   D 教练和运动员

4. A 兄弟
   B 舍友
   C 夫妻
   D 售货员与顾客

5. A 编辑
   B 导演
   C 士兵
   D 运动员

6. A 亲戚
   B 朋友
   C 专家
   D 老板

7. A 演员
   B 摄影师
   C 酒吧老板
   D 软件设计师

8. A 竞争对手
   B 合作伙伴
   C 老板和员工
   D 大夫和病人

第9-12题 긴 대화를 듣고 질문에 알맞은 보기를 고르세요. Track 09

9. A 记者
   B 演员
   C 模特
   D 警察

10. A 嘉宾
    B 志愿者
    C 主持人
    D 总裁的秘书

11. A 教练
    B 律师
    C 中介公司
    D 室内设计师

12. A 护士
    B 主任
    C 售货员
    D 工程师

Chapter 03 평가

▶ 평가형이란?

평가형은 화자 자신의 상태를 묻거나, 다른 사람 혹은 사물에 대한 평가, 견해, 느낌, 어투 등에 대해 묻는 문제 유형이다. 보기에는 주로 형용사나 형용사구, 혹은 사람이나 사물을 묘사하는 표현이 제시되는 경우가 많다. 평가형은 듣기 제1・2부분 전체 문제 유형에서 약 11%의 출제 비율을 차지한다.

문제 풀이 전략

☑ 보기만 봐도 질문 유형을 대략 알 수 있다.

평가형은 보기에 어느 정도 질문 포인트가 나와 있는 유형이다. 단, 남자와 여자의 평가가 각각 다를 수 있고 그에 따라 정답이 달라질 수 있으므로 질문을 정확히 듣고 답을 선택해야 한다. 따라서 대화 속 남자와 여자의 말을 구분하여 끝까지 듣는 습관을 길러야 한다.

☑ 평가형의 주요 질문 형식을 미리 알아 두자.

❶ 주어에 대한 직접적인 평가를 묻는 문제

……怎么样？	~은 어떠한가?

❷ 다른 인물이나 사물에 대한 화자의 평가를 묻는 문제

男的觉得……怎么样(如何)？	남자는 ~을 어떻게 생각하는가?
男的怎么(如何)评价……？	남자는 ~을 어떻게 평가하는가?
女的对……怎么(如何)评价？	여자는 ~에 대해 어떻게 평가하는가?

❸ 화자의 태도・견해・어투를 묻는 문제

女的对……什么态度？	여자는 ~에 대해 어떤 태도인가?
女的对……什么看法？	여자는 ~에 대해 어떤 견해인가?
男的是什么语气？	남자는 어떤 어투인가?

시원한 공략법 01

직접 정답을 언급하는 경우(직접형)

● 직접형은 녹음에서 보기에 있는 형용사나 묘사 표현이 직접적으로 언급되거나 거의 비슷하게 제시되는 경우이다. 또한, 녹음에서는 떨어져 언급된 단어들이 보기에서는 연결되어 정답이 되는 경우도 있다.

시원한 공략법 실전 문제

Track 10

+ 듣기 제1부분

1. A 很干燥
   B 雾非常大
   C 空气很差
   D 有雷阵雨

2. A 不实用
   B 非常抽象
   C 能使人更有智慧
   D 能培养创新能力

+ 듣기 제2부분

3. A 很吵闹
   B 优惠力度小
   C 咖啡种类多
   D 装修风格独特

시원한 공략법 실전 문제 풀이

1 평가형

男：现在都二月下旬了，居然还没下过一场雪。
女：是啊，天气太干燥了。不过，据说这周可能有雪，希望是真的。

问：现在天气怎么样？

A 很干燥　　B 雾非常大
C 空气很差　　D 有雷阵雨

남: 지금 이미 2월 하순인데, 뜻밖에 아직 한 번도 눈이 온 적이 없네.
여: 그렇네. 날씨가 너무 건조해. 그런데 듣기로 이번 주에 아마도 눈이 온다는데, 정말이었으면 좋겠어.

질문: 지금 날씨는 어떠한가?

A 건조하다　　B 안개가 매우 짙다
C 공기가 나쁘다　　D 천둥과 번개를 동반한 소나기가 내린다

풀이 보기를 통해 날씨에 대한 평가와 관련된 질문임을 예상할 수 있다. 여자가 '날씨가 너무 건조해'라고 했으므로 정답은 A이다.

단어 下旬 xiàxún 명 하순 | ★居然 jūrán 부 뜻밖에, 의외로 | ★干燥 gānzào 형 건조하다 | ★据说 jùshuō 듣건대, 말하는 바에 의하면 | ★雾 wù 명 안개 | 雷阵雨 léizhènyǔ 명 천둥과 번개를 동반한 소나기

2

평가형

女：哲学太抽象了，而且实际生活中也用不到。 男：但是学哲学能提高人的逻辑分析能力，使人更有智慧。 问：男的认为哲学怎么样？	여: 철학은 너무 추상적이고, 게다가 실제 생활에서도 사용할 수 없어. 남: 하지만 철학을 배우면 사람의 논리 분석 능력을 향상시키고, 사람에게 더욱 지혜가 생기게 할 수 있어. **질문: 남자는 철학이 어떠하다고 생각하는가?**
A 不实用 B 非常抽象 C 能使人更有智慧 D 能培养创新能力	A 실용적이지 않다 B 매우 추상적이다 C 사람에게 더욱 지혜가 생기게 할 수 있다 D 창조 능력을 기를 수 있다

풀이 키워드가 형용사로 이루어진 보기 A, B와 어떤 대상을 묘사하는 보기 C, D를 통해 평가와 관련된 질문임을 예상할 수 있다. 남자가 철학을 배우면 '사람에게 더욱 지혜가 생기게 할 수 있다'고 했으므로 정답은 C이다. 한편, 이 문제의 경우 여자의 평가를 묻는다면 A 혹은 B가 정답이 될 수도 있는 만큼 질문을 끝까지 듣는 것이 중요하다.

단어 ★**哲学** zhéxué ⓜ 철학 | ★**抽象** chōuxiàng ⓗ 추상적이다 | ★**逻辑** luójí ⓜ 논리 | **分析** fēnxi ⓜⓓ 분석(하다) | ★**智慧** zhìhuì ⓜ 지혜 | ★**实用** shíyòng ⓗ 실용적이다 | ★**培养** péiyǎng ⓓ 기르다, 키우다, 배양하다 | **创新** chuàngxīn ⓓ 새것을 창조하다

3

평가형

男：你这个小店装修得真不错，风格很独特。 女：谢谢！我跟我丈夫当时参考了很多样本，后来决定自己设计装修方案。 男：是吗？真厉害！在你们店里喝咖啡感觉很放松呢。 女：那太好了，欢迎以后常来。 问：男的觉得那家咖啡店怎么样？	남: 당신의 이 작은 가게는 인테리어가 정말 좋고, 스타일이 독특하네요. 여: 감사합니다! 저와 제 남편이 당시 많은 카탈로그를 참고했고, 후에 스스로 인테리어 방안을 디자인하기로 결정했어요. 남: 그래요? 정말 대단하네요! 당신 가게에서 커피를 마시면 느낌이 편안해요. 여: 그거 너무 잘됐네요. 앞으로 자주 오세요. **질문: 남자는 그 커피숍이 어떠하다고 생각하는가?**
A 很吵闹　B 优惠力度小 C 咖啡种类多　D 装修风格独特	A 시끄럽다　B 혜택 폭이 적다 C 커피 종류가 많다　D 인테리어 스타일이 독특하다

풀이 모두 형용사가 포함된 보기를 통해 평가형 질문임을 예상할 수 있다. 남자가 '인테리어 스타일이 독특하다'고 했으므로 정답은 D이다.

단어 ★**装修** zhuāngxiū ⓓ 인테리어하다 | ★**风格** fēnggé ⓜ 스타일, 콘셉트 | ★**独特** dútè ⓗ 독특하다 | ★**参考** cānkǎo ⓜⓓ 참고(하다) | **样本** yàngběn ⓜ 카탈로그, 견본 | ★**设计** shèjì ⓜⓓ 디자인(하다), 설계(하다) | ★**方案** fāng'àn ⓜ 방안, 계획 | ★**厉害** lìhai ⓗ 대단하다, 심하다, 지독하다 | **吵闹** chǎonào ⓗ 시끄럽다, 떠들썩하다 | ★**优惠** yōuhuì ⓗ 특혜의, 우대의 | **力度** lìdù ⓜ 힘, 역량 | ★**种类** zhǒnglèi ⓜ 종류

시원한 공략법 02 유추를 통해 맞춰야 하는 경우(유추형)

- 유추형은 녹음에서 직접적으로 보기와 일치되는 표현을 언급하지 않아 정답을 유추해야 하는 경우이다. 문제의 정답으로 녹음에서 언급된 표현을 일부 사용하는 경우도 있지만, 전체 내용을 이해하고 새로운 내용을 정답으로 유추해 내야 하는 경우도 있다.

시원한 공략법 실전 문제

+ 듣기 제1부분

1. A 尊敬
   B 感激
   C 同情
   D 祝福

2. A 很粗心
   B 非常可靠
   C 太倒霉了
   D 十分大方

+ 듣기 제2부분

3. A 很有趣
   B 要从小练
   C 能提高记忆力
   D 年龄不是问题

시원한 공략법 실전 문제 풀이

1

평가형

女：幸亏你及时发现了合同上的错误，不然损失就大了，太谢谢你了！ 男：别客气！如果还有什么问题，你随时给我打电话吧。 问：女的对男的是什么态度？	여: 당신이 제때 계약서상의 오류를 발견했으니 다행이지, 그렇지 않았으면 손실이 컸을 겁니다. 정말 감사합니다! 남: 천만에요! 만약 또 무슨 문제가 있다면, 언제든지 저에게 전화하세요. **질문: 여자는 남자에 대해 어떤 태도인가?**
A 尊敬　B 感激　C 同情　D 祝福	A 존경하다　B 감사하다　C 동정하다　D 축복하다

풀이 보기를 통해 사람에 대한 감정이나 태도를 묻는 평가형 질문임을 예상할 수 있다. 여자가 남자에게 '정말 감사합니다!'라고 말했으므로 이와 유사한 뜻인 B가 정답이다.

단어 ★幸亏 xìngkuī ㊊ 다행히, 운 좋게 | ★及时 jíshí ㊊ 제때에, 즉시 ㊌ 시기 적절하다, 때맞다 | ★合同 hétong ㊔ 계약(서) | ★不然 bùrán ㊖ 그렇지 않으면 | ★损失 sǔnshī ㊔㊓ 손실(을 보다), 손해(를 보다) | ★随时 suíshí ㊊ 아무 때나, 수시로 | ★尊敬 zūnjìng ㊔㊓ 존경(하다) | ★感激 gǎnjī ㊓ 감사하다 | ★同情 tóngqíng ㊓ 동정하다 | ★祝福 zhùfú ㊔㊓ 축복(하다)

2

평가형

男：真幸运！丢了这么多钱，居然还能找回来。 女：可不是！你以后可不能这么马虎了，别把什么都当垃圾扔了。 问：女的觉得男的怎么样？	남: 정말 운이 좋다! 이렇게 많은 돈을 잃어버렸는데, 뜻밖에 되찾을 수 있다니. 여: 그러게! 너 앞으로는 이렇게 소홀히 하면 안 돼. 무엇이든 다 쓰레기로 생각하고 버리지 마. **질문: 여자는 남자가 어떠하다고 생각하는가?**
A 很粗心　　B 非常可靠 C 太倒霉了　　D 十分大方	A 부주의하다　　B 매우 믿을 만하다 C 너무 재수 없다　　D 매우 시원시원하다

풀이 모두 형용사가 포함된 보기를 통해 평가형 질문임을 예상할 수 있다. 여자가 남자에게 '너 앞으로는 이렇게 소홀히 하면 안 돼'라고 말했으므로 유사한 뜻을 나타내는 A가 정답임을 알 수 있다.

단어 ★幸运 xìngyùn 형 운이 좋다 | ★ 居然 jūrán 부 뜻밖에, 의외로 | ★马虎 mǎhu 형 소홀하다, 건성건성하다 | 当 dàng 동 ~(으)로 여기다, ~(으)로 삼다 | 垃圾 lājī 명 쓰레기 | ★扔 rēng 동 내버리다 | ★粗心 cūxīn 형 부주의하다, 세심하지 못하다 | ★可靠 kěkào 형 믿을 만하다, 믿음직스럽다 | ★倒霉 dǎoméi 형 재수 없다 | ★大方 dàfang 형 (언행이) 시원시원하다, (재물을 쓰는 것이) 인색하지 않다, (스타일, 색깔 등이) 고상하다, 우아하다

3

평가형

女：假期有什么计划吗？ 男：这次假期时间挺长的，我想趁放假去报名学钢琴。 女：这个年纪开始学会不会有点儿晚了？ 男：学乐器没有年龄限制，"活到老，学到老"嘛。 问：男的对学钢琴是什么看法？	여: 방학 기간에 무슨 계획이 있니? 남: 이번 방학 기간이 매우 길어서, 나는 방학을 이용해서 피아노 배우는 것을 등록하고 싶어. 여: 이 나이에 배우기 시작하는 건 조금 늦은 거 아냐? 남: 악기를 배우는 데는 나이 제한이 없어. '배움의 길은 끝이 없다'라고 하잖아. **질문: 남자는 피아노를 배우는 것에 대해 어떤 견해인가?**
A 很有趣 B 要从小练 C 能提高记忆力 D 年龄不是问题	A 재미있다 B 어렸을 때부터 연습해야 한다 C 기억력을 향상시킬 수 있다 D 나이는 문제가 아니다

풀이 형용사로 이루어진 보기 A와 어떤 대상에 대해 설명하는 보기 B, C, D를 통해 평가와 관련된 질문임을 예상할 수 있다. 남자가 '악기를 배우는 데는 나이 제한이 없어'라고 말했으므로 이와 유사한 뜻인 D가 정답임을 알 수 있다.

단어 ★趁 chèn 전 (때나 기회를) 이용해서, ~을 틈타서 | ★报名 bàomíng 동 등록하다, 신청하다 | 钢琴 gāngqín 명 피아노 | ★年纪 niánjì 명 나이, 연령 | ★乐器 yuèqì 명 악기 | ★年龄 niánlíng 명 나이, 연령 | ★限制 xiànzhì 명동 제한(하다), 제약(하다) | 嘛 ma 조 명확한 사실을 일깨워주는 어감을 나타내는 어기조사 | ★有趣 yǒuqù 형 재미있다 | ★记忆 jìyì 명동 기억(하다)

★★★ 시크릿 노트 시험에 자주 출제되는 **형용사 표현과 관련 어휘**

형용사	관련 어휘	
薄 báo 얇다 厚 hòu 두껍다 时尚 shíshàng 유행에 맞다 颜色浅 yánsè qiǎn 색이 연하다 颜色深 yánsè shēn 색이 진하다	□ 衣服 yīfu 옷 □ 牛仔裤 niúzǎikù 청바지	□ 服装 fúzhuāng 의류, 의상 □ 裙子 qúnzi 치마
抽象 chōuxiàng 추상적이다	□ 理论 lǐlùn 이론 □ 哲学 zhéxué 철학	□ 一幅画 yì fú huà 한 폭의 그림
潮湿 cháoshī 눅눅하다 干燥 gānzào 건조하다	□ 天气 tiānqì 날씨	□ 气候 qìhòu 기후
粗心 cūxīn 부주의하다 马虎 mǎhu 건성건성하다	□ 丢东西 diū dōngxi 물건을 잃어버리다 □ 弄坏机器 nònghuài jīqì 기계를 고장 내다	
单调 dāndiào 단조롭다	□ 生活 shēnghuó 생활	□ 色彩 sècǎi 색채
疯狂 fēngkuáng 미친 듯하다	□ 球迷 qiúmí (구기종목의) 팬 □ 抢购东西 qiǎnggòu dōngxi 물건을 앞다투어 구매하다	
激动 jīdòng 감격하다, 흥분하다	□ 考上大学 kǎoshàng dàxué 대학에 합격하다 □ 买到想要的东西 원하는 물건을 사다 mǎidào xiǎngyào de dōngxi	
精彩 jīngcǎi 훌륭하다 完美 wánměi 완벽하다	□ 表演 biǎoyǎn 공연	□ 话剧 huàjù 연극
辣 là 맵다 清淡 qīngdàn 담백하다 甜 tián 달다 咸 xián 짜다	□ 菜 cài 요리	□ 味道 wèidao 맛
勤奋 qínfèn 근면하다, 부지런하다	□ 学习 xuéxí 공부	□ 工作 gōngzuò 일
淘气 táoqì 장난이 심하다 调皮 tiáopí 장난이 심하다	□ 孩子 háizi 아이	
优美 yōuměi 우아하고 아름답다	□ 风景 fēngjǐng 풍경 □ 姿势 zīshì 자세	□ 歌曲 gēqǔ 노래
周到 zhōudào 꼼꼼하다, 세심하다	□ 服务 fúwù 서비스	□ 安排 ānpái 계획

기출 테스트

정답 및 해설 | 해설서 14~19쪽

第1-8题 짧은 대화를 듣고 질문에 알맞은 보기를 고르세요.

1. A 非常乖
   B 学习很刻苦
   C 对色彩敏感
   D 对画画儿有兴趣

2. A 不够主动
   B 工作勤奋
   C 谦虚好学
   D 经常犯错

3. A 很完美
   B 不值得看
   C 故事很复杂
   D 有许多明星参演

4. A 疼得厉害
   B 完全恢复了
   C 力气变大了
   D 不能提重物

5. A 不安
   B 兴奋
   C 责备
   D 难过

6. A 颜色浅
   B 有些薄
   C 太宽了
   D 不时尚

7. A 观点独特
   B 没有个性
   C 会活跃气氛
   D 普通话不标准

8. A 不太顺利
   B 损失很大
   C 临时停工了
   D 已经结束了

맞은 개수

第9-12题 긴 대화를 듣고 질문에 알맞은 보기를 고르세요.

9. A 有点儿厚
B 非常时髦
C 颜色太暗
D 显得人胖

10. A 很委屈
B 很难受
C 很激动
D 很不安

11. A 十分有趣
B 专业性强
C 非常合理
D 很好理解

12. A 太辣了
B 很难吃
C 不够甜
D 比较清淡

Chapter 04 동작

▶ 동작형이란?

동작형은 다른 사람에게 시킨 동작, 화자가 이미 한 동작, 하고 있는 동작, 앞으로 하게 될 동작 등을 묻는 문제 유형이다. 보기에는 동사 구조(동사가 들어간 어구 형태), 특히 '동사 + 목적어' 구조가 주로 제시된다. 동작형은 듣기 제1・2부분 전체 문제 유형에서 약 16%의 출제 비율을 차지한다.

문제 풀이 전략

☑ 보기만 봐도 질문 유형을 대략 알 수 있다.

동작형은 모든 보기가 동사 구조로 이루어져 있는 경우가 많아서 이미 질문 포인트가 나와 있는 유형이다. 단, 남자와 여자의 동작이 각각 다를 수 있고, 특히 시제에 따라 정답이 달라질 수 있으므로 질문을 끝까지 정확히 듣고 답을 선택해야 한다.

☑ 동작형의 주요 질문 형식을 미리 알아 두자.

❶ 상대가 원하는 동작을 묻는 문제

A 让/请 B 做什么(怎么做)?	A는 B에게 무엇을 하라고(어떻게 하라고) 하는가?
A 要求 B 做什么(怎么做)?	A는 B에게 무엇을 하라고(어떻게 하라고) 요구하는가?
A 建议 B 做什么(怎么做)?	A는 B에게 무엇을 하라고(어떻게 하라고) 건의하는가?
A 提醒 B 做什么(怎么做)?	A는 B에게 무엇을 하라고(어떻게 하라고) 상기시키는가?
A 希望 B 做什么(怎么做)?	A는 B가 무엇을 하기를(어떻게 하기를) 희망하는가?

❷ 이미 한 동작을 묻는 문제

A 做什么了(干什么了)?	A는 무엇을 했는가?

❸ 현재 하고 있는 동작을 묻는 문제

A (正)在做什么?	A는 무엇을 하고 있는 중인가?
A 最可能在做什么?	A는 무엇을 하고 있을 가능성이 가장 큰가?

❹ 앞으로 하게 될 동작을 묻는 문제

A 打算/准备/计划做什么(怎么做)?	A는 무엇을 할(어떻게 할) 계획인가?
A 想/要做什么(怎么做)?	A는 무엇을 하고(어떻게 하고) 싶어 하는가?
A 接下来做什么(怎么做)?	A는 이어서 무엇을 할(어떻게 할) 것인가?

시원한 공략법 **01**

직접 정답을 언급하는 경우(직접형)

● 직접형은 녹음에서 보기에 있는 동작을 직접적으로 언급하거나 거의 비슷하게 제시하는 경우이다. 녹음에서는 떨어져 언급된 단어들이 보기에서는 연결되어 정답이 되는 경우도 있다.

시원한 공략법 실전 문제

Track 14

+ 듣기 제1부분

1. A 复印证件
   B 办理入学手续
   C 去邮局取包裹
   D 到达集合地点

2. A 出差
   B 去采访
   C 汇报工作
   D 写采访提纲

+ 듣기 제2부분

3. A 询问邻居
   B 明天就去报名
   C 亲自去幼儿园
   D 由女儿自己决定

시원한 공략법 실전 문제 풀이

1 동작형

男：请你带好个人身份证件，于下午六点前到留学生办公室办理入学手续。 女：好的，我一定会准时报到。 问：男的提醒女的做什么？	남: 개인 신분증을 가지고, 오후 6시 전에 유학생 사무실에 오셔서 입학 수속을 해 주세요. 여: 네. 제가 반드시 제시간에 등록하겠습니다. 질문: 남자는 여자에게 무엇을 하라고 상기시키는가?
A 复印证件　　B 办理入学手续 C 去邮局取包裹　　D 到达集合地点	A 신분증을 복사하다　　B 입학 수속을 하다 C 우체국에 가서 소포를 찾다　　D 집합 장소에 도착하다

풀이 보기에 동사가 모두 포함되어 있으므로 동작과 관련된 질문임을 예상할 수 있다. 남자가 여자에게 '입학 수속을 해 주세요'라고 말했으므로 정답은 B이다.

단어 ★**个人** gèrén 명 개인 | ★**身份** shēnfen 명 신분 | ★**证件** zhèngjiàn 명 (신분과 경력을 증명하는) 증서, 증명서 | ★**办理** bànlǐ 동 처리하다, 취급하다 | ★**入学** rùxué 동 입학하다 | ★**手续** shǒuxù 명 수속 | ★**报到** bàodào 동 도착 등록을 하다, 도착 보고를 하다 | ★**复印** fùyìn 명동 복사(하다) | ★**包裹** bāoguǒ 명 소포 | ★**到达** dàodá 동 도착하다, 도달하다 | ★**集合** jíhé 동 집합하다, 모이다 | ★**地点** dìdiǎn 명 장소, 지점

2

동작형

女：领导派我去上海出差，明天去博物馆采访的任务就交给你了。 男：行，你把采访提纲发给我吧。 问：女的明天要做什么？	여: 상사가 내게 상하이로 출장 가라고 해서, 내일 박물관에 가서 인터뷰하는 임무는 당신에게 넘길게요. 남: 좋아요. 인터뷰 개요를 저에게 보내 주세요. 질문: 여자는 내일 무엇을 하려고 하는가?
A 出差　B 去采访 C 汇报工作　D 写采访提纲	A 출장 가다　B 인터뷰하러 가다 C 업무를 종합 보고하다　D 인터뷰 개요를 쓰다

풀이 보기에 동사가 모두 포함되어 있으므로 동작과 관련된 질문임을 예상할 수 있다. 여자가 내일 '출장을 간다'고 했으므로 정답은 A이다. 이 문제의 경우 여자가 '원래'하려고 했던 동작을 묻는다면 B가 정답이 될 수도 있는 만큼 질문을 끝까지 듣는 것이 중요하다.

단어 ★**领导** lǐngdǎo ⓜ 상사, 지도자, 리더 | ★**派** pài ⓓ 파견하다, 맡기다 | **出差** chūchāi ⓓ 출장 가다 | ★**博物馆** bówùguǎn ⓜ 박물관 | ★**采访** cǎifǎng ⓜⓓ 인터뷰(하다), 취재(하다) | ★**任务** rènwu ⓜ 임무 | ★**提纲** tígāng ⓜ 개요, 요점 | **汇报** huìbào ⓓ 종합 보고하다

3

동작형

男：女儿就要上幼儿园了，小区里的那家怎么样？ 女：听说硬件设施很不错，而且离家近，接送孩子比较方便。 男：教学质量如何？ 女：不太清楚，这点最重要，改天我们亲自去看看吧。 问：女的打算怎么做？	남: 딸이 곧 유치원에 가야 하는데, 단지 안의 거기는 어때요? 여: 듣기로 하드웨어 시설이 괜찮다고 하고, 게다가 집에서 가까워서 아이를 등하원시키기 비교적 편리해요. 남: 교육의 질은 어때요? 여: 잘 모르겠는데, 이 점이 가장 중요하니까 다른 날 우리 직접 가서 좀 보도록 해요. 질문: 여자는 어떻게 할 계획인가?
A 询问邻居　B 明天就去报名 C 亲自去幼儿园　D 由女儿自己决定	A 이웃에게 물어본다　B 내일 바로 등록하러 간다 C 직접 유치원에 간다　D 딸이 스스로 결정한다

풀이 보기에 동사가 모두 포함되어 있으므로 동작형 질문임을 예상할 수 있다. 여자가 '우리 직접 (유치원에) 가서 좀 보도록 해요'라고 했으므로 정답은 C이다.

단어 ★**幼儿园** yòu'éryuán ⓜ 유치원 | ★**硬件** yìngjiàn ⓜ 하드웨어 | ★**设施** shèshī ⓜ 시설 | ★**质量** zhìliàng ⓜ 질, 품질 | ★**如何** rúhé ⓓ 어떠한가 | **改天** gǎitiān ⓜ 다른 날, 후일 | ★**亲自** qīnzì ⓟ 직접, 친히, 몸소 | ★**询问** xúnwèn ⓓ 문의하다, 알아보다 | ★**报名** bàomíng ⓓ 등록하다, 신청하다

시원한 공략법 02

유추를 통해 맞춰야 하는 경우(유추형)

● 유추형은 녹음에서 보기와 일치하는 표현을 직접적으로 언급하지 않아 정답을 유추해야 하는 경우이다. 문제의 정답이 녹음에서 언급된 표현을 일부 사용하는 경우도 있지만, 전체 내용을 이해하고 새로운 내용을 정답으로 유추해 내야 하는 경우도 있다.

시원한 공략법 실전 문제

Track 15

+ 듣기 제1부분

1. A 结账
   B 修窗户
   C 换座位
   D 取消预订

2. A 应聘
   B 写简历
   C 交换名片
   D 看望病人

+ 듣기 제2부분

3. A 看展览
   B 逛商场
   C 下象棋
   D 吃海鲜

시원한 공략법 실전 문제 풀이

1

동작형

女：服务员，我们可以换到靠窗户的那张桌子吗？
男：非常抱歉，八号桌已经被预订了。

问：女的想做什么？

여: 여기요(종업원), 우리 창가 쪽의 저 테이블로 바꿀 수 있을까요?
남: 매우 죄송합니다. 8번 테이블은 이미 예약되었습니다.

질문: 여자는 무엇을 하고 싶어 하는가?

A 结账　　B 修窗户
C 换座位　　D 取消预订

A 계산하다　　B 창문을 수리하다
C 자리를 바꾸다　　D 예약을 취소하다

[풀이] 모두 동사가 포함된 보기를 통해 동작형 질문임을 예상할 수 있다. 여자가 남자에게 '창가 쪽 테이블로 바꿀 수 있냐'고 물었으므로 정답은 C이다.

[단어] ★靠 kào [동] 기대다, 접근하다, 닿다 | ★窗户 chuānghu [명] 창문 | ★抱歉 bàoqiàn [형] 미안해하다 | ★预订 yùdìng [명][동] 예약(하다) | ★结账 jiézhàng [동] 계산하다 | ★座位 zuòwèi [명] 자리, 좌석 | ★取消 qǔxiāo [동] 취소하다

2

동작형

男：我看过你的简历了。你在上个公司发展得不错，为什么辞职呢？ 女：我父母年龄大了，我想回家乡工作，方便照顾他们。	남: 제가 당신의 이력서를 봤습니다. 당신은 지난 회사에서 잘 발전하고 있었는데, 왜 퇴사했나요? 여: 저희 부모님이 연세가 많으셔서, 그들을 돌보기 편하게 고향으로 돌아와서 일하고 싶습니다.
问：女的最可能在做什么？	질문: 여자는 무엇을 하고 있을 가능성이 가장 큰가?
A 应聘　B 写简历 C 交换名片　D 看望病人	A 지원하다　B 이력서를 쓰다 C 명함을 교환하다　D 병문안하다

풀이 모두 동사가 포함된 보기를 통해 동작형 질문임을 예상할 수 있다. 남자가 여자의 '이력서'를 보았고, 여자의 '지난 회사'와 '퇴사'를 언급한 것으로 보아 A가 정답임을 유추할 수 있다.

단어 ★简历 jiǎnlì ⓜ 이력(서) | ★辞职 cízhí ⓢ 퇴사하다, 사직하다 | ★年龄 niánlíng ⓜ 연령, 나이 | ★家乡 jiāxiāng ⓜ 고향 | ★应聘 yìngpìn ⓢ 지원하다 | ★交换 jiāohuàn ⓜⓢ 교환(하다) | ★名片 míngpiàn ⓜ 명함 | ★看望 kànwàng ⓢ 방문하다, 문안하다, 찾아가 보다

3

동작형

女：这部美食纪录片拍得太好了！我都忍不住要流口水了。 男：我也是，越看越饿。要不我们去吃点儿东西吧。 女：好啊！我知道一家海鲜店，爆炒大虾做得特别好。 男：那咱们快去吧。	여: 이 음식 다큐멘터리 정말 잘 찍었다! 나는 침을 흘리는 것을 참을 수가 없었어. 남: 나도 그래. 보면 볼수록 배가 고팠어. 우리 뭐 좀 먹으러 가든지 하자. 여: 좋아! 내가 해산물 식당 한 곳을 아는데, 새우 볶음을 아주 잘해. 남: 그럼 우리 빨리 가자.
问：他们接下来要做什么？	질문: 그들은 이어서 무엇을 하려고 하는가?
A 看展览　B 逛商场 C 下象棋　D 吃海鲜	A 전람회를 보다　B 쇼핑하다 C 장기를 두다　D 해산물을 먹다

풀이 모두 동사가 포함된 보기를 통해 동작형 질문임을 예상할 수 있다. 여자가 '해산물 식당'을 언급하자 남자가 빨리 가자고 말한 것으로 보아 이어질 동작이 D임을 유추할 수 있다.

단어 纪录片 jìlùpiàn ⓜ 다큐멘터리 | ★拍 pāi ⓢ 촬영하다 | ★忍不住 rěnbuzhù 참을 수 없다, ~하지 않을 수 없다 | 口水 kǒushuǐ ⓜ 침 | ★要不 yàobù ⓙ ~하든지, 그렇지 않으면 | ★海鲜 hǎixiān ⓜ 해산물 | 虾 xiā ⓜ 새우 | ★展览 zhǎnlǎn ⓜ 전람(회) | ★象棋 xiàngqí ⓜ 장기

시크릿 노트 시험에 자주 출제되는 **동작 표현과 관련 어휘**

出差 chūchāi 출장 가다	□ 领导 lǐngdǎo 상사 □ 派 pài 파견하다 □ 任务 rènwu 임무
贷款 dàikuǎn 대출하다	□ 银行 yínháng 은행 □ 咨询 zīxún 자문하다, 상담하다 □ ……号窗口 ……hào chuāngkǒu ~번 창구 □ 办理业务/办理手续 bànlǐ yèwù/bànlǐ shǒuxù 업무를 처리하다/수속하다
发言 fāyán 발언하다	□ 演讲 yǎnjiǎng 강연하다 □ 辩论 biànlùn 변론하다 □ 开幕式 kāimùshì 개막식 □ 发言提纲 fāyán tígāng 발언 개요 □ 发言稿 fāyán gǎo 발언 원고
挂号 guàhào (병원에서) 접수하다	□ 医院 yīyuàn 병원 □ 看病 kànbìng 진찰하다, 진찰받다 □ 治疗 zhìliáo 치료하다 □ 内科/外科 nèikē/wàikē 내과/외과
买股票 mǎi gǔpiào 주식을 사다	□ 股市 gǔshì 주식 시장 □ 利润高 lìrùn gāo 이윤이 높다 □ 投资 tóuzī 투자하다 □ 风险大 fēngxiǎn dà 리스크가 크다
拍照 pāizhào 사진을 찍다	□ 摆姿势 bǎi zīshì 포즈를 잡다 □ 合影 héyǐng 단체 사진을 찍다 □ 调整姿势 tiáozhěng zīshì 포즈를 바꾸다 □ 摄影师 shèyǐngshī 촬영 기사 □ 模特 mótè 모델
应聘 yìngpìn 지원하다	□ 简历 jiǎnlì 이력서 □ 辞职 cízhí 퇴사하다, 사직하다 □ 自我介绍 zìwǒ jièshào 자기 소개하다 □ 经验丰富 jīngyàn fēngfù 경험이 풍부하다 □ 实习 shíxí 실습하다 □ 面试 miànshì 면접보다
租房 zūfáng 집을 세내다	□ 交房租 jiāo fángzū 방세를 내다 □ 交押金 jiāo yājīn 보증금을 내다 □ 签合同 qiān hétong 계약서에 사인하다 □ 中介公司 zhōngjiè gōngsī 부동산 □ 出租 chūzū 세주다

기출 테스트

정답 및 해설 | 해설서 20~25쪽

맞은 개수

第1-8题 짧은 대화를 듣고 질문에 알맞은 보기를 고르세요.

1. A 多思考
   B 多活动
   C 多做记忆练习
   D 保证睡眠时间

2. A 邀请嘉宾
   B 辅导学生
   C 复印资料
   D 培训新员工

3. A 坚持训练
   B 挑战自己
   C 注意配合
   D 加入俱乐部

4. A 拍照
   B 出席宴会
   C 观看辩论赛
   D 欣赏音乐作品

5. A 多做宣传
   B 先暂停营业
   C 向银行贷款
   D 打造自己的特色

6. A 投票
   B 谈判
   C 看射击赛
   D 观看京剧表演

7. A 咨询朋友
   B 还清贷款
   C 和父母商量
   D 学习经济学知识

8. A 装修
   B 租房子
   C 逛家具店
   D 打扫房间

기출 테스트

第9-12题 긴 대화를 듣고 질문에 알맞은 보기를 고르세요.

9. A 回母校拍照
   B 回家办婚礼
   C 看望班主任
   D 去欧洲旅行

10. A 预订机票
    B 买一副象棋
    C 换一部手机
    D 安装下棋软件

11. A 面试
    B 买票
    C 买礼物
    D 过海关

12. A 维修灯
    B 安装水管
    C 处理垃圾
    D 管理交通

Chapter 05 열거

▶ 열거형이란?

열거형은 크게 두 가지 유형으로 나뉜다. 먼저 네 개의 명사성 보기 중 질문에 부합하는 답을 찾는 유형이 있고, 두 번째는 하나의 대상이나 상황에 대해 설명하는 동사나 형용사로 이루어진 보기에서 답을 찾는 유형이 있다. 열거형은 듣기 제1・2부분 전체 문제 유형에서 약 15%의 출제 비율을 차지한다.

문제 풀이 전략

☑ 명사로 이루어진 보기는 질문 유형을 대략 알 수 있다.

네 개의 보기가 비슷한 성격을 가진 명사로 이루어진 경우, 예를 들어 사물, 음식, 색깔 등으로 통일되어 있다면 열거형 문제이다. 이 유형의 경우, 녹음에서 언급되는 보기는 바로 체크해 두는 것이 좋다.

☑ 동사나 형용사로 이루어진 보기는 질문을 정확히 들어야 한다.

동사나 형용사로 이루어진 보기는 어떤 하나의 대상이나 상황에 대해 설명하기 때문에 보기 간에 어느 정도의 관련성을 찾을 수 있다. 하지만 보기만 봐서는 정확히 알 수 없고 상황에 따라 평가형이나 동작형 문제일 수도 있는 만큼, 항상 질문을 끝까지 확실히 듣고 정답을 찾자.

☑ 열거형의 주요 질문 형식을 미리 알아 두자.

열거형의 질문에는 주로 '什么'나 '哪'가 들어가는 것이 특징이다.

❶ '什么'가 들어가는 문제형의 예시

男的担心什么？	남자는 무엇을 걱정하는가?
男的有什么问题？	남자는 무슨 문제가 있는가?
女的收到了什么礼物？	여자는 무슨 선물을 받았는가?
女的要去拿什么？	여자는 무엇을 가지러 가려고 하는가?
A 有什么特点？	A는 무슨 특징이 있는가?
A 更重视什么？	A는 무엇을 더 중요시하는가?

❷ '哪'가 들어가는 문제형의 예시

男的喜欢哪类电影？	남자는 어느 종류의 영화를 좋아하는가?
男的在哪个领域成功？	남자는 어느 영역에서 성공했는가?
女的将负责哪个部门的工作？	여자는 어느 부서의 업무를 책임지게 되는가?
A 在哪方面有优势？	A는 어느 방면에서 강점이 있는가?
A 在哪方面存在问题？	A는 어느 방면에서 문제가 존재하는가?

시원한 공략법 01

직접 정답을 언급하는 경우(직접형)

● 직접형은 녹음에서 보기에 있는 표현을 직접적으로 언급하거나 거의 비슷하게 제시하는 경우이다. 녹음에서는 떨어져 언급된 단어들이 보기에서는 연결되어 정답이 되는 경우도 있다.

시원한 공략법 실전 문제

Track 18

+ 듣기 제1부분

1. A 技术部
   B 编辑部
   C 市场部
   D 人事部

2. A 项链
   B 围巾
   C 帽子
   D 眼镜

+ 듣기 제2부분

3. A 普通话标准
   B 没有其他兼职
   C 一周工作三天
   D 是历史学专业的

시원한 공략법 실전 문제 풀이

1 열거형

男：小黄，经领导们的一致同意，决定让你担任市场部经理。 女：谢谢大家的信任，我会努力的。 问：女的将负责哪个部门的工作？	남: 샤오황, 간부들의 일치된 동의를 거쳐, 당신이 마케팅부 부장을 맡게 하기로 결정했습니다. 여: 모두의 신임에 감사드립니다. 저는 노력할 것입니다. **질문: 여자는 어느 부서의 업무를 책임지게 되는가?**
A 技术部 B 编辑部 C 市场部 D 人事部	A 기술부 B 편집부 C 마케팅부 D 인사부

풀이 모두 부서명으로 이루어진 보기를 통해 열거형 질문임을 예상할 수 있다. 남자가 여자에게 '마케팅부' 부장을 맡기겠다고 말했으므로 정답은 C이다.

단어 ★领导 lǐngdǎo 명 간부, 지도자, 리더 | 经 jīng 전 거치다, 통과하다 | ★一致 yízhì 형 일치하다 | ★担任 dānrèn 동 맡다, 담당하다 | ★市场 shìchǎng 명 시장 | ★信任 xìnrèn 명동 신임(하다) | ★编辑 biānjí 명동 편집(하다) | ★人事 rénshì 명 인사

2

열거형

女：姥姥的生日快到了，你给她买礼物了吗？ 男：我看她常戴的那条围巾已经很旧了，打算给她买条新的。	여: 외할머니의 생신이 곧 다가오는데, 너는 그녀에게 선물을 샀니? 남: 내가 보기에 그녀가 자주 매는 그 스카프가 이미 낡은 것 같아서, 그녀에게 새것을 사드릴 계획이야.
问：男的打算给姥姥买什么？	질문: 남자는 외할머니에게 무엇을 사드릴 계획인가?
A 项链　B 围巾　C 帽子　D 眼镜	A 목걸이　B 스카프　C 모자　D 안경

풀이 모두 액세서리로 이루어진 보기를 통해 열거형 질문임을 예상할 수 있다. 남자가 외할머니에게 새 '스카프'를 사드릴 계획이라고 말했으므로 정답은 B이다.

단어 ★**姥姥** lǎolao 명 외할머니 | ★**戴** dài 동 (머리, 얼굴, 가슴, 팔 등에) 착용하다, 쓰다 | ★**围巾** wéijīn 명 스카프, 목도리 | ★**项链** xiàngliàn 명 목걸이

3

열거형

男：咱们学校的博物馆在招聘兼职讲解员，你要不要去试试？ 女：有什么要求？ 男：普通话标准，每周至少能抽出两天空闲时间。 女：我的条件还挺符合的，在哪儿报名？	남: 우리 학교 박물관에서 겸직 해설자를 모집하고 있던데, 너 가서 한번 해 보지 않을래? 여: 무슨 요구가 있는데? 남: 표준어가 정확하고, 매주 적어도 이틀의 여가 시간을 뺄 수 있어야 해. 여: 내 조건이 아주 부합해. 어디서 신청해?
问：下列哪项是博物馆的招聘要求？	질문: 다음 중 어느 것이 박물관의 모집 요구인가?
A 普通话标准　B 没有其他兼职 C 一周工作三天　D 是历史学专业的	A 표준어가 정확하다　B 다른 겸직이 없다 C 일주일에 3일 일한다　D 역사학 전공이다

풀이 모두 어떤 업무에 대한 조건을 설명하는 내용으로 이루어진 보기를 통해 열거형 질문임을 예상할 수 있다. 남자가 '표준어가 정확'해야 한다고 했으므로 정답은 A이다.

단어 ★**博物馆** bówùguǎn 명 박물관 | ★**招聘** zhāopìn 동 모집하다 | ★**兼职** jiānzhí 명동 겸직(하다) | **讲解** jiǎngjiě 동 해설하다, 설명하다 | ★**普通话** pǔtōnghuà 명 표준어 | ★**至少** zhìshǎo 부 적어도, 최소한 | **抽** chōu 동 빼(내)다 | ★**空闲** kòngxián 명 여가, 짬, 틈 | ★**符合** fúhé 동 부합하다, 일치하다 | ★**报名** bàomíng 동 신청하다, 등록하다 | ★**专业** zhuānyè 명 전공

시원한 공략법 02 유추를 통해 맞춰야 하는 경우(유추형)

● 유추형은 녹음에서 직접적으로 보기와 일치되는 표현을 언급하지 않아 정답을 유추해야 하는 경우이다. 문제의 정답이 녹음에서 언급된 표현을 일부 사용하는 경우도 있지만, 전체 내용을 이해하고 새로운 내용을 정답으로 유추해 내야 하는 경우도 있다.

시원한 공략법 실전 문제

Track 19

+ 듣기 제1부분

1. A 跑步
   B 网球
   C 射击
   D 游泳

2. A 商业谈判类
   B 旅游文化类
   C 读书访谈类
   D 新闻报告类

+ 듣기 제2부분

3. A 水管漏水
   B 戒指被冲走
   C 厨房地太滑
   D 肥皂不够用

시원한 공략법 실전 문제 풀이

1

열거형

女：教练，我总是调整不好呼吸。 男：呼吸时注意配合手脚的动作，双手划水后再抬头吸气，同时双脚蹬水。 问：女的最可能在学什么？	여: 감독님, 저는 항상 호흡을 잘 조정할 수가 없어요. 남: 호흡할 때 손과 발의 동작을 맞추도록 주의하고, 두 손은 물을 가른 후에 머리를 들어 공기를 들이마시고, 동시에 두 발은 물을 차 내도록 해. 질문: 여자는 무엇을 배우고 싶어 할 가능성이 가장 큰가?
A 跑步　B 网球　C 射击　D 游泳	A 달리기　B 테니스　C 사격　D 수영

풀이 모두 스포츠로 이루어진 보기를 통해 열거형 질문임을 예상할 수 있다. 대화에서 '호흡'과 '물'이 반복적으로 언급되는 것으로 보아 답일 가능성이 가장 큰 것은 D임을 유추할 수 있다.

단어 ★教练 jiàoliàn 명 감독, 코치 | ★调整 tiáozhěng 동 조정하다 | ★呼吸 hūxī 명동 호흡(하다) | ★配合 pèihé 동 맞추다, 협동하다, 협력하다 | ★划 huá 동 (물을) 가르다, 헤치다 | ★抬头 táitóu 동 머리를 들다 | 吸 xī 동 들이마시다, 들이쉬다 | 气 qì 명 공기, 바람 | 蹬 dēng 동 (다리를) 뻗다 | ★网球 wǎngqiú 명 테니스 | ★射击 shèjī 명동 사격(하다)

2

열거형

男：爱阅读的人永远年轻！大家好，欢迎收看本次《书香北京》栏目。今天我们要采访的嘉宾是北京大学历史系的张冬梅教授。欢迎您，张教授！

女：大家好，主持人好！

问：那是个什么类型的节目？

남: 독서를 좋아하는 사람은 영원히 젊다! 여러분 안녕하세요? 이번 《베이징 책의 향기》 프로그램을 시청하시는 것을 환영합니다. 오늘 저희가 인터뷰하려는 게스트는 베이징대학 역사과의 장동메이 교수님입니다. 환영합니다. 장 교수님!

여: 여러분 안녕하세요. 사회자님 안녕하세요!

질문: 그것은 무슨 유형의 프로그램인가?

A 商业谈判类　　B 旅游文化类

C 读书访谈类　　D 新闻报告类

A 상업 협상류　　B 여행 문화류

C 독서 취재류　　D 뉴스 보고류

[풀이] 모두 프로그램의 유형으로 이루어진 보기를 통해 열거형 질문임을 예상할 수 있다. 우선 남자가 '오늘 인터뷰하려는 게스트'를 언급했고, 본격적인 게스트 소개에 앞서 '독서'를 언급한 것으로 보아 정답이 C임을 유추할 수 있다.

[단어] **收看** shōukàn [동] (텔레비전을) 시청하다 | **栏目** lánmù [명] 프로그램 | ★**采访** cǎifǎng [명][동] 인터뷰(하다), 취재(하다) | ★**嘉宾** jiābīn [명] 게스트, 내빈 | ★**主持** zhǔchí [동] 사회보다, 주관하다 | ★**类型** lèixíng [명] 유형 | ★**商业** shāngyè [명] 상업 | ★**谈判** tánpàn [명][동] 협상(하다), 담판(하다) | ★**访谈** fǎngtán [동] 취재하다 | **报告** bàogào [명][동] 보고(하다)

3

열거형

女：我记得洗衣服时，把戒指取下来放在洗手池边了，可现在不见了！

男：不会被冲进下水道了吧？

女：不会！戒指比下水口大，应该漏不下去。

男：再仔细看看洗手池周围吧。

问：男的在担心什么？

여: 내가 기억하기로 빨래할 때 반지를 빼서 세면대 옆에 두었는데, 지금 보이지 않아!

남: 하수도로 떠내려 간 건 아니겠지?

여: 아니야! 반지가 하수도 입구보다 커서 빠질 수가 없을 거야.

남: 세면대 주위를 다시 자세히 좀 봐 봐.

질문: 남자는 무엇을 걱정하고 있는가?

A 水管漏水

B 戒指被冲走

C 厨房地太滑

D 肥皂不够用

A 수도관에 물이 새다

B 반지가 물에 떠내려 가다

C 주방 바닥이 너무 미끄럽다

D 비누가 사용하기에 충분하지 않다

[풀이] 이 문제는 형용사나 동사로 이루어진 보기만 봐서는 질문을 예상하기 어렵다. 여자가 반지가 없어졌다고 말하자, 남자가 '하수도로 떠내려 간 건 아니겠지?'라고 걱정하는 것으로 보아 B가 정답임을 유추할 수 있다.

[단어] ★**戒指** jièzhi [명] 반지 | ★**取** qǔ [동] 빼다, 뽑다 | **洗手池** xǐshǒuchí [명] 세면대 | ★**冲** chōng [동] (물에) 떠내려 가다, 휩쓸다 | **下水道** xiàshuǐdào [명] 하수도 | ★**漏** lòu [동] 빠지다, 새다 | ★**仔细** zǐxì [형] 자세하다 | ★**周围** zhōuwéi [명] 주위 | **水管** shuǐguǎn [명] 수도관 | ★**厨房** chúfáng [명] 주방, 부엌 | ★**滑** huá [형] 미끄럽다 | ★**肥皂** féizào [명] 비누

기출 테스트

정답 및 해설 | 해설서 25~30쪽

맞은 개수

第1-8题 짧은 대화를 듣고 질문에 알맞은 보기를 고르세요.

Track 20

1. A 扇子
   B 梳子
   C 耳环
   D 围巾

2. A 文具店
   B 乐器店
   C 服装店
   D 食品店

3. A 移民
   B 汇率
   C 学历
   D 夏令营

4. A 太淘气
   B 学习不用功
   C 欣赏不了抽象画
   D 不理解诗的意思

5. A 矿泉水
   B 晕车药
   C 一些零食
   D 数码照相机

6. A 鼠标
   B 麦克风
   C 遥控器
   D 录音机

7. A 语速太快
   B 手势太少
   C 表达不流利
   D 没投入感情

8. A 黄金
   B 股票
   C 房地产
   D 贵金属

기출 테스트

第9-12题 긴 대화를 듣고 질문에 알맞은 보기를 고르세요.

9. A 玩具
   B 家具
   C 零食
   D 日用品

10. A 支票
    B 抽屉钥匙
    C 谈判资料
    D 录音设备

11. A 各地风俗
    B 科学发展
    C 自然地理
    D 古代神话

12. A 桌上文件太多
    B 工作效率很低
    C 日程安排过满
    D 各部门配合得不好

Chapter 06 화제 · 사건

▶ 화제 · 사건형이란?

화제형은 말 그대로 대화를 나누는 두 사람이 주로 이야기하는 핵심 화제를 찾아내는 문제형이다. 이때 녹음에서 언급된 한 단어가 아닌 대화를 이끌어가는 전체 화제를 정답으로 찾아야 한다. 사건형은 대화하는 인물 중 한 사람이나 어떤 사물에 생긴 사건에 대해 질문하는 유형이다. 화제 · 사건형은 듣기 제1 · 2부분 전체 문제 유형에서 약 7%의 출제 비율을 차지한다.

문제 풀이 전략

☑ 화제형과 사건형은 보기만으로 질문 유형을 알 수 없다.

화제형은 주로 네 개의 명사성 보기가 주어지므로 보기의 형태만 봐서는 열거형과 유사해 보일 수 있다. 사건형은 주로 동사성 보기가 주어져 동작형과 유사해 보인다. 이렇게 보기만으로 문제 유형을 미리 파악할 수 없는 문제형은 보기를 보면서 같은 표현이 있으면 표시해 두고 질문을 확실하게 듣는 것이 중요하다.

☑ 화제형과 사건형의 주요 질문 형식을 미리 알아 두자.

❶ 화제형의 질문 유형

他们谈/谈论什么？	그들은 무엇을 이야기하는가/논의하는가?
他们谈什么问题？	그들은 어떤 문제를 이야기하는가?

❷ 사건형의 질문 유형

男的/女的/A 怎么了？	남자/여자/A는 어떻게 된 것인가?

☑ 들어야 해서 듣기이다.

듣기에서 가장 중요한 것은 당연히 '듣는 것'이다. 하지만 생각보다 들어야 하는 내용이 많은 경우 다른 것에 주의력을 빼앗기기 쉽다. 예를 들어 녹음이 나오고 있는 중에 보기를 해석하는 경우가 있다. 그렇게 되면 보기를 해석하는 동안 듣기 녹음 내용을 놓칠 수 있다. 또 다른 예로 쓸데없이 너무 많은 메모를 하는 것도 듣기에 대한 집중력을 떨어뜨린다. 보기에 있는 표현 중 겹치는 정도만 표시해 두면 충분하다.

시원한 공략법 **01**

직접 정답을 언급하는 경우(직접형)

● 직접형은 녹음에서 보기에 있는 표현을 직접적으로 언급하거나 거의 비슷하게 제시하는 경우이다. 녹음에서는 떨어져 언급된 단어들이 보기에서는 연결되어 정답이 되는 경우도 있다.

시원한 공략법 실전 문제

Track 22

+ 듣기 제1부분

1. A 划破了
   B 过敏了
   C 烫伤了
   D 被虫子咬了

2. A 产品的用途
   B 产品推广方案
   C 新产品的销量
   D 学生的购买力

+ 듣기 제2부분

3. A 摔倒了
   B 胃口差
   C 喝酒了
   D 驾照不见了

시원한 공략법 실전 문제 풀이

1

사건형

男：你的手指怎么受伤了？ 女：刚才翻书的时候不小心划破了，没想到一张薄薄的纸这么厉害。 问：女的手指怎么了？	남: 당신 손가락은 어째서 상처가 났어요? 여: 방금 책을 넘길 때 조심하지 않아 베였어요. 한 장의 얇디 얇은 종이가 이렇게 대단할 줄 생각지도 못했어요. **질문: 여자의 손가락은 어떻게 된 것인가?**
A 划破了　　B 过敏了 C 烫伤了　　D 被虫子咬了	A 베였다　　B 알레르기가 생겼다 C 데었다　　D 벌레에 물렸다

풀이 보기로는 문제 유형을 정확히 알 수 없지만, 질문의 '**怎么了**'를 통해 사건형임을 알 수 있다. 여자가 손가락을 '베였다'고 말했으므로 정답은 A이다.

단어 ★**手指** shǒuzhǐ 명 손가락 | ★**受伤** shòushāng 동 상처를 입다, 부상을 당하다 | ★**翻** fān 동 (책을) 펼치다, 펴다, (물건을 찾기 위해) 뒤지다 | ★**划** huá 동 상처를 내다, 긋다 | ★**薄** báo 형 얇다 | ★**厉害** lìhai 형 대단하다, 심하다, 지독하다 | ★**过敏** guòmǐn 명형 알레르기(가 있다) | ★**烫** tàng 동 화상 입다, 데다 | **虫子** chóngzi 명 벌레 | ★**咬** yǎo 동 (깨)물다

2

화제형

女：这个产品主要是为学生设计的，所以推广方案应该针对学生。 男：您说得很对。我回去把方案修改一下再发给您。	여: 이 제품은 주로 학생들을 위해 디자인한 것이어서, 홍보 방안은 학생들을 겨냥해야 합니다. 남: 맞는 말씀입니다. 제가 돌아가서 방안을 좀 수정한 후에 다시 보내 드리겠습니다.
问：他们在谈论什么？	질문: 그들은 무엇을 논의하고 있는가?
A 产品的用途　B 产品推广方案 C 新产品的销量　D 学生的购买力	A 제품의 용도　B 제품의 홍보 방안 C 신제품의 판매량　D 학생의 구매력

[풀이] 보기로는 문제 유형을 정확히 알 수 없지만, 질문의 '**谈论什么**'를 통해 화제형임을 알 수 있다. 여자가 '제품의 홍보 방안'에 대해 언급하고, 남자도 그것에 대한 수정 의견을 이야기하고 있으므로 정답은 B이다.

[단어] ★**产品** chǎnpǐn [명] 제품, 상품 | ★**设计** shèjì [명][동] 디자인(하다), 설계(하다) | ★**推广** tuīguǎng [동] 널리 보급하다, 일반화하다 | ★**方案** fāng'àn [명] 방안 | ★**针对** zhēnduì [동] 겨누다, 대하다, 맞추다 | ★**修改** xiūgǎi [동] 수정하다, 고치다 | ★**用途** yòngtú [명] 용도 | **销量** xiāoliàng [명] 판매량 | **购买** gòumǎi [동] 구매하다

3

사건형

男：已经十一点了，要不咱们回去吧。 女：好！不过你喝酒了，不能开车。 男：知道了，我一会儿叫个代驾。 女：行。那你路上当心点儿，我先走了。	남: 이미 11시야. 우리 돌아가든지 하자. 여: 좋아! 하지만 너는 술을 마셨으니 운전하면 안 돼. 남: 알았어. 내가 좀 있다 대리운전을 부를게. 여: 그래. 그럼 길 조심하고, 나 먼저 갈게.
问：男的怎么了？	질문: 남자는 어떻게 된 것인가?
A 摔倒了　B 胃口差 C 喝酒了　D 驾照不见了	A 넘어졌다　B 입맛이 좋지 않다 C 술을 마셨다　D 운전면허증이 보이지 않는다

[풀이] 보기로는 문제 유형을 정확히 알 수 없지만, 질문의 '**怎么了**'를 통해 사건형임을 알 수 있다. 여자가 남자에게 '너는 술을 마셨으니'라고 말했으므로 정답은 C이다.

[단어] ★**要不** yàobù [접] ~하든지, 그렇지 않으면 | **代驾** dàijià [명][동] 대리운전(하다) | ★**当心** dāngxīn [동] 조심하다, 주의하다 | ★**摔倒** shuāidǎo [동] 넘어지다, 자빠지다 | ★**胃口** wèikǒu [명] 입맛, 식욕 | **驾照** jiàzhào [명] 운전면허증

시원한 공략법 **02**

유추를 통해 맞춰야 하는 경우(유추형)

● 유추형은 녹음에서 직접적으로 보기와 일치되는 표현을 언급하지 않아 정답을 유추해야 하는 경우이다. 문제의 정답이 녹음에서 언급된 표현을 일부 사용하는 경우도 있지만, 전체 내용을 이해하고 새로운 내용을 정답으로 유추해 내야 하는 경우도 있다.

시원한 공략법 실전 문제

Track 23

+ 듣기 제1부분

1. A 失眠问题
   B 梦的内容
   C 航班信息
   D 行业选择

2. A 忘了登记
   B 踩坏了草地
   C 记错了地址
   D 误闯了私人花园

+ 듣기 제2부분

3. A 高档酒店的经营
   B 活动的相关安排
   C 安保人员的招聘
   D 嘉宾人选的确定

시원한 공략법 실전 문제 풀이

1

화제형

女：奇怪了！我最近梦里老梦到出了门没赶上飞机。
男：我看到过相关解释，可能是你最近生活压力大导致的。

问：他们在谈什么？

여: 이상하네! 난 요즘 꿈에서 계속 문을 나서서 비행기를 타지 못하는 꿈을 꿔.
남: 내가 관련 설명을 본 적이 있는데, 아마도 네가 최근에 생활 스트레스가 커서 초래된 걸 거야.

질문: 그들은 무엇을 이야기하고 있는가?

A 失眠问题	B 梦的内容	A 불면 문제	B 꿈의 내용
C 航班信息	D 行业选择	C 항공편 정보	D 업종 선택

풀이 보기로는 문제 유형을 정확히 알 수 없지만, 질문의 '**谈什么**'를 통해 화제형임을 알 수 있다. 여자가 '요즘 꿈에서 계속 어떤 내용의 꿈을 꾼다'고 말하자 남자가 여자의 그러한 꿈을 꾸는 원인에 대해 이야기하고 있으므로 정답은 B이다.

단어 ★**梦** mèng 명동 꿈(꾸다) | ★**相关** xiāngguān 동 관련되다, 상관이 있다 | ★**解释** jiěshì 동 설명하다, 해설하다 | ★**导致** dǎozhì 동 (부정적인 사태를) 초래하다, 야기하다 | ★**失眠** shīmián 명 불면(증) 동 잠을 이루지 못하다 | ★**航班** hángbān 명 (배나 비행기의) 항공편, 운행편 | ★**信息** xìnxī 명 정보 | ★**行业** hángyè 명 업종, 업계

2

사건형

男：小姐！这里是私人花园，外人不允许进入，请立即离开。 女：实在抱歉，我以为是公园。 问：女的怎么了？	남: 아가씨! 이곳은 개인 화원입니다. 외부인은 들어올 수 없습니다. 즉시 떠나 주세요. 여: 정말 죄송합니다. 저는 공원인 줄 알았어요. 질문: 여자는 어떻게 된 것인가?
A 忘了登记　　B 踩坏了草地 C 记错了地址　　D 误闯了私人花园	A 등록을 잊었다　　B 잔디를 밟아 망가뜨렸다 C 주소를 잘못 기억했다　　D 개인 화원에 잘못 들어갔다

풀이 보기로는 문제 유형을 정확히 알 수 없지만, 질문의 '**怎么了**'를 통해 사건형임을 알 수 있다. 남자가 '이곳은 개인 화원입니다'라고 말하자 여자가 '저는 공원인 줄 알았어요'라고 대답하는 것으로 보아 개인 화원에 잘못 들어갔음을 유추할 수 있다. 따라서 정답은 D이다.

단어 ★**私人** sīrén 명 개인 | **花园** huāyuán 명 화원 | ★**允许** yǔnxǔ 동 허가하다, 허락하다 | ★**立即** lìjí 부 즉시, 곧 | ★**实在** shízài 부 정말, 참으로 | ★**抱歉** bàoqiàn 형 미안해하다 | ★**登记** dēngjì 명동 등록(하다), 체크인(하다) | ★**踩** cǎi 동 (발로) 밟다 | **草地** cǎodì 동 잔디(밭) | **误** wù 동 잘못하다, 틀리다 | ★**闯** chuǎng 동 갑자기 뛰어들다, 돌입하다

3

화제형

女：这次的活动规模很大，一定要注意维持会场的秩序。 男：您放心，我们已经增派了安保人员。 女：嘉宾的住宿安排得怎么样了？ 男：已经安排好了，就在离会场最近的那个高档酒店。 问：他们在谈论什么？	여: 이번 행사는 규모가 크니까, 반드시 회의장의 질서를 유지하는 데 주의해야 해요. 남: 안심하세요. 저희가 이미 보안요원을 추가로 파견했습니다. 여: 내빈의 숙박 배치는 어떻게 되었나요? 남: 이미 다 배치했습니다. 바로 회의장에서 가장 가까운 고급 호텔입니다. 질문: 그들은 무엇을 논의하고 있는가?
A 高档酒店的经营　　B 活动的相关安排 C 安保人员的招聘　　D 嘉宾人选的确定	A 고급 호텔의 경영　　B 행사 관련 계획 C 보안요원의 모집　　D 내빈 인원의 확정

풀이 보기로는 문제 유형을 정확히 알 수 없지만, 질문의 '**谈论什么**'를 통해 화제형임을 알 수 있다. 여자가 '행사 회의장의 질서, 내빈의 숙박' 문제 등을 확인하고 있는 것으로 보아 B가 정답임을 유추할 수 있다.

단어 **活动** huódòng 명 행사, 활동 | ★**规模** guīmó 명 규모 | **维持** wéichí 동 유지하다 | ★**会场** huìchǎng 명 회의장 | ★**秩序** zhìxù 명 질서 | ★**派** pài 동 파견하다, 임명하다, 맡기다 | **安保** ānbǎo 명 보안, 안보 | ★**人员** rényuán 명 요원, 인원 | ★**嘉宾** jiābīn 명 내빈, 게스트 | **住宿** zhùsù 동 숙박하다 | ★**高档** gāodàng 형 고급의 | **经营** jīngyíng 명동 경영(하다) | ★**招聘** zhāopìn 동 모집하다, 채용하다 | **人选** rénxuǎn 명 선발 인원, 선출된 사람 | ★**确定** quèdìng 명동 확정(하다)

기출 테스트

정답 및 해설 | 해설서 31~36쪽

第1-8题 짧은 대화를 듣고 질문에 알맞은 보기를 고르세요.

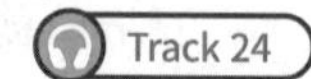

1. A 设计方案
   B 名片印刷
   C 图书出版
   D 合同期限

2. A 网络的好处
   B 青少年的心理问题
   C 网络与现实的矛盾
   D 青少年是否应远离网络

3. A 拉伤肌肉了
   B 走路不灵活
   C 手部受伤了
   D 担心手术风险大

4. A 肚子疼
   B 没胃口
   C 晕车了
   D 着凉了

5. A 座位安排
   B 参会人数
   C 会议日程
   D 会议主题

6. A 选课
   B 教材
   C 新年愿望
   D 课程作业

7. A 肩膀很疼
   B 胳膊酸痛
   C 看东西模糊
   D 嗓子不舒服

8. A 被撞了
   B 玻璃碎了
   C 零件坏了
   D 没汽油了

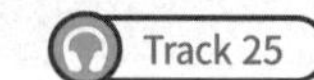

第9-12题 긴 대화를 듣고 질문에 알맞은 보기를 고르세요. Track 25

9. A 机器人
B 个人前途
C 新闻报道
D 自然灾害

10. A 受伤了
B 车被撞了
C 没买保险
D 不会修车

11. A 相机的重量
B 要不要买相机
C 怎样讨价还价
D 相机什么时候打折

12. A 笔试不及格
B 要重新参加笔试
C 没收到面试通知
D 没拿到教师资格证

Chapter 07 원인

▶ 원인형이란?

원인형은 대화를 나누는 남자나 여자, 혹은 제3의 인물이나 사물에 대해 어떤 일이 생긴 원인을 찾아내는 문제이다. 질문의 주어에 따라 답이 달라질 수도 있는 만큼 녹음을 들을 때 남자와 여자의 구분을 명확히 해야 하며, 질문의 주어를 확실히 들어야 한다. 원인형은 듣기 제1·2부분 전체 문제 유형에서 약 10%의 출제 비율을 차지한다.

문제 풀이 전략

☑ 원인형은 보기만으로 질문 유형을 알 수 없다.

원인형은 어떤 일에 대한 원인을 풀어서 설명하므로 서술어가 포함되어 있고 다른 유형에 비해 보기의 길이가 긴 편이다. 앞으로 배우게 될 판단형과 함의형도 모두 이런 유형의 보기로 되어 있다. 이처럼 보기만으로 질문 유형을 미리 파악할 수 없는 문제형은 질문을 끝까지 확실하게 듣는 것이 무엇보다 중요하다.

☑ 원인형의 주요 질문 형식을 미리 알아 두자.

男的/女的/A 为什么 ……?	남자/여자/A는 왜 ~하는가?
男的/女的/A …… 的原因是什么?	남자/여자/A가 ~하는 원인은 무엇인가?
男的/女的/A …… 是什么原因?	남자/여자/A가 ~하는 것은 무슨 원인인가?

☑ 봐야 해서 보기이다.

주어진 보기는 봐야(看) 하는 것이지 읽고(读) 해석해야 하는 것이 아니다. 물론 녹음이 시작되기 전에 남는 시간이 있다면 보기를 미리 읽어 두는 것이 분명 유리하다. 하지만 일단 녹음이 나오기 시작하면 자세하게 해석하는 것을 멈추고 듣는 것에 집중해야 한다. 특히 원인형처럼 보기가 길어지면 녹음을 듣는 것보다 해석에 집착하는 경우가 많으므로 주의하도록 하자. 또한, 누구나 모든 녹음 내용을 다 알아들을 수는 없기 때문에 보기를 이용해서 정답을 찾는 연습을 해야 한다. 보기를 보는(看) 가장 효과적인 방법은 네 개의 보기를 동시에 보면서 녹음과 일치하거나 유사한 곳에 메모나 표시를 하는 것이다. 특히 한 문제씩 듣는 대화형보다 단문을 듣고 2-3문제를 풀어야 하는 듣기 제2부분의 31번-45번에서 이런 습관은 더욱 중요하다.

시원한 공략법 01

직접 정답을 언급하는 경우(직접형)

● 직접형은 녹음에서 보기에 있는 표현을 직접적으로 언급하거나 거의 비슷하게 제시하는 경우이다. 녹음에서는 떨어져 언급된 단어들이 보기에서는 연결되어 정답이 되는 경우도 있다.

시원한 공략법 실전 문제

✚ 듣기 제1부분

1. A 胡同变窄了
   B 老房子被拆了
   C 展览馆不见了
   D 大厦装修得不好

2. A 发生了意外
   B 爸爸受伤了
   C 刚做完手术
   D 要照顾母亲

✚ 듣기 제2부분

3. A 家里太冷清了
   B 帮忙照顾孙子
   C 感受北京过年气氛
   D 工作太忙无法回家

시원한 공략법 실전 문제 풀이

1 원인형

男：这条胡同里的老房子都被拆除了，现在都变成了高楼大厦。 女：是啊，太可惜了。这里有许多我儿时的记忆。 问：女的为什么觉得可惜？	남: 이 골목 안의 오래된 집들은 모두 철거되어서, 지금은 다 고층 빌딩으로 변했네요. 여: 그러게요. 너무 아쉬워요. 이곳에는 저의 어렸을 때의 기억이 많이 있거든요. 질문: 여자는 왜 아쉽다고 느끼는가?
A 胡同变窄了 B 老房子被拆了 C 展览馆不见了 D 大厦装修得不好	A 골목이 좁아졌다 B 오래된 집들이 철거됐다 C 전시장이 보이지 않는다 D 빌딩은 인테리어를 잘하지 못했다

풀이 보기로는 문제 유형을 정확히 알 수 없지만, 질문의 '**为什么**'를 통해 원인형임을 알 수 있다. 남자의 '오래된 집들이 모두 철거되었다'는 말에 여자가 '너무 아쉽다'고 말했으므로 정답은 B이다.

단어 ★**胡同** hútòng 명 골목 | ★**拆除** chāichú 동 철거하다 | ★**大厦** dàshà 명 고층 건물, 빌딩 | ★**可惜** kěxī 형 아쉽다, 아깝다 | ★**记忆** jìyì 명동 기억(하다) | ★**窄** zhǎi 형 (폭이) 좁다 | ★**拆** chāi 동 헐다, 뜯다 | ★**展览** zhǎnlǎn 명동 전시(하다), 전람(하다) | ★**装修** zhuāngxiū 동 인테리어하다

2

원인형

女：听说你请了好几天假，怎么了？ 男：我妈前几天做了个手术，我得和我爸轮流照顾她。 问：男的为什么请假？	여: 듣기로 당신이 며칠이나 휴가를 냈다던데, 어떻게 된 거예요? 남: 저희 어머니가 며칠 전에 수술을 하셔서, 저와 저희 아버지가 돌아가면서 그녀를 돌봐야 해요. **질문: 남자는 왜 휴가를 냈는가?**
A 发生了意外　B 爸爸受伤了 C 刚做完手术　D 要照顾母亲	A 뜻밖의 사고가 났다　B 아버지가 다치셨다 C 막 수술을 다 했다　D 어머니를 돌봐야 한다

[풀이] 보기로는 문제 유형을 정확히 알 수 없지만, 질문의 '**为什么**'를 통해 원인형임을 알 수 있다. 남자가 '어머니를 돌봐야 한다'고 말했으므로 정답은 D이다.

[단어] ★**手术** shǒushù [명][동] 수술(하다) | ★**轮流** lúnliú [동] 돌아가면서 하다, 교대로 하다 | ★**意外** yìwài [명] 뜻밖의 사고 | ★**受伤** shòushāng [동] 부상을 당하다, 상처를 입다 | ★**刚** gāng [부] 막, 방금

3

원인형

男：今年除夕怎么安排？ 女：要不把爸妈接来北京一起过吧，怎么样？ 男：这个主意好，正好让他们感受一下北京过年的气氛。 女：那我明天就问问他们的意见。 问：男的为什么想让父母到北京过年？	남: 올해 섣달그믐날은 어떻게 계획할까? 여: 아빠, 엄마를 베이징으로 모셔와서 함께 보내든지 하자. 어때? 남: 좋은 생각이야. 그들에게 베이징의 설을 쇠는 분위기를 좀 느끼게 해드리기 딱 좋겠어. 여: 그럼 내가 내일 그들의 의견을 좀 물어볼게. **질문: 남자는 왜 부모님을 베이징으로 와서 설을 쇠게 하고 싶어 하는가?**
A 家里太冷清了 B 帮忙照顾孙子 C 感受北京过年气氛 D 工作太忙无法回家	A 집이 너무 썰렁하다 B 손자를 돌보는 것을 돕는다 C 베이징의 설을 쇠는 분위기를 느낀다 D 일이 너무 바빠서 집에 돌아갈 수가 없다

[풀이] 보기로는 문제 유형을 정확히 알 수 없지만, 질문의 '**为什么**'를 통해 원인형임을 알 수 있다. 남자가 '부모님께 베이징의 설을 쇠는 분위기를 좀 느끼게 해드리기 딱 좋겠어'라고 말했으므로 정답은 C이다.

[단어] ★**除夕** chúxī [명] 섣달그믐날 (밤), 제야 | ★**要不** yàobù [접] ~하든지, 그렇지 않으면 | ★**主意** zhǔyi [명] 생각, 방법, 의견 | ★**感受** gǎnshòu [동] 느끼다 [명] 느낌, 감상 | ★**气氛** qìfēn [명] 분위기 | **冷清** lěngqing [형] 썰렁하다, 적막하다 | ★**孙子** sūnzi [명] 손자 | **无法** wúfǎ [동] ~할 수 없다, ~할 방법이 없다

시원한 공략법 02

유추를 통해 맞춰야 하는 경우(유추형)

● 유추형은 녹음에서 직접적으로 보기와 일치되는 표현을 언급하지 않아 정답을 유추해야 하는 경우이다. 녹음에서 언급된 표현을 정답으로 일부 사용하는 경우도 있지만, 전체 내용을 이해하고 새로운 내용을 정답으로 유추해 내야 하는 경우도 있다.

시원한 공략법 실전 문제

Track 27

+ 듣기 제1부분

1. A 价格贵
   B 容易弄丢
   C 使用不方便
   D 反应不灵敏

2. A 功能单一
   B 颜色单调
   C 年龄不合适
   D 质量不合格

+ 듣기 제2부분

3. A 要写论文
   B 外面雾很大
   C 教室更暖和
   D 不喜欢散步

시원한 공략법 실전 문제 풀이

1 원인형

女：你怎么不用无线鼠标啊？这个多不方便！
男：我曾经也用过无线的，但总是用着用着就找不到了。

问：男的为什么不用无线鼠标？

여: 너는 어째서 무선 마우스를 사용하지 않니? 이건 얼마나 불편한데!
남: 나도 예전에 무선을 써 본 적이 있는데, 항상 쓰다 보면 못 찾게 되더라.

질문: 남자는 왜 무선 마우스를 사용하지 않는가?

A 价格贵　　B 容易弄丢
C 使用不方便　　D 反应不灵敏

A 가격이 비싸다　　B 쉽게 잃어버리다
C 사용이 불편하다　　D 반응이 빠르지 않다

풀이 보기로는 문제 유형을 정확히 알 수 없지만, 질문의 '**为什么**'를 통해 원인형임을 알 수 있다. 남자가 '항상 쓰다 보면 못 찾게 된다'고 말하는 것으로 보아 의미상 부합하는 B가 정답임을 알 수 있다.

단어 **无线** wúxiàn ⓗ 무선의 | ★**鼠标** shǔbiāo ⓜ (컴퓨터의) 마우스 | ★**价格** jiàgé ⓜ 가격 | ★**反应** fǎnyìng ⓜ 반응 | **灵敏** língmǐn ⓗ (반응이) 빠르다

2

원인형

男：你好，这个小卡车适合1岁的孩子玩儿吗？ 女：先生，这款玩具是针对3岁以上的孩子设计的，不推荐您购买。 问：女的为什么不推荐男的买那个玩具？	남: 안녕하세요. 이 작은 트럭은 한 살 아이가 가지고 노는 데 적합한가요? 여: 선생님, 이 장난감은 세 살 이상의 아이에 맞춰 설계된 것으로 당신께 구매를 추천하지 않습니다. **질문: 여자는 왜 남자가 그 장난감을 사는 것을 추천하지 않는가?**
A 功能单一　　B 颜色单调 C 年龄不合适　　D 质量不合格	A 기능이 단일하다　　B 색깔이 단조롭다 C 나이에 적합하지 않다　　D 품질이 불합격이다

풀이 보기로는 문제 유형을 정확히 알 수 없지만, 질문의 '**为什么**'를 통해 원인형임을 알 수 있다. 여자가 '이 장난감은 세 살 이상의 아이에 맞춰 설계된 것으로 당신께 구매를 추천하지 않는다'고 하는 것으로 보아 정답이 C임을 알 수 있다.

단어 ★**卡车** kǎchē 명 트럭 | ★**玩具** wánjù 명 장난감, 완구 | ★**针对** zhēnduì 동 맞추다, 겨누다, 대하다 | ★**设计** shèjì 명동 설계(하다), 디자인(하다) | ★**推荐** tuījiàn 동 추천하다 | **购买** gòumǎi 동 구매하다 | ★**功能** gōngnéng 명 기능 | **单一** dānyī 형 단일하다 | ★**单调** dāndiào 형 단조롭다 | ★**年龄** niánlíng 명 나이, 연령 | ★**质量** zhìliàng 명 품질

3

원인형

女：别一直待在教室里，出去活动活动吧。 男：不了。我论文还没写完，何况外面在下雨呢。 女：已经停了。出去放松放松，效率更高。 男：好。既然不下雨了，就去走走吧。 问：男的一开始为什么不想出去？	여: 계속 교실 안에 머무르지 말고, 나가서 활동 좀 해. 남: 아니야. 나는 논문을 아직 다 쓰지 못했어. 더군다나 밖에 비가 내리고 있잖아. 여: 이미 그쳤어. 나가서 좀 쉬어야 효율이 더 높아져. 남: 좋아. 기왕 비도 안 내리는데 가서 좀 걷자. **질문: 남자는 처음에 왜 나가고 싶어 하지 않았는가?**
A 要写论文 B 外面雾很大 C 教室更暖和 D 不喜欢散步	A 논문을 써야 한다 B 밖에 안개가 짙다 C 교실이 더 따뜻하다 D 산책하는 것을 좋아하지 않는다

풀이 보기로는 문제 유형을 정확히 알 수 없지만, 질문의 '**为什么**'를 통해 원인형임을 알 수 있다. 여자의 제안에 남자가 '논문을 아직 다 쓰지 못했다'고 대답한 것으로 보아 정답이 A임을 알 수 있다.

단어 **待** dāi 동 머물다 | ★**论文** lùnwén 명 논문 | ★**何况** hékuàng 접 더군다나, 하물며 | ★**效率** xiàolǜ 명 효율 | ★**既然** jìrán 접 기왕 그렇게 된 이상, 이왕 이렇게 된 바에 | ★**雾** wù 명 안개 | ★**暖和** nuǎnhuo 형 따뜻하다 | ★**散步** sànbù 동 산책하다

기출 테스트

정답 및 해설 | 해설서 36~42쪽

맞은 개수

第1-8题 짧은 대화를 듣고 질문에 알맞은 보기를 고르세요. Track 28

1. A 衣服太薄了
   B 饮食不规律
   C 睡得太晚了
   D 没盖好被子

2. A 中了病毒
   B 系统太老
   C 垃圾文件多
   D 装了很多软件

3. A 没带泳衣
   B 不会游泳
   C 觉得太晒了
   D 这里禁止游泳

4. A 业务需要
   B 合同到期了
   C 想节省费用
   D 经营范围变小了

5. A 胃口不好
   B 最近烦恼多
   C 每天去健身
   D 经常打太极拳

6. A 工资太低
   B 升职空间小
   C 同事很难相处
   D 工作没有挑战性

7. A 忘晒被子了
   B 没空儿做家务
   C 把咖啡洒地毯上了
   D 把酱油弄衬衫上了

8. A 收益太低
   B 风险太大
   C 项目手续不全
   D 缺乏投资经验

기출 테스트

第9-12题 긴 대화를 듣고 질문에 알맞은 보기를 고르세요.

9. A 想学习演讲
   B 讲座主题很新鲜
   C 和毕业论文有关
   D 为了通过毕业考试

10. A 咨询菜价
    B 想取消预订
    C 要提前用餐
    D 询问餐厅位置

11. A 读者再三请求
    B 满足女儿愿望
    C 学校安排的任务
    D 收到了出版社的邀请

12. A 口味独特
    B 营养丰富
    C 是从外地运来的
    D 当地经济比较发达

Chapter 08 판단

▶ 판단형이란?

판단형은 대화 내용을 듣고 보기의 옳고 그름을 판단하는 문제이다. 시험에서는 항상 옳은 내용을 정답으로 찾는 문제만 출제된다. 단, 보기에 주어가 있는 경우와 없는 경우에 따라 질문의 형태가 조금 달라지므로 주의해서 들어야 한다. 판단형은 듣기 제1・2부분 전체 문제 유형에서 약 8%의 출제 비율을 차지한다.

문제 풀이 전략

☑ 판단형은 보기만으로 질문 유형을 알 수 없다.

판단형의 보기는 대화의 내용을 옳게 혹은 틀리게 다시 설명하므로 서술어가 포함되어 있고, 다른 유형에 비해 보기의 길이가 긴 편이다. 또한, 보기만으로는 질문 유형을 미리 파악할 수 없는 만큼 질문을 끝까지 확실하게 들어야 한다.

☑ 판단형의 주요 질문 형식을 미리 알아 두자.

❶ 보기에 주어가 제시된 경우

보기에 주어가 제시된 경우에는 보기에 제시된 남녀 혹은 제3자나 사물을 정확히 구분하여 녹음을 들어야 한다.

根据对话，下列哪项正确？	대화에 근거하여, 다음 중 어느 것이 옳은가?

❷ 보기에 주어가 없는 경우

보기에 주어가 제시되지 않은 경우에는 무엇에 관해 묻는지 아래와 같이 질문을 통해 제시하므로 이런 경우는 특히 질문을 잘 듣고 정답을 찾아야 한다.

关于男的/女的/A，下列哪项正确？	남자/여자/A에 관해, 다음 중 어느 것이 옳은가?

☑ 듣기는 3multi이다.

듣기 영역은 가장 중요한 듣기(听)를 하면서 네 개의 보기를 한꺼번에 봐야(看) 하고, 동시에 일치하거나 유사한 보기에 표시(写)하는 3multi를 해야 한다. 처음에는 어렵겠지만 반복적으로 연습하다 보면 충분히 가능하다.

시원한 공략법 01

직접 정답을 언급하는 경우(직접형)

● 직접형은 녹음에서 보기에 있는 표현을 직접적으로 언급하거나 거의 비슷하게 제시하는 경우이다. 녹음에서는 떨어져 언급된 단어들이 보기에서 연결되어 정답이 되는 경우도 있다.

시원한 공략법 실전 문제

+ 듣기 제1부분

1. A 抱怨房租高
   B 快要破产了
   C 换了新工作
   D 最近移民了

2. A 女的在面试
   B 男的没下载通知
   C 教授发错邮件了
   D 女的删除了邮件

+ 듣기 제2부분

3. A 展览结束了
   B 女的是讲解员
   C 女的更爱去博物馆
   D 男的这个月中旬去西安

시원한 공략법 실전 문제 풀이

1 판단형

男：你租的房子月底就要到期了，还继续租吗？ 女：不了。我换了个新工作，公司提供宿舍。	남: 당신이 임대한 집이 월말이면 곧 기한이 되는데, 계속 임대하실 건가요? 여: 아니요. 제가 새 직업으로 바꾸었는데, 회사에서 기숙사를 제공해요.
问：关于女的，下列哪项正确？	질문: 여자에 관해, 다음 중 옳은 것은 무엇인가?
A 抱怨房租高　B 快要破产了 C 换了新工作　D 最近移民了	A 집세가 높아서 불평한다　B 곧 파산하려고 한다 C 새 직업으로 바꿨다　D 최근에 이민했다

풀이 보기로는 문제 유형을 정확히 알 수 없지만, 질문의 '**哪项正确**'를 통해 판단형임을 알 수 있다. 보기에 주어가 없으므로 질문의 대상을 잘 들어야 한다. 여자가 '새 직업으로 바꿨다'고 말했으므로 정답은 C이다.

단어 ★**租** zū ⓢ 임대하다, 세내다, 세놓다 | **到期** dàoqī ⓢ 기한이 되다 | ★**抱怨** bàoyuàn ⓢ 불평하다, 원망하다 | **房租** fángzū ⓜ 집세 | ★**破产** pòchǎn ⓢ 파산하다 | ★**移民** yímín ⓢ 이민하다

2

판단형

女：教授发的那个文件你下载了吗？我不小心把邮件删除了。
男：下载了。你邮箱地址是什么？我转发给你。

问：根据对话，下列哪项正确？

여: 교수님이 보내주신 그 파일 너는 다운받았니? 내가 실수로 메일을 삭제해 버렸어.
남: 다운받았어. 네 이메일 주소가 뭐야? 내가 너에게 전달해 줄게.

질문: 대화에 근거하여, 다음 중 옳은 것은 무엇인가?

A 女的在面试
B 男的没下载通知
C 教授发错邮件了
D 女的删除了邮件

A 여자는 면접을 보고 있다
B 남자는 공지를 다운로드하지 않았다
C 교수가 이메일을 잘못 보냈다
D 여자가 이메일을 삭제했다

[풀이] 보기로는 문제 유형을 정확히 알 수 없지만, 질문의 '哪项正确'를 통해 판단형임을 알 수 있다. 보기에 이미 주어가 있으므로 남녀 혹은 교수에 관한 내용을 각각 구분하며 들어야 한다. 여자가 '내가 실수로 메일을 삭제해 버렸다'고 말했으므로 정답은 D이다.

[단어] ★文件 wénjiàn [명] 파일, 문서 | ★下载 xiàzài [동] 다운로드하다 | ★删除 shānchú [동] 삭제하다, 지우다

3

판단형

男：我计划下个月去西安玩儿，去看看那儿的名胜古迹。
女：比起名胜古迹，我更喜欢参观当地的博物馆。
男：我对历史不了解，只看展品也挺无聊的。
女：你可以请个导游帮你讲解一下。

问：根据对话，下列哪项正确？

남: 나는 다음 달에 시안으로 놀러 가서, 그곳의 명승고적을 구경할 계획이야.
여: 명승고적과 비교하자면, 나는 현지의 박물관을 참관하는 것을 더 좋아해.
남: 나는 역사에 대해 이해하지 못해서, 단지 전시품만 보는 것도 매우 따분해.
여: 너는 가이드 한 명에게 부탁해서 너를 위해 해설을 좀 해달라고 해도 돼.

질문: 대화에 근거하여, 다음 중 옳은 것은 무엇인가?

A 展览结束了
B 女的是讲解员
C 女的更爱去博物馆
D 男的这个月中旬去西安

A 전람회가 끝났다
B 여자는 해설사이다
C 여자는 박물관에 가는 것을 더 좋아한다
D 남자는 이번 달 중순에 시안에 간다

[풀이] 보기로는 문제 유형을 정확히 알 수 없지만, 질문의 '哪项正确'를 통해 판단형임을 알 수 있다. 보기에 이미 주어가 있으므로 남녀 혹은 전람회에 관한 내용을 잘 구분하며 들어야 한다. 여자가 '나는 현지의 박물관을 참관하는 것을 더 좋아한다'고 말했으므로 정답은 C이다.

[단어] ★名胜古迹 míngshèng gǔjì [명] 명승고적 | ★当地 dāngdì [명] 현지, 그 지방 | ★博物馆 bówùguǎn [명] 박물관 | 展品 zhǎnpǐn [명] 전시품 | ★无聊 wúliáo [형] 따분하다, 무료하다, 심심하다 | 讲解 jiǎngjiě [동] 해설하다, 설명하다 | ★展览 zhǎnlǎn [명] 전람(회) | ★中旬 zhōngxún [명] 중순

시원한 공략법 02 유추를 통해 맞춰야 하는 경우(유추형)

● 유추형은 녹음에서 직접적으로 보기와 일치되는 표현을 언급하지 않아 정답을 유추해야 하는 경우이다. 문제의 정답이 녹음에서 언급된 표현을 일부 사용하는 경우도 있지만, 전체 내용을 이해하고 정답을 유추해 내야 하는 경우도 있다.

시원한 공략법 실전 문제

Track 31

+ 듣기 제1부분

1. A 负责销售
   B 正在外出差
   C 15号在欧洲
   D 在为迟到找借口

2. A 男的累了
   B 路变宽了
   C 女的摔倒了
   D 他们还没到山顶

+ 듣기 제2부분

3. A 想开收据
   B 找回了钱包
   C 没收到包裹
   D 身份证丢了

시원한 공략법 실전 문제 풀이

1 판단형

女：你帮我约一下马主任，请他十五号来签合同。 男：可这个月中旬您要出席一个国际会议，十八号才能从欧洲回来。 问：关于女的，下列哪项正确？	여: 당신이 나 대신 마 주임과 약속을 좀 해서, 그에게 15일에 와서 계약서에 사인하라고 해 줘요. 남: 하지만 이번 달 중순에 당신은 한 국제회의에 참석해야 해서, 18일에야 유럽에서 돌아오실 수 있습니다. 질문: 여자에 관해, 다음 중 옳은 것은 무엇인가?
A 负责销售 B 正在外出差 C 15号在欧洲 D 在为迟到找借口	A 판매를 책임진다 B 외부 출장 중이다 C 15일에 유럽에 있다 D 지각한 것 때문에 핑계를 대고 있다

풀이 보기로는 문제 유형을 정확히 알 수 없지만, 질문의 '**哪项正确**'를 통해 판단형임을 알 수 있다. 보기에 주어가 없으므로 문제에서 질문의 대상을 잘 들어야 한다. 남자가 여자에게 '이번 달 중순에 당신은 한 국제회의에 참석해야 해서, 18일에야 유럽에서 돌아오실 수 있습니다'라고 말했으므로 정답은 C이다.

단어 ★**主任** zhǔrèn 명 주임 | ★**签** qiān 동 사인하다, 서명하다 | ★**合同** hétong 명 계약(서) | ★**中旬** zhōngxún 명 중순 | ★**出席** chūxí 동 참석하다, 출석하다 | ★**欧洲** Ōuzhōu 명 유럽 | ★**负责** fùzé 동 책임지다 | ★**销售** xiāoshòu 동 판매하다 | ★**借口** jièkǒu 명 핑계, 구실

2

판단형

男：加油！估计再爬两百多个台阶，咱们就能到山顶了。 女：好的。前面的路好像变窄了，你小心点儿。 问：根据对话，下列哪项正确？	남: 힘내! 2백여 개의 계단을 더 올라가면, 우리는 산 정상에 도달할 수 있을 거야. 여: 좋아. 앞의 길이 좁아지는 것 같으니, 너 좀 조심해. 질문: 대화에 근거하여, 다음 중 옳은 것은 무엇인가?
A 男的累了 B 路变宽了 C 女的摔倒了 D 他们还没到山顶	A 남자는 지쳤다 B 길이 넓어졌다 C 여자는 넘어졌다 D 그들은 아직 산 정상에 도착하지 않았다

풀이 보기로는 문제 유형을 정확히 알 수 없지만, 질문의 '**哪项正确**'를 통해 판단형임을 알 수 있다. 보기에 이미 주어가 있으므로 남녀 혹은 길에 관한 내용을 잘 구분하며 들어야 한다. 남자가 '2백여 개의 계단을 더 올라가면, 우리는 산 정상에 도달할 수 있을 거야'라고 말하는 것으로 보아 D가 정답임을 유추할 수 있다.

단어 ★**估计** gūjì ⓓ 예측하다, 예정하다 | ★**台阶** táijiē ⓜ 계단, 층계 | ★**山顶** shāndǐng ⓜ 산 정상, 산꼭대기 | ★**窄** zhǎi ⓗ (폭이) 좁다 | ★**宽** kuān ⓗ (폭이) 넓다 | ★**摔倒** shuāidǎo ⓓ 넘어지다, 자빠지다

3

판단형

女：请问，有没有人捡到一个灰色的方形钱包？ 男：的确有客人捡到一个。您钱包里都有什么？ 女：驾驶证、几张发票，还有大概六百元的现金。 男：没错，是您的。我马上拿给您。 问：关于女的，下列哪项正确？	여: 실례지만 회색 사각형 지갑을 주운 사람 있나요? 남: 정말 하나를 주운 손님이 계셨어요. 당신의 지갑 안에 무엇이 있나요? 여: 운전면허증, 영수증 몇 장, 또 대략 600위안의 현금이 있어요. 남: 맞아요. 당신 거네요. 제가 바로 가져다 드릴게요. 질문: 여자에 관해, 다음 중 옳은 것은 무엇인가?
A 想开收据　B 找回了钱包 C 没收到包裹　D 身份证丢了	A 영수증을 발급하고 싶다　B 지갑을 되찾았다 C 소포를 받지 않았다　D 신분증을 잃어버렸다

풀이 보기로는 문제 유형을 정확히 알 수 없지만, 질문의 '**哪项正确**'를 통해 판단형임을 알 수 있다. 보기에 주어가 없으므로 문제에서 질문의 대상을 잘 들어야 한다. 남자가 여자의 지갑이 맞다는 것을 확인하고 '바로 가져다 드리겠다'고 말하는 것으로 보아 B가 정답임을 유추할 수 있다.

단어 ★**捡** jiǎn ⓓ 줍다 | ★**灰色** huīsè ⓜ 회색 | **方形** fāngxíng ⓜ 사각형 | ★**的确** díquè ⓟ 정말, 확실히 | ★**驾驶** jiàshǐ ⓓ 운전하다, 조종하다 | ★**发票** fāpiào ⓜ 영수증 | ★**收据** shōujù ⓜ 영수증 | ★**包裹** bāoguǒ ⓜ 소포 | ★**身份证** shēnfènzhèng ⓜ 신분증

기출 테스트

정답 및 해설 | 해설서 42~47쪽

第1-8题 짧은 대화를 듣고 질문에 알맞은 보기를 고르세요.

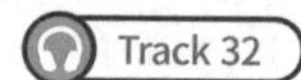

1. A 现在汇率不稳定
   B 他们打算买黄金
   C 女的有3000人民币
   D 男的资金出现了问题

2. A 女的是总裁
   B 公司在招秘书
   C 男的最近很忙
   D 男的不熟悉业务

3. A 不允许拍照
   B 有10万册图书
   C 是一个绿色建筑
   D 墙上有很多植物

4. A 地铁里很拥挤
   B 前方堵车严重
   C 司机改变了路线
   D 女的在购买车票

5. A 非常好客
   B 住在河边
   C 喜爱钓鱼
   D 天天待在家里

6. A 正在印刷
   B 写了一半
   C 已出版上市
   D 还在修改稿子

7. A 他们在超市
   B 国庆节优惠多
   C 男的不赞同购买
   D 女的要买电子产品

8. A 是模特
   B 身材微胖
   C 学服装设计
   D 穿着很古典

第9-12题 긴 대화를 듣고 질문에 알맞은 보기를 고르세요. Track 33

9. A 可随时使用
   B 需提前预订
   C 周三不能用
   D 不能临时取消

10. A 女的挂了普通号
    B 女的没带身份证
    C 男的皮肤过敏了
    D 周末医院不营业

11. A 极轻
    B 有香味
    C 两面都有诗
    D 是手工制作的

12. A 已输两场
    B 实力很强
    C 放弃了比赛
    D 是文学系的

Chapter 09 함의

▶ 함의형이란?

함의형은 대화 내용을 듣고 그 속에 함축된 뜻을 찾아내는 문제이다. 모든 유형 중 유추형의 비중이 가장 큰 만큼 대화의 전체 내용을 정확히 파악해야 정답을 맞힐 수 있다. 또한, **함의형은 듣기 제1・2부분 전체 문제 유형에서 약 20%라는 가장 높은 출제 비율을 차지한다.**

문제 풀이 전략

☑ 함의형은 보기만으로 질문 유형을 알 수 없다.

함의형의 보기는 대화 속의 뜻을 풀어 설명하므로 서술어가 포함되어 있고, 다른 유형에 비해 보기의 길이가 긴 편이다. 앞에서 배운 원인형, 판단형도 모두 이런 형태의 보기로 이루어져 있다. 이처럼 보기만으로는 질문 유형을 미리 파악할 수 없는 문제형은 질문을 끝까지 확실하게 듣는 것이 중요하다.

☑ 함의형의 주요 질문 형식을 미리 알아 두자.

❶ 보기에 주어가 제시된 경우

보기의 내용은 녹음과 일치하지만 남녀가 맞지 않는 경우가 많으므로 남녀를 정확히 구분하며 들어야 한다.

根据对话，可以知道什么？	대화에 근거하여, 무엇을 알 수 있는가?

❷ 보기에 주어가 없는 경우

묻는 대상에 따라 정답이 달라지는 경우가 종종 있으므로 반드시 질문에서 묻는 대상을 정확히 들어야 한다.

男的/女的/A 是什么意思？	남자/여자/A는 무슨 뜻인가?
关于男的/女的/A，可以知道什么？	남자/여자/A에 관해, 무엇을 알 수 있는가?

시원한 공략법 01 직접 정답을 언급하는 경우(직접형)

- 직접형은 녹음에서 보기에 있는 표현을 직접적으로 언급하거나 거의 비슷하게 제시하는 경우이다. 함의형은 직접형이라도 표현을 그대로 언급하는 경우보다 동의어로 대체되거나 녹음에서는 떨어져 언급된 단어들이 보기에서 연결되어 정답이 되는 경우가 훨씬 많다.

시원한 공략법 실전 문제

Track 34

+ 듣기 제1부분

1. A 航班晚点了
   B 男的弄错了时间
   C 男的把行李弄丢了
   D 女的已经到达目的地

2. A 目前形势不好
   B 女的没抓住机会
   C 想派女的去谈判
   D 对谈判很有信心

+ 듣기 제2부분

3. A 被录取了
   B 运气不好
   C 本科刚毕业
   D 在电台当导演

시원한 공략법 실전 문제 풀이

1 함의형

男：我记错时间了！这趟航班已经停止办理登机手续了。	남: 내가 시간을 잘못 기억했어! 이 항공편은 이미 탑승 수속 처리가 끝났어.
女：别急，我去咨询台问问能不能改签到下一趟。	여: 조급해하지 마. 내가 안내데스크에 가서 다음 편으로 변경이 가능한지 물어볼게.
问：根据对话，可以知道什么？	**질문: 대화에 근거하여, 무엇을 알 수 있는가?**
A 航班晚点了 B 男的弄错了时间 C 男的把行李弄丢了 D 女的已经到达目的地	A 항공편이 연착했다 B 남자는 시간을 잘못 알았다 C 남자는 수화물을 잃어버렸다 D 여자는 이미 목적지에 도착했다

[풀이] 보기로는 문제 유형을 정확히 알 수 없지만, 질문의 **'可以知道什么'**를 통해 함의형임을 알 수 있다. 보기에 이미 주어가 있으므로 남녀 혹은 항공편에 관한 내용을 잘 구분하며 들어야 한다. 남자가 '내가 시간을 잘못 기억했어'라고 말했으므로 정답은 B이다. 한편, 보기의 동사 **'弄'**은 **'记'**의 뜻을 대신하고 있다.

[단어] **登机** dēngjī [동] 탑승하다 | ★**咨询** zīxún [동] 문의하다, 자문하다, 상의하다 | **改签** gǎiqiān 비행기표를 변경하다 | **晚点** wǎndiǎn [동] 연착하다 | ★**弄** nòng [동] 하다(구체적 설명이 불필요하거나 곤란할 때 그 동사를 대신함) | ★**目的** mùdì [명] 목적

2

함의형

女：现在的形势对我们公司非常有利，你一定要抓住机会。 男：放心吧，下午的谈判我很有把握。 问：男的是什么意思？	여: 지금의 형세는 우리 회사에게 매우 유리하니, 당신은 반드시 기회를 잡아야 합니다. 남: 안심하세요. 오후의 협상에 저는 매우 자신 있습니다. **질문: 남자는 무슨 뜻인가?**
A 目前形势不好 B 女的没抓住机会 C 想派女的去谈判 D 对谈判很有信心	A 지금의 형세는 좋지 않다 B 여자는 기회를 잡지 못했다 C 여자를 협상에 보내고 싶어 한다 D 협상에 매우 자신이 있다

풀이 보기로는 문제 유형을 정확히 알 수 없지만, 질문의 '**是什么意思**'를 통해 함의형임을 알 수 있다. 보기에 주어가 없으므로 문제에서 질문의 대상을 잘 들어야 한다. 남자가 '협상에 저는 매우 자신 있습니다'라고 말했으므로 정답은 D이다. 한편, 보기의 '**信心**'은 '**把握**'의 뜻을 대신하고 있다.

단어 ★**形势** xíngshì 명 형세, 정세 | ★**有利** yǒulì 형 유리하다, 이롭다 | ★**抓** zhuā 동 잡다 | ★**谈判** tánpàn 명동 협상(하다), 담판(하다) | ★**把握** bǎwò 명 자신, 가망 동 잡다, 파악하다 | ★**目前** mùqián 명 지금, 현재

3

함의형

男：听说你被省广播电台录取了，恭喜啊！ 女：谢谢，主要是我运气比较好。 男：别谦虚了，运气也是实力的一部分。加油！ 女：嗯，我会继续努力的。 问：关于女的，可以知道什么？	남: 듣기로 너 성(省) 라디오 방송국에 합격했다던데, 축하해! 여: 고마워. 대체로 내 운이 비교적 좋았어. 남: 겸손해하지 마. 운도 실력의 일부야. 힘내! 여: 응. 나는 계속 노력할 거야. **질문: 여자에 관해, 무엇을 알 수 있는가?**
A 被录取了 B 运气不好 C 本科刚毕业 D 在电台当导演	A 합격했다 B 운이 좋지 않다 C 학부를 막 졸업했다 D 라디오 방송국에서 감독을 맡고 있다

풀이 보기로는 문제 유형을 정확히 알 수 없지만, 질문의 '**可以知道什么**'를 통해 함의형임을 알 수 있다. 보기에 주어가 없으므로 문제에서 질문의 대상을 잘 들어야 한다. 남자가 여자에게 '너 성 라디오 방송국에 합격했다'는 소식을 들었다고 말했으므로 정답은 A이다.

단어 ★**广播** guǎngbō 명 라디오 방송 동 방송하다 | ★**电台** diàntái 명 (라디오) 방송국 | ★**录取** lùqǔ 동 채용하다, 합격시키다, 뽑다 | ★**恭喜** gōngxǐ 동 축하하다 | ★**运气** yùnqi 명 운, 운수 형 운이 좋다 | ★**谦虚** qiānxū 형 겸손하다 | **实力** shílì 명 실력 | ★**嗯** èng 감탄 응, 그래 | ★**本科** běnkē 명 학부

시원한 공략법 02 유추를 통해 맞춰야 하는 경우(유추형)

● 유추형은 녹음에서 직접적으로 보기와 일치되는 표현을 언급하지 않아 정답을 유추해야 하는 경우이다. 녹음에서 언급된 표현을 정답으로 일부 사용하는 경우도 있지만, 전체 내용을 이해하고 새로운 내용을 정답으로 유추해 내야 하는 경우도 있다. 특히 함의형은 유추형의 비중이 가장 큰 편이다.

시원한 공략법 실전 문제

Track 35

+ 듣기 제1부분

1. A 功夫很难学
   B 高档小区太贵
   C 打算自己设计
   D 没找到合适的房子

2. A 女的在抱怨
   B 女的偶尔失眠
   C 男的爱看球赛
   D 男的习惯午睡

+ 듣기 제2부분

3. A 在安慰女的
   B 刚做完手术
   C 不能马上出院
   D 预约明天做检查

시원한 공략법 실전 문제 풀이

1 함의형

女：你最近看了这么多房子，有满意的吗？ 男：别提了！不是面积太小，就是位置不好，白费了许多功夫。 问：男的是什么意思？	여: 당신 최근에 이렇게 많은 집을 봤는데, 마음에 드는 집이 있나요? 남: 말도 말아요! 면적이 너무 작거나 위치가 좋지 않거나, 많은 시간만 쓸데없이 썼어요. 질문: 남자는 무슨 뜻인가?
A 功夫很难学　　B 高档小区太贵 C 打算自己设计　　D 没找到合适的房子	A 무술은 배우기 어렵다　　B 고급 단지는 너무 비싸다 C 스스로 설계할 계획이다　　D 적합한 집을 찾지 못했다

풀이 보기로는 문제 유형을 정확히 알 수 없지만, 질문의 '**是什么意思**'를 통해 함의형임을 알 수 있다. 보기 C, D는 주어가 없으므로 문제에서 질문의 대상을 잘 들어야 한다. 여자가 남자에게 마음에 드는 집이 있냐고 묻자, 남자가 '많은 시간만 쓸데없이 썼어'라고 대답하는 것으로 보아 정답이 D임을 유추할 수 있다.

단어 不是…就是… búshì… jiùshì… ~이거나 ~이다 | ★面积 miànjī 명 면적 | ★位置 wèizhì 명 위치, 지위 | ★白费 báifèi 동 쓸데없이 소비하다 | ★功夫 gōngfu 명 (투자한) 시간, 노력 | ★高档 gāodàng 형 고급의

2

함의형

男：好困啊！下次再也不熬夜看球赛了。 女：你这个习惯可不好。快趁中午休息时间睡一会儿吧。 问：根据对话，可以知道什么？	남: 엄청 졸려! 다시는 밤을 새워 축구 경기를 보지 않겠어. 여: 너의 이 습관은 정말 좋지 않아. 정오 휴식 시간을 이용해서 좀 자도록 해. 질문: 대화에 근거하여, 무엇을 알 수 있는가?
A 女的在抱怨 B 女的偶尔失眠 C 男的爱看球赛 D 男的习惯午睡	A 여자는 불평하고 있다 B 여자는 가끔 잠을 이루지 못한다 C 남자는 축구 경기 보는 것을 좋아한다 D 남자는 낮잠을 자는 습관이 있다

풀이 보기로는 문제 유형을 정확히 알 수 없지만, 질문의 **'可以知道什么'**를 통해 함의형임을 알 수 있다. 보기에 이미 주어가 있으므로 남녀에 관한 내용을 잘 구분하며 들어야 한다. 남자가 밤을 새워 축구 경기를 본 것에 대해 후회하자 여자가 '너의 이 습관은 정말 좋지 않아'라고 말하는 것으로 보아 남자가 자주 밤을 새워 축구 경기를 봤다는 것을 알 수 있으므로 정답은 C이다.

단어 ★**困** kùn ⓗ 졸리다 | ★**熬夜** áoyè ⓓ 밤을 새다 | ★**趁** chèn ⓙ (때, 기회를) 이용해서, 틈타서 | ★**抱怨** bàoyuàn ⓓ 불평하다, 원망하다 | ★**偶尔** ǒu'ěr ⓑ 가끔, 간혹, 이따금 | ★**失眠** shīmián ⓓ 잠을 이루지 못하다

3

함의형

女：你的检查报告出来了吗？ 男：出来了，各项检查都正常。 女：太好了！那是不是可以出院了？ 男：大夫说还要住院再观察几天。 问：关于男的，可以知道什么？	여: 너 검사 보고서 나왔어? 남: 나왔는데, 각 항목이 모두 정상적이야. 여: 너무 잘됐네! 그럼 퇴원할 수 있지 않아? 남: 의사가 아직 입원해서 며칠 더 지켜봐야 한다고 말했어. 질문: 남자에 관해, 무엇을 알 수 있는가?
A 在安慰女的 B 刚做完手术 C 不能马上出院 D 预约明天做检查	A 여자를 위로하고 있다 B 막 수술을 끝냈다 C 바로 퇴원할 수 없다 D 내일 검사하기로 예약했다

풀이 보기로는 문제 유형을 정확히 알 수 없지만, 질문의 **'可以知道什么'**를 통해 함의형임을 알 수 있다. 보기에 주어가 없으므로 문제에서 질문의 대상을 잘 들어야 한다. 남자가 '입원해서 며칠 더 지켜봐야 한다'고 말했으므로 C가 정답임을 유추할 수 있다.

단어 ★**报告** bàogào ⓜ 보고(서), 리포트 | ★**观察** guānchá ⓜⓓ 관찰(하다) | ★**安慰** ānwèi ⓓ 위로하다, 위안하다 | ★**手术** shǒushù ⓜ 수술 | **预约** yùyuē ⓜⓓ 예약(하다)

정답 및 해설 | 해설서 48~53쪽

맞은 개수

第1-8题 짧은 대화를 듣고 질문에 알맞은 보기를 고르세요. Track 36

1. A 女的是警察
   B 那条路很窄
   C 男的要交罚款
   D 两个人在吵架

2. A 向银行贷款
   B 很感激女的
   C 要赔偿损失
   D 不得不放弃

3. A 受伤了
   B 正在做手术
   C 显得比真实年龄小
   D 打算找个健身教练

4. A 推迟了
   B 没空位了
   C 媒体报道了
   D 延长了半小时

5. A 背景选得好
   B 摄影师专业
   C 不会摆姿势
   D 照片不清晰

6. A 用眼过度
   B 需多喝水
   C 手术很成功
   D 正在配眼镜

7. A 只能下一盘
   B 外公很谦虚
   C 不想陪外公下象棋
   D 象棋水平不如外公

8. A 没参加聚会
   B 临时要加班
   C 忘了约会地点
   D 家里来客人了

기출 테스트

第9-12题 긴 대화를 듣고 질문에 알맞은 보기를 고르세요.

9. A 晚上要聚餐
   B 想一起看决赛
   C 遥控器不见了
   D 纪录片很无聊

10. A 已经被录取了
    B 报名当志愿者
    C 不想参加培训
    D 步骤太复杂了

11. A 很坚强
    B 现在是教练
    C 曾经是运动员
    D 对角色把握不准

12. A 失业率很高
    B 新修了地铁
    C 房价上涨快
    D 比以前更发达

듣기 听力

제2부분

단문 듣고 답하기

출제 경향 및 출제 유형

듣기 2부분

- 한 편의 단문을 듣고 2-3문제의 정답을 고르는 문제가 15문제(31번-45번) 출제된다.
- 녹음 시작 부분에서 몇 번부터 몇 번까지의 문제인지 불러줄 때 반드시 문제 범위를 체크해 두어야 한다.
- 대화형(1-30번)과 달리 단문형(31-45번)은 한 성우가 전체 지문을 읽기 때문에 내용의 흐름을 놓치지 않고 들어야 한다.

출제 경향

1 출제 형태는 다음과 같이 고정되어 있다.

31-32번(2문제)	여자 성우	33-35번(3문제)	남자 성우
36-38번(3문제)	여자 성우	39-41번(3문제)	남자 성우
42-43번(2문제)	여자 성우	44-45번(2문제)	남자 성우

2 주로 이야기, 논설문, 설명문, 실용문과 같은 유형의 단문이 다양하게 출제되고 있다. 그중 이야기와 논설문은 전반적으로 글의 난이도는 낮은 편이지만 비교적 자세하게 들어야 정답을 찾을 수 있는 경우가 많고, 설명문과 실용문은 글의 난이도는 높은 편이지만 보기와 일치하는 표현을 통해 필요한 부분만 듣고 정답을 찾을 수 있는 경우가 많다.

3 거의 1-5급 어휘로 이루어진 대화형 듣기와는 달리, 단문형 듣기는 6급 어휘는 물론 HSK 어휘가 아닌 단어도 많이 등장한다. 전체 내용을 모두 알아듣기 어려운 경우가 많기 때문에, 최대한 보기를 참고하여 듣는 것이 중요하다.

4 듣기 녹음을 전체적으로 이해하고 그 내용을 토대로 유추해서 답을 찾아야 하는 문제도 일부 출제되고 있다.

출제 유형

※ 녹음은 한 번씩 들려줍니다.

一、听力

第二部分

第31-45题：请选出正确答案。

31. A 翻看课本
    B 认真计算 √
    C 热烈地讨论
    D 向父母寻求帮助

32. A 很吃惊 √
    B 很灰心
    C 纷纷抱怨
    D 有些惭愧

듣기 제2부분(31-45번)은 1개의 단문을 듣고 2-3개의 질문에 답하는 형식입니다.

녹음 Track 38

第31到32题是根据下面一段话：

老师给学生们布置了一道题目：有两个人，一个人面向东，一个人面向西，他们中间需要几面镜子才能互相看到对方的脸。听完题后，学生们便赶紧拿起纸、笔[31B]认真计算起来。他们绞尽脑汁，得出的答案都不同，有人说四面，也有人说八面。最后老师公布答案："一面也不需要。"学生们都[32A]一脸惊讶地问："为什么呀？"老师说："因为他们两人本来就是面对面站着的。"

31. 听完题目后学生们有什么表现？
32. 老师公布答案后，学生们是什么反应？

Chapter 01

서술형 이야기

▶ 서술형 이야기란?

서술형 이야기는 글 전체가 하나의 이야기로 이루어져 있는 단문을 듣고 2-3개의 질문에 대답하는 문제형이다. 재미있는 이야기, 우화, 위인 전기(위인의 어린 시절, 위인의 업적, 성공하게 된 배경), 보통 사람의 개인적인 일상 이야기 등 다양한 내용들이 출제된다. 서술형 이야기형은 듣기 제2부분 전체 문제 유형에서 약 22%의 출제 비율을 차지한다.

문제 풀이 전략

☑ 서술형 이야기는 장단점이 명확하다.

❶ 장점: 이야기형은 주로 인물들의 대화가 많이 등장하는 만큼 주로 회화체로 이루어져 있어서, 앞으로 배우게 될 논설문, 설명문, 실용문과 같은 서면어체(문어체)에 비해 글 자체는 상대적으로 쉬운 편이다.

❷ 단점: 대화가 많다는 것은 큰 단점이기도 하다. 대화는 앞 내용의 흐름을 바탕으로 뒤의 내용이 이어지는 것이 특징이므로 이야기의 흐름을 타면서 녹음을 듣는 것이 어느 유형보다도 중요하다. 또한 대화형 듣기와 달리 단문형 듣기는 몇 명의 인물이 등장하든 모두 한 명의 성우가 읽기 때문에 한 번 흐름을 놓치면 다시 이야기의 흐름을 잡기가 쉽지 않다. 따라서 녹음 속 인물 중 누가 하는 말인지 잘 구분해야 한다.

☑ 서술형 이야기의 주요 질문 경향을 미리 알아 두자.

❶ 서술형 이야기는 이야기의 세부 내용을 묻는 질문이 주로 출제된다. 발생한 사건, 사건에 대한 인물의 감정이나 판단, 사건이 발생한 원인, 사건의 해결 방법 등을 구체적으로 질문하는 경우가 많다.

❷ 녹음의 내용을 통해 유추하는 문제형도 일부 출제되지만, 대부분이 녹음과 보기가 거의 일치하는 일치형 문제로 출제되는 편이다. 따라서 문제의 보기를 보면서 일치하거나 유사한 표현이 나오면 체크하면서 듣는 습관을 길러야 한다.

시원한 공략법 01

인물 이야기

● 인물 이야기는 위인의 이야기나 일반인의 이야기가 출제되며, 인물에게 발생한 하나의 사건을 서술한다. 사건의 배경, 이에 대한 인물의 감정이나 태도, 사건의 마무리 등을 잘 들어야 한다.

시원한 공략법 실전 문제

1. A 安排任务
   B 替他发传真
   C 讨论实验情况
   D 询问自己的地址

2. A 志愿者
   B 一位教授
   C 爱因斯坦的秘书
   D 爱因斯坦的妻子

3. A 忘记歌词
   B 拿不到冠军
   C 发音不标准
   D 观众不爱听

4. A 是空白的
   B 是为前辈准备的
   C 被女歌手弄丢了
   D 上面的歌词写错了

5. A 不太活跃
   B 发挥出色
   C 十分紧张
   D 舞跳得很精彩

1-2 녹음 해석

第1到2题是根据下面一段话：

爱因斯坦因为太痴迷于研究，经常发生一些有趣的事。一天，下班后研究所值班人员接到一个电话。对方说道："你好，能否告诉我爱因斯坦的家在哪儿？"值班人员回答道："抱歉，请原谅我不能告诉您。您如果有事儿，请在上班时间到办公室来找他。"这时，对方突然压低声音说："1D 其实，我就是爱因斯坦，我忘记自己住哪儿了。"2D 值班人员一听连忙通知了爱因斯坦的夫人，让她把迷路的爱因斯坦接回了家。

1-2번 문제는 다음 내용에 근거한다.

아인슈타인은 연구에 너무 빠져서 종종 재미있는 일들이 생겼다. 하루는 퇴근 후 연구소에서 당직을 서던 직원이 전화 한 통을 받았다. 상대방이 말했다. "안녕하세요. 저에게 아인슈타인의 집이 어디 있는지 알려주실 수 있나요?" 당직 직원이 대답했다. "죄송합니다. 제가 당신에게 말해줄 수 없는 것을 양해해 주세요. 만약 일이 있으시면, 출근 시간에 사무실로 오셔서 그를 찾으시길 바랍니다." 이때 상대방이 갑자기 목소리를 낮추고 말했다. "1D 사실 제가 바로 아인슈타인인데, 제가 어디에 사는지 잊어버렸어요." 2D 당직 직원은 듣자마자 얼른 아인슈타인의 부인에게 알렸고, 그녀에게 길을 잃은 아인슈타인을 데리고 집에 돌아가게 했다.

1. 爱因斯坦为什么给值班人员打电话？
   A 安排任务
   B 替他发传真
   C 讨论实验情况
   D 询问自己的地址

1. 아인슈타인은 왜 당직 직원에게 전화했는가?
   A 임무를 안배하다
   B 그를 대신해 팩스를 보내다
   C 실험 상황을 토론하다
   D 자신의 주소를 묻다

2. 值班人员通知了谁？
   A 志愿者
   B 一位教授
   C 爱因斯坦的秘书
   D 爱因斯坦的妻子

2. 당직 직원은 누구에게 알렸는가?
   A 자원봉사자
   B 한 명의 교수
   C 아인슈타인의 비서
   D 아인슈타인의 아내

풀이 ❶ 녹음 내용을 통해 유추해야 하는 원인형 문제이다. 아인슈타인이 자신이 사는 곳을 잊어버렸다고 말했으므로 정답은 D이다.

❷ 녹음과 보기가 거의 일치하는 신분형 문제이다. 당직 직원이 아인슈타인의 부인에게 알렸다고 했으므로 정답은 D이다.

단어 爱因斯坦 Àiyīnsītǎn 인명 아인슈타인 | 痴迷 chīmí 동 사로잡히다, 매혹되다 | 值班 zhíbān 명동 당직(을 서다) | ★人员 rényuán 명 인원, 요원 | ★原谅 yuánliàng 동 양해하다, 용서하다 | 压低 yādī 동 낮추다, 줄이다 | ★连忙 liánmáng 부 얼른, 급히 | 夫人 fūren 명 부인 | ★迷路 mílù 동 길을 잃다 | ★任务 rènwu 명 임무 | ★传真 chuánzhēn 동 팩스를 보내다 | ★实验 shíyàn 명동 실험(하다) | ★询问 xúnwèn 동 묻다, 문의하다 | ★志愿者 zhìyuànzhě 명 자원봉사자, 지원자 | ★秘书 mìshū 명 비서

3-5 녹음 해석

第3到5题是根据下面一段话：

一位女歌手在第一次登台演出前非常紧张，脑海里不停地想："3A 要是在舞台上忘记了歌词怎么办？"她越想，心跳得越快，甚至打起了退堂鼓。这时，一位前辈笑着走过来，将一个纸条塞到她的手里，轻声说："这里面写着歌词，如果你在台上忘了歌词，就打开看看。"有了那张纸条她的心里踏实了许多，5B 上台后发挥得相当好。她高兴地走下舞台，向那位前辈道谢。前辈却笑着说："4A 其实那只是一张白纸，是你自己战胜了自己。"

3–5번 문제는 다음 내용에 근거한다.

한 여가수가 처음으로 무대에 올라 공연을 하기 전 매우 긴장해서, 머릿속으로 끊임없이 생각했다. "3A 만약 무대에서 가사를 잊어버리면 어떡하지?" 그녀는 생각할수록 가슴이 더 빨리 뛰었고, 심지어는 포기하고 싶어졌다. 이때 한 선배가 웃으며 걸어오더니 쪽지 하나를 그녀의 손에 쥐어 주며 작은 소리로 말했다. "이 안에 가사가 쓰여 있으니, 만약 네가 무대 위에서 가사를 잊어버리면 펴서 보도록 해." 그 종이쪽지가 있으니 그녀의 마음은 많이 안정되었고, 5B 무대에 오른 후 실력 발휘를 상당히 잘했다. 그녀는 기뻐하며 무대에서 걸어 내려와, 그 선배에게 감사의 말을 했다. 그런데 선배는 웃으면서 말했다. "4A 사실 그것은 단지 한 장의 백지였어. 네가 네 자신을 극복한 거야."

3. 女歌手上台前担心什么？

A 忘记歌词
B 拿不到冠军
C 发音不标准
D 观众不爱听

4. 关于那张纸条，可以知道什么？

A 是空白的
B 是为前辈准备的
C 被女歌手弄丢了
D 上面的歌词写错了

5. 女歌手在台上的表现怎么样？

A 不太活跃
B 发挥出色
C 十分紧张
D 舞跳得很精彩

3. 여가수는 무대에 오르기 전 무엇을 걱정했는가?

A 가사를 잊어버리다
B 1등을 차지하지 못하다
C 발음이 정확하지 않다
D 관중이 듣기 싫어한다

4. 그 종이쪽지에 관해, 무엇을 알 수 있는가?

A 백지였다
B 선배를 위해 준비한 것이다
C 여가수에 의해 분실되었다
D 위의 가사는 틀리게 적혔다

5. 여가수의 무대에서의 활약은 어떠했는가?

A 그다지 활기차지 않았다
B 실력 발휘가 뛰어났다
C 매우 긴장했다
D 춤을 훌륭하게 추었다

[풀이] ❸ 녹음과 보기가 일치하는 열거형 문제이다. 여가수가 무대에서 가사를 잊어버리는 것을 걱정했으므로 정답은 A이다.
❹ 녹음 내용을 통해 유추해야 하는 함의형 문제이다. 선배가 그 종이쪽지는 백지였다고 말했으므로 정답은 A이다.
❺ 녹음과 보기가 거의 일치하는 평가형 문제이다. 무대에 오른 후 실력 발휘를 상당히 잘했다고 했으므로 정답은 B이다.

[단어] **登台** dēngtái [동] 무대에 오르다 | ★**演出** yǎnchū [명][동] 공연(하다) | **脑海** nǎohǎi [명] 머리, 생각 | **打退堂鼓** dǎ tuìtánggǔ 도중 포기하다 | **前辈** qiánbèi [명] 선배 | **纸条** zhǐtiáo [명] 종이쪽지 | **塞** sāi [동] 집어넣다, 쑤셔 넣다 | **踏实** tāshi [형] (마음이) 안정되다, 편안하다 | ★**发挥** fāhuī [동] 발휘하다 | ★**相当** xiāngdāng [부] 상당히, 무척, 꽤 | **道谢** dàoxiè [동] 감사의 말을 하다 | **战胜** zhànshèng [동] 극복하다, 이겨내다 | ★**冠军** guànjūn [명] 1등, 챔피언 | ★**观众** guānzhòng [명] 관중 | **空白** kòngbái [명] 공백, 여백 | ★**表现** biǎoxiàn [명] 활약, 태도, 품행 | ★**活跃** huóyuè [형] 활기차다 | ★**出色** chūsè [형] 뛰어나다, 훌륭하다 | ★**精彩** jīngcǎi [형] 훌륭하다

시원한 공략법 **02**

재미있는 이야기

● 이름 그대로 재미있는 이야기는 녹음을 듣는 우리에게 재미와 해학을 전달하는 것을 목적으로 하는 글이다. 인물의 엉뚱한 오해나 행동, 인물의 예상을 벗어나는 재치와 기지 등을 잘 들어야 한다.

시원한 공략법 실전 문제

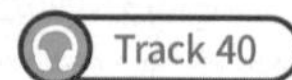

1. A 去开家长会了
   B 被校长批评了
   C 答应接孩子放学
   D 以为弟弟逃课了

2. A 最后很惭愧
   B 考试不及格
   C 现在是高中生
   D 和同学吵架了

3. A 要预付押金
   B 要爱护家具
   C 有稳定的收入
   D 不能带小孩儿

4. A 很无奈
   B 无所谓
   C 相互安慰
   D 相当生气

5. A 声音响亮
   B 敲错了门
   C 假装生病了
   D 说服了房东

1-2 녹음 해석

재미있는 이야기

第1到2题是根据下面一段话：

我爸平时工作很忙，没时间照顾我们。一天，他心血来潮去学校接弟弟放学，结果没接到。回家后爸爸非常生气地对弟弟说："小小年纪不学好，1D 居然还逃课！"弟弟回答说："没有啊！"我爸说："你还撒谎！我在你初中校门口等到所有人都走了也没看见你。"弟弟听后无奈地说："爸，2C 我现在上高中了！你在初中校门口当然接不到我。"

1-2번 문제는 다음 내용에 근거한다.

우리 아빠는 평소에 일이 바빠서 우리를 돌볼 시간이 없다. 하루는 그가 문득 남동생이 하교하는 것을 마중해야겠다는 생각이 들어 학교에 갔는데, 결과적으로 만나지 못했다. 집에 돌아온 후 아빠는 매우 화가 나서 남동생에게 말했다. "어린 나이에 잘 배우지는 않고, 1D 뜻밖에 무단결석까지 하다니!" 남동생이 대답했다. "아니에요!" 우리 아빠가 말했다. "너는 거짓말까지 하는구나! 내가 네 중학교 입구에서 모든 사람이 다 갈 때까지 기다려도 너를 보지 못했다." 남동생은 이 말을 듣고 어쩔 수 없다는 듯 말했다. "아빠, 2C 저는 지금 고등학교에 다녀요! 중학교 입구에 계시면 당연히 저를 만나지 못하죠."

1. 关于爸爸，下列哪项正确？

A 去开家长会了

B 被校长批评了

C 答应接孩子放学

D 以为弟弟逃课了

1. 아빠에 관해, 다음 중 옳은 것은 무엇인가?

A 학부형 회의를 하러 갔다

B 교장에게 비난받았다

C 아이가 하교하는 것을 마중하기로 약속했다

D 남동생이 무단결석했다고 착각했다

2. 关于弟弟，可以知道什么？

A 最后很惭愧

B 考试不及格

C 现在是高中生

D 和同学吵架了

2. 남동생에 관해, 무엇을 알 수 있는가?

A 마지막에 부끄러웠다

B 시험에 불합격했다

C 지금은 고등학생이다

D 학교 친구와 다투었다

풀이 ❶ 녹음 내용을 통해 유추해야 하는 판단형 문제이다. 아빠가 남동생에게 무단결석을 했다며 화를 냈으므로 정답은 D이다.
❷ 녹음 내용을 통해 유추해야 하는 함의형 문제이다. 남동생이 지금 고등학교에 다닌다고 말했으므로 정답은 C이다.

단어 **心血来潮** xīnxuèláicháo ㉠ 문득 어떤 생각이 떠오르다, 불현듯 생각이 나다 | ★**居然** jūrán ㊂ 뜻밖에, 의외로 | **逃课** táokè ㊔㊕ 무단결석(하다) | **撒谎** sāhuǎng ㊕ 거짓말을 하다 | ★**无奈** wúnài ㊖ 어찌 할 도리가 없다, 부득이하다, 할 수 없다 | **家长** jiāzhǎng ㊔ 학부형, 보호자 | ★**答应** dāying ㊕ 약속하다, 동의하다, 승낙하다 | ★**惭愧** cánkuì ㊖ 부끄럽다, 송구스럽다 | ★**及格** jígé ㊕ 합격하다 | ★**吵架** chǎojià ㊕ 다투다, 말다툼하다

第3到5题是根据下面一段话：

有对年轻夫妻带着女儿去租房子，看到一则比较满意的出租广告后，他们便上门询问。没想到，房东却对他们说："很抱歉，为了给其他住户营造一个安静的居住环境，3 D 我们这里不租给带小孩儿的住户。" 4 A 夫妻俩听后一脸无奈，只好带着女孩儿离开。可走到楼梯时女儿忽然跑过去敲房东的门。房东出来后，5 D 小姑娘对他耳语了一会儿，房东微笑着对小姑娘点了点头，并决定把房子租给他们。原来，小姑娘说："爷爷，把这套房子租给我吧。我没有孩子，只带了两个大人。"

3-5번 문제는 다음 내용에 근거한다.

한 젊은 부부가 딸을 데리고 집을 구하러 갔다. 비교적 만족스러운 임대 광고를 본 후, 그들은 찾아가서 문의했다. 생각지도 못하게 집주인은 그들에게 말했다. "미안합니다. 다른 거주자들에게 조용한 거주 환경을 조성하기 위해, 3 D 우리 이곳은 아이가 있는 세대에 임대하지 않습니다." 4 A 부부는 이 말을 들은 후 어쩔 수 없다는 표정을 지으며, 할 수 없이 딸을 데리고 떠났다. 하지만 계단까지 걸어갔을 때 딸이 갑자기 뛰어 돌아가서 집주인의 문을 두드렸다. 집주인이 나온 후, 5 D 소녀가 그에게 잠깐 동안 귓속말을 하자, 집주인은 미소를 지으며 소녀에게 고개를 끄덕였고, 또한 집을 그들에게 세주기로 결정했다. 알고 보니 소녀는 이렇게 말했다. "할아버지, 이 집을 저에게 세주세요. 저는 아이가 없고, 단지 두 명의 어른만 있어요."

3. 房东对租房的人有什么要求？

A 要预付押金
B 要爱护家具
C 有稳定的收入
D 不能带小孩儿

3. 집주인은 세입자에게 무슨 요구가 있는가?

A 보증금을 미리 지불해야 한다
B 가구를 아껴야 한다
C 안정적인 수입이 있다
D 아이가 있으면 안 된다

4. 被房东拒绝后，那对夫妻怎么样？

A 很无奈　　B 无所谓
C 相互安慰　　D 相当生气

4. 집주인에게 거절당한 후, 그 부부는 어떠했는가?

A 어쩔 수 없었다　　B 상관없다
C 서로 위로했다　　D 상당히 화가 났다

5. 关于那个小姑娘，可以知道什么？

A 声音响亮　　B 敲错了门
C 假装生病了　　D 说服了房东

5. 그 소녀에 관해, 무엇을 알 수 있는가?

A 목소리가 우렁차다　　B 다른 집 문을 노크했다
C 병이 난 척했다　　D 집주인을 설득했다

풀이

❸ 녹음 내용을 통해 유추해야 하는 동작형 문제이다. 집주인이 아이가 있는 세대에게 임대하지 않는다고 말했으므로 정답은 D이다.

❹ 녹음과 보기가 거의 일치하는 평가형 문제이다. 집주인에게 거절당한 후, 부부는 어쩔 수 없다는 표정을 지었다고 했으므로 정답은 A이다.

❺ 녹음 내용을 통해 유추해야 하는 함의형 문제이다. 소녀의 귓속말을 듣고 집주인이 집을 세주기로 결정했으므로 정답은 D이다.

단어 **上门** shàngmén ⓢ 찾아 뵙다, 방문하다 | **住户** zhùhù ⓜ 세대, 거주자, 가구 | **营造** yíngzào ⓢ 조성하다 | **居住** jūzhù ⓢ 거주하다 | ★**只好** zhǐhǎo ⓑ 할 수 없이, 부득이 | **楼梯** lóutī ⓜ 계단, 층계 | ★**忽然** hūrán ⓑ 갑자기 | ★**敲** qiāo ⓢ 두드리다, 치다 | ★**姑娘** gūniang ⓜ 아가씨, 딸, 남의 딸 | **耳语** ěryǔ ⓜⓢ 귓속말(하다) | **点头** diǎntóu ⓢ 고개를 끄덕이다 | **预付** yùfù ⓢ 미리 지불하다 | ★**押金** yājīn ⓜ 보증금, 선금 | ★**爱护** àihù ⓢ 아끼고 보호하다 | ★**稳定** wěndìng ⓗ 안정적이다 ⓢ 안정시키다 | ★**拒绝** jùjué ⓜⓢ 거절(하다) | ★**无所谓** wúsuǒwèi 상관없다, 관계없다 | **相互** xiānghù ⓗ 서로의, 상호의 | **响亮** xiǎngliàng ⓗ (소리가) 우렁차다, 높고 크다 | ★**假装** jiǎzhuāng ⓢ ~인 척하다, 가장하다 | ★**说服** shuōfú ⓢ 설득하다

기출 테스트

정답 및 해설 | 해설서 54~58쪽

맞은 개수

第1-10题 단문을 듣고 질문에 알맞은 보기를 고르세요. Track 41

1. A 经验丰富的
   B 经常爬楼梯的
   C 有研究生学历的
   D 毕业于普通学校的

2. A 坚持就是胜利
   B 公平的重要性
   C 学历不等于能力
   D 身体健康是根本

3. A 碰见了小偷
   B 跟老板吵架了
   C 蛋糕摔在地上了
   D 被台阶绊了一下

4. A 不耐烦
   B 爱干净
   C 十分幽默
   D 打扮时尚

5. A 开业不久
   B 装修简单
   C 点心很便宜
   D 奶油蛋糕打折

6. A 低声朗读
   B 多人轮流朗读
   C 边读边做笔记
   D 同时读很多书

7. A 增进同窗友谊
   B 能使观点统一
   C 更能理清思路
   D 提高辩论水平

8. A 质量差
   B 工人不爱惜
   C 型号不合适
   D 使用频率高

9. A 换成了小一号的
   B 让工人花钱购买
   C 都做成了塑料的
   D 贴上工人们家人的照片

10. A 女儿不太乖
    B 没有管理经验
    C 是制衣厂的老板
    D 对工人要求严格

Chapter 02 주제형 이야기

▶ 주제형 이야기란?

주제형 이야기는 이야기의 후반부에 명확하게 주제를 제시하는 이야기형이다. 확실한 교훈이나 도리와 같은 주제 전달이 목적이기 때문에 이야기의 성격도 주제를 드러내기에 적합한 소재의 이야기로 제시되는 편이다. 주제형 이야기는 듣기 제2부분 전체 문제 유형에서 약 12%의 출제 비율을 차지한다.

문제 풀이 전략

☑ 이야기의 주제를 잡아야 한다.

❶ 앞부분의 이야기는 서술형 이야기와 같다. 장단점도 마찬가지이며 이 부분에서 제시되는 질문 또한 세부 내용을 묻는 경우가 많다.

❷ 서술형 이야기와 다른 점은 이야기가 끝난 다음 명확하게 주제가 제시된다는 점이다. 주제형 이야기의 마지막 문제는 주로 이 주제를 묻는 경우가 대부분이므로 놓치지 않아야 한다.

☑ 문제의 범위를 반드시 표시해야 한다.

❶ 단문형은 2-3문제를 풀어야 하는 만큼 녹음 초반 성우가 문제의 범위를 불러줄 때 반드시 범위를 표시해 두어야 한다. 그래야만 녹음을 들으면서 동시에 봐야 하는 보기의 범위를 알 수 있다.

❷ 성우가 문제 범위를 불러주는 시간을 이용하여 보기를 미리 조금이라도 보고 싶거나 혹은 범위를 불러주는 것을 놓치는 것을 대비하여, 2-3-3-3-2-2(처음과 마지막 두 편은 2문제, 가운데 세 편은 3문제) 순서를 기억해 두는 것도 좋은 방법이다.

☑ 보기 이용은 선택이 아니라 필수이다.

❶ 비교적 난이도가 낮은 이야기형도 6급 단어는 물론 어려운 단어들이 많이 등장하므로, 만약 보기를 참고하지 않으면 모든 내용을 다 알아들어야 한다는 부담감이 생길 수밖에 없다.

❷ 녹음을 들으면서 동시에 보기를 보며, 보기와 관련된 정보만 확실하게 듣고 나머지는 전체적인 흐름만 놓치지 않는다는 생각으로 공략해야 한다.

시원한 공략법

이야기 속 주제 VS 별도의 주제

● 주제형 이야기에서 주제를 제시하는 방법은 두 가지가 있다. 첫 번째는 이야기 속 주인공의 말을 통해 주제를 제시하는 것이고, 두 번째는 이야기가 끝난 다음 이야기의 주제를 별도로 서술하여 전달하는 경우이다.

시원한 공략법 실전 문제

1. A 被摘走
   B 被忽视
   C 不会开放
   D 缺乏营养而死

2. A 看问题要全面
   B 观察事物要仔细
   C 研究要从小处着手
   D 注意欣赏他人的独特性

3. A 风景优美
   B 不对外开放
   C 有一大片森林
   D 山顶常年积雪

4. A 太烫了
   B 不干净
   C 比城里的甜
   D 富含矿物质

5. A 要善于发现美
   B 水资源严重短缺
   C 面对困难应积极主动
   D 主观感受会受环境影响

1-2 녹음 해석

이야기 속 주제 제시

一位老师给学生们布置了一个作业，让他们出去找一朵不引人注意的小花儿，找到后要耐心地观察、仔细地研究。等大家都交上作业后，老师才告诉学生们："记住，1B 要是没有你们，这朵花很可能就被忽视了。人也是一样，每个人都是与众不同的，都有自己独特的地方，但必须花费时间和精力去发现和了解。2D 许多人没有被注意到是因为从来没有人花时间去用心欣赏他们的独特性。"

한 선생님이 학생들에게 한 가지 숙제를 냈는데, 그들에게 나가서 잘 눈에 띄지 않는 작은 꽃을 찾고, 찾아낸 후 인내심 있게 관찰하고 자세하게 연구하도록 했다. 모두 숙제를 제출한 후, 선생님이 그제서야 학생들에게 알려주었다. "기억하세요. 1B 만약 여러분들이 없었다면 이 꽃은 아마도 외면당했을 것입니다. 사람도 마찬가지로 모든 사람들이 남들과 다르고 모두 자신의 독특한 점이 있지만, 반드시 시간과 에너지를 써서 발견하고 이해해야 합니다. 2D 많은 사람들이 주목받지 못하는 것은 여태껏 아무도 시간을 들이고 심혈을 기울여 그들의 독특함을 느낀 사람이 없었기 때문입니다."

1. 老师认为如果没有学生的发现，那些花儿会怎么样？
   - A 被摘走
   - B 被忽视
   - C 不会开放
   - D 缺乏营养而死

1. 선생님은 학생들의 발견이 없었다면, 그 꽃들이 어떠했을 거라고 생각하는가?
   - A (누군가) 따서 가다
   - B 외면당하다
   - C 피지 않을 것이다
   - D 영양 결핍으로 죽다

2. 这段话主要想告诉我们什么？
   - A 看问题要全面
   - B 观察事物要仔细
   - C 研究要从小处着手
   - D 注意欣赏他人的独特性

2. 이 글은 주로 우리에게 무엇을 알려주는가?
   - A 문제를 보려면 전면적이어야 한다
   - B 사물 관찰은 자세해야 한다
   - C 연구는 작은 곳에서부터 시작해야 한다
   - D 타인의 독특함을 느끼는 데 주목한다

풀이 ❶ 녹음과 보기가 일치하는 평가형 문제이다. 선생님이 학생들에게 '만약 여러분들이 없었다면 이 꽃은 아마도 외면당했을 것입니다'라고 말했으므로 정답은 B이다.

❷ 녹음과 보기의 뜻이 거의 일치하는 주제형 문제이다. '많은 사람들이 주목받지 못한 것은 여태껏 아무도 시간을 들이고 심혈을 기울여 그들의 독특함을 느낀 사람이 없었기 때문입니다'라고 직접적으로 말했으므로 정답은 D이다.

단어 **布置** bùzhì ⓢ 배치하다, 안배하다 | ★**朵** duǒ ⓜ 송이(꽃이나 구름을 세는 단위) | ★**耐心** nàixīn ⓜⓗ 인내심(이 강하다) | ★**观察** guānchá ⓜⓢ 관찰(하다) | ★**忽视** hūshì ⓢ 소홀히 하다, 경시하다 | **与众不同** yǔzhòng bùtóng ⓢⓞ 남들과 다르다 | ★**特别** tèbié ⓗ 특별하다 | **花费** huāfèi ⓢ 들이다, 쓰다, 소비하다 | ★**精力** jīnglì ⓜ 에너지, 정력, 기력 | **用心** yòngxīn ⓢ 마음을 쓰다, 심혈을 기울이다 | ★**欣赏** xīnshǎng ⓢ 감상하다, 좋다고 여기다, 마음에 들어하다 | ★**摘** zhāi ⓢ 따다, 뜯다, 벗다 | ★**开放** kāifàng ⓢ (꽃이) 피다, 개방하다 | ★**缺乏** quēfá ⓢ 결핍되다, 부족하다, 모자라다 | ★**营养** yíngyǎng ⓜ 영양 | ★**全面** quánmiàn ⓗ 전면적이다, 전반적이다 | ★**着手** zhuóshǒu ⓢ 시작하다, 착수하다

3-5 녹음 해석

별도의 주제 제시

几个城里人去郊外爬山，一路走来都是清澈的泉水、碧绿的草地。他们被山间 3A 迷人的风景深深吸引。在半山腰休息时，一个年轻人很高兴地接过同伴递过来的水壶喝了一口水感叹道："4C 山里的水真甜，城里的水跟这儿的简直没法比。"水壶的主人听后，笑了起来，说道："壶里的水不是我刚才在山上接的，是我从城里带过来的。"有时候我们的判断会明显受到周围环境的影响，5D 环境变了，我们的主观感受也可能发生变化。

몇 명의 도시 사람들이 교외에 등산하러 갔는데, 도중에 걸어오다 보니 모두 맑은 샘물과 짙은 녹색의 풀밭이었다. 그들은 산간의 3A 매혹적인 풍경에 깊게 매료되었다. 산 중턱에서 휴식할 때, 한 젊은이는 동행자가 건넨 물병을 받아 기분 좋게 한 입 마시고는 감탄했다. "4C 산속의 물은 정말 달아요. 도시의 물은 이곳의 물과 그야말로 비교할 수가 없어요." 물병 주인이 듣고는 웃기 시작하며 말했다. "물병의 물은 제가 방금 산 위에서 받은 것이 아니라, 제가 도시에서 가지고 온 거예요." 때로 우리의 판단은 주변 환경의 영향을 분명히 받고, 5D 환경이 변하면 우리의 주관적 느낌도 변화가 생길 수 있다.

3. 关于郊外的山，可以知道什么？
   A 风景优美　B 不对外开放
   C 有一大片森林　D 山顶常年积雪

3. 교외의 산에 관해, 무엇을 알 수 있는가?
   A 풍경이 아름답다
   B 대외적으로 개방하지 않다
   C 거대한 삼림이 있다
   D 산 정상에 일년 내내 눈이 쌓인다

4. 那个年轻人觉得水壶里的水怎么样？
   A 太烫了　B 不干净
   C 比城里的甜　D 富含矿物质

4. 그 젊은이는 물병 속의 물이 어떠하다고 생각했는가?
   A 너무 뜨겁다　B 깨끗하지 않다
   C 도시의 물보다 달다　D 미네랄이 다량 함유되었다

5. 这段话主要想告诉我们什么？
   A 要善于发现美
   B 水资源严重短缺
   C 面对困难应积极主动
   D 主观感受会受环境影响

5. 이 글은 주로 우리에게 무엇을 알려주는가?
   A 미를 발견하는 데 능숙해야 한다
   B 수자원이 심각하게 부족하다
   C 어려움에 직면하면 적극적이고 주동적이어야 한다
   D 주관적 느낌은 환경의 영향을 받는다

풀이 ❸ 녹음 내용을 통해 유추해야 하는 함의형 문제이다. '매혹적인 풍경에 깊게 매료되었다'고 했으므로 정답은 A이다.

❹ 녹음 내용을 통해 유추해야 하는 평가형 문제이다. 젊은이가 산속의 물은 도시의 물과는 비교할 수 없을 정도로 달다고 말했으므로 정답은 C이다.

❺ 녹음 내용을 통해 유추해야 하는 주제형 문제이다. '환경이 변하면 우리의 주관적 느낌도 변화가 생길 수 있다'고 했으므로 정답은 D이다.

단어 城里 chénglǐ ⓜ 시내 | 郊外 jiāowài ⓜ 교외 | 清澈 qīngchè ⓗ 맑다, 투명하다 | 泉水 quánshuǐ ⓜ 샘물 | 碧绿 bìlǜ ⓗ 짙은 녹색의 | 迷人 mírén ⓗ 매혹적이다 | 半山腰 bànshānyāo ⓜ 산 중턱 | 同伴 tóngbàn ⓜ 동행자, 동료 | ★递 dì ⓓ 건네다, 넘겨주다 | 水壶 shuǐhú ⓜ 물통, 주전자 | 感叹 gǎntàn ⓓ 감탄하다 | ★简直 jiǎnzhí ⓑ 그야말로, 정말 | ★判断 pànduàn ⓜⓓ 판단(하다) | ★明显 míngxiǎn ⓗ 분명하다, 뚜렷하다 | ★主观 zhǔguān ⓗ 주관적이다 | ★优美 yōuměi ⓗ 우아하고 아름답다 | ★开放 kāifàng ⓓ 개방하다, (꽃이) 피다 | ★片 piàn ⓛ 차지한 면적이나 범위를 세는 단위 | ★森林 sēnlín ⓜ 삼림, 숲 | 山顶 shāndǐng ⓜ 산 정상 | 常年 chángnián ⓜ 일년 내내 | 积雪 jīxuě 눈이 쌓이다 | ★烫 tàng ⓗ 뜨겁다 | 富含 fùhán ⓓ 다량 함유하다 | 矿物质 kuàngwùzhì ⓜ 미네랄, 광물질 | ★善于 shànyú ⓓ ~에 능숙하다 | ★资源 zīyuán ⓜ 자원 | 短缺 duǎnquē ⓓ 결핍하다, 부족하다 | ★面对 miànduì ⓓ 직면하다, 대면하다

기출 테스트

정답 및 해설 | 해설서 58~62쪽

맞은 개수

第1-10题 단문을 듣고 질문에 알맞은 보기를 고르세요. Track 43

1. A 很糟糕
   B 非常繁荣
   C 十分拥挤
   D 风景优美

2. A 应该尊老爱幼
   B 经历决定态度
   C 要接受不完美
   D 看待事物要积极

3. A 讲了很多理论知识
   B 亲自弹了一首曲子
   C 安排了整个学期的任务
   D 让学生弹高难度的曲子

4. A 教训了学生
   B 没有直接回答
   C 重新调整了课程
   D 与学生进行辩论

5. A 学生不够用功
   B 钢琴大师没责任心
   C 挑战更能培养人的能力
   D 要善于展示自己的优势

6. A 不诚恳
   B 不积极
   C 很活跃
   D 服务周到

7. A 会后就涨工资
   B 下一阶段的任务
   C 财产需要不断积累
   D 行动起来才能赚到钱

8. A 蛋糕
   B 布娃娃
   C 小熊玩具
   D 会跳舞的公主

9. A 批评了她
   B 让她再想想
   C 把新玩具送给了别人
   D 让她把新玩具收起来

10. A 粗心大意
    B 非常严格
    C 给孩子决定权
    D 不尊重孩子个性

Chapter 03

논설문

▶ 논설문이란?

논설문은 일반적으로 사회현상에 대한 평론이나 일련의 사건을 통해 느낀 바를 서술하는 글이다. 논설문은 자신의 의견을 뒷받침하는 논거와 논점으로 이루어져 있으며, 화자의 관점을 서술하는 글인 만큼 화자의 주요 관점 및 주장을 파악하는 것이 가장 중요하다. 논설문은 듣기 제2부분 전체 문제 유형에서 약 13%의 출제 비율을 차지한다.

문제 풀이 전략

☑ 논설문의 구조적 특징을 알아 둔다.

논점을 끌어내기 위한 구조는 다음과 같다.

❶ **비교를 이용한 논점 제시**
화자가 말하려는 것과 반대 상황을 먼저 말한 다음, 뒤에 본격적으로 자신의 논점을 제시하는 경우이다.

❷ **반박을 이용한 논점 제시**
화자와 관점이 다른 사람들의 의견이나 상황을 먼저 말한 다음, 그것에 대해 반박하며 주요 논점을 제시하는 경우이다.

❸ **자료를 이용한 논점 제시**
화자의 관점을 뒷받침할 수 있는 연구나 조사 자료를 제시하여 자신의 논점에 신뢰성을 더하는 경우이다.

❹ **질문을 이용한 논점 제시**
화자 스스로 질문을 던지고 그것에 답하는 형식으로 논점을 제시하는 경우이다.

☑ 몇 가지 중요한 접속사를 공략하자.

❶ **결론을 나타내는 접속사**
'所以', '因此', '因而'과 같이 '그래서', '따라서'의 뜻을 가진 접속사 뒤에는 앞에서 서술한 내용에 대한 결론이 나오므로 항상 잘 들어야 한다.

❷ **전환을 나타내는 접속사**
'但是', '可是', '不过', '然而'과 같이 '그러나'의 뜻을 가진 접속사 뒤에는 항상 화자의 관점이 나오므로 집중해서 들어야 한다.

시원한 공략법

논설문형

● 논점이란 화자가 어떤 사물이나 현상에 대해 가지고 있는 자신만의 관점, 태도, 주장을 뜻하며 논설문의 핵심이기도 하다. 논점은 글의 마지막에 제시되는 경우가 가장 많지만, 앞부분에 먼저 제시되는 경우도 있다. 2-3문제 중 마지막 문제는 거의 논점, 즉 글쓴이의 주장을 묻는 질문이기 때문에 가장 첫 부분과 마지막 부분을 놓치지 않도록 주의해야 한다.

시원한 공략법 실전 문제

1. A 受人尊重
   B 有自豪感
   C 随时会熬夜加班
   D 可直接感受到对他人的影响

2. A 寻求安慰
   B 休息一段时间
   C 寻找工作的意义
   D 说服自己接受现实

3. A 违反法律
   B 值得学习
   C 十分公平
   D 过于冒险

4. A 是不负责任的
   B 会降低工作效率
   C 可能给公司带来损失
   D 保证了工作顺利进行

5. A 赞同
   B 否定
   C 怀疑
   D 无所谓

1-2 녹음 해석

비교와 접속사를 통한 논점 제시

社会中有些职业的从业者 1D 能直接感受到自己的工作给他人所带来的影响，如医生、教师、厨师等。但也有许多人的工作和最终产品相距甚远。对于劳动者而言，知道自己工作的最终意义更有成就感。因此，2C 如果感觉枯燥，可以试着去体会自己工作的意义，以使自己充满正能量。	사회에서 어떤 직업의 종사자는 1D 자신의 일이 타인에게 가져오는 영향을 직접 느낄 수 있는데, 예를 들면 의사, 교사, 요리사 등이 있다. 하지만 최종 제품과 거리가 아주 먼 일을 하는 사람들도 많이 있다. 노동자의 입장에서는, 자신의 일의 최종적인 의미를 아는 것이 더 성취감을 느낄 수 있다. 따라서 2C 만약 무미건조하다고 느낀다면, 자기 일의 의미를 체험하면서 느껴보는 것이 자신에게 긍정 에너지가 넘치게 할 수 있다.
1. 根据这段话，教师这一职业有什么特点？ A 受人尊重 B 有自豪感 C 随时会熬夜加班 D 可直接感受到对他人的影响	1. 이 글에 근거하여, 교사라는 직업은 무슨 특징이 있는가? A 사람들의 존중을 받는다 B 자부심을 가지고 있다 C 수시로 밤을 새서 초과 근무를 한다 D 타인에 대한 영향을 직접 느낄 수 있다
2. 如果感觉工作枯燥，可以怎么做？ A 寻求安慰 B 休息一段时间 C 寻找工作的意义 D 说服自己接受现实	2. 만약 일이 무미건조하다고 느낀다면 어떻게 할 수 있는가? A 위안을 찾는다 B 일정 시간을 휴식한다 C 일의 의미를 찾는다 D 현실을 받아들이도록 스스로를 설득한다

풀이 ❶ 녹음과 보기가 거의 일치하는 열거형 문제이다. 자신의 일이 타인에게 가져오는 영향을 직접 느낄 수 있는 직업 중 하나로 교사가 언급되었으므로 정답은 D이다.

❷ 녹음과 보기가 거의 일치하는 동작형 문제이기도 하면서, '**因此**' 뒤에 나오는 내용을 묻는 주제형 문제이기도 하다. '만약 일이 무미건조하다고 느낀다면 자기 일의 의미를 체험하면서 느껴보라'고 했으므로 정답은 C이다.

단어 ★**职业** zhíyè ⓜ 직업 | ★**感受** gǎnshòu ⓢ 느끼다, (영향을) 받다 | **厨师** chúshī ⓜ 요리사 | ★**产品** chǎnpǐn ⓜ 제품 | **相距** xiāngjù ⓜ 서로 떨어진 거리 | **甚** shèn ⓟ 매우, 아주 | ★**劳动** láodòng ⓜⓢ 노동(하다) | ★**成就** chéngjiù ⓜ 성취, 업적 ⓢ 성취하다, 이루다 | **枯燥** kūzào ⓗ 무미건조하다 | ★**体会** tǐhuì ⓢ 체험하여 터득하다 | ★**意义** yìyì ⓜ 의미, 의의, 가치 | ★**充满** chōngmǎn ⓢ 넘치다, 충만하다, 가득하다 | **正能量** zhèng néngliàng 긍정 에너지 | ★**自豪** zìháo ⓗ 스스로 긍지를 느끼다, 자랑으로 여기다 | ★**随时** suíshí ⓟ 수시로, 언제나, 아무 때나 | ★**熬夜** áo'yè ⓢ 밤을 새다 | **寻求** xúnqiú ⓢ 찾다, 구하다 | ★**安慰** ānwèi ⓢ 위안하다, 위로하다 | ★**寻找** xúnzhǎo ⓢ 찾다 | ★**说服** shuōfú ⓢ 설득하다 | ★**现实** xiànshí ⓜⓗ 현실(적이다)

3-5 녹음 해석

在许多人眼中，带病上班是一种美德，3B 值得广大员工学习。可是这种奉献精神真的应该提倡吗？大量研究表明，5B 这未必是一种聪明的做法，反而有可能 4C 给公司和员工造成不必要的损失。带病上班不但可能将疾病传染给他人，而且是人力资源行业所说的假上班。员工身体和精神状态不佳，4B 不仅会导致工作效率下降，甚至会做出错误的决定，从而影响你工作的顺利进行。这既是对自己 4A 不负责任，也是对他人和工作不负责任。

많은 사람들의 눈에는 아픈데도 출근하는 것이 일종의 미덕이며, 3B 많은 직원이 배울 가치가 있어 보인다. 그러나 이러한 희생정신을 정말 권장해야 하는 것일까? 많은 연구에서 표명하길, 5B 이것이 반드시 일종의 똑똑한 방법인 것은 아니며, 오히려 4C 회사와 직원에게 불필요한 손실을 초래할 가능성이 있다. 병이 났음에도 출근하면 질병을 타인에게 전염시킬 수 있을 뿐만 아니라, 게다가 인력 자원 업종에서 말하는 가짜 출근이기도 하다. 직원의 신체와 정신 상태가 좋지 않으면, 4B 업무 효율이 떨어질 수 있을 뿐만 아니라 심지어 잘못된 결정을 할 수도 있고, 따라서 당신 일의 순조로운 진행에 영향을 줄 수 있다. 이것은 자신에게 4A 무책임한 것이기도 하고, 타인과 업무에도 무책임한 것이다.

3. 在许多人看来，带病上班这种行为怎么样？

A 违反法律　　B 值得学习
C 十分公平　　D 过于冒险

4. 关于假上班，下列哪项是错误的？

A 是不负责任的
B 会降低工作效率
C 可能给公司带来损失
D 保证了工作顺利进行

5. 说话人对带病上班持什么态度？

A 赞同　　B 否定
C 怀疑　　D 无所谓

3. 많은 사람들이 보기에, 아픈데도 출근하는 이런 행위는 어떠한가?

A 법률을 위반하다　　B 배울 가치가 있다
C 매우 공평하다　　D 지나치게 무모하다

4. 가짜 출근에 관해, 다음 중 틀린 것은 무엇인가?

A 무책임한 것이다
B 업무 효율이 떨어질 수 있다
C 회사에 손실을 가져올 수 있다
D 일이 순조롭게 진행될 것을 보장했다

5. 화자는 아픈데도 출근하는 것에 대해 어떤 태도를 가지고 있는가?

A 지지한다　　B 반대한다
C 의심한다　　D 상관없다

풀이 ❸ 녹음과 보기가 거의 일치하는 평가형 문제이다. 많은 사람들의 눈에는 아픈데도 출근하는 것이 '많은 직원이 배울 가치가 있어 보인다'고 했으므로 정답은 B이다.

❹ 각 보기의 내용이 녹음에서 나올 때마다 체크를 하며 들어야 맞힐 수 있는 열거형 문제이다. 가짜 출근은 무책임한 것이며(A), 업무 효율이 떨어질 수 있고(B), 회사와 직원에게 불필요한 손실을 초래할 수 있다(C)고 했으므로 언급되지 않은 D가 정답이다.

❺ 녹음 내용을 통해 유추해야 하는 평가형 문제이다. 사실 아픈데도 출근하는 것에 대한 화자의 태도는 글 전체에서 여러 번 드러난다. 4번 문제의 A, B, C 보기는 물론 녹음에서 '똑똑한 방법이 아니다'라는 말에서도 정답이 B임을 알 수 있다.

단어 美德 měidé 명 미덕 | ★值得 zhíde 동 ~할 가치가 있다 | ★广大 guǎngdà 형 (사람 수가) 많다 | 奉献 fèngxiàn 동 바치다, 기여하다 | ★精神 jīngshén 명 정신 | ★提倡 tíchàng 동 권장하다, 제창하다 | ★表明 biǎomíng 동 표명하다, 분명하게 나타내다 | ★未必 wèibì 부 반드시 ~한 것은 아니다 | ★反而 fǎn'ér 부 오히려, 도리어 | ★造成 zàochéng 동 (부정적인 사태를) 초래하다, 야기하다 | ★必要 bìyào 형 필요하다 | 疾病 jíbìng 명 질병 | ★传染 chuánrǎn 동 전염하다, 감염하다 | ★状态 zhuàngtài 명 상태 | ★从而 cóng'ér 접 따라서 | ★责任 zérèn 명 책임 | ★违反 wéifǎn 동 위반하다 | ★法律 fǎlǜ 명 법률 | 过于 guòyú 부 지나치게, 너무 | ★冒险 màoxiǎn 형 무모하다, 위험하다 | ★否定 fǒudìng 동 반대하다, 부정하다 | ★怀疑 huáiyí 동 의심하다

정답 및 해설 | 해설서 62~67쪽

맞은 개수

第1-10题 단문을 듣고 질문에 알맞은 보기를 고르세요. Track 45

1. A 自然资源不足
   B 失业人口增加
   C 有些事物被放弃
   D 生态系统被破坏

2. A 要传承优秀文化
   B 要保护城市环境
   C 要重视人才的培养
   D 要多欣赏现代艺术

3. A 安装问答软件
   B 参加网络课程
   C 在网上咨询专家
   D 在网站搜索关键词

4. A 网络资源都免费
   B 获取知识很迅速
   C 知识都数字化了
   D 见到专家很容易

5. A 刻苦学习知识
   B 掌握读书方法
   C 拒绝使用网络
   D 形成自己的判断

6. A 如何解决家庭矛盾
   B 人们购物时爱讲价
   C 孩子迷上手机游戏
   D 孩子跟父母谈条件

7. A 同意
   B 拒绝
   C 随机应变
   D 尽量满足

8. A 运动员训练辛苦
   B 人们对现状不满足
   C 运动员退役后就业困难
   D 彼得原理普遍存在于生活中

9. A 尊重成员
   B 多安慰成员
   C 客观评价成员
   D 延长工作时间

10. A 参加职业培训
    B 主动要求加工资
    C 完成上级分配的任务
    D 不以升职为唯一目标

Chapter 04 설명문

▶ 설명문이란?

설명문은 말 그대로 사물, 지역, 현상 등에 대해 설명하여 지식을 전달하는 글로, 설명 대상에 대한 정의 혹은 소개와 그것에 대한 자세한 설명으로 이루어져 있다. 설명문의 핵심은 설명 대상이므로, 무엇에 대해 설명하는지 파악하는 것이 가장 중요하다. 설명문은 듣기 제2부분 전체 문제 유형에서 약 24%의 출제 비율을 차지한다.

문제 풀이 전략

☑ 설명문은 장단점이 명확하다.

설명문은 다른 유형에 비해 단어의 수준이 비교적 높다는 단점이 있지만, 그 대신 글의 흐름이나 전개가 매우 논리적이라는 장점도 있다. 따라서 글의 흐름만 놓치지 않는다면 내용이 어려운 것에 비해 2-3문제의 답을 찾는 것이 그렇게 어렵지 않다.

☑ 보기 이용은 필수이다.

현실적으로 5급 수준의 학습자가 설명문을 100% 알아듣는다는 것은 힘들기 때문에, 보기를 보면서 녹음을 듣고 보기에 체크하면서 듣는 것이 중요하다.

❶ 아무리 어려운 설명문이라 하더라도 결국 문제와 관련된 부분은 전체 녹음 내용의 일부에 불과하다는 사실을 잊지 말아야 한다.

❷ 문제의 포인트가 일반적으로 5급 학습자가 전혀 알아듣기 힘들 만큼 어려운 부분에서 출제되지는 않는다.

❸ 설명문은 이야기나 논설문에 비해 보기의 내용을 녹음에서 그대로 언급하는 경우가 훨씬 많다.

☑ 설명문의 구조적 특징을 알아 둔다.

❶ 설명 대상에 대한 소개 부분

A 是…… : A는 ~이다	A 是指…… : A는 ~을 가리킨다	……叫做 A : ~을 A라고 부른다

❷ 구체적 설명 부분

• 비교를 통한 설명 和……一样 : ~와 같다	• 예시를 들어 설명 (比)如, …… : 예를 들어 ~	• 병렬식으로 특징 나열 此外, …… : 이 밖에 ~

설명문형

- 설명문은 전체 내용이 설명 대상에 대해 여러 가지 각도로 설명하는 것으로 이루어진다. 설명 대상은 일반적으로 녹음의 제일 처음 부분에 제시되는 편이다. 하지만 일반적으로 우리가 잘 모르는 개념이나 사물을 설명하는 경우가 많기 때문에, 종종 설명 대상을 알아듣지 못하는 경우도 많다.

시원한 공략법 실전 문제

1. A 设计思路
   B 重量较轻
   C 能转动90度
   D 能显示室内温度

2. A 很安全
   B 很难操作
   C 将取代空调
   D 需自己安装

3. A 女士
   B 吃饭
   C 休息
   D 姑姑

4. A 夸张
   B 温暖
   C 神秘
   D 自豪

5. A 婴幼儿注意力集中时
   B 婴幼儿模仿大人说话时
   C 婴幼儿能连贯地说句子时
   D 婴幼儿尝试表达自己的想法时

1-2 녹음 해석

비교를 통한 설명

无叶风扇越来越受到人们的欢迎。它的设计灵感来自空气干手器。1C 和普通电风扇一样，无叶风扇能转动九十度，而且还可以自由调整俯仰角。无叶风扇一般通过遥控来控制，可显示室内温度及时间，在设计上更人性化。此外，由于没有叶片，无叶风扇不会伤到儿童的手指，2A 安全系数更高。

날개 없는 선풍기가 갈수록 사람들의 환영을 받고 있다. 그것의 설계 영감은 핸드 드라이어로부터 왔다. 1C 일반 선풍기와 마찬가지로, 날개 없는 선풍기는 90도로 회전할 수 있고, 게다가 고개를 숙이는 각도를 자유롭게 조정할 수도 있다. 날개 없는 선풍기는 일반적으로 원격 조정으로 제어하며, 실내 온도 및 시간을 나타낼 수 있어, 설계적으로 더욱 인간 친화적이다. 이 밖에, 날개가 없기 때문에 날개 없는 선풍기는 아이들의 손가락을 다치게 하지 않아, 2A 안전 지수가 더 높다.

1. 无叶风扇和普通电风扇的相同点是什么？
   A 设计思路
   B 重量较轻
   C 能转动90度
   D 能显示室内温度

1. 날개 없는 선풍기와 일반 선풍기의 같은 점은 무엇인가?
   A 설계의 흐름
   B 무게가 비교적 가볍다
   C 90도로 회전할 수 있다
   D 실내 온도를 나타낼 수 있다

2. 关于无叶风扇，可以知道什么？
   A 很安全
   B 很难操作
   C 将取代空调
   D 需自己安装

2. 날개 없는 선풍기에 관해, 알 수 있는 것은 무엇인가?
   A 안전하다
   B 조작하기 어렵다
   C 장차 에어컨을 대체할 것이다
   D 스스로 설치할 필요가 있다

풀이 ❶ 녹음과 보기가 일치하지만 주변 내용을 정확히 들어야 하는 열거형 문제이다. 이 설명문은 날개 없는 선풍기와 (날개 있는) 일반 선풍기의 공통점과 차이점을 설명하고 있다. '일반 선풍기와 마찬가지로, 날개 없는 선풍기는 90도로 회전할 수 있다'고 했으므로 정답은 C이다.

❷ 녹음과 보기가 거의 일치하는 함의형 문제이다. 날개 없는 선풍기는 '안전 지수가 더 높다'고 했으므로 정답은 A이다.

단어 **风扇** fēngshàn ⓜ 선풍기 | ★**设计** shèjì ⓜⓓ 설계(하다), 디자인(하다) | **灵感** línggǎn ⓜ 영감 | **干手器** gānshǒuqì ⓜ 핸드 드라이어 | **转动** zhuàndòng ⓓ 회전하다, 돌다 | ★**自由** zìyóu ⓜⓗ 자유(롭다) | ★**调整** tiáozhěng ⓓ 조정하다 | **俯仰** fǔyǎng ⓓ 굽어보다 | **遥控** yáokòng ⓓ 원격 조정하다 | ★**控制** kòngzhì ⓓ 제어하다, 억제하다 | ★**显示** xiǎnshì ⓓ 나타내 보이다, 드러내다 | **人性化** rénxìnghuà ⓓ 인간 친화적이다, 사람 중심으로 하다 | ★**此外** cǐwài ⓙ 이 밖에, 이 외에 | ★**儿童** értóng ⓜ 아동, 어린이 | ★**手指** shǒuzhǐ ⓜ 손가락 | **系数** xìshù ⓜ 지수, 계수 | **思路** sīlù ⓜ 생각의 흐름, 사고의 맥락 | ★**重量** zhòngliàng ⓜ 무게, 중량 | **操作** cāozuò ⓓ 조작하다 | **取代** qǔdài ⓓ 대체하다, 대신하다 | ★**安装** ānzhuāng ⓓ 설치하다, 장치하다

3-5 녹음 해석

예시를 통한 설명

叠音 3D 是指音节的重复，是一种常见的语言形式，普遍存在于日常称呼语和网络语言之中，比如，3D 妈妈、明明等。叠音 4B 可以传递

중첩음이란 3D 음절의 중복을 가리키며 일종의 자주 볼 수 있는 언어 형식으로, 일상 호칭어와 인터넷 언어 속에서 보편적으로 존재하고 있는데, 예를 들면 3D 妈妈, 明明 등이 있다. 중첩음은 4B 우리에게 친밀하고 따뜻한 느낌을 전

给我们亲密、温暖的感觉。叠音也广泛存在于婴幼儿的语言中，如吃饭饭、睡觉觉。在婴幼儿语言发展的特定阶段，家长与他们交流时使用叠音有助于婴幼儿语言能力的发展。但是5C 当婴幼儿可以相对连贯地说出句子时，家长如果仍然过多地使用叠音词，其积极作用就会消失，甚至产生负面影响。

달할 수 있다. 중첩음은 또한 영유아의 언어 속에서 광범위하게 존재하는데, 예를 들면 吃饭饭, 睡觉觉가 있다. 영유아 언어 발전의 특정 단계에서, 부모와 그들이 교류할 때 중첩음을 사용하면 영유아 언어 능력의 발전에 도움이 된다. 그러나 5C 영유아가 상대적으로 이어서 문장을 말할 수 있을 때 부모가 만약 여전히 과다하게 중첩음을 사용하면, 그것의 긍정적인 작용은 사라지게 되고, 심지어 부정적인 영향이 발생하게 된다.

3. 下列哪项属于叠音？

A 女士 B 吃饭

C 休息 D 姑姑

3. 다음 중 중첩음에 속하는 것은?

A 여사 B 밥을 먹다

C 휴식하다 D 고모

4. 叠音会给人们带来什么样的感觉？

A 夸张 B 温暖

C 神秘 D 自豪

4. 중첩음은 사람들에게 어떠한 느낌을 가져오는가?

A 과장하다 B 따뜻하다

C 신비하다 D 자랑스럽다

5. 哪种情况下家长使用叠音可能会对婴幼儿产生负面作用？

A 婴幼儿注意力集中时

B 婴幼儿模仿大人说话时

C 婴幼儿能连贯地说句子时

D 婴幼儿尝试表达自己的想法时

5. 어떤 상황에서 부모가 중첩음을 사용하면 영유아에게 부정적 작용을 발생시키는가?

A 영유아의 주의력이 집중될 때

B 영유아가 어른이 말하는 것을 모방할 때

C 영유아가 이어서 문장을 말할 수 있을 때

D 영유아가 자신의 생각을 표현하려고 할 때

풀이 ❸ 녹음 내용을 통해 유추해야 하는 열거형 문제이다. 중첩음은 '음절의 중복을 가리키며', 그 예로 '妈妈'와 '明明'을 들었으므로 2개의 같은 글자로 이루어진 D가 정답임을 알 수 있다.

❹ 녹음과 보기가 일치하는 평가형 문제이다. 중첩음은 '우리에게 친밀하고 따뜻한 느낌을 전달할 수 있다'고 했으므로 정답은 B이다.

❺ 녹음과 보기가 일치하는 열거형 문제이다. 영유아가 문장을 이어서 말할 수 있을 때는 중첩음 사용이 오히려 부정적일 수 있다고 했으므로 정답은 C이다.

단어 叠 dié ⓢ 중첩하다, 중복되다 | 音节 yīnjié ⓜ 음절 | ★形式 xíngshì ⓜ 형식 | ★存在 cúnzài ⓢ 존재하다 | ★日常 rìcháng ⓗ 일상의, 일상적인 | ★称呼 chēnghu ⓜ 호칭 ⓢ 부르다 | ★网络 wǎngluò ⓜ 인터넷 | 传递 chuándì ⓢ 전달하다 | 亲密 qīnmì ⓗ 친밀하다 | ★温暖 wēnnuǎn ⓗ 따뜻하다 | ★广泛 guǎngfàn ⓗ 광범위하다 | 婴幼儿 yīngyòu'ér ⓜ 영유아 | 特定 tèdìng ⓗ 특정한 | ★阶段 jiēduàn ⓜ 단계 | ★相对 xiāngduì ⓗ 상대적이다 | 连贯 liánguàn ⓢ 이어지다, 연결되다 | ★仍然 réngrán ⓑ 여전히 | ★积极 jījí ⓗ 긍정적이다, 적극적이다 | ★消失 xiāoshī ⓢ 사라지다, 없어지다 | ★产生 chǎnshēng ⓢ 발생하다, 생기다 | 负面 fùmiàn ⓜ 부정적인 면 | ★属于 shǔyú ⓢ ~에 속하다 | ★女士 nǚshì ⓜ 부인, 여사 | ★姑姑 gūgu ⓜ 고모 | ★夸张 kuāzhāng ⓢ 과장(하여 말)하다 | ★神秘 shénmì ⓗ 신비하다 | ★自豪 zìháo ⓗ 자랑스럽다, 긍지를 느끼다 | ★集中 jízhōng ⓢ 집중하다, 모으다 | ★模仿 mófǎng ⓢ 모방하다, 흉내내다 | 尝试 chángshì ⓢ 시도하다, 시험해 보다 | ★表达 biǎodá ⓢ (생각이나 감정을) 표현하다

기출 테스트

정답 및 해설 | 해설서 67~71쪽

맞은 개수

第1-10题 단문을 듣고 질문에 알맞은 보기를 고르세요.

Track 47

1. A 面临
   B 立刻
   C 开始
   D 收获

2. A 赏花
   B 写诗
   C 举办宴会
   D 到郊外迎春

3. A 适合儿童
   B 追求速度
   C 需互相合作
   D 具有综合性

4. A 高度应超过8米
   B 温度在20度左右
   C 场地大于100平方米
   D 和观众席有足够距离

5. A 都很苗条
   B 平均年龄很小
   C 需进行长期训练
   D 能在空中做优美动作

6. A 能减轻景区压力
   B 能拉动地方消费
   C 能提高城市竞争力
   D 得到了政府的大力支持

7. A 优惠力度小
   B 主题太模糊
   C 缺少趣味性
   D 形式较单一

8. A 历史悠久
   B 用中药制成
   C 含700种成分
   D 古时仅富贵者能饮用

9. A 消炎
   B 抗衰老
   C 治疗咳嗽
   D 促进血液循环

10. A 要适量
    B 不可冷藏
    C 睡前不宜喝
    D 在服药前饮用

Chapter

05 실용문

▶ 실용문이란?

실용문은 실제 생활에 도움이 될 만한 여러 방면의 정보 전달을 목적으로 하는 글이다. 연구, 조사, 실험, 통계의 결과와 새로운 사물이나 사회현상에 대한 소개, 이 밖에 생활 상식, 신문 보도, 대외 공지 등 다양한 내용의 정보를 전달한다. 다룰 수 있는 내용의 범위가 넓은 만큼 단문형에서의 출제 비율도 가장 큰 편이다. 실용문은 듣기 제2부분 전체 문제 유형에서 약 29%의 출제 비율을 차지한다.

문제 풀이 전략

☑ 실용문의 겉모습에 속지 말자.

실용문은 개인의 주관적 관점이나 의견이 아닌 객관적인 사실만 전달한다는 특징이 있다. 이러한 글의 특성상 전체 글에 대한 정확한 이해를 바탕으로 하여 함축적인 뜻을 찾는 문제보다는 표면적인 수치나 중심 포인트를 체크하는 문제가 주로 출제된다. 따라서 어려운 단어나 표현이 많이 나오지만 보기만 잘 이용한다면 정답을 찾기 어려운 유형은 아니다.

☑ 실용문에 잘 나오는 표현을 미리 알아 두자.

- 研究/结果/报告 + 表明/显示 ……: 연구/결과/보고서에서 ~을 밝히다
- 调查/结果 + 表明/显示 ……: 조사/결과에서 ~을 밝히다
- 统计/数据 + 表明/显示 ……: 통계/수치에서 ~을 밝히다

- 研究人员/专家 + 发现/表示/称 ……: 연구자/전문가는 ~을 발견했다/나타냈다/말했다
- 据研究/调查/统计/报道, ……: 연구/조사/통계/보도에 따르면, ~

☑ 어떤 형식의 글이든 장단점이 있다.

이야기형에 가까울수록 글의 난이도는 낮아지지만, 그 대신 내용을 이해하고 유추해서 답을 찾아야 하는 문제의 비중이 커진다. 반면 실용문에 가까울수록 서면어체(문어체)로 단어나 표현의 수준이 어렵고 글 자체의 난이도가 높아지지만, 보기를 그대로 녹음에서 언급하는 일치형의 문제가 대부분을 차지한다. 결국 글의 종류에 따라 장단점이 확실한 만큼, 언뜻 녹음을 듣기에 쉽다고 해서 방심해서도 안 되고, 내용이 어렵다고 해서 절망할 필요도 없다.

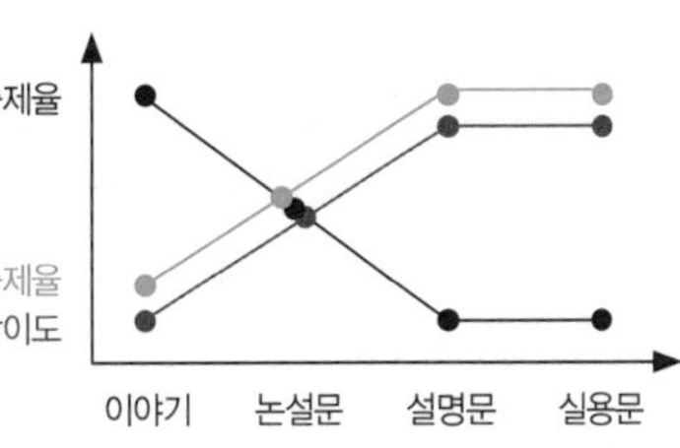

시원한 공략법

실용문형

● 실용문형은 글 자체가 전달하려는 가장 기본적인 정보를 파악하는 것이 관건이다. 어려운 표현에 기죽지 않고 어떤 정보를 전달하려고 하는지, 그 정보의 핵심적인 내용은 무엇인지 큰 흐름을 잘 생각하면서 들어야 한다. 물론 실용문에서 보기 이용은 필수이다.

시원한 공략법 실전 문제

Track 48

1. A 听广播
   B 看风景
   C 打电话
   D 与乘客聊天儿

2. A 老年人
   B 年轻男性
   C 敏感的人
   D 性格内向的人

3. A 广场上
   B 地铁上
   C 博物馆内
   D 操场周围

4. A 面向大学生
   B 有明星参与
   C 将逐步转向农村
   D 合作伙伴推出了

5. A 实用的
   B 专业的
   C 热销的
   D 经典的

1-2 녹음 해석

조사 결과

第1到2题是根据下面一段话：

据调查，约八分之一的交通事故与司机开车时分心有关。研究人员试图通过实验来分析究竟是什么导致司机开车时分心。结果显示，1A 听广播是最常见的分心原因，2B 年轻男性和性格比较外向的人是最容易开车分心的群体。而年纪较大的女性开车时一般不容易分心。

1-2번 문제는 다음 내용에 근거한다.

조사에 따르면, 약 8분의 1의 교통사고는 운전자가 운전할 때 정신을 파는 것과 관련이 있다. 연구원들은 실험을 통해 도대체 무엇이 운전자가 운전할 때 정신을 팔게 하는 결과를 초래하는지 분석하려고 시도했다. 결과에서 나타나길, 1A 라디오를 듣는 것이 가장 흔히 볼 수 있는 원인이며, 2B 젊은 남성과 성격이 비교적 외향적인 사람은 운전할 때 가장 쉽게 정신을 파는 그룹이었다. 반면 나이가 비교적 많은 여성은 운전할 때 일반적으로 쉽게 정신을 팔지 않았다.

1. 开车时最常见的分心原因是什么？
   A 听广播
   B 看风景
   C 打电话
   D 与乘客聊天儿

1. 운전할 때 정신을 팔게 하는 가장 흔한 원인은 무엇인가?
   A 라디오를 듣는다
   B 풍경을 본다
   C 전화를 한다
   D 승객과 이야기한다

2. 哪个群体开车时最容易分心？
   A 老年人
   B 年轻男性
   C 敏感的人
   D 性格内向的人

2. 어느 그룹이 운전할 때 가장 쉽게 정신을 파는가?
   A 노인
   B 젊은 남성
   C 민감한 사람
   D 성격이 내성적인 사람

풀이 ❶ 녹음과 보기가 일치하는 열거형 문제이다. 운전자가 운전할 때 '라디오를 듣는 것이 정신을 팔게 하는 가장 흔한 원인'이라고 언급했으므로 정답은 A이다.

❷ 녹음과 보기가 일치하는 열거형 문제이다. '젊은 남성과 성격이 비교적 외향적인 사람이 운전할 때 가장 쉽게 정신을 판다'고 했으므로 정답은 B이다.

단어 事故 shìgù ⓜ 사고 | 分心 fēnxīn ⓢ 정신을 팔다, 마음을 분산시키다 | 试图 shìtú ⓜⓢ 시도(하다) | ★究竟 jiūjìng ⓑ 도대체 | ★导致 dǎozhì ⓢ (부정적인 사태를) 초래하다, 야기하다 | ★显示 xiǎnshì ⓢ 나타내 보이다, 드러내다 | 外向 wàixiàng ⓗ (성격이) 외향적이다 | 群体 qúntǐ ⓜ 그룹, 단체, 집단 | ★ 风景 fēngjǐng ⓜ 풍경, 경치 | 乘客 chéngkè ⓜ 승객 | ★敏感 mǐngǎn ⓗ 민감하다 | 内向 nèixiàng ⓗ 내성적이다

3-5 녹음 해석

활동 소개

2016年下半年一场名为“丢书大作战”的活动在北京、上海、广州三地同时展开。约一万本图书 3 B 被丢在地铁的座椅上或角落里，等待经过的人们捡起阅读。该活动引起了人们的广泛关注，4 B 不少明星也参与其中。为什么选择这几个城市呢？活动发起人表示，大城市生活节奏快，年轻人渴望读书却没有时间，因此，丢书更能满足他们的阅读需求，而且在选书上 5 D 主要看重有价值的经典图书。

2016년 하반기 '버려진 책 대작전'이라는 이름의 이벤트가 베이징, 상하이, 광저우 세 지역에서 동시에 펼쳐졌다. 약 만 권의 도서는 3 B 지하철 좌석이나 구석진 곳에 버려져서, 지나가는 사람들이 주워서 읽기를 기다렸다. 이 이벤트는 사람들의 광범위한 관심을 불러일으켰고, 4 B 많은 스타들도 그중에 참여했다. 왜 이 몇 개의 도시를 선택했을까? 이벤트 창시자가 말하길, 대도시는 생활 리듬이 빨라서 젊은이들은 책을 읽기를 갈망하지만 시간이 없다. 따라서 버려진 책은 그들의 독서 수요를 만족시킬 수 있고, 또한 책을 선택하는 데 있어 5 D 주로 가치 있는 고전 도서를 중요시했다고 한다.

3. 那些图书主要被丢在哪儿？

A 广场上　　B 地铁上
C 博物馆内　　D 操场周围

3. 그 도서들은 주로 어디에 버려졌는가?

A 광장 위　　B 지하철 위
C 박물관 내　　D 운동장 주변

4. 关于那场活动，可以知道什么？

A 面向大学生　　B 有明星参与
C 将逐步转向农村　　D 合作伙伴推出了

4. 그 이벤트에 관해 무엇을 알 수 있는가?

A 대학생을 대상으로 했다
B 스타가 참여했다
C 점점 농촌으로 방향을 바꾸게 될 것이다
D 협력 파트너가 출시했다

5. 在选书方面，活动的发起人主要看重哪类图书？

A 实用的　　B 专业的
C 热销的　　D 经典的

5. 책을 선택하는 방면에서 이벤트 창시자는 주로 어느 종류의 도서를 중시했는가?

A 실용적인 것　　B 전문적인 것
C 잘 팔리는 것　　D 고전적인 것

풀이 ❸ 녹음과 보기가 일치하는 열거형 문제이다. 도서들은 지하철 좌석이나 구석에 버려졌다고 했으므로 정답은 B이다.
❹ 녹음과 보기가 거의 일치하는 함의형 문제이다. 이벤트에 적지 않은 스타들도 참여했다고 했으므로 정답은 B이다.
❺ 녹음과 보기가 일치하는 열거형 문제이다. 책을 선택하는 데 있어 주로 가치 있는 고전 도서를 중요시했다고 했으므로 정답은 D이다.

단어 作战 zuòzhàn ⓜ (전투) 작전 | ★展开 zhǎnkāi ⓢ 펼치다, 전개하다 | 座椅 zuòyǐ ⓜ 좌석 | 角落 jiǎoluò ⓜ 구석(진 곳) | ★等待 děngdài ⓢ 기다리다 | ★捡 jiǎn ⓢ 줍다 | ★广泛 guǎngfàn ⓗ 광범위하다 | 关注 guānzhù ⓜⓢ 관심(을 가지다) | ★参与 cānyù ⓢ 참여하다 | 节奏 jiézòu ⓜ 리듬 | 渴望 kěwàng ⓢ 갈망하다 | ★满足 mǎnzú ⓗ 만족하다 ⓢ 만족시키다 | 需求 xūqiú ⓜ 수요, 필요, 요구 | 看重 kànzhòng ⓢ 중시하다 | ★价值 jiàzhí ⓜ 가치 | ★经典 jīngdiǎn ⓜ 고전, 권위 있는 저작 ⓗ 고전적이다 | ★广场 guǎngchǎng ⓜ 광장 | ★博物馆 bówùguǎn ⓜ 박물관 | ★操场 cāochǎng ⓜ 운동장 | 面向 miànxiàng ⓢ ~을 대상으로 하다, ~(으)로 향하다 | ★逐步 zhúbù ⓑ 점점, 점차, 차츰차츰 | 转向 zhuǎnxiàng ⓢ ~쪽으로 방향을 바꾸다 | ★农村 nóngcūn ⓜ 농촌 | ★合作 hézuò ⓜⓢ 협력(하다), 합작(하다) | ★伙伴 huǒbàn ⓜ 동업자, 짝, 동료 | ★推出 tuīchū ⓢ (신상품이나 새로운 아이디어를) 출시하다, 내놓다 | ★实用 shíyòng ⓗ 실용적이다 | ★专业 zhuānyè ⓜ 전공 ⓗ 전문적인, 프로의 | 热销 rèxiāo ⓢ 잘 팔리다

기출 테스트

정답 및 해설 | 해설서 72~75쪽

맞은 개수

第1-10题 단문을 듣고 질문에 알맞은 보기를 고르세요.

Track 49

1. A 有设计经验
   B 具备本科学历
   C 热爱服装设计
   D 年龄在40岁以下

2. A 上万元奖金
   B 获赠名牌服饰
   C 著名设计师的指导
   D 进入服装公司工作

3. A 描述短片内容
   B 寻找实验伙伴
   C 猜出短片的结尾
   D 谈论对角色的看法

4. A 一位亲戚
   B 一位导演
   C 喜欢的电影角色
   D 动画片中的人物

5. A 怎样制作短片
   B 电影的发展史
   C 如何加深记忆
   D 大脑的思考过程

6. A 学生居多
   B 大多是90后
   C 以已婚女性为主
   D 收入水平普遍较高

7. A 高单价商品减少
   B 发展速度放慢
   C 集中在北京、上海
   D 由大件商品转向小件

8. A 空气潮湿
   B 大雾天多
   C 分寒、暖两季
   D 全年光照强烈

9. A 必须乘船
   B 费用很高
   C 路线单一
   D 至少需一个月

10. A 青少年
    B 物理学家
    C 媒体工作者
    D 热爱冒险的人

독해 阅读

제1부분

단어나 문장 고르기

출제 경향 및 출제 유형

독 해 1부분

- 총 4편의 글이 출제되며 한 편의 글에 3-4개의 빈칸이 있고, 각 빈칸마다 주어진 4개의 보기(단어나 문장) 중 글의 흐름상 가장 적합한 것을 선택하는 문제 유형이다.
- 총 15문제(46-60번)가 출제된다.

출제 경향

1 첫 번째 글(46-48번)은 3개의 빈칸이 주어지고 모두 단어를 찾는 문제로만 이루어져 있다. 나머지 세 편의 글은 모두 4개의 빈칸이 주어지고, 단어를 고르는 3문제와 문장을 고르는 1문제로 이루어져 있다.

2 단어를 고르는 문제의 경우 명사, 양사, 형용사, 동사, 전치사, 부사, 접속사 등 7개의 품사가 출제되며, 그중 동사의 비중이 현저하게 큰 편이다.

3 단어를 고르는 문제는 빈칸의 단어와 짝이 되는 단어, 즉 搭配를 이용하여 바로 풀 수 있는 경우와 글의 흐름을 보고 내용상 가장 어울리는 뜻을 가진 단어를 찾아야 하는 경우가 있다.

4 문장을 고르는 문제는 앞뒤 내용의 흐름을 파악해야만 풀 수 있다.

출제 유형

二、阅读

第一部分

독해 제1부분은 빈칸에 들어갈 알맞은 단어나 문장을 찾는 문제입니다.

第46-60题：请选出正确答案。

46-48.

摩擦性失业，是指因季节性或技术性原因引起的失业，即由于经济调整或者资源配置比例失调等原因，一些人在等待转业时的失业现象。例如，人们因不满意原来的工作，__46__后重新找新工作，这期间的短暂性失业就是摩擦性失业。

摩擦性失业是一种正常现象，它的存在与充分就业状态并不__47__。尽管如此，如果求职者寻找工作的时间过长，仍会对求职者本人甚至__48__社会造成伤害。

46. A 追求　B 冒险　C 逃避　D 辞职 √
47. A 矛盾 √　B 意外　C 片面　D 单调
48. A 个别　B 整个 √　C 统一　D 大型

•
•
•

빈칸의 앞뒤 문맥 또는 자주 쓰이는 짝꿍 표현과 고정격식만 알아도 쉽게 답을 찾을 수 있습니다.

해석

마찰성 실업이란 계절성이나 기술적 원인 때문에 초래된 실업으로, 즉 경제 조정 혹은 자원 배치 비율의 불균형 등 원인 때문에 일부 사람들이 직업을 바꾸려고 기다릴 때의 실업 현상을 가리킨다. 예를 들어, 사람들은 원래 직업에 만족하지 않아 46 D 사직한 후 다시 새 직업을 찾는데, 이 기간의 일시적 실업이 바로 마찰성 실업이다.

마찰성 실업은 일종의 정상적인 현상이며, 그것의 존재와 충분한 취업 상태는 결코 47 A 모순되지 않는다. 이러함에도 불구하고, 만약 구직자가 직업을 찾는 시간이 지나치게 길어지면, 여전히 구직자 본인은 물론 심지어 48 B 전체 사회에 해로움을 초래한다.

46. A 추구하다　B 모험하다　C 도피하다　D 사직하다
47. A 모순되다　B 의외이다　C 단편적이다　D 단조롭다
48. A 개별적　B 전체　C 통일적인　D 대형의

Chapter 01 명사 · 양사 고르기

▶ 명사 · 양사 고르기형은?

명사형의 경우 문장의 주어, 목적어, 관형어(다른 명사를 수식) 위치가 빈칸으로 출제된다. 대부분의 경우 빈칸 주변의 내용을 확인하면 정답을 찾을 수 있다. 양사형의 경우도 마찬가지로 빈칸 주변에서 양사가 세고 있는 대상을 찾는 것이 관건이다. 명사 고르기형은 독해 제1부분 전체 문제 유형에서 약 16.5%의 출제 비율을 차지하며, 양사 고르기형은 약 1.5%의 출제 비율을 차지한다.

문제 풀이 전략

☑ 전체를 다 해석할 필요는 없다.

독해 제1부분에 제시되는 글의 수준은 사실 상당히 높은 편이다. 6급 단어는 물론 아예 HSK 단어가 아닌 생소한 단어들이 많이 출현한다. 따라서 처음부터 글을 다 읽고 문제를 푼다는 것은 부담스럽기도 하고 너무 어려운 일이다.

독해 제1부분은 단어를 찾아야 하는 경우 빈칸이 포함된 문장을 통해서 바로 답을 찾을 수 있는 경우가 많다. 만약 그 문장만으로 의미 파악이 불가능하다면 상황에 따라 바로 앞이나 바로 뒤의 문장을 쉼표(，)나 마침표(。) 단위로 범위를 넓혀가며 내용을 파악하면 된다.

읽어야 하는 문장에도 너무 어려운 단어가 있다면 아는 단어를 최대한 이용해서 전체적인 의미만 잘 파악해도 된다. 5급 수준의 학습자 중 전체 문장을 완벽하게 해석할 수 있는 사람은 없으므로 어려운 단어가 제시되었다고 절대 기죽지 말자.

☑ 양사는 명사와 세트이다.

양사는 명사의 개수를 세는 명량사와 동작의 횟수를 세는 동량사로 나뉜다. 5급 필수 어휘에 동량사는 3개밖에 없고, 나머지는 모두 명량사이다. 명량사 중 도량사(도량형)를 제외한 명량사는 반드시 고정적으로 자주 쓰이는 명사와 함께 짝을 지어 암기해 두어야 한다.

5급 도량사 吨 dūn 톤, 1000kg | 平方 píngfāng 제곱미터, ㎡
克 kè 그램, g | 升 shēng 리터, L

5급 동량사 顿 dùn 질책, 권고 등의 횟수를 나타냄 예 批评了一顿。한 번 야단쳤다.
➡ 顿은 '끼니'를 세는 명량사로도 사용됨
圈 quān 바퀴를 나타냄 예 跑了一圈。한 바퀴 돌았다.
阵 zhèn 잠시 동안 지속되는 동작을 나타냄 예 下了一阵雨。소나기가 내렸다.

시원한 공략법 01

명사 고르기

- 명사로 구성된 문제 유형은 보통 세 가지 형태로 출제된다.
  - (1) 주어가 빈칸인 경우: 주어를 수식하는 관형어, 그리고 서술어와 목적어를 참고한다.
  - (2) 목적어가 빈칸인 경우: 목적어를 수식하는 관형어, 그리고 주어와 서술어를 참고한다.
  - (3) 다른 명사를 수식하는 관형어가 빈칸인 경우: 수식을 받고 있는 명사(피수식어)를 참고한다.

만약 이렇게 짝(搭配)으로 답을 찾을 수 없다면, 앞뒤 내용을 좀 더 읽고 흐름에 맞는 단어를 찾아야 한다.

시원한 공략법 실전 문제

1-2.

典当行其实就是古代小说里常提到的当铺，在小说中，它一直被描写成穷人出入的地方。典当行是一种非银行的金融机构，当需要__1__时，就可以考虑它。和银行贷款相比，典当行的__2__在于门槛低、放款快。而且，典当行对客户几乎没有任何信用要求。

1. A 原料　B 权利　C 能源　D 资金
2. A 类型　B 优势　C 样式　D 话题

3-4.

洗手是每个人日常生活中必做的一件事。如果有一台装置，只需要少量的水就能把手洗干净，你愿意尝试一下吗？浙江大学的学生团队发明了这样一台空气洗手机。团队成员朱智勇介绍：研制这台装置的__3__其实很简单，就是想要节水。

空气洗手机将空气融进水里面，然后以高压方式将这种混合物喷出，以达到快速把手洗干净的效果。而且，用水量只有__4__的十分之一。

3. A 目的　B 结构　C 情景　D 空间
4. A 事先　B 日子　C 平时　D 日期

1-2

典当行其实就是古代小说里常提到的当铺，在小说中，它一直被描写成穷人出入的地方。典当行是一种非银行的金融机构，当需要 1D 资金时，就可以考虑它。和银行贷款相比，典当行的 2B 优势在于门槛低、放款快。而且，典当行对客户几乎没有任何信用要求。

전당포업(典当行)은 사실 고대 소설 속에 자주 언급된 전당포이며, 소설에서는 줄곧 가난한 사람이 출입하는 곳으로 묘사되었다. 전당포업은 일종의 비은행 금융기관으로, 1D 자금이 필요할 때 그것을 고려할 수 있었다. 은행 대출과 비교했을 때, 전당포업의 2B 우위는 문턱이 낮고 대출이 빠르다는 데 있다. 게다가 전당포업은 고객에 대해 어떠한 신용 요구도 없었다.

1. A 原料 B 权利 C 能源 D 资金
2. A 类型 B 优势 C 样式 D 话题

1. A 원료 B 권리 C 에너지 D 자금
2. A 유형 B 우위 C 양식 D 화제

풀이 ❶ 보기가 모두 명사이고 동사 '需要'의 목적어 자리가 빈칸이지만 '需要'만으로는 답을 선택하기 어렵다. 이전 문장을 보면, '전당포업은 비은행 금융기관이었다'라는 내용이 있으므로 흐름상 D가 정답임을 알 수 있다.

TIP!

A 原料 yuánliào ⓜ 원료	生产原料 shēngchǎn yuánliào 생산 원료 化学原料 huàxué yuánliào 화학 원료
B 权利 quánlì ⓜ 권리	保障权利 bǎozhàng quánlì 권리를 보장하다 争取权利 zhēngqǔ quánlì 권리를 쟁취하다
C 能源 néngyuán ⓜ 에너지	节约能源 jiéyuē néngyuán 에너지를 절약하다 利用能源 lìyòng néngyuán 에너지를 이용하다
D 资金 zījīn ⓜ 자금	支付资金 zhīfù zījīn 자금을 지불하다 投入资金 tóurù zījīn 자금을 투입하다

❷ 보기가 모두 명사이고 주어 자리가 빈칸이므로 일단 주어를 수식하는 관형어와 서술어, 목적어를 읽어 보자. 빈칸은 '典当行的'의 수식을 받고 있고, 서술어 '在于……'는 '~에 있다'라는 의미로 추상적 주어를 가지며, 목적어는 '门槛低、放款快'이다. 5급 수준에서는 목적어에서 '门……低(문이 낮다)' 정도만 해석이 가능하다. 대략 '전당포업의 ____은 문턱이 낮다는 데 있다'라는 의미에 맞는 단어는 B밖에 없다.

TIP!

A 类型 lèixíng ⓜ 유형	同一类型 tóngyī lèixíng 같은 유형 不同类型 bùtóng lèixíng 다른 유형
B 优势 yōushì ⓜ 우위, 우세	有优势 yǒu yōushì 우위가 있다 没有优势 méiyǒu yōushì 우위가 없다 发挥优势 fāhuī yōushì 우세를 발휘하다 利用优势 lìyòng yōushì 우위를 이용하다
C 样式 yàngshì ⓜ 양식, 스타일, 모양	样式新 yàngshì xīn 양식이 새롭다 样式好 yàngshì hǎo 스타일이 좋다 样式多 yàngshì duō 모양이 많다
D 话题 huàtí ⓜ 화제	讨论话题 tǎolùn huàtí 토론 화제

단어 ★古代 gǔdài ⓜ 고대 | 当铺 dàngpù ⓜ 전당포 | ★描写 miáoxiě ⓜⓢ 묘사(하다) | ★穷 qióng ⓜ 가난하다 | 出入 chūrù ⓢ 출입하다 | 金融 jīnróng ⓜ 금융 | 机构 jīgòu ⓜ 기구 | ★贷款 dàikuǎn ⓜ 대출금 ⓢ 대출하다 | ★在于 zàiyú ⓢ ~에 있다 | 门槛 ménkǎn ⓜ 문턱, 문지방 | 放款 fàngkuǎn ⓜⓢ 대출(하다) | 客户 kèhù ⓜ 고객, 거래처

3-4

洗手是每个人日常生活中必做的一件事。如果有一台装置，只需要少量的水就能把手洗干净，你愿意尝试一下吗？浙江大学的学生团队发明了这样一台空气洗手机。团队成员朱智勇介绍：研制这台装置的3A目的其实很简单，就是想要节水。 空气洗手机将空气融进水里面，然后以高压方式将这种混合物喷出，以达到快速把手洗干净的效果。而且，用水量只有4C平时的十分之一。	손을 씻는 것은 모든 사람의 일상 생활에서 반드시 해야 하는 일이다. 만약 소량의 물로도 손을 깨끗이 씻을 수 있는 장비가 있다면, 당신은 시도해 보고 싶은가? 저장대학의 학생 단체가 이런 공기로 손을 씻는 기계를 발명했다. 단체의 구성원 쭈즈용이 이 장치를 연구 제작한 3A 목적은 사실 간단한데, 바로 물을 절약하기 위함이라고 소개했다. 공기로 손을 씻는 기계는 공기를 물 속으로 녹여 넣고, 고압 방식으로 이러한 혼합물을 분출해서 빨리 손을 깨끗하게 씻는 효과를 얻을 수 있다. 또한, 물 사용량은 겨우 4C 평소의 10분의 1이다.
3. A 目的　B 结构　C 情景　D 空间 4. A 事先　B 日子　C 平时　D 日期	3. A 목적　B 구조　C 광경　D 공간 4. A 사전　B 날　C 평소　D 날짜

풀이 ❸ 보기가 모두 명사이고 주어 자리가 빈칸이므로 일단 주어를 수식하는 관형어와 서술어를 읽어 보자. 빈칸은 '**研制这台装置的**(이 장치를 연구 제작한)'의 수식을 받고 있고, 서술어는 '**简单**'이다. 여기서 C와 D는 소거할 수 있다. 뒤의 문장을 보면 '바로 물을 절약하기 위함이다'라는 내용이 있으므로 흐름상 A가 가장 적합하다.

TIP!

A **目的** mùdì 명 목적	**达到**目的 dádào mùdì 목적에 도달하다 **实现**目的 shíxiàn mùdì 목적을 실현하다
B **结构** jiégòu 명 구조	结构**复杂** jiégòu fùzá 구조가 복잡하다
C **情景** qíngjǐng 명 광경, 정경, 장면	**眼前的**情景 yǎnqián de qíngjǐng 눈 앞의 광경 **梦中的**情景 mèng zhōng de qíngjǐng 꿈 속의 장면
D **空间** kōngjiān 명 공간	**生活**空间 shēnghuó kōngjiān 생활 공간 **发展**空间 fāzhǎn kōngjiān 발전 공간 空间**大** kōngjiān dà 공간이 크다 空间**小** kōngjiān xiǎo 공간이 작다

❹ 보기가 모두 명사이고 관형어 자리가 빈칸이므로 일단 수식하는 대상과 주어, 서술어를 읽어 보자. 주어는 '**用水量**', 서술어는 '**有**', 빈칸은 '**十分之一**'를 수식하고 있다. 의미에 맞는 단어는 C밖에 없다.

TIP!

A **事先** shìxiān 명 사전, 미리	事先**说明** shìxiān shuōmíng 미리 설명하다
B **日子** rìzi 명 날, 시간, 세월	**过**日子 guò rìzi 날을 보내다, 살아가다
C **平时** píngshí 명 평소, 평상시	平时**的两倍** píngshí de liǎng bèi 평소의 두 배
D **日期** rìqī 명 (특정한) 날짜	**约**日期 yuē rìqī 날짜를 약속하다 **订**日期 dìng rìqī 날짜를 잡다

단어 **装置** zhuāngzhì 명 장치 | **尝试** chángshì 동 시도해 보다, 시험해 보다 | **团队** tuánduì 명 단체, 팀 | **早晨** zǎochen 명 이른 아침, 새벽 | ★**发明** fāmíng 명동 발명(하다) | **成员** chéngyuán 명 구성원 | **研制** yánzhì 동 연구 제작하다 | **融** róng 동 녹다 | ★**方式** fāngshì 명 방식 | **混合** hùnhé 동 혼합하다 | **喷** pēn 동 분출하다, 내뿜다 | ★**达到** dádào 동 이르다, 달성하다, 도달하다 | **效果** xiàoguǒ 명 효과

시원한 공략법 02 양사 고르기

● 양사가 보기에 제시된 경우는 빈칸에 들어갈 양사가 세고 있는 대상을 찾아내는 것이 가장 중요하다. 5급 어휘 전체에서 양사의 개수는 많지 않기 때문에 문제를 풀면서 등장하는 양사 정도만 잘 익혀 두면 양사 문제는 쉽게 풀 수 있다. 또한, 양사가 보기로 제시된 문제의 경우 전체 내용을 해석하지 않아도 빈칸 주변만 보면 쉽게 정답을 찾을 수 있다.

시원한 공략법 실전 문제

1-2.

“吉尼斯”原是一家啤酒厂的名字。一天，啤酒厂的总经理参加了一个聚会。在那里，他和聚会的主人讨论“欧洲哪种鸟飞得最快”，这件事却使他对“世界之最”产生了浓厚的兴趣。于是在1954年，他邀请一__1__李生兄弟共同撰写了一本记录事实和数据的书，并创办了“吉尼斯世界之最公司”。 1955年8月27日，第一本《吉尼斯世界纪录大全》正式出版，第一次印刷就达到了五万__2__。后来这本书的销量更是经久不衰，“吉尼斯”也成为了世界著名品牌。

1. A 根　　B 支　　C 对　　D 滴
2. A 册　　B 批　　C 顿　　D 顶

3-4.

王戎是魏晋时期的名士，从小就聪明过人。他七岁的时候，跟一__3__小伙伴在路边玩耍，玩得正开心时，大家忽然发现路边有一__4__李子树，上面结了很多李子，小伙伴们纷纷跑去摘李子吃，只有王戎一动不动地站在原地，他说：“李子树就在路边，过路的行人很容易摘到。但上面还有这么多李子，这李子肯定是苦的。”大家吃了一口手上的李子，果然是苦的。

3. A 项　　B 群　　C 阵　　D 座
4. A 朵　　B 首　　C 棵　　D 颗

1-2

"吉尼斯"原是一家啤酒厂的名字。一天，啤酒厂的总经理参加了一个聚会。在那里，他和聚会的主人讨论"欧洲哪种鸟飞得最快"，这件事却使他对"世界之最"产生了浓厚的兴趣。于是在1954年，他邀请一 1 C 对 孪生兄弟共同撰写了一本记录事实和数据的书，并创办了"吉尼斯世界之最公司"。1955年8月27日，第一本《吉尼斯世界纪录大全》正式出版，第一次印刷就达到了五万 2 A 册。后来这本书的销量更是经久不衰，"吉尼斯"也成为了世界著名品牌。	'기네스'는 원래 한 맥주 공장의 이름이었다. 하루는 맥주 공장 사장이 한 모임에 참가했다. 그곳에서 그와 모임의 주최자는 '유럽의 어떤 새가 가장 빠른가'에 대해 토론했고, 이 일은 그로 하여금 '세계 최고'에 대해 깊은 흥미가 생기게 했다. 그래서 1954년에 그는 한 1 C 쌍의 쌍둥이 형제를 초청하여 사실과 데이터를 기록한 한 권의 책을 썼고, 또한 '기네스세계최고회사'를 설립했다. 1955년 8월 27일에 첫 번째 《기네스북 오브 레코즈》가 정식 출판되었고, 첫 번째 인쇄가 5만 2 A 권에 달했다. 이후에도 이 책의 판매량은 더욱 줄지 않아, '기네스'는 세계 유명 브랜드가 되었다.
1. A 根　B 支　C 对　D 滴 2. A 册　B 批　C 顿　D 顶	1. A 가닥　B 자루　C 쌍　D 방울 2. A 권　B 무리　C 끼　D 개

풀이 ❶ 보기가 모두 양사이므로 전체 내용을 읽을 필요 없이 빈칸 주변에서 양사와 짝을 이루는 명사를 우선 찾아내면 된다. 빈칸 뒤에 '**兄弟**(형제)'가 있으므로 정답은 C이다.

TIP!

A 根 gēn 양 가늘고 긴 것을 세는 단위	一根筷子 yì gēn kuàizi 한 짝의 젓가락 一根头发 yì gēn tóufa 한 가닥의 머리카락 一根绳子 yì gēn shéngzi 하나의 밧줄
B 支 zhī 양 자루, 개피	一支笔 yì zhī bǐ 한 자루의 펜 一支烟 yì zhī yān 한 개피의 담배
C 对 duì 양 (동물과 사람의) 쌍, 짝	一对夫妻 yí duì fūqī 한 쌍의 부부 一对蝴蝶 yí duì húdié 한 쌍의 나비
D 滴 dī 양 방울	一滴水 yì dī shuǐ 한 방울의 물 一滴汗 yì dī hàn 한 방울의 땀 一滴泪水 yì dī lèishuǐ 한 방울의 눈물

❷ 보기가 모두 양사이므로 전체 내용을 읽을 필요 없이 빈칸 주변에서 양사와 짝을 이루는 명사를 우선 찾아내면 된다. 빈칸 앞에 책 이름 **《吉尼斯世界纪录大全》**이 있으므로 정답은 A이다.

TIP!

A 册 cè 양 권, 책(책을 세는 단위)	一册本子 yí cè běnzi 한 권의 공책
B 批 pī 양 (사람의) 무리, (물건의) 한 무더기	一批人才 yì pī réncái 한 무리의 인재 一批货 yì pī huò 한 무더기의 화물
C 顿 dùn 양 끼니를 세는 단위	一顿饭 yí dùn fàn 한 끼의 식사
D 顶 dǐng 양 꼭대기가 있는 물건을 세는 단위	一顶帽子 yì dǐng màozi 한 개의 모자

단어 ★**聚会** jùhuì 명 모임 | ★**产生** chǎnshēng 동 생기다, 발생하다 | **浓厚** nónghòu 형 (흥미나 관심이) 깊다, 크다, 강하다 | **孪生** luánshēng 명 쌍둥이 | **撰写** zhuànxiě 동 (문장을) 쓰다, 짓다 | ★**记录** jìlù 명동 기록(하다) | ★**事实** shìshí 명 사실 | ★**数据** shùjù 명 데이터, 통계 수치 | **创办** chuàngbàn 동 설립하다, 창립하다, 창설하다 | ★**纪录** jìlù 명 (최고) 기록 | ★**达到** dádào 동 도달하다, 이르다, 달성하다 | **销量** xiāoliàng 명 판매량 | **经久不衰** jīngjiǔ bùshuāi 오랫동안 시들지 않다 | **品牌** pǐnpái 명 브랜드

3-4

王戎是魏晋时期的名士，从小就聪明过人。他七岁的时候，跟一 3 B 群小伙伴在路边玩耍，玩得正开心时，大家忽然发现路边有一 4 C 棵李子树，上面结了很多李子，小伙伴们纷纷跑去摘李子吃，只有王戎一动不动地站在原地，他说："李子树就在路边，过路的行人很容易摘到。但上面还有这么多李子，这李子肯定是苦的。" 大家吃了一口手上的李子，果然是苦的。	왕롱은 위진 시기의 명사로, 어렸을 때부터 남달리 총명했다. 그가 7세 때 한 3 B 무리의 친구들과 길가에서 놀고 있었는데, 재미있게 놀고 있을 무렵, 모두들 길가에 한 4 C 그루의 자두나무가 있고, 위에 많은 자두가 열려 있다는 것을 문득 발견했다. 친구들은 잇달아 자두를 따 먹으러 뛰어갔지만, 오직 왕롱만 꼼짝도 하지 않고 제자리에 서있었다. 그가 말했다. "자두나무는 길가에 있어서 지나가는 행인들이 쉽게 딸 수 있어. 그러나 위에 아직도 이렇게 많은 자두가 있으니, 이 자두는 분명 쓸 거야." 모두들 손에 있는 자두를 한 입 먹었는데 역시나 쓴 맛이었다.
3. A 项　B 群　C 阵　D 座 4. A 朵　B 首　C 棵　D 颗	3. A 가지　B 무리　C 잠시　D 채 4. A 송이　B 수　C 그루　D 알

풀이 ❸ 보기가 모두 양사이므로 전체 내용을 읽을 필요 없이 빈칸 주변에서 양사와 짝을 이루는 명사를 우선 찾아내면 된다. 빈칸 뒤에 '**小伙伴**(친구들)'이 있으므로 정답은 B이다.

TIP!

A **项** xiàng ⓐ 가지, 조항, 조목	一项原则 yí xiàng yuánzé 하나의 원칙 一项研究 yí xiàng yánjiū 하나의 연구
B **群** qún ⓐ (사람이나 동물의) 무리, 떼	一群孩子 yì qún háizi 한 무리의 아이들 一群鸟 yì qún niǎo 한 무리의 새
C **阵** zhèn ⓐ 잠시 동안 지속되는 동작을 나타냄	一阵 yí zhèn 한바탕 阵雨 zhènyǔ 소나기
D **座** zuò ⓐ 채(크고 고정된 물체를 세는 단위)	一座山 yí zuò shān 한 채의 산 一座楼 yí zuò lóu 한 채의 건물 一座桥 yí zuò qiáo 하나의 다리 一座城市 yí zuò chéngshì 하나의 도시

❹ 보기가 모두 양사이므로 전체 내용을 읽을 필요 없이 빈칸 주변에서 양사와 짝을 이루는 명사를 우선 찾아내면 된다. 빈칸 뒤에 '**李子树**(자두나무)'가 있으므로 정답은 C이다.

TIP!

A **朵** duǒ ⓐ 송이(꽃, 구름 등을 세는 단위)	一朵花 yì duǒ huā 한 송이의 꽃
B **首** shǒu ⓐ 수(시나 노래를 세는 단위)	一首诗 yì shǒu shī 한 수의 시 一首歌 yì shǒu gē 한 곡의 노래
C **棵** kē ⓐ 그루, 포기(식물을 세는 단위)	一棵树 yì kē shù 한 그루의 나무
D **颗** kē ⓐ 알, 방울(마음이나 둥글고 작은 알맹이를 세는 단위)	一颗心 yì kē xīn 하나의 마음 一颗星 yì kē xīng 하나의 별 一颗珍珠 yì kē zhēnzhū 한 알의 진주

단어 ★**伙伴** huǒbàn ⓜ 친구, 짝, 동료, 동업자 | **玩耍** wánshuǎ ⓓ 놀다 | **李子** lǐzi ⓜ 자두 | **结** jiē ⓓ (열매가) 열리다, (열매를) 맺다 | ★**纷纷** fēnfēn ⓑ 잇달아, 계속해서 | ★**摘** zhāi ⓓ 따다, 떼다, 벗다 | **一动不动** yídòng búdòng 꼼짝하지 않다 | ★**苦** kǔ ⓗ 쓰다 | ★**果然** guǒrán ⓑ 과연, 생각한대로

시크릿 노트

시험에 자주 출제되는 명사 BEST 30

背景 bèijǐng 배경	故事背景 gùshi bèijǐng 이야기 배경 社会背景 shèhuì bèijǐng 사회적 배경 文化背景 wénhuà bèijǐng 문화적 배경	力量 lìliang 힘, 능력, 역량	力量强 lìliang qiáng 힘이 강하다 力量弱 lìliang ruò 힘이 약하다 力量大 lìliang dà 역량이 크다 力量小 lìliang xiǎo 역량이 작다 获得力量 huòdé lìliang 힘을 얻다 失去力量 shīqù lìliang 힘을 잃다
比例 bǐlì 비율, 비례	比例大 bǐlì dà 비율이 크다 比例小 bǐlì xiǎo 비율이 작다 成比例 chéng bǐlì 비례하다	魅力 mèilì 매력	有魅力 yǒu mèilì 매력이 있다 没有魅力 méiyǒu mèilì 매력이 없다 散发魅力 sànfā mèilì 매력을 발산하다
成分 chéngfèn 성분	化学成分 huàxué chéngfèn 화학성분 营养成分 yíngyǎng chéngfèn 영양성분	期间 qījiān 기간	考试期间 kǎoshì qījiān 시험 기간 准备期间 zhǔnbèi qījiān 준비 기간
程序 chéngxù 순서, 단계, 프로그램	法律程序 fǎlǜ chéngxù 법률 순서 程序复杂 절차가 복잡하다 chéngxù fùzá 程序简单 절차가 간단하다 chéngxù jiǎndān 程序员 chéngxù yuán 프로그래머	情景 qíngjǐng 정경, 장면, 광경	梦中的情景 꿈 속의 장면 mèng zhōng de qíngjǐng 眼前的情景 눈 앞의 광경 yǎnqián de qíngjǐng
措施 cuòshī 조치	采取措施 cǎiqǔ cuòshī 조치를 취하다	权利 quánlì 권리	保障权利 권리를 보장하다 bǎozhàng quánlì 争取权利 권리를 쟁취하다 zhēngqǔ quánlì
道理 dàoli 일리, 이치, 도리	有道理 yǒu dàoli 일리가 있다 讲道理 jiǎng dàoli 이치를 따지다 懂道理 dǒng dàoli 도리를 알다	如今 rújīn 지금, 오늘날	如今的时代 오늘날의 시대 rújīn de shídài 如今社会 rújīn shèhuì 오늘날 사회
范围 fànwéi 범위	扩大范围 kuòdà fànwéi 범위를 확대하다 缩小范围 suōxiǎo fànwéi 범위를 줄이다	事实 shìshí 사실	证明事实 사실을 증명하다 zhèngmíng shìshí 符合事实 fúhé shìshí 사실에 부합하다
规则 guīzé 규칙	遵守规则 규칙을 지키다 zūnshǒu guīzé 制定规则 규칙을 세우다 zhìdìng guīzé	特色 tèsè 특색	富有特色 fùyǒu tèsè 특색이 풍부하다 没有特色 méiyǒu tèsè 특색이 없다

시크릿 노트

단어	표현
后果 hòuguǒ (나쁜) 결과	造成后果 나쁜 결과를 초래하다 zàochéng hòuguǒ 导致后果 나쁜 결과를 초래하다 dǎozhì hòuguǒ 承担后果 나쁜 결과를 책임지다 chéngdān hòuguǒ
话题 huàtí 화제	讨论话题 tǎolùn huàtí 토론 화제
价值 jiàzhí 가치	有价值 yǒu jiàzhí 가치가 있다 没有价值 méiyǒu jiàzhí 가치가 없다 价值高 jiàzhí gāo 가치가 높다 历史价值 lìshǐ jiàzhí 역사적 가치 艺术价值 yìshù jiàzhí 예술적 가치 营养价值 yíngyǎng jiàzhí 영양 가치
教训 jiàoxun 교훈	吸取教训 xīqǔ jiàoxun 교훈을 얻다
结论 jiélùn 결론	下结论 xià jiélùn 결론을 내리다 得出结论 déchū jiélùn 결론을 얻다
类型 lèixíng 유형	同一类型 tóngyī lèixíng 같은 유형 不同类型 bùtóng lèixíng 다른 유형
理论 lǐlùn 이론	研究理论 yánjiū lǐlùn 이론을 연구하다 发表理论 fābiǎo lǐlùn 이론을 발표하다
特征 tèzhēng 특징	明显的特征 분명한 특징 míngxiǎn de tèzhēng 显著的特征 두드러지는 특징 xiǎnzhù de tèzhēng
性质 xìngzhì 성질	化学性质 huàxué xìngzhì 화학적 성질 物理性质 wùlǐ xìngzhì 물리적 성질
样式 yàngshì 양식, 스타일, 모양	样式新 yàngshì xīn 양식이 새롭다 样式好 yàngshì hǎo 스타일이 좋다 样式多 yàngshì duō 모양이 많다
证据 zhèngjù 증거	有证据 yǒu zhèngjù 증거가 있다 没有证据 méiyǒu zhèngjù 증거가 없다 寻找证据 xúnzhǎo zhèngjù 증거를 찾다
秩序 zhìxù 질서	维持秩序 wéichí zhìxù 질서를 유지하다 遵守秩序 zūnshǒu zhìxù 질서를 지키다
状态 zhuàngtài 상태	状态好 zhuàngtài hǎo 상태가 좋다 状态差 zhuàngtài chà 상태가 좋지 않다
资格 zīgé 자격	有资格 yǒu zīgé 자격이 있다 具备资格 jùbèi zīgé 자격을 갖추다 获得资格 huòdé zīgé 자격을 얻다

第1-12题 빈칸에 들어갈 알맞은 답을 고르세요.

1-2.

电脑、手机等电子产品，使用时间长了需要定期清洁。然而，传统清洗电子设备的__1__需要拆机，过程复杂。鉴于此，一名女大学生与其对化学颇有研究的父亲共同发明了一种绝缘液体。

据介绍，这种绝缘液体适用于几乎所有电子产品。清洗时，电子产品无需关机，而且，两__2__液体就可以清洗50部手机或20台笔记本电脑。

1. A 方式　B 资格　C 范围　D 规矩
2. A 平方　B 公斤　C 公里　D 厘米

3-4.

国际奥委会执委会对2020年夏季奥运会的项目设置进行了调查，总参赛人数将比上一__3__减少285人，其中田径总共减少105人。不过田径赛也增加了一个新项目，即4X400米混合接力。这是一个新生事物，对于具体的比赛__4__，国际奥委会和国际田联都还要进行研究。

3. A 组　B 团　C 届　D 片
4. A 比例　B 状况　C 结论　D 规则

5-6.

一次，我到一个朋友的根雕工作室参观，看见墙角有一__5__未经雕刻的树根，造型十分独特。我便问他是从哪儿找来的？朋友说是从戈壁滩带回来的。

为什么不到树木丰富的树林中寻找，而要到荒凉的戈壁滩找呢？朋友回答道，树林里的树都是在常态环境下成长起来的，所以树根比较普通，没什么艺术__6__。而在戈壁滩生存下来的树，经过了无数的磨难，这使得它们的树根木质坚硬，造型奇特，成为了根雕艺术中不可多得的可造之材。

5. A 堆　B 幅　C 匹　D 套
6. A 重量　B 价值　C 程序　D 成分

7-8.

雷州半岛位于中国最南端，那儿有中国__7__最大的“海上森林”——港江红树林国家级保护区。

经考证，这种红树__8__是一种陆生植物，后来漂流到了海洋与陆地的交界地带。为了能在恶劣的咸水环境中生存下来，它们不断进化，形成了多种适应环境的方式。因此，红树的生命力极其顽强。

7. A 特色　　B 步骤　　C 面积　　D 种类
8. A 最初　　B 未来　　C 目前　　D 如今

9-10.

在现代生活中，旅游已经成为女性休闲娱乐的首选。80%的女性认为旅游比买奢侈品更有__9__，98%的女性认为旅行能让其人生更具幸福感。

女性在旅游中最关注的__10__是安全。一名女游客表示：“即使有些地方方非常具有吸引力，但要是安全没有保障的话，我肯定不会去。”

9. A 义务　　B 魅力　　C 核心　　D 背景
10. A 后果　　B 理论　　C 因素　　D 运气

11-12.

一杯冷水和一杯热水同时放入冰箱的冷冻室里，哪一杯先结冰？

1963年的一天，坦桑尼亚的马干巴中学的一名初三年级学生姆佩姆巴发现，自己放在冰箱冷冻室里的热牛奶比其他同学的凉牛奶先结冰，他问老师，老师则认为，肯定是姆佩姆巴搞错了。姆佩姆巴只好再做一次试验，__11__与上次完全相同。

后来，许多新闻媒体把这个非洲中学生发现的物理__12__，称为“姆佩姆巴效应”。

11. A 结果　　B 教训　　C 证据　　D 措施
12. A 原则　　B 道理　　C 意义　　D 现象

Chapter

02 형용사 고르기

▶ 형용사 고르기형은?

형용사형의 경우 문장의 서술어, 관형어(명사를 수식), 부사어(동사를 수식) 위치가 빈칸으로 출제된다. 대부분의 경우 빈칸 주변의 내용을 확인하면 정답을 찾을 수 있다. 형용사 고르기형은 독해 제1부분 전체 문제 유형에서 약 17%의 출제 비율을 차지한다.

문제 풀이 전략

☑ 보기를 보면 품사를 알 수 있다.

한 빈칸에 제시되는 4개의 단어는 대부분의 경우 같은 품사로 이루어져 있다. 따라서 보기를 보면 어떤 품사가 빈칸에 들어가는지 미리 알 수 있다. 품사를 파악하게 되면 빈칸에 들어갈 단어가 문장에서 어떤 역할을 하는지 알 수 있고, 문장에서 어떤 단어와 연결해서 보는 것이 정답을 찾는 데 도움이 되는지도 함께 알 수 있다.

☑ 단어 암기의 최소 단위는 搭配(단어 조합)이다.

중국어의 어휘 개수는 한국어보다 훨씬 많다. 긍정적 색채인지 부정적 색채인지, 구어체인지 서면어체인지, 구체적 상황인지 추상적 상황인지에 따라 한국어로는 같은 뜻으로 해석이 되지만, 이에 해당하는 중국어 단어는 여러 개가 있을 수 있다. 예를 들어 '예쁘다', '아름답다'라는 뜻에만 '漂亮', '美丽', '美好', '美观', '美妙' 등 많은 형용사가 존재한다. 따라서 함께 쓰는 단어, 즉 搭配로 단어를 암기하는 것이 습관화되어야 한다.

아이러니하게도 암기는 단위가 커질수록 더 쉽고 효과적이다. 단어를 외우는 것보다는 搭配를, 搭配를 외우는 것보다는 그것이 포함된 문장을, 문장을 외우는 것보다는 좋을 글을 외우는 것이 훨씬 효율적이다. 한 편의 좋을 글을 외운다는 것은 수백 개의 단어, 수십 개의 문형과 관용 표현을 한꺼번에 습득한다는 뜻으로 외국어 학습에서 가장 가치 있는 학습 방법이다.

형용사 고르기

- 형용사로 구성된 문제 유형은 보통 세 가지 형태로 출제된다.
  (1) 서술어가 빈칸인 경우: 서술어와 짝을 이루는 주어를 이용한다.
  (2) 명사를 수식하는 관형어가 빈칸인 경우: 수식을 받고 있는 명사(피수식어)를 이용한다. 필요한 경우 구조조사 '的'를 넣어 명사를 수식한다.
  (3) 동사를 수식하는 부사어가 빈칸인 경우: 수식을 받고 있는 동사(피수식어)를 이용한다. 필요한 경우 구조조사 '地'를 넣어 동사를 수식한다.

만약 이렇게 호응 관계(搭配)로 답을 찾을 수 없다면, 앞뒤 내용을 좀 더 읽고 흐름에 맞는 단어를 찾아야 한다.

시원한 공략법 실전 문제

1-2.

大部分中小学都有__1__的校服，学生穿校服有什么好处呢？首先，校服可以使学生在身份上区别于其他人，有利于培养学生的规则意识和集体意识等；其次，穿统一的服装，能使学生之间更加__2__，有助于形成相互尊重、合作的和谐气氛；最后，校服可以减轻家长对学生服装上的投入，减轻困难家庭的经济负担。

1. A 统一　B 具体　C 完善　D 恶劣
2. A 自豪　B 合法　C 平等　D 自觉

3-4.

《平凡的世界》是中国作家路遥创作的一部长篇小说。它以孙少安和孙少平两兄弟为中心，通过复杂的矛盾关系，生动地刻画了众多人物形象，__3__地展示了普通人在那个时代中所走过的艰辛道路。它采用现实主义手法，塑造__4__的人物形象，同时又涉及一些浪漫主义的因素，因而受到众多读者的喜爱。

3. A 轻易　B 深刻　C 热烈　D 真实
4. A 光滑　B 谨慎　C 迅速　D 完整

1-2

大部分中小学都有1A统一的校服，学生穿校服有什么好处呢？首先，校服可以使学生在身份上区别于其他人，有利于培养学生的规则意识和集体意识等；其次，穿统一的服装，能使学生之间更加2C平等，有助于形成相互尊重、合作的和谐气氛；最后，校服可以减轻家长对学生服装上的投入，减轻困难家庭的经济负担。	대부분의 초중고등학교에는 1A 통일된 교복이 있는데, 학생이 교복을 입으면 어떤 좋은 점이 있을까? 먼저 교복은 신분에 있어 학생과 다른 사람을 구분되게 하여, 학생의 규칙 의식과 단체 의식 등을 기르는 데 유리하다. 두 번째로, 통일된 옷을 입으면 학생들 사이를 더욱 2C 평등하게 만들어, 상호존중과 협력의 조화로운 분위기를 형성하는 데 도움이 된다. 마지막으로 교복은 학부형들의 학생 옷에 대한 투자를 덜어주어, 어려운 가정의 경제적 부담을 덜어줄 수 있다.
1. A 统一　B 具体　C 完善　D 恶劣 2. A 自豪　B 合法　C 平等　D 自觉	1. A 통일된　B 구체적이다 C 완벽하다 D 열악하다 2. A 긍지를 느끼다 B 합법적이다 C 평등하다 D 자발적이다

풀이 ❶ 보기가 모두 형용사이고 명사 '**校服**(교복)'를 수식하고 있다. 의미에 맞는 단어는 A밖에 없다.

TIP!

A **统一** tǒngyī ⓗ 단일한, 통일된 ⓢ 통일하다	统一**的国家** tǒngyī de guójiā 통일된 국가 统一**的标准** tǒngyī de biāozhǔn 통일된 기준
B **具体** jùtǐ ⓗ 구체적이다	具体**的计划** jùtǐ de jìhuà 구체적인 계획 具体**的资料** jùtǐ de zīliào 구체적인 자료
C **完善** wánshàn ⓗ 완벽하다, 나무랄 데가 없다 ⓢ 완벽해지게 하다	完善**的系统** wánshàn de xìtǒng 완벽한 시스템 完善**制度** wánshàn zhìdù 제도를 보완하다
D **恶劣** èliè ⓗ 아주 나쁘다, 열악하다	恶劣**的天气** èliè de tiānqì 열악한 날씨 恶劣**的气候** èliè de qìhòu 열악한 기후 恶劣**的环境** èliè de huánjìng 열악한 환경

❷ 보기가 모두 형용사이고 '**学生之间**'의 서술어 역할을 하고 있다. '통일된 옷'을 입었을 때 학생들 간의 관계를 묘사할 수 있는 형용사는 의미상 C가 가장 적합하다.

TIP!

A **自豪** zìháo ⓗ 긍지를 느끼다, 자랑으로 여기다	**为 A 而感到**自豪 A로 인해 자랑스럽다고 느낀다 wèi A ér gǎndào zìháo
B **合法** héfǎ ⓗ 합법적이다	合法**行为** héfǎ xíngwéi 합법적인 행위 合法**财产** héfǎ cáichǎn 합법적인 재산
C **平等** píngděng ⓗ 평등하다, 대등하다	**关系**平等 guānxi píngděng 관계가 평등하다 **地位**平等 dìwèi píngděng 지위가 평등하다
D **自觉** zìjué ⓗ 자각적이다, 자발적이다	自觉**(地)学习** zìjué (de) xuéxí 자발적으로 공부하다 自觉**(地)遵守** zìjué (de) zūnshǒu 자각적으로 지키다

단어 ★**身份** shēnfen ⓜ 신분 | ★**区别** qūbié ⓜⓢ 구별(하다) | ★**有利** yǒulì ⓗ 유리하다, 이롭다 | ★**培养** péiyǎng ⓢ (1)키우다, 기르다, 양성하다 (2)배양하다 | ★**规则** guīzé ⓜ 규칙 | **意识** yìshí ⓜⓢ 의식(하다) | ★**集体** jítǐ ⓜ 집단, 단체 | ★**形成** xíngchéng ⓢ 형성하다, 이루다 | ★**合作** hézuò ⓜⓢ 합작(하다), 협력(하다) | **和谐** héxié ⓗ 잘 어울리다, 조화롭다 | ★**气氛** qìfēn ⓜ 분위기 | **减轻** jiǎnqīng ⓢ 경감하다, 덜다, 가볍게 하다 | ★**服装** fúzhuāng ⓜ 복장, 의류 | ★**投入** tóurù ⓢ (1)투입하다 (2)전념하다, 몰입하다 | ★**家庭** jiātíng ⓜ 가정 | **负担** fùdān ⓜⓢ 부담(하다)

3-4

《平凡的世界》是中国作家路遥创作的一部长篇小说。它以孙少安和孙少平两兄弟为中心，通过复杂的矛盾关系，生动地刻画了众多人物形象，3 B 深刻地展示了普通人在那个时代中所走过的艰辛道路。它采用现实主义手法，塑造4 D 完整的人物形象，同时又涉及一些浪漫主义的因素，因而受到众多读者的喜爱。	〈평범한 세계〉는 중국 작가 루야오가 창작한 장편소설이다. 그것은 쑨샤오안과 쑨샤오핑 두 형제를 중심으로 한 복잡한 갈등 관계를 통해 많은 인물의 이미지를 생동감 있게 묘사했으며, 보통 사람들이 그 시대에 걸어온 힘든 길을 3 B 깊게 드러내 보였다. 그것은 현실주의 기법을 사용하여 4 D 완전한 인물의 이미지를 형상화했고, 동시에 일부 낭만주의 요소들을 언급하여, 많은 독자들의 사랑을 받는다.
3. A 轻易 B 深刻 C 热烈 D 真实 4. A 光滑 B 谨慎 C 迅速 D 完整	3. A 수월하다 B 깊다 C 열렬하다 D 진실하다 4. A 매끄럽다 B 신중하다 C 신속하다 D 완전하다

풀이 ❸ 보기가 모두 형용사이고 동사 '**展示**(드러내다)'를 수식하고 있다. 소설에 대한 긍정적인 서술을 하고 있으므로, 의미에 맞는 단어는 B밖에 없다.

TIP!

A **轻易** qīngyì 형 (1)수월하다 (2)함부로	轻易(**地**)**解决** qīngyì (de) jiějué 간단하게 해결하다 轻易(**地**)**通过** qīngyì (de) tōngguò 수월하게 통과하다 轻易(**地**)**放弃** qīngyì (de) fàngqì 함부로 포기하다
B **深刻** shēnkè 형 깊다, 본질을 파악하다	深刻(**地**)**反映** shēnkè (de) fǎnyìng 깊게 반영하다 深刻(**地**)**体现** shēnkè (de) tǐxiàn 깊이 있게 드러내다 深刻(**地**)**反省** shēnkè (de) fǎnxǐng 깊게 반성하다
C **热烈** rèliè 형 열렬하다, 뜨겁다	热烈(**地**)**欢迎** rèliè (de) huānyíng 뜨겁게 환영하다
D **真实** zhēnshí 형 진실하다	真实(**地**)**描写** zhēnshí (de) miáoxiě 진실되게 묘사하다 真实(**地**)**反映** zhēnshí (de) fǎnyìng 진실하게 반영하다

❹ 보기가 모두 형용사이고 명사 '**人物形象**(인물의 이미지)'을 수식하고 있다. 의미에 맞는 단어는 D밖에 없다.

TIP!

A **光滑** guānghuá 형 (표면이) 매끄럽다	光滑**的表面** guānghuá de biǎomiàn 매끄러운 표면 光滑**的皮肤** guānghuá de pífū 매끄러운 피부
B **谨慎** jǐnshèn 형 신중하다	谨慎**的人** jǐnshèn de rén 신중한 사람 谨慎**的态度** jǐnshèn de tàidu 신중한 태도 谨慎**的选择** jǐnshèn de xuǎnzé 신중한 선택
C **迅速** xùnsù 형 빠르다, 신속하다	迅速**的变化** xùnsù de biànhuà 빠른 변화 迅速**的发展** xùnsù de fāzhǎn 빠른 발전 迅速**的反应** xùnsù de fǎnyìng 신속한 반응
D **完整** wánzhěng 형 완전하다, 온전하다	完整**的句子** wánzhěng de jùzi 완전한 문장 完整**的计划** wánzhěng de jìhuà 완전한 계획

단어 **平凡** píngfán 형 평범하다 | **创作** chuàngzuò 동 (문예 작품을) 창작하다 | ★**兄弟** xiōngdì 명 형제 | ★**中心** zhōngxīn 명 중심, 센터 | ★**矛盾** máodùn 명 모순, 갈등 | ★**生动** shēngdòng 형 생동감 있다 | **刻画** kèhuà 동 묘사하다 | **众多** zhòngduō 형 매우 많다 | ★**形象** xíngxiàng 명 형상, 이미지 형 구체적이다 | **展示** zhǎnshì 동 드러내 보이다 | **艰辛** jiānxīn 형 고생스럽다 | ★**现实** xiànshí 명형 현실(적이다) | **主义** zhǔyì 명 주의 | **手法** shǒufǎ 명 (문예 작품의) 기교, 수법 | **塑造** sùzào 동 (인물을) 형상화하다, 묘사하다 | **涉及** shèjí 동 언급하다, 관련되다 | ★**浪漫** làngmàn 형 낭만적이다 | ★**因素** yīnsù 명 요인, 요소

시크릿 노트 시험에 자주 출제되는 **형용사 BEST 40**

宝贵 bǎoguì 귀중하다, 소중하다	宝贵**的时间** 소중한 시간 bǎoguì de shíjiān 宝贵**的生命** 소중한 생명 bǎoguì de shēngmìng 宝贵**的财产** 소중한 재산 bǎoguì de cáichǎn
必然 bìrán 필연적이다	必然**关系** bìrán guānxi 필연적 관계 必然**结果** bìrán jiéguǒ 필연적 결과 必然**性** bìránxìng 필연성
必要 bìyào 필요하다	必要**条件** bìyào tiáojiàn 필요한 조건 **有/没有**必要 필요가 있다/없다 yǒu/méiyǒu bìyào
彻底 chèdǐ 철저하다, 완전하다	彻底**输了** chèdǐ shū le 완전히 졌다 彻底**明白了** 완전히 이해했다 chèdǐ míngbai le 彻底**失望了** 완전히 실망했다 chèdǐ shīwàng le 彻底**解决了** 완전히 해결되었다 chèdǐ jiějué le
充分 chōngfèn 충분하다	充分**的信心** 충분한 자신감 chōngfèn de xìnxīn 充分**的准备** 충분한 준비 chōngfèn de zhǔnbèi 充分**的证据** 충분한 증거 chōngfèn de zhèngjù 充分**(地)发挥** 충분히 발휘하다 chōngfèn (de) fāhuī 充分**(地)调查** 충분히 조사하다 chōngfèn (de) diàochá 充分**(地)研究** 충분히 연구하다 chōngfèn (de) yánjiū
迫切 pòqiè 절실하다, 절박하다	迫切**的愿望** 절실한 바람 pòqiè de yuànwàng 迫切**的要求** 절박한 요구 pòqiè de yāoqiú 迫切**地请求** 절실하게 부탁하다 pòqiè de qǐngqiú 迫切**地要求** 절박하게 요구하다 pòqiè de yāoqiú
强烈 qiángliè 강렬하다	强烈**的色彩** 강렬한 색채 qiángliè de sècǎi 强烈**的阳光** 강렬한 햇빛 qiángliè de yángguāng 强烈**的要求** 강렬한 요구 qiángliè de yāoqiú 强烈**的感情** 강렬한 감정 qiángliè de gǎnqíng
全面 quánmiàn 전면적이다, 전반적이다	全面**的评价** 전면적인 평가 quánmiàn de píngjià 全面**的分析** 전반적인 분석 quánmiàn de fēnxi
热烈 rèliè 뜨겁다, 열렬하다	热烈**的掌声** 뜨거운 박수 rèliè de zhǎngshēng 热烈**(地)欢迎** 열렬하게 환영하다 rèliè (de) huānyíng
深刻 shēnkè 깊다, 본질을 파악하다	深刻**的印象** 깊은 인상 shēnkè de yìnxiàng 深刻**的感情** 깊은 감정 shēnkè de gǎnqíng 深刻**的道理** 심오한 도리 shēnkè de dàoli 深刻**的思想** 심오한 사상 shēnkè de sīxiǎng

시크릿 노트

단어	표현
抽象 chōuxiàng 추상적이다	抽象的概念 추상적인 개념 chōuxiàng de gàiniàn 抽象的理论 추상적인 이론 chōuxiàng de lǐlùn
出色 chūsè 뛰어나다, 훌륭하다, 출중하다	出色的水平 뛰어난 수준 chūsè de shuǐpíng 出色的表现 뛰어난 활약 chūsè de biǎoxiàn 出色的技术 뛰어난 기술 chūsè de jìshù 出色的成绩 훌륭한 성적 chūsè de chéngjì 出色的人才 훌륭한 인재 chūsè de réncái
多余 duōyú 나머지의, 필요 없는, 쓸데없는	多余的钱 duōyú de qián 남는 돈 多余的时间 duōyú de shíjiān 남는 시간 多余的话 duōyú de huà 필요 없는 말 多余的部分 필요 없는 부분 duōyú de bùfen 多余的担心 쓸데없는 걱정 duōyú de dānxīn
发达 fādá 발달하다	经济发达 jīngjì fādá 경제가 발달하다 社会发达 shèhuì fādá 사회가 발달하다 科技发达 kējì fādá 과학기술이 발달하다 头脑发达 tóunǎo fādá 두뇌가 발달하다 发达国家 fādá guójiā 선진국
广泛 guǎngfàn 넓다, 광범위하다	知识广泛 zhīshi guǎngfàn 지식이 넓다 影响广泛 영향력이 넓다 yǐngxiǎng guǎngfàn 内容广泛 내용이 광범위하다 nèiróng guǎngfàn 兴趣广泛 흥미가 광범위하다 xìngqù guǎngfàn 广泛(地)使用 광범위하게 사용하다 guǎngfàn (de) shǐyòng 广泛(地)宣传 광범위하게 홍보하다 guǎngfàn (de) xuānchuán 广泛(地)调查 광범위하게 조사하다 guǎngfàn (de) diàochá

단어	표현
实用 shíyòng 실용적이다	实用性 shíyòngxìng 실용성 实用价值 shíyòng jiàzhí 실용적 가치
熟练 shúliàn 숙련되다, 능숙하다	动作熟练 동작이 숙련되다 dòngzuò shúliàn 技术熟练 기술이 능숙하다 jìshù shúliàn
特殊 tèshū 특수하다	特殊的作用 특수한 작용 tèshū de zuòyòng 特殊的影响 특수한 영향 tèshū de yǐngxiǎng 特殊的身份 특수한 신분 tèshū de shēnfen 特殊的地位 tèshū de dìwèi 특수한 지위
统一 tǒngyī 통일된, 단일한	统一的国家 통일된 국가 tǒngyī de guójiā 统一的标准 통일된 기준 tǒngyī de biāozhǔn
突出 tūchū 뛰어나다, 두드러지다	突出的成绩 뛰어난 성적 tūchū de chéngjì 突出的贡献 뛰어난 공헌 tūchū de gòngxiàn 突出的表现 두드러지는 활약 tūchū de biǎoxiàn

过分 guòfèn 지나치다, 심하다	过分的要求 지나친 요구 guòfèn de yāoqiú 过分的条件 지나친 조건 guòfèn de tiáojiàn 过分的行动 심한 행동 guòfèn de xíngdòng 过分(地)责备 지나치게 탓하다 guòfèn (de) zébèi 过分(地)接触 지나치게 접하다 guòfèn (de) jiēchù
绝对 juéduì 절대적이다	绝对性 juéduìxìng 절대성
均匀 jūnyún 고르다, 균등하다	分布均匀 분포가 고르다 fēnbù jūnyún
良好 liánghǎo 좋다, 양호하다	良好的条件 좋은 조건 liánghǎo de tiáojiàn 良好的教育 좋은 교육 liánghǎo de jiàoyù 良好的环境 좋은 환경 liánghǎo de huánjìng 良好的态度 좋은 태도 liánghǎo de tàidu
密切 mìqiè (관계가) 밀접하다, 긴밀하다	密切的关系 밀접한 관계 mìqiè de guānxi 密切(地)相关 밀접하게 관련되다 mìqiè (de) xiāngguān 密切(地)配合 긴밀하게 협력하다 mìqiè (de) pèihé 密切(地)合作 긴밀하게 합작하다 mìqiè (de) hézuò
完善 wánshàn 완벽하다, 나무랄 데가 없다	完善的法律 완벽한 법률 wánshàn de fǎlǜ 完善的系统 완벽한 체계 wánshàn de xìtǒng 完善的技术 완벽한 기술 wánshàn de jìshù
完整 wánzhěng 온전하다, 제대로 갖추어져 있다	完整的句子 완전한 문장 wánzhěng de jùzi 完整的计划 완전무결한 계획 wánzhěng de jìhuà
唯一 wéiyī 유일한	唯一的目标 유일한 목표 wéiyī de mùbiāo 唯一的希望 유일한 희망 wéiyī de xīwàng 唯一的好处 유일한 장점 wéiyī de hǎochu
显然 xiǎnrán 명백하다, 분명하다	[추측이나 판단을 나타냄] 这显然是他的错。 Zhè xiǎnrán shì tā de cuò. 이건 분명히 그의 잘못이다.
相对 xiāngduì 상대적이다	相对性 xiāngduìxìng 상대성

시크릿 노트

模糊 móhu 모호하다	视线模糊 시야가 흐리다 shìxiàn móhu
偶然 ǒurán 우연하다	偶然的机会 우연한 기회 ǒurán de jīhuì
片面 piànmiàn 일방적이다, 단편적이다	片面的角度 일방적인 각도 piànmiàn de jiǎodù 片面的观点 단편적인 관점 piànmiàn de guāndiǎn 片面的评价 단편적인 평가 piànmiàn de píngjià
平等 píngděng 평등하다, 대등하다	地位平等 지위가 평등하다 dìwèi píngděng 待遇平等 대우가 평등하다 dàiyù píngděng 男女平等 남녀가 평등하다 nánnǚ píngděng 平等(地)对待 평등하게 대하다 píngděng (de) duìdài
平均 píngjūn 평균의, 평균적인	平均人口 평균 인구 píngjūn rénkǒu 平均数量 평균 수량 píngjūn shùliàng
相似 xiāngsì 닮다, 비슷하다	相似的地方 서로 닮은 점 xiāngsì de dìfang 相似的结果 비슷한 결과 xiāngsì de jiéguǒ 相似之处 비슷한 점 xiāngsì zhī chù
意外 yìwài 의외이다, 뜻밖이다	意外的发现 의외의 발견 yìwài de fāxiàn 意外的收获 뜻밖의 소득 yìwài de shōuhuò 意外的事故 뜻밖의 사고 yìwài de shìgù
一致 yízhì 일치하다	一致同意 만장일치로 동의하다 yízhì tóngyì 一致决定 다같이 결정하다 yízhì juédìng 一致认为 똑같이 생각하다 yízhì rènwéi
犹豫 yóuyù 주저하다, 망설이다	犹豫不决 yóuyù bùjué 결단을 내리지 못하고 망설이다
周到 zhōudào 꼼꼼하다, 세심하다, 빈틈없다	考虑周到 고려가 꼼꼼하다 kǎolǜ zhōudào 服务周到 서비스가 세심하다 fúwù zhōudào 招待周到 대접이 세심하다 zhāodài zhōudào

第1-12题 빈칸에 들어갈 알맞은 답을 고르세요.

1-2.

情感销售为什么有效？心理学理论告诉我们，人的需求分为功能性需求和精神需求，其中“爱”是人类不可缺少的精神需求，也是精神需求中__1__更容易实现的需求。很多企业会抓住这一点，进行情感销售。比如通过在广告中设计一个简单的拥抱，可使很多感到孤单的消费者获得安慰，进而对产品产生__2__的心理需求。

1. A 相对 B 必然 C 公平 D 相反
2. A 多余 B 活跃 C 神秘 D 强烈

3-4.

骆驼祥子博物馆是老舍先生创造长篇小说《骆驼祥子》的地方，也是中国第一个以文学作品命名的博物馆。骆驼祥子博物馆的二百八十多件展品，__3__展示了老舍先生在青岛期间的工作与生活情况。博物馆内摆着老舍先生及其作品人物的雕像，参观者一进入博物馆内，便能__4__感受到老舍先生及其作品的独特魅力。

3. A 整齐 B 全面 C 熟练 D 艰巨
4. A 宝贵 B 清淡 C 充分 D 合理

5-6.

为什么电影院不能像演唱会那样，换位置来定票价呢？经济学家解释：只有当你占有稀缺资源时，才要想办法制造各种差别，尽可能多地获取利润；而当你和别人有__5__的资源时，只能通过提升顾客的体验，提供__6__的服务，以吸引更多顾客。全国的电影院在同一时间可以放相同的电影，而且电影可重复放映。因此，电影院不能靠位置定价。

5. A 粗糙 B 勤奋 C 实用 D 相似
6. A 乐观 B 周到 C 单调 D 无奈

7-8.

心理学研究表明，拥抱能让孩子充分感受到爱，为日后健康的身心发展打下__7__的心理基础。拥抱还能消除孩子的不安，帮助他们形成__8__的情绪。不仅如此，拥抱对培养孩子的自信心以及关爱别人的能力也起到了积极的作用。

7. A 迫切　B 良好　C 超级　D 巨大
8. A 稳定　B 疲劳　C 巧妙　D 显然

9-10.

博物馆中的“镇馆之宝”，往往是其所在国家以及博物馆的骄傲。“镇馆之宝”有着重要的艺术价值、__9__的历史地位，足以代表社会或艺术的发展过程。

“镇馆之宝”具有独特性、__10__性和不可替代性，常常有着难以比拟之最，比如在青铜器中，中国国家博物馆的镇馆之宝——“后母戊鼎”是已知最大、最重的青铜器。

9. A 意外　B 激烈　C 通常　D 突出
10. A 发达　B 高档　C 唯一　D 明确

11-12.

为什么全年无休，每天24小时营业的便利店还要安锁呢？谁也不能保证，一年365天店里不会发生任何__11__情况，这就有可能导致24小时营业的便利店暂时关门，所以上锁是十分__12__的。

11. A 紧急　B 倒霉　C 委屈　D 冷淡
12. A 广泛　B 独特　C 必要　D 偶然

Chapter 03 동사 고르기

▶ 동사 고르기형은?

동사형의 경우 문장의 서술어, 관형어(주어 또는 목적어를 수식) 위치가 빈칸으로 출제된다. 대부분의 경우 빈칸 주변의 내용을 확인하면 정답을 찾을 수 있다. 동사 고르기형은 독해 제1부분 전체 문제 유형에서 약 30%로, 품사 중 가장 높은 출제 비율을 차지한다.

문제 풀이 전략

☑ 보기 간의 뜻은 대부분 연관성이 없다.

어휘 관련 문제의 형식으로만 봐서는 6급이 5급보다 정답을 찾기 더 용이하다.

[6급 독해 제2부분]

有专家认为不少趣味心理测试都是自陈式测试，带有主观______。人们在做某些心理测试的时候，其实心里已经有了一定的______性。这些心理测试的表述放之四海而皆准，可以套用在任何人身上，容易让人产生______。

A 预兆　导向　悬念　　B 预设　倾向　共鸣
C 预料　偏向　向往　　D 预报　意向　联想

5급의 독해 제1부분과 마찬가지로 빈칸에 적합한 어휘를 찾는 유형인 6급의 독해 제2부분은 3~5개의 빈칸이 주어지는데, 사실 한 개의 빈칸에 들어갈 단어가 확실하면 바로 정답을 찾을 수 있다. 그러나 한 빈칸에 나열되는 4개의 단어가 서로 유사한 경우가 많아 난이도가 높다고 할 수 있다.

그에 비해 5급의 독해 제1부분은 하나의 빈칸이 한 문제로 출제되므로 6급보다 형식적으로는 좀 더 시간이 걸리는 형태이다. 하지만 단어 수준의 차이를 떠나서, 5급은 보기에 주어지는 4개의 단어가 전혀 연관성이 없는 경우가 대부분이라 5급 어휘 학습을 열심히 하기만 하면 비슷한 단어로 인해 답을 못 찾는 경우는 거의 없다.

☑ '동사+목적어'는 한 세트이다.

대부분의 학습자가 '电话'가 아닌 '打电话'를 암기하듯이, 동사술어는 자주 쓰는 목적어와 세트처럼 암기해 두어야 한다. '자신감을 세우다'는 '建立信心', '기록을 세우다'는 '创造纪录', '목표를 세우다'는 '制定目标'이다. 이렇듯, '술+목'구조를 함께 암기해 두면 정답을 찾는 것이 훨씬 쉽게 느껴질 수 있다.

시원한 공략법

동사 고르기

● 동사로 구성된 문제 유형은 보통 두 가지 형태로 출제된다.

(1) 서술어가 빈칸인 경우: 목적어가 있는 경우 목적어를 참고하고, 목적어가 없는 경우 서술어와 짝을 이루는 주어를 참고한다.

(2) 주어 또는 목적어를 수식하는 관형어가 빈칸인 경우: 수식을 받고 있는 명사(피수식어)를 참고한다. 또한, 동사와 명사 사이에 위치하는 구조조사 '的'에서 힌트를 얻을 수도 있다.

만약 이렇게 호응 관계(搭配)로 답을 찾을 수 없다면, 앞뒤 내용을 좀 더 읽고 흐름에 맞는 단어를 찾아야 한다.

시원한 공략법 실전 문제

1-2.

几乎所有的动物都有尾巴，它们长短粗细不同，作用也不同，而保持平衡是动物尾巴的主要作用之一。鸟的尾巴是它们的方向盘，鸟尾上的羽毛__1__时好像一把扇子，能够灵活转动，便于鸟在飞行时平衡身体、__2__速度以及改变方向。

1. A 分配 B 保留 C 观察 D 展开
2. A 破坏 B 调整 C 缩短 D 面对

3-4.

中国的社会文化中有这样一种观念，经历挫折对个人成长有好处。心理学家对此进行了大量的研究，报告__3__，在经历了失败和创伤后，人们会更__4__生活中拥有的一切，变得更加坚强，不再害怕失败和挫折。这种现象被心理学家称为“创伤后成长”。

3. A 显示 B 反映 C 流传 D 提倡
4. A 争取 B 珍惜 C 叙述 D 围绕

1-2

几乎所有的动物都有尾巴，它们长短粗细不同，作用也不同，而保持平衡是动物尾巴的主要作用之一。鸟的尾巴是它们的方向盘，鸟尾上的羽毛 1D 展开时好像一把扇子，能够灵活转动，便于鸟在飞行时平衡身体、2B 调整速度以及改变方向。	거의 모든 동물은 꼬리가 있는데, 그것의 길이와 두께가 다르고 작용도 다르지만, 평형을 유지하는 것이 동물 꼬리의 주요한 작용 중의 하나이다. 새의 꼬리는 그들의 핸들인데, 새 꼬리 위의 깃털은 1D 펼쳤을 때 마치 하나의 부채 같고 빠르게 회전할 수 있어서, 새가 비행할 때 몸을 평형이 되게 하고 속도를 2B 조정하는 것 및 방향을 바꾸기에 편리하다.
1. A 分配 B 保留 C 观察 D 展开 2. A 破坏 B 调整 C 缩短 D 面对	1. A 분배하다 B 보존하다 C 관찰하다 D 펼치다 2. A 파괴하다 B 조정하다 C 단축하다 D 직면하다

풀이 ❶ 보기가 모두 동사이고 목적어 없이 주어 '**羽毛**(깃털)'의 서술어 역할을 하고 있다. 뒤에 '부채와 같다'는 내용으로 볼 때 의미상 D가 가장 적합하다.

TIP!

A **分配** fēnpèi 명동 분배(하다), 배치(하다)	分配**任务** fēnpèi rènwù 임무를 분배하다 分配**业务** fēnpèi yèwù 업무를 분담하다 分配**工作** fēnpèi gōngzuò 일을 분담하다
B **保留** bǎoliú 동 보존하다, 간직하다	保留**回忆** bǎoliú huíyì 추억을 간직하다 保留**风俗** bǎoliú fēngsú 풍속을 보존하다
C **观察** guānchá 동 관찰하다	观察 + 사물 (사물)을 관찰하다 观察**现象** guānchá xiànxiàng 현상을 관찰하다
D **展开** zhǎnkāi 동 펼치다, 전개하다	展开**地图** zhǎnkāi dìtú 지도를 펼치다 展开**活动** zhǎnkāi huódòng 활동을 전개하다 展开**调查** zhǎnkāi diàochá 조사를 전개하다

❷ 보기가 모두 동사이고 목적어 '**速度**'의 서술어 역할을 하고 있다. '속도'와 어울리는 단어는 B밖에 없다.

TIP!

A **破坏** pòhuài 동 파괴하다, 훼손하다	破坏**环境** pòhuài huánjìng 환경을 파괴하다 破坏**营养** pòhuài yíngyǎng 영양을 파괴하다
B **调整** tiáozhěng 동 조정하다	调整**时间** tiáozhěng shíjiān 시간을 조정하다 调整**计划** tiáozhěng jìhuà 계획을 조정하다 调整**位置** tiáozhěng wèizhì 위치를 조정하다
C **缩短** suōduǎn 동 단축하다, 줄이다	缩短**时间** suōduǎn shíjiān 시간을 단축하다 缩短**距离** suōduǎn jùlí 거리를 줄이다
D **面对** miànduì 동 직면하다, 직접 대면하다	面对 + 사람 (사람)을 대면하다 面对**困难** miànduì kùnnan 어려움에 직면하다

단어 ★**尾巴** wěiba 명 꼬리 | **粗细** cūxì 명 굵기 | ★**保持** bǎochí 동 유지하다 | ★**平衡** pínghéng 명동 평형(이 되게 하다) | **方向盘** fāngxiàngpán 명 핸들 | **羽毛** yǔmáo 명 깃털 | ★**扇子** shànzi 명 부채 | ★**灵活** línghuó 형 (1)민첩하다, 재빠르다 (2)융통성이 있다 | **转动** zhuàndòng 동 돌다, 회전하다 | **便于** biànyú 동 ~하기에 편리하다 | ★**以及** yǐjí 접 및, 그리고

3-4

中国的社会文化中有这样一种观念，经历挫折对个人成长有好处。心理学家对此进行了大量的研究，报告3A显示，在经历了失败和创伤后，人们会更4B珍惜生活中拥有的一切，变得更加坚强，不再害怕失败和挫折。这种现象被心理学家称为“创伤后成长”。

중국의 사회문화에는 이런 관념이 있는데, 좌절을 겪는 것은 개인의 성장에 좋은 점이 있다는 것이다. 심리학자들은 이에 대해 많은 양의 연구를 했고, 보고서에서 3A 나타내길, 실패와 외상을 겪은 후 사람들은 생활 속에서 가지고 있는 모든 것을 더욱 4B 소중히 여기고 더욱 굳건하게 변하여, 더 이상 실패와 좌절을 두려워하지 않게 된다. 이런 현상은 심리학자들에게 '외상 후 성장'이라고 불린다.

3. A 显示　B 反映　C 流传　D 提倡
4. A 争取　B 珍惜　C 叙述　D 围绕

3. A 나타내다　B 반영하다　C 전해지다　D 제창하다
4. A 쟁취하다　B 소중히 여기다　C 서술하다　D 둘러싸다

[풀이] ❸ 보기가 모두 동사이고 주어 '**报告**(보고서)'의 서술어 역할을 하고 있다. 조사, 연구, 통계, 혹은 그것의 결과, 보고(서), 데이터 등이 어떤 사실을 밝혔음을 나타낼 때 사용하는 동사 '**表明**'이나 '**显示**'는 꼭 암기해야 한다. 정답은 A이다.

TIP!

A **显示** xiǎnshì [동] 뚜렷하게 나타내 보이다	**调查结果**(显示/**表明**) 조사 결과가 나타내기를 diàochá jiéguǒ (xiǎnshì/biǎomíng) **研究报告**(显示/**表明**) 연구 보고가 나타내기를 yánjiū bàogào (xiǎnshì/biǎomíng) **统计数据**(显示/**表明**) 통계 데이터가 나타내기를 tǒngjì shùjù (xiǎnshì/biǎomíng)
B **反映** fǎnyìng [동] 반영하다	反映**现实** fǎnyìng xiànshí 현실을 반영하다 反映**现象** fǎnyìng xiànxiàng 현상을 반영하다 反映**心理** fǎnyìng xīnlǐ 심리를 반영하다
C **流传** liúchuán [동] 전해지다	**故事**流传 gùshi liúchuán 이야기가 전해지다 **传说**流传 chuánshuō liúchuán 전설이 전해지다 **风俗**流传 fēngsú liúchuán 풍속이 전해지다
D **提倡** tíchàng [동] 제창하다	提倡 + **동사(구)** (동사)하는 것을 제창하다

❹ 보기가 모두 동사이고 목적어 '**一切**'의 서술어 역할을 하고 있다. 빈칸 앞의 '실패와 외상을 겪은 후'라는 내용과 관형어를 포함한 목적어 '생활 속에서 가지고 있는 모든 것'으로 볼 때 의미상 B가 가장 적합하다.

TIP!

A **争取** zhēngqǔ [동] (1)쟁취하다 (2)~을 실현하기 위해 노력하다	争取**机会** zhēngqǔ jīhuì 기회를 쟁취하다 争取**胜利** zhēngqǔ shènglì 승리를 쟁취하다 争取 + **동사** (동사)하기 위해 노력하다
B **珍惜** zhēnxī [동] 아끼다, 소중히 여기다	珍惜**时间** zhēnxī shíjiān 시간을 아끼다 珍惜**机会** zhēnxī jīhuì 기회를 소중하게 여기다 珍惜**生命** zhēnxī shēngmìng 생명을 소중히 하다
C **叙述** xùshù [동] 서술하다	叙述**事实** xùshù shìshí 사실을 서술하다 叙述**过程** xùshù guòchéng 과정을 서술하다
D **围绕** wéirào [동] 둘러싸다, ~을 중심에 놓다	围绕……**问题** wéirào……wèntí ~문제를 둘러싸다 围绕……**主题** wéirào……zhǔtí ~주제를 중심에 놓다

[단어] ★**观念** guānniàn [명] 관념 | **挫折** cuòzhé [명][동] 좌절(하다) | **心理** xīnlǐ [명] 심리 | **创伤** chuāngshāng [명] 외상, 상처 | **拥有** yōngyǒu [동] 가지다, 보유하다 | ★**坚强** jiānqiáng [형] 굳세다, 강경하다

시크릿 노트 시험에 자주 출제되는 **동사 BEST 40**

保持 bǎochí 유지하다	保持联系 연락을 유지하다 bǎochí liánxì 保持关系 관계를 유지하다 bǎochí guānxi 保持距离 거리를 유지하다 bǎochí jùlí 保持状态 상태를 유지하다 bǎochí zhuàngtài 保持平衡 평형을 유지하다 bǎochí pínghéng
产生 chǎnshēng 생기다, 발생하다	产生感情 애정이 생기다 chǎnshēng gǎnqíng 产生误会 오해가 생기다 chǎnshēng wùhuì 产生问题 문제가 생기다 chǎnshēng wèntí 产生影响 영향이 생기다 chǎnshēng yǐngxiǎng
成立 chénglì 설립하다, 세우다	成立组织 조직을 설립하다 chénglì zǔzhī 成立部门 부서를 설립하다 chénglì bùmén 成立国家 국가를 세우다 chénglì guójiā
承认 chéngrèn 인정하다	承认错误 잘못을 인정하다 chéngrèn cuòwù 承认事实 사실을 인정하다 chéngrèn shìshí
承受 chéngshòu 견디다, 감당하다	承受压力 스트레스를 견디다 chéngshòu yālì
流传 liúchuán 전해지다	故事流传 이야기가 전해지다 gùshi liúchuán 传说流传 전설이 전해지다 chuánshuō liúchuán 风俗流传 풍속이 전해지다 fēngsú liúchuán
浏览 liúlǎn 대충 훑어보다	浏览书 책을 훑어보다 liúlǎn shū 浏览文件 문서를 훑어보다 liúlǎn wénjiàn 浏览信息 정보를 훑어보다 liúlǎn xìnxī
配合 pèihé 협동하다, 협력하다, 조화를 이루다	配合活动 활동에 협력하다 pèihé huódòng 配合工作 업무에 협조하다 pèihé gōngzuò
破坏 pòhuài 파괴하다, 훼손하다	破坏环境 환경을 파괴하다 pòhuài huánjìng 破坏营养 영양을 파괴하다 pòhuài yíngyǎng
强调 qiángdiào 강조하다	强调重点 중점을 강조하다 qiángdiào zhòngdiǎn 反复强调 반복해서 강조하다 fǎnfù qiángdiào 再次强调 재차 강조하다 zàicì qiángdiào

시크릿 노트

어휘	호응 표현
充满 chōngmǎn 충만하다, 가득하다, 넘치다	充满勇气 용기가 충만하다 chōngmǎn yǒngqì 充满希望 희망으로 가득하다 chōngmǎn xīwàng 充满信心 자신감으로 넘치다 chōngmǎn xìnxīn
促进 cùjìn 촉진하다	促进消化 소화를 촉진하다 cùjìn xiāohuà 促进发展 발전을 촉진하다 cùjìn fāzhǎn 促进交流 교류를 촉진하다 cùjìn jiāoliú
达到 dádào 이르다, 도달하다	达到效果 효과에 이르다 dádào xiàoguǒ 达到目的 목적에 이르다 dádào mùdì 达到目标 목표에 도달하다 dádào mùbiāo 达到水平 수준에 도달하다 dádào shuǐpíng 达到标准 기준에 도달하다 dádào biāozhǔn
代替 dàitì 대신하다, 대체하다	用 A (来)代替 B A로 B를 대신하다 yòng A (lái) dàitì B
导致 dǎozhì 초래하다, 야기하다	导致后果 나쁜 결과를 초래하다 dǎozhì hòuguǒ 导致失败 실패를 초래하다 dǎozhì shībài 导致事故 사고를 야기하다 dǎozhì shìgù
实现 shíxiàn 이루다, 실현하다	实现梦想 꿈을 이루다 shíxiàn mèngxiǎng 实现理想 이상을 실현하다 shíxiàn lǐxiǎng 实现愿望 희망을 실현하다 shíxiàn yuànwàng 实现目标 목표를 실현하다 shíxiàn mùbiāo
调整 tiáozhěng 조정하다	调整时间 시간을 조정하다 tiáozhěng shíjiān 调整计划 계획을 조정하다 tiáozhěng jìhuà 调整位置 위치를 조정하다 tiáozhěng wèizhi
推广 tuīguǎng 널리 보급하다	推广产品 제품을 보급하다 tuīguǎng chǎnpǐn 推广普通话 표준어를 보급하다 tuīguǎng pǔtōnghuà
吸取 xīqǔ 흡수하다, 받아들이다	吸取经验 경험을 얻다 xīqǔ jīngyàn 吸取教训 교훈을 받아들이다 xīqǔ jiàoxùn
吸收 xīshōu 흡수하다, 받아들이다	吸收水分 수분을 흡수하다 xīshōu shuǐfèn 吸收营养 영양을 흡수하다 xīshōu yíngyǎng 吸收阳光 햇빛을 흡수하다 xīshōu yángguāng

단어	예문
等于 děngyú ~와 같다	A 等于 B A děngyú B A는 B와 같다
反映 fǎnyìng 반영하다	反映问题 문제를 반영하다 fǎnyìng wèntí 反映现实 현실을 반영하다 fǎnyìng xiànshí 反映现象 현상을 반영하다 fǎnyìng xiànxiàng 反映心理 심리를 반영하다 fǎnyìng xīnlǐ
妨碍 fáng'ài 방해하다	妨碍 + 사람 (사람)을 방해하다 妨碍学习 학습을 방해하다 fáng'ài xuéxí 妨碍工作 업무를 방해하다 fáng'ài gōngzuò
构成 gòuchéng 구성하다, 이루다	由……构成 ~으로 이루어지다 yóu……gòuchéng
归纳 guīnà 귀납하다, 간추리다, 추려내다 도출하다	归纳知识 지식을 정리하다 guīnà zhīshi 归纳内容 내용을 간추리다 guīnà nèiróng 归纳方法 방법을 도출하다 guīnà fāngfǎ
享受 xiǎngshòu 누리다, 즐기다	享受幸福 행복을 누리다 xiǎngshòu xìngfú 享受服务 서비스를 누리다 xiǎngshòu fúwù 享受美味 맛있는 음식을 즐기다 xiǎngshòu měiwèi 享受生活 생활을 즐기다 xiǎngshòu shēnghuó
形成 xíngchéng 이루다, 형성하다	形成对比 대비를 이루다 xíngchéng duìbǐ 形成风格 스타일을 형성하다 xíngchéng fēnggé
运用 yùnyòng 활용하다	运用知识 지식을 활용하다 yùnyòng zhīshi 运用技术 기술을 활용하다 yùnyòng jìshù 运用本领 능력을 활용하다 yùnyòng běnlǐng
展开 zhǎnkāi (1) 펼치다 (2) 전개하다	展开地图 zhǎnkāi dìtú 지도를 펼치다 展开活动 활동을 전개하다 zhǎnkāi huódòng 展开调查 조사를 전개하다 zhǎnkāi diàochá
掌握 zhǎngwò 익히다, 숙달하다, 정통하다	掌握知识 지식을 익히다 zhǎngwò zhīshi 掌握本领 능력을 익히다 zhǎngwò běnlǐng 掌握外语 외국어를 숙달하다 zhǎngwò wàiyǔ 掌握技术 기술에 정통하다 zhǎngwò jìshù

시크릿 노트

단어	표현
忽视 hūshì 소홀히 하다, 경시하다	忽视问题 문제를 소홀히 하다 hūshì wèntí 忽视……的话 ~의 말을 경시하다 hūshì……de huà
建立 jiànlì (1) 건립하다, 설립하다 (2) 맺다, 세우다	建立组织 조직을 설립하다 jiànlì zǔzhī 建立部门 부서를 설립하다 jiànlì bùmén 建立关系 관계를 맺다 jiànlì guānxi 建立信心 자신감을 세우다 jiànlì xìnxīn
交换 jiāohuàn 교환하다, 바꾸다	交换礼物 선물을 교환하다 jiāohuàn lǐwù 交换信息 정보를 교환하다 jiāohuàn xìnxī 交换位置 위치를 바꾸다 jiāohuàn wèizhi
具备 jùbèi 갖추다	具备条件 조건을 갖추다 jùbèi tiáojiàn 具备能力 능력을 갖추다 jùbèi nénglì 具备资格 자격을 갖추다 jùbèi zīgé
扩大 kuòdà 넓히다, 확대하다	扩大范围 범위를 넓히다 kuòdà fànwéi 扩大面积 면적을 넓히다 kuòdà miànjī 扩大规模 규모를 확대하다 kuòdà guīmó 扩大影响力 영향력을 확대하다 kuòdà yǐngxiǎnglì
针对 zhēnduì 겨누다, 맞추다, 대하다	针对……问题 ~문제를 겨냥하다 zhēnduì……wèntí 针对……目标 ~목표에 맞추다 zhēnduì……mùbiāo 针对 + 사람 (사람)을 대상으로 하다
争论 zhēnglùn 논쟁하다	A 跟/和/与 B 争论 A gēn/hé/yǔ B zhēnglùn A가 B와 논쟁하다
主张 zhǔzhāng 주장하다	主张 + 동사(구) (동사)하는 것을 주장하다
转告 zhuǎngào 전(달)하다	转告 + 사람 (사람)에게 (말을) 전하다
追求 zhuīqiú 추구하다	追求自由 자유를 추구하다 zhuīqiú zìyóu 追求梦想 꿈을 추구하다 zhuīqiú mèngxiǎng 追求目标 목표를 추구하다 zhuīqiú mùbiāo

第1-12题 빈칸에 들어갈 알맞은 답을 고르세요.

1-2.

"天黑睡觉"是人类在长期适应环境的过程中自然__1__的生活规律。如果夜间开灯睡觉，或白天在强烈的阳光下睡觉，都会使人__2__一种"光压力"。光压力会使人体的生物系统发生改变，最终可能导致疾病的发生。

1. A 表现 B 形成 C 欣赏 D 吸收
2. A 产生 B 承认 C 满足 D 成立

3-4.

根据调查，中国人最喜欢说的口头禅是"随便"。根据不同的语境，它的含义可以被__3__为四种：第一表示尊重，愿意遵从对方的意愿；第二表示厌烦，想以交出主动权来尽快结束谈话；第三是心中有不满，但认为没有与对方__4__的必要；第四则可能是不愿意动脑子，或者不愿意承担责任。

3. A 浏览 B 保持 C 宣传 D 归纳
4. A 体会 B 转告 C 争论 D 责备

5-6.

吃水果能不能减肥？其实，如果用水果来__5__米饭、馒头等主食，确实是有利于减肥的。利用水果减肥，比较合理的方式是：餐前吃些水果提升血糖，以防因过度饥饿而__6__吃得太多。然而减少正餐主食的量，同时补充一些富含蛋白质的食物，例如豆腐、鸡蛋等。

5. A 妨碍 B 交换 C 代替 D 模仿
6. A 传染 B 导致 C 限制 D 促使

7-8.

很多人有疑问，观看戏剧表演时第一排为什么不是最佳位置？其实，一台好的舞台剧，除了演员的表演，还有灯光、道具、舞美等因素。如果坐得太近，必然看不清舞台场面的整体变化。所以，坐得近并不__7__看得清。另外，在观看一些需要雨雾__8__的表演时，坐在前排的观众还可能会“不幸中招”。

7. A 鼓舞 B 具备 C 控制 D 等于

8. A 配合 B 承担 C 实现 D 体验

9-10.

学习模式是指能够使个人__9__最佳学习状态的方式，专家曾提出三种最常见的学习模式：视觉学习型、听觉学习型和动觉学习型。其中，视觉学习型的孩子偏重于以文字、图片和表格等可视信息为载体，通过观察、__10__想象来学习。

9. A 省略 B 达到 C 充满 D 发挥

10. A 遵守 B 忽视 C 运用 D 避免

11-12.

研究显示，军舰鸟可以进行“不对称睡眠”——仅让一侧大脑半球进入睡眠状态，另一侧__11__清醒的状态。此时，它的眼睛一只睁着，一只闭着，从而实现对环境的监控。即便__12__了如此特别的睡眠技巧，军舰鸟在空中的睡眠时间也很短，仅占总飞行时间的3%左右。

11. A 缺乏 B 吸取 C 搜索 D 保持

12. A 掌握 B 确认 C 包括 D 建立

Chapter

04 부사·전치사·접속사 고르기

▶ 부사 · 전치사 · 접속시 고르기형은?

부사는 동사나 형용사를 수식하는 위치가 빈칸으로 출제되며, 전치사는 뒤에 명사, 동사, 형용사 등과 함께 전치사구를 이루어 하나의 뜻을 전달한다. 접속사는 단어와 단어, 구와 구, 문장과 문장을 연결하는 역할을 하기 때문에 연결하는 대상 및 글의 흐름을 살펴보고 정답을 찾아야 한다. 독해 제1부분 전체 문제 유형에서 각각 9%, 3%, 3%의 출제 비율을 차지한다.

문제 풀이 전략

☑ 이 세 개의 품사는 정확한 뜻과 용법의 이해가 우선이다.

명사, 대사, 형용사, 동사, 수사, 양사와 같이 의미가 비교적 구체적인 단어를 실사(实词)라고 하고, 부사, 전치사, 접속사, 조사와 같이 뜻이 추상적이며 실사와 함께 쓰이거나 실사를 연결하는 어법적 기능을 하는 단어를 허사(虚词)라고 한다. 허사는 搭配를 암기하는 것보다 각 단어의 정확한 뜻과 어법적 기능을 숙지해야 한다.

☑ 몇 가지 주요 전치사의 용법을 미리 알아 두자.

趁 chèn

[의미] ~할 때 얼른, ~을 틈타서(뒤에 제시되는 내용이 오래 지속되지 않으므로 그것이 존재하는 틈을 타서 얼른 무언가를 한다는 뜻)

[용법] (1) 2음절로 사용하고 싶다면 '趁着'의 형태로 사용 가능

(2) 뒤에 명사, 동사(구), 형용사(구) 모두 사용 가능

예 趁热吃吧。 따뜻할 때 얼른 먹어요. (뒤에 형용사 '热' 사용)

由 yóu

[용법] (1) '从'과 같은 뜻을 나타냄

(2) 동작의 주체를 강조

예 这件事由我负责。 이 일은 내가 책임질게요.

(3) 구성성분을 나타냄. 주로 '由……构成/组成(~으로 이루어지다)'의 형식으로 사용

예 委员会由十位专家组成。 위원회는 10명의 전문가로 이루어졌다.

(4) 원인을 나타냄. 주로 '由……引起/造成/导致(~때문에 야기되다)'의 형식으로 사용

예 这次事故是由酒后驾驶造成的。 이번 사고는 음주운전 때문에 야기된 것이다.

至于 zhìyú

[의미] ~(으)로 말하면, ~에 관해서는

[용법] 화제를 바꾸거나 다른 화제를 제시할 때 사용

예 我打算读研究生，至于上哪个大学还没决定。
나는 대학원을 다닐 계획인데, 어느 대학을 갈 것인지에 관해서는 아직 결정하지 않았어.

시원한 공략법 01 부사 고르기

● 부사는 동사 혹은 형용사를 수식하는 품사로, 두 가지 단계로 답을 찾아본다.

(1) 부사가 수식하는 '동사 (+ 목적어)' 또는 '형용사'와 의미상 어울려야 한다. 의미상 적합하지 않은 부사는 소거한다.

(2) 첫 번째 단계에서 답이 나오지 않을 경우, 빈칸(부사)이 포함된 문장 전체를 해석해 본다. 문장의 길이가 너무 긴 경우 쉼표 단위로 앞뒤 내용을 체크한다.

만약 이렇게 답을 찾을 수 없다면, 앞뒤 내용을 좀 더 읽고 흐름에 맞는 단어를 찾아야 한다.

시원한 공략법 실전 문제

1-2.

有一名青年小说家，在大学还没毕业时就已经发表了上千万字。其实刚开始写作时她也很害怕，__1__成为签约作家，每天都要写一万字，自己做不到怎么办？但对写作的热爱让她不再犹豫，她合理分配了时间，上课和写作同时进行，一个也没有落下。

很多事情都是这样，只要能鼓起勇气迈出第一步，再加上勤奋和努力，__2__会到达目的地。

1. A 曾经　　B 一旦　　C 反正　　D 尽快
2. A 总共　　B 基本　　C 迟早　　D 未必

3-4.

欧・亨利的小说在艺术处理上的最大特点就是结尾总是充满意外，只有到了最后一刻，"谜底"才最终被揭开。小说的情节__3__是朝着一个方向发展，但到结尾时人物的心理却发生了出人意料的变化，或者人物的命运突然逆转，令人感到十分意外，但又__4__承认这种变化合情合理。

3. A 一再　　B 连忙　　C 格外　　D 似乎
4. A 忽然　　B 只好　　C 究竟　　D 难怪

1-2

有一名青年小说家，在大学还没毕业时就已经发表了上千万字。其实刚开始写作时她也很害怕，1B 一旦成为签约作家，每天都要写一万字，自己做不到怎么办？但对写作的热爱让她不再犹豫，她合理分配了时间，上课和写作同时进行，一个也没有落下。 很多事情都是这样，只要能鼓起勇气迈出第一步，再加上勤奋和努力，2C 迟早会到达目的地。	한 청년 소설가는 대학을 아직 졸업하지도 않았을 때 이미 천만 자 넘게 발표했다. 사실 막 글쓰기를 시작했을 때는 그녀도 두려웠다. 1B 일단 계약한 작가가 되면 매일 만 자를 써야 하는데, 자신이 해내지 못하면 어쩌나? 그러나 글쓰기에 대한 사랑은 그녀가 더 이상 망설이지 않게 해주었고, 그녀는 합리적으로 시간을 분배하여 수업과 글쓰기를 동시에 진행했으며, 하나도 빠뜨리지 않았다. 많은 일들이 모두 이러하다. 용기를 내어 첫걸음을 내딛고 근면함과 노력이 더해지기만 하면, 2C 언젠가는 목적지에 도달할 것이다.
1. A 曾经　B 一旦 C 反正　D 尽快 2. A 总共　B 基本 C 迟早　D 未必	1. A 일찍이　B 일단 C 어차피　D 되도록 빨리 2. A 모두　B 대체로 C 언젠가는　D 반드시 ~한 것은 아니다

풀이 ❶ 보기가 모두 부사이고 동사+목적어 구조인 '**成为签约作家**'를 수식하고 있다. 동사와의 의미적 연결만으로는 정답을 확실하게 찾기 어렵기 때문에 빈칸이 포함된 문장 전체를 살펴본다. 빈칸 앞에 처음에는 두려웠다는 내용이 있고, 빈칸 이후부터 걱정하는 내용이 시작된다. '처음'에는 아직 일어나지 않은 일을 걱정했으므로 시제적으로 일종의 가정을 나타내는 B가 가장 적합하다.

❷ 보기가 모두 부사이고 조동사를 포함한 동사 '**会到达目的地**'를 수식하고 있다. '목적지에 도달할 것이다'라는 추측이나 가능성의 의미로 볼 때 C가 가장 적합하다.

단어 ★**发表** fābiǎo 동 발표하다 | ★**写作** xiězuò 동 글을 쓰다 | **签约** qiānyuē 동 (계약서에) 서명하다 | ★**犹豫** yóuyù 동 주저하다, 망설이다 | ★**合理** hélǐ 형 합리적이다 | ★**分配** fēnpèi 동 분배하다, 배치하다 | **落下** làxià 동 빠지다, 빠뜨리다 | **鼓起** gǔqǐ 동 (용기를) 불러일으키다 | ★**勇气** yǒngqì 명 용기 | **迈步** màibù 동 발걸음을 내디디다 | ★**勤奋** qínfèn 형 근면하다, 부지런하다 | ★**到达** dàodá 동 도달하다, 도착하다 | **曾经** céngjīng 부 일찍이, 이전에 | **一旦** yídàn 부 일단 (~하면) | **反正** fǎnzhèng 부 어차피, 어쨌든 | **尽快** jǐnkuài 부 되도록 빨리 | **总共** zǒnggòng 부 모두, 합쳐서 | **基本** jīběn 부 대체로, 거의 명 기본, 근본 | **迟早** chízǎo 부 언젠가는, 조만간 | **未必** wèibì 부 반드시 ~한 것은 아니다

3-4

欧·亨利的小说在艺术处理上的最大特点就是结尾总是充满意外，只有到了最后一刻，"谜底"才最终被揭开。小说的情节 3 D 似乎是朝着一个方向发展，但到结尾时人物的心理却发生了出人意料的变化，或者人物的命运突然逆转，令人感到十分意外，但又 4 B 只好承认这种变化合情合理。

오 헨리 소설의 예술적 처리상의 가장 큰 특징은 결말이 항상 의외성으로 가득해서, 마지막 순간에 이르러서야 '수수께끼의 답'이 최종적으로 드러난다는 것이다. 소설의 줄거리는 3 D 마치 하나의 방향으로 발전하는 것 같지만, 결말에 갔을 때 인물의 심리에 예상을 벗어나는 변화가 발생하거나, 혹은 인물의 운명이 갑자기 바뀌어서 사람들이 매우 의외라고 느끼게 되지만, 동시에 이런 변화가 이치에 맞다는 것을 4 B 할 수 없이 인정하게 된다.

3. A 一再　　B 连忙
   C 格外　　D 似乎
4. A 忽然　　B 只好
   C 究竟　　D 难怪

3. A 반복하여　　B 얼른
   C 유달리　　D 마치 (~인 것 같다)
4. A 갑자기　　B 할 수 없이
   C 도대체　　D 어쩐지

풀이 ❸ 보기가 모두 부사이고, 전치사구+동사 구조인 '**朝……发展**(~을 향해 발전하다)'를 수식하고 있다. 일단 뒤에 등장하는 '**是**'와 함께 사용 가능한 부사는 D밖에 없다.

❹ 보기가 모두 부사이고 동사+목적어 구조인 '**承认这种变化合情合理**'를 수식하고 있다. 일단 의미적으로 어울리지 않는 A와, 뒤에 의문의 내용이 놓여야 하는 C는 소거한다. 빈칸이 포함된 문장은 너무 길기 때문에 바로 앞의 쉼표부터 살펴보면 '의외라고 느끼게 되지만 그러나 인정할 수밖에 없다'라는 흐름으로 연결되므로 B가 가장 적합하다.

단어 ★**处理** chǔlǐ ⓢ 처리하다 | **结尾** jiéwěi ⓜ 결말 | ★**充满** chōngmǎn ⓢ 충만하다, 가득하다, 넘치다 | ★**意外** yìwài ⓜ 뜻밖의 사고, 의외의 재난 ⓗ 의외이다, 뜻밖이다 | **谜底** mídǐ ⓜ 수수께끼의 답, 사건의 진상 | **揭开** jiēkāi ⓢ 폭로하다, 드러내다 | **情节** qíngjié ⓜ (작품의) 줄거리 | ★**心理** xīnlǐ ⓜ 심리 | **出人意料** chūrén yìliào 예상을 뛰어넘다 | ★**命运** mìngyùn ⓜ 운명 | **逆转** nìzhuǎn ⓢ 역전하다, 뒤바뀌다 | **又** yòu ⓑ 또한, 한편, 동시에 | ★**承认** chéngrèn ⓢ 시인하다, 인정하다 | **合情合理** héqíng hélǐ 성어 이치에 맞다 | **一再** yízài ⓑ 거듭, 반복하여 | **连忙** liánmáng ⓑ 얼른, 서둘러 | **格外** géwài ⓑ 유달리 | **似乎** sìhū ⓑ 마치 (~인 것 같다) | **忽然** hūrán ⓑ 갑자기, 별안간 | **只好** zhǐhǎo ⓑ 부득이, 할 수 없이 | **究竟** jiūjìng ⓑ 도대체 | **难怪** nánguài ⓑ 어쩐지

시원한 공략법 02

전치사 · 접속사 고르기

◎ 전치사는 전치사구의 형식으로 하나의 의미를 전달할 수 있다. 따라서 전치사가 빈칸일 때는 우선 어디까지 전치사구인지 확인해야 한다. 또한, 자주 사용하는 관용 표현을 그대로 암기해서 답을 찾아야 하는 문제도 종종 출제된다. 접속사로 구성된 문제 유형은 연결하고 있는 단어나 구, 혹은 문장이 서로 어떤 의미 관계로 연결되고 있는지 파악하여 답을 찾아야 한다.

시원한 공략법 실전 문제

1-2.

龙卷风是一种破坏力极强的天气现象，目前难以对它进行有效的监测和预报。如果我们遇到龙卷风，应迅速__1__龙卷风移动方向的垂直方向跑动，躲在低洼地和沟渠等地方。如果在汽车里，应及时离开，__2__汽车本身无法抵御龙卷风，一旦汽车和人同时被龙卷风卷起，危害更大。

1. A 趁　B 朝　C 比　D 与
2. A 由于　B 哪怕　C 只要　D 因而

3-4.

想减肥？先交个喜欢运动的朋友吧！研究发现：运动习惯能够“传染”，朋友的示范作用会让人更爱运动，这可能是__3__人们的竞争心理造成的。__4__，这种现象还存在性别差别。男性的运动习惯能对男性产生强烈的影响，对女性则没有任何影响；而女性的运动习惯则对男女都能产生影响。

3. A 被　B 凭　C 以　D 由
4. A 从而　B 何况　C 此外　D 不然

1-2

龙卷风是一种破坏力极强的天气现象，目前难以对它进行有效的监测和预报。如果我们遇到龙卷风，应迅速 1 B 朝龙卷风移动方向的垂直方向跑动，躲在低洼地和沟渠等地方。如果在汽车里，应及时离开，2 A 由于汽车本身无法抵御龙卷风，一旦汽车和人同时被龙卷风卷起，危害更大。

토네이도는 파괴력이 매우 강한 기상 현상으로, 지금은 그것에 대해 효과적인 모니터링과 예보를 하기 어렵다. 만약 우리가 토네이도를 만나게 되면, 신속하게 토네이도가 이동하는 방향의 수직 방향을 1 B 향해 뛰어가서, 저지대와 배수로 등의 장소에 숨어야 한다. 만약 자동차 안에 있다면 즉시 떠나야 하는데, 자동차 자체는 토네이도를 막아낼 수 없기 2 A 때문에, 일단 자동차와 사람이 동시에 토네이도에 휩쓸리게 되면 피해가 더욱 크다.

1. A 趁　　B 朝
   C 比　　D 与
2. A 由于　　B 哪怕
   C 只要　　D 因而

1. A ~을 틈타서　　B ~을 향하여
   C ~보다　　D ~와
2. A ~때문에　　B 설령 ~일지라도
   C ~하기만 하면　　D 그러므로

풀이 ❶ 보기가 모두 전치사이고 '……**方向**'까지 전치사구이다. 방향을 나타내는 전치사는 B밖에 없다.

❷ 보기가 모두 접속사이고 앞뒤 문장을 연결하고 있다. 앞에는 '자동차 안에 있다면 즉시 떠나야 한다'라는 내용이, 뒤에는 '자동차는 토네이도를 막아낼 수 없어서 피해가 더 크다'라는 내용이 있다. 빈칸에는 왜 피해가 더 커지는지에 대해 설명하는 A가 가장 적합하다.

단어 **龙卷风** lóngjuǎnfēng ⓜ 토네이도 | ★**现象** xiànxiàng ⓜ 현상 | **难以** nányǐ ~하기 어렵다 | **监测** jiāncè ⓜⓓ 모니터링(하다) | ★**预报** yùbào ⓜⓓ 예보(하다) | ★**迅速** xùnsù ⓗ 신속하다 | ★**移动** yídòng ⓓ 이동하다 | **垂直** chuízhí ⓜ 수직 | **躲** duǒ ⓓ 숨다 | **低洼地** dīwādì (강가의) 저지대 | **沟渠** gōuqú ⓜ 배수로, 하수도 | **本身** běnshēn ⓜ (사람이나 사물의) 그 자신, 그 자체 | **抵御** dǐyù ⓓ 막아내다 | **卷** juǎn ⓓ 말아 올리다, 휩쓸다, 휘감다 | ★**危害** wēihài ⓜ (위)해 ⓓ 해치다 | **趁** chèn ⓙ (때나 기회를) 이용해서, ~을 틈타서, ~할 때 얼른 | **朝** cháo ⓙ ~을 향하여 | **比** bǐ ⓙ ~보다 | **与** yǔ ⓙ ~와(과) | **由于** yóuyú ⓙ ~때문에 | **哪怕** nǎpà ⓙ 설령 ~일지라도 | **只要** zhǐyào ⓙ ~하기만 하면 | **因而** yīn'ér ⓙ 그러므로, 따라서

3-4

想减肥？先交个喜欢运动的朋友吧！研究发现：运动习惯能够“传染”，朋友的示范作用会让人更爱运动，这可能是3D由人们的竞争心理造成的。

4C此外，这种现象还存在性别差别。男性的运动习惯能对男性产生强烈的影响，对女性则没有任何影响；而女性的运动习惯则对男女都能产生影响。

다이어트를 하고 싶은가? 먼저 운동을 좋아하는 친구를 사귀어라! 연구에서 발견하길 운동 습관은 '전염될' 수 있고, 친구의 모범 작용이 사람으로 하여금 더욱 운동을 좋아하도록 만드는데, 이것은 아마도 사람들의 경쟁 심리 3D 때문에 야기된 것이다.

4C 이 밖에, 이런 현상에는 성별 차이도 존재한다. 남성의 운동 습관은 남성에게 강렬한 영향을 발생시키지만, 여성에게는 어떠한 영향도 없다. 여성의 운동 습관은 남녀 모두에게 영향을 발생시킬 수 있다.

3. A 被　B 凭　C 以　D 由
4. A 从而　B 何况　C 此外　D 不然

3. A ~에게 ~을 당하다　B ~에 근거하여　C ~로써　D ~때문에
4. A 따라서　B 하물며　C 이 밖에　D 그렇지 않으면

풀이 ❸ 보기가 모두 전치사이다. '**由……造成**'은 '~때문에 야기되다'의 의미를 나타내는 고정격식이므로 정답은 D이다.

❹ 보기가 모두 접속사이고 새로운 단락을 이끌어내며 뒤에 '**这种现象还存在**……'라는 문장이 이어지고 있다. '또한 존재한다'는 흐름으로 볼 때 내용을 추가하는 의미를 나타내는 C가 가장 적합하다.

단어 ★**传染** chuánrǎn ⓢ (1)감염하다, 옮다 (2)(감정이나 습관이) 전염되다 | **示范** shìfàn ⓜⓢ 모범(을 보이다) | ★**竞争** jìngzhēng ⓜⓢ 경쟁(하다) | ★**造成** zàochéng ⓢ 야기하다, 초래하다 | ★**存在** cúnzài ⓜⓢ 존재(하다) | **差别** chābié ⓜ 차이, 격차 | ★**产生** chǎnshēng ⓢ 생기다, 발생하다 | ★**强烈** qiángliè ⓗ 강렬하다 | **被** bèi ⓙ ~에게 ~을 당하다 | **凭** píng ⓙ ~에 근거하여 ⓢ 기대다, 의지하다 | **以** yǐ ⓙ ~로써 | **由** yóu ⓙ (1)从 (2)동작의 주체, 구성성분, 원인을 나타냄 | **从而** cóng'ér ⓙ 따라서 | **何况** hékuàng ⓙ 하물며, 더군다나 | **此外** cǐwài ⓙ 이 밖에 | **不然** bùrán ⓙ 그렇지 않으면

시크릿 노트 시험에 자주 출제되는 부사 BEST 20

毕竟 bìjìng 그래도, 어쨌든, 아무래도, 역시	• 근본적인 원인이나 특징을 강조 • 주어 앞에 올 수 있는 어기부사 毕竟他什么都不知道。 어쨌든 그는 아무것도 모른다. 弟弟毕竟还是孩子，不懂事。 남동생은 아무래도 아직 아이라서, 철이 없다.
曾经 céngjīng 일찍이, 이전에	• 종종 동태조사 '过'와 함께 사용 我曾经学过游泳。 나는 이전에 수영을 배운 적이 있다.
迟早 chízǎo 언젠가는, 조만간	• 종종 '추측'을 나타내는 조동사 '会'와 함께 사용 他迟早会知道这件事。 그가 언젠가는 이 일을 알게 될 것이다.
的确 díquè 확실히, 정말	她的确很漂亮。 그녀는 확실히 예쁘다.
反而 fǎn'ér 오히려	你不这样做反而更好。 네가 이렇게 하지 않는 것이 오히려 더 좋아.
分别 fēnbié 각각	我和同学们分别去了不同的大学。 나와 동창들은 각각 서로 다른 대학에 갔다.
果然 guǒrán 과연, 생각한 대로	• 주어 앞에 올 수 있는 어기부사 今天果然下雨了。 오늘 과연 비가 왔다. 果然，他获得了成功。 생각한 대로 그는 성공을 거두었다.
尽量 jǐnliàng 되도록, 가능한 한	今天我尽量早点儿回家。 오늘 나는 되도록 집에 좀 빨리 갈래.
难怪 nánguài 어쩐지	• 주어 앞에 올 수 있는 어기부사 难怪他这么累，原来昨天熬夜了。 어쩐지 그가 이렇게 피곤해 하더라. 알고 보니 어제 밤을 샜구나.
似乎 sìhū 마치 (~인 것 같다)	这个演员似乎很受欢迎。 이 연기자는 매우 환영받는 것 같다.
未必 wèibì 반드시 ~한 것은 아니다	这件事未必是真的。 이 일이 반드시 진짜인 것은 아니다.
幸亏 xìngkuī 다행히	• 주어 앞에 올 수 있는 어기부사 幸亏我来得早，不然就没座位了。 내가 빨리 와서 다행이지, 그렇지 않았으면 자리가 없었을 거야.
一旦 yídàn 일단 (~하면)	• '一旦……就……' 형식으로 많이 사용 • 주어 앞에 올 수 있는 어기부사 一旦找到工作，我就搬家。 일단 직업을 찾으면, 나는 이사할 거야.
一律 yílǜ 일률적으로, 예외 없이	考试的时候一律不许看书。 시험 칠 때 일률적으로 책을 보는 것을 허락하지 않습니다.

단어	설명 및 예문
或许 huòxǔ 아마, 혹시	• 종종 '추측'을 나타내는 조동사 '会'와 함께 사용 • 주어 앞에 올 수 있는 어기부사 他或许会来的。 그는 아마 올 것이다. 或许明天会下雪吧。 아마 내일은 눈이 올 것이다.
居然(竟然) jūrán (jìngrán) 뜻밖에, 의외로	他居然(竟然)不记得我了。 그는 뜻밖에 나를 기억하지 못했다.
简直 jiǎnzhí 정말이지, 그야말로	• '简直是'로 사용 가능 这个菜简直(是)太好吃了。 이 요리는 정말이지 너무 맛있다.
逐渐 zhújiàn 점점, 점차	她的病逐渐好了。 그녀의 병이 점점 좋아졌다.
总共 zǒnggòng 모두, 합쳐서	• 수량 개념과 함께 사용 班里的学生总共五十人。 반의 학생은 모두 50명이다.
总算 zǒngsuàn (1) 결국, 마침내, 드디어 (2) 대체로 ~인 셈이다	下了一个月的雨，今天总算晴了。 한 달 동안 비가 내렸고, 오늘 마침내 맑아졌다. 小孩子的字能写成这样，总算不错了。 아이의 글씨로 이렇게 쓸 수 있으면, 대체로 괜찮은 편이다.

기출 테스트

정답 및 해설 | 해설서 95~99쪽

第1-12题 빈칸에 들어갈 알맞은 답을 고르세요.

1-2.

谭延闿是民国时期著名的政治家，__1__也是一位书法大家。一次，谭延闿切菜时不小心切到了右手，而当时他恰好需要写一份公文发给胡汉民。谭延闿从来都是__2__书写信件的，因而他还是勉强写完了公文。

胡汉民也是一位著名的书法家。接到公文后，他发现谭延闿的字和以前的不太一样，就派秘书去打听原因。知道实情后，胡汉民生气地说："我还以为他练成了什么新本领来向我挑战呢，原来是手受伤了。"

1. A 同时　　B 总之　　C 可见　　D 除非
2. A 赶紧　　B 亲自　　C 互相　　D 逐步

3-4.

一个越国人外出游历时发现了一辆破车，这辆车破得已经没办法再用了。但是越国没有这种车，于是他用船把车载回去。大家看了之后以为车本来就是那样造的，于是把所有的车都做成类似的样子。别的国家的人都嘲笑他们，但越国人以为他们是在骗自己，__3__继续造着破车。

到了有外敌入侵越国的时候，越国人就驾驶着这些简陋的车打仗，结果，车坏兵败。可笑的是，越国人__4__不明白失败的原因，更不知道真正的车是怎么造的。

3. A 反正　　B 依然　　C 毕竟　　D 极其
4. A 或许　　B 再三　　C 立刻　　D 始终

5-6.

垂直森林指的是在大楼的外墙一层一层种下绿色植物的建筑物。据报道，南京有望诞生亚洲首个垂直森林。南京的垂直森林将__5__一个高塔和一个矮塔组成，高度__6__为200米和108米，在每个塔周围都会种植超过1000棵树和2500棵灌木类植物。整个工程预计于2018年完工。

5. A 由　　B 凭　　C 趁　　D 与
6. A 果然　　B 简直　　C 分别　　D 的确

7-8.

钱穆先生读中学时，有次参加考试，卷子上有4道题，每道25分，共100分。他看到第三题时兴奋极了，因为他对这个问题很感兴趣，此前看过很多相关资料，于是他决定先答这道题。不知过了多久，他__7__把这个题答完了，正当他准备做其他题时，交卷的铃声响了，可是他竟然得了75分。

原来，这次阅卷的是史学大师吕思勉先生，他非常爱惜人才，吕先生发现钱穆虽然只答了一道题，却答得非常出色，最后给了75分。于是，钱穆先生仅__8__一道题就通过了考试。

7. A 居然　　B 总算　　C 反而　　D 何必

8. A 当　　B 及　　C 与　　D 凭

9-10.

回国还是留下，这是不少海外留学生毕业时面临的选择。具体怎么选，__9__受到就业环境、职业理想等因素的影响。报告显示，中国发展迅速、就业机会更多，回国已经成为海外留学生的首要选择。此外，熟悉的文化背景、家人和朋友__10__近年来中国出台的各种人才引进政策，让不少海外留学生坚定了回国的信心。

9. A 幸亏　　B 照常　　C 往往　　D 逐渐

10. A 至于　　B 与其　　C 自从　　D 以及

11-12.

著名京剧大师梅兰芳擅长饰演女性角色。一次，为了更好地表现女性吃惊的样子，回到家后，他__11__正在整理衣服的妻子不注意，__12__拿起一个盆向地上摔去，只听“咣当”一声大响，妻子大叫一声，吓得半天说不出话来。妻子这一神情被他看得清清楚楚，他据此把女性吃惊的样子演得活灵活现。

11. A 趁　　B 由　　C 以　　D 与

12. A 未必　　B 尽量　　C 随手　　D 陆续

Chapter

05 문장 고르기

▶ 문장 고르기형은?

문장 고르기형은 빈칸에 들어가기 적합한 '단어'를 선택하는 유형과 달리 앞뒤 글의 흐름을 보고 적합한 '문장'을 고르는 유형으로, 독해 제1부분 총 15문제 중 고정적으로 3문제가 출제되고 있으므로 20%의 출제 비율을 차지한다. 확실한 짝이 보이는 관련사(접속사나 부사)가 있는 경우 호응 관계로 정답을 찾을 수 있고, 호응 관계가 없거나 관련사가 따로 없는 경우는 상황에 따라 앞이나 뒤의 문장을 읽고 답을 선택해야 한다.

문제 풀이 전략

☑ HSK 5급에서 관련사의 암기는 필수적이다.

짝이 있는 관련사를 숙지해 두는 것은 단순히 독해 제1부분에서 문장을 찾는 데만 도움이 되는 것이 아니다. 듣기와 독해 제2, 3부분에서는 지문의 흐름을 파악하고 좀 더 핵심적인 부분을 듣거나 읽고 정답을 빨리 캐치하는 데 도움이 된다. 쓰기에서는 문장과 문장 간의 연결을 좀 더 부드럽게 해주고 논리적 관계를 확실하게 드러내 주는 역할을 한다. 이번 시크릿 노트에서는 5급에서 필수적인 관련사를 정리해 두었으니 반드시 암기해 두자.

☑ 지문은 어려울 수 있다. 하지만 정답은 5급 범위 안에 있다.

최근 기출 문제의 독해 제1부분을 보면 지문 자체의 단어나 내용의 수준은 6급 학생도 모두 해석하기 어려울 정도로 난이도가 높은 편이다. 만약 전체 지문을 다 해석해야만 답을 찾을 수 있다면 이미 5급 수준을 넘어선 것이다.

챕터1에서도 언급했지만, 5급 독해 제1부분은 대부분의 경우 빈칸 주변의 내용의 흐름만 잘 파악하면 충분히 정답을 찾을 수 있다. 또한, 보기로 제시되는 단어 또한 주로 4-5급 단어로 이루어져 있다. 따라서 겉으로 보이는 지문이 어렵다고 미리 겁먹을 필요가 전혀 없다. 또 다른 예로 단문 듣기에서 아무리 어려운 단어와 내용이 언급된다고 하더라도, 결국 답이 나오는 포인트의 내용은 결코 어렵지 않다. 쓰기 제2부분의 단어 작문 또한 4-5급 단어 안에서 주로 출제된다.

시험은 결국 5급 시험이므로 5급을 대비하는 학습자가 알아야 할 어휘, 관용 표현, 어법 등을 확실히 학습해 두면, 5급 시험은 전혀 문제가 되지 않는다. 또한, 5급과 관련된 지식들을 확실히 해 두어야 그것을 바탕으로 6급 학습까지 연결시킬 수 있을 것이다.

시원한 공략법

문장 고르기

◎ 문장을 고르는 문제 유형은 다음 두 가지 단계로 답을 찾을 수 있다.

(1) 일단 빈칸 주변에 보기와 짝을 이루는 관련사가 있는지 확인하여 정답을 찾거나 정답이 아닌 것을 소거한다.

(2) 이용할 수 있는 관련사가 없는 경우 상황에 따라 앞이나 뒤의 문장을 읽어 보고 글의 흐름에 맞는 정답을 찾아야 한다.

시원한 공략법 실전 문제

1. 在现在这样一个网络时代，“读网”已经成为很多人的习惯。“读网”是轻松的，可以一目十行，但脑子里不一定会留下印象；读书是深沉的，需要用心去理解和体会。所以，__1__，而是我们不愿意把时间花在“费脑子”的事情上。

A 哪怕再忙再累
B 不是时间不够用
C 我们应该随时阅读
D 尽管读书并不是件艰苦的事

2. “运动成瘾症”也叫“运动强迫症”。运动成瘾者平时频繁地锻炼身体，对运动成瘾者来说，__2__，它的重要性超过了学习和事业，于是，他们不惜旷课、旷工去锻炼身体。

A 娱乐项目太刺激
B 仅仅是在重复劳动
C 私人教练没有任何必要
D 锻炼成了一个强制性的任务

1

在现在这样一个网络时代，“读网”已经成为很多人的习惯。“读网”是轻松的，可以一目十行，但脑子里不一定会留下印象；读书是深沉的，需要用心去理解和体会。所以，B 不是时间不够用，而是我们不愿意把时间花在“费脑子”的事情上。

현재의 이러한 인터넷 시대에서 '인터넷 서핑'은 이미 많은 사람들의 습관이 되었다. '인터넷 서핑'은 수월하고 빠르게 읽을 수 있으나, 머릿속에 반드시 깊은 인상을 남기는 것은 아니다. 책을 읽는 것은 깊은 것이고, 마음을 써서 이해하고 느껴야 한다. 그래서 B 시간이 부족한 것이 아니라, 우리가 '머리 쓰는' 일에 시간을 쓰고 싶어 하지 않는 것이다.

A 哪怕再忙再累
B 不是时间不够用
C 我们应该随时阅读
D 尽管读书并不是件艰苦的事

A 설령 아무리 바쁘고 피곤해도
B 시간이 부족한 것이 아니라
C 우리는 수시로 책을 읽어야 하고
D 비록 책을 읽는 것이 결코 고생스러운 일은 아니지만

풀이 빈칸 뒤에 관련사 '**而是**'가 있으므로 '**不是 A 而是 B**(A가 아니라 B이다)' 구조의 짝을 이용해서 B를 정답으로 찾을 수 있다.

단어 ★**时代** shídài ⓜ (1)(역사상의) 시대 (2)(일생 중의 한) 시기, 시절 | **一目十行** yímù shíháng ⓢ 한 눈에 열 줄씩 읽다, 읽는 속도가 매우 빠르다 | **深沉** shēnchén ⓗ (정도가) 깊다 | **用心** yòngxīn ⓓ 마음을 쓰다, 심혈을 기울이다 | ★**体会** tǐhuì ⓓ 체험하여 이해하다 | **费** fèi ⓓ 쓰다, 소비하다 | ★**随时** suíshí ⓑ 수시로, 아무 때나 | ★**艰苦** jiānkǔ ⓗ 힘들고 어렵다, 고생스럽다

2

“运动成瘾症”也叫“运动强迫症”。运动成瘾者平时频繁地锻炼身体，对运动成瘾者来说，D 锻炼成了一个强制性的任务，它的重要性超过了学习和事业，于是，他们不惜旷课、旷工去锻炼身体。

'운동 중독증'은 '운동 강박증'이라고도 부른다. 운동에 중독된 사람들은 평소에 빈번하게 운동을 하는데, 그들에게 있어서 D 운동은 강제성 있는 임무가 되었고, 그것의 중요성은 학습과 사업을 넘어섰다. 그래서 그들은 무단 결석, 무단 결근을 하고 운동하러 가는 것을 아쉬워하지 않는다.

A 娱乐项目太刺激
B 仅仅是在重复劳动
C 私人教练没有任何必要
D 锻炼成了一个强制性的任务

A 레저 종목은 너무 자극적이다
B 단지 노동을 중복하고 있는 것이다
C 개인 코치는 어떠한 필요도 없다
D 운동은 강제성 있는 임무가 되었다

풀이 빈칸 주변이나 보기 중에 짝이 될 만한 관련사가 없으므로 글의 흐름을 통해 정답을 찾아야 한다. 빈칸 뒤에 '그것(운동)의 중요성이 학습과 사업을 넘어섰다'라는 문장으로 볼 때 내용상 관련 있는 보기는 D밖에 없다.

단어 **成瘾** chéngyǐn ⓓ 중독되다 | **强迫症** qiǎngpòzhèng ⓜ 강박증 | **频繁** pínfán ⓗ 잦다, 빈번하다 | **不惜** bùxī ⓓ 아끼지 않다 | **旷课** kuàngkè ⓓ 무단 결석하다 | ★**娱乐** yúlè ⓜ 오락, 레저 | ★**项目** xiàngmù ⓜ 종목, 사항, 프로젝트 | ★**刺激** cìjī ⓜⓓ 자극(하다) ⓗ 자극적이다 | ★**重复** chóngfù ⓓ 중복하다 | ★**劳动** láodòng ⓜⓓ 노동(하다) | ★**私人** sīrén ⓜ 개인 | ★**教练** jiàoliàn ⓜ 감독, 코치 | ★**必要** bìyào ⓜⓗ 필요(로 하다) | ★**强制** qiángzhì ⓓ 강제하다, 강압하다

HSK 5급 필수 관련사 정리

(1) 병렬의 표현

표현	해설	예문
既(又) A, 又 B	A하기도 하고 B하기도 하다 ➡ A, B는 동사나 형용사 ➡ 주어가 같음	她既漂亮，又聪明。 그녀는 예쁘기도 하고, 똑똑하기도 하다.
既(也) A, 也 B	A하기도 하고 B하기도 하다 ➡ A, B는 동사 ➡ 다른 주어도 가능	他既学习，也工作。 그는 공부도 하고, 일도 한다. 他既没去过，我也没去过。 그는 가 보지 못했고, 나도 가 보지 못했다.
(一)边 A, (一)边 B	A하면서 B하다 ➡ A, B는 동작동사만 가능 ➡ B가 핵심동작	我一边看电视，一边吃饭。 나는 텔레비전을 보면서 밥을 먹는다. 我们边走边说。 우리는 걸으면서 이야기한다.

(2) 점층의 표현

표현	해설	예문
不但/不仅 A, 而且 주어 也/还 B	A할 뿐만 아니라 B하다	他不但会说英语，也会说汉语。 그는 영어를 말할 줄 알 뿐만 아니라 중국어도 말할 줄 안다.

(3) 전환의 표현

표현	해설	예문
虽然/尽管 A, 但是/可是 주어 却/也/还是 B	비록 A하지만, 그러나(그래도) B하다	他虽然病了，但还是去上课了。 그는 비록 병이 났지만, 그래도 수업에 갔다.

시크릿 노트

(4) 가정과 가설의 표현

표현	해설	예문
如果/要是/万一/假如/一旦 A, 那(么) 주어 就 B	[가정] 만약 A한다면 B하다 ➡ A는 발생하지 않았거나 현실과 부합하지 않는 일 ➡ B는 A로 인한 변화를 강조	如果明天下雨，我们就不去了。 만약 내일 비가 내리면, 우리는 가지 않을 거야.
即使/即便/哪怕 A, 주어 也 B	[가설] 설령 A해도 B하다 ➡ A는 발생하지 않았거나 현실에 부합되지 않는 일 ➡ B가 변화하지 않음을 강조	即使明天下雨，我们也要去。 설령 내일 비가 내리더라도, 우리는 갈 거야.
要不是 A，那(么) 주어 就 B	만약 A하지 않았다면 B하다	要不是你提醒我，我就忘了。 만약 네가 알려 주지 않았다면, 나는 잊어버렸을 거야.
幸亏 A, 要不然/要不/不然/不然的话/要不然的话/否则 주어 B	A해서 다행이지, 그렇지 않으면 B할 뻔하다 ➡ B가 가정 ➡ 발생하지 않았거나 현실과 부합하지 않는 일	幸亏你提醒我，要不然我就忘了。 네가 알려 줘서 다행이지, 그렇지 않았으면 나는 잊어버릴 뻔했어.

(5) 조건의 표현

표현	해설	예문
只有/除非 A，주어 才 B	오직 A해야만 B하다 ➡ 유일조건을 나타냄	只有努力学习，才能成功。 오직 열심히 공부해야만 성공할 수 있다.
除非 A, 要不然/要不/不然/否则 不然的话/要不然的话 주어 B	오직 A해야지, 그렇지 않으면 B하다 ➡ 유일조건을 나타냄	除非努力学习，要不然不能成功。 열심히 공부해야만 한다. 그렇지 않으면 성공할 수 없다.
只要 A，주어 就 B	A하기만 하면 B하다 ➡ 충분조건을 나타냄	只要努力学习，就能成功。 열심히 공부하기만 하면 성공할 수 있다.

不管/无论/不论 A, 주어 都/也 B	A에 관계없이 B하다 ➡ A에 다음 중 한 가지 표현이 반드시 있어야 함 (1) 의문사 (2) 还是 (3) 정반의문문 (4) 명사의 나열 (5) 양면사	(1)不管怎么样，我都得去。 어쨌든 간에 나는 가야 한다. (2)不管大人还是小孩，都要来帮忙。 어른, 아이 관계없이, 모두 와서 거들어야 한다. (3)不论这个菜好不好吃，你都得吃。 이 요리의 맛이 좋고 나쁨에 관계없이, 너는 먹어야 한다. (4) 不管春夏秋冬，各种蔬菜都很新鲜。 봄, 여름, 가을, 겨울에 관계없이 각종 채소들은 신선하다. (5)不管天气好坏，我们都得去。 날씨가 좋고 나쁨에 관계없이 우리는 가야 한다.

(6) 인과의 표현

표현	해설	예문
(1) 因为 A, 所以 주어 B (2) 由于 A, 所以/因此/因而 주어 B	A하기 때문에 B하다 ➡ 원인+결과	因为身体不好，所以他没来上课。 몸이 안 좋기 때문에 그는 수업에 오지 않았다.
之所以 B, 是因为/是由于 A	B한 것은 A하기 때문이다 ➡ 결과+원인	他之所以没来上课，是因为身体不好。 그가 수업에 오지 않은 것은 몸이 안 좋기 때문이다.
既然 A, 那(么) 주어 就 B	이미(기왕) A한 바에야 B하다	既然你一定要去，那就去吧。 기왕 네가 꼭 가야 하는 거라면 가라.

시크릿 노트

(7) 선택의 표현

표현	해설	예문
(是) A, 还是 B?	A이냐, B이냐? ➡ A, B 중 하나만 선택	你(是)去中国，还是去日本？ 너는 중국에 가니, 일본에 가니?
或者 A, 或者 B	A이거나 B이다 ➡ A, B 둘 다 가능	或者你去，或者我去。 네가 가거나 내가 간다.
(1) 不是 A, 就是 B (2) 不是 A, (而)是 B	(1) A가 아니면 B이다 (2) A가 아니고 B이다	(1) 他上班不是骑车就是步行。 그는 출근할 때 자전거를 타거나 걷는다. (2) 他上班不是骑车而是步行。 그는 출근할 때 자전거를 타지 않고 걷는다.
宁可 A, 也不 B	차라리 A할지언정 B하지 않다 ➡ A를 선택	宁可在家睡觉，也不想看那样的电影。 집에서 잘지언정 그런 영화는 보고 싶지 않다.
与其 A, 不如 B	A할 바에는 차라리 B하다 ➡ B를 선택	与其看那样的电影，不如在家睡觉。 그런 영화를 볼 바에는 차라리 집에서 자겠다.

(8) 목적의 표현

표현	해설	예문
为了 A, B	A를 위해서 B하다 ➡ 목적+행동	为了取得好成绩，他努力学习。 좋은 성적을 취득하기 위해서 그는 열심히 공부한다.
A, 是为了/为的是 B	A하는 것은 B를 위해서이다 ➡ 행동+목적	他努力学习，是为了取得好成绩。 그가 열심히 공부하는 것은 좋은 성적을 취득하기 위해서이다.

기출 테스트

정답 및 해설 | 해설서 99~105쪽

맞은 개수

第1-12题 빈칸에 들어갈 알맞은 답을 고르세요.

1. 徐政夫是一位收藏家，他曾担任过著名的文物商店的总经理。那时他虽年纪轻，__1__，并卖出一个好价钱。

A 承受着巨大的压力　　B 但经常和店主打交道

C 却总能买来货真价实的文物　　D 明白“吃亏就是福”这个道理

2. 近些年，“断食”成了养生圈里十分流行的一个词。然而到目前为止，并没有哪家权威机构向人们积极推荐过断食。相反，__2__。某研究所就曾指出，断食对人类健康和寿命的影响都是不明确的。

A 努力从事这项研究　　B 这种方法有利于健康

C 他们强调的是其不确定性　　D 他们试图用大量数据来证明

3. 滑草自从六十年代在欧洲兴起后，逐渐发展成一种新兴的运动项目。滑草和滑雪一样能给运动者带来动感和刺激，特别是对少雪地区的人们来说，滑草比滑雪更具有娱乐性。__3__，也能感受到人与大自然的和谐，领略到大自然的美好。

A 只要爬上山顶　　B 不但能欣赏到日出

C 尽管可以多人同时滑雪　　D 滑草者在感受风一般速度的同时

4. 南极和北极究竟哪个更冷一些呢？答案是南极相对更冷一些。北极大部分地方都是海洋，而南极是一个四面环海的冰原大陆。根据我们所学的地理知识，海水的比热容比陆地要大，海水的温度变化较小，因此，__4__。

A 南极会更冷一些　　B 有待进一步研究

C 北极更适合旅游　　D 正改变着地球的环境

5.　　研究发现，如果父母总当着孩子的面吵架，__5__，甚至可能导致孩子成年后罹患心理疾病。

A 离婚的可能性大　　B 孩子一直在抱怨

C 孩子会变得不孝顺　　D 就会影响孩子的脑部发育

6.　　近几年，网剧如雨后春笋般涌现，让观众眼前一亮。它与传统电视剧的主要区别是播放媒介不同，__6__，网剧的播放媒介则是电脑、手机、平板电脑等设备。

A 都是根据小说改编的　　B 电视应该增添搜索功能

C 传统电视剧的播放媒介是电视　　D 传统电视剧的人物角色较多

7.　　很多人都不喜欢寒冷的冬天，却喜欢下雪。可是雪花真的是白色的吗？__7__，我们就会发现它其实是无色透明的。

A 要是握紧拳头　　B 尽管挥一挥手

C 哪怕把雪打扫干净　　D 如果让雪花落在掌上

8.　　对于很多人而言，学习汉语口语最困难的是掌握复杂的声调变化。__8__？一项研究给出了一种新的解释——潮湿的气候。科学家发现，声调语言在欧洲中部等干旱地区非常罕见；相反，在相对潮湿的地区如非洲和亚洲的很多湿热地区，却非常流行。

A 我们应该如何学习声调呢　　B 声调的变化有什么规律呢

C 声调到底有多少种变化呢　　D 复杂的声调是怎么产生的呢

9. 做生意的行业叫做“商业”，市场上用来交换的物品叫做“商品”，做生意的人叫做“商人”。 9 ，都要冠以“商”字。

A 商业贸易发展很快
B 商人的社会地位极高
C 只要与生意有关的人和事
D 哪怕不会做生意的农民

10. 电池的逐渐老化是不可避免的， 10 。比如，使用手机时，电池在剩下20%时会有电量提醒，这是电池的一种自我保护机制。

A 但可以延缓
B 所以应及时更换
C 这导致了很多问题
D 这与手机的硬件有关

11. 你还在戴成双成对的耳环吗？摘下一只，你可能会更加时尚。 11 ，他们都越来越偏爱只佩戴一只耳环。

A 由于缺乏自信心
B 无论是模特还是明星
C 你不见得会喜欢
D 在色彩方面也要很讲究

12. 搭乘公共汽车时，要想避免晕车，首先要保持车厢内空气流通，因为刺激性气味，尤其是发动机尾气和食物的气味， 12 。

A 可以吃两片晕车药
B 上车前最好把饭吃饱
C 它们会使人晕车更厉害
D 有些乘客会在车上进餐

독해 阅读

제2부분

단문 읽고 답하기

출제 경향 및 출제 유형

독 해 2부분

- 한 문제마다 한 편의 단문이 제시되고 따로 질문 없이 A, B, C, D 4개의 보기 중 단문의 내용과 부합하는 정답을 찾는 문제 유형이다.
- 총 10문제(61-70번)가 출제된다.

출제 경향

1. 독해 제2부분 정답을 찾는 방법은 일치형, 유사형, 유추형, 주제형으로 나뉜다. 그중에서도 유추형이 거의 45%에 이르는 높은 출제율을 차지하며, 일치형도 24% 정도의 출제율을 차지한다.

2. 주로 이야기, 논설문, 설명문과 같은 유형의 단문이 다양하게 출제되고 있다. 글의 성격에 관계없이 독해 제2부분은 정답을 찾는 방법에 따라 난이도가 달라진다. 아무리 쉬운 이야기형의 지문이라도 유추형 문제라면 글 전체를 다 읽고 답을 찾아야 해서 시간이 많이 걸린다. 반대로, 난이도가 상대적으로 높은 설명문이라도 직접형 문제라면 해석이 정확하게 되지 않아도 보기와 같은 표현을 찾아내는 순간 바로 정답을 찾을 수 있다.

3. 정답을 찾을 수 있는 포인트가 지문의 어느 부분에서 나올지 모르기 때문에, 지문의 유형이나 정답을 찾는 방법에 관계없이 보기를 먼저 읽어 두는 것이 무엇보다 중요하다.

4. 확실한 정답을 찾았다면 더 이상 지문을 읽을 필요가 없다. 또한, 정답 문항을 찾는 것 못지않게 소거법도 적극적으로 활용하는 것이 좋다.

출제 유형

二、阅读

第二部分

第61-70题：请选出与试题内容一致的一项。

61. 我们在生活中所做的很多事情其实都属于习惯行为。习惯能让我们一边做事一边思考，比如开车、锻炼或刷牙时，我们的脑子里想的常常是别的事情。正因为此，习惯让我们的思想更加自由。

A 习惯特别难养成

B 思考会让人感到累

C 开车时不能思考其他事情

D 习惯让人们的思想更自由 √

독해 제2부분은 단문의 내용과 부합하는 보기를 찾는 문제입니다.

지문을 읽기 전, 보기를 먼저 봐 두는 것이 무엇보다 중요합니다.

•
•
•

해석

우리가 생활 속에서 하는 많은 일들은 사실 습관성 행위에 속한다. 습관은 우리로 하여금 일을 하면서 사고할 수 있도록 해주는데, 예를 들어 운전하거나 운동을 하거나 혹은 이를 닦을 때, 우리의 머릿속에 생각하는 것은 종종 다른 일이다. 바로 이 때문에, D 습관은 우리들의 생각을 더욱 자유롭게 만든다.

A 습관은 기르기 매우 어렵다
B 사고는 사람을 피곤하다고 느끼게 만든다
C 운전할 때 다른 일을 생각해서는 안 된다
D 습관은 사람들의 생각을 더 자유롭게 만든다

Chapter 01 일치형

▶ 일치형이란?

일치형은 지문의 내용과 정답이 되는 보기가 거의 비슷하게 제시되는 문제 유형으로 설명문이나 실용문이 주로 출제된다. 일치형은 독해 제2부분 전체 문제 유형에서 약 24%의 출제 비율을 차지한다. 즉, 약 4분의 1의 문제는 단어의 뜻을 정확히 몰라도 지문과 보기 속에 등장하는 중국어를 비교해 보는 것만으로도 충분히 답을 찾을 수 있다는 뜻이다.

문제 풀이 전략

☑ 보기를 먼저 읽어야 한다.

보기를 먼저 읽고 지문을 읽어야 정답이 될 수 있는 지문까지만 읽고 멈춰서 답을 체크한 뒤 바로 다음 문제로 넘어갈 수 있다. 반면, 보기를 훑어보지 않고 지문을 먼저 읽게 되면 전체 지문을 다 읽은 뒤 보기를 읽게 되므로 시간을 많이 낭비하게 된다.

☑ 보기를 읽을 때에도 기술이 있다.

❶ 보기 앞부분이 같은 단어로 시작한다면 세로줄을 그어 분리하는 것이 좋다.

예시

A 自行车 | 的功能发生了改变
B 自行车 | 已不具备代步功能
C 自行车 | 是最好的健身方法
D 应该大力提倡自行车出行

❷ 보기를 먼저 읽는 것은 좋지만 단순히 읽고 넘어가면 나중에 문제를 푸는 과정에서 보기를 봤을 때 무슨 내용인지 반복해서 읽어야 한다. 따라서 보기를 읽으면서 다시 이 보기를 봤을 때 내용을 빠르게 상기시키는 데 도움이 되는 표현에 밑줄을 그어서 표시해 두는 것이 좋다.

예시

A 自行车 | 的功能发生了改变
B 自行车 | 已不具备代步功能
C 自行车 | 是最好的健身方法
D 应该大力提倡自行车出行

❸ 시제를 나타내는 단어에 주의해야 한다. '이미' 발생했는지, '지금' 하고 있는지, '앞으로' 하게 될지에 따라 정답 여부가 달라진다. 따라서 시제 관련 어휘가 보이면 동그라미로 표시해 두자.

예시

B 自行车 | 已不具备代步功能

❹ '最', '都', '所有', '必须', '只' 등과 같은 절대성의 의미를 갖는 어휘도 주의해야 한다. 지문에서는 '거의'라는 표현을 썼는데 보기에서 '모두'라고 표현했다면 정답이 될 수 없다. 역시 동그라미로 표시해 두자.

예시

C 自行车 | 是最好的健身方法

시원한 공략법 01 완전 일치형

- 정답이 되는 보기와 지문에 제시된 표현이 거의 일치하는 유형이다. 이런 유형이 많이 출제되기 때문에 반드시 보기를 먼저 읽어야 한다. 이렇게 해야 보기를 파악한 상태에서 지문을 읽다가 똑같은 표현이 나오면 바로 정답을 찾을 수 있기 때문이다.

시원한 공략법 실전 문제

1. 目前许多科技公司都在致力于无人驾驶汽车的研究，某著名飞机制造商也在考虑将无人驾驶技术应用于航空飞机上，并计划试飞无人驾驶喷气式飞机。相关人员表示，无人驾驶飞机的想法听起来似乎很不切实际，但其实随着无人驾驶技术的普及，无人驾驶飞机技术的基础已经具备。

   A 科技公司的收益很小
   B 无人机的用途十分有限
   C 无人驾驶技术将应用在飞机上
   D 飞机制造商参与研究新能源汽车

2. 位于北京市怀柔区的慕田峪长城是明朝皇帝朱元璋下令在北齐长城遗址上修建而成的，是万里长城的精华所在。慕田峪长城墙体保存完整，更具有长城的古韵，享有“万里长城，慕田峪独秀”的美誉。

   A 慕田峪长城位于陕西省
   B 慕田峪长城城墙保存完整
   C 慕田峪长城修建于北齐时期
   D 慕田峪长城是历史最悠久的长城

1

目前许多科技公司都在致力于无人驾驶汽车的研究，某著名飞机制造商也在考虑 C 将无人驾驶技术应用于航空飞机上，并计划试飞无人驾驶喷气式飞机。相关人员表示，无人驾驶飞机的想法听起来似乎很不切实际，但其实随着无人驾驶技术的普及，无人驾驶飞机技术的基础已经具备。	지금 많은 과학기술 회사들은 모두 무인조종자동차의 연구에 힘쓰고 있는데, 모 유명 비행기 제조업체도 C 장차 무인조종기술을 항공 비행기에 응용하려고 고려하고 있으며, 또한 무인조종 제트기를 시험 비행할 계획이다. 관계자가 말하길, 무인조종비행기의 아이디어는 듣기에 마치 비현실적인 것처럼 보이나, 사실 무인조종기술의 보급에 따라 무인조종비행기 기술의 기초는 이미 갖추었다.
A 科技公司的收益很小 B 无人机的用途十分有限 C 无人驾驶技术将应用在飞机上 D 飞机制造商参与研究新能源汽车	A 과학기술 회사의 수익은 적다 B 무인비행기의 용도는 매우 제한적이다 C 무인조종기술은 장차 비행기에 응용될 것이다 D 비행기 제조업체는 신에너지 자동차 연구에 참여했다

보기 분석

A 科技公司的收益很小
➡ 언급되지 않음

B 无人机的用途十分有限
➡ 언급되지 않음

C 无人驾驶技术将应用在飞机上
➡ 내용 뿐만 아니라 '장차'라는 시제도 일치하여 정답은 C이다.

D 飞机制造商参与研究新能源汽车
➡ 제조업체는 '고려'와 '계획'을 하고 있는 것이지 연구에 참여한 것은 아니다.

TIP! 내용을 빠르게 상기시키는 데 도움이 되는 표현에 밑줄을 그으며 보기를 읽는다. 이때 시제를 나타내는 '将(장차)'은 동그라미 표시를 해 두어 일치 여부를 확인한다.

단어 **科技** kējì 명 과학 기술 | **致力** zhìlì 동 힘쓰다, 진력하다 | ★**某** mǒu 대 모, 어느, 아무 | **航空** hángkōng 명 항공 | **喷气式飞机** pēnqìshì fēijī 명 제트기 | ★**相关** xiāngguān 동 관련되다 | ★**人员** rényuán 명 인원, 요원 | ★**似乎** sìhū 부 마치 | **不切实际** búqiè shíjì 현실에 부합되지 않다 | **普及** pǔjí 동 보급하다, 보급되다 | ★**基础** jīchǔ 명 기초 | ★**具备** jùbèi 동 갖추다 | **收益** shōuyì 명 수익 | ★**用途** yòngtú 명 용도 | **有限** yǒuxiàn 형 한계가 있다 | ★**驾驶** jiàshǐ 동 조종하다, 운전하다 | ★**应用** yìngyòng 명동 응용(하다) | ★**制造** zhìzào 동 제조하다, (좋지 않은 상황이나 분위기를) 조성하다, 만들다 | ★**参与** cānyù 동 참여하다 | ★**能源** néngyuán 명 에너지

2

位于北京市怀柔区的慕田峪长城是明朝皇帝朱元璋下令在北齐长城遗址上修建而成的，是万里长城的精华所在。B 慕田峪长城墙体保存完整，更具有长城的感觉，享有“万里长城，慕田峪独秀”的美誉。	베이징시 화이러우구에 위치한 무톈위장성은 명나라 황제 주위엔장이 명령을 내려 북제성 유적에 건축한 것으로, 만리장성의 정수가 있는 곳이다. B 무톈위장성의 성벽은 보존이 완벽하여 만리장성의 느낌을 더 지니고 있으며, '만리장성, 무톈위장성은 빼어나다'라는 명성을 향유하고 있다.
A 慕田峪长城位于陕西省 B 慕田峪长城城墙保存完整 C 慕田峪长城修建于北齐时期 D 慕田峪长城是历史最悠久的长城	A 무톈위장성은 산시성에 위치한다 B 무톈위장성 성벽은 보존이 완벽하다 C 무톈위장성은 북제 시기에 건축되었다 D 무톈위장성은 역사가 가장 유구한 장성이다

보기 분석

A 慕田峪长城|位于陕西省
➡ 베이징시에 위치한다.

B 慕田峪长城|城墙保存完整
➡ 지문과 완전히 일치하므로 정답은 B이다.

C 慕田峪长城|修建于北齐时期
➡ 명나라 때 북제 유적에 지은 것이다.

D 慕田峪长城|是历史最悠久的长城
➡ 언급되지 않음

TIP! 보기의 앞부분이 모두 '**慕田峪长城**'으로 같으므로 세로줄로 분리한다. 세로줄 뒤에서 내용을 빠르게 상기시키는 데 도움이 되는 표현에 밑줄을 그으며 보기를 읽는다. 이때 절대성의 의미를 갖는 어휘인 '**最**(가장)'는 동그라미 표시를 해 두어 일치 여부를 확인한다.

단어 ★**位于** wèiyú ⑧ ~에 위치하다 | **皇帝** huángdì ⑲ 황제 | **下令** xiàlìng ⑧ 명령을 내리다 | **遗址** yízhǐ ⑲ 유적 | **精华** jīnghuá ⑲ 정수 | **所在** suǒzài ⑲ 존재하는 곳 | **墙体** qiángtǐ ⑲ 벽(체) | ★**感觉** gǎnjué ⑲ 느낌, 감각 | **享有** xiǎngyǒu ⑧ 향유하다, 누리다 | **独秀** dúxiù ⑲ 독보적이다 | **美誉** měiyù ⑲ 명성, 명예 | **陕西** Shǎnxī ⑲ 산시성 | ★**墙** qiáng ⑲ 벽, 담 | ★**保存** bǎocún ⑧ 보존하다 | ★**完整** wánzhěng ⑲ 완전하다, 완벽하다 | **修建** xiūjiàn ⑧ 건축하다, 시공하다, 건설하다 | **北齐** Běi Qí ⑲ 북제 | ★**时期** shíqī ⑲ 시기 | ★**悠久** yōujiǔ ⑲ 유구하다

시원한 공략법

02 분리 일치형

● 정답이 되는 보기 내용과 지문에 분리되어 언급된 몇 개의 표현 조합이 거의 일치하는 유형이다.

시원한 공략법 실전 문제

1. 通常情况下，到了晚上，人体的活动能力被充分调动出来，身体更容易适应运动节奏。而且晚上适度跑步可使人产生轻微疲劳感，大大提升睡眠质量。不过，夜跑的时间不能太晚，否则会引起中枢兴奋，使人难以入睡，以致影响第二天的工作。

   A 夜跑有助于减肥

   B 睡眠能激起人体的活力

   C 白天运动更容易使人疲劳

   D 适度夜跑可提升睡眠质量

2. 软木画，又称软木雕、木画，它是一种“雕”“画”结合的手工艺品，主要产于福建福州。其色调纯朴、刻工精细、形象逼真，善于再现中国古代亭台楼阁和园林景色。2008年，软木画入选中国国家级非物质文化遗产名录。

   A 软木画色彩比较鲜艳

   B 软木画制作技艺早已失传

   C 软木画善于再现园林景色

   D 福州是软木画的唯一产地

1

通常情况下，到了晚上，人体的活动能力被充分调动出来，身体更容易适应运动节奏。而且 D晚上适度跑步可使人产生轻微疲劳感，大大提升睡眠质量。不过，夜跑的时间不能太晚，否则会引起中枢兴奋，使人难以入睡，以致影响第二天的工作。	일반적인 상황에서, 저녁이 되면 인체의 활동 능력이 충분히 작용되어져, 몸이 더 쉽게 운동 리듬에 적응한다. 게다가 D 저녁의 적당한 달리기는 사람에게 가벼운 피로감이 생기게 하여, 수면의 질을 크게 향상시킨다. 그러나 밤에 달리는 시간이 너무 늦어서는 안 되며, 그렇지 않으면 중추 신경의 흥분을 불러일으켜 사람이 잠에 들기 어렵게 하고, 다음 날 업무에 영향을 주는 결과를 초래한다.
A 夜跑有助于减肥 B 睡眠能激起人体的活力 C 白天运动更容易使人疲劳 D 适度夜跑可提升睡眠质量	A 밤 달리기는 다이어트에 도움이 된다 B 수면은 인체의 활력을 불러일으킨다 C 낮 운동은 사람을 더 쉽게 피로하게 만든다 D 적당한 밤 달리기는 수면의 질을 향상시킬 수 있다

보기 분석

A 夜跑有助于减肥
➡ 언급되지 않음

B 睡眠能激起人体的活力
➡ 언급되지 않음

C 白天运动更容易使人疲劳
➡ '낮'은 언급되지 않음

D 适度夜跑可提升睡眠质量
➡ 저녁의 적당한 달리기는 수면의 질을 향상시킨다고 했으므로 정답은 D이다.

TIP! 내용을 빠르게 상기시키는 데 도움이 되는 표현에 밑줄을 그으며 보기를 읽는다.

단어 ★通常 tōngcháng ⓗ 일반적이다, 통상적이다 | ★充分 chōngfèn ⓗ 충분하다 | 调动 diàodòng ⓓ 동원하다 | 节奏 jiézòu ⓜ 리듬 | ★产生 chǎnshēng ⓓ 생기다, 발생하다 | 轻微 qīngwēi ⓗ 경미하다 | ★疲劳 píláo ⓗ 피로하다 | 提升 tíshēng ⓓ 향상시키다(= 提高) | 中枢 zhōngshū ⓜ 중추(신경) | 难以 nányǐ ⓗ ~하기 어렵다 | 以致 yǐzhì ⓙ (나쁜 결과를) 초래하다 | 有助于 yǒuzhùyú ⓓ ~에 도움이 되다 | ★减肥 jiǎnféi ⓓ 다이어트하다 | 睡眠 shuìmián ⓜ 수면 | 激起 jīqǐ ⓓ 불러일으키다 | 活力 huólì ⓜ 활력 | 适度 shìdù ⓗ 적당하다 | ★质量 zhìliàng ⓜ (품)질

2

软木画，又称软木雕、木画，它是一种“雕”“画”结合的手工艺品，主要产于福建福州。其色调纯朴、刻工精细、形象逼真，C 善于再现中国古代亭台楼阁和园林景色。2008年，软木画入选中国国家级非物质文化遗产名录。	연목화는 연목조각, 목화로도 부르며, 그것은 일종의 '조각'과 '그림'이 결합된 수공예술품으로, 주로 푸젠성 푸저우에서 생산한다. 그것의 색조는 소박하고, 공예는 정교하고, 형상은 진짜와 같으며, 중국 고대 정자 누각과 C 원림의 풍경을 재현하는 데 뛰어나다. 2008년 연목화는 중국국가급 무형문화재 명단에 뽑혔다.
A 软木画色彩比较鲜艳 B 软木画制作技艺早已失传 C 软木画善于再现园林景色 D 福州是软木画的唯一产地	A 연목화는 색채가 비교적 선명하다 B 연목화는 제작 기예가 이미 사라졌다 C 연목화는 원림의 풍경을 재현하는 것에 뛰어나다 D 푸저우는 연목화의 유일한 생산지이다

보기 분석

A 软木画|色彩比较鲜艳
➡ 언급되지 않음

B 软木画|制作技艺早已失传
➡ 2008년에 무형문화재로 뽑혔으므로 정답이 아니다.

C 软木画|善于再现园林景色
➡ 연목화는 원림의 풍경을 재현하는 데 뛰어나다고 했으므로 정답은 C이다.

D 福州是软木画的唯一产地
➡ 주로 '푸저우'에서 생산되는 것이지 '유일한' 생산지인 것은 아니다.

TIP! A, B, C의 앞부분 시작이 같으므로 세로줄로 분리한다. 세로줄 뒤에서 내용을 빠르게 상기시키는 데 도움이 되는 표현에 밑줄을 그으며 보기를 읽는다. 이때 절대성의 의미를 갖는 어휘인 '**唯一**'는 동그라미를 표시해 두어 일치 여부를 확인한다.

단어 雕 diāo ⓜ 조각(예술) | ★结合 jiéhé ⓓ 결합하다 | ★手工 shǒugōng ⓜ 수공 | 福建 Fújiàn ⓜ 푸젠성 | 色调 sèdiào ⓜ 색조 | 纯朴 chúnpǔ ⓗ 소박하다, 순박하다 | 刻工 kègōng ⓜ 문자나 무늬를 새기는 일 | 精细 jīngxì ⓗ 정교하다 | ★形象 xíngxiàng ⓜ 형상, 이미지 ⓗ 구체적이다 | 逼真 bīzhēn ⓗ 마치 진짜와 같다 | ★古代 gǔdài ⓜ 고대 | 亭台 tíngtái ⓜ 정자 | 楼阁 lóugé ⓜ 누각 | 入选 rùxuǎn ⓓ 뽑히다, 당선되다 | 非物质文化遗产 fēiwùzhì wénhuà yíchǎn 무형문화재 | 名录 mínglù ⓜ 명단, 명부 | ★色彩 sècǎi ⓜ 색채 | ★鲜艳 xiānyàn ⓗ 화려하다 | 技艺 jìyì ⓜ 기예 | ★善于 shànyú ⓓ ~을 잘하다 | 再现 zàixiàn ⓓ 재현하다 | 园林 yuánlín ⓜ 원림, 정원 | ★景色 jǐngsè ⓜ 풍경, 경치 | ★唯一 wéiyī ⓗ 유일한 | 产地 chǎndì ⓜ (생)산지

기출 테스트

정답 및 해설 | 해설서 106~112쪽

第1-10题 지문 내용과 일치하는 보기를 고르세요.

1. 零工经济指的是个人利用自己的空余时间，通过帮别人解决问题而获取报酬的一种工作量不多且短期的工作形式。有些企业为了节约成本，会选择这种用工方式降低自己的人力成本。

A 零工经济收入不高

B 零工经济越来越流行

C 零工经济缓解了失业问题

D 零工经济是一种短期工作形式

2. 电池的一个充电周期不是指充一次电，而是指电池把百分之百的电量全部用完，然后再充满的过程。比如一块电池在第一天只用了一半儿的电量，然后将它充满，第二天用了一半儿电量再充满，这两次充电只能算作一个充电周期。如果每次都等到电池快没电时再充满，这种做法只会损害电池寿命。

A 充电器要定期更换

B 首次充电充满12个小时

C 充电时打电话非常危险

D 快没电时充电损害电池寿命

3. 鳜鱼并不想它的名字那样温柔，它是一种攻击性很强的大型食肉鱼类，最大的成年鳜鱼可达两米长，重达80公斤。一发现食物，鳜鱼就相互争抢，动作十分干脆。有时，它们竟能吞掉比自己的嘴还大的鱼。

A 鳜鱼攻击性强

B 鳜鱼非常团结

C 鳜鱼行动很缓慢

D 鳜鱼体型普遍较小

4. 口译员首先要有大量的词汇积累和较强的记忆力，其次还必须具备演讲能力，因为口译时不仅要翻译出句子本身的意思，更重要的是与听话人交流、沟通。此外，口译员翻译时不应表现自己的真实情感，而要努力模仿说话者的语气、动作，甚至表情。

A 演讲时要注意语气

B 口译时应模仿说话人

C 词汇量是外语学习的基础

D 口译员要随时和说话人沟通

5. 微信是目前中国最大的网络交流平台之一。微信头像代表着人们的形象，反映了人们自我状态的变化。喜欢经常更换头像的人往往自我灵活性较高，或者生活中经常出现刺激性事件。但无论什么原因，头像的变化都表示人们想以一种新的状态迎接生活。

A 不应频繁更换微信头像

B 微信头像最好使用自己的照片

C 微信头像往往代表人们的形象

D 经常更换头像的人生活不幸福

6. 很多电梯里都装有一面镜子，人们大多以为镜子是给进入电梯的人整理仪表用的。其实，在电梯里装镜子最初主要是为了方便腿脚不便的残疾人，当他们摇着轮椅进来的时候，不必费力地转身，从镜子里就可以看到楼层的显示灯。

A 应先让残疾人进电梯

B 电梯的镜子能方便残疾人

C 装镜子显得电梯的空间大

D 镜子里看到的显示灯是反的

7. 据统计，2015年全球约有3. 22亿人患有抑郁症。抑郁症患者数量在快速增加，但却得不到应有的重视。与此同时，病人因缺乏相应的心理治疗，很难走出困境，恢复正常生活。在高收入国家，约有50%的抑郁症患者没有接受治疗，而在低收入国家，数字更为惊人，达到了80%至90%。

A 抑郁症的药物疗效不佳

B 抑郁症患者人数降低了

C 抑郁症患者缺乏心理治疗

D 大多数抑郁症是因收入引起的

8. “凡勃伦效应”指的是当一种商品定价较高时，人们对该商品的需求不但不减少，反而增加的一种现象。这主要是因为，人们购买某些商品不仅是为了获得物质享受，更是为了获得心理上的满足，比如购买高级轿车。这类商品价格越高越能显示购买者的财富和地位，因而也越受他们的欢迎。

A 高档汽车乘坐更舒适

B 商品越便宜越受欢迎

C 买高价商品能显示地位

D 心理满足比物质享受更重要

9. 软广告指商家不直接介绍商品、服务，而是通过在报纸、网络、电视节目等宣传载体上插入带有引导性的文章、画面和短片，或赞助社会活动、公益事业等方式来提升企业品牌知名度，来促进企业销售的一种广告形式。

A 软广告不直接介绍商品

B 软广告不以赚钱为目的

C 软广告更受消费者喜爱

D 软广告只出现在杂志上

10. 摄影从来就不是按下快门那么简单，而是一门需要思考的艺术。在按下快门之前，往往要经过漫长的观察、选择和期待。尽管有时候灵光一闪，也会有妙手偶得的佳作，但这种直觉也有赖于长期的思考与拍摄经验的积累。

A 好的摄影师往往凭感觉

B 照片能反映摄影师的情绪

C 摄影作品通常是偶然得来的

D 摄影是一门需要思考的艺术

Chapter

02 유사형

▶ 유사형이란?

유사형은 지문과 유사한 뜻을 나타내는 표현으로 이루어진 보기가 정답이 되는 문제 유형으로, 독해 제2부분 전체 문제 유형에서 약 22%의 출제 비율을 차지한다. 지문의 핵심 단어는 보기에서 그대로 사용하고, 그것에 대한 묘사나 설명을 하는 표현이 지문과 거의 유사한 표현으로 되어 있는 문형이다.

문제 풀이 전략

☑ 유사형 문제에 자주 등장하는 유형을 미리 알아 두자.

❶ 유의어를 이용한 보기

예 俗话说"黄山四季皆胜景，唯有腊冬景更佳"，所以冬天是黄山赏景的最佳时期(겨울은 황산 경치를 감상하는 최적의 시기이다)。……

예시

A 黄山|四季如春

B 秋季黄山|游客最多

C 黄山|夏季常常能见到彩虹

D 冬季是黄山|旅游的最好时节(겨울은 황산 여행의 가장 좋은 때이다)

➡ 지문에서 언급된 표현들은 보기에서 같거나 비슷한 뜻의 표현으로 대체되어 있다.

冬天 = 冬季(겨울)

赏景(경치를 감상하다) ≒ 旅游(여행하다)

最佳(최적이다) ≒ 最好(가장 좋다)

时期(시기) ≒ 时节(철, 절기, 때)

❷ 반의어를 이용한 보기

예 最初花样滑冰选手的服装主要是为了抵御寒冷(최초 피겨스케이팅 선수의 옷은 주로 추위를 막기 위한 것이었다), 所以比较笨重。……

예시

A 花样滑冰选手|可自由选择服装

B 花样滑冰的服装|都很结实

C 早期花样滑冰的服装|主要用于保暖
(초기 피겨스케이팅의 옷은 주로 보온에 사용되었다)

D 现在花样滑冰的服装|色彩更鲜艳

➡ 지문의 '抵御寒冷(추위를 막다)'이 보기에서는 반대 의미의 단어인 '保暖(보온하다)'으로 대체되어 있다.

❸ 어순을 바꾼 보기

예 红豆在中国不只是一种植物，更是一种独特的文化产品，象征着纯洁的爱情(순결한 사랑을 상징하고 있다)。……

예시

A 红豆|口味香甜

B 红豆|是爱情的象征(팥은 사랑의 상징이다)

C 唐代的红豆|种植面积大

D 代表相思之意的植物很多

➡ 지문에서는 '사랑을 상징한다'라는 '서술어 + 목적어' 구조로 되어 있고, 보기에서는 '사랑의 상징'이라는 수식구조로 어순이 바뀌었지만 유사한 뜻을 나타내고 있다.

시원한 공략법

유사형

● 유사형은 일치형처럼 지문과 보기가 완전히 일치되는 것은 아니지만, 핵심 단어는 그대로 사용하는 상태에서 약간의 변화만 있는 유형이므로 일치형과 난이도 차이가 크게 나지 않는다. 이 유형 역시 보기 분석부터 한 뒤 유사한 표현이 나오면 확인하여 바로 정답으로 체크하면 된다.

시원한 공략법 실전 문제

1. 在医学上，90%以上的感冒都属于病毒性感冒，正常情况下一周左右就可以自愈。这是因为人体能产生免疫力，而且免疫力强的人能好得更快些。一个人一两年偶尔得一两次普通感冒，就像免疫系统的“军事演习”，不见得是坏事。

A 普通感冒不可轻视

B 大部分感冒是病毒感冒

C 病毒性感冒需要挂急诊

D 病毒性感冒通常持续两个礼拜

2. 在这场“人机围棋大战”中，人工智能程序“阿尔法围棋”再次获胜。不过，这也仅仅只能够证明人类的程序设计能力超强，并不能说明人工智能已经超越了人类。只有当阿尔法围棋将来可以独自去海滩度假的时候，也许才有资格讨论人工智能是否可能真正“战胜”人类。

A 人类担忧自身安全

B 决赛的地点选在了海边

C 阿尔法是一位围棋爱好者

D 人工智能还不能超越人类

시원한 공략법 실전 문제 풀이

1

在医学上，B 90%以上的感冒都属于病毒性感冒，正常情况下一周左右就可以自愈。这是因为人体能产生免疫力，而且免疫力强的人能好得更快些。一个人一两年偶尔得一两次普通感冒，就像免疫系统的"军事演习"，不见得是坏事。	의학적으로 B 90% 이상의 감기는 모두 바이러스성 감기에 속하는데, 정상적인 상황에서 1주일 정도면 저절로 나을 수 있다. 이것은 인체가 면역력을 발생시킬 수 있기 때문이며, 게다가 면역력이 강한 사람은 더 빨리 좋아질 수 있다. 한 사람이 1, 2년에 가끔 한두 번씩 일반 감기에 걸리는 것은, 마치 면역 체계의 '군사 훈련'처럼 반드시 나쁜 일이라고 할 수 없다.
A 普通感冒不可轻视 B 大部分感冒是病毒感冒 C 病毒性感冒需要挂急诊 D 病毒性感冒通常持续两个礼拜	A 일반 감기를 경시해서는 안 된다 B 대부분 감기는 바이러스 감기이다 C 바이러스성 감기는 응급 진료에 접수해야 한다 D 바이러스성 감기는 일반적으로 2주 동안 지속된다

보기 분석

A 普通感冒|不可轻视
➡ 일반 감기에 걸리는 것이 반드시 나쁜 일은 아니다.

B 大部分感冒|是病毒感冒
➡ 지문의 '90% 이상'이라는 표현이 보기에서는 '대부분'이라는 유사한 표현으로 대체되었으므로 정답은 B이다.

C 病毒性感冒|需要挂急诊
➡ 언급되지 않음

D 病毒性感冒|通常持续两个礼拜
➡ 1주일 정도면 저절로 낫는다.

TIP! 모든 보기의 주어가 '감기'이므로 세로줄로 분리한다. 내용을 빠르게 상기시키는 데 도움이 되는 표현에 밑줄을 그으며 보기를 읽는다.

단어 ★属于 shǔyú ⓢ ~에 속하다 | ★病毒 bìngdú ⓜ 바이러스 | 自愈 zìyù ⓢ 저절로 낫다 | ★产生 chǎnshēng ⓢ 생기다, 발생하다 | 免疫力 miǎnyìlì ⓜ 면역력 | ★偶尔 ǒu'ěr ⓑ 간혹, 이따금 | ★系统 xìtǒng ⓜ 체계, 시스템 ⓗ 체계적이다 | ★军事 jūnshì ⓜ 군사 | 演习 yǎnxí ⓜⓢ (군사) 훈련(하다) | ★不见得 bújiànde ⓑ 반드시 ~인 것을 아니다 | ★轻视 qīngshì ⓢ 경시하다, 얕보다 | ★挂 guà ⓢ 접수하다, 등록하다 | ★急诊 jízhěn ⓜ 응급 진료 | ★通常 tōngcháng ⓗ 통상적이다, 일반적이다 | ★持续 chíxù ⓢ 지속하다 | 礼拜 lǐbài ⓜ 주, 요일

2

在这场"人机围棋大战"中，人工智能程序"阿尔法围棋"再次获胜。不过，这也仅仅只能够证明人类的程序设计能力超强，D 并不能说明人工智能已经超越了人类。只有当阿尔法围棋将来可以独自去海滩度假的时候，也许才有资格讨论人工智能是否可能真正"战胜"人类。	'인간과 컴퓨터의 바둑 대결'에서, 인공지능 프로그램 '알파고 바둑'이 재차 승리했다. 하지만 이것 또한 단지 인류의 프로그램 설계 능력이 뛰어난 것을 증명할 수 있을 뿐, D 인공지능이 이미 인류를 넘어섰다는 것은 결코 설명할 수 없다. 알파고 바둑이 미래에 혼자서 해변 모래사장에 가서 휴가를 보낼 수 있을 때가 되어서야, 아마도 인공지능이 진정으로 인류를 '이길' 수 있을지 없을지 토론할 자격이 생길 것이다.
A 人类担忧自身安全 B 决赛的地点选在了海边 C 阿尔法是一位围棋爱好者 D 人工智能还不能超越人类	A 인류는 자신의 안전을 걱정한다 B 결승전 장소는 해변으로 선택했다 C 알파고는 한 명의 바둑 애호가이다 D 인공지능은 아직 인류를 넘어설 수 없다

보기 분석

A 人类担忧自身安全
➡ 언급되지 않음

B 决赛的地点选在了海边
➡ 언급되지 않음

C 阿尔法是一位围棋爱好者
➡ 알파고는 인공지능이다.

D 人工智能还不能超越人类
➡ 지문의 '인공지능이 이미 인류를 넘어섰다는 것은 결코 설명할 수 없다'는 말이 보기에서는 '인공지능은 아직 인류를 넘어설 수 없다'라는 유사한 표현으로 대체되었으므로 정답은 D이다.

TIP! 내용을 빠르게 상기시키는 데 도움이 되는 표현에 밑줄을 그으며 보기를 읽는다.

단어 人工 réngōng ⓗ 인공의, 인위적인 | 智能 zhìnéng ⓜ 지능 ⓗ 스마트의 | ★程序 chéngxù ⓜ 프로그램 | 阿尔法 ā'ěrfǎ ⓜ 알파 | 围棋 wéiqí ⓜ 바둑 | 获胜 huòshèng ⓓ 승리하다, 이기다 | ★设计 shèjì ⓜⓓ 설계(하다), 디자인(하다) | 超强 chāoqiáng ⓗ 초강력하다, 뛰어나다 | 独自 dúzì ⓑ 단독으로, 혼자서 | 海滩 hǎitān ⓜ 해변의 모래사장 | 度假 dùjià ⓓ 휴가를 보내다 | ★资格 zīgé ⓜ 자격 | ★讨论 tǎolùn ⓜⓓ 토론(하다) | 战胜 zhànshèng ⓓ 이기다 | ★人类 rénlèi ⓜ 인류 | 担忧 dānyōu ⓓ 걱정하다, 근심하다 | 自身 zìshēn ⓜ 본인, 자신 | ★决赛 juésài ⓜ 결승전 | ★地点 dìdiǎn ⓜ 지점, 장소 | 超越 chāoyuè ⓓ 초월하다, 뛰어넘다

기출 테스트

정답 및 해설 | 해설서 112~119쪽

第1-10题 지문 내용과 일치하는 보기를 고르세요.

1. 成长过程中，每个人都会经历一段“叛逆期”，这一时期的主要特征之一就是拒绝接受父母的意见，甚至与父母对着干。这其实并不完全是坏事，从心理发展的角度来看，这是获得独立思考能力必经的、不可缺少的阶段。

   A 父母不应责备孩子

   B 孩子应该孝顺父母

   C “叛逆期”的孩子很听话

   D “叛逆期”是每个人必经的阶段

2. 运动前最好先进行三五分钟的热身活动，通过一系列的动作来活动关节、舒展肌肉，使心脏逐渐适应即将进入的运动状态。运动结束后，同样应有几分钟的放松活动，让身体放松，避免运动带来的肌肉酸痛。

   A 运动有助于减肥

   B 运动后要赶快休息

   C 运动前的热身很有必要

   D 放松活动对肌肉有一定伤害

3. 小提琴的音质与木材有关。制作小提琴的木材多来自于温带和寒带，木材采伐后至少要经过数十年的自然风干才能用来制琴。而且，自然干燥的时间越长，小提琴的音色越响亮浑厚、干净圆润。

   A 小提琴独奏表现力更强

   B 木材会影响小提琴的音质

   C 表面越光滑的木材越高档

   D 热带的木材不可以做小提琴

4. 民族舞主要来源于各民族人民的聚会、婚丧等实际生活。民族舞的动作一般比较简单，规范性不强，而且舞蹈风格相对稳定。但民族舞形式多样、内容丰富，历来都是各国古典舞、宫廷舞和专业舞蹈创作中不可缺少的素材。

A 民族舞风格变化大

B 民族舞的形式比较夸张

C 民族舞的动作不太复杂

D 民族舞是专业舞蹈的一种

5. 比起扬尘等人眼可见的污染，我们往往会忽视噪声对人的影响。其实，噪声也是一种污染，高分贝的噪声对人和动物都存在隐性伤害。一些研究显示，噪声不仅会损伤人类的听觉、增添烦躁情绪，还会加速鸟类的老化。

A 噪声污染易被忽视

B 动物对噪声更敏感

C 噪声有一定的益处

D 噪声污染比可见污染危害大

6. 一项调查显示，大约50%的大学生承认自己有拖延的毛病。严重的拖延症会对个体的身心健康带来消极的影响，如出现强烈的自责情绪，并伴有焦虑症、抑郁症等心理疾病。因此，我们应该重视拖延症。

A 拖延症对健康不利

B 年纪大的人易得抑郁症

C 大学生对调查结果不满

D 大学生很难控制自己的情绪

7. 研究表明，掌握一种以上的语言有利于大脑发育。双语人士通常具有更强的问题解决能力和更敏锐的感知能力，并且能够进入更为多元的社会关系网。此外，精通两种语言的年轻人更懂得换位思考，在职场中的表现也更为出色。

A 第二语言学习要从小抓起

B 会两门语言是应聘的必要条件

C 双语者在职场上的表现更优秀

D 会一门语言的人思考能力不足

8. 人们通常以为赛场上的“神枪手”视力都极好，但实际情况却恰恰相反，射击冠军近视是国际普遍现象。这是因为射击时一般是睁一只眼闭一只眼，长此以往两只眼用力不一样，很容易造成近视眼、散光眼等疾病。因此不少射击运动员们会选择戴眼镜来矫正视力。

A 射击要求两眼视力相同

B 射击冠军大多近视

C 射击选手常做眼科手术

D 射击选手都很有冒险精神

9. 学过速记的朋友们一定有类似的体会：一段很长的话，想一字一句地记下来，难度肯定很大，但如果每句话都用一两个关键词来概括大意，我们就能轻松记住。因此，要想加快记忆速度，我们可以将大块复杂信息拆分成多个独立的简单信息去记忆。

A 复杂信息应随手记录

B 速记强调内容一字不差

C 用关键词概括能加快记忆

D 用脑过度会导致记忆力变差

10. 随着科技的发展，用手指打电话这种只在科幻电影中出现的场景，已成为现实。最近有款智能戒指问世，它的工作原理是助听器领域常用的“骨传导”技术。用户只需将其戴在食指上，当有来电时，它就会震动提示，此时只需轻触耳部，就能接通电话。是不是很神奇？

A 智能戒指能自动充电

B 助听器的市场在不断扩大

C 智能戒指是为听力差的人研发的

D 智能戒指利用了“骨传导”技术

Chapter

03 유추형

▶ 유추형이란?

유추형은 지문의 일부 표현이나 전체 내용을 읽고 유추해낼 수 있는 내용을 정답으로 찾는 문제 유형으로, 독해 제2부분 전체 문제 유형에서 약 44%의 출제 비율을 차지한다. 일치형, 유사형과는 달리 지문에서 보기와 같거나 유사한 표현을 찾는 것이 아니라, 정확한 지문 내용 파악을 통해 지문에서 직접적으로 언급하지 않았지만 미루어 짐작할 수 있는 내용을 찾아야 하는 문형이다.

문제 풀이 전략

☑ **독해 제2부분은 문제 유형에 관계없이 다음과 같은 순서로 풀어야 한다.**

STEP 1 빠르게 보기 분석하기

❶ 규칙성이 있으면 세로줄로 구분하여 표시한다.
❷ 보기를 읽으면서 내용을 빠르게 상기시키는 데 도움이 되는 표현에 밑줄을 그어 표시한다.
❸ 시제를 나타내는 단어나 절대성의 의미를 갖는 어휘에 동그라미 표시를 해 둔다.

STEP 2 지문에서 주제를 포함하는 문장이 있다면 먼저 읽기

주로 접속사 '所以', '因此', '因而' 등을 이용하여 제시한 주제문이 있다면 전체 내용을 포괄하는 문장인만큼 먼저 읽어 본다. (이에 대한 자세한 내용은 'Chapter4' 주제형에서 배워 보자!)

STEP 3 제대로 보기 분석하기

❶ 주제문이 없거나 주제문에서 정답을 찾지 못했다면 처음부터 읽기 시작하자.
❷ 특히 설명문의 경우 설명 대상으로 나오는 어려운 단어는 굳이 알려고 하지 말고 설명 내용만 이해하면 된다.
❸ 지문을 읽는 과정에서 보기와 일치하거나 유사한 표현을 찾으면, 시제나 절대성의 의미를 갖는 어휘에 주의하여 답을 고른다.
❹ 보기와 전혀 다르지만 지문을 통해 보기의 내용을 유추해낼 수 있다면, 역시 시제나 절대성의 의미를 갖는 어휘에 주의하여 답을 고른다.

STEP 4 다른 보기에 대한 검사는 나중에!

개인적인 실력에 따라 전체 독해 시험 시간이 부족할 수도 있다. 일단 정답을 찾으면 더 이상 지문을 읽지 말고 다음 문제로 넘어가고, 모든 독해 파트의 문제를 다 푼 후에 시간이 남는다면 그때 다시 검사하자.

시원한 공략법

유추형

- 유추형은 지문과 정답이 되는 보기가 전혀 일치하지 않는 문형이다. 다른 문제 유형과 마찬가지로 보기를 먼저 읽는 것은 당연하고, 지문을 읽을 때 각 문장이 전달하고자 하는 의미를 정확히 파악하는 것이 중요하다.

시원한 공략법 실전 문제

1. 研究发现，商店内的音乐可以影响消费者在店内购物时间的长短、消费金额的多少。通常在音乐节奏较为缓慢的购物环境中，消费者会更愿意停留，也往往会在此花费更多的时间和金钱。

A 商店里的音乐并不实用
B 音乐对女性顾客影响更大
C 慢节奏的音乐可以刺激消费
D 人们更愿意在安静的环境中购物

2. 市图书馆准备整体搬迁到新大楼，但是需要一大笔搬迁费。经过多次讨论，馆长在报纸上公布了一则消息："即日起，市民到本馆借阅图书均免费且不限数量，条件是从老馆借阅，到新馆归还。"

A 图书馆设施还不完善
B 图书馆向市民出售旧书
C 市民向图书馆捐赠了新书
D 市民借书可帮助图书馆搬迁

1

研究发现，商店内的音乐可以影响消费者在店内购物时间的长短、消费金额的多少。通常 C 在音乐节奏较为缓慢的购物环境中，消费者会更愿意停留，也往往会在此花费更多的时间和金钱。	연구에서 발견하기를, 상점 내의 음악은 소비자가 상점 내에서 구매하는 시간의 길이, 소비 금액의 많고 적음에 영향을 줄 수 있다. 일반적으로 C 음악의 리듬이 비교적 느린 구매 환경에서 소비자들은 머무르기를 더욱 원하고, 또한 종종 이곳에서 더 많은 시간과 돈을 소비한다.
A 商店里的音乐并不实用 B 音乐对女性顾客影响更大 C 慢节奏的音乐可以刺激消费 D 人们更愿意在安静的环境中购物	A 상점 안의 음악은 결코 실용적이지 않다 B 음악은 여성 고객에게 더 큰 영향을 준다 C 느린 리듬의 음악은 소비를 자극할 수 있다 D 사람들은 조용한 환경에서 구매하기를 더 원한다

A 商店里的音乐并不实用
➡ 언급되지 않음

B 音乐对女性顾客影响更大
➡ 언급되지 않음

C 慢节奏的音乐可以刺激消费
➡ 지문에서 '음악의 리듬이 느린 환경에서 소비자들이 더 많은 시간과 돈을 소비한다'라고 한 것으로 보아 느린 음악이 소비를 자극한다는 것을 유추할 수 있으므로 정답은 C이다.

D 人们更愿意在安静的环境中购物
➡ 언급되지 않음

TIP! 내용을 빠르게 상기시키는 데 도움이 되는 표현에 밑줄을 그으며 보기를 읽는다.

단어 **金额** jīn'é 명 금액 | ★**通常** tōngcháng 형 통상적이다, 일반적이다 | **节奏** jiézòu 명 리듬, 박자 | **缓慢** huǎnmàn 형 완만하다, 느리다 | **停留** tíngliú 동 머물다, 멈추다 | ★**实用** shíyòng 형 실용적이다 | ★**消费** xiāofèi 명동 소비(하다) | ★**刺激** cìjī 명동 자극(하다)

2

市图书馆准备整体搬迁到新大楼，但是需要一大笔搬迁费。经过多次讨论，馆长在报纸上公布了一则消息："即日起，市民到本馆借阅图书均免费且不限数量，D 条件是从老馆借阅，到新馆归还。"	시립도서관은 전체가 새로운 건물로 이전할 계획이지만, 많은 이전 비용이 필요하다. 여러 번의 토론을 거쳐, 관장은 신문에 한 소식을 공표했다. '당일부터 시작해서, 시민은 본 도서관에 오셔서 도서를 빌려 읽는 것이 모두 무료이며, 게다가 수량을 제한하지 않습니다. D 조건은 예전 도서관에서 빌려 읽고 새 도서관에 오셔서 반납하는 것입니다.'
A 图书馆设施还不完善 B 图书馆向市民出售旧书 C 市民向图书馆捐赠了新书 D 市民借书可帮助图书馆搬迁	A 도서관 시설은 아직 완벽하지 않다 B 도서관은 시민들에게 헌책을 판매한다 C 시민들은 도서관에 새 책을 기부했다 D 시민들이 책을 빌리면 도서관 이전을 도울 수 있다

A 图书馆|设施还不完善
➡ 언급되지 않음

B 图书馆|向市民出售旧书
➡ 언급되지 않음

C 市民|向图书馆捐赠了新书
➡ 언급되지 않음

D 市民|借书可帮助图书馆搬迁
➡ 지문에서 '예전 도서관에서 빌리고 새 도서관에서 반납한다'라고 한 것으로 보아 시민이 책을 빌리면 저절로 책이 옮겨지므로 도서관 이전에 도움이 된다는 것을 유추할 수 있다. 따라서 정답은 D이다.

TIP! A, B와 C, D의 앞부분이 각각 같으므로 세로줄로 분리한다. 세로줄 뒤에서 내용을 빠르게 상기시키는 데 도움이 되는 표현에 밑줄을 그으며 보기를 읽는다.

단어 ★**整体** zhěngtǐ 명 (집단이나 사물의) 전체 | **搬迁** bānqiān 동 이전하다, 이사하다 | **笔** bǐ 양 금액이나 금전을 세는 단위 | ★**公布** gōngbù 동 공포하다, 공표하다 | **即日** jírì 명 그날, 당일 | **借阅** jièyuè 동 빌려서 읽다 | **归还** guīhuán 동 반환하다, 되돌려주다 | ★**设施** shèshī 명 시설 | ★**完善** wánshàn 형 완전하다, 완벽하다 동 완벽해지게 하다 | **出售** chūshòu 동 팔다 | ★**捐** juān 동 기부하다 | **捐赠** juānzèng 동 기부하다, 기증하다

第1-10题 지문 내용과 일치하는 보기를 고르세요.

1. 骆驼曾是沙漠里唯一的交通工具，被称为“沙漠之舟”。但在运输业机械化的时代里，沙漠中也有了越来越多的现代化交通工具。如今，我们已经很少能看到成群的骆驼驮着货物在沙漠里穿行的情景了。

A 沙漠的面积逐渐缩小

B 骆驼妨碍了交通秩序

C 骆驼的生存条件需改善

D 骆驼的运输功能在减弱

2. 曾经有位国王命令士兵在路上放了块巨石，自己则躲在一旁偷偷观察路人的反应。开始时，路人都选择绕开巨石走，后来终于来了个农民，使出全身的力气，把巨石推到了路旁。农民意外地发现，巨石下有一个装满金子的袋子和一张纸条，纸条上写着：把这块巨石推开的人就能成为这袋金子的主人。

A 国王没有空闲时间

B 大多数路人都很热心

C 农民得到了那袋金子

D 农民对金子数量不满足

3. 演讲如果缺乏实实在在的内容，无论演讲者的技巧多么高超，幻灯片做得多么漂亮，照样不会吸引观众，演讲也不会成功。好的演讲要有优质的内容，在此基础上，再加入一定的技巧，来调动观众的兴趣，从而在演讲者和观众之间形成良好的互动。

A 演讲时表情要丰富

B 演讲前要了解观众的背景

C 演讲者的语气不能太幽默

D 演讲成功的关键在于内容

4. 在坚果中，榛子不仅被人们食用的历史最悠久，营养物质的含量也最高，有着“坚果之王”的称号。在中国，《诗经》中就有人们曾经食用榛子的记载；明清年间，榛子甚至是专供宫廷享用的坚果。

A 榛子的营养价值不高

B 榛子很早就传入了中国

C 明清时期营养学很盛行

D 《诗经》记载了榛子的种类

5. 华为公司给员工算了一笔账：在一个月内，每个员工每天多打一个闲聊电话的钱等于黔南山区十个孩子一年的学费；每人每天浪费一两米饭等于一个农民损失2000公斤优良种子。因而，华为公司的墙上贴着“下班之前过五关”的卡通画，提醒员工下班前不要忘记关灯、关电脑等。

A 华为公司要求员工节约资源

B 山区的孩子需要更多的资助

C 经常算账能使员工更加优秀

D 贴些卡通画可使墙面更美观

6. “无人工厂”又叫自动化工厂、全自动化工厂，是指全部生产活动由电子计算机进行控制，生产第一线配有机器人而无需配备工人的工厂。无人工厂里安装有各种能够自动调换的加工工具，从加工部件到装配以至最后一道成品检查，都可在无人的情况下自动完成。

A 无人工厂设备更多

B 无人工厂实现了全自动化

C 无人工厂只生产电子产品

D 无人工厂完全由机器人控制

7. 最近我的记忆力严重下降，今天早上闹钟响起后，我像往常一样，梳洗打扮，准备去上班。出门前我还特意检查了一遍：灯光好了，钱包、证件、手机在背包里，钥匙在手里。最后，我关上门，走向电梯，楼梯间打扫卫生的阿姨看到我，笑着说：“这姑娘真勤快，周末也起这么早。”

A 阿姨非常幽默

B 我被锁在门外了

C 我以为今天是工作日

D 我出门前做了精心打扮

8. 每个人家里通常都会有一些闲置物品，既占据空间，又不够环保。然而大多数人往往没有空闲时间和精力去处理它们。为此，很多网站推出了二手交易平台，为大家随时处理闲置物品提供了便捷的途径，也响应了低碳生活的号召。

A 网上商家竞争激烈

B 二手交易观念落后

C 二手交易平台造成资源浪费

D 二手交易平台满足大众需求

9. 《傅雷家书》是由作家傅雷及其夫人写给儿子的书信编成的一本家信集。书中处处体现着浓浓的父爱，同时，傅雷也不忘对儿子进行音乐、美术、哲学、历史、文学乃至健康等全方位的教育。

A 傅雷对学生要求很高

B 傅雷的夫人是一位哲学家

C 《傅雷家书》内容很丰富

D 《傅雷家书》已停止出版

10. 心理生物学家通过实验证实，人的左脑善于掌握、运用概念进行逻辑推理和判定分析，被人们称为“抽象脑”；而右脑善于掌握图形进行形象思维和空间想象，被人们称为“艺术脑”。专家表示，两个大脑半球功能的协调发挥，会产生惊人的效果。

A 左右脑分工不同

B 左右脑无法同时工作

C 艺术家的左脑都非常发达

D 画画儿是开发右脑的最好方式

Chapter 04 주제형

▶ 주제형이란?

주제형은 말 그대로 지문의 주제를 찾는 문제 유형으로 독해 제2부분 전체 문제 유형에서 약 10%의 출제 비율을 차지한다. Chapter3의 문제 풀이 전략에서 알 수 있듯, 독해 제2부분은 보기 분석이 끝난 뒤 지문을 볼 때 일단 흐름상 어떤 주제인지 파악해 보고, 주제문이 있다면 먼저 읽어 보는 것이 좋다. 그 부분에서 답을 찾는다면 베스트이고, 답을 찾지 못한다고 해도 지문의 일부를 미리 읽은 것이니 손해볼 것은 없다.

문제 풀이 전략

☑ 주제를 찾는 두 가지 방법을 알아 두자.

❶ 접속사를 이용하여 주제 찾기

주제를 나타내는 대표적인 접속사 '所以', '因此', '因而', '可见', '总之' 등이 있다면 그 문장이 주제문이므로 먼저 읽어 보고 정답이 될 만한 보기가 있는지 찾아본다.

❷ 문장의 길이를 이용하여 주제 찾기

(1) 지문이 두 문장으로 이루어져 있고, 한 문장의 길이가 훨씬 긴 경우

________。______________________________________。 _____________________________________。________。

이런 경우 짧은 문장은 주제문, 긴 문장은 그것의 예를 드는 형식 등 좀 더 상세하게 설명하는 문장일 가능성이 크다.

(2) 지문이 세 문장으로 이루어져 있고, 중간 문장의 길이가 훨씬 긴 경우

________。_____________________________。________。

이런 경우 짧은 두 문장 중에 주제문이 있고, 긴 문장이 그것의 예를 드는 형식 등으로 좀 더 상세하게 설명하는 문장일 가능성이 크다. 따라서 짧은 두 문장을 먼저 읽어 보는 것이 좋다. 긴 문장에서 예를 들 때는 '比如', '例如'와 같은 표현이 자주 등장한다.

(3) 지문이 세 문장으로 이루어져 있고, 한 문장의 길이가 유난히 짧은 경우

________。________________________。________________________。

이런 경우 짧은 문장이 주제문일 가능성이 크다.

주제형

● 주제형은 지문의 흐름을 통해 필요한 부분만 읽고 답을 찾을 수 있는 확률이 가장 높은 문제 유형이다. 주제를 나타내는 접속사, 각 문장의 길이 혹은 쉼표, 마침표로 끊어져 있는 문장들의 앞부분 등 다각도로 흐름을 살펴보고 주제문의 위치를 잘 파악해 보자.

시원한 공략법 실전 문제

1. 我们在生活中所做的很多事情其实都属于习惯行为。习惯能让我们一边做事一边思考，比如开车、锻炼或刷牙时，我们的脑子里想的常常是别的事情。因此，习惯让我们的思想更加自由。

A 习惯特别难养成
B 思考会让人感到累
C 习惯让人们的思想更自由
D 开车时不能思考其他事情

2. 虎鲸是一种大型海洋动物，喜欢群居生活，具有一些和人类相似的社会行为。比如虎鲸在捕食或者碰到敌人时，它们不仅会采取一对一的方法，而且能够与同伴配合，轮流挑战对方以获得胜利。虎鲸和人类一样，还有各种情绪，据观察，虎鲸离开族群后，常会产生心理问题。

A 虎鲸没有牙齿
B 虎鲸具有社会行为
C 虎鲸生活在温暖的水域
D 虎鲸是体型最大的海洋生物

시원한 공략법 **실전 문제 풀이**

1

我们在生活中所做的很多事情其实都属于习惯行为。习惯能让我们一边做事一边思考，比如开车、锻炼或刷牙时，我们的脑子里想的常常是别的事情。因此，C 习惯让我们的思想更加自由。	우리가 생활 속에서 하는 많은 일들은 사실 습관적인 행동에 속한다. 습관은 우리가 일을 하면서 생각할 수 있게 하는데, 예를 들어 운전을 하거나 운동을 하거나 혹은 이를 닦을 때, 우리의 뇌 속에서 생각하는 것은 종종 다른 일이다. 따라서, C 습관은 우리의 생각을 더욱 자유롭게 만든다.
A 习惯特别难养成 B 思考会让人感到累 C 习惯让人们的思想更自由 D 开车时不能思考其他事情	A 습관은 기르기 매우 어렵다 B 사고는 사람을 피곤하다고 느끼게 한다 C 습관은 사람의 생각이 더 자유로워지게 한다 D 운전할 때 다른 일을 생각해서는 안 된다

보기 분석

A 习惯|特别难养成
➡ 언급되지 않음

B 思考会让人感到累
➡ 언급되지 않음

C 习惯|让人们的思想更自由
➡ 지문의 마지막 문장이 주제나 결론을 나타내는 '因此'로 시작하므로 먼저 읽어 본다. '습관은 우리의 생각을 더욱 자유롭게 한다'는 말은 C와 거의 일치하므로 정답은 C이다.

D 开车时不能思考其他事情
➡ 언급되지 않음

TIP! A, C의 앞부분이 각각 같으므로 세로줄로 분리한다. 세로줄 뒤에서 내용을 빠르게 상기시키는 데 도움이 되는 표현에 밑줄을 그으며 보기를 읽는다.

단어 ★属于 shǔyú 동 ~에 속하다 | ★行为 xíngwéi 명 행동, 행위 | ★思考 sīkǎo 명동 사고(하다) | ★思想 sīxiǎng 명 생각, 사상, 의식 | ★自由 zìyóu 명형 자유(롭다)

2

虎鲸是一种大型海洋动物，喜欢群居生活，B 具有一些和人类相似的社会行为。比如虎鲸在捕食或者碰到敌人时，它们不仅会采取一对一的方法，而且能够与同伴配合，轮流挑战对方以获得胜利。虎鲸和人类一样，还有各种情绪，据观察，虎鲸离开族群后，常会产生心理问题。	범고래는 대형 해양 동물로, 무리지어 생활하는 것을 좋아하고, B 인류와 비슷한 사회적 행동들을 가지고 있다. 예를 들어 범고래가 먹이를 잡아먹거나 적을 만났을 때, 그들은 일대일의 방법을 취할 뿐만 아니라, 게다가 동료와 협력하여 돌아가면서 상대방에게 도전함으로써 승리할 수 있다. 범고래는 인류와 마찬가지로 각종 정서가 있는데, 관찰에 따르면 범고래는 종족을 떠난 후 종종 심리적 문제가 생길 수 있다.
A 虎鲸没有牙齿 B 虎鲸具有社会行为 C 虎鲸生活在温暖的水域 D 虎鲸是体型最大的海洋生物	A 범고래는 이빨이 없다 B 범고래는 사회적 행동이 있다 C 범고래는 따뜻한 수역에서 생활한다 D 범고래는 체형이 가장 큰 해양 생물이다

A 虎鲸|没有牙齿

➡ 언급되지 않음

B 虎鲸|具有社会行为

➡ 지문은 총 세 문장으로 이루어져 있고, 두 번째 문장은 길게 예를 들어 설명하고 있으므로 첫 번째와 마지막 문장이 주제문일 가능성이 크다. 첫 번째 문장에서 '인류와 비슷한 사회적 행동들을 가지고 있다'라는 말은 B와 일치하므로 정답은 B이다.

C 虎鲸|生活在温暖的水域

➡ 언급되지 않음

D 虎鲸|是体型最大的海洋生物

➡ 지문에서 '대형 해양 동물이다'라고 했지만 '가장' 체형이 크다는 뜻은 아니다.

TIP! 앞부분의 시작이 같으므로 세로줄로 분리한다. 세로줄 뒤에서 내용을 빠르게 상기시키는 데 도움이 되는 표현에 밑줄을 그으며 보기를 읽는다. 이때 절대성의 의미를 갖는 어휘인 '**最**'는 동그라미 표시를 해서 일치 여부를 확인한다.

단어 **虎鲸** hǔjīng 명 범고래 | **群居** qúnjū 동 무리지어 살다 | ★**海洋** hǎiyáng 명 해양 | ★**人类** rénlèi 명 인류 | ★**相似** xiāngsì 형 서로 닮다, 비슷하다 | **捕食** bǔshí 동 먹이를 잡아먹다 | ★**碰** pèng 동 (우연히) 만나다, 마주치다 | ★**敌人** dírén 명 적 | ★**采取** cǎiqǔ 동 채택하다, 취하다 | **同伴** tóngbàn 명 동료, 짝 | ★**配合** pèihé 동 협동하다, 협력하다 | ★**轮流** lúnliú 동 교대로 하다, 돌아가면서 하다 | ★**挑战** tiǎozhàn 명동 도전(하다) | ★**胜利** shènglì 명동 승리(하다) | ★**情绪** qíngxù 명 정서, 기분 | ★**观察** guānchá 명동 관찰(하다) | **族群** zúqún 명 종족, 집단 | ★**产生** chǎnshēng 동 발생하다, 생기다 | ★**心理** xīnlǐ 명 심리 | ★**牙齿** yáchǐ 명 이, 치아 | ★**温暖** wēnnuǎn 형 따뜻하다 | **水域** shuǐyù 명 수역 | **体型** tǐxíng 명 체형 | **生物** shēngwù 명 생물

기출 테스트

정답 및 해설 | 해설서 127~134쪽

第1-10题 지문 내용과 일치하는 보기를 고르세요.

1. 生活中，总有人在抱怨：我现在开始已经太晚了，不然我也能成功。其实，这不过是懒惰的借口，对于真正追求的人来说，生命的每个时期都是年轻的，永远没有太晚的开始。所以，去做你喜欢做的事吧，哪怕你现在已经80岁了。

   A 要勇于面对现实

   B 何时追求梦想都不晚

   C 健康是人生最大的财富

   D 在青年时期要打好基础

2. 春季天气干燥，火灾风险大。请您及时清理楼道物品，经常检查电器、燃气软管，出门关掉燃气开关。出入人口密集场所时要留意安全出口的位置，严防各类火灾发生，确保用火和人身安全。

   A 要经常更换燃气管

   B 春季应特别注意防火

   C 出门不关灯易引起火灾

   D 尽量不要前往人群密集的地方

3. 盛夏时节，人们最爱的消暑食品自然非西瓜莫属。关于西瓜名字的由来，较为流行的说法认为是取其“来自西域”的意思。其实，它还有另外一个名字，根据《本草纲目》记载，西瓜性寒、味甜、解暑，因此在古时，它又被称做“寒瓜”。

   A 西瓜有助消化的功效

   B 西瓜从中国传入了西域

   C 西瓜不适应温暖的气候

   D 西瓜古时也被称为寒瓜

4. 人们的智商差别其实并不是特别大，在知识学习过程中，人与人之间出现的优劣差异，更多的是由情商造成的。而一个人是否具有较高的情商，和童年时期的教育有着很大的关系。所以，培养情商应从小开始。

A 情商要从小培养

B 要谨慎选辅导班

C 情商很难直接测出来

D 高智商的人成绩更好

5. 人的烦恼大多源于“事与愿违”，即事实与愿望不符。比如想保持年轻，却要经历变老；想成功却常常遭遇失败，有可能是不够努力、方法不对，或是愿望本身不切实际。有的时候，放下错误的愿望，才能收获快乐。

A 要多向别人请教

B 事与愿违的情况很少

C 要放下不切实际的愿望

D 努力实现愿望的人值得尊敬

6. 杭州伴随着互联网经济的兴盛而崛起。现在的杭州已经不是评书故事里那个缓慢安静的杭州了，它不由自主地走上了竞争一线城市的独木桥，而外来人口的引入是大城市成长的必经之路。因而，现在的杭州外来人口比例极高，以至于很多老杭州人在感叹外地人占领了自己的城市。

A 杭州外来人口比例高

B 很多评书故事以杭州为背景

C 一线城市间的资本竞争激烈

D 互联网经济是在杭州形成的

7. 我们写文章时都要取一个题目，“题”和“目”是一个并列词组，“目”指的是眼睛，而“题”的本义是额头，“题目”原指人的额头和眼。看一个人，从其眼睛和额头就能大致了解其容貌与气质，所以人们就用题目来概括一篇文章的主要内容和特点。题目也有标志作用，又叫“标题”。

A 题目原指人的大脑

B 一般文章完成后才取题目

C 题目和标题的意思差别很大

D 题目能概括文章的主要内容

8. 户外冒险旅游以其神秘性、刺激性吸引了不少游客。但是户外冒险有很多不可控因素，冒然出行，人身安全可能会受到威胁。因此，在户外冒险前，游客一定要掌握必要的专业知识，了解目的地的天气、交通等情况，准备好各类物品和装备，并尽量结伴同行。

A 户外冒险前应买一份保险

B 户外冒险要具备专业知识

C 户外冒险目的地交通不方便

D 户外冒险活动很吸引年轻人

9. 员工是否优秀，关键在于企业如何去培养。一方面，企业要舍得拿出资源去培养员工，给予他们充足的上升空间，栽培员工，让他们强大到足以离开；另一方面，企业要为员工提供良好的待遇以及人文关怀，对员工好，好到让他们想要留下来。

A 培养员工需要投入大量资金

B 精神关怀比物质奖励更重要

C 优秀的员工离不开企业的培养

D 员工能力提升后往往选择离开

10. 人的身体具有可塑性，比如经常去健身房锻炼，肌肉和力量会慢慢增长。其实，人的心理也一样，如果每天都处于某种情绪中，与它相关的生理和心理过程就会变成常态。所以，我们应提醒自己保持乐观，不要陷入负面情绪中。

A 要注意保持乐观

B 好习惯很难养成

C 身体健康主要靠锻炼

D 心理状态比生理因素更重要

독해 阅读

제3부분

장문 읽고 답하기

출제 경향 및 출제 유형

독 해 3부분

- 독해 제3부분은 총 5편의 긴 지문이 제시되고 각 장문마다 4개의 문제에 대한 정답을 찾는 문제형이다.
- 총 20문제(71-90번)가 출제된다.

출제 경향

1 이야기, 논설문, 설명문, 실용문과 같은 유형의 지문이 다양하게 출제되고 있다.

2 독해 시험 시간은 전체적으로 빠듯한 편이다. 따라서 장문을 모두 다 해석하고 답을 찾을 시간적 여유가 없고, 5급 수준을 뛰어넘는 단어들이 많이 섞여 있어서 모두 정확하게 해석하는 것 또한 불가능하다. 그러므로 속독을 하면서 문제에서 필요한 부분만 읽고 정답을 찾는 방법을 익혀야 한다.

3 지문의 유형별로 문제를 푸는 방법도 알아 두어야 하지만, 문제의 유형에 따라 정답을 찾는 방법도 연습해야 한다.

二、阅读

第三部分

독해 제3부분은 1개의 긴 지문을 읽고 관련된 4개의 질문에 대한 정답을 보기에서 고르는 문제입니다.

第71-74题：请选出正确答案。

71-74.

一个商人在美国开了一家中式快餐店。71 B 开业之初生意还行，但没多久就开始下滑。老板很发愁，他的侄子决心帮他找到症结所在。小伙子观察到，顾客来这儿吃饭，往往只点一个菜，就问叔叔："我们一份菜有多重？"叔叔回答说："500克，你觉得顾客是嫌分量太少吗？"

"问题就出在这里。不是太少，而是太多！"小伙子说，"从今天起，72 C 我们把每份菜的分量减到150克，同时菜价也做相应的调整，我相信生意会有好转的！"叔叔不解，73 A 觉得150克菜太小气了，客人肯定吃不饱。

小伙子道出了其中的奥秘："来快餐店的大多是散客，一道菜500克是够吃了，但一顿饭只吃一个菜，又有什么味道呢？也因为分量过多，顾客不会再点第二道菜。而改为150克，一个人就可以点几道菜，既不用担心浪费，也不会觉得口味单调。这样，'小气'反而就成了优势！"

果然，150克的菜一推行，餐馆的生意真的越来越好了。30年后，74 D 这家快餐店已在美国开设了500家分店，还把分店开到了其他国家。

질문과 보기를 먼저 읽으며 문제 유형을 확인하세요.

71. 第一段中"症结"指的是：
A 餐厅如何选址　　B 生意为何下滑 √
C 老板为什么发愁　　D 新菜品用什么名字

72. 侄子想出了什么方法？
A 提高菜价　　B 开发新菜式
C 减少菜的分量 √　　D 扩大快餐店面积

73. 叔叔认为一道菜150克：
A 根本不够吃 √　　B 易造成浪费
C 适合多人用餐　　D 让口味更丰富

74. 那家餐馆：
A 因小气而出名　　B 每份菜都150元
C 每天只提供一道菜　　D 如今开设了多家分店 √

해석

한 상인이 미국에서 중국식 식당을 열었다. 71 B 개업 초기에는 장사가 괜찮았는데, 얼마 지나지 않아 하락세로 돌아섰다. 사장이 매우 걱정하자, 그의 조카가 그를 도와 문제점의 소재를 찾아내기로 결심했다. 조카는 고객들이 이곳에 와서 식사를 할 때 종종 한 개의 요리만 주문한다는 것을 관찰해냈고, 삼촌에게 물었다. "우리 1인분 요리가 얼마나 무겁죠?" 삼촌이 대답했다. "500그램이야. 네 생각에는 양이 너무 적어서 고객들이 싫어하는 거 같니?"

"문제는 여기서 나왔군요. 너무 적은 것이 아니라 너무 많아요!" 젊은이가 말했다. "오늘부터 시작해서 72 C 우리는 모든 요리의 양을 150그램으로 줄이고, 동시에 요리 가격도 그에 맞게 조정할 거예요. 저는 장사가 나아질 거라고 믿어요!" 삼촌은 이해가 되지 않았고, 73 A 150그램의 요리는 너무 인색해서 손님이 분명 배부르게 먹을 수 없을 거라고 생각했다.

젊은이는 그 속의 깊은 뜻을 말해주었다. "패스트푸드점에 오는 대다수는 개인 손님이라서 한 가지 요리가 500그램이면 먹기에 충분하지만, 한 끼 식사에 한 가지 요리만 먹으니 무슨 맛이 있겠어요? 또 양이 너무 많기 때문에 고객들은 두 번째 요리를 주문하지도 않을 거예요. 150그램으로 바꾸면 한 사람이 몇 가지 요리를 먹을 수 있으니, 낭비할까 걱정하지 않아도 되고 맛이 단조롭다고 느끼지도 않을 거예요. 이렇게 해서 '인색함'이 오히려 강점이 되는 거죠!"

역시 150그램의 요리가 출시되자마자 식당의 장사는 정말 갈수록 좋아졌다. 30년 후, 74 D 이 패스트푸드점은 이미 미국에서 500개가 넘는 분점을 열었고, 또한 다른 국가까지 분점을 열게 되었다.

71. 첫 번째 단락 중의 '症结'가 가리키는 것은:

A 식당은 어떻게 장소를 고를 것인가
B 장사는 왜 하락세인가
C 사장은 왜 걱정하는가
D 새로운 요리는 어떤 이름을 사용하는가

72. 조카는 어떤 방법을 생각해 냈는가?

A 요리 가격을 올린다
B 새로운 요리를 개발한다
C 요리의 양을 줄인다
D 패스트푸드점의 면적을 넓힌다

73. 삼촌은 하나의 요리가 150그램인 것에 대해 생각했다:

A 먹기에 전혀 충분하지 않다고
B 쉽게 낭비를 초래한다고
C 많은 사람들이 식사하기에 적합하다고
D 맛을 더 풍부해지게 한다고

74. 그 식당은:

A 인색하기 때문에 이름이 났다
B 모든 요리가 150위안이다
C 매일 단 한 가지 요리만 제공한다
D 지금은 많은 분점을 열었다

Chapter 01

서술형 이야기

▶ 서술형 이야기란?

서술형 이야기는 글 전체가 하나의 이야기로 이루어져 있는 지문으로, 재미있는 이야기, 우화, 위인 전기(위인의 어린 시절, 위인의 업적, 성공하게 된 배경), 보통 사람의 개인적인 일상 이야기 등 다양한 내용들이 출제된다. 서술형 이야기 유형은 독해 제3부분 전체 문제 유형에서 약 39%의 출제 비율을 차지한다.

문제 풀이 전략

☑ 가장 효율적으로 문제 푸는 순서를 익혀 두자.

❶ 단락에 번호를 붙여 둔다.

문제에 종종 '~째 단락에 따르면'이라는 제시어가 등장한다. 그때마다 단락을 계속 세는 것보다 처음부터 각 단락 앞에 번호를 써 두고 문제를 읽기 시작하자.(중국어에서 단락의 시작은 두 칸이 띄워져 있다.)

❷ 문제를 읽으면서 힌트가 될 만한 표현에 밑줄을 그어 둔다.

문제를 읽으면서 지문에 언급될 가능성이 크거나 지문을 파악할 때 힌트가 될 만한 표현에 밑줄을 그어 둔다. 문제에 힌트가 없다면 보기에 공통적으로 등장하는 단어가 힌트가 될 수 있다. 문제에도 보기에도 힌트가 없는 경우에는 앞으로 문제를 풀면서 문제 푸는 요령을 배워 보자.

❸ 보기를 먼저 읽고 지문을 읽는 것이 훨씬 효율적이다.

대부분의 응시자는 급한 마음에 문제의 질문만을 읽고 바로 지문을 읽는다. 보기를 먼저 읽고 지문을 읽어야만 정답이 나왔을 때 바로 멈출 수가 있다. 보기에 대한 정보 없이 지문을 읽기 시작하면 답이 나와도 인지하지 못하고 계속해서 읽게 되어서 시간을 허비하게 된다. 또한, 어느 정도 읽다 보면 '왜 정답이 안 나오지?'라는 생각에 그제서야 보기를 읽기 시작한다. 이렇게 되면 오히려 2-3배의 시간을 더 쓰게 될 수도 있다.

❹ 문제에 힌트가 있었다면 지문에서 같거나 유사한 표현을 찾는다.

❷번 단계에서 찾은 힌트와 같거나 유사한 표현, 혹은 지문의 흐름상 정답이 나올 것 같은 위치를 지문에서 찾는다. 보기에서 읽은 내용과 일치하는 답을 찾을 때까지 읽는다.

시원한 공략법

서술형 이야기

● 이야기형은 장점과 단점이 명확하다. 앞으로 배우게 될 논설문, 설명문, 실용문에 비해 어휘의 난이도가 낮고 이해하기 쉽다는 장점이 있다. 하지만 속독, 즉 문제의 힌트를 통해 지문의 일부분만 읽고 정답을 찾아낼 가능성이 가장 낮은 유형이라는 단점이 있다. 다양한 문제를 통해 이야기형 지문에 대처하는 방법을 연습해 보자.

시원한 공략법 실전 문제

1-4.

对于先天失聪，也不能说话的小明来说，能够进入当地一所普通小学学习是一件幸运的事。然而，当学校生活开始后，小明发现自己根本无法和大家交流。他只能沮丧地坐在教室的角落里，默默地看着同学们说笑打闹、听课学习。

班主任发现后，试着用自己的教学技巧和一定的手势来与小明沟通。同时，她还建议同学们尽量与小明“说话”，不要让他感到孤单。可是，由于不懂手语，同学们和小明的交流并不顺利，有时甚至还很尴尬。这一幕被一位来学校接孩子的家长看到了。

这位家长了解详情后，向班主任建议：“你可以让全班同学都学手语呀，这样他们就有一种共同的语言了。”班主任听后眼前一亮，但随即她又发了愁，对这位家长说道：“我们学校没有手语课，如果单独开手语课，就会给学校增加了一项支出，学校不一定同意。”家长却表示：“没关系，我们可以集资。”

没多久，资金就到位了，班主任也找到了手语老师。就这样，班里的同学都学起了手语。三个月后，老师和同学们就能用手语和小明顺利沟通了，小明变得活跃起来，而同学们也因此掌握了一项新本领。

1. 根据第一段，小明在学校：

A 不太用功　　B 坐在第一排
C 和别人吵架了　　D 和大家无法沟通

2. 家长建议大家：

A 学手语　　B 辅导小明写作业
C 说话语气温柔些　　D 陪小明去医院检查

3. 第三段中，班主任为什么“发了愁”？

A 找不到多余的教室　　B 学校或许不愿出资

C 同学们心理压力大　　D 其他家长不支持她

4. 根据上文，下列哪项正确？

A 小明转学了　　B 小明变活跃了

C 班主任当上了校长　　D 班主任批评了同学们

시원한 공략법 실전 문제 풀이

1-4 지문 해석

①对于先天失聪，也不能说话的小明来说，能够进入当地一所普通小学学习是一件幸运的事。然而，当学校生活开始后，小明发现自己 1 D 根本无法和大家交流。他只能沮丧地坐在教室的角落里，默默地看着同学们说笑打闹、听课学习。

①선천적 난청 때문에 말을 할 수 없는 샤오밍에게 그 지역 일반 초등학교에 들어가서 공부하는 것은 운이 좋은 일이었다. 그러나 학교 생활이 시작된 후, 샤오밍은 자신이 1 D 모두와 전혀 교류할 수 없다는 것을 발견했다. 그는 기가 죽어 교실 구석에 앉아서는 친구들이 말하고 웃으며 떠들고 수업을 듣고 공부하는 것을 그저 아무 말 없이 보고만 있을 수밖에 없었다.

②班主任发现后，试着用自己的教学技巧和一定的手势来与小明沟通。同时，她还建议同学们尽量与小明“说话”，不要让他感到孤单。可是，由于不懂手语，同学们和小明的交流并不顺利，有时甚至还很尴尬。这一幕被一位来学校接孩子的家长看到了。

② 담임은 (이를) 발견한 후 자신의 교육 테크닉과 일정한 손짓으로 샤오밍과 소통하기를 시도했다. 동시에 그녀는 학생들에게 가능한 한 샤오밍과 '말하고', 그가 외롭다고 느끼지 않도록 해달라고 제안했다. 그러나 수화를 이해하지 못하기 때문에 친구들과 샤오밍의 교류는 결코 순조롭지 않았고, 때로는 심지어 난처하기도 했다. 이 장면은 학교로 아이를 데리러 온 한 명의 학부형에 의해 목격되었다.

③这位家长了解详情后，向班主任建议：“2 A 你可以让全班同学都学手语呀，这样他们就有一种共同的语言了。”班主任听后眼前一亮，但随即她又发了愁，对这位家长说道：“我们学校没有手语课，3 B 如果单独开手语课，就会给学校增加了一项支出，学校不一定同意。”家长却表示：“没关系，我们可以集资。”

③ 이 학부형은 상세한 상황을 이해한 후 담임에게 제안했다. “2 A 선생님이 반 전체 학생들에게 수화를 배우게 하면 되죠. 이렇게 하면 그들은 한 가지 공통 언어가 생기니까요.” 담임이 듣고 난 후 눈이 번뜩였지만 바로 걱정이 되어 이 학부형에게 말했다. “우리 학교에는 수화 수업이 없는데, 3 B 만약 단독으로 수화 수업을 열게 되면 학교에 한 가지 지출을 증가시키게 되니, 학교는 분명 동의하지 않을 거예요.” 학부형이 말했다. “괜찮습니다. 우리가 돈을 모으면 되죠.”

④没多久，资金就到位了，班主任也找到了手语老师。就这样，班里的同学都学起了手语。三个月后，老师和同学们就能用手语和小明顺利沟通了，小明 4 B 变得活跃起来，而同学们也因此掌握了一项新本领。

④ 얼마 지나지 않아 자금이 필요한 만큼 모였고, 담임도 수화 선생님을 찾아냈다. 이렇게 해서 반 학생들은 모두 수화를 배우기 시작했다. 3개월 후, 선생님과 친구들이 수화를 사용해서 샤오밍은 순조롭게 소통할 수 있게 되었고, 샤오밍은 4 B 활발하게 변하기 시작했으며, 학생들도 이로 인해 한 가지 새로운 기능을 익히게 되었다.

[단어] 先天 xiāntiān [형] 선천적인 | 失聪 shīcōng [동] 청각을 잃다, 귀가 멀다 | ★当地 dāngdì [명] 그 지방, 현지 | ★幸运 xìngyùn [형] 운이 좋다 | ★根本 gēnběn [명] 근본 [형] 중요하다, 주요하다 [부] 전혀, 아예(부정을 강조) | 沮丧 jǔsàng [형] 기죽다, 낙담하다 | 角落 jiǎoluò [명] 구석, 모퉁이 | 默默 mòmò [형] 아무 말 없다, 묵묵하다 | 打闹 dǎnào [동] 떠들다 | ★主任 zhǔrèn [명] 주임 | 班主任 bānzhǔrèn [명] 학급 담임 | 技巧 jìqiǎo [명] 테크닉, 기교 | 手势 shǒushì [명] 손짓 | ★沟通 gōutōng [동] 소통하다 | ★尽量 jǐnliàng [부] 가능한 한, 되도록 | 孤单 gūdān [형] 외롭다, 쓸쓸하다 | 尴尬 gāngà [형] 난처하다, 곤란하다, 어색하다 | 幕 mù [명] 장면 | 详情 xiángqíng [명] 상세한 상황 | 眼前一亮 yǎnqián yíliàng 눈이 번뜩이다 | 随即 suíjí [부] 즉시, 곧 | ★发愁 fāchóu [동] 근심하다, 걱정하다 | ★单独 dāndú [형] 단독의, 홀로 | 支出 zhīchū [명][동] 지출(하다) | 集资 jízī [동] 자금을 모으다 | ★资金 zījīn [명] 자(본)금 | 到位 dàowèi [동] (예상한 정도에) 이르다, 도달하다 | ★活跃 huóyuè [형] 활기 있다, 활기차다 [동] 활기를 띠게 하다 | ★掌握 zhǎngwò [동] 익히다, 숙달하다, 정통하다 | ★本领 běnlǐng [명] 능력, 재주

1

根据第一段，小明在学校：	첫 번째 단락에 근거하여, 샤오밍은 학교에서:
A 不太用功	A 그다지 열심히 공부하지 않는다
B 坐在第一排	B 첫 번째 줄에 앉았다
C 和别人吵架了	C 다른 사람과 다투었다
D 和大家无法沟通	D 모두와 소통할 수 없었다

[풀이] (1) 힌트가 될 만한 표현은 '小明'과 '学校'이므로 밑줄을 그어 둔다.

(2) 먼저 보기를 읽는다.

(3) ①번 단락에서 '小明'과 '学校'가 나오는 위치부터 자세히 읽어 본다.

① 对于先天失聪，也不能说话的小明来说，能够进入当地一所普通小学学习是一件幸运的事。然而，当学校生活开始后，小明发现自己根本无法和大家交流。……

(4) '根本无法和大家交流'라는 표현은 보기 D와 거의 같은 의미이므로 정답은 D이다.

[단어] ★用功 yònggōng [동] 열심히 공부하다 | ★吵架 chǎojià [동] 다투다, 말다툼하다

2

家长建议大家：	학부형은 모두에게 제안했다:
A 学手语	A 수화를 배우기를
B 辅导小明写作业	B 샤오밍이 숙제하는 것을 지도하기를
C 说话语气温柔些	C 말하는 어투를 좀 부드럽게 하기를
D 陪小明去医院检查	D 샤오밍을 데리고 병원에 가서 검사하기를

[풀이] (1) 힌트가 될 만한 표현은 '家长建议'이므로 밑줄을 그어 둔다.

(2) 먼저 보기를 읽는다.

(3) 1번 답을 찾으면서 '家长'을 본 적이 없으므로, 뒷부분부터 '家长'과 '建议'가 나오는 위치를 빠르게 찾고 그 부분을 자세히 읽어 본다.

③ 这位家长了解详情后，向班主任建议："你可以让全班同学都学手语呀，……"

(4) '你可以让全班同学都学手语呀'라는 말에서 A가 정답임을 알 수 있다.

단어 ★辅导 fǔdǎo 동 지도하다, 과외하다 | ★温柔 wēnróu 형 부드럽다, 상냥하다

3

第三段中，班主任为什么“发了愁”？

A 找不到多余的教室
B 学校或许不愿出资
C 同学们心理压力大
D 其他家长不支持她

세 번째 단락에서, 담임은 왜 '걱정했는가'?

A 남는 교실을 찾을 수 없었다
B 학교는 아마 비용 지출을 원하지 않을 것이다
C 학생들의 심리적 스트레스가 크다
D 다른 학부형이 그녀를 지지하지 않는다

풀이 (1) 힌트가 될 만한 표현은 지문에 그대로 나오는 표시("")가 되어 있는 '**发了愁**'이므로 밑줄을 그어 둔다.

(2) 먼저 보기를 읽는다.

(3) 1, 2번 답을 찾으면서 '**发了愁**'라는 표현을 본 적이 없으므로, 2번 답을 찾은 문장의 뒷부분부터 '**发了愁**'가 나오는 위치를 빠르게 찾고 그 부분을 자세히 읽어 본다.

③ ……，**但随即她又发了愁，对这位家长说道："我们学校没有手语课，**如果单独开手语课，就会给学校增加了一项支出，学校不一定同意。**"家长却表示："没关系，我们可以集资。"**

(4) '**如果单独开手语课，就会给学校增加了一项支出，学校不一定同意**'라는 말에서 B가 정답임을 알 수 있다.

단어 ★多余 duōyú 형 나머지의, 여분의, 쓸데없는, 필요 없는 | ★或许 huòxǔ 부 아마, 어쩌면 | 出资 chūzī 동 자금을 공급하다, 출자하다 | ★心理 xīnlǐ 명 심리

4

根据上文，下列哪项正确？

A 小明转学了
B 小明变活跃了
C 班主任当上了校长
D 班主任批评了同学们

윗글에 근거하여, 다음 중 옳은 것은 무엇인가?

A 샤오밍은 전학했다
B 샤오밍은 활발하게 변했다
C 담임은 교장이 되었다
D 담임은 학생들을 비판했다

풀이 (1) 이 문제는 힌트가 없다. 단, 보기를 보면 A와 B는 '**小明**'이 주어, C와 D는 '**班主任**'이 주어이다.

(2) 힌트가 없는 문제일수록 보기를 먼저 읽는 것이 중요하다. 그래야 답을 찾으면 계속 지문을 읽는 것을 멈출 수가 있다.

(3) 3번 답을 찾은 뒷부분부터 답이 나올 때까지 읽어 본다. 이때 '**小明**'과 '**班主任**'에 관련된 내용만 체크하면 된다.

④ **没多久，资金就到位了，班主任也找到了手语老师。就这样，班里的同学都学起了手语。三个月后，老师和同学们就能用手语和小明顺利沟通了，小明**变得活跃起来，……

(4) '**小明变得活跃起来**'라는 말에서 B가 정답임을 알 수 있다.

단어 转学 zhuǎnxué 동 전학하다

기출 테스트

정답 및 해설 | 해설서 135~145쪽

第1-16题 질문을 읽고 질문에 알맞은 보기를 선택하세요.

1-2.

麦迪逊8岁时，有一天她和父母在沙滩玩耍，天快黑了，父母催她回去，麦迪逊却找不到自己的拖鞋了。她想，为什么没有一双发光的拖鞋呢？这样鞋子就会很容易找到。回家后，她很快就画出了一双可爱的、安装着小灯的儿童拖鞋。

她的想法得到了父母的支持，他们提供资金，按照她的设计图制作了样品。然后麦迪逊拿着样品找到商店，宣传自己的拖鞋。

很快就有超过30家商店决定订购这款发光拖鞋。慢慢地，麦迪逊设计的发光拖鞋越来越受欢迎。为此，她还专门成立了自己的品牌。在麦迪逊15岁的时候，这款拖鞋的销售额已经超过了百万美元。

然而这个小姑娘并没有在此停步，而是进一步扩大产品种类，现在她品牌下的产品有帽子、T恤、儿童读物，甚至还有一款以海底世界为场景的视频游戏。

电视台的记者在采访她的时候问道："你觉得自己未来会登上富豪榜吗？"小女孩儿调皮地回答："大人们就爱操之过急，我们小孩儿可不这样。现在我只想继续画画儿，设计更有趣的产品。未来还很远，抓住当下最重要。"

1. 父母催麦迪逊回去时，发生了什么事情？

A 路灯不亮了	B 拖鞋不见了
C 玩具弄坏了	D 麦迪逊摔倒了

2. 对于麦迪逊的想法，父母：

A 表示佩服	B 认为很难实现
C 感到不能理解	D 提供了资金支持

3. 根据第三段，可以知道：

A 店主的利润很低	B 麦迪逊的产品很单一
C 麦迪逊的产品很受欢迎	D 顾客的年龄集中在15岁

4. 对于记者的问题，麦迪逊认为：

A 赚钱是目的	B 承认太悲观了
C 自己会更加富有	D 把握当下最重要

5-8.

在一家公司的群组面试上，面试官提出了这样一个问题：如何把一瓶矿泉水卖到一千元？

第一位面试者说："应该到缺水的地方去卖，比如沙漠或者高山上。那里既没有竞争对手，人们也很需要水，一千元肯定有人买。"第二位面试者说："那样虽然能卖出去，但需求量有限，创造不出多少利润。不如在包装上下点儿功夫，从而提高产品价格。"第三位面试者说："从包装入手听起来很合理，但对于矿泉水这类产品，人们更看重产品本身。不如多添加一些对人体有益的物质，价格自然就能提上去了。"大家的发言五花八门，面试官却没有任何表示。

这时，最后一位面试者严肃地说："恕我直言，这道题本身就有问题。我认为，销售的原则有两条：把高端产品卖出更高的价格；把普通产品卖出更多的销量。很显然，矿泉水属于普通产品，只能按照它原本的价值去卖，否则就是欺骗消费者。我们应该做的是保证产品质量，注重用户口碑，争取卖出更好的销量。"

他的发言一结束，面试官们纷纷鼓起掌来，并当场宣布录用他。理由是：创造财富靠的是质量和诚信，想把普通产品卖出高价格的行为，属于方向性的错误，是不诚信的表现。

5. 第二位面试者认为"到缺水的地方去卖"：

A 成本高　　B 利润低
C 运输难　　D 竞争压力大

6. 第三位面试者认为应该怎么做？

A 缩短生产时间　　B 重视产品包装
C 加入有益物质　　D 加大宣传力度

7. 下列哪项是最后一位面试者的观点？

A 题目存在问题　　B 商品价值应高于价格
C 矿泉水很难增加销量　　D 要敢于打破销售原则

8. 上文主要谈什么？

A 要及时改正错误　　B 与人合作才能创造财富
C 面试顺序影响录取结果　　D 质量和诚信是销售的关键

9-12.

我经常去中国旅行，在不同的地方，总能遇到积极坦率、热情好客的中国人。其中有很多退休老人，他们很乐于与人交谈，退体后的生活丰富又充满活力，脸上的神情幸福又快乐。

最令人瞩目的是那些在户外跳舞的人们。在中国，这是一个非常普遍的现象。跳舞的人群年龄一般在40到70岁，绝大多数是女性。她们每天的活动安排是一个小时左右的舞蹈或者健身操，这样的活动有利于身心健康。无论是广场、公园，还是桥边、河边，到处都是她们的“舞池”。广场舞的音乐既有中国音乐，也有印度或者西方舞曲，还有一些人跳交谊舞。但是参与跳舞的男士很有限，他们更热爱打牌、下象棋，或者打太极拳等活动。

当然，跳舞并不是他们唯一的活动方式。在中国，老人们退休后可以参加很多社会团体，比如老年大学、诗歌协会、书画协会等等。至于替子女照料孩子，更是中国一个非常特殊却常见的社会现象，这恰恰反映了中国牢固的家庭关系。

在偶遇了很多中国的退体老人之后，我发现中国悠久的尊老敬老传统一直延续到了今天。在如今的中国，老人们的晚年生活更加丰富多彩、幸福洋溢。

9. 在作者眼中，中国的老人怎么样？

A 很幸福　　B 打扮时髦

C 无人陪伴　　D 不爱交谈

10. 关于在户外跳舞的人们，可以知道：

A 多数是女性　　B 会在沙滩上跳

C 更喜欢下象棋　　D 年龄都大于70岁

11. 根据第三段，中国老人退休后的生活包括：

A 养宠物　　B 写回忆录

C 照顾孙子　　D 做志愿者

12. 根据上文，下列哪项正确？

A 年轻人反对广场舞　　B 中国人口老龄化严重

C 适度运动有利于长寿　　D 中国有尊敬老人的传统

13-16.

有家叫“雨后彩虹”的模特公司，只招聘年纪在四五十岁以上的叔叔阿姨，甚至是六七十岁的爷爷奶奶。创始人刘新说，他想告诉所有人，美丽是在时间的积累中变得越来越有价值的。

刘新最感兴趣的是摄影，他经常带着一台单反相机到处去拍照。有一天，他走到市中心广场时，看到一群热情又有活力的老太太在跳舞，受到了触动。于是，在接下来的时间里，他走遍大街小巷，专门拍摄那些被社会忽视的老人，并成立了“雨后彩虹”老年模特公司。

“雨后彩虹”对招收模特除了年龄要求外，还要他们回答这样一些问题：“随着年龄的增长，你如何看待现在的自己？这些年你认为自己都收获了什么？”刘新没有设置标准答案，但有一点他很确定：如果对方的回答可以表明他是一个能看淡时间，并且对生活有自己独到见解的人，那么无需专业背景，他也会成为一个有魅力的模特。

如今，“雨后彩虹”的模特们已受到了时尚圈的关注，公司邀约不断，模特们都十分忙碌。刘新说“我希望他们能了解，生活有很多选择，年龄并不是放弃希望的理由。”

13. “雨后彩虹”这家公司有什么特点？

A 待遇好　　B 重视市场开发

C 只招聘中老年人　　D 创始人年纪很小

14. 刘新最感兴趣的是：

A 摄影　　B 销售

C 当导演　　D 创办公司

15. 刘新认为什么样的人会成为一个有魅力的模特？

A 身材好的　　B 穿着讲究的

C 有专业背景的　　D 对生活有自己理解的

16. 最适合做上文标题的是：

A 摄影改变生活　　B 追求生命的意义

C 美丽的“雨后彩虹”　　D 成为模特的第一步

Chapter

02 주제형 이야기

▶ 주제형 이야기란?

주제형 이야기는 서술형 이야기와 기본적으로 같지만 지문의 마지막 문장이나 단락에서 이야기가 주는 교훈이나 도리 등의 주제를 명확하게 제시하는 유형이다. 따라서 주제형 이야기에 등장하는 이야기는 단순히 재미를 위한 것보다 확실한 주제를 전달하기 위한 목적을 갖고 있다. 주제형 이야기 유형은 독해 제3부분 전체 문제 유형에서 약 13%의 출제 비율을 차지한다.

문제 풀이 전략

☑ 속독(速读)은 대충 빠르게 읽으라는 뜻이 아니다.

독해 제3부분에서 요구하는 속독이란 문제와 관련된 부분을 빠르게 찾아내고 이를 정확히 읽어 정답을 찾는 것을 뜻한다. 즉, 시간이 넉넉하지 않은 독해 파트에서 특히 지문이 긴 독해 제3부분을 다 읽는 것은 비효율적이므로, 필요한 부분을 집중해서 읽는 것이라고 생각하면 된다.

☑ 주제를 묻는 문제 유형을 미리 알아 두자.

上文主要谈的是：	윗글이 주로 이야기하는 것은:
上文(主要)想告诉我们什么？	윗글은 (주로) 우리에게 무엇을 알려주고 싶어 하는가?
最适合做上文标题的是：	윗글의 제목이 되기에 가장 적합한 것은:

☑ 의미파악형 문제란?

지문에서 밑줄 친 단어나 표현의 뜻과 가장 유사한 뜻의 보기를 찾아내는 문제 유형으로, 지문의 내용을 통해 정답을 유추해야 하는 문제이다.

❶ 일단 밑줄 친 단어나 표현이 포함된 문장(일반적으로 밑줄 앞에서 가장 가까운 마침표부터 밑줄 뒤에서 가장 가까운 마침표까지)을 정확하게 읽어 본다.

❷ 첫 번째 단계에서 정답을 유추할 수 없는 경우에는 읽는 범위를 더 확장한다. 첫 번째 단계의 문장을 자세히 읽으면 보통 앞부분을 더 읽어야 할지 뒷부분을 읽어야 할지 파악할 수 있다.

❸ 주요 질문 유형은 다음과 같다.

画线部分 "……" 的意思最可能是：	밑줄 친 부분 '~'의 뜻으로 가장 가능성이 큰 것은:
第……段画线部分的意思是：	~번째 단락의 밑줄 친 부분의 뜻은:
第……段中的画线词语是什么意思？	~번째 단락의 밑줄 친 단어는 무슨 뜻인가?

시원한 공략법

주제형 이야기

● 주제형 이야기 지문에서 앞의 세 문제는 서술형 이야기 문제를 푸는 방법과 다르지 않다. 단, 주제형 이야기는 이야기 마지막에 주제가 명확하게 제시되는 만큼 마지막 문제는 주제를 묻는 문제가 출제되는 것이 일반적이다.

독해

제3부분

시원한 공략법 실전 문제

1-4.

杨西新是某连锁店的老板，多年前，他在上海某街区的南北两侧各开了一家店。几个月过去了，杨西新发现，同样的商品、同样的陈设、同样多的顾客，南侧店的顾客却平均比北侧店的多消费5. 1元。杨西新到两家店里逛了一圈儿之后，终于找到了答案。

两家店的门口都有两个服务员。北侧店的两个服务员每天都站在门口的位置，而南侧店门口的两位服务员分工明确，一位固定站在店门口，另一位则是流动的。这位流动的服务员主要负责把购物篮和购物车送到顾客面前。

通过观察与计算，杨西新得出这样的结论：使用购物篮和购物车的顾客会增加在店内的逗留时间，进而提高门店的销售额。

杨西新便让北侧店也提供“递篮送车”服务。两个月后，两家店的人均消费额只相差0. 7元。此后，杨西新让其他的连锁店也这样做。结果，年底算账时，十几家分店的总营业额比去年多出近百万元！

一个小小的改变竟然能带来如此大的改善。

1. 那两家店：
   A 商品不同　　B 面积都很大
   C 客流量差不多　　D 店内陈设不同

2. 南侧店的流动服务员主要负责：
   A 整理货架　　B 问候客人
   C 为顾客讲解　　D 给顾客“递篮送车”

3. 其他连锁店采取那个方法后：
   A 陆续破产　　B 员工减少了
   C 总营业额上涨了　　D 进货价格降低了

4. 最适合做上文标题的是：
   A 小改变，大利润　　B 老品牌，新形象
   C 百年老店的故事　　D 杨西新的求职之路

1-4 지문 해석

①杨西新是某连锁店的老板，多年前，他在上海某街区的南北两侧各开了一家店。几个月过去了，杨西新发现，同样的商品、同样的陈设、1C 同样多的顾客，南侧店的顾客却平均比北侧店的多消费5.1元。杨西新到两家店里逛了一圈儿之后，终于找到了答案。

②两家店的门口都有两个服务员。北侧店的两个服务员每天都站在门口的位置，而南侧店门口的两位服务员分工明确，一位固定站在店门口，另一位则是流动的。这位流动的服务员主要负责 2D 把购物篮和购物车送到顾客面前。

③通过观察与计算，杨西新得出这样的结论：使用购物篮和购物车的顾客会增加在店内的逗留时间，进而提高门店的销售额。

④杨西新便让北侧店也提供“递篮送车”服务。两个月后，两家店的人均消费额只相差0.7元。此后，杨西新让其他的连锁店也这样做。结果，年底算账时，3C 十几家分店的总营业额比去年多出近百万元！

⑤4A 一个小小的改变竟然能带来如此大的改善。

① 양시신은 모 체인점의 사장으로, 여러 해 전 그는 상하이의 어느 거리 남측과 북측에 각각 상점을 열었다. 몇 개월이 지났고, 양시신은 똑같은 상품에 똑같은 배열, 1C 똑같이 많은 고객임에도 남측 상점의 고객이 평균적으로 북측 상점보다 5.1위안을 많이 소비한다는 것을 발견했다. 양시신은 두 상점에 가서 한 바퀴 돌아본 후, 마침내 정답을 찾아냈다.

② 두 상점의 입구에는 모두 두 명의 종업원이 있었다. 북측 상점의 두 종업원은 모두 입구 위치에 서 있었고, 반면 남측 상점의 두 종업원은 분업이 명확했는데, 한 명은 고정적으로 입구에 서 있고, 나머지 한 명은 옮겨 다녔다. 이 옮겨 다니는 종업원은 주로 2D 장바구니와 쇼핑 카트를 고객 앞에 가져다 주는 것을 책임졌다.

③ 관찰과 계산을 통해, 양시신은 이러한 결론을 얻었다. 장바구니와 쇼핑 카트를 사용하는 고객은 상점 내에 머무르는 시간이 증가하고, 더 나아가 상점의 판매액을 향상시킨다.

④ 양시신은 북측 상점에도 '장바구니와 쇼핑 카트를 가져다 주는' 서비스를 제공했다. 두 달 후, 두 상점의 고객 평균 소비액은 겨우 0.7위안 차이밖에 나지 않았다. 이후 양시신은 다른 체인점들도 이렇게 하도록 했다. 결과적으로 연말 정산 때, 3C 열 몇 개 분점의 총 영업액이 작년보다 백 위안 가깝게 많아졌다!

⑤ 4A 하나의 아주 작은 변화는 뜻밖에도 이렇게 큰 개선을 가져올 수 있었다.

단어 连锁店 liánsuǒdiàn 명 체인점, 연쇄점 | 侧 cè 명 측면, 옆 | 陈设 chénshè 동 진열하다, 배치하다 | ★平均 píngjūn 명형 평균(적인) | ★消费 xiāofèi 명동 소비(하다) | ★圈 quān 명 원, 동그라미 양 바퀴 | ★位置 wèizhì 명 위치, 직위 | 分工 fēngōng 명동 분업(하다) | ★明确 míngquè 형 명확하다 동 명확하게 하다 | ★固定 gùdìng 형 고정된 동 고정하다 | 流动 liúdòng 동 옮겨 다니다, 유동하다 | 篮 lán 명 바구니 | ★计算 jìsuàn 명동 계산(하다) | ★结论 jiélùn 명 결론 | 逗留 dòuliú 동 머물다, 체류하다 | 进而 jìn'ér 접 더 나아가 | 算账 suànzhàng 동 계산하다, 결산하다 | ★营业 yíngyè 명동 영업(하다) | ★改善 gǎishàn 명동 개선(하다)

1

那两家店：	그 두 개의 상점은:
A 商品不同	A 상품이 다르다
B 面积都很大	B 면적이 모두 크다
C 客流量差不多	C 고객 유동량이 비슷하다
D 店内陈设不同	D 상점 내 진열이 다르다

풀이 (1) 힌트가 될 만한 표현은 '**两家店**'이므로 밑줄을 그어 둔다.

(2) 먼저 보기를 읽는다.

(3) 두 개의 상점이 언급되는 위치를 처음부터 빠르게 찾고 그 부분을 자세히 읽어 본다.

① ……，**他在上海某街区的南北两侧各开了一家店。几个月过去了，杨西新发现，同样的商品、同样的陈设、**同样多的顾客，……

(4) '상하이에 두 개의 상점을 열었다'는 내용이 나오고 그 뒤에 두 상점의 특징들이 나열되고 있다. '**同样多的顾客**'라는 표현은 보기 C와 거의 같은 의미이므로 정답은 C이다.

단어 ★**面积** miànjī ⓜ 면적 | **客流量** kèliúliàng 고객 유동량

2

南侧店的流动服务员主要负责：	남측 상점의 옮겨 다니는 종업원은 주로 책임졌다:
A 整理货架	A 진열대를 정리하는 것을
B 问候客人	B 고객에게 안부를 묻는 것을
C 为顾客讲解	C 고객을 위해 설명하는 것을
D 给顾客"递篮送车"	D 고객에게 '장바구니와 쇼핑 카트를 가져다 주는 것을'

풀이 (1) 힌트가 될 만한 표현은 '**南侧店**'과 '**流动服务员**'이므로 밑줄을 그어 둔다.

(2) 먼저 보기를 읽는다.

(3) 1번 답을 찾으면서 '**流动服务员**'이라는 표현을 본 적이 없으므로, 뒷부분부터 '**南侧店**'의 '**流动服务员**'이 나오는 위치를 빠르게 찾고 그 부분을 자세히 읽어 본다.

② ……，**而南侧店门口的两位服务员分工明确，一位固定站在店门口，另一位则是流动的。这位流动的服务员主要负责**把购物篮和购物车送到顾客面前。

(4) '**把购物篮和购物车送到顾客面前**'이라는 표현은 보기 D와 같은 뜻이므로 정답은 D이다.

단어 **货架** huòjià ⓜ 진열대 | ★**问候** wènhòu ⓓ 안부를 묻다 | **讲解** jiǎngjiě ⓓ 설명하다, 해설하다

독해 제3부분

3

其他连锁店采取那个方法后：	다른 체인점들이 그 방법을 채택한 후에:
A 陆续破产	A 계속해서 파산했다
B 员工减少了	B 직원이 감소했다
C 总营业额上涨了	C 총 영업액이 올랐다
D 进货价格降低了	D 상품을 사들이는 가격이 떨어졌다

풀이 (1) 힌트가 될 만한 표현은 '**其他连锁店**'이므로 밑줄을 그어 둔다.

(2) 먼저 보기를 읽는다.

(3) 1, 2번 답을 찾으면서 '**其他连锁店**'을 본 적이 없으므로, 2번 답을 찾은 뒷부분부터 '**其他连锁店**'이 나오는 위치를 빠르게 찾고 그 부분을 자세히 읽어 본다.

④ ……。**此后，杨西新让其他的连锁店也这样做。结果，年底算账时，**十几家分店的总营业额比去年多出近百万元！

(4) 질문에서 다른 체인점들이 그 방법을 채택한 후의 상황을 묻고 있으므로 결과를 언급하고 있는 뒤의 문장을 읽어 본다. '**十几家分店的总营业额比去年多出近百万元**'이라는 말에서 C가 정답임을 알 수 있다.

단어 ★**采取** cǎiqǔ ⓢ 채택하다, 취하다 | ★**陆续** lùxù ⓟ 계속하여, 끊임없이 | ★**破产** pòchǎn ⓜⓢ 파산(하다) | ★**员工** yuángōng ⓜ 직원, 사원 | **上涨** shàngzhǎng ⓢ (수위나 물가가) 오르다 | **进货** jìnhuò ⓢ 상품을 사들이다, 구입하다, 입하하다

4

最适合做上文标题的是：	윗글의 제목으로 가장 적합한 것은:
A 小改变，大利润	A 작은 변화, 큰 이윤
B 老品牌，新形象	B 오래된 브랜드, 새로운 이미지
C 百年老店的故事	C 백 년의 오래된 상점 이야기
D 杨西新的求职之路	D 양시신의 구직의 길

풀이 (1) 제목을 찾는 문제는 주제를 찾는 문제 유형 중 하나이다. 특히 이 지문은 ⑤번 단락에서 한 문장으로 명확하게 주제를 제시하고 있다.

⑤ 一个小小的改变竟然能带来如此大的改善。

(2) 여기서 '큰 개선'이란 영업액이 크게 증가했음을 나타낸다는 것을 3번 문제를 풀면서 알 수 있다. 따라서 정답은 A이다.

단어 ★**利润** lìrùn ⓜ 이윤 | **品牌** pǐnpái ⓜ 브랜드, 상표 | ★**形象** xíngxiàng ⓜ 이미지, 형상 | **求职** qiúzhí ⓢ 직업을 구하다

정답 및 해설 | 해설서 146~155쪽

맞은 개수

第1-16题 질문을 읽고 질문에 알맞은 보기를 선택하세요.

1-4.

经理和年轻的助手一起外出办事。他们走到办公楼的大门口时，无意中看到前面不远处，一个匆匆走路的女孩子突然脚下一滑，摔倒在地上。

经理认出了那个女孩子，她是公司里一名非常注意外在形象的职员，平时总是打扮得光彩照人。

助手立即迈开大步，打算上前去扶起她。然而，刚走出两步就被经理拉住："别急着过去，我们先找个地方暂时回避一下。"说着，两人返回到走廊的拐角处，悄悄关注着那名女职员。只见那个女孩子很快站了起来，她环顾四周，稍微整理了下衣服，马上又恢复了平日里的自信，若无其事地继续往前走。

等那个女孩子走远后，经理才走出来。经理平时挺爱帮助别人，但今天不仅没帮忙，反而看起来热闹，这让助手感到十分困惑。面对助手的困惑，他笑着说："你愿意让别人看见你摔倒时的倒霉样子吗？"助手恍然大悟。

帮助别人是一种美德，但在某些特殊情况下，不出面帮助也许是另一种帮助。

1. 那个女孩子：

A 很注重形象　　B 平时不自信

C 最近很幸运　　D 摔得很厉害

2. 经理让助手怎么做？

A 叫救护车　　B 暂时回避

C 装作不认识　　D 去扶起女孩子

3. 画线词语"若无其事"是什么意思？

A 粗心大意　　B 仿佛真的似的

C 沿着新路线走　　D 像没有那回事一样

4. 最适合做上文标题的是：

A 敢于提出疑问　　B 伸出希望之手

C 另一种"帮助"　　D 助人为乐是一种美德

5-8.

李华利是一名普通的理发师，他的理发店也在街道最不起眼的地方，但每天都有很多顾客排队等他理发，因为他总能帮顾客把头发剪出最理想的效果。

李华利成功的奥秘来自于一句话：每一刀剪下去都要负责任。这句话是李华利做学徒时师父对他说的。因为这句话，他对待工作极其认真、近乎偏执。

一次，一位顾客来店里理发，还剩一点儿没剪完时，顾客突然接到一个电话，便起身打算离开。但李华利坚持要求对方把头发剪完再走，不然会影响整体效果。顾客很生气，但李华利不肯放他走，并且再三强调要为自己的工作负责。顾客没有办法，只能留在店里把头发剪完。

半年后，那位顾客又来了，他笑着对李华利说："上次因为在你这里理发耽误了一笔生意，我曾发誓再也不来了。但后来发现其他理发店剪的都没你这里好。现在，我和朋友都只认你的店。"

如果我们在工作中有着高度的责任感，对待每一件事都能尽职尽责，那么一定能获得更大的成功，赢得更多的尊敬和荣誉。

5. 关于李华利的理发店，可以知道：

A 面积很小　　B 顾客非常多

C 地理位置很好　　D 只有一位理发师

6. 第二段主要讲的是李华利：

A 成功的原因　　B 求学的经过

C 收徒弟的标准　　D 高超的理发技术

7. 李华利为什么不让那位顾客离开？

A 还没付钱　　B 头发没剪完

C 想帮顾客吹头发　　D 顾客忘了拿手机

8. 上文主要想告诉我们：

A 要尊敬每一位顾客　　B 当理发师很有前途

C 对待工作要有责任感　　D 如何选择适合自己的发型

9-12.

有一位登山者曾用十年的时间，成功地登上了世界几座高峰。然而，就在他挑战世界最高峰——珠穆朗玛峰时，却因为心脏问题，不得不放弃登顶。这对于一名把登山作为人生事业的人来说，无疑是万分痛苦的。

就在登山者带着无尽的遗憾准备收拾行李回国时，他注意到了珠穆朗玛峰下那些贫穷落后的乡村，那些村子里竟然连一所学校都没有。无学可上的孩子们睁着大眼睛，看着那些来自世界各地的登山者，眼神迷茫而空洞。看到这些可怜的孩子们，他想，既然自己这辈子已经无缘登上珠穆朗玛峰的峰顶了，何不把目光投到山脚下，为这些孩子们做点儿有意义的事呢？

这个想法重新点燃了他的热情。在接下来的日子里，他不断穿梭在各个富裕的国家之间，进行演讲，同时筹集资金。每筹到一笔资金，他就返回那些落后的农村，帮助那里的孩子们建学校、找老师。因为他的努力，山脚下成千上万的孩子们走进了学校，获得了接受教育的机会。

有时，我们虽然无法登上梦想中的山顶，但是转换一下方向，善于发现、懂得付出，也许会有另一种风景等着你。

9. 登山者为什么放弃了登上珠穆朗玛峰？

A 食物不够了　　B 身体出了问题
C 同伴都放弃了　　D 天气十分恶劣

10. 根据第二段，那些乡村：

A 人口很少　　B 风景优美
C 非常落后　　D 历史悠久

11. 登山者为那些孩子们做了什么？

A 建了学校　　B 买了文具
C 办了讲座　　D 做了体检

12. 最适合做上文标题的是：

A 教育的力量　　B 登山者的遗憾
C 山脚下的生活　　D “登顶”不止一条路

13-16.

一个小城新建了一座十层高的居民住宅楼，并且安装了电梯。最初，电梯乘坐一次需交两角钱，这遭到了居民们的一致反对，导致电梯成了无用的摆设。

能够入住新楼的居民，生活水平普遍较高，应该不会在乎区区的两角钱。那么问题究竟出在哪里呢？物业公司经过调查发现，原来过去小城的住宅楼一直没电梯，居民已经习惯了爬楼梯。明白问题所在后，物业公司做出了一个决定：免费开放三个月电梯。在这三个月的时间里，即使是一些二三楼的住户也习惯了乘电梯。

三个月后，物业公司有做出决定：电梯白天免费，只在夜间收费。由于夜间乘坐电梯的人很少，所以居民的反应很平静，乘坐电梯的人数基本上也没有发生变化。但是，这却给物业公司带来了一定的收入，虽然很少。

又过了三个月，物业公司开始正式对电梯收费。这时，居民都已经习惯了乘坐电梯上下楼，没有人提出异议。于是，此后短短的几个月中，所有的电梯都获得了预期的收入，并且很快就收回了免费期的运营成本。

人们一旦形成了某种习惯，很可能会忘记衡量得失。如果想让人们接受新鲜事物，那就必须得慢慢来，循序渐进，才能使人们养成新的习惯。

13. 居民最初对电梯收费是什么态度？

A 十分平静　　B 集体反对

C 一致同意　　D 毫不在意

14. 根据第二段，物业公司决定：

A 暂时关闭电梯　　B 降低电梯收费标准

C 电梯三个月内不收费　　D 二三楼住户不能乘电梯

15. 关于电梯夜间收费，可以知道：

A 收入很少　　B 不符合规定

C 提高了服务质量　　D 使乘电梯人数减少

16. 上文主要想告诉我们什么？

A 贪小便宜吃大亏　　B 改变习惯需要时间

C 人生难免经历失败　　D 要敢于挑战新鲜事物

Chapter 03 논설문

▶ 논설문형이란?

논설문형은 일반적으로 사회현상에 대한 평론이나 특정 주제로 자신의 생각을 주장하는 문제 유형으로, 자신의 의견을 뒷받침하는 근거와 논점으로 이루어져 있다. 논설문은 화자의 관점을 서술하는 글인 만큼, 화자의 주요 관점(논점) 및 주장을 묻는 문제가 반드시 출제되는 편이다. 논설문형은 독해 제3부분 전체 문제 유형에서 약 5%의 출제 비율을 차지한다.

문제 풀이 전략

☑ 논거의 서술 방법을 미리 알아 두자.

자신의 주요 관점(논점)을 뒷받침하는 논거를 제시할 때 자주 쓰이는 방법은 다음과 같다.

❶ 예시의 나열 이용하기
(1) 第一……，第二……，第三……
(2) 首先……，其次……，最后……
(3) 先……，然后……

❷ 속담이나 유명한 사람의 말을 인용하기

❸ 연구나 조사 결과 이용하기

❹ 자신의 관점과 반대로 생각하거나 행동하는 사람들의 좋지 않은 결과를 이용하기

☑ 논점을 제시하는 표현들을 미리 알아 두자.

❶ 결론을 나타내는 접속사
'所以(그래서)', '因此(따라서)', '因而(따라서)', '可见(~을 알 수 있다)', '总之(결론적으로)' 뒤에는 지문 전체에 대한 주제나 결론이 제시된다.

❷ 관점을 제시하는 조동사
논설문은 이 글을 읽는 독자들에게 자신의 의견대로 할 것을 설득하는 글이므로, '~해야 한다'의 의미를 갖는 조동사 '要'나 '应该'를 사용하여 관점을 제시하는 경우가 많다.

❸ 동사를 사용하여 관점 제시하기
동사 '建议(건의하다, 제안하다)'를 사용하여 관점을 직접적으로 제시하는 경우도 있다.

시원한 공략법

논설문형

● 논설문형은 보통 마지막 문제로 주제나 논점을 묻는 문제가 출제된다. '上文主要谈的是什么？', '下列哪项最适合做上文标题？', '以下哪项是作者的观点？', '对……，作者持什么态度？' 등이 대표적인 질문 유형이다.

시원한 공략법 실전 문제

1-4.

一说到结婚，很多人脑海里想到的第一件事就是办婚礼。婚礼作为爱情的见证，本是一项传统而重要的仪式。但有的人觉得，准备一场婚礼既花钱又费时，同时还耗费大量精力，没有太大必要。对现在的年轻人来说，办婚礼已经不再是庆祝结婚的唯一选择。

如今，不少年轻人采取其他方式来代替婚礼。第一种是请亲朋好友吃顿饭，这相对于完整的婚礼程序来说节省了很多费用和精力。第二种是旅行结婚，也是近年来比较流行的方式。旅行结婚没有固定的程序，从踏上旅程的那一刻到旅行结束都可以算是一场婚礼。在欣赏美景的同时体验一场专属于两人的婚礼，浪漫而又独特。第三种最简单，登记结婚后，夫妻二人简单庆祝一下就直接进入新婚生活，毕竟结婚是两个人自己的事情。

虽然举行婚礼并不是必需的，但是看着自己的儿女在亲友的见证下走上红毯，是很多长辈的心愿。所以，为了减少不必要的矛盾，是否举行婚礼，最好还是跟家人商量之后再做决定。

1. 为什么有的人不愿意办婚礼？
   A 不爱社交　　B 想追求独特
   C 觉得浪费精力　　D 怕家人间产生矛盾

2. 关于旅行结婚，可以知道：
   A 花费巨大　　B 没有固定的程序
   C 通常选择在春季　　D 难以得到长辈的支持

3. 第二段主要谈的是：
   A 婚礼的代替方式　　B 不办婚礼的好处
   C 举办婚礼的流程　　D 各地婚礼的风俗

4. 以下哪项是作者的观点？
   A 结婚前要慎重考虑　　B 结婚照应在旅行中拍
   C 不办婚礼不符合传统　　D 是否办婚礼要和家人商量

1-4 지문 해석

①一说到结婚，很多人脑海里想到的第一件事就是办婚礼。婚礼作为爱情的见证，本是一项传统而重要的仪式。但有的人觉得，准备一场婚礼既花钱又费时，1C 同时还耗费大量精力，没有太大必要。对现在的年轻人来说，办婚礼已经不再是庆祝结婚的唯一选择。

②如今，3A 不少年轻人采取其他方式来代替婚礼。第一种是请亲朋好友吃顿饭，这相对于完整的婚礼程序来说节省了很多费用和精力。第二种是旅行结婚，也是近年来比较流行的方式。旅行结婚 2B 没有固定的程序，从踏上旅程的那一刻到旅行结束都可以算是一场婚礼。在欣赏美景的同时体验一场专属于两人的婚礼，浪漫而又独特。第三种最简单，登记结婚后，夫妻二人简单庆祝一下就直接进入新婚生活，毕竟结婚是两个人自己的事情。

③虽然举行婚礼并不是必需的，但是看着自己的儿女在亲友的见证下走上红毯，是很多长辈的心愿。所以，为了减少不必要的矛盾，4D 是否举行婚礼，最好还是跟家人商量之后再做决定。

① 결혼을 말하자면, 많은 사람들 머릿속에 생각나는 첫 번째 일이 바로 결혼식을 치르는 것이다. 결혼식은 사랑의 증거로 본래 전통적이고 중요한 의식이다. 그러나 어떤 사람들은 한 번의 결혼식을 준비하려면 돈도 들고 시간도 들며, 1C 동시에 많은 에너지를 소모하므로, 크게 필요치 않다고 생각한다. 요즘 젊은이들에게 있어서, 결혼식을 치르는 것은 이미 더 이상 결혼을 축하하는 유일한 선택이 아니다.

② 오늘날 3A 많은 젊은이들은 다른 방식을 취하여 결혼식을 대체한다. 첫 번째는 친지와 친구들에게 밥을 한 끼 대접하는 것인데, 이는 완전한 결혼식 절차에 비해 상대적으로 많은 비용과 에너지가 절약된다. 두 번째는 여행결혼으로, 최근 몇 년 비교적 유행하는 방식이다. 여행결혼은 2B 고정적인 절차가 없고, 여정에 발을 내딛는 그 순간부터 여행이 끝날 때까지 모두 한 번의 결혼식이라고 할 수 있다. 아름다운 풍경을 감상하는 것과 동시에 오직 두 사람에게 속하는 결혼식을 체험하여 낭만적이고 독특하다. 세 번째는 가장 간단한데, 혼인신고 후 부부 두 사람이 간단하게 축하하고 직접 신혼 생활에 들어가는 것으로, 결국 결혼은 두 사람 자신들의 일인 것이다.

③ 비록 결혼식을 올리는 것이 결코 반드시 필요한 것은 아니지만, 자신의 자녀가 친지와 친구들 앞에서 레드카펫을 걷는 것을 보는 것은 많은 어른들의 바람이다. 그래서 불필요한 갈등을 줄이기 위해, 4D 결혼식을 올릴 것인지 아닌지는 그래도 가족들과 상의한 후에 결정하는 것이 가장 좋다.

단어 **脑海** nǎohǎi 명 머리, 생각, 사고 | ★**婚礼** hūnlǐ 명 결혼식, 혼례 | **见证** jiànzhèng 명 증인, 증거 | ★**传统** chuántǒng 명형 전통(적이다) | **仪式** yíshì 명 의식 | **费时** fèishí 동 시간이 걸리다 | **耗费** hàofèi 동 들이다, 소모하다 | ★**精力** jīnglì 명 에너지, 정력 | ★**必要** bìyào 명형 필요(하다) | ★**庆祝** qìngzhù 동 축하하다, 경축하다 | ★**唯一** wéiyī 형 유일한 | **采取** cǎiqǔ 동 채용하다, 채택하다, 취하다 | ★**方式** fāngshì 명 방식 | **代替** dàitì 동 대신하다, 대체하다 | ★**相对** xiāngduì 형 상대적이다 동 상대하다 부 비교적 | **完整** wánzhěng 형 제대로 갖추어져 있다, 완전무결하다 | ★**程序** chéngxù 명 순서, 절차, 프로그램 | ★**节省** jiéshěng 동 아끼다, 절약하다 | ★**固定** gùdìng 형 고정된 동 고정하다 | **踏** tà 동 (발로) 밟다, 나가다, 나서다 | **旅程** lǚchéng 명 여정 | ★**欣赏** xīnshǎng 동 감상하다, 좋다고 여기다, 마음에 들어하다 | ★**体验** tǐyàn 명동 체험(하다) | ★**独特** dútè 형 독특하다 | **登记** dēngjì 동 등기하다, 등록하다, 체크인하다 | ★**毕竟** bìjìng 부 결국, 그래도, 아무래도, 역시 | **必需** bìxū 동 반드시 필요하다 | **红毯** hóngtǎn 명 레드카펫 | ★**长辈** zhǎngbèi 명 손윗사람, 연장자 | **心愿** xīnyuàn 명 염원, 바람 | ★**矛盾** máodùn 명형 갈등, 모순(적이다)

독해 제3부분

1

为什么有的人不愿意办婚礼？	왜 어떤 사람은 결혼식 치르는 것을 원하지 않는가?
A 不爱社交	A 사교를 좋아하지 않는다
B 想追求独特	B 독특함을 추구하고 싶어 한다
C 觉得浪费精力	C 에너지를 낭비한다고 생각한다
D 怕家人间产生矛盾	D 가족 간에 갈등이 생길까 걱정한다

풀이 (1) 힌트가 될 만한 표현은 '**有的人不愿意办婚礼**'이므로 밑줄을 그어 둔다.

(2) 먼저 보기를 읽는다.

(3) 지문의 처음부터 훑어보면서 힌트와 같거나 유사한 표현이 언급되는 위치를 빠르게 찾고 그 부분을 자세히 읽어 본다.
① ……。**但有的人觉得，准备一场婚礼既花钱又费时，同时还耗费大量精力，没有太大必要**。

(4) '어떤 사람은 ……한 번의 결혼식을 준비하려면 ……크게 필요치 않다고 생각한다'라는 문장 안에 여러 가지 단점이 나열되는데, 그중 보기에서 언급된 것은 '많은 에너지를 소모한다'라는 표현이므로 정답은 C이다.

단어 ★**追求** zhuīqiú ⓢ 추구하다 | ★**产生** chǎnshēng ⓢ 발생하다, 생기다

2

关于旅行结婚，可以知道：	여행결혼에 관해 알 수 있는 것은:
A 花销巨大	A 경비가 엄청나다
B 没有固定的程序	B 고정된 절차가 없다
C 通常选择在春季	C 일반적으로 봄에 하는 것을 선택한다
D 难以得到长辈的支持	D 어른들의 지지를 얻기 어렵다

풀이 (1) 힌트가 될 만한 표현은 '**旅行结婚**'이므로 밑줄을 그어 둔다.

(2) 먼저 보기를 읽는다.

(3) 1번 답을 찾으면서 '**旅行结婚**'이라는 표현은 본 적이 없으므로, 뒷부분부터 '**旅行结婚**'이 나오는 위치를 빠르게 찾고 그 부분을 자세히 읽어 본다.
② ……。**第二种是旅行结婚，也是近年来比较流行的方式。旅行结婚没有固定的程序**，……

(4) '여행결혼'이 처음 나온 부분부터 읽어 보면 '**没有固定的程序**'라고 언급했으므로 정답은 B이다.

단어 **花费** huāfèi ⓜ 비용, 경비 | ★**巨大** jùdà ⓗ 거대하다, 매우 크다 | ★**通常** tōngcháng ⓗ 통상적이다, 일반적이다

3

第二段主要谈的是：	두 번째 단락이 주로 이야기하는 것은:
A 婚礼的代替方式	A 결혼식의 대체 방식
B 不办婚礼的好处	B 결혼식을 치르지 않는 것의 좋은 점
C 举办婚礼的流程	C 결혼식을 치를 때의 과정
D 各地婚礼的风俗	D 각지 결혼식의 풍속

[풀이] (1) 이 문제는 힌트가 없다. 단 ②번 단락의 주제를 찾아야 하는 것은 확실하다.

(2) 먼저 보기를 읽는다.

(3) ②번 단락의 흐름을 보면 첫 번째 문장이 단락의 주제를 제시하고, 그 뒤는 총 세 가지의 구체적 예시를 나열하고 있다. 따라서 첫 번째 문장만 읽으면 주요 화제를 찾을 수 있다.

② **如今，**不少年轻人采取其他方式来代替婚礼。……

(4) '다른 방식을 취하여 결혼식을 대체한다'라는 말에서 정답이 A임을 알 수 있다.

[단어] **流程** liúchéng [명] 과정, 코스 | ★**风俗** fēngsú [명] 풍속

4

以下哪项是作者的观点？	다음 중 필자의 관점은 어느 것인가?
A 结婚前要慎重考虑	A 결혼 전에는 신중하게 고려해야 한다
B 结婚照应在旅行中拍	B 결혼 사진은 여행 중에 찍어야 한다
C 不办婚礼不符合传统	C 결혼식을 치르지 않는 것은 전통에 맞지 않다
D 是否办婚礼要和家人商量	D 결혼식을 치를지 말지는 가족과 상의해야 한다

[풀이] (1) 필자의 관점, 즉 이 지문의 논점이자 결론을 찾는 문제이다. 앞의 세 문제를 풀면서, ①번 단락에서는 결혼식을 치르고 싶어 하지 않는 사람들이 있다는 내용, ②번 단락에서는 결혼식의 대체 방식들을 제시했음을 파악할 수 있다. 따라서 ③번 단락에서 필자의 관점을 찾아야 한다.

③ ……。**所以，为了减少不必要的矛盾，**是否举行婚礼，最好还是跟家人商量之后再做决定。

(2) 결론을 나타내는 '**所以**' 뒷부분을 읽어 보면 정답이 D임을 알 수 있다.

[단어] ★**观点** guāndiǎn [명] 관점 | ★**慎重** shènzhòng [형] 신중하다 | ★**拍** pāi [동] 찍다, 촬영하다 | ★**符合** fúhé [동] 부합하다, 맞다

기출 테스트

정답 및 해설 | 해설서 156~165쪽

第1-16题 질문을 읽고 질문에 알맞은 보기를 선택하세요.

1-4.

研究表明，在幼儿阶段，孩子如果能够拥有充分的自我管理的空间，他们长大后自由选择和自我控制行为的能力便会很高。

六七岁时，大部分孩子已经对时间以及与时间相关的规则有一定的概念，比如能看懂课程表，知道作业完成和上交的期限等。对于那些自我管理能力得到过锻炼的孩子来说，他们完全有能力去支配本就属于自己的时间。

但有些父母会认为孩子不能很好地管理自己的时间，总喜欢不厌其烦地跟在孩子后面，不停地催促孩子。孩子几乎失去了对时间的自主支配权：晚上睡觉父母会催促，早上起床父母会提醒，做作业时还有父母监督。长此以往，孩子很可能就会迷失自我，找不到存在感。

限时法能帮助孩子在一定时间内集中注意力。父母可以给孩子设立时间限制，让孩子自主地支配时间，从而培养他们的独立意识。比如，孩子出去玩儿之前，父母可以跟孩子商量玩儿多长时间、几点之前得回家等等。总之，父母不能强行控制孩子的时间，而应该跟孩子商量，让他们做自己时间的主人。

1. 大部分六七岁的孩子：
   A 喜欢拆闹钟　　B 能看懂课程表
   C 常为写作业发愁　　D 会做简单的家务

2. 第三段中画线词语的意思是：
   A 很不耐烦　　B 躲躲藏藏
   C 不怕麻烦　　D 匆匆忙忙

3. 关于限时法，可以知道什么？
   A 能让孩子更乐观　　B 能使孩子集中注意力
   C 会使孩子精神压力大　　D 不利于培养孩子的独立性

4. 上文主要谈的是：
   A 孩子的个性　　B 沟通的重要性
   C 怎样保护孩子的好奇心　　D 如何让孩子学会自主管理时间

5-8.

一位作家说过："幸运的人一生都被童年治愈，不幸的人一生都在治愈童年。"童年对人的一生影响深远，如果这个阶段留下了美好回忆，那是非常珍贵和幸福的事情。同样的，童年时受到的伤害，也如同影子一样伴随人的一生。

童年是人生最宝贵的阶段，会为人的一生奠定基础。中国有句俗语"三岁看大，七岁看老"，意思是说一个人在童年阶段所具有的性格和特质，基本上决定了其个体发展的轨迹与程度。经验总结和实证研究都表明这一观点具有一定的合理性。有很多人天赋一般，但由于家庭氛围幸福，童年愉快，也依然创造出了很大的成就。

父母是儿童的第一任老师，在孩子的成长过程中有着不可替代的作用。作为父母，对孩子童年的积极影响主要有以下几个方面：第一，培养孩子的阅读爱好和探索精神；第二，用民主的、充满爱的方式与孩子相处，培养孩子良好的性格；第三，培养孩子良好的生活习惯。在这样的环境下成长的孩子，未来将有更多的选择权。

5. 作者引用一位作家的话主要是想说明什么？

A 童年的重要性　　B 孩子都渴望长大

C 童年的记忆易被忘却　　D 心理疾病越来越低龄化

6. 根据第二段，可以知道：

A 三岁和七岁决定未来　　B 童年是奠定基础的阶段

C 童年决定老年生活质量　　D 童年不幸的人难获成功

7. 第三段主要讲的是：

A 要尊重孩子的感受　　B 如何养成阅读习惯

C 父母对儿童的积极影响　　D 要培养儿童的独立精神

8. 下列哪项最适合做上文标题？

A 成长的烦恼　　B 亲人的作用

C 作家的不幸　　D 童年与人生

9-12.

高校图书馆是否应该向社会公众开放？近年来，在媒体上经常能看到相关的讨论。

支持者认为，高校图书馆的经费主要来自政府，其提供的服务自然应当全民共享；反对者则指出，高校图书馆与公共图书馆性质有别，完全向公众开放可能会影响到高校的教学、科研。可以明确的是，要求所有公办图书馆都为公众提供平等无差别的服务并不现实。

高校图书馆的主要服务对象是高校师生，主要功能是为学校的教学科研提供图书借阅和信息服务。因此，高校图书馆向社会开放的前提是保证其服务教学科研的基础功能不受影响。在开放之前，有必要对高校图书馆的师生人均馆舍面积、人均藏书量等方面进行测算评估，在此基础上制定合理的开放方案。如果连校内读者都很难在图书馆占到一个座位，那么高校图书馆开放的脚步自然应当放缓一些。相反，如果图书馆大量资源长期闲置，少人问津，不妨向有需求的公众敞开大门。

高校图书馆对外开放，首先要加强自身资源建设，然后根据各自特点，通过各种形式适度地向公众开放。事实上，现在有很多高校图书馆都开通了“馆际互借”制度，读者向一家图书馆提出申请，就可以借阅到别的图书馆的馆藏资料，这也可以视为开放的一种形式。

9. 关于高校图书馆，可以知道：

A 指导高校科研教学　　B 服务对象是社会公众
C 主要由政府出资建设　　D 人均面积小于公共图书馆

10. 画线词语“少人问津”是什么意思？

A 使用的人少　　B 发挥的作用小
C 容易被人忽视　　D 资源更新速度慢

11. 通过“馆际互借”，读者可以：

A 不必还书　　B 选择阅读环境
C 延长借阅时间　　D 借到其他图书馆的资料

12. 作者对高校图书馆向社会公众开放是什么观点？

A 不应对社会开放　　B 面向公众有偿使用
C 应逐步对全社会开放　　D 根据自身条件适当开放

13-16.

如果孩子的作文总是写不好，你可以让他先说给你听；如果他的叙述逻辑清楚，但一写就出问题，你可以教他试着用语音输入。有趣的是，很多孩子虽然能说得条理分明，一用语言输入，却又变得不够连贯。这是因为他们紧张。我曾经用过一个方法，就是先让学生尽情地说，同时偷偷录音，接着让学生一字不漏地把录音转成文字，这样常常会出现连学生自己都吃惊的成果。

所以，教孩子写文章，先要教他把话说顺、把理说清。如果父母平常很少跟孩子讲完整的话，也不给孩子表达的机会，是不利于孩子写作的。

在互联网时代，为了抢时间，大家往往用片段的、简化的句子沟通，较少做完整的叙述。如果大人再不跟孩子好好谈话，也不给孩子表达的机会，自然会影响孩子的写作能力。

所以，我建议家长，如果孩子要说，就静静地听，中间不要打岔，让他把话说完。如果孩子说一半儿说不下去了，不要急着帮他解围，可以等他继续说。因为这样可以培养孩子“完整叙述”的习惯，也可以训练孩子冷静思考和处理问题的能力，同时可以有效训练他的作文和口语表达能力。

13. 作者为什么偷偷录音？
A 保存资料　　B 家长要求的
C 避免学生紧张　　D 利于学生改正错误

14. 互联网时代，人们的沟通往往：
A 非常活跃　　B 不够坦率
C 比较冷淡　　D 更加简化

15. 根据最后一段，孩子说话时，家长：
A 可以随时提问　　B 不要打断他们
C 可以适当补充　　D 要提醒孩子时间

16. 上文主要谈的是：
A 孩子犯错时怎么办　　B 父母与孩子的沟通方法
C 多表达能提高写作水平　　D 坚持写日记对写作的帮助

Chapter 04 설명문

▶ 설명문형이란?

설명문형은 말 그대로 사물, 지역, 현상 등에 대해 설명하여 지식을 전달하는 문제 유형으로, 설명 대상에 대한 정의(혹은 소개)와 그에 대해 여러 각도로 자세히 설명하는 부분으로 이루어져 있다. 설명문형은 독해 제3부분 전체 문제 유형에서 약 15%의 출제 비율을 차지한다.

문제 풀이 전략

☑ 설명문의 특징을 미리 알아 두자.

❶ 설명문은 설명 대상을 계속 언급하기 때문에 해당 단어가 지문에서 자주 등장한다.

❷ 설명문은 독자의 이해를 돕기 위해 종종 예시를 든다. 따라서 어떤 예시가 무엇을 설명하기 위한 것인지 묻는 문제가 출제되곤 한다.

举……的例子，为了说明什么？ ~의 예를 든 것은 무엇을 설명하기 위한 것인가?
이런 문제의 경우 예시가 포함되어 있는 문장보다 해당 문장의 앞 문장이나 뒤 문장을 읽어야 할 때가 많다. (일반적으로 앞 문장을 읽고 답을 찾을 수 있는 경우가 더 많다.)

❸ 설명문은 설명 대상에 대해 단락별로 여러 방면에 대해 설명하기 때문에 각 단락의 주요 내용을 묻는 문제가 많이 출제된다.

根据第……段，可以知道什么？ ~번 단락에 근거하여, 무엇을 알 수 있는가?
第……段主要讲的是什么？ ~번 단락이 주로 말하는 것은 무엇인가?

☑ 마지막 문제가 힌트 없는 판단형인 경우!

마지막 문제가 '**根据上文，下列哪项正确？**'와 같이 힌트가 없는 판단형 문제인 경우 다음과 같은 세 가지 단계로 접근한다.

STEP 1 보기를 읽다 보면 앞의 세 문제를 풀면서 이미 정답을 눈치챌 수 있는 경우가 있다. 그럼 땡큐! 정답을 못 찾더라도 확실히 아닌 것을 소거해 두는 것이 좋다.

STEP 2 첫 번째 단계에서 답을 찾지 못했다면, 세 번째 문제를 풀고 난 뒤 아직 뒤에 남은 지문을 읽어 본다.

STEP 3 위의 두 단계에서 정답을 찾지 못했다면, 각 보기에 관한 내용을 지문 전체에서 하나씩 찾아 보아야 한다. 단, 앞의 세 문제를 풀면서 각 단락에서 어떤 내용이 언급되었는지 대략적으로 알 수 있으므로 적절한 위치를 찾아야 한다.

설명문형

- 설명문형은 지문의 난이도가 가장 높은 문형이다. HSK 기출 단어가 아닌 단어가 등장하는 것은 물론이고, 생활 속에서 자주 사용하지 않는 단어들이 한가득 보일 것이다. 따라서 설명문은 그 어느 문형보다 속독, 즉 필요한 부분만 잘 발췌해서 읽고 정답을 찾아야 하는 지문 유형이다. 모르는 단어가 중요한 경우라면 지문과 보기 속의 한자를 비교해서라도 답을 찾아내면 된다.

시원한 공략법 실전 문제

1-4.

最近，人们在世界许多地方，发现了19种几乎一模一样的微生物。它们都藏身于地下深处，不吃不动。可是，这些缺乏活力的微生物却分布得十分广泛，这让人有些难以理解。

一般来说，如果一种微生物寄生在动物身上被带到世界各地，那么它分布广泛是可以理解的。但这些被发现的微生物都生活在地下，不可能寄生到动物身上。那么它们为什么分布得这么广泛呢？

其实，这种采集自不同地区，看似一样的微生物，并没有亲缘关系，所以它们并非同一物种。地球表面任何一处的微生物，一旦埋入地下深处，在资源极端匮乏的相似环境中，一般都会被迫以同样的方式进化。

在生物学上，这种现象叫做“趋同进化”。趋同进化指的是两种截然不同的物种，当身处相同的环境时，会进化出相似的特征或者功能。举个例子，昆虫和小鸟是不同的物种，但都要在空中飞，所以都进化出了翅膀；鲸和鱼也属于不同的物种，但因为都要在水里游，结果就都进化出了流线型的外表。

1. 那些地下微生物有什么特点？

A 分布广泛　　B 多为灰色

C 特别活跃　　D 表皮粗糙

2. 根据第三段，可以知道什么？

A 地球上的资源急需保护　　B 人的身体状况越来越差

C 那些微生物不是同一物种　　D 地下微生物寄生在动物身上

3. 举鲸和鱼的例子，是为了证明：

A 生命来自海洋　　B 趋同进化现象的存在

C 水生动物都是流线型　　D 动物能给人类以启发

4. 根据上文，下列哪项正确？

A 昆虫比鸟“聪明”　　B 微生物也需要冬眠

C 全球微生物有190种　　D 生物进化受环境影响

시원한 공략법 실전 문제 풀이

1-4 지문 해석

①最近，人们在世界许多地方，发现了19种几乎一模一样的微生物。它们都藏身于地下深处，不吃不动。可是，这些缺乏活力的微生物却 1A 分布得十分广泛，这让人有些难以理解。

① 최근 사람들은 세계 많은 곳에서 19종의 거의 같은 미생물을 발견했다. 그것들은 모두 지하 깊은 곳에서 몸을 숨기고 먹지 않고 움직이지 않았다. 그러나 이러한 활력이 부족한 미생물은 1A 매우 광범위하게 분포하는데, 이것은 사람들을 이해하기 어렵게 만들었다.

②一般来说，如果一种微生物寄生在动物身上被带到世界各地，那么它分布广泛是可以理解的。但这些被发现的微生物都生活在地下，不可能寄生到动物身上。那么它们为什么分布得这么广泛呢？

② 일반적으로 말해서, 만약 한 가지 미생물이 동물의 몸에서 기생하며 세계 각지로 옮겨진다면, 그 분포가 광범위한 것은 이해할 수 있는 것이다. 그러나 발견된 이 미생물들은 모두 지하에서 생활하여, 동물의 몸에서 기생하는 것이 불가능하다. 그러면 그것들은 왜 이렇게 광범위하게 분포하는 것일까?

③其实，这种采集自不同地区，看似一样的微生物，并没有亲缘关系，所以 2C 它们并非同一物种。地球表面任何一处的微生物，一旦埋入地下深处，在资源极端匮乏的相似环境中，一般都会被迫以同样的方式进化。

③ 사실 서로 다른 지역에서 채집했으나 비슷해 보이는 이런 미생물은 결코 혈연 관계가 없고, 그래서 2C 그것들은 결코 같은 종이 아니다. 지구 표면의 어떠한 미생물도 일단 지하 깊은 곳으로 파묻히게 되면, 자원이 극단적으로 부족한 유사 환경에서는 일반적으로 어쩔 수 없이 같은 방식으로 진화하게 된다.

④在生物学上，这种现象叫做“趋同进化”。3B / 4D 趋同进化指的是两种截然不同的物种，当身处相同的环境时，会进化出相似的特征或者功能。举个例子，昆虫和小鸟是不同的物种，但都要在空中飞，所以都进化出了翅膀；鲸和鱼也属于不同的物种，但因为都要在水里游，结果就都进化出了流线型的外表。

④ 생물학적으로 이런 현상을 '동형진화'라고 부른다. 3B / 4D 동형진화가 가리키는 것은 두 가지의 전혀 다른 종이 같은 환경에 있을 때, 유사한 특징이나 기능을 진화해낸다는 것이다. 예를 들면, 곤충과 작은 새는 다른 종이지만 모두 공중에서 날아야 해서 날개를 진화해냈다. 고래와 물고기도 다른 종이지만 모두 물에서 수영하기 때문에, 결과적으로 유선형의 외관으로 진화해냈다.

단어 **一模一样** yìmúyíyàng 성어 모양이 완전히 같다 | **微生物** wēishēngwù 명 미생물 | **藏身** cángshēn 동 몸을 숨기다 | ★**缺乏** quēfá 동 부족하다, 모자라다 | **活力** huólì 명 활력 | ★**分布** fēnbù 동 분포하다 | ★**广泛** guǎngfàn 형 광범위하다 | **寄生** jìshēng 동 기생하다 | **采集** cǎijí 동 채집하다 | ★**地区** dìqū 명 지구, 지역 | **亲缘** qīnyuán 명 혈연 | **并非** bìngfēi 부 결코 ~하지 않다, 결코 ~이 아니다 | **物种** wùzhǒng 명 (생물의) 종 | ★**表面** biǎomiàn 명 표면 | ★**一旦** yídàn 부 일단 | **埋** mái 동 (파)묻다 | ★**资源** zīyuán 명 자원 | **极端** jíduān 명형 극단(적인) | **匮乏** kuìfá 형 부족하다 | **相似** xiāngsì 형 닮다, 비슷하다 | **被迫** bèipò 동 어쩔 수 없이 ~하다, 강요당하다 | **进化** jìnhuà 명동 진화(하다) |

단어 生物 shēngwù 명 생물 | ★现象 xiànxiàng 명 현상 | 趋同 qūtóng 동 한 데 모아지다, 같아지다 | 截然不同 jiérán bùtóng 성어 완전히 다르다 | 特征 tèzhēng 명 특징 | 功能 gōngnéng 명 기능 | ★昆虫 kūnchóng 명 곤충 | ★翅膀 chìbǎng 명 날개 | 鲸 jīng 명 고래 | 属于 shǔyú 동 ~에 속하다 | 流线型 liúxiànxíng 유선형 | 外表 wàibiǎo 명 외관, 외모

1

那些地下微生物有什么特点？
A 分布广泛
B 多为灰色
C 特别活跃
D 表皮粗糙

그러한 지하 미생물은 어떤 특징이 있는가?
A 분포가 광범위하다
B 대부분 회색이다
C 매우 활기차다
D 표피가 거칠다

풀이 (1) 힌트가 될 만한 표현은 '**地下微生物**'이므로 밑줄을 그어 둔다.
(2) 먼저 보기를 읽는다.
(3) 지문의 처음부터 훑어보면서 힌트와 같거나 유사한 표현이 언급되는 위치를 빠르게 찾고 그 부분을 자세히 읽어 본다.
① ……，**发现了19种几乎一模一样的微生物。它们都藏身于地下深处，不吃不动。可是，这些缺乏活力的微生物却**分布得十分广泛，……
(4) 힌트 뒷부분을 읽다 보면 '매우 광범위하게 분포한다'라는 표현이 있으므로 A가 정답이다.

단어 灰色 huīsè 명 회색 | ★活跃 huóyuè 형 활기 있다, 활기차다 동 활기를 띠게 하다 | 表皮 biǎopí 명 표피 | ★粗糙 cūcāo 형 거칠다, 조잡하다

2

根据第三段，可以知道什么？
A 地球上的资源急需保护
B 人的身体状况越来越差
C 那些微生物不是同一物种
D 地下微生物寄生在动物身上

3번 단락에 근거하여 알 수 있는 것은?
A 지구상의 자원은 보호가 급히 필요하다
B 사람의 신체 상태가 갈수록 나빠진다
C 그러한 미생물은 같은 종이 아니다
D 지하 미생물은 동물의 몸에 기생한다

풀이 (1) 이 문제는 힌트가 없다. 단 ③번 단락부터 보면 되는 것은 확실하다.
(2) 힌트가 없는 문제일수록 보기를 먼저 읽는 것이 중요하다. 그래야 답을 찾으면 계속 지문을 읽는 것을 멈출 수 있다.
(3) 읽어 둔 보기와 같거나 유사한 내용이 나올 때까지 ③번 단락을 읽어 본다.
③ **其实，这种采集自不同地区，看似一样的微生物，并没有亲缘关系，**所以它们并非同一物种。……
(4) '**它们并非同一物种**'이라는 표현에서 답이 C임을 알 수 있다.

단어 状况 zhuàngkuàng 명 상태, 상황

3

举鲸和鱼的例子，是为了证明：	**고래와 물고기의 예를 든 것은 증명하기 위함이다:**
A 生命来自海洋	A 생명은 바다로부터 온다는 것을
B 趋同进化现象的存在	B 동형진화 현상의 존재를
C 水生动物都是流线型	C 수생동물은 모두 유선형이라는 것을
D 动物能给人类以启发	D 동물은 인류에게 깨달음을 줄 수 있다는 것을

풀이 (1) 힌트가 될 만한 표현은 '**鲸和鱼**'이므로 밑줄을 그어 둔다.

(2) 먼저 보기를 읽는다.

(3) '고래와 물고기'가 언급된 문장으로 지문이 끝나기 때문에, 그 앞의 문장을 읽어 봐야 한다.

④ ……。趋同进化指的是**两种截然不同的物种，当身处相同的环境时，会进化出相似的特征或者功能。举个例子，昆虫和小鸟是不同的物种，但都要在空中飞，所以都进化出了翅膀；鲸和鱼也属于不同的物种，但因为都要在水里游，结果就都进化出了流线型的外表。**

(4) '동형진화가 가리키는 것은 ~이다'라는 표현을 통해 정답이 B임을 알 수 있다.

단어 **给A以B** A에게 B를 주다 | ★**人类** rénlèi ⓜ 인류 | ★**启发** qǐfā ⓜ 일깨움, 깨달음 ⓢ 일깨우다, 깨우치다

4

根据上文，下列哪项正确？	**윗글에 근거하여, 다음 중 옳은 것은 무엇인가?**
A 昆虫比鸟"聪明"	A 곤충이 새보다 '똑똑하다'
B 微生物也需要冬眠	B 미생물도 겨울잠이 필요하다
C 全球微生物有190种	C 전 세계 미생물은 190종이 있다
D 生物进化受环境影响	D 생물의 진화는 환경의 영향을 받는다

풀이 (1) 힌트 없이 옳은 내용을 찾는 판단형 문제이다.

(2) 먼저 보기를 읽는다.

(3) 앞의 세 문제를 풀면서 정답을 찾을 수 없으므로 아직 읽지 않은 남은 부분을 읽어 본다.

④ ……。**趋同进化指的是**两种截然不同的物种，当身处相同的环境时，会进化出相似的特征或者功能。……

(4) '다른 종도 같은 환경에 있으면 비슷한 특징이나 기능을 진화해낸다'라는 말에서 정답이 D임을 알 수 있다.

단어 **冬眠** dōngmián ⓜ 겨울잠, 동면

기출 테스트

정답 및 해설 | 해설서 166~176쪽　　맞은 개수

第1-16题 질문을 읽고 질문에 알맞은 보기를 선택하세요.

1-4.

近年来听书十分流行。所谓"听书"，就是使用移动终端设备来听专业朗诵者读书。其实，这种方式由来已久，我们所熟悉的评书、评话、评弹等，都属于听书。如今，文学作品的朗读或直接将文学作品分角色演绎成的广播剧，都是听书的新内容。听书有显著的优点。

第一，保护视力。当你看书看累了，可以打开软件来听书，这样能有效缓解眼部疲劳。

第二，节省时间。听书时只要戴上耳机，便可以随时开启阅读之旅，不会影响你做别的事情，比如你可以一边听书一边做家务。

第三，学习正确发音。看书的时候人们为了追求速度，常常将很多词语匆匆略过，并不仔细研究它们的读音。而通过听书，人们可以确定一些字的正确发音。

但听书并非绝对完美。相对看书而言，听书看似提高了效率，可人们对于所听内容的记忆与掌握程度却远远不及看书。

1. 根据第一段，可以知道：
   A 听书现在很流行　　B 听书是刚刚兴起的
   C 听书不需借助设备　　D 评弹是听书的新内容

2. 边听书边做家务的例子是为了说明：
   A 听书可节省时间　　B 听书时需集中注意力
   C 听书能有效保护视力　　D 听书不会引起家庭矛盾

3. 根据最后一段，听书：
   A 不适合儿童　　B 前景很乐观
   C 不如看书记忆深　　D 对网络信号要求高

4. 上文主要谈的是：
   A 一种新的消费形式　　B 听书的优点及其缺点
   C 听书人群的年龄分布　　D 各方人士对听书的批评

5–8.

机器鱼并不是鱼，而是一种外观像鱼的机器，它里面装有化学传感器。机器鱼主要被用来探测海水中的污染物质，并绘制出实时三维图，告诉人们污染物的位置。

机器鱼共分为头部、躯干和尾部三部分。头部控制游动的方向，另外，机器鱼的头部还有两个鱼须，鱼须碰到障碍物就会报警。躯干是鱼的主要部分，控制电路、电机和相关驱动电路都在其中。尾部则是机器鱼前进的唯一动力，尽管构造简单，却能完成复杂的动作。

充满电后，机器鱼一次能游8个小时左右。在执行任务时，假如电量变低，它会自动游回充电站进行充电。与此同时，机器鱼还会将水质数据通过无线局域网传送给研究人员。基于这些优点，机器鱼非常适合在长时间无能源补充及远距离条件下执行任务。

此外，众多机器鱼还会集体协调工作，其中一个机器鱼发现了污染物，会把污染点位置发送给其他同伴。接收到信息后，同伴会马上聚集到污染区域共同进行探测。

5. 机器鱼的主要作用是：

A 发现污染物　　B 拍摄海底风景

C 观察海底的鱼类　　D 开发深海石油资源

6. 关于机器鱼的尾部，可以知道什么？

A 内部极其复杂　　B 主要控制方向

C 里面装有电池　　D 是前进的动力

7. 当电量变低时，机器鱼：

A 会发出求救信号　　B 会关闭所有灯光

C 可自行游回充电站　　D 可利用太阳能完成任务

8. 根据上文，下列哪项正确？

A 机器鱼可以杀死病毒　　B 机器鱼之间能互相合作

C 机器鱼尚未被正式使用　　D 机器鱼不能进行远距离工作

9-12.

精神亚健康是指一个人的精神状态不佳，在精神追求方面失去正确标准，缺乏价值支点，种种消极甚至扭曲的思想意识占据了主导地位，并体现在他们的日常工作和生活中。

精神亚健康的症状多种多样，但归纳起来主要表现在以下几个方面：一是对工作不积极，碌碌无为；二是对生活缺乏热情；三是对他人冷漠、疏离，甚至于防范、欺骗；四是对社会缺乏责任感。总体来说，他们沉溺于物质的汪洋之中，沉沦于享乐的迷茫之中，浮躁而无信仰、无追求。

精神亚健康是由什么导致的呢？在全社会消费思潮的迅速膨胀下，大众在不知不觉中被消费主义牵着鼻子走，无法脱身。此外，人们过分重视外在的“成功”，整天追求那些看得见的东西，比如房子、汽车等，所以渐渐迷失在这些“身外之物”中不可自拔。物质日益膨胀，精神状态变得越来越消极，在这种“内忧外患”的夹击之下，人们身心交瘁。

如此看来，我们都应该有一定的精神追求，找到归宿感，使我们的内心变得强大起来，并增强社会责任感。此外，我们还要共同努力，创造一个更加和谐的人文环境。

9. 第一段主要谈的是什么？

A 精神亚健康的成因　　B 精神亚健康的概念

C 精神亚健康的预防措施　　D 精神亚健康的治疗方法

10. 下列哪项不是精神亚健康的症状？

A 对他人冷淡　　B 缺乏生活热情

C 工作上不积极　　D 抱怨社会不公平

11. 第三段中的“内忧外患”指的是：

A 与朋友之间的矛盾　　B 事业与家庭的不平衡

C 物质与精神的双重压力　　D 收入的减少与消费的增加

12. 我们应该如何避免出现精神亚健康状态？

A 吃得清淡一些　　B 要懂得及时享乐

C 定期到医院体检　　D 关注自身的精神追求

13-16.

中国人历来喜爱竹子，中国也是世界上最早培育和利用竹子的国家。中国古典园林中常以竹为景。竹子与水体、山石等结合是江南园林中最独特的景观之一，也深受古代诗人们的喜爱。

竹子用于建造，可谓历史悠久。远古时代，在人们从巢居、穴居向地面居住发展的过程中，竹子就发挥着重要作用：如汉代甘泉宫、宋代黄冈竹楼便以竹为建筑材料。中国南方因其自然优势，竹楼竹屋十分常见，如云南傣族的竹楼；而在北方，竹子虽少，但也充分发挥着它的观赏价值，很多古典园林中也常见竹的身影。

近年来，越来越多的中国建筑师也开始舍弃钢筋混凝土，去寻找遗失的传统技艺和文化。湖南双溪书院即是这一探索的代表，其设计理念既来源于当地传统民居建筑，又是对中国南方民居建筑符号的抽象提炼，在竹建筑中体现着浓浓的南方人文气息与山野情怀。

竹建筑的发展，不仅能推动艺术的绽放，还能促进经济的繁荣，助力乡村建设。比如中国浙江龙泉的宝溪村，就因为竹建筑艺术的推动，从昔日名不见经传的小村庄成为了远近闻名的旅游目的地。

13. 根据第一段，中国江南园林的特点是什么？

A 规模较大　　B 由文人命名

C 多建于山脚下　　D 将竹与山水结合

14. 第二段主要讲的是：

A 竹建筑历史悠久　　B 怎样用竹装饰屋子

C 甘泉宫的整体结构　　D 中国南方建筑的特点

15. 关于湖南双溪书院，下列哪项正确？

A 实用性强　　B 房体结实

C 设计理念源于传统　　D 采用最新建筑材料

16. 举宝溪村的例子是为了说明什么？

A 竹建筑多在乡村　　B 老百姓也懂艺术

C 建筑师缺乏创造力　　D 竹建筑带动经济发展

Chapter 05 실용문

▶ 실용문형이란?

실용문형은 실제 생활에 도움이 될 만한 여러 방면의 정보 전달을 목적으로 하는 문제 유형이다. 연구, 조사, 실험, 통계의 결과와 새로운 사물이나 사회현상에 대한 소개, 이 밖에 생활상식, 신문 보도 등 다양한 내용의 정보를 전달한다. 다룰 수 있는 내용의 범위가 넓은 만큼 출제 비율도 독해 제3부분 전체 문제 유형에서 28%로 가장 큰 편이다.

문제 풀이 전략

☑ 지문에 등장하는 질문을 놓치지 말자.

지문에서 질문이 제시되는 이유는 단 하나, 바로 그 질문에 대답하기 위해서이다. 일반적으로 1, 2번 단락에 등장하는 질문을 통해서는 글 전체의 주제를 파악할 수 있다. 또한, 글 중간에 나오는 질문은 그 단락의 주제를 파악하는 데 도움을 줄 수 있다.

☑ 문장부호도 큰 힌트가 될 수 있다.

각 문장부호가 의미하는 것을 잘 알아 두면 정답을 찾는 데 크게 도움이 된다.

❶ 문제에 등장하는 쌍따옴표(双引号 “”): 문제에 큰따옴표를 사용한 단어나 표현이 있다면 지문에 이 단어나 표현이 그대로 등장한다는 약속이 된다. 또한, 지문에서 역시 큰따옴표를 사용하는 경우가 많아서 정답이 나오는 포인트를 찾는 데 크게 도움이 된다.

❷ 지문에 등장하는 쌍점(冒号 ：): 앞의 내용을 세분화하거나 열거할 때 사용한다. 특히 단문들을 열거할 때 다시 쌍반점(分号 ；)을 사용하여 병렬관계를 나타내는 경우가 많다.
A：B；C；D。
예를 들어 A라는 내용 안에서 다시 세분화하여 B, C, D 3개의 문장을 나열한다면 위와 같은 모습이 된다. 문제에서 A 중 하나의 예시를 구체적으로 묻는 경우 이러한 문장부호를 알아 두는 것이 도움이 된다.

❸ 지문에 등장하는 줄표(破折号 ——): 앞의 내용에 대한 주석이나 구체적인 설명을 끌어낼 때 사용한다. 문제에서 어떤 것에 대한 구체적인 뜻이나 이해를 물을 때 도움을 받을 수 있다.

시원한 공략법

실용문형

- 실용문은 정보 전달을 목적으로 하는 글이다. 단락과 단락 간에 어느 정도의 의미적 연결이 있는 이야기형과 비교할 때, 실용문은 전달하고자 하는 정보들을 단락별로 명확하게 나누는 경우가 많아서 한 단락이 하나의 지문처럼 독립성을 가지는 편이다. 따라서 전체 내용의 흐름을 몰라도 각 문제에 대한 포인트만 정확히 잡으면 정답을 찾을 수 있는 경우가 많다.

시원한 공략법 실전 문제

1-4.

我们在工作和生活中常会遇到这类人：小到出门上班迟到，大到耽误项目进度，他们无论干什么事都喜欢拖延。有人会把拖延归咎于个人性格，但科学家发现做事爱拖延、行动控制能力较差的人，他们的大脑结构与常人不同。除此之外，职业也可能对是否拖延造成影响。不同的职业有着不同的做事风格。例如警察、外科医生等，必须行动迅速，才能取得更好的效果，这既是工作的需要，也是自我保护的需要。还有一些职业，比如裁缝、心理咨询师等就没必要那么着急。

经常拖延会给人们带来很多负面影响。在工作中不守时、耽误事情会让领导觉得你是一个工作态度不严谨的人；与朋友交往时拖延，会被朋友认为没有信用，浪费他人时间。同时，做事拖拉、没有效率，也会延长工作时间，对于工作和生活都极为不利。

怎样克服做事拖拉的毛病呢？首先要认识到拖延问题的严重性；其次可以根据待办事项的重要性安排时间，并明确工作能为自己带来的好处，促使自己尽快完成；最后应该加强时间观念，合理做好行动规划，并按照规定时间完成计划。

1. 科学家发现，做事拖延的人：
   A 爱找借口　　B 比其他人消极
   C 做事更加谨慎　　D 大脑结构和他人不同

2. 经常拖延会造成什么后果？
   A 被人看不起　　B 失去领导的信任
   C 常常和朋友吵架　　D 身心受到极大压力

3. 最后一段主要谈的是：

A 克服拖延的办法　　B 导致拖延的原因

C 如何制定行动计划　　D 加强时间观念的重要性

4. 根据上文，下列哪项正确？

A 做事拖延的人很懒　　B 职业影响人们的做事风格

C 心理咨询师的执行力非常强　　D 拖延问题严重者应及时就医

시원한 공략법 **실전 문제 풀이**

1-4 지문 해석

①我们在工作和生活中常会遇到这类人：小到出门上班迟到，大到耽误项目进度，他们无论干什么事都喜欢拖延。有人会把拖延归咎于个人性格，但科学家发现做事爱拖延、行动控制能力较差的人，1D 他们的大脑结构与常人不同。除此之外，职业也可能对是否拖延造成影响。4B 不同的职业有着不同的做事风格。例如警察、外科医生等，必须行动迅速，才能取得更好的效果，这既是工作的需要，也是自我保护的需要。还有一些职业，比如裁缝、心理咨询师等就没必要那么着急。

②经常拖延会给人们带来很多负面影响。在工作中不守时、耽误事情会 2B 让领导觉得你是一个工作态度不严谨的人；与朋友交往时拖延，会被朋友认为没有信用，浪费他人时间。同时，做事拖拉、没有效率，也会延长工作时间，对于工作和生活都极为不利。

③3A 怎样克服做事拖拉的毛病呢？首先要认识到拖延问题的严重性；其次可以根据待办事项的重要性安排时间，并明确工作能为自己带来的好处，促使自己尽快完成；最后应该加强时间观念，合理做好行动规划，并按照规定时间完成计划。

① 우리는 업무와 생활 속에서 종종 이런 사람을 만날 수 있다. 작게는 문을 나서 출근에 지각하고, 크게는 프로젝트 진도를 지연시키는데, 그들은 무슨 일을 하든 관계없이 미루기를 좋아한다. 어떤 사람은 미루는 것을 개인의 성격 탓으로 돌리지만, 일을 할 때 미루기를 좋아하고 행동 통제 능력이 비교적 떨어지는 사람들은 1D 그들의 대뇌 구조가 일반 사람과 다르다는 것을 과학자들은 발견했다. 이 외에, 직업 또한 지연 여부에 영향을 초래할 수 있다. 4B 서로 다른 직업은 서로 다른 업무 처리 스타일을 가지고 있다. 예를 들어 경찰, 외과 의사 등은 반드시 행동이 신속해야만 더 좋은 효과를 얻을 수 있는데, 이것은 업무의 필요이기도 하고 자기 보호의 필요이기도 하다. 또 어떤 직업, 예를 들어 재봉사와 심리상담사 등은 그렇게 조급해할 필요가 없다.

② 늘상 미루는 것은 사람들에게 많은 부정적인 영향을 가져온다. 업무 중에 시간을 지키지 않고 일을 지체하면 2B 리더로 하여금 당신이 업무 태도가 엄격하지 않은 사람이라고 생각하게 만들 것이다. 친구와 교제할 때 미루게 되면 친구들에게 신용이 없고 타인의 시간을 낭비한다고 여겨질 것이다. 동시에 일을 할 때 질질 끌고 효율이 없으면 또한 업무 시간을 연장하게 되어, 업무와 생활에 모두 지극히 불리하다.

③ 3A 일을 할 때 미루는 나쁜 습관을 어떻게 극복할까? 먼저, 미루는 문제의 심각성을 인식해야 한다. 두 번째로, 처리해야 하는 사항의 중요성에 근거하여 시간을 안배하고, 또한 업무가 자신에게 가져오는 좋은 점을 명확히 하여 되도록 빨리 완성하도록 자신을 재촉할 수 있다. 마지막으로 시간 관념을 강화하여 합리적으로 행동 계획을 만들고, 또한 규정된 시간에 따라 계획을 완성해야 한다.

단어 ★耽误 dānwu ⓢ 일을 그르치다, 시간을 허비하다 | ★项目 xiàngmù ⓜ 항목, 사항, 프로젝트 | 进度 jìndù ⓜ 진도 | 拖延 tuōyán ⓢ 미루다, 지연하다, 늦추다 | 归咎 guījiù ⓢ ~의 탓으로 돌리다 | ★个人 gèrén ⓜ 개인 | ★行动 xíngdòng ⓜⓢ 행동(하다) | ★控制 kòngzhì ⓢ 제어하다, 억제하다 | ★结构 jiégòu ⓜ 구조, 구성 | 常人 chángrén ⓜ 보통 사람 | ★造成 zàochéng ⓢ 야기하다, 초래하다 | ★风格 fēnggé ⓜ 스타일, 풍격 | ★迅速 xùnsù ⓗ 신속하다 | 裁缝 cáifeng ⓜⓢ 재봉(하다) | 心理 xīnlǐ ⓜ 심리 | ★咨询 zīxún ⓢ 자문하다, 상담하다 | 负面 fùmiàn ⓜ 부정적인 면 | 守时 shǒushí 시간을 지키다 | ★领导 lǐngdǎo ⓜ 리더, 지도자 ⓢ 지도하다, 이끌고 나가다 | 严谨 yánjǐn ⓗ 엄격하다, 신중하다 | ★交往 jiāowǎng ⓜⓢ 왕래(하다), 교제(하다) | ★效率 xiàolǜ ⓜ 효율, 능률 | ★克服 kèfú ⓢ 극복하다 | 拖拉 tuōlā ⓢ (일을) 질질 끌다 | ★毛病 máobìng ⓜ (개인의) 나쁜 버릇, 고장 | 待办 dàibàn ⓢ 처리하기를 기다리다 | 事项 shìxiàng ⓜ 사항 | ★明确 míngquè ⓗ 명확하다 ⓢ 명확하게 하다 | ★促使 cùshǐ ⓢ ~하도록 재촉하다 | ★尽快 jǐnkuài ⓑ 되도록 빨리 | ★观念 guānniàn ⓜ 관념, 사고방식 | ★合理 hélǐ ⓗ 합리적이다 | 规划 guīhuà ⓜⓢ 계획(하다), 기획(하다)

1

科学家发现，做事拖延的人：	과학자들이 발견하길, 일을 할 때 미루는 사람은:
A 爱找借口	A 핑계 대기를 좋아한다
B 比其他人消极	B 다른 사람들보다 소극적이다
C 做事更加谨慎	C 일을 할 때 더욱 신중하다
D 大脑结构和他人不同	D 대뇌 구조가 다른 사람과 다르다

풀이 (1) 힌트가 될 만한 표현은 '**科学家**'와 '**做事拖延**'이므로 밑줄을 그어 둔다.

(2) 먼저 보기를 읽는다.

(3) 지문의 처음부터 훑어보면서 힌트와 같거나 유사한 표현이 언급되는 위치를 빠르게 찾고 그 부분을 자세히 읽어 본다.
① ……，**但科学家发现做事爱拖延、行动控制能力较差的人**，他们的大脑结构与常人不同。……

(4) 이 문제는 과학자들이 발견한 사실을 파악하는 것이 중요하므로 보기와 일치하는 내용을 찾을 때까지 '**科学家发现**'의 뒷부분을 읽어 봐야 한다. '대뇌 구조가 일반 사람과 다르다'고 했으므로 정답은 D이다.

단어 ★借口 jièkǒu ⓜⓢ 구실(로 삼다), 핑계(로 삼다) | ★消极 xiāojí ⓗ 소극적이다, 부정적이다 | ★谨慎 jǐnshèn ⓗ 신중하다

2

经常拖延会造成什么后果？	자주 미루는 것은 어떤 나쁜 결과를 초래하는가?
A 被人看不起	A 사람에게 무시당한다
B 失去领导的信任	B 리더의 신임을 잃는다
C 常常和朋友吵架	C 종종 친구와 다툰다
D 身心受到极大压力	D 심신이 지극히 큰 스트레스를 받는다

풀이 (1) 힌트가 될 만한 표현은 '**经常拖延**'이므로 밑줄을 그어 둔다.

(2) 먼저 보기를 읽는다.

(3) 지문을 훑어보면서 힌트와 같거나 유사한 표현이 언급되는 위치를 빠르게 찾고 그 부분을 자세히 읽어 본다.
② **经常拖延会给人们带来很多负面影响。在工作中不守时、耽误事情会**让领导觉得你是一个工作态度不严谨的人；……

(4) ②번 단락 전체가 일을 미루는 것의 부정적인 영향을 말하고 있다. '리더로 하여금 당신이 업무 태도가 엄격하지 않은 사람이라고 생각하게 만든다'는 말을 통해 정답은 B임을 알 수 있다.

단어 ★后果 hòuguǒ 명 (나쁜) 결과 | ★看不起 kànbuqǐ 무시하다, 깔보다, (돈이 없어서) 보지 못하다 | ★失去 shīqù 동 잃(어버리)다 | ★信任 xìnrèn 명동 신임(하다) | ★吵架 chǎojià 동 다투다, 말다툼하다

3

最后一段主要谈的是:	마지막 단락이 주로 이야기하는 것은:
A 克服拖延的办法	A 미루는 것을 극복하는 방법
B 导致拖延的原因	B 미루는 것을 초래하는 원인
C 如何制定行动计划	C 어떻게 행동 계획을 세울 것인가
D 加强时间观念的重要性	D 시간 관념을 강화하는 것의 중요성

풀이 (1) 마지막 단락의 주제를 찾는 문제이다. ③번 단락의 시작이 질문으로 시작하므로 전체적으로 그 질문에 대해 대답하는 내용임을 유추할 수 있다.

③ 怎样克服做事拖拉的毛病呢?……

(2) '일을 할 때 미루는 나쁜 습관을 어떻게 극복할까'라는 질문을 통해 정답이 A임을 알 수 있다.

단어 ★导致 dǎozhì 동 야기하다, 초래하다 | ★制定 zhìdìng 동 세우다, 제정하다, 만들다

4

根据上文，下列哪项正确?	윗글에 근거하여, 다음 중 옳은 것은 무엇인가?
A 做事拖延的人很懒	A 일을 할 때 미루는 사람은 게으르다
B 职业影响人们的做事风格	B 직업은 사람들의 업무 처리 스타일에 영향을 준다
C 心理咨询师的执行力非常强	C 심리상담사의 수행 능력은 매우 강하다
D 拖延问题严重者应及时就医	D 미루는 문제가 심각한 사람은 즉시 진료를 받아야 한다

풀이 (1) 힌트가 없는 판단형 문제이다.

(2) 먼저 보기를 읽는다.

(3) 앞의 세 문제를 풀면서 정답을 찾을 수 없으므로 아직 읽지 않은 남은 부분을 읽어 본다.

③ **怎样克服做事拖拉的毛病呢? 首先要认识到拖延问题的严重性；其次可以根据待办事项的重要性安排时间，……；最后应该加强时间观念，……**

(4) ③번 단락의 남아 있는 내용은 미루는 습관을 극복하는 방법을 세 가지 제시하고 있으나 보기와 일치하는 내용을 찾을 수 없다. 이런 경우 각 보기에 대한 내용을 하나씩 찾아봐야 한다. 먼저 A가 정답이 되려면 '懒'이 언급되어야 하지만 지문에는 '懒'이 한 번도 언급되지 않으므로 소거한다. B가 맞는 말인지 확인하려면 일단 '职业'가 언급되는 부분을 찾아야 한다.

② ……。**除此之外，职业也可能对是否拖延造成影响。**不同的职业有着不同的做事风格。……

(5) '서로 다른 직업은 서로 다른 업무 처리 스타일을 가지고 있다'는 말에서 정답이 B임을 알 수 있다.

단어 ★懒 lǎn 형 게으르다 | 执行 zhíxíng 동 시행하다, 수행하다 | ★及时 jíshí 형 시기 적절하다, 때맞다 부 즉시 | 就医 jiùyī 동 의사에게 진찰을 받다, 의사에게 진료받다

기출 테스트

정답 및 해설 | 해설서 176~186쪽

第1-16题 질문을 읽고 질문에 알맞은 보기를 선택하세요.

1-4.

每年的4月22日是世界地球日，它是一个专为保护世界环境而设立的节日，旨在提高民众对于现有环境问题的重视，并动员民众参与到环保运动中，改善地球的整体环境。

联合国环境署在2017年的世界地球日当天，发起了“地球卫士青年奖”评选大赛，目的是发掘年龄在18至30岁的年轻人才，支持他们将个人关于环保的想法付诸实践，以挽救我们的环境。“地球卫士青年奖”为青年人提供了一个全球性的舞台，来展示他们的技术发明和创新型商业模式，激发他们的潜能，共同改善地球的健康状况。

本次活动将有来自全球的6名年轻人被评为“地球青年卫士”。他们每人会获得大约9万元的种子基金，并有机会接受强化培训及量身定制的指导，以帮助他们实现宏大的环保梦想。

获奖者将由全球评审团一致选出，联合国环境署执行主任也会担任评委。据了解，大赛的报名系统已于4月22日开放，并于6月18日关闭。

1. 关于世界地球日，可以知道：
   A 是在每年的5月初　　B 促进了经济的发展
   C 有各个国家轮流举办　　D 目标是改善地球环境

2. 根据第二段，“地球卫士青年奖”：
   A 已举办两届　　B 培养了地区领导人
   C 由联合国环境署发起　　D 获奖者不能超过20岁

3. 被评为“地球青年卫士”的6名年轻人：
   A 都来自欧洲　　B 有机会接受培训
   C 需要到各地演讲　　D 会被奖励一万元人民币

4. 根据上文，下列哪项正确？
   A 评审团由10人组成　　B 青年创业成功者居多
   C 报名系统6月18日关闭　　D 获奖结果于2018年年初公布

5-8.

如今，动漫已经成为儿童、青少年甚至部分成人休闲生活的重要组成部分。那么为什么这些不同年龄段的人都这么喜欢动漫呢？

心理学家研究表明，动漫与儿童之间存在某种天然的联系。儿童具有把万物视为有生命、有意向的东西的天性，而动漫最大的特点就在于它可以把任何非人类的东西人格化，赋予它们情感、语言、思维和行动。

随着年龄的增长，儿童逐渐成长为青少年，他们有着极强的求知欲和叛逆心理，不满足于学校和家庭的生活体验，渴望接触外面的世界，但由于现实条件的限制，他们只能借助动漫寻找理想中的虚拟世界。此时，动漫承担了青少年情感转移的需求。

心理学家还指出，动漫可以让人暂时脱离现实生活，尽情遨游在一个完全不同的世界里。所以，观看动漫具有帮助成人排解压力的作用。同时，它还能满足成人的梦想：做最刺激的事、拥有不可能拥有的一切。

5. 根据第二段，儿童：

A 有语言天赋　　B 爱把物品人格化
C 喜欢会动的玩具　　D 娱乐方式多种多样

6. 根据第三段，青少年：

A 情绪多变　　B 求知欲不如儿童强
C 珍惜与家人的关系　　D 想要接触外面的世界

7. 动漫对成人有什么作用？

A 缓解压力　　B 让他们吸取教训
C 了解儿女的思想　　D 解决工作中的难题

8. 上文主要谈的是：

A 动漫广受喜爱　　B 动漫中包含的智慧
C 怎么向不同人群推广动漫　　D 如何克服动漫的消极影响

9-12.

南极的极昼来临时，企鹅会到数千米外的海洋去觅食。企鹅每次离家和回家的途中都要横跨没有任何地面标志的冰原，但它们从来不会迷路。这是为什么呢？难道它们身上带有指南针？

1959年，科学家在南极5只成年企鹅身上做了标记，然后把它们带到1500千米外5个不同的地方，有趣的是，经过10个月的跋涉，它们居然全部都回到了原地。之后，又有两位科学家做了类似的实验。他们把几只企鹅带到离它们的故乡很远的陌生地方，并放到一个洞穴中。经过观察，他们发现，那些企鹅出洞后，一开始只在周围茫然地转来转去，但它们很快就找到了方向，一致把头转向了北方。他们还发现，只有当乌云遮住太阳的时候，企鹅才会迷失方向，四处乱走。

通过大量的实验，科学家们得出一个结论：企鹅体内的“指南针”是根据太阳来定向的。但是，太阳的位置和方向并不是固定的，企鹅是如何做到永远不迷失方向的呢？这个问题还有待研究。

9. 南极极昼来临时，企鹅会：

A 藏在海洋里　　B 进入睡眠状态
C 出去寻找食物　　D 躺在冰上晒太阳

10. 关于1959年的那个实验，可以知道什么？

A 持续了5个月　　B 企鹅身上有标记
C 总共选了15只企鹅　　D 企鹅在一年后回到了原地

11. 根据第二段，刚出洞时，企鹅：

A 睁不开眼　　B 立即向南走
C 不停地发抖　　D 只在周围转

12. 企鹅根据什么来定方向？

A 太阳　　B 风向
C 海水的流动　　D 乌云的位置

13-16.

坐飞机时，如果你希望有更大的空间，或者不希望旁边有人打扰，那么可以购买“占座票”。

据报道，一家航空公司目前推出了“一人多座”的产品，也就是说旅客除了购买自己座位的机票，还可以购买其他的座位。

航空公司为什么会出售“占座票”呢？据了解，不少航空公司的平均客座率都较低。大多数航班都有很多空座位，与其空着，不如想办法卖出去。这样既能满足部分旅客的个性化需求，还能增加航空公司的收入。

可对于这项服务，网友们却议论纷纷。支持者认为，飞机座位较小，旁边有人的话，坐着很不舒服。同时，“占座票”对身材较胖的乘客而言更是十分必要的。反对者则认为这样做是浪费资源。

某民航资深评论员表示，这样做谈不上浪费，而是航空公司的一种创新，满足了一部分特殊乘客的需求。另外航空公司也一定会控制该类产品的售卖情况，不会出现一人包全场等极端情况，而且航空公司也会根据淡旺季来决定是否售卖该产品。

13. 关于“一人多座”产品，可以知道：

A 经常打折　　B 可转卖给他人
C 方便旅客睡觉　　D 旅客可享受更大空间

14. 航空公司出售“占座票”是为了什么？

A 增加收入　　B 缓解买票难的状况
C 与其他交通工具竞争　　D 满足绝大多数旅客的需求

15. 持反对意见的网友认为卖“占座票”：

A 风险大　　B 不公平
C 浪费资源　　D 不符合规定

16. 下列哪项是那位民航资深评论员的观点？

A 占座票是一种创新　　B 应优先照顾特殊乘客
C 占座票应在旺季出售　　D 航空公司应提供包机服务

쓰기 书写

제1부분

단어 배열하기

출제 경향 및 출제 유형

쓰기 1부분

- 주어진 4–6개의 단어나 구를 순서에 맞게 문장으로 배열하는 문제로 총 8문제(91–98번)가 출제된다.
- 한 문제당 배점이 5점으로 다소 높은 편이며, 총 40점을 차지한다.

출제 경향

1 기본적인 어순, '주어+형용사서술어' 혹은 '주어+동사서술어+목적어'를 배열하는 문제가 가장 많이 출제되고 있다.

2 5급에서는 여러 가지 보어 중 정도보어, 시량보어, 전치사구보어가 주로 출제되고 있다.

3 是자문, 有자문, '把자문', '被자문', 연동문, 겸어문, 비교문, 강조문 등 여러 가지 문형 또한 다양하게 출제되고 있다.

4 쓰기는 총 40분의 시간이 주어진다. 그중 쓰기 제1부분은 최대 10분 안에 풀도록 한다. 쓰기 제1부분을 빨리 풀수록 작문을 해야 하는 쓰기 제2부분에서 좀 더 많은 시간을 확보할 수 있다.

출제 유형

三、写作

第一部分

第91-98题：请选正确答案。

쓰기 제1부분은 예제(例如)가 한 문제 제시됩니다.

例如：发表　这篇论文　什么时候　是　的

这篇论文是什么时候发表的？

91. 光滑　丝绸睡衣　很　这件

92. 实验报告　出来了　吗　已经

제시된 단어나 구를 순서에 맞게 문장으로 배열하는 문제입니다.

제시된 단어의 품사를 파악하는 것이 중요합니다.

·
·
·

정답

91. 这件丝绸睡衣很光滑。

92. 实验报告已经出来了吗？

쓰기 제1부분

Chapter 01 기본 어순

▶ 기본 어순이란?

중국어는 형용사와 동사가 문장의 서술어가 될 수 있다. 따라서 기본 어순으로 나열하는 문제 유형에서는 형용사가 문장의 서술어가 되는 '형용사술어문'과 동사가 문장의 서술어가 되는 '동사술어문'으로 문장을 나열하는 문제들이 등장한다. 기본 어순으로 나열하는 유형은 쓰기 제1부분 전체 문제 유형에서 약 57%의 높은 출제 비율을 차지한다.

문제 풀이 전략

☑ 수식어는 괄호로 묶어둔다.

'的'나 '地'로 끝나는 수식어, 혹은 부사나 전치사구 등의 수식어는 우선 괄호로 표시하여 문장의 기본성분인 '주어+서술어(+목적어)'가 잘 보이도록 하는 것이 좋다. 이때 기본성분과 수식어를 한꺼번에 괄호 표시하지 않도록 주의한다.

☑ 서술어를 먼저 찾아내는 것이 효율적이다.

문장의 기본성분 중에서 주어는 의미상 생략될 수가 있고, 서술어가 형용사라면 목적어도 없을 수 있다. 따라서 문장의 서술어를 먼저 찾아내어 균형을 잡는 것이 전체적으로 어순을 나열하는 데 크게 도움이 된다.

☑ 답안지에 정확하게 적는다.

시험지에 문장을 한 번 써 본 뒤 답안지에 적는 것은 너무 시간이 오래 걸린다. 따라서 단어나 구 위에 1, 2, 3 숫자로 순서를 표시한 뒤, 이 순서대로 시험지에 바로 답을 쓰는데, 한 획 한 획 정확하게 한자를 답안지에 적어야 한다. 또한 문장의 의미에 맞게 마지막에 마침표(。), 물음표(？), 느낌표(！)를 쓰는 것을 절대 잊어서는 안 된다.

시원한 공략법 01

형용사술어문 파악하기

● '형용사술어문'이란 말 그대로 서술어의 품사가 형용사인 문장을 뜻한다.

관형어 + 주어 + 부사어 + 형용사서술어

관형어 형용사서술어에서 주어를 수식하는 관형어에는 주로 다음과 같은 품사들이 사용된다.

这两本 小说 的 内容 很 有意思。 이 소설 두 권의 내용은 재미있다.
지시대사 + 수사 + 양사 / 명사 → 관형어 / 주어 / 부사어 / 형용사서술어

你买 的 水果 很 甜。 네가 산 과일은 달다.
동사(구) → 관형어 / 주어 / 부사어 / 형용사서술어

부사어 형용사서술어를 수식하는 부사어에는 주로 다음과 같은 품사들이 사용된다.

他 最近 对我 很 好。 그는 요즘 나에게 잘해준다.
주어 / 시간명사 / 전치사구 / 부사 → 부사어 / 형용사서술어

시원한 공략법 실전 문제

1. 传播速度　快　极　那种病毒的

2. 非常公平　规则　那场比赛的　计分

3. 熟悉　员工　还不　新来的　对业务

시원한 공략법 **실전 문제 풀이**

1

형용사술어문

那种病毒的传播速度极快。	저 종류 바이러스의 전파 속도는 아주 빠르다.

풀이 1단계 먼저 수식성분인 '**那种病毒的**'와 정도부사 '**极**'는 괄호로 표시하여 문장의 핵심성분에서 제외한다.
➡ **(那种病毒的)传播速度(极)快。**

2단계 서술어가 될 수 있는 단어는 형용사 '**快**'밖에 없다.

3단계 서술어 '**快**'와 어울리는 주어는 '**传播速度**'이다.

4단계 남은 단어나 구를 의미에 맞게 수식하는 곳에 넣어 문장을 완성한다.

단어 ★**病毒** bìngdú ⓜ 바이러스 | ★**传播** chuánbō ⓓ 전파하다, 널리 퍼뜨리다 | ★**速度** sùdù ⓜ 속도 | ★**极** jí ⓟ 아주, 극히, 매우

2

형용사술어문

那场比赛的计分规则非常公平。	저 경기의 점수 계산 규칙은 매우 공평하다.

풀이 1단계 먼저 수식성분인 '**那场比赛的**'는 괄호로 표시하여 문장의 핵심성분에서 제외한다.
➡ **(那场比赛的)计分规则非常公平。**

2단계 서술어가 될 수 있는 단어는 부사 '**非常**'의 수식을 받고 있는 형용사 '**公平**'밖에 없다.

3단계 서술어 '**公平**'과 어울리는 주어는 '**规则**'이다.

4단계 남은 단어나 구를 의미에 맞게 수식하는 곳에 넣어 문장을 완성한다.

단어 **计分** jìfēn ⓓ 점수를 계산하다 | ★**规则** guīzé ⓜ 규칙 | ★**公平** gōngpíng ⓗ 공평하다

3

형용사술어문

新来的员工对业务还不熟悉。	새로 온 직원은 업무에 대해 아직 익숙하지 않다.

풀이 1단계 먼저 수식성분인 '**新来的**', '**还不**', 전치사구 '**对业务**'는 괄호로 표시하여 문장의 핵심성분에서 제외한다.
➡ **(新来的)员工(对业务还不)熟悉。**

2단계 서술어가 될 수 있는 단어는 형용사 '**熟悉**'밖에 없다.

3단계 서술어 '**熟悉**'와 어울리는 주어는 '**员工**'이다.

4단계 남은 단어나 구를 의미에 맞게 수식하는 곳에 넣어 문장을 완성한다.

단어 ★**员工** yuángōng ⓜ 직원 | ★**业务** yèwù ⓜ 업무 | ★**熟悉** shúxī ⓗ 익숙하다

시원한 공략법 02

동사술어문 파악하기

● '동사술어문'이란 말 그대로 서술어의 품사가 동사인 문장을 뜻한다.

관형이 + (的) + 주어 + 부사어 + (地) + 동사서술어 + (的) + 목적어

관형어 동사술어문에서 주어나 목적어를 수식하는 관형어에는 다양한 품사들이 사용될 수 있다. 한편 '(지시대사)+수사+양사'는 형용사보다 앞에 위치해야 한다.

我 还 记得 老师讲 的 那个 浪漫 的 爱情 故事。
주어 부사어 동사서술어 동사(구) 지시대사+수사+양사 형용사 명사 목적어
관 형 어

나는 선생님께서 말씀해 주신 그 낭만적인 사랑 이야기를 아직도 기억하고 있다.

부사어 동사서술어를 수식하는 부사어에는 다양한 품사들이 사용될 수 있다.

我 明天 一定 会 满意地 向他 表示 同意。
주어 시간명사 부사 조동사 형용사 전치사구 동사서술어 목적어
부 사 어

나는 내일 반드시 만족스럽게 그에게 동의함을 나타낼 것이다.

시원한 공략법 실전 문제

1. 一位 将采访 年轻导演 我们这次

2. 制定了 治疗方案 医生为他 新的

3. 准备下周的 她 戏剧表演 正在 专心地

시원한 공략법 실전 문제 풀이

1

동사술어문

我们这次将采访一位年轻导演。	우리는 이번에 젊은 감독 한 명을 인터뷰할 것이다.

풀이 1단계 먼저 수식성분인 수량사 '**一位**'는 괄호로 표시하여 문장의 핵심성분에서 제외한다.
➡ **我们这次将采访(一位)年轻导演。**

2단계 서술어가 될 수 있는 단어는 앞에 부사 '**将**'의 수식을 받고 있는 동사 '**采访**'밖에 없다.

3단계 서술어 '**采访**'과 어울리는 주어와 목적어는 각각 '**我们**'과 '**导演**'이다.

4단계 남은 단어나 구를 의미에 맞게 수식하는 곳에 넣어 문장을 완성한다.

단어 **将** jiāng ㊚ 곧, 장차 | ★**采访** cǎifǎng ㊍ 인터뷰하다, 취재하다 | ★**导演** dǎoyǎn ㊐ 감독

2

동사술어문

医生为他制定了新的治疗方案。	의사는 그를 위해 새로운 치료 방안을 세웠다.

풀이 1단계 먼저 수식성분인 '**新的**'는 괄호로 표시하여 문장의 핵심성분에서 제외한다.
➡ **医生为他制定了(新的)治疗方案。**

2단계 서술어가 될 수 있는 단어는 뒤에 동태조사 '**了**'가 있는 동사 '**制定**'이다.

3단계 서술어 '**制定**'과 어울리는 주어와 목적어는 각각 '**医生**'과 '**方案**'이다.

4단계 남은 단어나 구를 의미에 맞게 수식하는 곳에 넣어 문장을 완성한다.

단어 ★**制定** zhìdìng ㊍ 세우다, 제정하다, 만들다 | ★**治疗** zhìliáo ㊐㊍ 치료(하다) | ★**方案** fāng'àn ㊐ 방안, 계획

3

동사술어문

她正在专心地准备下周的戏剧表演。	그녀는 막 집중해서 다음 주 희극 공연을 준비하고 있다.

풀이 1단계 먼저 수식성분인 '**下周的**', 부사 '**正在**', '**专心地**'는 괄호로 표시하여 문장의 핵심성분에서 제외한다.
➡ **她(正在专心地)准备(下周的)戏剧表演。**

2단계 서술어가 될 수 있는 단어는 동사 '**准备**'밖에 없다.

3단계 서술어 '**准备**'와 어울리는 주어와 목적어는 각각 '**她**'와 '**表演**'이다.

4단계 남은 단어나 구를 의미에 맞게 수식하는 곳에 넣어 문장을 완성한다.

단어 ★**正在** zhèngzài ㊚ 마침 (~하는 중이다) | ★**专心** zhuānxīn ㊔ 집중하다, 전념하다, 열중하다 | ★**戏剧** xìjù ㊐ 희극, 연극 | ★**表演** biǎoyǎn ㊐㊍ 공연(하다)

시원한 공략법 03 서술성 목적어를 가지는 동사

● 대부분의 동사가 목적어 자리에 명사나 대명사를 가지는 것과 달리, 목적어 자리에 형용사나 동사와 같은 서술성의 목적어를 가질 수 있거나 가져야 하는 동사들이 있다. 가장 대표적으로 동사 '觉得'는 반드시 서술성 목적어를 가져야 한다.

我 + 觉得 + 她很漂亮。 ➡ 목적어 자리에 형용사 '漂亮'이 들어 있음
주어 서술어 목적어
나는 그녀가 아주 예쁘다고 생각한다.

我 + 觉得 + 她应该学汉语。 ➡ 목적어 자리에 동사 '学'가 들어 있음
주어 서술어 목적어
나는 그녀가 중국어를 배워야 한다고 생각한다.

시원한 공략법 실전 문제

1. 显得　她　不耐烦　很

2. 治疗　接受　需要立刻　姥姥

3. 进行合作　期待与您　非常　我们

시원한 공략법 실전 문제 풀이

1

서술성 목적어를 가져야 하는 동사

她显得很不耐烦。	그녀는 귀찮아 보인다.

풀이 1단계 먼저 수식성분인 정도부사 '**很**'은 괄호로 표시하여 문장의 핵심성분에서 제외한다.

2단계 서술어가 될 수 있는 단어는 동사 '**显得**'와 형용사 '**不耐烦**'이 있다. 그중 '**显得**'는 반드시 형용사목적어를 가져서 '~해 보인다'라는 뜻을 나타낼 수 있다. 이 문장에서는 의미상 '**显得**'가 '**很不耐烦**'을 목적어로 가지고 있다.

3단계 주어가 될 수 있는 단어는 '**她**'밖에 없다.

단어 ★**显得** xiǎnde 동 ~하게 보이다 | ★**耐烦** nàifán 형 귀찮지 않다, 참을성이 많다

2

서술성 목적어를 가질 수 있는 동사

姥姥需要立刻接受治疗。	외할머니는 즉시 치료 받을 필요가 있다.

풀이 1단계 서술어가 될 수 있는 단어는 동사 '**接受**'와 '**需要**'가 있다. 그중 '**需要**'는 명사목적어를 가질 수도 있지만 동사목적어를 가져서 '~할 필요가 있다'라는 뜻을 나타낼 수 있다. 이 문장에서는 의미상 '**需要**'가 '**接受治疗**'를 목적어로 가지고 있다.

2단계 주어가 될 수 있는 단어는 '**姥姥**'밖에 없다.

단어 ★**姥姥** lǎolao 명 외할머니 | ★**立刻** lìkè 부 즉시, 곧, 당장 | ★**接受** jiēshòu 동 받(아들이)다 | ★**治疗** zhìliáo 명동 치료(하다)

3

서술성 목적어를 가져야 하는 동사

我们非常期待与您进行合作。	우리는 당신과 협력하기를 매우 기대합니다.

풀이 1단계 먼저 수식성분인 정도부사 '**非常**'은 괄호로 표시하여 문장의 핵심성분에서 제외한다.

2단계 서술어가 될 수 있는 단어는 동사 '**进行**'과 '**期待**'가 있다. 그중 '**期待**'는 명사목적어를 가질 수 없고 반드시 목적어에 동사나 동사구가 있어야 한다. 이 문장에서는 의미상 '**进行合作**'를 목적어로 가지고 있다.

3단계 주어가 될 수 있는 단어는 '**我们**'밖에 없다.

4단계 정도부사(**很**, **非常**, **十分**, **特别** 등)는 주로 형용사를 수식하며, 동사의 경우는 감정 동사와 같이 정도를 나타낼 수 있는 일부 동사만 수식할 수 있다. 따라서 '**非常**'은 감정 동사 '**期待**' 앞에 두면 된다.

단어 ★**期待** qīdài 명동 기대(하다) | ★**进行** jìnxíng 동 진행하다, (어떤 활동을) 하다 | ★**合作** hézuò 명동 협력(하다), 합작(하다)

시크릿 노트 서술성 목적어를 가지는 동사 BEST 10

打算 dǎsuàn ~할 계획이다	我打算暑假去中国旅游。 나는 여름 방학에 중국으로 여행갈 계획이다.
决定 juédìng 결정하다	我们决定年底结婚。 우리는 연말에 결혼하기로 결정했다.
期待 qīdài 기대하다	不要期待出现奇迹。 기적이 나타나기를 기대하지 마라.
善于 shànyú ~을 잘하다	他很会说话，善于说服别人。 그는 말을 매우 잘해서, 다른 사람을 설득하는 것을 잘한다.
舍不得 shěbude 아쉽다, 미련이 남다, 섭섭하다	我舍不得离开北京。 나는 베이징을 떠나는 것이 아쉽다.
犹豫 yóuyù 주저하다, 망설이다	我犹豫要不要回家。 나는 집에 갈까 말까 망설이고 있다.
允许 yǔnxǔ 허가하다	北京很多地方不允许吸烟。 베이징의 많은 곳은 흡연하는 것을 허가하지 않는다.
希望 xīwàng 희망하다, 바라다	我希望你能来参加聚会。 저는 당신이 와서 모임에 참석할 수 있기를 바랍니다.
显得 xiǎnde ~하게 보이다	你穿上这件衣服显得格外苗条。 너는 이 옷을 입으니 유달리 날씬해 보인다.
需要 xūyào ~할 필요가 있다, ~해야 한다	这个孩子需要好好儿教训一下。 이 아이는 잘 좀 훈계해야 한다.

기출 테스트

정답 및 해설 | 해설서 187~189쪽

맞은 개수

第1-8题 제시어를 어순에 맞게 배열하세요.

1. 录音　讲座　不允许　那场

2. 乐器表演　精彩　开幕式上的　非常

3. 一直　压力　她　巨大的　承受着

4. 出席晚会　要不要　犹豫　他在

5. 效果　方案　不错的　取得了　他的

6. 教练　一家　他在　担任　健身俱乐部的

7. 麻辣豆腐　地道　做的　妈妈　很

8. 女朋友　婚礼　打算元旦　我和　举行

Chapter 02

정도보어 · 시량보어 · 전치사구보어

▶ 보어란?

서술어를 앞에서 수식하면 '부사어', 뒤에서 수식하면 '보어'라고 부른다. 보어는 결과보어, 방향보어, 정도보어, 가능보어, 시량보어, 동량보어, 전치사구보어 등이 있다. 그중 5급 쓰기 제1부분에는 서술어의 정도를 설명하는 정도보어, 시간의 양을 보충 설명하는 시량보어, 그리고 전치사구로 이루어진 전치사구 보어가 출제된다. 보어가 포함된 문제는 쓰기 제1부분 전체 문제 유형에서 약 5%의 출제 비율을 차지한다.

문제 풀이 전략

☑ 보어는 서술어 뒤에 놓는다.

보어 자체가 서술어를 뒤에서 수식하는 문장성분이다. 따라서 나열된 단어나 구에서 서술어와 보어를 각각 파악한 다음, 보어를 서술에 뒤에 두어야 한다.

☑ 정도보어는 구조조사 '得'를 사용한다.

대부분의 보어가 특별한 연결고리 없이 서술어 뒤에 놓일 수 있는 것과 달리, 정도보어는 일부 관용적 정도보어(极了, 死了 등)를 제외한 일반적인 형태에서는 반드시 '서술어+得+정도보어'로 사용한다. 따라서 구조조사 '得'를 기준으로 앞에는 서술어를 놓고 뒤에는 그 정도를 설명하는 말, 즉 정도보어를 두면 된다.

☑ 시간(시각)과 시량을 정확하게 구분한다.

지금 '1시'인 것과 '1시간 동안 무언가를 한 것'은 다르다. 지금 '3월'인 것과 '3개월 동안 무언가를 한 것'은 다르다. '1시'와 '3월'은 '시간(시각)' 개념으로, 중국어에서는 서술어 앞에서 서술어를 수식하는 부사어로 사용한다. 반면 '1시간'과 '3개월'은 시간의 양을 나타내는 '시량' 개념으로, 서술어 뒤에서 서술어를 수식하는 시량보어로 쓰인다.

시원한 공략법 01 정도보어 파악하기

● 정도보어는 말 그대로 서술어의 정도가 어떠한지 구체적으로 설명해 주는 보어이다. 높은 정도를 나타낼 때 습관적으로 사용하는 '관용적 정도보어'와 정도보어 격식에 맞추어 사용하는 '일반형 정도보어'가 있다.

관용적 정도보어

极了 ➡ 好极了 아주 좋다

死了 ➡ 饿死了 배고파 죽겠다

일반형 정도보어

서술어 + 得 + 정도보어

说	得	很好	말하는 정도가 잘하다(말을 잘하다)
	↕		
说	得	不好	말을 잘 못하다
洗	得	很干净	씻은 정도가 깨끗하다(깨끗하게 씻다)
	↕		
洗	得	不干净	깨끗하게 씻지 않다

(동사) + 목적어 + 동사 + 得 + 정도보어

(说)	汉语	说	得	很好	중국어를 잘한다

시원한 공략법 실전 문제

1. 整齐　得　真　收拾　他们宿舍

2. 恢复得　身体　很快　病人手术后

3. 特色　房屋　建得　这些　很有

시원한 공략법 **실전 문제 풀이**

1

정도보어

他们宿舍收拾得真整齐。	그들의 기숙사는 정말 깔끔하게 정리되어 있다.

풀이 1단계 먼저 수식성분인 정도부사 '**真**'은 괄호로 표시하여 문장의 핵심성분에서 제외한다.

2단계 서술어가 될 수 있는 단어는 동사 '**收拾**'와 형용사 '**整齐**'가 있지만, 구조조사 '**得**'가 있는 것으로 보아 '정리한 정도가 깔끔하다'라는 의미구조를 이루어야 한다. 따라서 서술어는 동사 '**收拾**'이다.

3단계 주어가 될 수 있는 단어는 '**他们宿舍**'밖에 없다.

4단계 남은 단어나 구를 의미에 맞게 수식하는 곳에 넣어 문장을 완성한다.

단어 ★**收拾** shōushi ⓢ 정리하다, 치우다 | ★**整齐** zhěngqí ⓗ 깔끔하다, 질서 있다, 가지런하다

2

정도보어

病人手术后身体恢复得很快。	환자는 수술 후 몸이 빠르게 회복되었다.

풀이 1단계 서술어가 될 수 있는 단어는 뒤에 구조조사 '**得**'가 붙어있는 동사 '**恢复**'이다.

2단계 '**恢复**' 뒤에서 정도보어가 될 수 있는 표현은 '회복되는 정도가 빠르다'라는 의미구조를 이루는 '**很快**'이다.

3단계 문장 전체의 주어는 '**病人**'이며, 서술어 '**恢复**'의 주어는 '**身体**'가 적합하다.

단어 ★**手术** shǒushù ⓜ 수술 | ★**恢复** huīfù ⓢ 회복되다, 회복하다

3

정도보어

这些房屋建得很有特色。	이 건물들은 매우 특색 있게 지어졌다.

풀이 1단계 먼저 수식성분인 '**这些**'는 괄호로 표시하여 문장의 핵심성분에서 제외한다.

2단계 서술어가 될 수 있는 단어는 뒤에 구조조사 '**得**'가 붙어있는 동사 '**建**'이다.

3단계 '**建**' 뒤에서 정도보어가 될 수 있는 표현은 '지은 정도가 매우 특색이 있다'라는 의미구조를 이루는 '**很有特色**'이다.

4단계 주어가 될 수 있는 단어는 '**房屋**'밖에 없다.

5단계 남은 단어나 구를 의미에 맞게 수식하는 곳에 넣어 문장을 완성한다.

단어 **房屋** fángwū ⓜ 건물, 가옥, 집 | **建** jiàn ⓢ 짓다, 세우다, 건축하다 | ★**特色** tèsè ⓜ 특색

시원한 공략법 **02**

시량보어 파악하기

- 중국어에서 '시간(시각)'과 '시량'은 엄격하게 구분해서 사용해야 한다. 시점을 나타내는 '시간(시각)'은 서술어 앞에서 부사어로 사용하고, 시간의 양을 나타내는 '시량'은 서술어 뒤에서 보어로 사용한다.

	시간(시각)	시량
시	点	(个)小时, 个钟头
분 / 15분	分 / 刻	分钟 / 刻钟
초	秒	秒(钟)

他 七点 上班。 그는 7시에 출근한다.
주어 시간부사어 서술어

他 工作 七个小时。 그는 7시간 동안 일한다.
주어 서술어 시량보어

지속형 시량보어 ~동안 V하다 (필요 시 동태조사 '了' 사용)

주어 + 동사 了 + 시량보어(的) + 목적어

我 学了 两年(的) 汉语。 나는 중국어를 2년 동안 배웠다.

(※목적어가 사람일 때) **주어 + 동사 了 + 목적어(사람) + 시량보어**

我 等了 他 两个小时。 나는 그를 2시간 동안 기다렸다.

발생형 시량보어 V한 지 ~되다 (반드시 어기조사 '了' 사용)

주어 + 동사 + 목적어 + 시량보어 了

我 来 中国 两年了。 나는 중국에 온 지 2년이 되었다.

시원한 공략법 실전 문제

1. 制作了 动画片 三年 这部

2. 出版工作 了 他 已经八年 从事

3. 十天 展览 将 那个 持续 左右

시원한 공략법 실전 문제 풀이

1

지속형 시량보어

这部动画片制作了三年。	이 애니메이션은 3년 동안 제작했다.

풀이 1단계 먼저 수식성분인 '这部'는 괄호로 표시하여 문장의 핵심성분에서 제외한다.
2단계 서술어가 될 수 있는 단어는 뒤에 동태조사 '了'가 붙어있는 동사 '制作'이다.
3단계 주어가 될 수 있는 단어는 '动画片'밖에 없다.
4단계 '三年'은 '3년 동안 ~했다'라는 의미를 나타내는 지속형 시량보어로 동사 뒤에 두어야 한다.
5단계 남은 단어나 구를 의미에 맞게 수식하는 곳에 넣어 문장을 완성한다.

단어 部 bù ㊣ 소설, 영화, 드라마를 세는 단위 | ★动画片 dònghuàpiān ㊔ 애니메이션, 만화영화 | ★制作 zhìzuò ㊍ 제작하다, 제조하다, 만들다

2

발생형 시량보어

他从事出版工作已经八年了。	그가 출판업에 종사한 지 이미 8년이 되었다.

풀이 1단계 서술어가 될 수 있는 단어는 동사 '从事'이고, 그에 맞는 목적어는 '出版工作'이다.
2단계 주어가 될 수 있는 단어는 '他'밖에 없다.
3단계 '八年'은 '~한 지 8년 되었다'라는 의미를 나타내는 발생형 시량보어로 동사 뒤에 두어야 한다.
4단계 발생형 시량보어는 문장 끝에 어기조사 '了'를 사용한다.

단어 ★从事 cóngshì ㊍ 종사하다 | ★出版 chūbǎn ㊔㊍ 출판(하다)

3

지속형 시량보어

那个展览将持续十天左右。	그 전람회는 장차 10일가량 지속될 것이다.

풀이 1단계 먼저 수식성분인 부사 '将'과 '那个'는 괄호로 표시하여 문장의 핵심성분에서 제외한다.
2단계 서술어가 될 수 있는 단어는 동사 '展览'과 '持续'가 있지만, '那个'의 수식을 받을 주어가 될 수 있는 단어는 명사도 가능한 '展览'밖에 없다. 따라서 서술어는 '持续'만 가능하다.
3단계 '十天左右'는 '10일가량 ~하다'라는 의미를 나타내는 지속형 시량보어로 동사 뒤에 두어야 한다.
4단계 남은 단어나 구를 의미에 맞게 수식하는 곳에 넣어 문장을 완성한다.

단어 ★展览 zhǎnlǎn ㊔ 전람회 ㊍ 전람하다 | 将 jiāng ㊒ 장차 | ★持续 chíxù ㊍ 지속하다 | ★左右 zuǒyòu ㊔ 가량, 안팎, 내외

시원한 공략법 03 전치사구보어 파악하기

● 전치사구가 서술어 앞에서 서술어를 수식하면 부사어, 뒤에서 서술어를 수식하면 전치사구보어가 된다.

부사어

我	在北京	学	汉语。
주어	부사어	서술어	목적어

나는 베이징에서 중국어를 공부한다.

火车	自北京	出发。
주어	부사어	서술어

기차는 베이징에서 출발한다.

전치사구보어

我	住	在北京。
주어	서술어	전치사구보어

나는 베이징에 산다.

我	来	自北京。
주어	서술어	전치사구보어

나는 베이징에서 왔다.

시원한 공략법 실전 문제

1. 来自　运动员　参加比赛的　全国各地

2. 明年六月　婚礼　推迟　他们的　到了

3. 里　日用品　放在　那个柜子　都

시원한 공략법 **실전 문제 풀이**

1 전치사구보어

参加比赛的运动员来自全国各地。	시합에 참가하는 운동선수들은 전국 각지로부터 왔다.

풀이 1단계 먼저 수식성분인 '**参加比赛的**'는 괄호로 표시하여 문장의 핵심성분에서 제외한다.

2단계 서술어가 될 수 있는 단어는 동사 '**来**'이다. 뒤에 전치사 '**自**(~로부터)'가 있으므로, '**自**'와 함께 쓰일 수 있는 명사성 단어를 찾는다.

3단계 '**自全国各地**'는 동사 뒤에서 전치사구보어가 된다.

4단계 서술어와 의미상 어울리는 주어는 '**运动员**'밖에 없다.

5단계 남은 단어나 구를 의미에 맞게 수식하는 곳에 넣어 문장을 완성한다.

단어 **全国各地** quánguó gèdì 전국 각지

2 전치사구보어

他们的婚礼推迟到了明年六月。	그들의 결혼식은 내년 6월로 미루어졌다.

풀이 1단계 먼저 수식성분인 '**他们的**'는 괄호로 표시하여 문장의 핵심성분에서 제외한다.

2단계 서술어가 될 수 있는 단어는 동사 '**推迟**'이다.

3단계 전치사 '**到**(~까지)'는 '**明年六月**'와 함께 쓰여 동사 뒤에서 전치사구보어가 된다.

4단계 주어가 될 수 있는 단어는 '**婚礼**'밖에 없다.

5단계 남은 단어나 구를 의미에 맞게 수식하는 곳에 넣어 문장을 완성한다.

단어 ★**婚礼** hūnlǐ ⓜ 결혼식, 혼례 | ★**推迟** tuīchí ⓢ 미루다, 연기하다

3 전치사구보어

日用品都放在那个柜子里。	일용품은 모두 저 수납장에 둔다.

풀이 1단계 먼저 수식성분인 부사 '**都**'는 괄호로 표시하여 문장의 핵심성분에서 제외한다.

2단계 서술어가 될 수 있는 단어는 동사 '**放**'이다. 뒤에 전치사 '**在**(~에)'가 있으므로, '**在**'와 함께 쓰일 수 있는 명사성 단어를 찾는다.

3단계 '**在那个柜子里**'는 동사 뒤에서 전치사구보어가 된다.

4단계 서술어와 의미상 어울리는 주어는 '**日用品**'이다.

5단계 남은 단어나 구를 의미에 맞게 수식하는 곳에 넣어 문장을 완성한다.

단어 ★**日用品** rìyòngpǐn ⓜ 일용품 | **柜子** guìzi ⓜ 수납장

★★★ 시크릿 노트 자주 쓰이는 시량보어 · 전치사구보어 BEST 10

구분	표현	예문
시량보어	秒(钟) miǎo(zhōng) ~초	能在水里呆几秒(钟)? 물에서 몇 초 동안 머무를 수 있나요?
	分钟 fēnzhōng ~분	等了30分钟以后，他终于来了。 30분을 기다린 후에야 그가 마침내 왔다.
	(个)小时/个钟头 (ge) xiǎoshí/ ge zhōngtóu ~시간	他每天只睡三个小时。 그는 매일 겨우 3시간 잔다.
	天 tiān ~일	讨论会进行了三天。 토론회는 3일 동안 진행되었다.
	年 nián ~년	我来北京已经三年了。 나는 베이징에 온 지 이미 3년이 되었다.
	久 jiǔ 오랫동안	两个人沉默了很久。 두 사람은 아주 오랫동안 침묵했다.
	(一)会儿 (yí)huìr 잠깐 동안	他在房间里呆了(一)会儿。 그는 방안에서 잠깐 동안 머물렀다.
전치사구보어	동사 + 在 zài ~에서 (동사)하다	你坐在那边的椅子上吧。 당신은 그쪽의 의자에 앉아요.
	동사 + 到 dào ~까지 (동사)하다	他亲自把我们送到了火车站。 그는 직접 우리를 기차역까지 배웅해 주었다.
	동사 + 自 zì ~로부터 (동사)하다	两个人来自不同的国家。 두 사람은 다른 국가로부터 왔다.

기출 테스트

정답 및 해설 | 해설서 189~192쪽

맞은 개수

第1-8题 제시어를 어순에 맞게 배열하세요.

1. 详细　　制定　　方案　　得　　非常

2. 左右　　持续了　　二十秒　　地震

3. 整整齐齐　　商品　　摆放得　　货架上的

4. 依然　　爷爷　　活跃在　　八十岁的　　舞台上

5. 大雾天气　　很　　不会持续　　这种　　久

6. 无法　　音乐声　　吵得他　　入睡　　隔壁的

7. 到了　　开放时间　　晚上8点　　延长　　博物馆的

8. 上千年　　神话传说　　流传了　　那个　　已经

Chapter 03 是자문 · 有자문

▶ '是자문'과 '有자문'이란?

말 그대로 문장의 서술어가 각각 동사 '是'와 '有'인 문형이다. 동사 '是'는 기본적으로 주어와 목적어를 'A=B'의 의미로 연결하여 동등관계를 나타내며, 동사 '有'는 주어가 목적어를 소유하거나 주어에 목적어가 존재함을 나타낸다. 是자문과 有자문으로 구성된 문제는 쓰기 제1부분 전체 문제 유형에서 약 12%의 출제 비율을 차지한다.

문제 풀이 전략

☑ '是'를 중심으로 주어와 목적어를 찾는다.

'是자문'은 주어와 목적어를 'A=B' 관계로 연결하므로, 동사서술어 '是'가 보이면 동등관계를 나타내고 있는 주어와 목적어를 먼저 찾아내고 마지막으로 적합한 곳에 수식어를 넣어 나열하는 것이 좋다.

☑ '有'나 '没有'의 여러 가지 용법을 잘 알아 둔다.

'有'나 '没(有)'는 동사서술어로 쓰여 소유나 존재를 나타내는 것을 제외하고도 여러 가지 용법이 있다.

부정 '没(有)'는 형용사나 동사를 수식하여 부정을 나타낸다.

긍정형	她的身体好了。 그녀의 몸은 좋아졌다.	我吃饭了。 나는 밥을 다 먹었다.
부정형	她的身体没好。 그녀의 몸은 좋아지지 않았다. 형용사 부정(변화의 부정)	我没吃饭。 나는 밥을 안 먹었다. 동사 부정(완료의 부정)

비교 '有'와 '没(有)'를 사용해서 비교 관계를 나타낸다.

	有	没(有)
해석	A는 B만큼 ~하다	A는 B만큼 ~하지 않다(B가 더 A하다)
구조	A 有 B + (这么, 那么) + 서술어 (这样, 那样)	A 没(有) B + (这么, 那么) + 서술어 (这样, 那样)
예문	我有她(那么)聪明。 나는 그녀만큼 (그렇게) 똑똑하다.	我没(有)她(那么)聪明。 나는 그녀만큼 (그렇게) 똑똑하지 않다.

시원한 공략법 01

是자문 파악하기

● '是자문'이란 말 그대로 서술어 동사가 '是'인 문형이다. 기본적으로 'A是B'의 형태로 'A=B'의 뜻을 나타낸다. 주로 다음 세 가지 문형으로 사용된다.

첫 번째 **주어 + 是 + 명사**

'是자문'의 가장 기본형으로, '我是学生'과 같이 '我=学生'의 동등관계 뜻을 나타낸다.

두 번째 **주어 + 是 + 명사 的**

의미상 'A=B的A'의 구조로 마지막 A를 생략한 문형이다. 예를 들어 '我的房间是东边的(내 방은 동쪽의 것이다)'의 경우 '我的房间是东边的房间(내 방은 동쪽 방이다)'의 의미를 나타낸다.

세 번째 **주어 + 是 + 형용사/동사 的**

목적어 자리에 형용사나 동사가 놓일 경우 '的'를 사용해서 명사화한다. 예를 들어 '这是贵的(이것은 비싼 것이다)', '这是买的(이것은 산 것이다)'와 같은 문장들이 이 문형에 속한다.

시원한 공략법 실전 문제

1. 神话传说　　太阳的　　这是一个　　关于

2. 吗　　晒的衣服　　是你的　　阳台上

3. 的　　制作　　项链是　　李师傅　　这条

시원한 공략법 실전 문제 풀이

1

첫 번째 문형

这是一个关于太阳的神话传说。	이것은 태양에 관한 하나의 신화전설이다.

[풀이] [1단계] 먼저 수식성분인 '**太阳的**'와 전치사 '**关于**'는 괄호로 표시하여 문장의 핵심성분에서 제외한다.
[2단계] 서술어가 '**是**'이므로 이를 기준으로 주어와 목적어를 찾는다.
[3단계] 주어는 구조상 '**这**', 목적어는 '**神话传说**'이다.
[4단계] 남은 단어나 구를 의미에 맞게 수식하는 곳에 넣어 문장을 완성한다.

[단어] ★**神话** shénhuà [명] 신화 | ★**传说** chuánshuō [명] 전설

2

두 번째 문형

阳台上晒的衣服是你的吗？	베란다에 말리는 옷은 당신 것인가요?

[풀이] [1단계] 서술어가 '**是**'이므로 이를 기준으로 주어와 목적어를 찾는다.
[2단계] 주어는 '**衣服**', 목적어는 구조상 '**你的(衣服)**'이다.
[3단계] 남은 단어나 구를 의미에 맞게 수식하는 곳에 넣어 문장을 완성하고, 의문문이므로 물음표로 마무리한다.

[단어] ★**阳台** yángtái [명] 베란다 | ★**晒** shài [동] 햇볕에 말리다, 햇볕을 쬐다

3

세 번째 문형

这条项链是李师傅制作的。	이 목걸이는 이 선생님이 만든 것이다.

[풀이] [1단계] 먼저 수식성분인 '**这条**'는 괄호로 표시하여 문장의 핵심성분에서 제외한다.
[2단계] 서술어가 '**是**'이므로 이를 기준으로 주어와 목적어를 찾는다.
[3단계] 주어는 구조상 '**项链**', 목적어는 '**李师傅制作的**'로 '**制作**'가 있는 동사 구조를 '**的**'를 사용해서 명사화시킨 것이다.
[4단계] 남은 단어나 구를 의미에 맞게 수식하는 곳에 넣어 문장을 완성한다.

[단어] ★**项链** xiàngliàn [명] 목걸이 | ★**师傅** shīfu [명] 어떤 기예에 능숙한 사람을 부르는 호칭 | ★**制作** zhìzuò [명] 만들다, 제작하다, 제조하다

시원한 공략법

02 有자문 파악하기

● '有자문'이란 말 그대로 서술어가 동사 '有'인 문형이다. 주로 다음 두 가지 문형으로 사용된다.

첫 번째 | 주체 + 有 + 대상 | ➡ '소유'를 나타냄

我 有 一本书。
나는 한 권의 책이 있다

➡ 주어가 어떤 대상을 가지고 있음을 나타냄

두 번째 | 장소 + 有 + 대상 | ➡ '존재'를 나타냄

这儿 有 一本书。
여기 한 권의 책이 있다

장소나 위치에 어떤 대상이 존재함을 나타냄

시원한 공략법 실전 문제

1. 有 教材 单元 五个 那本

2. 能力 要有 独立思考的 大学生

3. 里面 有许多 建筑 这条胡同 古老的

시원한 공략법 실전 문제 풀이

1

첫 번째 문형 (소유)

那本教材有五个单元。	그 교재에는 5개의 단원이 있다.

풀이
1단계 먼저 수식성분인 수량사 '**五个**'와 '**那本**'은 괄호로 표시하여 문장의 핵심성분에서 제외한다.
2단계 서술어가 '**有**'이므로 이를 기준으로 주어와 목적어를 찾는다.
3단계 주어는 소유의 주체를 나타내는 '**教材**', 목적어는 소유 대상인 '**单元**'이다.
4단계 남은 단어나 구를 의미에 맞게 수식하는 곳에 넣어 문장을 완성한다.

단어 ★**教材** jiàocái 명 교재 | ★**单元** dānyuán 명 (교재 등의) 단원

2

첫 번째 문형 (소유)

大学生要有独立思考的能力。	대학생은 독립적으로 사고하는 능력이 있어야 한다.

풀이
1단계 먼저 수식성분인 '**独立思考的**'는 괄호로 표시하여 문장의 핵심성분에서 제외한다.
2단계 서술어가 '**有**'이므로 이를 기준으로 주어와 목적어를 찾는다.
3단계 주어는 소유의 주체를 나타내는 '**大学生**', 목적어는 소유 대상인 '**能力**'이다.
4단계 남은 단어나 구를 의미에 맞게 수식하는 곳에 넣어 문장을 완성한다.

단어 ★**独立** dúlì 동 독립하다 형 독립적이다 | ★**思考** sīkǎo 명동 사고(하다)

3

두 번째 문형 (존재)

这条胡同里面有许多古老的建筑。	이 골목 안에는 대단히 많은 오래된 건축물이 있다.

풀이
1단계 먼저 수식성분인 '**古老的**'는 괄호로 표시하여 문장의 핵심성분에서 제외한다.
2단계 서술어가 '**有**'이므로 이를 기준으로 주어와 목적어를 찾는다.
3단계 주어는 장소를 나타내는 표현 '**这条胡同里面**', 목적어는 존재 대상인 '**建筑**'이다.
4단계 남은 단어나 구를 의미에 맞게 수식하는 곳에 넣어 문장을 완성한다.

단어 ★**胡同** hútòng 명 골목 | ★**许多** xǔduō 형 대단히 많은 | **古老** gǔlǎo 형 오래되다 | ★**建筑** jiànzhù 명 건축(물)

기출 테스트

정답 및 해설 | 해설서 192~194쪽

맞은 개수

第1-8题 제시어를 어순에 맞게 배열하세요.

1. 的　结论　是不成立　他的

2. 都　建筑　有所不同　各个时期的

3. 完美　她　的人　是个　追求

4. 有　多余的　我　光盘　两张

5. 球迷　哥哥曾经　疯狂的　是　一个

6. 不负责任　是　的表现　疲劳驾驶　对生命

7. 一只　蝴蝶　有　美丽的　阳台上

8. 我们　这是　秘密　两个人的　属于

Chapter 04 把자문·被자문

▶ '把자문'과 '被자문'이란?

'把자문'은 '把' 뒤의 명사(목적어)를 어떻게 처리했는지 그 처리 방식을 강조하므로 '처치문(处置句)'이라고도 부른다. '把'는 '将'으로도 사용 가능하며 '~을(를)'이라고 해석한다. '被자문'은 주어가 '被' 뒤의 명사(목적어)에 의해 어떤 동작을 당했는지 나타낸다. '被'는 '给', '让', '叫'로도 사용 가능하며 '~에 의해 ~당하다'로 해석한다. 이때 '被' 뒤에 바로 동사가 와서 '~당하다'라는 뜻만 나타내는 것도 가능하며, 중국어에서 유일하게 다른 표현 없이 바로 동사가 올 수 있는 전치사이다. '把자문'과 '被자문'으로 구성된 문제는 쓰기 제1부분 전체 문제 유형에서 약 8%의 출제 비율을 차지한다.

문제 풀이 전략

☑ '把자문'과 '被자문'의 어법을 함께 알아 둔다.

	부사/조동사	형용사	동사 앞 조사 '给'	동사 뒤 기타성분
'把자문'	'把' 앞에 위치 예외 都, 也, 再, 重新 등	'把' 앞이나 '把전치사구' 뒤 모두 가능	사용 가능	반드시 있어야 함
'被자문'	'被' 앞에 위치	'被' 앞이나 '被전치사구' 뒤 모두 가능	사용 가능	주로 있어야 함 예외 2음절 동사인 경우에는 없어도 됨

좀 더 자세한 내용은 공략법에서 예시를 통해 학습해 보자.

☑ 의미상 호응관계를 이용한다.

'被자문'의 의미가 한국어 해석으로는 어색한 경우가 종종 있다. 그럴 때는 '把자문'과의 의미상 호응 관계를 이용해서 문제를 풀어본다.

被자문 蛋糕 被我 吃光了。 케이크는 나에 의해 다 먹어졌다.

把자문 我 把蛋糕 吃光了。 나는 케이크를 다 먹어버렸다.

시원한 공략법 01

'把자문' 파악하기

- '把자문'이란 전치사 '把'를 사용한 문형이며 '목적어'가 '주어'가 행하는 동작의 영향을 받아 어떤 결과를 갖게 되는 것을 말한다. 따라서 '把' 뒤의 목적어는 동작의 처리 대상을 나타낸다. '把자문'은 기본적으로 다음 몇 기지 규칙에 맞게 써야 한다.

(1) 부사나 조동사는 일반적으로 '把' 앞에 두어야 하지만, '都', '也', '再', '重新' 등 일부 부사는 상황에 따라 '把전치사구' 뒤에 오는 경우도 있다.

(2) 주로 '부사+조동사' 어순이지만, 수식 범위에 따라 '조동사+부사'로 사용하는 경우도 있다.

(3) 형용사는 의미에 따라 '把' 앞과 '把전치사구' 뒤 모두 놓일 수 있다.

(4) 동사서술어 뒤에는 반드시 '了'나 보어 혹은 중첩형 등 기타성분이 있어야 한다.

(5) 특히 회화체에서 동사 앞에 조사 '给'를 사용하는 경우가 많은데, 의미상 변화는 크게 없다.

문형

주어 + 부사/조동사 + 把…… + (给) + 동사서술어 + 기타성분

(형용사 — 把 앞, 형용사 — 把전치사구 뒤)

我 已经 把作业 (给) 做 完了。
나는 이미 숙제를 다 했다.

我 要 把衣服 (给) 洗 干净。
나는 옷을 깨끗하게 빨려고 한다.

我 不小心 把钱包 (给) 弄 丢了。
나는 부주의하여 지갑을 잃어버렸다.

시원한 공략법 실전 문제

1. 你最好把　一下　安装　这个软件　重新

2. 把　你们　我会尽快　合影　发给

3. 不小心把　她　了　文件　删除

1

부사가 있는 경우

你最好把这个软件重新安装一下。	당신은 가장 좋기는 이 소프트웨어를 다시 한번 설치하세요.

풀이
1단계 서술어가 될 수 있는 단어는 동사 '**安装**'이다. 기타성분이 되는 동량보어 '**一下**'는 '**安装**' 뒤에 둔다.
2단계 주어는 동작의 주체가 되는 '**你**'이다.
3단계 부사 '**最好**'는 '**把**' 앞에, '**把**전치사구' 뒤에 올 수 있는 부사 '**重新**'은 뒤에 둔다.
4단계 '**把**' 뒤에 동작의 처리 대상인 목적어 '**这个软件**'을 넣어 문장을 완성한다.

단어 ★**最好** zuìhǎo ㊞ 가장 좋기는 | ★**软件** ruǎnjiàn ㊐ 소프트웨어 | ★**重新** chóngxīn ㊞ 다시, 새로이 | ★**安装** ānzhuāng ㊍ 설치하다

2

조동사+부사가 있는 경우

我会尽快把合影发给你们。	제가 되도록 빨리 단체사진을 여러분에게 보낼게요.

풀이
1단계 서술어가 될 수 있는 단어는 동사 '**发**'이다. 뒤에 전치사 '**给**(~에게)'가 있으므로, '**给**'와 함께 쓰일 수 있는 명사성 단어를 찾는다.
2단계 '**给你们**'은 전치사구보어로 문장의 기타성분이 된다.
3단계 주어는 동작의 주체가 되는 '**我**'이다.
4단계 조동사와 부사로 구성된 '**会尽快**'를 '**把**' 앞에 두고, '**把**' 뒤에 동작의 처리 대상인 목적어 '**合影**'을 넣어 문장을 완성한다.

단어 ★**尽快** jǐnkuài ㊞ 되도록 빨리 | ★**合影** héyǐng ㊐㊍ 단체사진(을 찍다)

3

형용사가 있는 경우

她不小心把文件删除了。	그녀는 조심하지 않아 문서를 삭제해버렸다.

풀이
1단계 서술어가 될 수 있는 단어는 동사 '**删除**'이다. 기타성분이 되는 동태조사 '**了**'는 '**删除**' 뒤에 둔다.
2단계 주어는 동작의 주체가 되는 '**她**'이다.
3단계 '**把**전치사구' 앞뒤에 모두 올 수 있는 '**不小心**'은 이미 '**把**' 앞에 위치하고 있다.
4단계 '**把**' 뒤에 동작의 처리 대상인 목적어 '**文件**'을 넣어 문장을 완성한다.

단어 ★**删除** shānchú ㊍ 삭제하다, 지우다

시원한 공략법 02

被자문 파악하기

● '被자문'이란 전치사 '被'를 사용한 문형이며, 주어가 '被' 뒤의 목적어에 의해 어떤 동작(행위)을 당했음을 나타낸다. '被자문'은 기본적으로 다음 몇 가지 규칙에 맞게 써야 한다.

(1) 부사나 조동사는 '被' 앞에 두어야 한다.

(2) 형용사는 의미에 따라 '被' 앞과 '被전치사구' 뒤 모두 놓일 수 있다.

(3) 동사서술어 뒤에는 주로 기타성분이 있어야 하지만, 2음절 동사의 경우 기타성분 없이 사용 가능하다.

(4) 특히 회화체에서 동사 앞에 조사 '给'를 사용하는 경우가 많은데, 의미상 변화는 크게 없다.

첫 번째 | 주어 + 被 + 서술어 + 기타성분

这个问题 被 解决 了。

이 문제는 해결되었다.

➡ (주어)가 누구한테 당했는지 생략되고, 바로 '(동사) 당했다'는 뜻을 나타냄

두 번째 | 주어 + 부사/조동사 + 被 + 목적어 + (给) + 서술어 + 기타성분

这个问题 已经 被 他 (给) 解决 了。

이 문제는 그에 의해 이미 해결되었다.

➡ (주어)가 '被' 뒤의 (명사)에 의해 '(동사) 당했다'는 뜻을 나타냄

시원한 공략법 **실전 문제**

1. 批准 被 辞职报告 了 我的

2. 了 水 她的戒指 被 冲走

3. 不小心 他 撕 发票被 破了

쓰기

제1부분

1

첫 번째 문형

我的辞职报告被批准了。	나의 사직보고서는 허가되었다.

풀이 1단계 먼저 수식성분인 '我的'는 괄호로 표시하여 문장의 핵심성분에서 제외한다.
2단계 서술어가 될 수 있는 단어는 동사 '批准'이다. 기타성분이 되는 동태조사 '了'는 '批准' 뒤에 둔다.
3단계 주어 '辞职报告'가 무엇에 의해 허가되었는지는 생략된 문장이다.
4단계 남은 단어나 구를 의미에 맞게 수식하는 곳에 넣어 문장을 완성한다.

단어 ★辞职 cízhí ⓢ 사직하다 | ★报告 bàogào ⓜ 보고(서), 리포트 ⓢ 보고하다 | ★批准 pīzhǔn ⓢ 허가하다, 비준하다

2

두 번째 문형

她的戒指被水冲走了。	그녀의 반지는 물에 의해 휩쓸려 갔다.

풀이 1단계 서술어가 될 수 있는 단어는 동사 '冲'이고 기타성분이 되는 결과보어 '走'가 뒤에 묶여있다.
2단계 동태조사 '了'는 기타성분으로 '冲走' 뒤에 둔다.
3단계 무엇이 무엇에 의해 휩쓸려 가게 된 것인지 생각해 보면 주어는 '戒指', '被' 뒤의 명사는 '水'가 된다.

단어 ★戒指 jièzhi ⓜ 반지 | ★冲 chōng ⓢ 물이 휩쓸다, 물로 씻다

3

두 번째 문형

发票被他不小心撕破了。	영수증은 그에 의해 조심하지 않아 찢어져 망가졌다.

풀이 1단계 서술어가 될 수 있는 단어는 동사 '撕'이다. 결과보어 '破'와 동태조사 '了'는 기타성분으로 '撕' 뒤에 둔다.
2단계 무엇이 무엇에 의해 찢어져 망가졌는지 생각해 보면 주어는 '发票', '被' 뒤의 명사는 '他'가 된다.
3단계 '被전치사구' 앞뒤에 모두 올 수 있는 '不小心'은 뒤에 위치할 수밖에 없다.

단어 ★发票 fāpiào ⓜ 영수증 | ★撕 sī ⓢ 찢다, 째다, 뜯다 | ★破 pò ⓢ 망가지다, 파손되다

기출 테스트

정답 및 해설 | 해설서 195~197쪽

맞은 개수

第1-8题 제시어를 어순에 맞게 배열하세요.

1. 一下　把　你　整理　讲座录音

2. 他讲　把　逗乐了　的笑话　姥姥

3. 取消　考试资格　了　这个学生的　被

4. 把　他　卧室了　充电器　忘在

5. 优秀员工　被　他　评为　本部门的

6. 水　键盘上　把　我不小心　洒在了

7. 被清华大学　恭喜　了　录取　你

8. 学　把　已经　她　初级课程　完了

Chapter 05 연동문·겸어문

▶ 연동문과 겸어문이란?

두 문형 모두 한 문장에 2개 이상의 서술어가 있는 문장이다. 두 문형을 구분하는 방법을 배워 보자.

연동문	他 去 中国 学 汉语。 동사1 (去) 동사2 (学)	그는 중국어를 배우러 중국에 간다. ➡ '去'의 주어와 '学'의 주어 모두 '他'로 일치
겸어문	他 让 我 学 汉语。 서술어1 (让) 서술어2 (学)	그는 나로 하여금 중국어를 배우게 한다. ➡ '让'의 주어는 '他'이지만 '学'의 주어는 '我'로 불일치

연동문과 겸어문으로 구성된 문제는 쓰기 제1부분 전체 문제 유형에서 약 13%의 출제 비율을 차지한다.

문제 풀이 전략

☑ 시간 순서 혹은 발생 순서에 따라 나열한다.

여러 개의 서술어를 나열할 때 연동문과 겸어문 모두 시간이나 발생 순서에 따라 나열하면 된다.

☑ 연동문의 몇 가지 특징을 알아 둔다.

먼저 부사(특히 부정부사)와 조동사를 동사[1] 앞에 둔다. 그래야만 동사[1], 동사[2], 많게는 동사[3]이 모두 부사와 조동사의 수식을 받을 수 있게 된다. 또한, 일반형 연동문(동사[1]이 '有', '没有'인 특수 연동문은 제외)의 경우 항상 마지막에 오는 동사가 문장에서 가장 핵심적인 의미를 갖는 동사이다. 따라서 완료를 나타내고자 할 때 동태조사 '了'는 핵심동사에만 사용하면 된다. 자세한 것은 공략법에서 배워 보자.

☑ 겸어문은 사동문이 출제 포인트이다.

시험에 출제되는 겸어문은 여러 가지 문형 중 동사[1]이 사동동사 '让', '叫', '使', '令'인 사동 겸어문이 절대적으로 많다.

시원한 공략법 01

연동문 파악하기

● 연동문이란 하나의 주어에 동사가 2개 이상 연이어 연결되는 문장이다. 기본문형은 다음과 같다.

목적 | 주어 + 동사[1](去, 来, 到) … 동사[2](핵심 동작) … | : 동사[2]하기 위해 동사[1]하다

他 去 中国 学 汉语。

그는 중국어를 배우기 위해 중국에 간다.

수단/방식 | 주어 + 동사[1](수단, 방식) … 동사[2](핵심 동작) … | : 동사[1]로 동사[2]하다

他们 用 汉语 聊天儿。

그들은 중국어를 사용해서 이야기한다.

참고 1. 수단/방식의 연동문에서 특히 동사[1]이 '用'일 때 동사[1]과 동사[2]를 연결하는 '来'를 종종 사용한다.

2. 목적의 연동문과 수단/방식 연동문을 함께 사용하면 동사[3]까지 나오는 연동문이 된다.

주어 + 동사[1](수단, 방식) … 동사[2](去, 来, 到) … 동사[3](핵심 동작) …

他 坐 飞机 去 中国 学 汉语。

그는 중국어를 배우기 위해 비행기를 타고 중국에 간다.

특수 | 주어 + 동사[1](有, 没有) + 목적어[1] + 동사[2] … | : 동사[2] 할 목적어[1]이 있다(없다)

我 没(有) 时间 看 书。

나는 책을 볼 시간이 없다.

시원한 공략법 실전 문제

1. 去市场 蔬菜 妈妈 很多 买了

2. 公寓 父亲 买了 贷款 一套

3. 表情不能 语言 来形容 她当时的 用

쓰기

제1부분

1

목적

妈妈去市场买了很多蔬菜。	엄마는 많은 채소를 사러 시장에 갔다.

풀이 1단계 먼저 수식성분인 '**很多**'는 괄호로 표시하여 문장의 핵심성분에서 제외한다.

2단계 서술어가 될 수 있는 동사로 '**去**'와 '**买**'가 있다. 동작의 발생 순서에 따라 목적어와 함께 배열하면 '시장에 가서(**去市场**) 채소를 샀다(**买了蔬菜**)'가 된다. 이때 동태조사 '**了**'는 핵심 동작인 '**买**' 뒤에 위치한다.

3단계 주어가 될 수 있는 단어는 '**妈妈**'밖에 없다.

4단계 남은 단어나 구를 의미에 맞게 수식하는 곳에 넣어 문장을 완성한다.

단어 ★**市场** shìchǎng ⓜ 시장 | ★**蔬菜** shūcài ⓜ 채소

2

수단/방식

父亲贷款买了一套公寓。	아버지는 대출을 해서 한 채의 아파트를 샀다.

풀이 1단계 먼저 수식성분인 수량사 '**一套**'는 괄호로 표시하여 문장의 핵심성분에서 제외한다.

2단계 서술어가 될 수 있는 동사로 '**买**'와 '**贷款**(이합동사)'이 있다. 동작의 발생 순서에 따라 목적어와 함께 배열하면 '대출을 해서(**贷款**) 아파트를 샀다(**买了公寓**)'가 된다. 이때 동태조사 '**了**'는 핵심 동작인 '**买**' 뒤에 위치한다.

3단계 주어가 될 수 있는 단어는 '**父亲**'밖에 없다.

4단계 남은 단어나 구를 의미에 맞게 수식하는 곳에 넣어 문장을 완성한다.

단어 ★**贷款** dàikuǎn ⓜ 대출금 ⓢ 대출하다 | ★**公寓** gōngyù ⓜ 아파트

3

수단/방식

她当时的表情不能用语言来形容。	그녀의 당시 표정은 언어로 묘사할 수가 없다.

풀이 1단계 먼저 수식성분인 '**她当时的**'는 괄호로 표시하여 문장의 핵심성분에서 제외한다.

2단계 서술어가 될 수 있는 동사로 '**形容**'과 '**用**'이 있다. 동작의 발생 순서에 따라 목적어와 함께 배열하면 '언어를 사용해서(**用语言**) 묘사하다(**来形容**)'가 된다. 이때 '**来**'는 두 개의 동사구조를 연결하는 역할을 하며, 부정부사 '**不**'와 조동사 '**能**'은 첫 번째 동사 앞에 써야 한다.

3단계 주어는 '**用语言来形容**'의 주체가 되는 '**表情**'이다.

4단계 남은 단어나 구를 의미에 맞게 수식하는 곳에 넣어 문장을 완성한다.

단어 ★**当时** dāngshí ⓜ 당시, 그때 | ★**表情** biǎoqíng ⓜ 표정 | ★**形容** xíngróng ⓢ 묘사하다, 형용하다

시원한 공략법 02

겸어문 파악하기

◎ 겸어문은 다양한 문형이 있지만, 그중 시험에 자주 출제되는 문형은 다음과 같다.

사동 주어 + 서술어[1](让, 叫, 使, 令) … 서술어[2] …

他 让 我 学 汉语。 그는 나로 하여금 중국어를 배우게 한다.

부탁/제안 주어 + 서술어[1](请, 要求, 劝) … 서술어[2] …

大家 请 她 跳舞。 모두들 그녀에게 춤을 출 것을 청했다.

감사/비판 주어 + 서술어[1](感谢, 表扬, 批评, 喜欢, 讨厌) … 서술어[2] …

爸爸 批评 他 放弃了 学业。
아버지는 그가 학업을 포기했다고 야단쳤다.

특수 주어 + 서술어[1](有, 没有) + 목적어[1] + 서술어[2] … : 서술어[2]할 목적어[1]이 있다(없다)

我 有 一个朋友 学 汉语。 나는 중국어를 배우는 한 명의 친구가 있다.

참고 왜 '겸어문'이라고 부를까?

'**他让我学汉语**'라는 겸어문은 '**他让我**(그가 나를 시켰다)'라는 문장과 '**我学汉语**(나는 중국어를 배운다)'라는 문장이 하나로 연결되어 있다. 이때 '**我**'는 두 문장의 연결고리로, 서술어[1] '**让**'에게는 목적어, 서술어[2] '**学**'에게는 주어 역할을 겸하게 되어 '겸어'라고 불린다. 겸어문은 이러한 '겸어'가 포함된 문장이라는 뜻이다.

시원한 공략법 실전 문제

1. 使 称赞 很受 领导的 他 鼓舞

2. 爱惜 公共设施 请大家 校园内的

3. 人 捡到 有没有 戒指 一个

쓰기

제1부분

시원한 공략법 실전 문제 풀이

1

사동

领导的称赞使他很受鼓舞。	리더의 칭찬은 그로 하여금 매우 고무를 받게 했다.

풀이 1단계 먼저 수식성분인 '**领导的**'는 괄호로 표시하여 문장의 핵심성분에서 제외한다.

2단계 서술어가 될 수 있는 동사로 '**使**'와 '**受**'가 있다. 이때 '**他**'는 서술어[1] '**使**'의 목적어인 동시에 서술어[2] '**受**'의 주어를 겸하는 겸어이다.

3단계 주어가 될 수 있는 단어는 '**称赞**'밖에 없다.

4단계 남은 단어나 구를 의미에 맞게 수식하는 곳에 넣어 문장을 완성한다.

단어 **领导** lǐngdǎo 명 리더, 지도자 동 지도하다, 이끌고 나가다 | ★**称赞** chēngzàn 명동 칭찬(하다) | ★**鼓舞** gǔwǔ 동 고무하다, 격려하다

2

부탁/제안

请大家爱惜校园内的公共设施。	모두들 캠퍼스 내의 공공시설을 아껴주기 바랍니다.

풀이 1단계 먼저 수식성분인 '**校园内的**'는 괄호로 표시하여 문장의 핵심성분에서 제외한다.

2단계 서술어가 될 수 있는 동사로 '**请**'과 '**爱惜**'가 있다. 이때 '**大家**'는 서술어[1] '**请**'의 목적어인 동시에 서술어[2] '**爱惜**'의 주어를 겸하는 겸어이다.

3단계 남은 단어나 구를 의미에 맞게 수식하는 곳에 넣어 문장을 완성한다.

단어 ★**爱惜** àixī 동 아끼다, 소중하게 여기다 | ★**设施** shèshī 명 시설

3

특수

有没有人捡到一个戒指?	반지 하나를 주운 사람이 있나요?

풀이 1단계 먼저 수식성분인 수량사 '**一个**'는 괄호로 표시하여 문장의 핵심성분에서 제외한다.

2단계 서술어가 될 수 있는 동사로 '**有没有**'와 '**捡到**'가 있다. 이때 '**人**'은 서술어[1] '**有没有**'의 목적어인 동시에 서술어[2] '**捡到**'의 주어를 겸하는 겸어이다.

3단계 남은 단어나 구를 의미에 맞게 수식하는 곳에 넣어 문장을 완성한다.

4단계 해석할 때 서술어[2] 부분은 모두 겸어 '**人**'을 수식하면 된다. 의문문이므로 물음표로 마무리한다.

단어 ★**捡** jiǎn 동 줍다 | ★**戒指** jièzhi 명 반지

기출 테스트

정답 및 해설 | 해설서 197~199쪽

맞은 개수

第1-8题 제시어를 어순에 맞게 배열하세요.

1. 去看望　　吗　　你星期六　　姥姥

2. 信心　　让我　　话　　母亲的　　充满了

3. 业余时间　　做　　她　　服装模特　　利用

4. 采访嘉宾　　您　　担任　　感谢　　我们的

5. 概括　　观点　　本文的　　用一句话　　你

6. 劝我　　饮食　　改变　　医生　　习惯

7. 代表　　谁将　　辩论赛　　我们班　　参加

8. 三个零件　　了　　这台机器　　有　　找不到

쓰기

제1부분

Chapter

06 비교문 · 강조문

▶ 비교문과 강조문이란?

비교문은 A와 B 두 개의 대상을 동등관계 혹은 한 쪽이 더 강한 성격을 가진 관계로 비교하는 문형을 가리킨다. 강조문은 구문이나 표현을 사용해서 문장의 한 부분을 강조하는 문형을 나타낸다. 이번 챕터에서는 여러 가지 비교문과 강조문의 형식을 배워 보고, 각각의 특성에 따라 문장을 배열하는 연습을 해 보자. 비교문과 강조문으로 구성된 문제는 쓰기 제1부분 전체 문제 유형에서 약 4%의 출제 비율을 차지한다.

문제 풀이 전략

☑ 비교문에서는 A와 B의 비교 관계를 파악해야 한다.

비교문의 여러 가지 문형에서 A와 B가 어떤 비교 관계를 갖고 있는지 한 눈에 파악하자.

A 比 B + 서술어	A ＞ B	A가 B보다 ~하다
A 有 B + 서술어	A ≒ B	A는 B만큼 ~하다
A 没有 B + 서술어	A ＜ B	A는 B만큼 ~하지 않다
A 不如 B (+ 서술어)	A ＜ B	A는 B만 못하다

☑ 강조문 중 '是……的' 강조구문은 기본 어순이 바뀌지 않는다.

'是……的' 강조구문은 강조하고자 하는 대상 앞에 '是'를, 동사 뒤에 '的'를 사용하므로 원래 문장의 어순이 변하지 않는다. 따라서 순서를 나열할 때 '是'와 '的'를 처음부터 너무 의식하지 말고 기본 어순으로 먼저 나열한 뒤 '是'와 '的'의 위치를 잡아주면 된다.

시원한 공략법 01

비교문 파악하기

1 A 比 B: A가 B보다 ~하다

A (① 要) 比 B ② (更, 还要) 서술어 ③ 많이: 得多, 多了, 很多, 不少
조금: (一)点儿, (一)些
수량사

① 조동사 '要'는 의미에 큰 영향을 주지 않지만 '比비교문'에 종종 사용된다. '比전치사구' 앞뒤 모두 사용 가능하다.

② 비교문의 서술어는 '更', '还(더욱)'로 수식해야 하며, 일반적인 정도부사(很, 非常, 十分, 特别……)는 절대 사용할 수 없다.

③ 서술어 뒤에는 다음과 같은 세 가지 표현으로 의미를 더 보충할 수 있다.

今天 比 昨天 冷 得多。 오늘이 어제보다 많이 더 춥다.
今天 比 昨天 冷 (一)点儿。 오늘이 어제보다 조금 더 춥다.
今天 比 昨天 冷 三度。 오늘이 어제보다 3도 더 춥다.

2 A 有 B: A는 B만큼 ~하다 / A 没(有) B: A는 B만큼 ~하지 않다

A 有/没有 B [这么 / 这样 | 那么 / 那样] 서술어

'这么/这样'이나 '那么/那样'을 서술어 앞에 종종 사용하지만 생략해도 괜찮다.

北京的冬天 有 首尔 (这么) 冷。 베이징의 겨울은 서울만큼 이렇게 춥다.
首尔的冬天 没有 北京 (那么) 冷。 서울의 겨울은 베이징만큼 그렇게 춥지 않다. (= 베이징이 더 춥다.)

3 A 不如 B: A는 B만 못하다

A (远) 不如 B [这么 / 这样 | 那么 / 那样] (서술어)

① 서술어 없이도 사용 가능하다.
我 不如 她。 나는 그녀만 못하다. (= 그녀가 낫다.)

② A가 B보다 '훨씬' 못함을 나타낼 때는 '不如' 앞에 '远'을 사용할 수 있다.

③ '这么/这样'이나 '那么/那样'을 서술어 앞에 종종 사용하지만 생략해도 괜찮다.

시원한 공략법 실전 문제

1. 反而比以前　　父亲退休后　　忙了　　更

2. 没有　　健康了　　从前　　那么　　他

3. 昨天　　今天的　　精彩　　演讲不如

시원한 공략법 실전 문제 풀이

1

'比'비교문

父亲退休后反而比以前更忙了。	아버지는 퇴직 후 오히려 이전보다 더 바빠졌다.

풀이 1단계 '比'가 있는 것으로 보아 '比비교문'인 것을 알 수 있다. 따라서 A와 B가 될 단어를 찾아낸다.
2단계 B는 이미 '以前'으로 정해져 있고, A가 될 수 있는 단어는 '退休后'밖에 없다.
3단계 주어는 '父亲'이고, 서술어 '忙'을 부사 '更'으로 수식하여 문장을 완성한다.

단어 ★退休 tuìxiū ⓢ 퇴직하다 | ★反而 fǎn'ér ⓟ 오히려

2

'没有'비교문

他没有从前那么健康了。	그는 이전만큼 그렇게 건강하지 못하게 되었다.

풀이 1단계 '没有'와 '那么' 등의 표현이 있는 것으로 보아 '没有비교문'인 것을 알 수 있다. 따라서 A와 B가 될 단어를 찾는다.
2단계 전체적인 의미로 보아 A는 '他', B는 '从前'이다.
3단계 서술어 '健康'을 '那么'로 수식하여 문장을 완성한다.

단어 ★从前 cóngqián ⓟ 이전, 종전

3

'不如'비교문

今天的演讲不如昨天精彩。	오늘의 강연은 어제만큼 훌륭하지 못했다.

풀이 1단계 '不如'가 있는 것으로 보아 '不如비교문'인 것을 알 수 있다. 따라서 A와 B가 될 단어를 찾는다.
2단계 A는 '今天的演讲'이고, B는 '昨天的演讲'이지만 A에서 이미 '演讲'을 언급했으므로 B에서는 '昨天'만 사용했다.
3단계 서술어 '精彩'로 문장을 완성한다.

단어 ★演讲 yǎnjiǎng ⓜⓢ 강연(하다), 연설(하다) | ★精彩 jīngcǎi ⓗ (공연, 말, 글 등이) 훌륭하다, 뛰어나다

시원한 공략법 02

강조문 파악하기

1 '是……的' 강조문

'是……的' 강조문은 동사 앞의 시간, 장소, 방식, 원인 등을 강조하는 구문으로, 강조하고자 하는 대상 앞에 '是'를, 동사 뒤에 '的'를 사용한다.

긍정형 | 주어 + (是) + 시간/장소/방식/원인… + 동사 + 的。 (강조 포인트: 시간/장소/방식/원인…) (긍정형에서 '是'는 생략 가능)

他是昨天来的。 그는 어제 온 것이다. (시간 강조)
他是从北京来的。 그는 베이징에서 온 것이다. (장소 강조)
他是坐飞机来的。 그는 비행기를 타고 온 것이다. (방식 강조)
这个病是由抽烟造成的。 이 병은 흡연 때문에 야기된 것이다. (원인 강조)

부정형 | 주어 + 不是 + 시간/장소/방식/원인… + 동사 + 的。 (강조 포인트: 시간/장소/방식/원인…) (부정형에서 '是'는 생략 불가능)

他不是昨天来的。 그는 어제 온 것이 아니다.

목적어가 있을 때 | 동사 + 목적어 + 的 / 동사 + 的 + 목적어 (두 가지 어순 모두 사용 가능)

他 是 昨天 来(동사) 中国(목적어) 的。/ 他 是 昨天 来(동사) 的 中国(목적어)。
그는 어제 중국에 온 것이다.

2 '一点儿'을 이용한 강조문

형용사/동사의 부정을 강조 | 一点儿也/一点儿都 + 不 + 형용사/동사 = (丝)毫不 + 형용사/동사

一点儿也 不 高兴 = (丝)毫不 高兴
조금도 기쁘지 않다.

명사가 없음을 강조 | 一点儿 + 명사 + 也/都 + 没有 = 丝毫 + 没有 + 명사 = 毫无 + 명사

一点儿 问题 也 没有 = 丝毫 没有 问题 = 毫无 问题
조금의 문제도 없다.

시원한 공략법 실전 문제

1. 是从　这项技术　下来的　古代　流传

2. 一点儿　没有　根据也　这个假设

3. 自己的　不担心　成绩　他　丝毫

시원한 공략법 실전 문제 풀이

1

'是……的' 강조문

这项技术是从古代流传下来的。	이 기술은 고대로부터 전해져 내려오는 것이다.

풀이 1단계 서술어가 될 수 있는 단어는 동사 '**是**'와 '**流传**'이 있지만, '**是**'는 '**的**'와 함께 강조구문을 이루고 있으므로 서술어는 '**流传**'이다.

2단계 서술어와 어울리는 주어는 '**这项技术**'이다.

3단계 이 문장에서 '**是……的**' 구문은 '**从古代**'라는 시간을 강조하고 있다.

단어 ★**技术** jìshù ⓜ 기술 | ★**古代** gǔdài ⓜ 고대 | ★**流传** liúchuán ⓢ 전해져 내려오다

2

'一点儿……也' 강조문

这个假设一点儿根据也没有。	이 가설은 조금의 근거도 없다.

풀이 1단계 '**一点儿**'과 '**也**'가 있는 것으로 보아 강조구문임을 알 수 있다.

2단계 어떤 대상이 조금도 없음을 강조하는 '**一点儿 + 명사 + 也 + 没有**'의 어순에 따라 나열한다.

3단계 주어가 될 수 있는 표현은 '**这个假设**'밖에 없다.

단어 ★**假设** jiǎshè ⓜⓢ 가설, 가정(하다) | ★**根据** gēnjù ⓜ 근거 ⓟ ~에 근거하여

3

'丝毫不' 강조문

他丝毫不担心自己的成绩。	그는 조금도 자신의 성적을 걱정하지 않는다.

풀이 1단계 '**丝毫**'가 있는 것으로 보아 강조구문임을 알 수 있다.

2단계 동사의 부정을 강조하는 '**丝毫 + 不 + 동사**'의 어순에 따라 나열한다.

3단계 서술어 '**担心**'과 어울리는 주어와 목적어는 각각 '**他**'와 '**成绩**'이다.

기출 테스트

정답 및 해설 | 해설서 200~202쪽

맞은 개수

第1-8题 제시어를 어순에 맞게 배열하세요.

1. 手续　不少　比原来简单　办理贷款的

2. 那么　从前　他的工作　不如　远　忙

3. 手套　做的　丝绸　是用　这双

4. 听众　减少了　明显比以前　广播电台的

5. 都　不结实　牛仔裤　一点儿　那条

6. 糟糕　她的情况　想象中　并没有　那么

7. 感觉　他现在　丝毫　紧张的　没有

8. 损失要比　严重　造成的　想象的　地震

쓰기 书写

제2부분

단어 · 사진 보고 작문하기

출제 경향 및 출제 유형

쓰 기 2부분

- 쓰기 제2부분은 5개의 단어를 이용하여 80자 정도의 작문 한 편을 하는 문제와 사진을 활용하여 80자 정도의 작문 한 편을 하는 문제로 이루어져 있으며, 한 편당 30점으로 쓰기에서 총 60점을 차지한다.

출제 경향

1 단어를 이용한 작문 문제의 경우 제시되는 단어들은 주로 5급 어휘(3, 4급 어휘 포함)로 이루어져 있다.

2 5개의 단어를 모두 사용하여 80자 정도의 글을 작문해야 하며, 단어가 쓰이는 순서는 상관없다.

3 사진을 이용한 작문의 경우 각 사진마다 반드시 써야 하는 핵심 표현이 있기 마련이다. 그 표현을 중심으로 다른 단어나 표현은 자유롭게 추가하여 사진이 나타내는 배경과 연관 지어 작문하면 된다.

4 쓰기는 총 40분의 시간이 주어진다. 그중 쓰기 제1부분은 최대 10분 안에 풀도록 한다. 쓰기 제1부분을 빨리 풀수록 작문을 해야 하는 쓰기 제2부분에서 좀 더 많은 시간을 확보할 수 있다.

출제 유형

三、写作
第二部分

第99-100题：写短文。

99. 请结合下列词语（要全部使用，顺序不分先后），写一篇80字左右的短文。

爱心　困难　捐　简直　同情

모범 답안

上个星期我看到了一条和非洲儿童有关的新闻，他们的生活非常困难，有些孩子甚至连干净的水都喝不到，简直太可怜了。我对同学们说了这样的情况后，大家都非常同情那些孩子，一些有爱心的同学决定组织一个活动，捐一些钱和衣服给这些孩子。

지난 주에 나는 아프리카 아동과 관련된 한 뉴스를 보게 되었는데, 그들의 생활은 매우 어려웠고, 어떤 아이들은 심지어 깨끗한 물조차도 마실 수 없어서 정말 너무 불쌍했다. 내가 같은 반 친구들에게 이러한 상황을 말한 후, 모두들 그러한 아이들을 매우 동정했고, 일부 사랑의 마음이 있는 친구들은 활동을 조직하여, 약간의 돈과 옷을 기부해서 이 아이들에게 주기로 결정했다.

100. 请结合这张图片写一篇80字左右的短文。

모범 답안

		我	的	朋	友	最	近	在	图	书	馆	做	志	愿	活
动	，	她	的	任	务	是	整	理	图	书	。	她	的	工	作
不	难	，	只	需	要	把	大	家	看	完	的	书	或	放	错
位	置	的	书	，	重	新	放	到	书	架	上	就	可	以	了。
她	非	常	喜	欢	这	份	工	作	，	因	为	不	仅	可	以
为	大	家	提	供	服	务	，	也	可	以	在	安	静	的	气
氛	里	享	受	一	个	人	的	时	间	。					

내 친구는 최근 도서관에서 자원봉사활동을 하는데, 그녀의 임무는 도서를 정리하는 것이다. 그녀의 일은 어렵지 않은데, 모두가 다 본 책이나 혹은 위치를 잘못 놓은 책을 다시 책꽂이에 놓기만 하면 된다. 그녀는 이 일을 매우 좋아하는데, 왜냐하면 모두를 위해 서비스를 제공할 수 있을 뿐만 아니라, 조용한 분위기에서 혼자만의 시간을 누릴 수 있기 때문이다.

Chapter

01 단어 작문-이야기

▶ 이야기로 작문하기

99번에 주어진 5개의 단어들을 모두 사용하여 80자 정도의 이야기로 작문하는 경우이다. 순서 상관없이 5개 단어를 이야기 속에 모두 사용해야 하며 허구적인 이야기여도 상관없다. 또한, 이야기를 이끌어가는 주체는 '我'로 설정해도 되고 가상의 인물을 만들어도 괜찮다.

작문 전략

☑ 주어진 5개 단어에 대한 정확한 이해가 필요하다.

단어 작문에서 가장 기본은 5개 단어의 뜻, 품사, 용법을 이해하는 것이다. 만약 한 개라도 확실하지 않은 단어가 있다면 감점은 피할 수 없다. 단어 작문에 제시되는 단어는 대부분이 3~5급 단어이기 때문에 어휘 학습을 평소에 확실히 하는 것이 무엇보다 중요하다.

☑ 먼저 스토리를 머릿속에 그려보자.

무작정 쓰기 시작하는 것보다 일단 어떤 스토리를 통해 5개 단어를 모두 사용할지 머릿속으로 계획을 세우는 것이 좋다. 상당수의 학습자들이 5개 단어를 모두 사용할 수 있는 이야기를 만드는 것 자체에 애를 먹는 경우가 많다. 어떤 이야기를 할지에 대한 구상이 끝나면 막상 쓰는 것은 오히려 빠르게 진행될 수 있다.

☑ 원고지의 길이를 잘 가늠하여 글을 쓰자.

첫 문장을 시작할 때의 기본 원칙인 두 칸의 들여쓰기 및 각종 문장 부호를 감안하여 실제로 80자 정도의 작문을 했을 때, 주어진 원고지의 끝에서 두 번째 줄이나 마지막 줄에서 글이 끝나는 것이 적당하다. 단, 주의할 것은 원고지의 길이를 초과하는 내용은 채점 범위에 들어가지 않으므로 원고지 활용 범위를 절대 초과하지 않도록 해야 한다.

시원한 공략법

단어를 이용하여 이야기로 작문하기

시원한 공략법 실전 문제

暂时　疲劳　调整　状态　时差

시원한 공략법 실전 문제 풀이

[풀이] [1단계] 각 단어의 뜻, 품사, 용법을 파악한다.

暂时 zànshí [명] 잠시, 잠깐	
疲劳 píláo [명][형] 피로(하다)	很/非常 + 疲劳: 매우 피로하다 感到 + 疲劳: 피로를 느끼다 缓解 + 疲劳: 피로를 풀다
调整 tiáozhěng [동] 조정하다	调整 + 时间/状态/计划/价格 : 시간/상태/계획/가격을 조정하다
状态 zhuàngtài [명] 상태	身体/工作/保存 + 状态: 신체/업무/보존 상태
时差 shíchā [명] 시차	倒 + 时差: 시차에 적응하다

[2단계] 제시된 단어들 중 연결해서 사용 가능한 것이 있는지 확인한다.
调整状态: 상태를 조정하다

[3단계] 5개 단어를 모두 사용해서 만들 수 있는 스토리를 생각해 본다.
시차로 인해 **피로**를 느낌 ➡ **잠시** 휴식을 함 ➡ 몸 **상태**를 **조정함**

[4단계] 원고지의 길이를 가늠하며 가능한 한 끝에서 두 번째 줄이나 마지막 줄에서 끝날 수 있도록 길이를 조절하며 작문한다.

[5단계] 5개 단어를 모두 사용했는지 확인한다.

모범 답안

		哥	哥	上	个	星	期	去	美	国	出	差	了	，	回
来	以	后	马	上	回	到	了	公	司	上	班	。	但	因	为
时	差	的	原	因	，	他	非	常	疲	劳	，	工	作	状	态
也	不	好	，	出	现	了	非	常	严	重	的	错	误	。	公
司	的	老	板	认	为	身	体	更	重	要	，	所	以	决	定
让	哥	哥	暂	时	休	息	几	天	，	等	他	调	整	好	身
体	状	态	再	到	公	司	继	续	工	作	。				

형은 지난 주에 미국으로 출장을 갔고, 돌아온 후 바로 회사로 돌아가 출근했다. 그러나 시차의 원인 때문에 그는 매우 피로했고 업무 상태도 좋지 않아, 매우 심각한 실수가 나타났다. 회사의 사장은 건강이 더 중요하다고 생각하여 형으로 하여금 잠시 며칠 동안 휴식하고, 몸 상태를 조절한 다음 회사에 가서 계속 일하게 하기로 결정했다.

단어 ★**出差** chūchāi ⓢ 출장하다 | ★**严重** yánzhòng ⓗ 심각하다 | ★**出现** chūxiàn ⓢ 나타나다, 출현하다

구문 (1) **去 A 出差**: A로 출장 가다 ('**出差**'는 동목구조인 이합동사이므로 뒤에 장소가 올 수 없다.)

(2) **等 A 再 B**: A한 다음 B하다

쓰기

제2부분

시크릿 노트 적재적소에 사용해야 하는 필수 문장 부호

부호		쓰임	예문
。	句号 jùhào 마침표	평서문의 문미에 쓰인다.	北京是中华人民共和国的首都。 베이징은 중화인민공화국의 수도이다.
，	逗号 dòuhào 쉼표	문장 속에서 휴지를 나타낸다.	关于这个问题，我写了一篇论文。 이 문제에 관해서, 나는 한 편의 논문을 썼다.
、	顿号 dùnhào 모점	단어나 구의 병렬에 쓰인다.	她是一个美丽、健康、活泼的姑娘。 그녀는 아름답고, 건강하고, 활발한 소녀이다.
；	分号 fēnhào 쌍반점	절의 병렬에 쓰인다.	语言，人们用来抒情达意；文字，人们用来记言记事。 언어는 사람들이 의사 표현할 때 사용하고, 문자는 사람들이 언행과 사건을 기록할 때 사용한다.
？	问号 wènhào 물음표	의문문의 문미에 쓰인다.	他叫什么名字？ 그의 이름은 뭐야?
！	叹号 tànhào 느낌표	감탄문이나 명령문의 문미에 쓰인다.	你给我出去！ 나가!
：	冒号 màohào 쌍점	뒤에 구체적 보충이나 설명이 나올 때 쓰인다.	他说：“这是怎么回事？” 그가 말했다 “이게 무슨 일이야?”
“” ‘’	引号 yǐnhào 따옴표	인용에 쓰인다.	孔子说：“不迁怒，不贰过”。 공자는 “불천노, 불이과”라고 했다.
《 》 〈 〉	书名号 shūmínghào 책이름표	책이나 글의 제목에 쓰인다.	1955年，第一本《吉尼斯世界纪录大全》正式出版。 1955년, 첫 번째 《기네스북 오브 레코즈》가 정식 출판됐다.
——	破折号 pòzhéhào 줄표	해설에 쓰인다.	喝茶又多了一个好处—使大脑更敏捷。 차를 마시면 또 한 가지 좋은 점이 있다. 바로 뇌를 더 활발하게 해준다는 것이다.
（ ）	括号 kuòhào 괄호	주석에 쓰인다.	明天组织二年级（2班除外）去参观故宫。 내일은 2학년을 데리고 (2반 제외) 고궁 참관을 갈 것이다.
……	省略号 shěnglüèhào 줄임표	생략할 때 쓰인다.	“一、二、三……”数呀，数呀，后来就糊涂了。 “하나, 둘, 셋……” 세다가 나중에는 헷갈렸어.

기출 테스트

모범 답안 | 해설서 203~205쪽

第1-2题

1. 精力　退休　父亲　享受　辛苦

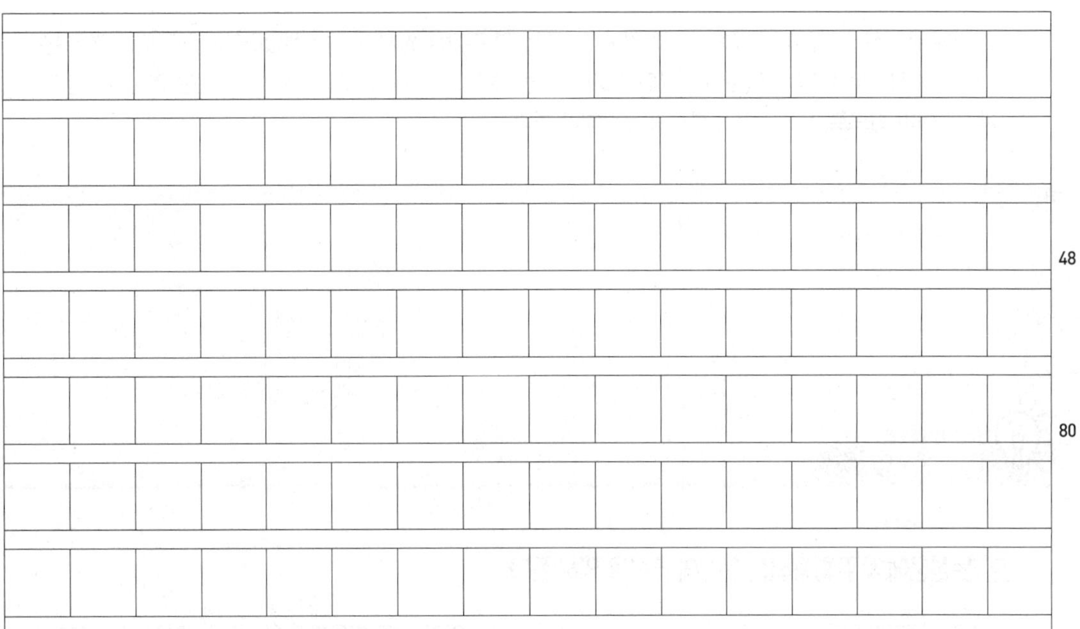

2. 样式　正好　戒指　购物　舍不得

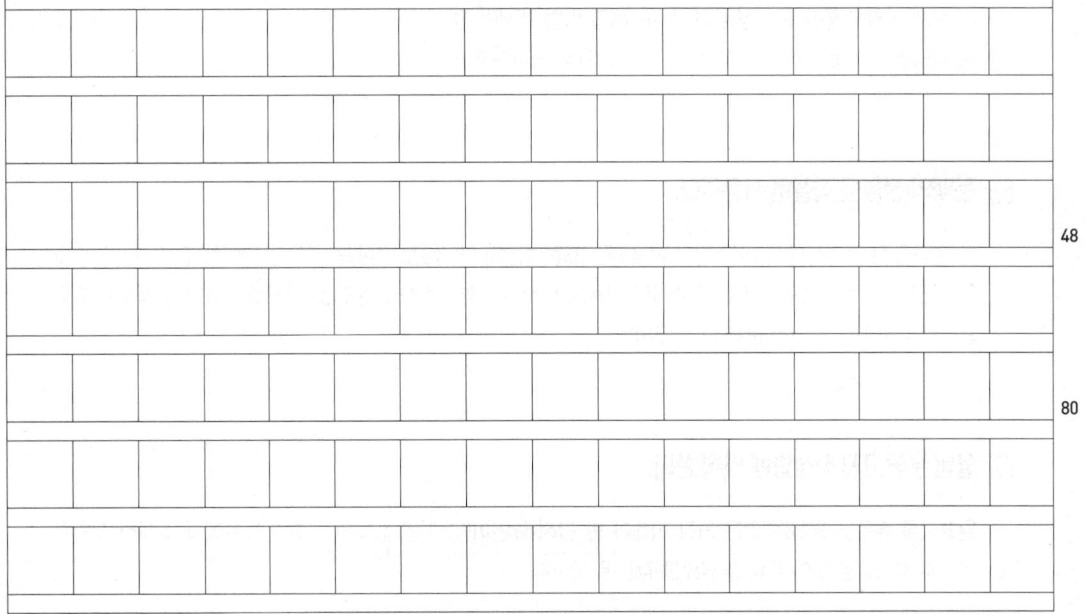

쓰기

제2부분

Chapter 02 단어 작문-논설문

▶ 논설문으로 작문하기

99번에 주어진 5개 단어의 유형이 이야기보다는 자신의 주장을 펼치기에 더 적합하다고 생각되는 경우 논설문으로 작문할 수 있다. 단순히 하나의 스토리만 전달하면 되는 이야기와는 달리 논설문은 명확한 논점이 제시되어야 하므로, 논리적인 흐름으로 작문해야 한다.

작문 전략

☑ 논설문에 자주 활용되는 문장의 흐름을 익혀 둔다.

80자 정도의 단문 논설문은 여러 가지 논거를 제시할 필요 없이, 보통 다음과 같은 간단한 흐름으로 빠르게 논점을 제시하면 된다.

❶ 어떤 현상의 긍정적인 면을 인정 ➡ 동시에 부정적인 면을 제시 ➡ 핵심 관점을 제시(논점)
❷ 현재 상황을 통해 문제점을 제시 ➡ 해결 방법 제시(논점)
❸ 사람들의 잘못된 생각을 지적 ➡ 올바른인식 제시(논점)

☑ 문맥의 전환을 적절히 사용한다.

전환(역접)은 논설문에서 가장 많이 사용되는 표현 방법이다. '但是', '可是', '不过', '然而' 등 '그러나'의 뜻을 가진 접속사를 사용해서 앞에 제시된 내용을 부정하고 본격적으로 논점을 제시하는 흐름을 적절하게 활용하면 훌륭한 단문 논설문을 쓸 수 있다.

☑ 올바른 원고지 작성법에 맞춰 쓴다.

원고지를 잘못 사용하는 것은 가장 피해야 할 감점 요인이다. 이번 챕터의 시크릿 노트에서 소개한 정확한 원고지 작성법을 알아 두어 불필요한 감점은 피하자.

시원한 공략법

단어를 이용하여 논설문으로 작문하기

시원한 공략법 실전 문제

效果　达到　对待　合理　减肥

시원한 공략법 실전 문제 풀이

[풀이] [1단계] 각 단어의 뜻, 품사, 용법을 파악한다.

对待 duìdài [동] 대하다, 대처하다	对待 + 사람: (사람)을 대하다 对待 + 问题/事情: 문제/일에 대처하다
达到 dádào [동] 이르다, 도달하다	达到 + 目标/目的/水平/标准/效果 : 목표/목적/수준/기준/효과에 이르다
效果 xiàoguǒ [명] 효과	
合理 hélǐ [형] 합리적이다	合理的 + 看法/要求/方法: 합리적인 견해/요구/방법 合理(地) + 安排/解决/利用 : 합리적으로 안배하다/해결하다/이용하다
减肥 jiǎnféi [명][동] 다이어트 (하다)	

[2단계] 제시된 단어들 중 연결해서 사용 가능한 것이 있는지 확인한다.
合理对待减肥: 합리적으로 다이어트를 대하다
达到效果: 효과에 이르다

[3단계] 5개 단어를 모두 사용해서 만들 수 있는 논설문의 흐름을 생각해 본다.
[잘못된 생각 지적] '마른 것'이 미의 기준이라 생각하고 다이어트를 함
[올바른 인식 제시] ① 합리적으로 다이어트를 대해야 함
② 운동을 통해 다이어트 효과에 이르는 것이 가장 좋음

[4단계] 원고지의 길이를 가늠하며 가능한 한 끝에서 두 번째 줄이나 마지막 줄 안에서 끝날 수 있도록 길이를 조절하며 작문한다.

[5단계] 5개 단어를 모두 사용했는지 확인한다.

모범 답안

		现	代	人	对	自	己	的	身	材	越	来	越	重	视,
而	且	人	们	普	遍	认	为	“	瘦	”	是	美	的	标	准,
因	此	很	多	人	都	有	减	肥	的	经	历	。	不	过	我
们	应	该	合	理	地	对	待	减	肥	。	想	通	过	减	肥
变	得	漂	亮	是	可	以	理	解	的	，	但	不	能	影	响
健	康	，	最	好	通	过	运	动	的	方	式	来	达	到	减
肥	的	效	果	。										

현대인은 자신의 몸매에 대해 갈수록 중시하고, 게다가 사람들은 보편적으로 '마른 것'이 미의 기준이라고 생각하며, 이 때문에 많은 사람들이 다이어트를 한 경험이 있다. 그러나 우리는 합리적으로 다이어트를 대해야 한다. 다이어트를 통해 예뻐지고 싶어 하는 것은 이해할 수 있는 것이지만, 건강에 영향을 주어서는 안 되며, 운동의 방식을 통해 다이어트의 효과에 이르는 것이 가장 좋다.

단어 ★**身材** shēncái 명 몸매 | ★**普遍** pǔbiàn 형 보편적이다

구문 **通过A的方式(来) + 동사**: A라는 방식을 통해 (동사)하다

★★★ 시크릿 노트　꼭 기억해야 하는 **원고지 작성법**

(1) 본문의 격식

❶ 문단을 시작할 때는 반드시 두 칸을 들여써야 한다. 그 뒤는 더 이상 들여쓰지 않는다.

예

		满	五	十	岁	的	时	候	，	他	非	常	有	钱	，	但	感	到	失
去	了	快	乐	。	他	开	始	寻	找	快	乐	。	他	来	到	街	上	，	一
个	带	着	小	姑	娘	的	中	年	人	说	自	己	的	钱	被	小	偷	偷	了。

(2) 문장부호의 격식

❶ 줄임표(省略号 ……)와 줄표(破折号 —)외에는 한 개의 문장부호를 한 칸에 사용한다.

예

		在	这	个	城	市	有	很	多	外	国	人	，	比	如	美	国	人	、
英	国	人	、	日	本	人	…	…	。										
		首	尔	—	—	韩	国	的	首	都	，	是	韩	国	政	治	、	经	济
文	化	教	育	中	心	。													

❷ 따옴표(引号 “ ”)가 다른 부호와 함께 있을 때는 두 개의 부호를 모두 한 칸에 써야 한다.

예

		记	者	说	:“	摔	在	地	上	，	会	碎	的	。”					

❸ 따옴표(引号 “ ”), 책이름표(书名号 《 》), 괄호(括号 （ ）)의 앞부분(즉, “ 《 （)을 제외한 나머지 부호들은 줄의 첫 번째 칸에 써서는 안 된다.

예

“	歪	主	意	”	刚	付	诸	行	动	就	被	逮	了	个	正	着	。		
《	红	楼	梦	》	是	中	国	四	大	名	著	之	一	。					
（	轻	手	轻	脚	地	）	走	出	了	房	间	。							

쓰기

제2부분

시크릿 노트

❹ 따옴표(引号 " "), 책이름표(书名号 《 》), 괄호(括号 ( ))의 앞부분은 줄의 마지막 칸에 쓰면 안 된다. 이와 달리 만약 쌍점(冒号 :)을 줄의 가장 마지막에 놓아야 하는 경우에는 한자와 함께 같은 칸에 쓰면 된다. 다음 줄의 첫 번째 칸에 쓰면 안 된다.

예

																	记	者	说:
"	摔	在	地	上	会	碎	的	。"											

❺ 만약 마침표(句号 。)와 따옴표(引号 " ")의 뒷부분을 줄의 가장 마지막에 놓아야 하는 상황이면 한자와 함께 모두 같은 칸에 쓰면 된다. 다음 줄의 첫 번째 칸에 쓰면 안 된다.

예

		这	个	时	候	他	突	然	对	我	说	:"	摔	在	地	上	会	碎	的。"

(3) 숫자와 영문 알파벳의 격식

❶ 숫자의 경우 두 개의 숫자를 한 칸에 쓰는 것이 기본이다.

예

12	34	56	78																

❷ 영문의 경우 대문자는 한 칸에 한 글자씩, 소문자는 한 칸에 두 글자씩 쓴다.

예

H	S	K		ea	sy														

기출 테스트

모범 답안 | 해설서 205~207쪽

第1-2题

1. 宝贵　保护　一旦　能源　减少

2. 缺少　消极　网络　合理　交流

Chapter 03 단어 작문-단어 용법

▶ 단어의 용법에 맞게 작문하기

99번에 주어진 5개의 단어를 모두 사용하여 작문을 할 때 가장 주의해야 하는 부분은 제시된 단어의 의미와 부합하는 것뿐만 아니라 용법에 맞게 작문하는 것이다. 단순히 단어의 뜻만 파악한 뒤 문장에서 이 뜻을 나타내고자 하는 곳에 아무렇게나 사용해서는 정확한 문장을 만들어낼 수 없다. 이 부분은 평소 단어 학습을 올바른 방법으로 하는 것과 큰 관련이 있다.

작문 전략

☑ 단어를 학습할 때는 품사를 반드시 파악해야 한다.

일단 품사를 알아야 해당 단어를 기본적으로 용법에 맞게 사용할 수 있다. 특히 중국어 단어는 두 글자로 되어 있는 경우가 많아서, 단순히 한자로 받아들이게 되면 대부분이 명사화 되어버릴 것이다. 예를 들어 5급 단어 '感激'를 한자로만 읽으면 '감격'이라는 명사로만 쓰일 것 같지만, 실제로는 동사로 더 자주 쓰이며 뜻도 '감사하다'라고 암기하는 것이 바람직하다. 단어를 용법에 맞게 사용하는 첫 단계는 품사를 파악하는 것이라는 것을 잊지 말자.

☑ 단어 각각의 용법까지 익혀야 한다.

단어의 품사를 파악하는 것 외에도 실제로 어떻게 사용하는지 용법까지 함께 익혀 두도록 하자. 예를 들어 '旅游'는 동사로 '여행하다'이지만 영어식 표현으로 자동사, 즉 목적어를 가질 수 없는 동사이다. 따라서 뒤에 목적어를 가져 '旅游中国'라고 쓸 수 없고, '去/到中国旅游'라고 사용해야 한다. 따라서 단어를 단순히 한국어 뜻으로 암기하는 습관을 버리고, 그 단어가 쓰인 문장을 암기하는 방식으로 학습하는 것을 추천한다. 그러면 문장에서 쓰인 단어를 통해 품사는 물론 용법까지 자연스럽게 습득할 수 있으며, 작문 실력이 향상되는 것은 물론이고, 소리 내어 암기하면 회화 실력까지 좋아지는 일석삼조의 효과를 얻을 수 있다.

☑ 이합동사에 민감해지자.

'동사+목적어' 구조로 된 동목식 이합동사는 이미 목적어를 가지고 있어서 뒤에 또 다른 목적어를 쓸 수 없다. 각 이합동사마다 사용 방법이 다른 만큼 이합동사는 그때그때 용법을 익혀 두는 것이 좋다. 이번 챕터의 시크릿 노트인 쓰기 제2부분에 자주 출제되는 이합동사의 용법은 꼭 알아 두자.

시원한 공략법

단어의 용법에 맞게 작문하기

시원한 공략법 실전 문제

考虑　　有利　　观念　　实际　　辞职

시원한 공략법 실전 문제 풀이

풀이 1단계 각 단어의 뜻, 품사, 용법을 파악한다.

考虑 kǎolǜ ⓜⓓ 고려(하다)	考虑 + 问题: 문제를 고려하다
有利 yǒulì ⓗ 유리하다, 이롭다	**뒤에 목적어를 사용하면 안 됨** 对A有利 / 有利于A: A에 유리하다/이롭다
观念 guānniàn ⓜ 관념, 사고방식	卫生 + 观念: 위생 관념
实际 shíjì ⓜⓗ 실제(적이다)	实际上/事实上/其实 + 문장: 사실(은)
辞职 cízhí ⓓ 사직하다	**이합동사**

2단계 제시된 단어들 중 연결해서 사용 가능한 것이 있는지 확인한다.(없음)

3단계 5개 단어를 모두 사용해서 만들 수 있는 스토리나 논설문의 흐름을 생각해 본다.

잘못된 생각 지적 사직하면 좋은 직업을 찾기 힘들 것이라 생각함

올바른 인식 제시 ① 사실 이러한 사고방식은 뒤떨어진 것임
② 잘 고려하여 개인의 발전에 유리한 결정을 해야 함

4단계 원고지의 길이를 가늠하며 가능한 한 끝에서 두 번째 줄이나 마지막 줄 안에서 끝날 수 있도록 길이를 조절하며 작문한다.

5단계 5개 단어를 모두 사용했는지 확인한다.

모범 답안

		很	多	人	认	为	辞	职	以	后	很	难	找	到	更
好	的	工	作	。	实	际	上	这	样	的	观	念	已	经	落
后	了	，	因	为	外	面	的	世	界	充	满	了	机	遇	。
当	然	，	在	辞	职	以	前	，	一	定	要	全	面	地	考
虑	，	冷	静	地	判	断	自	己	的	需	要	，	制	定	未
来	的	计	划	。	这	样	才	能	做	出	最	有	利	于	个
人	发	展	的	决	定	。									

많은 사람들은 사직한 이후 더 좋은 직업을 찾아내기가 매우 어려울 것이라 생각한다. 사실 이러한 사고방식은 이미 뒤떨어진 것인데, 왜냐하면 외부 세계에는 기회가 가득하기 때문이다. 당연히 사직하기 전에는 반드시 전반적으로 고려하고, 자신이 필요로 하는 것을 냉정하게 판단하여 미래의 계획을 세워야 한다. 이렇게 해야만 개인의 발전에 가장 유리한 결정을 해낼 수 있다.

단어 **落后** luòhòu ⓢ 뒤떨어지다, 뒤처지다, 낙후되다 | ★**充满** chōngmǎn ⓢ 가득하다, 넘치다, 충만하다 | ★**机遇** jīyù ⓜ 좋은 기회, 찬스 | ★**全面** quánmiàn ⓗ 전반적이다, 전면적이다 | ★**冷静** lěngjìng ⓗ 냉정하다, 침착하다 | ★**判断** pànduàn ⓜⓢ 판단(하다) | ★**制定** zhìdìng ⓢ 세우다, 제정하다 | ★**未来** wèilái ⓜ 미래, 장래

구문 (1) **充满 + 希望/信心/活力**: 희망/자신감/활력으로 가득하다

(2) **制定 + 目标/计划**: 목표/계획을 세우다

시크릿 노트 자주 출제되는 **동목식 이합동사 및 용법**

급수	이합동사	용법
4급	报名 bàomíng 신청하다, 등록하다	报名HSK考试 (X) 报名参加HSK考试 (O) HSK 시험에 참가 신청하다
	出差 chūchāi 출장하다	出差北京 (X) 去/到北京出差 (O) 베이징으로 출장 가다
	打折 dǎzhé 할인하다	打折八 (X) 打八折 (O) 20% 할인하다
	道歉 dàoqiàn 사과하다	道歉他 (X) 向他道歉 (O) 그에게 사과하다
	减肥 jiǎnféi 다이어트하다	减肥身体/身材 (X) 减肥 (O) 다이어트하다
	理发 lǐfà 이발하다	理发头发 (X) 理发 (O) 이발하다
5급	操心 cāoxīn 마음을 쓰다, 애태우다	操心他 (X) 为他操心 (O) 그에게 마음을 쓰다
	辞职 cízhí 사직하다	辞职公司 (X) 辞职 (O) 사직하다　辞公司 (O) 회사를 사직하다
	发愁 fāchóu 걱정하다, 근심하다	发愁他 (X) 为他发愁 (O) 그를 걱정하다
	鼓掌 gǔzhǎng 박수 치다, 손뼉 치다	鼓掌他 (X) 为/给他鼓掌 (O) 그에게 박수를 치다
	合影 héyǐng 함께 사진을 찍다	合影大家 (X) 大家一起合影 (O) 모두 함께 사진을 찍다
	握手 wòshǒu 악수하다	握手他 (X) 跟他握手 (O) 그와 악수하다

기출 테스트

모범 답안 | 해설서 207~209쪽

第1-2题

1. 激动　合影　媒体　鼓掌　庆祝

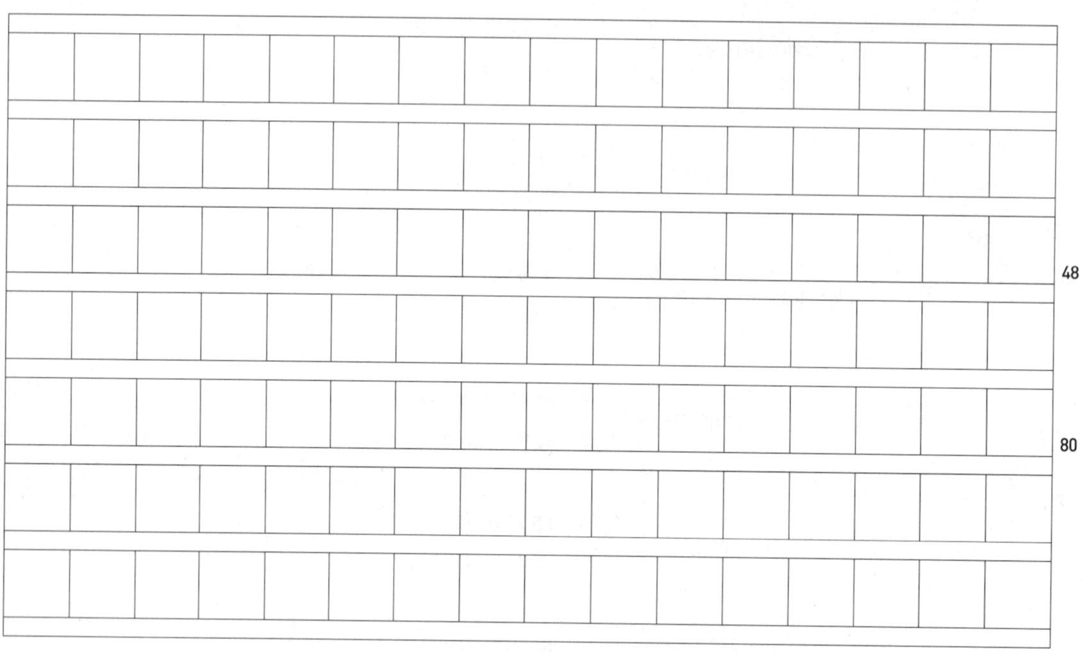

2. 坚强　千万　梦想　尽管　逃避

48

80

Chapter 04 사진 작문-이야기

▶ 사진을 보고 이야기로 작문하기

100빈에 주어신 사신늘 보고 연상할 수 있는 이야기를 80자 정도로 작문하는 문제이다. 단어 작문과 마찬가지로 허구적인 이야기여도 괜찮다. 또한, 이야기를 이끌어가는 주체가 '我'이어도 되고 사진 속의 인물을 이용해도 상관없다.

작문 전략

☑ 사진이 주는 정보들을 파악하자.

사진 작문은 당연히 사진을 잘 관찰하는 것에서 시작해야 한다. 사진 속에 어떤 동작(동사)들이 보이는지, 어떤 감정이나 태도(형용사)들을 묘사하고 있는지, 어떤 사물이나 사람, 장소(명사)들이 등장하는지 먼저 파악하고 중국어로 단어를 떠올려 본다.

☑ 사진이 나타내는 핵심적인 요소는 꼭 넣어야 한다.

주어진 단어를 반드시 다 사용해야 하는 단어 작문과 비교할 때, 사진 작문은 상대적으로 자유로운 편이다. 사진에서 나타내는 가장 핵심적인 정보는 반드시 나타내야 하지만, 그 외 내용은 자신이 원하는 방향으로 풀어갈 수 있다. 하지만 반대로 말하면, 사진 작문의 경우 사진에서 명확하게 나타내고 있는 것은 확실하게 표현해 주어야 한다. 이때 사용하게 되는 표현들은 5급 범위 안에서 출제되므로 5급 어휘를 확실하게 학습하는 것이 중요하다.

☑ 꼭 2B 연필로 응시할 필요는 없다.

PBT(지필 방식)의 경우 2B 연필 사용을 권장하는데, 이는 객관식 문항의 경우에 너무 흐리게 마킹이 되어 컴퓨터가 인식을 못하는 일이 생기지 않게 하기 위함이다. 하지만 쓰기 파트의 경우 2B 연필을 사용하게 되면 너무 진하고 굵어서 한자를 깔끔하게 쓰기 힘들다. 쓰기는 사람이 채점하는 부분인 만큼 한자를 깔끔하고 반듯하게 쓰는 것도 좋은 인상을 줄 수 있다. 따라서 일반 샤프에 들어갈 수 있는 가장 진한 샤프심을 넣어 응시하는 것을 권장한다.

시원한 공략법

사진을 보고 이야기로 작문하기

시원한 공략법 실전 문제

시원한 공략법 실전 문제 풀이

[풀이] [1단계] 사진에서 떠올릴 수 있는 단어들을 생각해 본다.

동작	哭 kū [동] 울다 拍肩膀 pāi jiānbǎng 어깨를 두드리다, 어깨를 치다 安慰 ānwèi [명][동] 위로(하다)
감정	难过 nánguò [형] 괴롭다, 슬프다
인물	姐姐和她的朋友

[2단계] 사진 속 상황을 활용하여 만들 수 있는 스토리를 생각해 본다.
언니가 업무로 인해 힘들어 함 ➡ 언니가 울자 친구가 어깨를 두드리며 위로해 줌
➡ 언니의 기분이 한결 좋아짐

[3단계] 원고지의 길이를 가늠하며 가능한 한 끝에서 두 번째 줄이나 마지막 줄 안에서 끝날 수 있도록 길이를 조절하며 작문한다.

모범 답안

		姐	姐	因	为	工	作	上	遇	到	了	很	多	困	难，
所	以	最	近	压	力	很	大	。	今	天	和	朋	友	聊	天
的	时	候	，	她	忍	不	住	哭	了	起	来	。	朋	友	看
到	姐	姐	哭	了	，	赶	紧	拍	着	她	的	肩	膀	安	慰
她	，	耐	心	地	听	她	说	话	，	并	且	给	她	出	了
很	多	主	意	。	在	朋	友	的	安	慰	下	，	姐	姐	心
情	好	多	了	，	她	非	常	感	激	朋	友	。			

언니는 업무상에서 많은 어려움을 만났기 때문에, 그래서 요즘 스트레스가 크다. 오늘 친구와 이야기할 때, 그녀는 참지 못하고 울기 시작했다. 친구는 언니가 우는 것을 보고, 얼른 그녀의 어깨를 두드리며 그녀를 위로했고, 인내심 있게 그녀가 말하는 것을 듣고, 게다가 그녀에게 많은 방법을 내놓았다. 친구의 위로에 언니의 기분은 한결 좋아졌고, 그녀는 친구에게 매우 감사했다.

단어 ★**忍不住** rěnbuzhù 참을 수 없다, ~하지 않을 수 없다 | ★**赶紧** gǎnjǐn ㊝ 서둘러, 얼른, 재빨리 | ★**耐心** nàixīn ㊔㊖ 참을성(이 있다), 인내심(이 강하다) | ★**主意** zhǔyì ㊔ 방법, 생각, 아이디어 | ★**感激** gǎnjī ㊈ 감사하다

구문 (1) **因为 A, 所以 B**: A하기 때문에, 그래서 B하다

(2) **忍不住 + 동사**: (동사)하는 것을 참을 수 없다, (동사)하지 않을 수 없다

시크릿 노트 사진 작문에 자주 등장하는 표현 모음

동사(구)	
	安慰 ānwèi 위로하다
	摆姿势 bǎi zīshì 포즈를 잡다
	购物 gòuwù 물건을 구입하다
	鼓掌 gǔzhǎng 박수치다
	合影 héyǐng 함께 사진을 찍다
	滑雪 huáxuě 스키를 타다
	剪头发 / 理发 jiǎn tóufà / lǐfà 머리카락을 자르다 / 이발하다
	禁止 jìnzhǐ 금지하다
	惊喜 jīngxǐ 놀라고 기뻐하다
	开会 kāihuì 회의를 열다
	排队 páiduì 줄을 서다
	庆祝 qìngzhù 축하하다, 경축하다
	扔垃圾 / 捡垃圾 rēng lājī / jiǎn lājī 쓰레기를 버리다 / 쓰레기를 줍다
	伤心 shāngxīn 상심하다
	上网 shàngwǎng 인터넷을 하다
	摄影(拍照) shèyǐng(pāizhào) 촬영하다, 사진을 찍다
	受伤 shòushāng 부상을 당하다
	摔倒 shuāidǎo 넘어지다
	握手 wòshǒu 악수하다
	修理 xiūlǐ 수리하다
	拥抱 yōngbào 포옹하다
	争吵 zhēngchǎo 말다툼하다
	祝福 zhùfú 축복하다
	做家务 zuò jiāwù 집안일을 하다

형용사	激动 jīdòng 흥분하다, 감격하다
	紧张 jǐnzhāng 긴장하다
	满意 mǎnyì 만족하다
	难过 nánguò 괴롭다, 슬프다
	亲切 qīnqiè 친근하다, 친밀하다
	认真 rènzhēn 진지하다, 성실하다
	痛苦 tòngkǔ 고통스럽다, 괴롭다
	兴奋 xīngfèn 흥분하다
	幸福 xìngfú 행복하다
	意外 yìwài 의외이다, 뜻밖이다
	仔细 zǐxì 자세하다, 꼼꼼하다
명사 (신분)	记者 jìzhě 기자
	警察 jǐngchá 경찰
	理发师 lǐfàshī 이발사
	领导 lǐngdǎo 리더, 지도자
	摄影师 shèyǐngshī 사진 기사, 사진사
	医生 yīshēng 의사
	职员 zhíyuán 직원
명사 (기타)	餐厅 cāntīng 식당
	宠物 chǒngwù 애완동물
	电脑 diànnǎo 컴퓨터
	工具 gōngjù 공구, 도구
	婚礼 hūnlǐ 결혼식
	家庭 jiātíng 가정
	马路 mǎlù 대로, 큰길
	沙滩 shātān 백사장
	网络 wǎngluò 인터넷

기출 테스트

모범 답안 | 해설서 210~211쪽

第1-2题

1. 

48

80

2. 

48

80

Chapter 05 사진 작문-논설문

▶ 사진을 보고 논설문으로 작문하기

100번에 주어진 사진을 봤을 때 이야기를 서술하기 보다는 자신의 주장을 펼치기에 더 적합하다고 생각하는 경우 논설문으로 작문할 수 있다. 사진을 보고 자신이 원하는 논점(주제)을 정한 다음, 사진에 제시된 상황이나 배경을 논거로 삼아 논점으로 연결될 수 있는 방향으로 작문의 흐름을 잡으면 된다.

작문 전략

☑ 먼저 논점을 확실하게 정한다.

사진을 보고 논설문을 쓰고자 할 때는 반드시 먼저 논점(주제)을 확실하게 정해야 한다. 같은 사진이라도 논점을 어떻게 정하는지에 따라 사진을 보는 시각이 달라지게 된다. 논점을 정한 다음 내가 정한 논점을 뒷받침할 수 있는 논거를 나열하면 흐름이 명확한 논설문을 작문할 수 있다. 일단 사진 묘사부터 무작정 시작하게 되면 글의 흐름이 산으로 갈 가능성이 높다. 논점을 먼저 쓰고 논거를 제시하는 두괄식, 논거를 나열한 뒤 논점을 마지막에 제시하는 미괄식 모두 가능하다.

☑ 다음으로 논거를 생각한다.

논점이 정해지면 논점을 뒷받침할 논거를 생각해야 한다. 5급 작문의 길이를 고려할 때 논거는 일반적으로 2~3개 정도가 적당하다. 논거는 논점에 대한 이유를 나열하거나, 논점을 좀 더 상세하게 설명하는 예시를 나열할 수 있다. 사진에서 논거를 유추해낼 수 있는 경우도 있지만, 스스로 생각해내야 하는 경우도 많기 때문에 논설문에서 논거를 만들어내는 것은 비교적 어려운 과정이다.

☑ 논점을 제시할 때 자주 쓰는 표현을 미리 익혀 두자.

논설문에서 논점, 즉 주제를 가장 마지막에 제시할 때 자주 사용하는 접속사는 '所以(그래서)', '因此(따라서)', '可见(앞의 내용을 통해 ~을 알 수 있다)', '总之(결론적으로)' 등이 있다. 미리 암기해 두고 적절하게 사용하면 논설문을 멋지게 마무리할 수 있다.

시원한 공략법

사진을 보고 논설문으로 작문하기

시원한 공략법 실전 문제

시원한 공략법 실전 문제 풀이

풀이 1단계 사진을 보고 논점을 먼저 정한다.

➡ 컴퓨터는 업무 방면에서 우리에게 큰 도움을 제공한다.

2단계 사진에서 떠올릴 수 있는 단어들을 생각해 본다.

사물	**电脑** 컴퓨터 **笔记本(电脑)** 노트북(컴퓨터)

3단계 논거로 제시할 수 있는 내용들을 생각해 본다.

(1) 자료를 검색할 수 있음

(2) 문서를 쓰고 업무를 처리함

(3) 인터넷 회의를 할 수 있음

4단계 원고지의 길이를 가늠하며 가능한 한 끝에서 두 번째 줄이나 마지막 줄 안에서 끝날 수 있도록 길이를 조절하며 작문한다.

쓰기

제2부분

모범 답안

		电	脑	是	人	类	社	会	非	常	伟	大	的	发	明,
并	且	随	着	网	络	的	发	展	,	电	脑	在	工	作	方
面	也	给	我	们	提	供	了	极	大	的	帮	助	。	我	们
不	但	可	以	使	用	电	脑	查	资	料	,	还	可	以	使
用	电	脑	写	文	件	、	办	理	业	务	,	甚	至	可	以
利	用	网	络	开	会	,	和	不	同	地	方	的	合	作	伙
伴	讨	论	问	题	,	非	常	方	便	。					

컴퓨터는 인류 사회의 매우 위대한 발명이고, 게다가 인터넷의 발전에 따라 컴퓨터는 업무 방면에서도 우리에게 매우 큰 도움을 제공했다. 우리는 컴퓨터를 사용해서 자료를 검색할 수 있을 뿐만 아니라, 컴퓨터를 사용해서 문서를 쓰고 업무를 처리할 수 있으며, 심지어는 인터넷을 이용하여 회의를 하며 다른 곳의 협력 파트너와 문제를 토론할 수 있어서 매우 편리하다.

단어 ★**人类** rénlèi ⓜ 인류 | ★**伟大** wěidà ⓗ 위대하다 | ★**发明** fāmíng ⓜⓓ 발명(하다) | ★**网络** wǎngluò ⓜ 인터넷, 사이버, 웹 | **查** chá ⓓ 조사하다, 찾아보다 | ★**资料** zīliào ⓜ 자료 | ★**文件** wénjiàn ⓜ 문서, 서류 | ★**办理** bànlǐ ⓓ 처리하다, 취급하다 | ★**业务** yèwù ⓜ 업무 | ★**合作** hézuò ⓜⓓ 협력(하다), 합작(하다) | ★**伙伴** huǒbàn ⓜ 동업자, 짝, 동료

구문 **随着A的发展/进步/提高/改善**: A의 발전/진보/향상/개선에 따라

기출 테스트

모범 답안 | 해설서 212~213쪽

第1-2题

1.

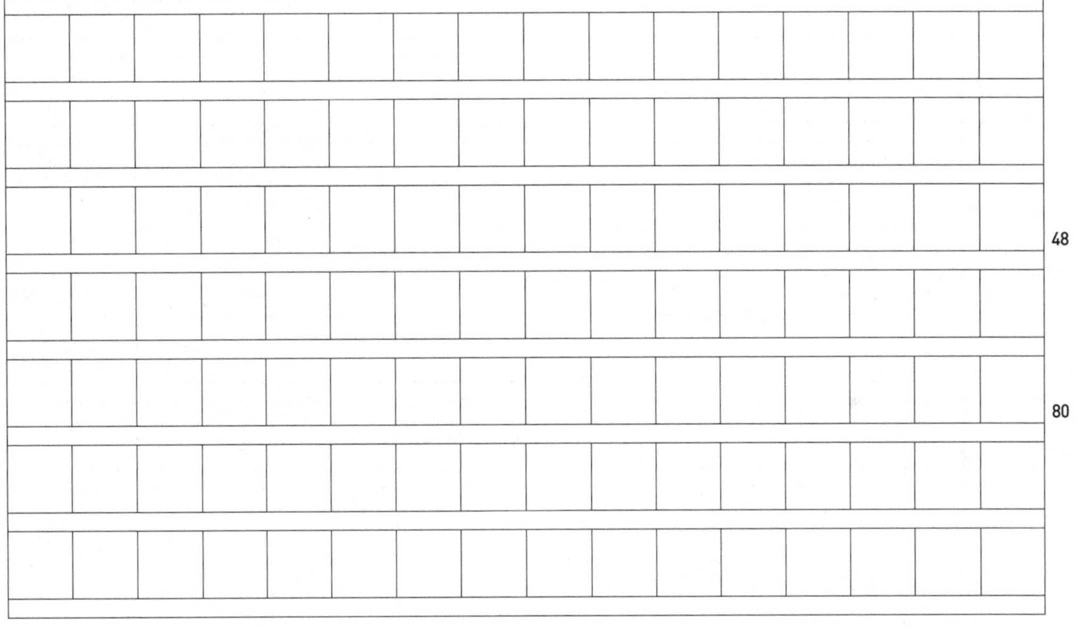

2. 

Chapter 06 사진 작문-관용 표현

▶ 관용 표현을 활용하여 작문하기

관용 표현은 중국인들이 습'관'적으로 사'용'하는 표현이다. 관용 표현은 학습을 통해 만들어낼 수 있는 표현이 아니라 중국인들이 쓰는 대로 암기해야 하는 것으로, 속담, 격언 등이 모두 관용 표현에 속한다. 단어 작문이든 사진 작문이든 관용 표현을 하나쯤 쓰는 것만으로도 점수에 플러스 요소가 될 수 있다.

작문 전략

☑ 관용 표현으로 플러스 점수를 얻을 수 있다.

예를 들어 한국어를 배우는 미국인이 '이미 늦었어요'라고 말하는 것과 '소 잃고 외양간 고치는 거죠'라고 말하는 것을 들었을 때 각각 느낌이 어떨까? 전자의 경우 '한국어를 잘하는구나' 정도의 생각이 들겠지만, 후자의 경우는 '와, 외국인이 어떻게 저런 말까지 쓸 수 있지'라는 감탄을 하게 될 것이다. 작문은 결국 사람이 직접 채점하는 파트이다. 자주 사용할 만한 관용 표현을 미리 외워 두었다가 의도적으로도 하나쯤 쓰는 것만으로도 분명 플러스 점수를 얻을 수 있다.

☑ 한국어식으로 관용 표현을 억지로 만들면 안 된다.

남의 말을 쉽게 믿는 경우 한국어로 '귀가 얇다'라고 말한다. 이를 중국어로 '耳朵(귀)'와 '薄(얇다)'를 연결하여 '耳朵很薄'라고 하면 중국어로는 어색한 표현이 되어버린다. 중국어로 '귀가 얇다'는 '耳朵很软(귀가 부드럽다)'고 표현한다. 확실하지 않은 관용 표현을 한국어식으로 작문해서 틀린다면, 안 쓰느니만 못한 상황이 생긴다.

☑ 결국 중국어 전체가 관용 표현이다.

사실 외국어를 배운다는 것 자체가 그 국가의 사람들이 사용하는 언어 습관 자체를 배우는 것이다. 따라서 단어 암기 위주의 학습을 하게 되면 단어와 단어를 연결할 때 그 언어의 습관에 맞지 않는 표현이 나올 가능성이 크다. 다시 한 번 강조하지만 단어보다는 문장을 암기하는 습관을 기르도록 하자. 그래야만 진짜 중국식 중국어를 말하고 쓸 수 있다.

시원한 공략법

사진 보고 관용 표현을 이용하여 작문하기

시원한 공략법 실전 문제

시원한 공략법 실전 문제 풀이

풀이 1단계 이야기와 논설문 중 어떤 형식으로 작문할 것인지 선택한다. ➡ 이야기로 작문하기를 선택

2단계 사진에서 떠올릴 수 있는 단어들을 생각해 본다.

동작	滑雪 huáxuě ⓢ 스키를 타다
인물	教练 jiàoliàn ⓜ 코치, 감독

3단계 사진 속 상황을 활용하여 만들 수 있는 스토리를 생각해 본다.
처음 스키를 배울 때 포기하고 싶었음
➡ 코치님이 끝까지 해야 한다고 격려함
➡ 더 열심히 연습해서 지금은 잘 타게 됨

4단계 원고지의 길이를 가늠하며 가능한 한 끝에서 두 번째 줄이나 마지막 줄 안에서 끝날 수 있도록 길이를 조절하며 작문한다.

모범 답안

		我	第	一	次	学	滑	雪	的	时	候	，	觉	得	比
登	天	还	难	，	摔	倒	了	无	数	次	以	后	，	我	甚
至	有	点	想	放	弃	。	这	时	，	教	练	鼓	励	我	说
失	败	是	成	功	之	母	，	不	能	害	怕	失	败	，	应
该	继	续	坚	持	练	习	。	听	了	教	练	的	话	以	后，
我	更	努	力	地	练	习	，	现	在	已	经	滑	雪	滑	得
非	常	好	了	。											

내가 처음 스키를 배울 때는 하늘의 별 따기보다 어렵다고 느껴졌는데, 수없이 넘어진 후, 나는 심지어 조금 포기하고 싶었다. 이때 코치님이 나를 격려하며 실패는 성공의 어머니이니 실패를 두려워해서는 안 되고, 계속해서 끝까지 연습해야 한다고 말씀하셨다. 코치님의 말을 들은 후, 나는 더욱 노력해서 연습했고, 지금은 이미 스키를 매우 잘 타게 되었다.

단어 ★无数 wúshù ⓗ 무수하다, 매우 많다 | ★鼓励 gǔlì ⓓ 격려하다

구문 정도보어: 주어 + (동사) + 목적어 + 동사 + 得 + 정도보어
예 他(说)汉语说得很好。

관용 표현 (1) 比登天还难 bǐ dēngtiān hái nán 하늘의 별 따기보다 어렵다
(2) 失败是成功之母 shībài shì chénggōngzhīmǔ 실패는 성공의 어머니이다

시크릿 노트 알아 두면 유용한 관용 표현

比登天还难 bǐ dēngtiān hái nán	하늘의 별 따기보다 어렵다
不费吹灰之力 búfèi chuīhuīzhīlì	식은 죽 먹기이다
车到山前必有路 chē dào shānqián bì yǒu lù	하늘이 무너져도 솟아날 구멍이 있다
干打雷不下雨 gān dǎléi bú xiàyǔ	큰소리만 치고 실천은 하지 않다
活到老学到老 huódàolǎo xuédàolǎo	배움의 길은 끝이 없다
集体的力量大于个人的力量 jítǐ de lìliang dàyú gèrén de lìliang	단체의 힘이 개인의 힘보다 크다
三天打鱼两天晒网 sāntiān dǎyú liǎngtiān shàiwǎng	꾸준히 하지 못하다, 하다 말다 하다
失败是成功之母 shībài shì chénggōngzhīmǔ	실패는 성공의 어머니이다
太阳从西边出来了 tàiyáng cóng xībiān chūlái le	해가 서쪽에서 떴다
心有余而力不足 xīn yǒuyú ér lì bùzú	마음은 있지만 힘이 모자라다, 마음은 있지만 여건이 되지 않다
一不做，二不休 yī bú zuò, èr bù xiū	일단 시작한 일은 끝까지 하다
一分钱一分货 yìfēn qián yìfēn huò	싼 게 비지떡이다
一个巴掌拍不响 yíge bāzhǎng pāibuxiǎng	손뼉도 마주쳐야 소리가 난다
一口吃成个胖子 yì kǒu chīchéng ge pàngzi	첫 술에 배부르다, 하루아침에 이루어지다

기출 테스트

모범 답안 | 해설서 214~215쪽

第1-2题

1. 

2. 

시원스쿨 新HSK

실전 모의고사

시원스쿨닷컴

汉语水平考试

HSK（五级）

模拟试题

注　意

一、HSK（五级）分三部分：

1. 听力（45题，约30分钟）
2. 阅读（45题，45分钟）
3. 书写（10题，40分钟）

二、听力结束后，有5分钟填写答题卡。

三、全部考试约125分钟（含考生填写个人信息时间5分钟）

一、听力

Track 50

第一部分

第1-20题：请选出正确答案。

1. A 太疯狂
   B 太悲观
   C 很平静
   D 有纪律

2. A 不稳定
   B 跌了40%
   C 不允许个人投资
   D 卖出时无手续费

3. A 想挂专家号
   B 想叫救护车
   C 联系伤者的亲友
   D 在森林里迷路了

4. A 是地理学专家
   B 在下载娱乐节目
   C 平常很少看电视
   D 有拍纪录片的经验

5. A 商场
   B 机场
   C 操场
   D 菜市场

6. A 制定方案
   B 安排会议
   C 统计数据
   D 接待客人

7. A 夏令营
   B 公司宴会
   C 同学聚会
   D 亲戚的婚礼

8. A 他们在幼儿园
   B 男的当父亲了
   C 女的叫了救护车
   D 男的刚做了手术

9. A 没想好借口
   B 物理没考好
   C 受到了批评
   D 成绩被取消了

10. A 太谦虚了
    B 中文很厉害
    C 适合拍纪录片
    D 字幕翻译得很好

11. A 软件下载失败
    B 手机中病毒了
    C 网线突然断了
    D 电脑系统太老

12. A 女的滑倒了
    B 男的着凉了
    C 男的被雨淋湿了
    D 女的没看天气预报

13. A 辞职了
B 破产了
C 实习刚结束
D 要回家办婚礼

14. A 参加人数
B 婚宴地点
C 婚礼日期
D 离婚原因

15. A 变宽了
B 正在维修
C 通向火车站
D 上个月中旬通车

16. A 中介
B 记者
C 主持人
D 工程师

17. A 有很多人在排队
B 那家店正在装修
C 女的记错了地址
D 地图上的信息有误

18. A 减轻压力
B 结交新朋友
C 生活太单调
D 庆祝项目完成

19. A 合影留念
B 批评弟弟
C 祝贺弟弟
D 和男的告别

20. A 要和明星合影
B 赶紧订演出门票
C 等会儿再放鞭炮
D 今年除夕不热闹

第二部分

第21-45题：请选出正确答案。

21. A 在做家务
B 涨工资了
C 元旦要值班
D 贷款买了套房子

22. A 鼠标
B 电池
C 麦克风
D 充电器

23. A 找资料
B 请教专家
C 发表文章
D 发电子邮件

24. A 距离较短
B 觉得很刺激
C 比飞机舒适
D 想欣赏沿途景色

25. A 很刺激
B 太匆忙了
C 十分周到
D 有点儿单调

26. A 辩论赛推迟了
B 认为重在参与
C 要把握住机会
D 鼓励女的加油

27. A 演讲比赛
B 课程报告
C 应聘简历
D 京剧表演

28. A 很有精力
B 没把握拿奖
C 男的不用功
D 资格被取消了

29. A 签实习合同
B 先熟练业务
C 调到人事部
D 成为正式员工

30. A 很受欢迎
B 价格很高
C 适合5岁以上儿童
D 能增强逻辑思维能力

31. A 很爱讲故事
B 会一直加糖
C 会对他微笑
D 会免费送他糖

32. A 付出是关键
B 数量是第一位的
C 做事要讲究方法
D 如何能卖出更多糖

33. A 去年年底
B 去年元旦
C 今年年初
D 今年国庆节

34. A 家庭主妇
B 医学专家
C 健身教练
D 著名模特

35. A 形式多样
B 主题为农业
C 通常早上播出
D 是知识问答竞赛节目

36. A 能杀死病毒
B 能预防疾病
C 存在于海洋中
D 会使皮肤变差

37. A 清晨6-7点
B 上午11-12点
C 午后1-2点
D 下午4-5点

38. A 易堵塞血管
B 会使人感到疲劳
C 易对眼睛造成损伤
D 会挡住大部分紫外线

39. A 准备办画展
B 人物画得最好
C 在当地很有名
D 和音乐家是朋友

40. A 赚更多的钱
B 提高观察能力
C 锻炼自己的反应
D 想得到音乐家的称赞

41. A 非常感动
B 受到了启发
C 创作了新曲子
D 考虑去学画画儿

42. A 会上瘾
B 易变质
C 不健康
D 没营养

43. A 人均寿命高
B 年产45亿吨咖啡
C 咖啡种植历史长
D 百岁老人超100位

44. A 灯影不明显
B 比普通灯暗
C 有很多样式
D 照射范围极小

45. A 如何设计灯
B 要有奉献精神
C 考虑问题要全面
D 要敢于承认缺点

二、阅读

第一部分

第46-60题：请选出正确答案。

46-48.

投壶是先秦时期宴会上的一种助兴游戏，主要__46__是把箭往壶里投，投中多的人为胜，输的人要罚酒。因为射箭是当时士人必须__47__的技能，所以先秦时期人们经常在宴会上比试射箭。但也有一些客人射箭技艺不佳，于是人们便发明了投壶游戏来代替射箭，这样既能模仿射箭，又简便易行。后来投壶就__48__成为了一项很受欢迎的娱乐项目。

46.	A 规则	B 特色	C 理论	D 方案
47.	A 建立	B 奋斗	C 掌握	D 吸收
48.	A 赶紧	B 曾经	C 逐渐	D 迟早

49-52.

有研究人员发现，啼哭声声调变化越丰富的婴儿，长大后的语言能力就越强。他们选取了35名婴儿作为__49__，进行了长期的研究。他们先对婴儿发出的声音进行了分析，然后再从啼哭声中__50__出不同的声调来。结果发现，刚出生的婴儿啼哭时声调没有太多起伏变化，而从第二个星期开始，他们的声调就开始变得复杂起来。

那些越早发出丰富声调的婴儿，在日后学说话时，越能更早地学会较多的语句。所以，如果你家宝贝的哭声过于__51__的话，你可以尝试进行有针对性的训练，__52__。

49.	A 人物	B 对象	C 对方	D 伙伴
50.	A 制造	B 录音	C 评价	D 归纳
51.	A 活跃	B 温柔	C 发达	D 单调

52. A 使他成为音乐家　　B 所以他会热爱交流
    C 他必然会变得敏感　　D 从而培养他的语言能力

53-56.

正如我们吃饭是为了获得营养一样，阅读可以为我们的精神世界提供营养。我们都知道在饮食上只有营养均衡才能＿53＿最健康的状态，但是很少有人会考虑精神营养的均衡。因为饮食不健康带来的身体问题是直接的，而阅读不平衡带来的问题则没有那么明显，但却＿54＿地影响着我们的生活。

不少人每天在互联网中无目的地浏览，浪费掉很多＿55＿的时间，这就像人们去一家豪华的自助餐厅，虽然有各种各样的食物，却只吃甜点，导致没有胃口再吃其他的食物一样。因此，无论是饮食还是阅读，＿56＿，这样才有利于身体和精神的健康。

53. A 包括　　B 促使　　C 保持　　D 构成

54. A 悄悄　　B 毕竟　　C 尽量　　D 陆续

55. A 特殊　　B 宝贵　　C 实用　　D 充分

56. A 逃避都不可取　　B 除非拒绝其中一个
C 合理的搭配都必不可少　　D 都应尽可能控制时间

57-60.

在我们的印象中，几乎所有的食品都有保质期。但＿57＿上，有四类食品可以不标注保质期，它们分别是：食醋、食用盐、固态食糖类和酒精含量10%以上的饮料酒。因为这四类食品成分稳定，在常温下不容易变质，但是不标注保质期并不是说这些食物就可以永久＿58＿。

一般而言，这些食物从购买到食用完所用的时间都不会太长。在这段时间内，＿59＿，但如果两三年都吃不完，那就需要注意了。就拿盐来说，如果长期处在风吹日晒和受热的条件下，食用盐中的碘含量会降低，＿60＿影响补碘效果。

57. A 事实　　B 传统　　C 教材　　D 结论

58. A 运用　　B 保存　　C 流传　　D 生产

59. A 口感会越来越差　　B 过期了就要扔掉
C 更易被人体吸收　　D 食物的品质能得到保证

60. A 不然　　B 何况　　C 从而　　D 此外

第二部分

第61-70题：请选出与试题内容一致的一项。

61. 经验丰富的木匠会告诉徒弟，制作家具时要在木材接口处留有空隙，别完全钉死。因为随着冷热干湿的变化，木头也会发生微小的变化，而小小的空隙则可以包容这种变化，使家具的整体结构不会发生改变。

A 木制家具显得更高档　　B 木材的表面越光滑越好
C 木头会随温度的变化而改变　　D 家具做好以后不能立即使用

62. 做记者少不了要采访，但采访并不像表面看起来那么简单，光是采访前就需要做很多准备工作。首先，你要查找相关资料，充分了解采访对象。其次还要制订采访提纲，设计好想问的问题，其中提问的方式尤其需要注意。

A 采访过程中要灵活　　B 采访时语气要亲切
C 采访时可以随便提问　　D 采访前要做很多准备

63. 滑冰运动有悠久的历史。古时候，生活在寒冷地带的人们，在冬季冰封的江河湖泊上把滑冰作为交通运输的方式。之后，随着社会的进步，逐步发展为滑冰游戏，最后形成了现代的速滑运动。

A 滑冰最初是服务于生活的　　B 滑冰游戏在春季更常见
C 速滑运动在少数国家流行　　D 速滑运动是儿童的运动首选

64. 人体内的各个组织器官开始衰老的时间是不一样的。人的味觉和嗅觉衰老得最快，从6岁开始味觉和嗅觉细胞就开始减少了。皮肤在25岁左右开始老化，但是肝脏的衰老要到70岁时才开始。因此生物学意义上的衰老其实是一个平均值和中位数，这个平均值在35岁左右。

A 衰老是可以预防的　　B 味觉和嗅觉器官最先衰老
C 皮肤大约35岁开始老化　　D 人类各组织器官衰老时间差不多

65. 现在，一些大学生毕业后既不立即找工作，也不继续深造，而是选择留学、在家陪父母或创业考察，给自己一段时间考虑未来的人生道路。据统计，中国越来越多的年轻人告别了传统的“一毕业就工作”模式，成为了“慢就业”人群中的一员。

A 高学历人才更受欢迎　　B 多数“90后”有留学经历

C “慢就业”逐渐成为一种趋势　　D 毕业生通常都缺乏创业的勇气

66. 运动前要做热身运动，可以让身体从静止的状态逐渐进入到运动状态中，从而更好地满足身体接下来的运动需求。同样，冷身运动是使身体从运动的状态转化为静止状态的适应过程，可以避免运动者血压下降过快。因此，冷身运动与热身运动同样重要，都不可忽视。

A 做冷身运动很有必要　　B 冷身运动可以预防疲劳

C 激烈运动对身体健康不利　　D 热身运动比冷身运动更重要

67. 一次，一位太太问萧伯纳：“您知道什么药减肥最有效吗？”萧伯纳回答：“我知道一种药，不过很遗憾，药的名字我翻译不出来。”那位太太不信，“您可是大学问家，什么词能难住您呢？”萧伯纳说：“尊敬的夫人，因为‘劳动’一词，对您来说，简直就是外国文字。”

A 那位太太不信任萧伯纳　　B 那位太太可能很少劳动

C 萧伯纳不会翻译“劳动”　　D 萧伯纳不想帮那位太太减肥

68. 据媒体报道，目前科学家研制出一种“手指阅读器”。当用户佩戴上这种外形像戒指的手指阅读器时，手指所指之处的文字就能转换成声音。手指阅读器主要是为视力不佳的人群，尤其是盲人而设计的。它能帮助他们读出公交车标志、药物说明、餐厅菜单等。

A 手指阅读器外形像戒指　　B 手指阅读器无法识别菜单

C 手指阅读器是为老人研制的　　D 手指阅读器能锻炼手部肌肉

69. 在社会交往中，我们应该学会恰当地赞美他人。因为这样能满足他人被理解被信任的心理需求，从而使他人对你更有好感。赞美得当能使他人更积极、热情，增强他人的上进心和责任感；而赞美不得当不仅不能起到应有的效果，反而可能会使他人对你生厌，不利于人际关系的发展。

A 赞美比批评更重要
B 同事之间应互相帮助
C 在交往中要学会理解他人
D 不是所有赞美都能促进交往

70. 中国古人有“饮温酒”的习惯，就是喝酒时一般要“烫”一下再喝。这是因为古代的酒完全由粮食酿造，加热之后其香味儿更充分，口感也更佳。同时，天冷时喝一杯热酒，还能起到暖身的功效。后来，饮温酒逐渐成为古人交往时的一种礼仪。

A 饮用温酒可以暖身
B 喝烫过的酒不容易醉
C 古代人每天都会饮酒
D 烫酒主要是为了活跃气氛

第三部分

第71-90题：请选出正确答案。

71-74.

上世纪30年代，有个小女孩儿出生在乡下，她的家庭非常贫穷。在这样的环境中，小女孩儿一天天地长大，转眼就高中毕业了。她虽然想读大学，但根本没有足够的钱支付学费，只能靠当会计为生。但是，从小就喜欢动物的她，心中一直有个梦想："有朝一日我一定要去非洲，去看看那里的动物。"身边所有人听了都捧腹大笑，人们纷纷讽刺她："你这么穷，什么时候能挣到那么多旅费呢？"

但女孩儿非常固执，无论别人怎么说，她都没有动摇。为了凑够旅费，她除了当会计以外，还兼职在餐馆里端盘子。业余时间，她就去图书馆，阅读有关动物的书籍，不断地充实自己。尽管她并没有赚到那么多钱，但她梦想的那一天，真的被她等到了。

一位朋友知道她十分熟悉动物，给她介绍了一份工作——到非洲给一位动物学家当秘书。于是，她跳上开往非洲的船，踏上了梦想中的大陆。那时她才20多岁。而那位动物学家很快就发现，这个年轻的女孩儿竟对动物如此了解，便邀请她担任自己的研究助理。后来，她真的成为了全球知名的动物学家。

很多人习惯羡慕别人的成就，同时觉得"为什么我没有那种好运"。其实，所谓的"好运"大都只是一步步脚踏实地的努力和永不言弃的坚持。

71. 听说女孩儿要去非洲后，身边很多人都：

A 讽刺她　　B 表示佩服
C 表现很冷淡　　D 觉得无所谓

72. 为了凑够旅费，女孩儿：

A 生活很节俭　　B 申请了贷款
C 放弃了当会计　　D 在餐馆里打工

73. 那位动物学家：

A 爱好动物摄影　　B 给女孩儿提供了工作
C 成立了动物保护组织　　D 是女孩儿的博士生导师

74. 上文主要告诉我们：

A 要珍惜每个机会　　B 运气有时也很重要
C 命运对每个人都很公平　　D 实现梦想需要努力和坚持

75-78.

联合国开发计划署在全球碳市场报告里，专门辟出章节介绍蚂蚁金服旗下的蚂蚁森林。该报告认为：蚂蚁森林是以数字金融为主的技术创新，在全球碳市场具有独一无二的意义。

此外，蚂蚁金服还发起了首个绿色数字金融联盟，吸纳全球金融科技伙伴加入，共同寻求推动全球可持续发展的新路径。

几乎每个人都抱怨过环境差，但又无能为力，不知道怎么去改变现状。蚂蚁森林的出现让个人参与环保成为了可能。目前，许多用户都参与了蚂蚁森林的公益活动。通俗地讲，用户进行线下支付、生活缴费、网络购票等方式，所节省下来的碳排放量，将被计算为虚拟的“能量”，用来浇灌一棵虚拟的树木。虚拟树长成后，蚂蚁金服和公益合作伙伴就会在地球上种下一棵真树，以培养和激励用户的低碳环保行为。

据蚂蚁金服最新公布的数据显示，现在已经有超过两亿人开通了蚂蚁森林，总人数约占中国网民总数量的三分之一，每天有五六万棵虚拟树长成。换句话说，平均每日会有五六万棵树在中国沙漠地带被种植。可以想象，如此坚持下去，我们的生存环境一定会得到改善。

75. 绿色数字金融联盟的目的是：

A 加强区域合作
B 防止金融危机的发生
C 保证蚂蚁金服的经济利益
D 寻求可持续发展的新路径

76. 怎样才能获得“虚拟的‘能量’”？

A 使用购物券
B 邀请好友加入
C 进行线下支付
D 定期参与植树活动

77. 根据第四段，下列哪项正确？

A 树木成活率相当低
B 蚂蚁森林的用户众多
C 蚂蚁森林受到了质疑
D 蚂蚁森林存在安全漏洞

78. 最适合做上文标题的是：

A 蚂蚁金服的两难选择
B 跨国合作的另一种方式
C 蚂蚁森林背后的巨大利润
D 蚂蚁森林，让人人参与环保

79-82.

杭州图书馆十多年来从不拒绝乞丐和捡垃圾者入内阅读，唯一的要求就是将手洗干净。这引发了人们的讨论，有人称赞其为“最温暖的图书馆”，也有人质疑此举会影响其他读者阅读。

面对各种不同的声音，图书馆馆长表示，他们没有权利拒绝任何人入内读书，如果某些读者觉得不便可以更换座位。他们希望通过这样的方式来告诉人们：知识面前，人人平等。

尊重每个人阅读的权利，让更多的人走进图书馆，是图书馆理应承担的社会责任，也是图书馆必须提供的公共服务。图书馆的宗旨应该是为一切读者服务，而入内者衣着如何、是何种身份，本来就不重要，因为在图书馆面前他们都有同一个名字：读者。

据一位经常来杭州图书馆的市民反映，他注意到来图书馆的读者，在看书之前，都很自觉地去卫生间洗脸、洗手，说话声音也很轻，人人都能文明阅读，整体素质在不断提高。

79. 为什么杭州图书馆被称为“最温暖的图书馆”？

A 环境温暖舒适　　B 可以免费借阅图书
C 允许捡垃圾者入馆　　D 会为读者提供食物

80. 下列哪项是杭州图书馆馆长的观点？

A 书是人类进步的阶梯　　B 读者没有占座的权利
C 我们需要进行教育改革　　D 在知识面前每个人都平等

81. 根据第三段，公共图书馆应该：

A 传播优秀传统文化　　B 向国际化方向发展
C 补充学校教育的不足　　D 尊重每个人的阅读权利

82. 那位杭州市民的反映说明了：

A 图书馆卫生设施齐全　　B 读者文明阅读程度提高
C 图书馆读者数量逐渐增多　　D 人们的生活质量明显改善

83-86.

客家民居建筑中最具代表性的就是围龙屋。围龙屋的整体布局呈圆形，看起来像一个太极图。围龙屋的前半部为半月形池塘，后半部为半月形的房舍建筑。两个半部的接合部位由一长方形空地隔开，是居民活动或晾晒衣服的场所。半月形的池塘主要用来放养鱼虾、浇灌菜地和蓄水防旱、防火等，它既是天然的肥料仓库，也是污水自然净化池。围龙屋内的大小天井一般配置有小型假山、鱼池和盆景，正屋前后和池塘四围均栽有各种花木和果树。整座建筑掩映在万绿丛中，环境十分优美。

据历史学家考察，围龙屋与古代贵族大院屋型十分相似，这是有历史渊源的。古时，因战乱、灾荒等原因，客家先民辗转南迁并最终定居岭南，他们带去了先进的耕作技术，建筑民宅也保持了原有的传统风格。

作为一种极具岭南特色的客家民居建筑，客家围龙屋与北京的“四合院”、陕西的“窑洞”、广西的“杆栏式”和云南的“一颗印”，合称为中国最具乡土风情的五大传统住宅建筑形式。

83. 第一段主要谈的是围龙屋的：

A 整体结构　　B 分布地区
C 建造过程　　D 设计理念

84. 下列哪项不是半月形池塘的用途？

A 浇菜　　B 净化污水
C 孩童游泳　　D 防火防旱

85. 客家先民定居岭南后：

A 遇到了饥荒问题　　B 难以适应岭南的气候
C 与当地人产生了矛盾　　D 带去了先进的农耕技术

86. 根据上文，下列哪项正确？

A 池塘内不可养鱼　　B 围龙屋来源于四合院
C 围龙屋极具乡土风情　　D 房舍在围龙屋前半部分

87-90.

2017年，除了以共享单车为代表的“共享经济”风生水起外，“分享经济”也迅速蹿红，以90后为代表的年轻人越来越倾向于选择二手交易。这样不仅可以降低生活开支，还可以轻松获得较高品质的生活。

据国内最大的分享经济平台——“闲鱼”，网站提供的数据显示，目前闲鱼的用户超过两亿，其中52%是90后。他们不仅数量庞大，而且互动更为频繁，比所有用户平均互动率高出20%。他们在闲置物品交易中愿意花费更长的时间与分享方沟通商品的相关信息，普遍具有“货比三家”的消费意识。

闲鱼总经理谌伟业表示：“无闲置社会的真正价值不在于促进二手市场的繁荣，而是要把全新的生活方式和理念带给年轻人。闲鱼本质上是一种分享行为，而分享是绿色生活的重要环节。”

闲鱼帮助越来越多的年轻人摆脱了“扔了可惜，留着没用”的烦恼，除了交易闲置物品，他们还把多余的空间分享租住，用自己的一技之长为他人提供所需，出售自己的发明创造等。如果说淘宝改变了人们的消费方式，闲鱼则改变了人们的生活方式。无闲置社会的普及，将让低碳生活、绿色生态触手可及。

87. 第一段中，画线词语“这样”指的是：

A 二手交易　　B 移动支付

C 网上购物　　D 骑共享单车

88. 根据第二段，90后：

A 十分节省　　B 消费观念落后

C 更看重商品质量　　D 是闲鱼的主要使用人群

89. 无闲置社会的真正价值是：

A 合理分配资源　　B 鼓励人们消费

C 促进二手市场的繁荣　　D 提倡新的生活方式和理念

90. 闲鱼网的用途不包括：

A 出租房屋　　B 出售闲置物品

C 下载最新电影　　D 售卖自己的发明

三、书写

第一部分

第91-98题：完成句子。

例如：发表　　这篇论文　　什么时候　　是　　的

　　这篇论文是什么时候发表的？

91. 了　　背景　　暗　　太　　那张照片的

92. 采访提纲　　不错　　很　　这篇　　写得

93. 向　　五万元罚款　　法院　　交了　　她

94. 写作上　　精力　　把　　他　　都放在了

95. 签字　　结账　　需要　　本人　　信用卡

96. 之一　　只是　　业余爱好　　摄影　　我的

97. 想象中　　简单　　签证的　　比　　办理

98. 进行讨论　　主题　　这个　　请大家　　围绕

第二部分

第99-100题：写短文。

99. 请结合下列词语（要全部使用，顺序不分先后），写一篇80字左右的短文。

迅速　　火灾　　千万　　措施　　冷静

100. 请结合这张图片写一篇80字左右的短文。

新HSK 5급

OMR

OMR 답안지 작성 예시

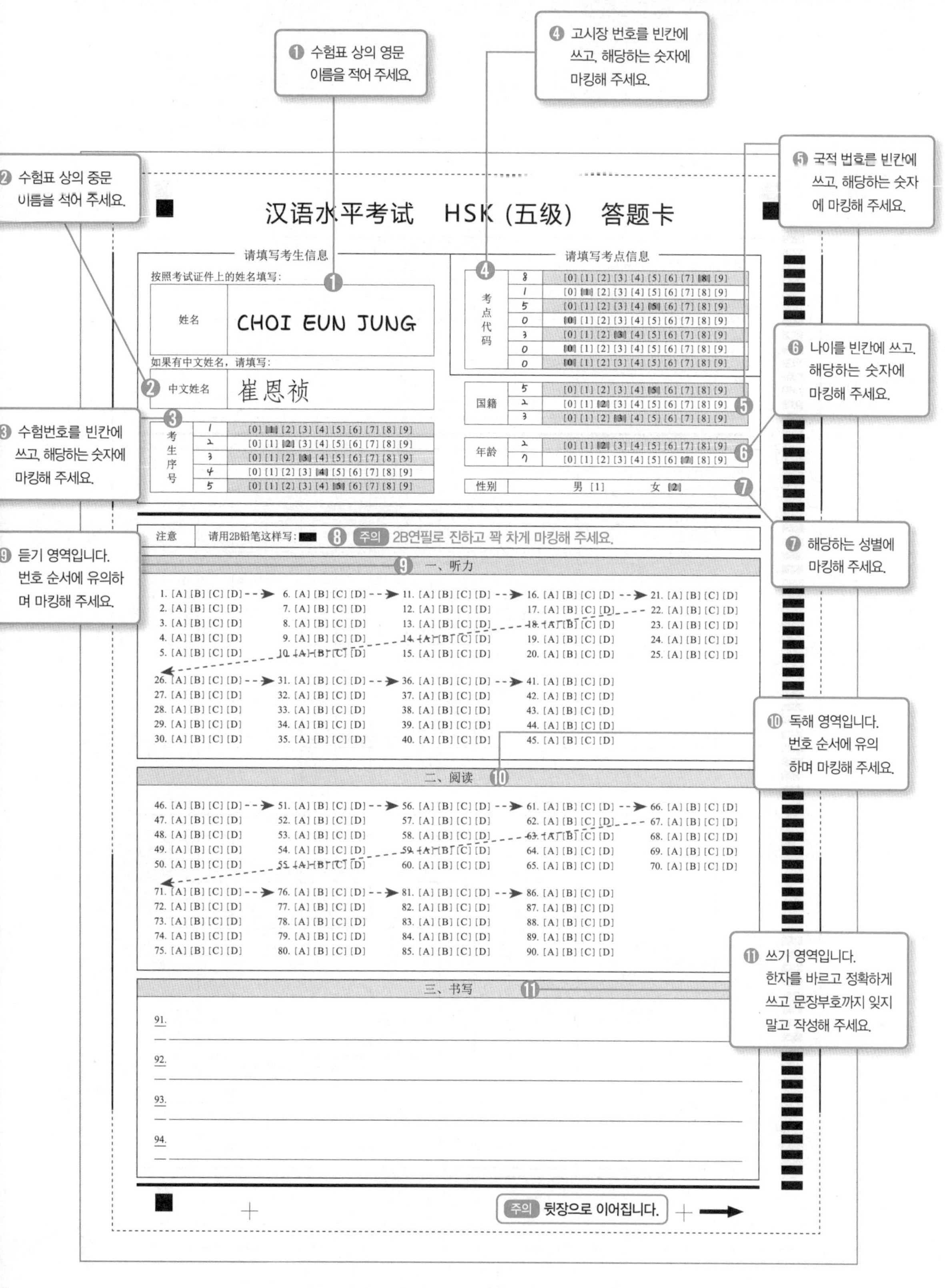

❶ 수험표 상의 영문 이름을 적어 주세요.
❷ 수험표 상의 중문 이름을 적어 주세요.
❸ 수험번호를 빈칸에 쓰고, 해당하는 숫자에 마킹해 주세요.
❹ 고시장 번호를 빈칸에 쓰고, 해당하는 숫자에 마킹해 주세요.
❺ 국적 번호를 빈칸에 쓰고, 해당하는 숫자에 마킹해 주세요.
❻ 나이를 빈칸에 쓰고, 해당하는 숫자에 마킹해 주세요.
❼ 해당하는 성별에 마킹해 주세요.
❽ 주의 2B연필로 진하고 꽉 차게 마킹해 주세요.
❾ 듣기 영역입니다. 번호 순서에 유의하며 마킹해 주세요.
❿ 독해 영역입니다. 번호 순서에 유의하며 마킹해 주세요.
⓫ 쓰기 영역입니다. 한자를 바르고 정확하게 쓰고 문장부호까지 잊지 말고 작성해 주세요.
汉语水平考试 HSK (五级) 答题卡
请填写考生信息
按照考试证件上的姓名填写:
姓名 CHOI EUN JUNG
如果有中文姓名，请填写:
中文姓名 崔恩祯
考生序号 1 2 3 4 5
请填写考点信息
考点代码 8 1 5 0 3 0 0
国籍 5 2 3
年龄 2 7
性别 男 [1] 女 [2]
注意 请用2B铅笔这样写:
一、听力
二、阅读
三、书写
91. 92. 93. 94.
주의 뒷장으로 이어집니다.

OMR 답안지 작성 예시

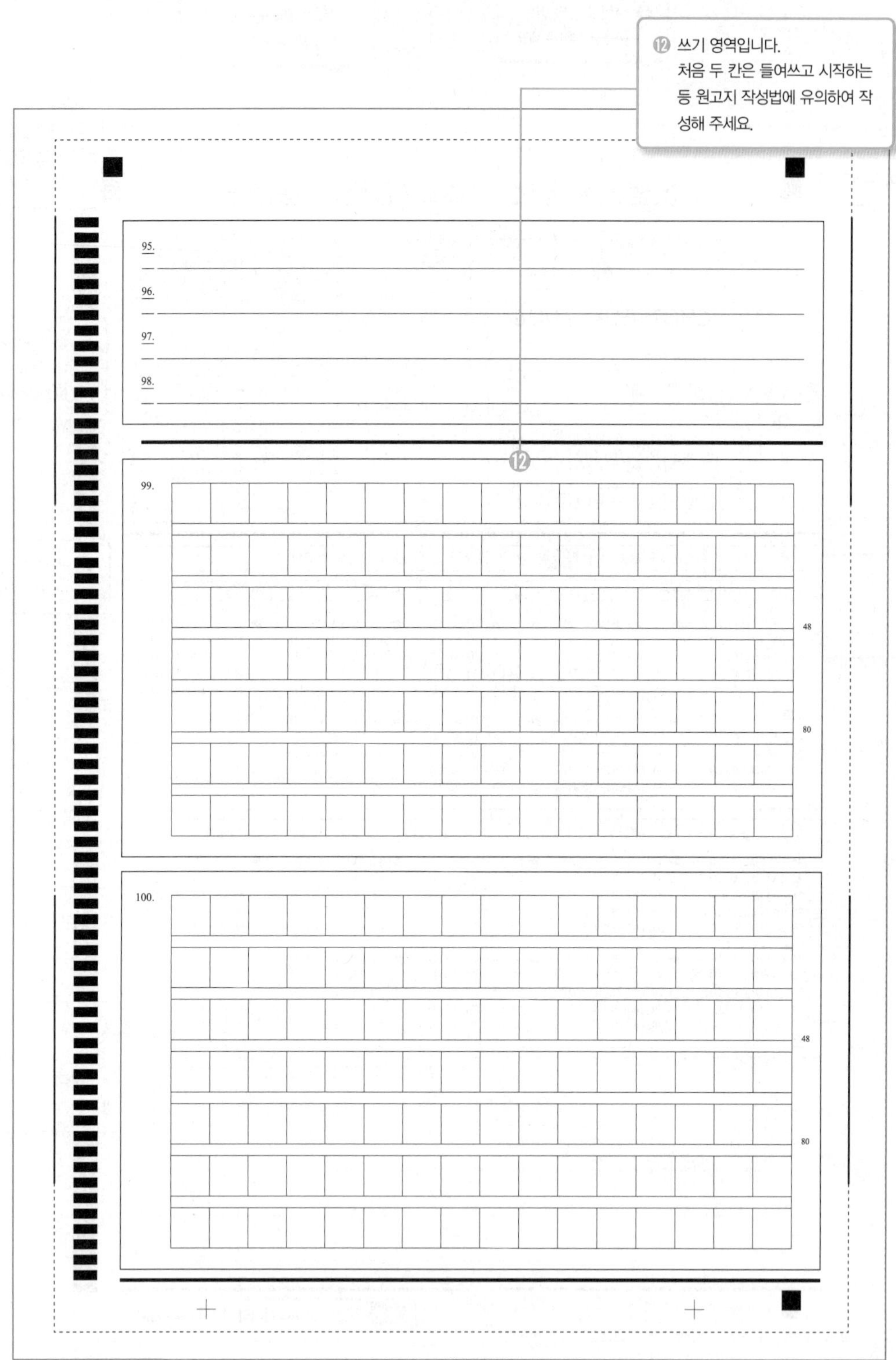

⑫ 쓰기 영역입니다.
처음 두 칸은 들여쓰고 시작하는 등 원고지 작성법에 유의하여 작성해 주세요.
95.
96.
97.
98.
⑫
99.
48
80
100.
48
80

汉语水平考试 HSK（五级） 答题卡

请填写考生信息

按照考试证件上的姓名填写：

姓名	

如果有中文姓名，请填写：

中文姓名	

考生序号		
		[0] [1] [2] [3] [4] [5] [6] [7] [8] [9]
		[0] [1] [2] [3] [4] [5] [6] [7] [8] [9]
		[0] [1] [2] [3] [4] [5] [6] [7] [8] [9]
		[0] [1] [2] [3] [4] [5] [6] [7] [8] [9]
		[0] [1] [2] [3] [4] [5] [6] [7] [8] [9]

请填写考点信息

考点代码		
		[0] [1] [2] [3] [4] [5] [6] [7] [8] [9]
		[0] [1] [2] [3] [4] [5] [6] [7] [8] [9]
		[0] [1] [2] [3] [4] [5] [6] [7] [8] [9]
		[0] [1] [2] [3] [4] [5] [6] [7] [8] [9]
		[0] [1] [2] [3] [4] [5] [6] [7] [8] [9]
		[0] [1] [2] [3] [4] [5] [6] [7] [8] [9]
		[0] [1] [2] [3] [4] [5] [6] [7] [8] [9]

国籍		
		[0] [1] [2] [3] [4] [5] [6] [7] [8] [9]
		[0] [1] [2] [3] [4] [5] [6] [7] [8] [9]
		[0] [1] [2] [3] [4] [5] [6] [7] [8] [9]

年龄		
		[0] [1] [2] [3] [4] [5] [6] [7] [8] [9]
		[0] [1] [2] [3] [4] [5] [6] [7] [8] [9]

性别	男 [1] 女 [2]

注意	请用2B铅笔这样写：▬

一、听力

1. [A] [B] [C] [D]	6. [A] [B] [C] [D]	11. [A] [B] [C] [D]	16. [A] [B] [C] [D]	21. [A] [B] [C] [D]
2. [A] [B] [C] [D]	7. [A] [B] [C] [D]	12. [A] [B] [C] [D]	17. [A] [B] [C] [D]	22. [A] [B] [C] [D]
3. [A] [B] [C] [D]	8. [A] [B] [C] [D]	13. [A] [B] [C] [D]	18. [A] [B] [C] [D]	23. [A] [B] [C] [D]
4. [A] [B] [C] [D]	9. [A] [B] [C] [D]	14. [A] [B] [C] [D]	19. [A] [B] [C] [D]	24. [A] [B] [C] [D]
5. [A] [B] [C] [D]	10. [A] [B] [C] [D]	15. [A] [B] [C] [D]	20. [A] [B] [C] [D]	25. [A] [B] [C] [D]
26. [A] [B] [C] [D]	31. [A] [B] [C] [D]	36. [A] [B] [C] [D]	41. [A] [B] [C] [D]	
27. [A] [B] [C] [D]	32. [A] [B] [C] [D]	37. [A] [B] [C] [D]	42. [A] [B] [C] [D]	
28. [A] [B] [C] [D]	33. [A] [B] [C] [D]	38. [A] [B] [C] [D]	43. [A] [B] [C] [D]	
29. [A] [B] [C] [D]	34. [A] [B] [C] [D]	39. [A] [B] [C] [D]	44. [A] [B] [C] [D]	
30. [A] [B] [C] [D]	35. [A] [B] [C] [D]	40. [A] [B] [C] [D]	45. [A] [B] [C] [D]	

二、阅读

46. [A] [B] [C] [D]	51. [A] [B] [C] [D]	56. [A] [B] [C] [D]	61. [A] [B] [C] [D]	66. [A] [B] [C] [D]
47. [A] [B] [C] [D]	52. [A] [B] [C] [D]	57. [A] [B] [C] [D]	62. [A] [B] [C] [D]	67. [A] [B] [C] [D]
48. [A] [B] [C] [D]	53. [A] [B] [C] [D]	58. [A] [B] [C] [D]	63. [A] [B] [C] [D]	68. [A] [B] [C] [D]
49. [A] [B] [C] [D]	54. [A] [B] [C] [D]	59. [A] [B] [C] [D]	64. [A] [B] [C] [D]	69. [A] [B] [C] [D]
50. [A] [B] [C] [D]	55. [A] [B] [C] [D]	60. [A] [B] [C] [D]	65. [A] [B] [C] [D]	70. [A] [B] [C] [D]
71. [A] [B] [C] [D]	76. [A] [B] [C] [D]	81. [A] [B] [C] [D]	86. [A] [B] [C] [D]	
72. [A] [B] [C] [D]	77. [A] [B] [C] [D]	82. [A] [B] [C] [D]	87. [A] [B] [C] [D]	
73. [A] [B] [C] [D]	78. [A] [B] [C] [D]	83. [A] [B] [C] [D]	88. [A] [B] [C] [D]	
74. [A] [B] [C] [D]	79. [A] [B] [C] [D]	84. [A] [B] [C] [D]	89. [A] [B] [C] [D]	
75. [A] [B] [C] [D]	80. [A] [B] [C] [D]	85. [A] [B] [C] [D]	90. [A] [B] [C] [D]	

三、书写

91. ______________________________

92. ______________________________

93. ______________________________

94. ______________________________

95.

96.

97.

98.

99.

48

80

100.

48

80

정답 및 해설

듣기 1·2부분 기출 테스트 해설

듣기 Chapter 01 숫자 · 장소

+ 본서 25~26쪽

정답

Track 04	1 A	2 C	3 D	4 B	5 C	6 D	7 B	8 A
Track 05	9 D	10 A	11 D	12 C				

1

男：听说你们部门要集体去旅游？ 女：对！下星期六就出发，我还挺期待的。 问：女的什么时候出发？	남: 듣기로 당신 부서는 단체로 여행을 가려고 한다면서요? 여: 네! 다음 주 토요일에 출발하는데, 저는 매우 기대돼요. 질문: 여자는 언제 출발하는가?
A 下周六　B 下学期　C 上礼拜　D 这周末	A 다음 주 토요일　B 다음 학기　C 저번 주　D 이번 주

풀이 보기를 통해 시간과 관련된 질문임을 예상할 수 있다. 여자가 말한 출발 시간 '**下星期六**'는 '**下周六**', '**下礼拜六**'와 모두 같은 표현이므로 정답은 A이다.

단어 ★**部门** bùmén ⓜ 부, 부서, 부문 | ★**集体** jítǐ ⓜ 단체, 집단 | ★**期待** qīdài ⓜⓓ 기대(하다) | ★**学期** xuéqī ⓜ 학기

2

女：糟糕，我的项链不见了。 男：我刚才看见在洗手间的地上，就帮你捡起来放抽屉里了。 问：项链现在在哪儿？	여: 아뿔싸, 내 목걸이가 보이지 않아요. 남: 내가 방금 화장실 바닥에서 보고, 당신 대신 주워서 서랍 안에 두었어요. 질문: 목걸이는 지금 어디에 있는가?
A 洗手间　B 地毯上　C 抽屉里　D 卧室里	A 화장실　B 카펫 위　C 서랍 안　D 침실 안

풀이 보기를 통해 장소와 관련된 질문임을 예상할 수 있다. 화장실은 남자가 목걸이를 발견한 장소이고, 목걸이를 주워서 서랍 안에 두었다고 했으므로 정답은 C이다.

단어 ★**糟糕** zāogāo ⓜ 아뿔싸, 아차, 야단났다 | ★**项链** xiàngliàn ⓜ 목걸이 | ★**捡** jiǎn ⓓ 줍다 | ★**抽屉** chōuti ⓜ 서랍 | ★**地毯** dìtǎn ⓜ 카펫 | ★**卧室** wòshì ⓜ 침실

3

男：你好，我挂一个心血管内科的专家号。 女：抱歉，今天的专家号已经挂完了，只剩普通号了。 问：他们最可能在哪儿？	남: 안녕하세요. 저는 심혈관 내과 전문의 접수를 하려고요. 여: 죄송합니다. 오늘 전문의 접수는 끝났고, 일반 접수만 남았습니다. 질문: 그들은 어디에 있을 가능성이 가장 큰가?
A 救护车上　　B 公园门口 C 超市服务台　　D 医院挂号处	A 구급차 위　　B 공원 입구 C 마트 안내 데스크　　D 병원 접수처

[풀이] 보기를 통해 장소와 관련된 질문임을 예상할 수 있다. 병원에서 접수한다는 뜻의 '**挂号**'와 내과라는 뜻의 '**内科**'를 통해 정답이 D임을 알 수 있다.

[단어] ★**挂号** guàhào [동] (병원에서) 접수하다 | **心血管** xīnxuèguǎn [명] 심혈관 | ★**内科** nèikē [명] 내과 | ★**专家** zhuānjiā [명] 전문가 | **专家号** zhuānjiā hào 전문의 접수 | ★**抱歉** bàoqiàn [형] 미안해하다 | ★**剩** shèng [동] 남다 | ★**救护车** jiùhùchē [명] 구급차

4

女：网费是一天一百五，您住两天的话加上押金两百，一共是五百。押金退房时退给您。 男：好的，能开发票吗？ 问：退房时会退多少钱？	여: 인터넷 요금이 하루 150위안이고, 손님께서 이틀을 묵으신다면 보증금 200위안을 더해서 모두 500위안입니다. 보증금은 체크아웃할 때 돌려드립니다. 남: 좋습니다. 영수증을 주실 수 있나요? 질문: 체크아웃할 때 얼마를 돌려줄 것인가?
A 150元　B 200元　C 300元　D 500元	A 150위안　B 200위안　C 300위안　D 500위안

[풀이] 보기를 통해 돈과 관련된 질문임을 예상할 수 있다. 단, 녹음 지문에 여러 금액이 제시되므로 질문을 끝까지 듣고 정답을 선택해야 한다. 먼저 인터넷 하루 요금은 150위안, 인터넷 이틀 요금은 300위안, 체크아웃 시 돌려받는 보증금은 200위안, 전체 금액은 500위안이다. 질문에서 체크아웃 시 돌려주는 금액을 물었으므로 정답은 B이다.

[단어] ★**押金** yājīn [명] 보증금, 선금 | **退房** tuìfáng [동] 체크아웃하다 | ★**退** tuì [동] (돈을) 돌려주다, 환불하다 | ★**发票** fāpiào [명] 영수증

5

男：姑娘！我记得这附近有个海鲜市场，你知道在哪儿吗？ 女：就在前面！不过那里最近在安装新的排水设施，下个月中旬才恢复营业。 问：男的想去哪儿？	남: 아가씨! 제가 기억하기론 이 근처에 해산물 시장이 있는데, 당신은 어디에 있는지 아나요? 여: 바로 앞에 있어요! 하지만 그곳은 최근 새로운 배수 시설을 설치 중이라, 다음 달 중순에서야 영업을 재개할 거예요. 질문: 남자는 어디에 가고 싶어 하는가?
A 报社　B 商场　C 海鲜市场　D 人民广场	A 신문사　B 쇼핑몰　C 해산물 시장　D 인민광장

풀이 보기를 통해 장소와 관련된 질문임을 예상할 수 있다. 남자가 여자에게 해산물 시장의 위치를 묻는 것으로 보아 남자가 가고 싶어 하는 장소가 해산물 시장임을 알 수 있다. 따라서 정답은 C이다.

단어 ★海鲜 hǎixiān 명 해산물 | ★市场 shìchǎng 명 시장 | ★安装 ānzhuāng 동 설치하다 | 排水 páishuǐ 명동 배수(하다) | ★设施 shèshī 명 시설 | ★中旬 zhōngxún 명 중순 | ★恢复 huīfù 동 회복하다, 회복되다 | ★营业 yíngyè 명동 영업(하다) | ★报社 bàoshè 명 신문사 | 商场 shāngchǎng 명 쇼핑몰, 상가 | ★广场 guǎngchǎng 명 광장

6

女：你这次去西安玩儿了多久？感觉怎么样？ 男：只去了一周，但那里的名胜古迹给我留下了深刻的印象。 问：男的去西安玩儿了多长时间？	여: 당신 이번에 시안에 가서 얼마 동안 놀았어요? 느낌은 어땠나요? 남: 겨우 1주일 갔어요. 그러나 그곳의 명승고적은 나에게 깊은 인상을 남겼어요. 질문: 남자는 시안에 가서 얼마 동안 놀았는가?
A 半年　B 五天　C 一个月　D 一个星期	A 반년　B 5일　C 한 달　D 한 주

풀이 보기를 통해 시량(시간의 양)과 관련된 질문임을 예상할 수 있다. 시안에서 놀았던 기간을 묻는 여자의 질문에 남자가 '**一周**'라고 말했으므로 '**一周**'와 같은 뜻을 나타내는 D가 정답임을 알 수 있다.

단어 ★感觉 gǎnjué 명 느낌 동 느끼다 | ★名胜古迹 míngshèng gǔjì 명 명승고적 | ★深刻 shēnkè 형 (인상 등이) 깊다 | ★印象 yìnxiàng 명 인상

7

男：我们要争取这个月中旬结束项目，不能再延期了。 女：从目前进展来看，不出意外的话，应该差不多。 问：男的想什么时候结束项目？	남: 우리는 이번 달 중순에 프로젝트를 끝내려고 노력해야 하며, 더 이상 연기해서는 안 됩니다. 여: 지금의 진전으로 보아, 의외의 상황이 생기지 않는다면 될 거예요. 질문: 남자는 언제 프로젝트를 끝내고 싶어 하는가?
A 本月初　B 本月中旬　C 中秋节前　D 下个月中旬	A 이번 달 초　B 이번 달 중순　C 추석 전　D 다음 달 중순

풀이 보기를 통해 시간과 관련된 질문임을 예상할 수 있다. 남자가 프로젝트를 끝내야 한다고 말한 '**这个月中旬**'은 '**本月中旬**'과 같은 표현이므로 정답은 B이다.

단어 ★争取 zhēngqǔ 동 ~을 실현하기 위해 노력하다, 쟁취하다 | ★项目 xiàngmù 명 프로젝트, 항목, 종목 | 延期 yánqī 동 연기하다 | 进展 jìnzhǎn 명동 진전(하다) | ★意外 yìwài 명 의외의 재난, 뜻밖의 사고 | 中秋节 Zhōngqiūjié 고유 추석

8

女：时间不早了，赶快进去吧。下了飞机记得给我报个平安。 男：好，飞机一降落我就立刻给你打电话。 问：对话最可能发生在哪儿？	여: 시간이 늦었으니 얼른 들어가. 비행기에서 내리면 나에게 잘 도착했다고 알려주는 거 기억하고. 남: 응. 비행기가 착륙하자마자 바로 전화할게. 질문: 대화는 어디에서 발생했을 가능성이 가장 큰가?
A 机场　B 车库　C 工厂　D 火车站	A 공항　B 차고　C 공장　D 기차역

풀이 보기를 통해 장소와 관련된 질문임을 예상할 수 있다. '비행기에서 내리다'와 '비행기가 착륙하다'라는 표현을 통해 정답이 A임을 알 수 있다.

단어 ★**赶快** gǎnkuài ㊜ 얼른, 빨리 | **报** bào ㊐ 알리다, 전하다 | ★**平安** píng'ān ㊔ 평안하다, 무사하다 | ★**降落** jiàngluò ㊐ 착륙하다 | ★**立刻** lìkè ㊜ 즉시, 곧 | ★**车库** chēkù ㊢ 차고 | ★**工厂** gōngchǎng ㊢ 공장

9

男：你好！我想预订一间单人房。 女：好的，您有会员卡吗？会员价是三百一晚。 男：有，稍等一下。 女：请把您的身份证也出示一下，我帮您登记。 问：他们最可能在哪儿？	남: 안녕하세요! 저는 싱글룸 하나를 예약하고 싶습니다. 여: 네. 당신은 회원 카드가 있으신가요? 회원 가격은 1박에 300위안입니다. 남: 있습니다. 잠시만요. 여: 신분증도 제시해 주세요. 제가 체크인을 도와드리겠습니다. 질문: 그들은 어디에 있을 가능성이 가장 큰가?
A 酒吧　B 医院　C 健身房　D 酒店前台	A 술집　B 병원　C 헬스장　D 호텔 프런트

풀이 보기를 통해 장소와 관련된 질문임을 예상할 수 있다. '싱글룸'과 '체크인하다'라는 표현을 통해 정답이 D임을 알 수 있다.

단어 ★**预订** yùdìng ㊢㊐ 예약(하다) | **单人房** dānrénfáng 싱글룸, 1인실 | ★**身份** shēnfèn ㊢ 신분 | ★**出示** chūshì ㊐ 제시하다, 내보이다 | ★**登记** dēngjì ㊐ 체크인하다, 등록하다 | ★**酒吧** jiǔbā ㊢ 술집, 바 | ★**健身** jiànshēn ㊐ 헬스하다 | **酒店** jiǔdiàn ㊢ 호텔, 술집 | **前台** qiántái ㊢ 프런트, 카운터

10

女：先生，请问您需要办理什么业务？ 男：我想办张信用卡，可今天窗口排队的人太多了。 女：您可以在手机上直接下载我们银行的软件，进行自助办理。 男：是吗？你能告诉我具体的步骤吗？ 问：男的最可能在哪儿？	여: 선생님, 어떤 업무를 처리하셔야 하나요? 남: 저는 신용카드를 한 장 만들고 싶은데, 오늘 창구에 줄을 선 사람이 너무 많네요. 여: 당신은 휴대전화에서 직접 저희 은행의 앱을 다운받고 셀프 처리를 하실 수 있습니다. 남: 그래요? 저에게 구체적인 절차를 알려주실 수 있나요? 질문: 남자는 어디에 있을 가능성이 가장 큰가?

A 银行	B 餐厅	C 家具店	D 火车车厢	A 은행	B 식당	C 가구점	D 기차 객실칸

[풀이] 보기를 통해 장소와 관련된 질문임을 예상할 수 있다. '신용카드', '창구'와 같은 힌트도 있지만, 특히 '은행'을 직접 언급했으므로 정답은 A이다.

[단어] ★办理 bànlǐ [동] 처리하다, (수속 등을) 하다 | ★业务 yèwù [명] 업무 | 窗口 chuāngkǒu [명] 창구 | ★排队 páiduì [동] 줄을 서다 | ★下载 xiàzài [동] 다운로드하다 | ★软件 ruǎnjiàn [명] 앱, 어플, 소프트웨어 | 自助 zìzhù [동] 셀프로 하다, 스스로 하다 | ★具体 jùtǐ [형] 구체적이다 | ★步骤 bùzhòu [명] 절차, 순서, 단계 | ★餐厅 cāntīng [명] 식당 | 家具 jiājù [명] 가구 | ★车厢 chēxiāng [명] (열차의) 객실칸

11

男：这个岛真美，估计每年有不少游客来玩儿。 女：对！刚才导游说，这儿每年要接待近30万游客。 男：那平均一天就有好几百人吧。 女：是啊！岛上有一个小型机场，人们过来很方便。 问：每年大概有多少游客去那个小岛？	남: 이 섬은 정말 아름다워서, 매년 많은 여행객이 놀러 올 것 같네요. 여: 맞아요! 방금 가이드가 말하길, 이곳은 매년 30만에 가까운 여행객을 맞이해야 한대요. 남: 그럼 하루 평균 몇 백 명이네요. 여: 맞아요! 섬에는 소형 공항이 있어서, 사람들이 오기에 편리해요. 질문: 매년 대략 몇 명의 여행객이 그 섬으로 가는가?
A 几百　B 三万　C 13万　D 30万	A 몇 백　B 3만　C 13만　D 30만

[풀이] 보기를 통해 숫자와 관련된 질문임을 예상할 수 있다. '매년 30만', '하루에 몇 백 명'이라는 두 가지 숫자가 제시되고 있으므로 질문을 끝까지 듣는 것이 중요하다. 질문에서 매년 여행객 수를 물었으므로 정답은 D이다.

[단어] 岛 dǎo [명] 섬 | ★估计 gūjì [동] 예측하다 | ★导游 dǎoyóu [명] 가이드 | ★接待 jiēdài [동] 응대하다, 맞이하다 | ★平均 píngjūn [명][형] 평균(의), 평균(적인) | 小型 xiǎoxíng [형] 소형의

12

女：我这部手机怎么充不了电了？上个月底才买的。 男：别着急，女士。我们帮您修理一下。 女：目前还在保修期内，维修的话是免费的吧？ 男：只要不是人为损坏就不收费。 问：对话最可能发生在哪儿？	여: 제 이 휴대전화는 어째서 충전을 할 수 없죠? 겨우 지난달 말에 산 건데. 남: 조급해하지 마세요, 고객님. 저희가 고객님을 위해 수리해 드리겠습니다. 여: 지금 아직 수리 보증기간인데, 수리한다면 무료겠지요? 남: 인위적인 손상이 아니기만 하면 비용을 받지 않습니다. 질문: 대화는 어디에서 발생했을 가능성이 가장 큰가?
A 营业厅　B 服装店 C 手机维修店　D 动物园售票处	A 영업점　B 옷 가게 C 휴대전화 수리점　D 동물원 매표소

[풀이] 보기를 통해 장소와 관련된 질문임을 예상할 수 있다. '휴대전화'와 '수리하다'라는 표현을 통해 정답이 C임을 알 수 있다.

단어 充电 chōngdiàn ⓢ 충전하다 | ★修理 xiūlǐ ⓢ 수리하다 | 保修期 bǎoxiūqī 수리 보증기간 | ★维修 wéixiū ⓢ (기계 등을) 수리하다, 보수하다 | ★免费 miǎnfèi ⓢ 무료로 하다 | 人为 rénwéi ⓜⓗ 인위(적인) | 损坏 sǔnhuài ⓢ 손상시키다, 파손시키다 | ★营业 yíngyè ⓜⓢ 영업(하다) | ★服装 fúzhuāng ⓜ 옷, 의류 | 售票处 shòupiàochù ⓜ 매표소

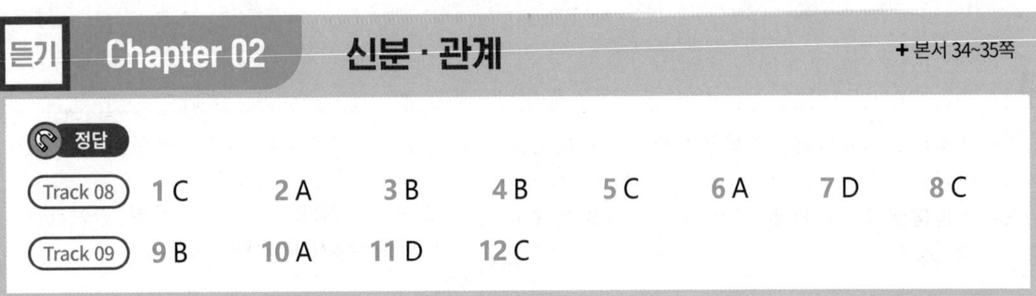

듣기 Chapter 02 신분 · 관계

+ 본서 34~35쪽

정답

Track 08	1 C	2 A	3 B	4 B	5 C	6 A	7 D	8 C
Track 09	9 B	10 A	11 D	12 C				

1

男：感谢您的支持，没有您今天的开幕式不会这么成功。 女：其实，最应该感谢的是志愿者们，他们付出的最多。 问：女的觉得应该感谢谁？	남: 당신의 지지에 감사합니다. 당신이 없었다면 오늘 개막식이 이렇게 성공적이지 않았을 거예요. 여: 사실 가장 감사드려야 할 분은 자원봉사자들입니다. 그들의 노고가 가장 컸어요. 질문: 여자는 누구에게 감사해야 한다고 생각하는가?
A 球迷　B 投资人　C 志愿者　D 主持人	A 축구팬　B 투자자　C 자원봉사자　D 사회자

풀이 보기를 통해 신분과 관련된 질문임을 예상할 수 있다. 여자가 '가장 감사드려야 할 분은 자원봉사자들입니다'라고 했으므로 정답은 C이다.

단어 ★支持 zhīchí ⓜⓢ 지지(하다) | ★开幕式 kāimùshì ⓜ 개막식 | ★成功 chénggōng ⓜⓗ 성공(적이다) | ★志愿者 zhìyuànzhě ⓜ 자원봉사자, 지원자 | 付出 fùchū ⓢ 바치다, 들이다 | ★球迷 qiúmí ⓜ (구기 종목의) 팬 | ★投资 tóuzī ⓜⓢ 투자(하다) | ★主持 zhǔchí ⓢ 사회를 맡다, 주관하다, 진행하다

2

女：张总，刚才客户打电话说同意和咱们签合同了。 男：太好了，你赶紧和他联系把时间和地点确定下来。 问：男的让女的和谁联系？	여: 장 사장님, 방금 고객이 전화로 말하기를 우리와 계약서에 사인하는 것에 동의했어요. 남: 너무 잘됐네요. 당신은 빨리 그와 연락해서 시간과 장소를 확정해요. 질문: 남자는 여자에게 누구와 연락하라고 했는가?
A 客户　B 总裁　C 秘书　D 中介	A 고객　B 총수　C 비서　D 중개인

풀이 보기를 통해 신분과 관련된 질문임을 예상할 수 있다. 여자가 '고객이 전화를 했다'고 했고 남자가 '그(고객)와 연락하라'고 말한 것으로 보아, 남자가 여자에게 연락하라고 한 대상은 고객임을 알 수 있다. 따라서 정답은 A이다. 이 문제의 경우 남자의 신분을 묻는다면 B, 여자의 신분을 묻는다면 C가 정답이 될 수도 있는 만큼 질문을 끝까지 듣는 것이 중요하다.

단어 **客户** kèhù ⓜ 고객 | ★**签** qiān ⓢ 사인하다, 서명하다 | ★**合同** hétong ⓜ 계약(서) | ★**赶紧** gǎnjǐn ⓟ 재빨리, 서둘러, 급히 | ★**地点** dìdiǎn ⓜ 장소, 지점 | ★**确定** quèdìng ⓢ 확정하다 | ★**总裁** zǒngcái ⓜ (그룹이나 정당의) 총수, 총재 | ★**秘书** mìshū ⓜ 비서 | ★**中介** zhōngjiè ⓜ 중개(인)

3

男：这家幼儿园环境好，暑假还有夏令营，我觉得还可以。 女：我也挺满意，而且离咱们家挺近的，接送孩子也方便。 问：说话人是什么关系？	남: 이 유치원은 환경이 좋고 여름 방학에는 하계 캠프도 있어서, 저는 괜찮은 것 같아요. 여: 저도 매우 만족해요. 게다가 우리 집에서 아주 가까워서, 아이를 통학시키기도 편리하겠어요. 질문: 화자들은 무슨 관계인가?
A 邻居　B 夫妻　C 老师和家长　D 教练和运动员	A 이웃　B 부부　C 선생님과 학부형　D 코치와 운동선수

풀이 보기를 통해 관계와 관련된 질문임을 예상할 수 있다. '**咱们**'은 반드시 대화 상대를 포함하는 '우리'를 나타낸다. 여자가 '**咱们家**'라고 한 것은 남자와 같은 집에 살고 있다는 의미이고, '**孩子**'를 언급한 것으로 보아 가족 관계임을 유추할 수 있으므로 정답은 B이다.

단어 ★**幼儿园** yòu'éryuán ⓜ 유치원 | ★**夏令营** xiàlìngyíng ⓜ 하계 캠프 | **家长** jiāzhǎng ⓜ 학부형, 보호자 | ★**教练** jiàoliàn ⓜ 코치, 감독

4

女：你跟小李居然是同学。 男：不光是同学，我们还是一个宿舍的，就住上下铺。 问：男的和小李是什么关系？	여: 당신과 샤오리가 뜻밖에도 동창이었군요. 남: 동창이기만 한 것이 아니라, 우리는 같은 숙소에 살면서 침대도 위 아래로 썼어요. 질문: 남자와 샤오리는 무슨 관계인가?
A 兄弟　B 舍友　C 夫妻　D 售货员与顾客	A 형제　B 룸메이트　C 부부　D 점원과 고객

풀이 보기를 통해 관계와 관련된 질문임을 예상할 수 있다. 여자가 남자와 샤오리의 관계를 '동창'이라고 말했고, 남자는 '같은 숙소'에 살았다고 말한 것으로 보아 남자와 샤오리는 룸메이트였음을 유추할 수 있으므로 정답은 B이다.

단어 ★**居然** jūrán ⓟ 뜻밖에, 의외로 | **上下铺** shàngxiàpù 2층 침대 | ★**兄弟** xiōngdì ⓜ 형제 | **舍友** shèyǒu ⓜ (기숙사) 룸메이트 | ★**顾客** gùkè ⓜ 고객

5

男：这部电影是根据一个真实事件改编的。 女：是吗？那这个士兵太了不起了，真是个英雄。 问：女的觉得谁很了不起？	남: 이 영화는 실화를 각색한 거야. 여: 그래? 그렇다면 이 병사는 너무 대단하고, 정말 영웅이네. 질문: 여자는 누가 대단하다고 생각하는가?
A 编辑　B 导演　C 士兵　D 运动员	A 편집자　B 감독　C 병사　D 운동선수

풀이 보기를 통해 신분과 관련된 질문임을 예상할 수 있다. 여자가 '이 병사는 너무 대단하다'고 했으므로 정답은 C이다.

단어 ★**真实** zhēnshí ⓗ 진실하다 | **事件** shìjiàn ⓜ 사건 | **改编** gǎibiàn ⓓ 각색하다 | ★**士兵** shìbīng ⓜ 병사, 사병 | ★**了不起** liǎobuqǐ ⓗ 대단하다, 뛰어나다, 놀랍다 | ★**英雄** yīngxióng ⓜ 영웅 | ★**编辑** biānjí ⓜ 편집자

6

女：小赵，听说你和你舅舅合开的餐厅生意不错。 男：还行，多亏了我舅舅。他经验丰富，很会经营。 问：小赵的餐厅是跟谁合开的？	여: 샤오짜오, 듣기로 당신과 당신 외삼촌이 함께 개업한 식당이 장사가 잘 된다면서요. 남: 그런대로 괜찮아요. 우리 외삼촌 덕분이죠. 그는 경험이 풍부해서 경영을 매우 잘해요. 질문: 샤오짜오의 식당은 누구와 함께 개업한 것인가?
A 亲戚　B 朋友　C 专家　D 老板	A 친척　B 친구　C 전문가　D 사장

풀이 보기를 통해 신분과 관련된 질문임을 예상할 수 있다. 여자가 남자에게 '당신과 당신 외삼촌이 함께 개업한 식당'이라고 말했으므로 외삼촌을 의미상 포함할 수 있는 A가 정답임을 알 수 있다.

단어 ★**舅舅** jiùjiu ⓜ 외삼촌 | **合开** hékāi ⓓ 함께 개업하다 | ★**生意** shēngyi ⓜ 장사, 영업 | ★**多亏** duōkuī ⓓ 덕분이다, 덕택이다 | ★**经营** jīngyíng ⓓ 경영하다 | ★**亲戚** qīnqī ⓜ 친척 | ★**专家** zhuānjiā ⓜ 전문가 | ★**老板** lǎobǎn ⓜ 사장, 주인

7

男：这个男演员长得帅，演技也不错。 女：的确！听说他原来是名软件设计师，后来转行了。 问：男演员以前是做什么的？	남: 이 남자 연기자는 잘생겼고, 연기도 괜찮아. 여: 정말 그래! 듣기로 그는 원래 소프트웨어 개발자였는데, 나중에 직업을 바꾸었대. 질문: 남자 연기자는 이전에 무슨 일을 했는가?
A 演员　B 摄影师　C 酒吧老板　D 软件设计师	A 연기자　B 촬영 기사　C 술집 사장　D 소프트웨어 개발자

풀이 보기를 통해 신분과 관련된 질문임을 예상할 수 있다. 두 사람은 한 '남자 연기자'에 대해 이야기하고 있고, '그는 원래 소프트웨어 개발자였다'고 했으므로 정답은 D이다. 이 문제의 경우 남자의 현재 신분을 묻는다면 A가 정답이 될 수도 있는 만큼 질문을 끝까지 듣는 것이 중요하다.

단어 ★帅 shuài 형 잘생기다, 핸섬하다 | 演技 yǎnjì 명 연기 | ★的确 díquè 부 정말, 확실히 | ★软件 ruǎnjiàn 명 소프트웨어 | ★设计 shèjì 명동 설계(하다), 디자인(하다) | 转行 zhuǎnháng 동 직업을 바꾸다 | ★摄影 shèyǐng 명동 촬영(하다) | ★酒吧 jiǔbā 명 술집, 바

8

女：小刘，这次的任务很艰巨啊！不过我相信你的能力。 男：谢谢您，我一定会尽力的。 问：他们最可能是什么关系？	여: 샤오리우, 이번 임무는 막중해요! 그러나 나는 당신의 능력을 믿어요. 남: 감사합니다. 저는 반드시 최선을 다하겠습니다. 질문: 그들은 무슨 관계일 가능성이 가장 큰가?
A 竞争对手　B 合作伙伴 C 老板和员工　D 大夫和病人	A 경쟁 상대　B 협력 파트너 C 사장과 직원　D 의사와 환자

풀이 보기를 통해 관계와 관련된 질문임을 예상할 수 있다. 여자가 언급한 '임무'에 대해 남자가 '반드시 최선을 다하겠습니다'라고 말을 하는 것으로 보아 둘의 관계가 상사와 부하직원 관계임를 유추할 수 있으므로 정답은 C이다.

단어 ★任务 rènwu 명 임무 | ★艰巨 jiānjù 형 막중하다 | ★尽力 jìnlì 동 힘을 다하다 | ★竞争 jìngzhēng 명동 경쟁(하다) | ★对手 duìshǒu 명 상대, 적수 | ★合作 hézuò 명동 협력(하다), 합작(하다) | ★伙伴 huǒbàn 명 동업자, 짝, 동료 | ★员工 yuángōng 명 직원, 종업원

9

男：你认为这个角色和你本人有相似之处吗？ 女：我觉得我们对待感情的态度是一致的，都很勇敢。 男：比如会勇敢地表达爱意。 女：对！而且即使遇到困难，也不会轻易放弃。 问：女的最有可能从事什么工作？	남: 당신은 이 배역이 당신 본인과 비슷한 점이 있다고 생각하세요? 여: 저는 우리가 감정을 대하는 태도가 일치하고 모두 용감하다고 생각합니다. 남: 예를 들면 용감하게 애정을 표현하죠. 여: 맞아요! 게다가 설령 어려움을 만나도 쉽게 포기하지 않죠. 질문: 여자는 무슨 일에 종사할 가능성이 가장 큰가?
A 记者　B 演员　C 模特　D 警察	A 기자　B 연기자　C 모델　D 경찰

풀이 보기를 통해 신분과 관련된 질문임을 예상할 수 있다. 남자가 여자의 '배역'을 언급하는 부분에서 여자의 직업이 연기자임을 유추할 수 있으므로 정답은 B이다. 이 문제의 경우 남자의 신분을 묻는다면 A가 정답이 될 수도 있는 만큼 질문을 끝까지 듣는 것이 중요하다.

단어 ★角色 juésè 명 배역 | 相似 xiāngsì 형 비슷하다, 서로 닮다 | ★对待 duìdài 동 대하다, 대응하다, 대처하다 | ★感情 gǎnqíng 명 감정, 애정 | ★一致 yízhì 형 일치하다 | ★勇敢 yǒnggǎn 형 용감하다 | ★比如 bǐrú 접 예를 들면, 예컨대 | ★表达 biǎodá 동 표현하다 | 爱意 àiyì 명 남녀 간의 애정, 애정 어린 마음 | ★即使 jíshǐ 접 설령 ~일지라도 | ★轻易 qīngyì 부 쉽사리, 함부로 | ★模特 mótè 명 모델 | ★警察 jǐngchá 명 경찰

10

女：观众席基本都坐满了，嘉宾怎么还没到？ 男：我给他的秘书打电话没人接。 女：你赶快和嘉宾本人联系，我这儿有他的号码。 男：行，我这就打。 问：女的让男的给谁打电话？	여: 관중석이 거의 꽉 찼는데, 게스트는 어째서 아직 도착하지 않았죠? 남: 제가 그의 비서에게 전화를 했는데, 받지 않았습니다. 여: 당신은 빨리 게스트 당사자와 연락해요. 나한테 그의 번호가 있어요. 남: 네, 제가 지금 바로 전화하겠습니다. 질문: 여자는 남자더러 누구와 전화하라고 하는가?
A 嘉宾　B 志愿者　C 主持人　D 总裁的秘书	A 게스트　B 지원자　C 사회자　D 총재의 비서

풀이 보기를 통해 신분과 관련된 질문임을 예상할 수 있다. 여자가 남자에게 '빨리 게스트 당사자와 연락하라'고 했으므로 정답은 A이다.

단어 观众席 guānzhòng xí 관중석, 객석 | ★基本 jīběn ⓟ 거의, 대체로, 기본적으로 | ★嘉宾 jiābīn ⓜ 게스트, 귀빈, 내빈 | ★秘书 mìshū ⓜ 비서 | ★赶快 gǎnkuài ⓟ 빨리, 얼른, 어서 | ★志愿者 zhìyuànzhě ⓜ 지원자, 자원봉사자 | ★主持 zhǔchí ⓓ 사회보다, 주관하다 | ★总裁 zǒngcái ⓜ (그룹이나 정당의) 총재

11

男：我特别喜欢你家的装修风格，充满了现代感。 女：谢谢！主要是我们请的室内设计师水平高。 男：你有他的联系方式吗？我也想咨询一些装修的事情。 女：我给你找找他的名片。 问：男的想要谁的联系方式？	남: 나는 당신 집의 인테리어 분위기가 매우 마음에 들어요. 현대적 감각으로 가득하네요. 여: 고마워요! 대체적으로 우리가 부탁한 실내 디자이너의 수준이 높아서 그래요. 남: 당신은 그의 연락처가 있나요? 저도 인테리어의 일들을 문의하고 싶어요. 여: 제가 당신에게 그의 명함을 좀 찾아서 줄게요. 질문: 남자는 누구의 연락처를 원하는가?
A 教练　B 律师　C 中介公司　D 室内设计师	A 코치　B 변호사　C 중개회사　D 실내 디자이너

풀이 보기를 통해 신분과 관련된 질문임을 예상할 수 있다. 여자가 '실내 디자이너'를 언급했고 남자가 '당신은 그(실내 디자이너)의 연락처가 있나요?'라고 묻는 것으로 보아 정답이 D임을 알 수 있다.

단어 ★装修 zhuāngxiū ⓜⓓ 인테리어(하다), 내부 공사(하다) | ★风格 fēnggé ⓜ 분위기, 풍격, 스타일 | ★充满 chōngmǎn ⓓ 충만하다, 가득하다, 넘치다 | ★现代 xiàndài ⓜ 현대 | ★设计 shèjì ⓜⓓ 디자인(하다), 설계(하다) | ★方式 fāngshì ⓜ 방식 | ★咨询 zīxún ⓓ 문의하다, 자문하다, 상의하다 | ★名片 míngpiàn ⓜ 명함 | ★教练 jiàoliàn ⓜ 코치, 감독 | ★律师 lǜshī ⓜ 변호사 | ★中介 zhōngjiè ⓜ 중개(인)

12

女：你好，我想买个洗面奶，请问有什么推荐的吗？ 男：您的皮肤属于哪种类型？ 女：我应该是油性皮肤。 男：那我建议您使用这款产品，它清洁效果出色，能有效控油。 问：男的最可能是做什么的？	여: 안녕하세요. 저는 폼클렌징을 사고 싶은데, 죄송하지만 추천할 만한 것이 있나요? 남: 손님의 피부는 어떤 타입에 속하나요? 여: 저는 지성 피부일 거예요. 남: 그럼 저는 손님께 이 제품을 사용해 볼 것을 제안합니다. 그것은 청결 효과가 뛰어나고, 효과적으로 유분을 컨트롤할 수 있습니다. 질문: 남자는 무슨 일을 할 가능성이 가장 큰가?
A 护士　B 主任　C 售货员　D 工程师	A 간호사　B 주임　C 점원　D 엔지니어

풀이 보기를 통해 신분과 관련된 질문임을 예상할 수 있다. 여자가 남자에게 '폼클렌징을 사고 싶은데, 죄송하지만 추천할 만한 것이 있나요?'라고 묻고 있는 것으로 보아 남자의 직업이 점원임을 알 수 있다. 따라서 정답은 C이다.

단어 洗面奶 xǐmiànnǎi ⓜ 폼클렌징 | ★推荐 tuījiàn ⓢ 추천하다 | ★皮肤 pífū ⓜ 피부 | ★属于 shǔyú ⓢ ~에 속하다 | ★类型 lèixíng ⓜ 타입, 유형 | ★建议 jiànyì ⓜⓢ 제안(하다), 건의(하다) | ★产品 chǎnpǐn ⓜ 제품, 상품 | 清洁 qīngjié ⓗ 청결하다, 깨끗하다 | ★出色 chūsè ⓗ 뛰어나다, 훌륭하다 | 控油 kòngyóu 유분을 컨트롤하다 | ★护士 hùshi ⓜ 간호사 | ★主任 zhǔrèn ⓜ 주임 | ★售货员 shòuhuòyuán ⓜ 점원, 판매원 | ★工程师 gōngchéngshī ⓜ 엔지니어, 기사

듣기 Chapter 03 평가

+ 본서 42~43쪽

정답

Track 12　1 C　2 B　3 A　4 D　5 C　6 B　7 C　8 A

Track 13　9 D　10 C　11 B　12 D

1

男：我觉得女儿对色彩很敏感，要不让她学画画儿吧。 女：我也是这么想的，咱们先去附近的美术培训班看看吧。 问：男的觉得女儿怎么样？	남: 나는 딸이 색채에 민감하다고 생각하는데, 그녀에게 그림 그리는 것을 배우게 하든지 합시다. 여: 나도 그렇게 생각해요. 우리 먼저 근처의 미술 학원에 가서 좀 보도록 해요. 질문: 남자는 딸이 어떠하다고 생각하는가?
A 非常乖　B 学习很刻苦 C 对色彩敏感　D 对画画儿有兴趣	A 매우 말을 잘 듣는다　B 공부를 매우 열심히 한다 C 색채에 민감하다　D 그림 그리는 것에 흥미가 있다

풀이 주로 형용사가 포함된 보기를 통해 평가형 질문임을 예상할 수 있다. 남자가 '딸이 색채에 민감하다'고 말했으므로 정답은 C이다.

[단어] ★色彩 sècǎi [명] 색채 | ★敏感 mǐngǎn [형] 민감하다, 감수성이 예민하다 | ★要不 yàobù [접] 아니면, 그렇지 않으면 | ★美术 měishù [명] 미술, 그림 | ★培训 péixùn [동] 훈련하다, 양성하다 | ★乖 guāi [형] (어린이가) 말을 잘 듣다, 얌전하다 | ★刻苦 kèkǔ [형] 몹시 애를 쓰다

2

女：王明最近销售业绩不错，连续三个月都是部门第一。 男：他这阵子工作确实非常努力，很值得我们学习。 问：王明最近表现怎么样？	여: 왕밍은 최근 판매 실적이 좋아서, 3개월 연속 모두 부서 1등이에요. 남: 그가 요즘 일을 정말로 매우 열심히 해서, 우리가 배울 가치가 있어요. 질문: 왕밍은 최근 활약이 어떠한가?
A 不够主动　B 工作勤奋 C 谦虚好学　D 经常犯错	A 주동적이지 못하다　B 열심히 일한다 C 겸손하고 배우길 좋아한다　D 자주 실수한다

[풀이] 주로 형용사가 포함된 보기를 통해 평가형 질문임을 예상할 수 있다. 남자가 왕밍에 대해 '일을 정말로 매우 열심히 한다'라고 말한 것으로 보아 같은 의미인 B가 정답임을 유추할 수 있다.

[단어] ★销售 xiāoshòu [동] 판매하다 | 业绩 yèji [명] 실적, 업적 | ★连续 liánxù [동] 연속하다 | ★部门 bùmén [명] 부, 부서, 부문 | 阵子 zhènzi [명] 한때, 한동안 | 确实 quèshí [부] 정말로, 확실히 [형] 확실하다 | ★值得 zhíde [형] 가치 있다 [동] ~할 가치가 있다 | ★表现 biǎoxiàn [명] 활약, 태도, 품행 | 不够 búgòu [부] 충분히 ~하지 못하다 | ★主动 zhǔdòng [형] 주동적이다, 자발적이다 | ★勤奋 qínfèn [형] 열심이다, 근면하다, 부지런하다 | ★谦虚 qiānxū [형] 겸손하다 | 好学 hàoxué [동] 배우기 좋아하다 | 犯错 fàncuò [동] 실수하다

3

男：这场话剧太精彩了！无论是演员的演技还是舞台的整体效果，都非常完美。 女：是啊！虽然门票很贵，但是很值。 问：男的认为那场话剧怎么样？	남: 이 연극은 너무 훌륭해! 연기자들의 연기이든 아니면 무대의 전체 효과이든 관계없이 모두 매우 완벽해. 여: 그러게! 비록 입장권이 비쌌지만, 가치 있어. 질문: 남자는 그 연극이 어떠하다고 생각하는가?
A 很完美　B 不值得看 C 故事很复杂　D 有许多明星参演	A 완벽하다　B 볼 만한 가치가 없다 C 이야기가 복잡하다　D 많은 스타들이 공연에 참가했다

[풀이] 주로 형용사가 포함된 보기를 통해 평가형 질문임을 예상할 수 있다. 남자가 연극에 대해 '매우 완벽해'라고 말했으므로 정답은 A이다.

[단어] 话剧 huàjù [명] 연극 | ★精彩 jīngcǎi [형] 훌륭하다, 뛰어나다 | ★无论 wúlùn [접] ~에 관계없이 | 演技 yǎnjì [명] 연기 | 舞台 wǔtái [명] 무대 | ★整体 zhěngtǐ [명] (집단이나 사물의) 전체 | ★完美 wánměi [형] 완벽하다 | ★明星 míngxīng [명] 스타, 인기 있는 배우나 운동선수

4

女：小刘，你胳膊怎么样了？ 男：恢复得差不多了，就是现在还不能提重的东西。 问：小刘的胳膊现在怎么样了？	여: 샤오리우, 너 팔은 어때? 남: 거의 회복은 됐는데, 지금 아직 무거운 물건을 들 수 없어. 질문: 샤오리우의 팔은 지금 어떠한가?
A 疼得厉害　　B 完全恢复了 C 力气变大了　　D 不能提重物	A 심하게 아프다　　B 완전히 회복되었다 C 힘이 세졌다　　D 무거운 물건을 들 수 없다

풀이 형용사로 이루어진 보기 A, C와 어떤 상태를 묘사하는 보기 B, D를 통해 평가와 관련된 질문임을 예상할 수 있다. 남자가 자신의 팔에 대해 '아직 무거운 물건을 들 수 없어'라고 말했으므로 정답은 D이다.

단어 ★**胳膊** gēbo ⓜ 팔 | ★**恢复** huīfù ⓢ 회복하다, 회복되다 | ★**厉害** lìhai ⓗ 심하다, 대단하다, 굉장하다 | ★**物** wù ⓜ 물건

5

男：传球！射门！哎呀，差一点就进球了，太可惜了！ 女：你看电视能不能安静点儿？吵得我头都疼了。 问：女的是什么语气？	남: 패스! 슛! 아이고, 하마터면 골이 들어갈 뻔했는데, 너무 아깝네! 여: 당신 텔레비전 보면서 좀 조용히 할 수 없어? 시끄러워서 내 머리가 다 아프네. 질문: 여자는 무슨 말투인가?
A 不安　B 兴奋　C 责备　D 难过	A 불안하다　B 흥분하다　C 질책하다　D 괴롭다

풀이 보기를 통해 사람에 대한 감정이나 태도를 묻는 평가형 질문임을 예상할 수 있다. 여자가 남자에게 '좀 조용히 할 수 없어?'라고 하는 것으로 보아 정답이 C임을 유추할 수 있다. 이 문제의 경우 남자의 말투를 묻는다면 B가 정답이 될 수도 있는 만큼 질문을 끝까지 듣는 것이 중요하다.

단어 **传球** chuánqiú ⓢ 패스하다 | **射门** shèmén ⓢ 슛하다 | **哎呀** āiyā 감탄 아이고(원망, 불만, 아쉬움 등을 나타냄) | **差一点(儿)** chàyìdiǎn(r) ⓑ 하마터면 | ★**可惜** kěxī ⓗ 아깝다, 아쉽다 | ★**吵** chǎo ⓗ 시끄럽다, 떠들썩하다 | ★**不安** bù'ān ⓗ 불안하다, 편안하지 않다 | ★**兴奋** xīngfèn ⓢ 흥분하다, 감격하다 | ★**责备** zébèi ⓢ 질책하다, 탓하다, 꾸짖다

6

女：看，这是我今天逛街时买的牛仔裤，怎么样？ 男：不错，显得你身材很苗条。不过看着有点儿薄。 问：男的觉得那条牛仔裤怎么样？	여: 봐, 이건 내가 오늘 쇼핑할 때 산 청바지인데, 어때? 남: 괜찮아. 네 몸매가 날씬해 보여. 그런데 좀 얇아 보이네. 질문: 남자는 그 청바지가 어떠하다고 생각하는가?
A 颜色浅　　B 有些薄 C 太宽了　　D 不时尚	A 색이 연하다　　B 조금 얇다 C 폭이 너무 넓다　　D 유행에 맞지 않다

[풀이] 모두 형용사가 포함된 보기를 통해 평가형 질문임을 예상할 수 있다. 남자가 청바지가 '좀 얇아 보이네'라고 말했으므로 정답은 B이다.

[단어] 逛街 guàngjiē [동] 아이쇼핑하다 | ★牛仔裤 niúzǎikù [명] 청바지 | ★显得 xiǎnde [동] ~하게 보이다 | ★身材 shēncái [명] 몸매 | ★苗条 miáotiao [형] 날씬하다 | ★薄 báo [형] 얇다 | ★浅 qiǎn [형] (색이) 연하다 | ★宽 kuān [형] (폭이) 넓다 | ★时尚 shíshàng [명][형] 유행(에 맞다)

7

女：这个节目主持人真厉害。 男：是啊！他主持得挺有感染力的，而且很会活跃气氛。 问：男的觉得那个主持人怎么样？	여: 이 프로그램 사회자는 정말 대단해. 남: 맞아! 그는 매우 감화력 있게 진행을 하고, 게다가 분위기를 활기차게 할 줄 알아. 질문: 남자는 그 사회자가 어떠하다고 생각하는가?
A 观点独特 B 没有个性 C 会活跃气氛 D 普通话不标准	A 관점이 독특하다 B 개성이 없다 C 분위기를 활기차게 할 줄 안다 D 표준어가 표준에 맞지 않다

[풀이] 형용사로 이루어진 보기 A, D와 누군가를 묘사하는 보기 B, C를 통해 사람에 대한 평가와 관련된 질문임을 예상할 수 있다. 남자가 사회자에 대해 '분위기를 활기차게 할 줄 안다'고 말했으므로 정답은 C이다.

[단어] ★主持 zhǔchí [동] 진행하다, 사회를 하다 | ★厉害 lìhai [형] 대단하다, 심하다, 지독하다 | 感染力 gǎnrǎnlì 감화력 | ★活跃 huóyuè [동] 활기를 띠게 하다, 활발히 하다 | ★气氛 qìfēn [명] 분위기 | ★观点 guāndiǎn [명] 관점 | ★独特 dútè [형] 독특하다 | ★个性 gèxìng [명] 개성

8

男：这次的合作项目顺利吗？什么时候能结束？ 女：遇到了一些困难，不过我们能克服，争取年底完工。 问：合作项目进行得怎么样？	남: 이번 협력 프로젝트는 순조롭나요? 언제 끝날 수 있을까요? 여: 약간의 어려움을 맞닥뜨렸는데, 하지만 우리는 극복할 수 있고, 연말에 완공하기 위해 노력할 겁니다. 질문: 협력 프로젝트는 진행이 어떠한가?
A 不太顺利　　B 损失很大 C 临时停工了　　D 已经结束了	A 그다지 순조롭지 않다　　B 손실이 크다 C 임시로 중단되었다　　D 이미 끝났다

[풀이] 형용사로 이루어진 보기 A, B와 어떤 일의 상태를 묘사하는 보기 C, D를 통해 평가형 질문임을 예상할 수 있다. 여자가 프로젝트에 대해 '약간의 어려움을 맞닥뜨렸다'고 말한 것으로 보아 순조롭지 않음을 유추할 수 있으므로 정답은 A이다.

[단어] ★合作 hézuò [명][동] 협력(하다), 합작(하다) | ★项目 xiàngmù [명] 프로젝트, 항목, 종목 | ★顺利 shùnlì [형] 순조롭다 | ★克服 kèfú [동] 극복하다 | ★争取 zhēngqǔ [동] ~을 실현하기 위해 노력하다 | ★损失 sǔnshī [명][동] 손실(하다), 손해(보다) | ★临时 línshí [형] 임시의 [동] 그때가 되다, 때에 이르다

9

男：别犹豫了，时间快来不及了。 女：主要是这条灰色裙子显得我有些胖。 男：那就换一条吧，我先去车库把车开出来。 女：好，我五分钟后下去。 问：女的觉得那条灰色裙子怎么样？	남: 머뭇거리지 마요. 시간이 다 되어가요. 여: 대체로 이 회색 치마를 입으면 내가 좀 뚱뚱해 보여서 그래요. 남: 그럼 갈아 입어요. 내가 먼저 차고에 가서 차를 운전해 나올게요. 여: 좋아요. 내가 5분 후에 내려갈게요. 질문: 여자는 그 회색 치마가 어떠하다고 생각하는가?
A 有点儿厚　　B 非常时髦 C 颜色太暗　　D 显得人胖	A 좀 두껍다　　B 매우 유행에 맞나 C 색이 너무 어둡다　　D 사람이 뚱뚱해 보인다

풀이 모두 형용사가 포함된 보기를 통해 평가형 질문임을 예상할 수 있다. 시간이 다 되어간다고 재촉하는 남자에게 여자가 '이 회색 치마를 입으면 내가 좀 뚱뚱해 보여서 그래요'라고 말했으므로 정답은 D이다.

단어 ★**犹豫** yóuyù 동 머뭇거리다, 망설이다 | ★**来不及** láibují 시간이 없다, 여유가 없다 | ★**灰色** huīsè 명 회색 | ★**显得** xiǎnde 동 ~하게 보이다 | ★**车库** chēkù 명 차고 | ★**厚** hòu 형 두껍다 | ★**时髦** shímáo 형 유행하다, 최신식이다 | ★**暗** àn 형 어둡다, 깜깜하다

10

女：恭喜你，考上了北大的研究生。 男：姐，你不是在开玩笑吧？我还没接到通知呢。 女：学校网站上已经公布录取结果了，我替你查过了。 男：真的吗？我要赶紧看一下。 问：男的现在心情怎么样？	여: 축하해. 베이징대학 대학원생에 합격한 거. 남: 누나, 농담하고 있는 거 아니지? 나는 아직 통지도 못 받았어. 여: 학교 사이트에서 이미 합격 결과를 발표했어. 내가 너 대신 검색해 봤어. 남: 정말이야? 나 빨리 한번 봐야겠다. 질문: 남자의 지금 심정은 어떠한가?
A 很委屈　B 很难受　C 很激动　D 很不安	A 억울하다　B 괴롭다　C 흥분하다　D 불안하다

풀이 보기를 통해 사람의 심리를 묻는 평가형 질문임을 예상할 수 있다. 여자가 남자에게 베이징대학 대학원생에 합격한 것을 학교 사이트에서 봤다고 말하자, 남자가 '정말이야? 나 빨리 한번 봐야겠다'라고 말하는 것으로 보아 흥분한 상태임을 유추할 수 있으므로 정답은 C이다.

단어 ★**恭喜** gōngxǐ 동 축하하다 | **研究生** yánjiūshēng 명 대학원생 | ★**开玩笑** kāi wánxiào 농담을 하다 | ★**通知** tōngzhī 명동 통지(하다) | ★**网站** wǎngzhàn 명 웹 사이트 | ★**公布** gōngbù 동 발표하다, 공포하다, 공표하다 | ★**录取** lùqǔ 동 채용하다, 합격시키다, 뽑다 | **替** tì 전 ~을 위하여 | **查** chá 동 검색하다, 찾다 | ★**赶紧** gǎnjǐn 부 서둘러, 급히, 재빨리 | ★**委屈** wěiqu 형 억울하다 동 억울하게 하다, 섭섭하게 하다 | ★**难受** nánshòu 형 (육체적, 정신적으로) 괴롭다 | ★**激动** jīdòng 동 감격하다, 흥분하다 | ★**不安** bù'ān 형 불안하다, 편안치 않다

11

女：周老师，您觉得这次辩论赛的辩题怎么样？ 男：我正想找你们说这事呢，那个题目得换。 女：您是不是也认为它太专业了？ 男：是的，这对非法律专业的选手来说很不公平。 问：周老师觉得那个辩题怎么样？	여: 저우 선생님, 당신은 이번 토론대회의 주제가 어떠하다고 생각하시나요? 남: 나는 막 너희들을 찾아 이 일을 이야기하고 싶었어. 그 제목은 바꿔야 해. 여: 선생님도 그것이 너무 전문적이라고 생각하시는 건가요? 남: 그래. 이것은 법률 전공이 아닌 선수들에게 매우 불공평해. 질문: 저우 선생님은 그 토론 주제가 어떠하다고 생각하는가?
A 十分有趣　　B 专业性强 C 非常合理　　D 很好理解	A 매우 재미있다　　B 전문성이 강하다 C 매우 합리적이다　　D 이해하기가 매우 쉽다

풀이 모두 형용사가 포함된 보기를 통해 평가형 질문임을 예상할 수 있다. 일단 여자가 남자를 부르는 호칭을 통해 남자가 바로 저우 선생님임을 알 수 있다. 여자가 남자에게 '선생님도 그것이 너무 전문적이라고 생각하시는 건가요?'라는 질문에 남자가 그렇다고 대답하는 것으로 보아 정답이 B임을 유추할 수 있다.

단어 ★**辩论** biànlùn 명동 토론(하다), 변론(하다) | **辩题** biàntí 명 토론(변론)의 주제 | ★**题目** tímù 명 제목, 표지, 테마 | ★**法律** fǎlǜ 명 법률 | **选手** xuǎnshǒu 명 선수 | ★**公平** gōngpíng 형 공평하다 | ★**有趣** yǒuqù 형 재미있다 | ★**合理** hélǐ 형 합리적이다 | ★**理解** lǐjiě 명동 이해(하다)

12

男：这几个菜都是地道的上海菜。 女：很好吃，挺清淡的，就是有点儿甜。 男：对，这是我们的地方特色。我知道你家乡的菜都比较辣。 女：是的。我们那儿比较潮湿，所以人们喜欢吃辣椒。 问：女的觉得那几个菜怎么样？	남: 이 몇 개의 요리는 정통 상하이 요리예요. 여: 맛있고 매우 담백해요. 단지 조금 달아요. 남: 맞아요. 이것이 우리 지방 특색이에요. 저는 당신 고향의 요리가 모두 비교적 맵다는 걸 알아요. 여: 네. 우리 고향은 비교적 습해서 사람들이 고추 먹는 것을 좋아해요. 질문: 여자는 그 몇 개의 요리가 어떠하다고 생각하는가?
A 太辣了　　B 很难吃 C 不够甜　　D 比较清淡	A 너무 맵다　　B 맛이 없다 C 충분히 달지 않다　　D 비교적 담백하다

풀이 모두 맛을 나타내는 형용사로 이루어진 보기를 통해 음식에 대한 평가형 질문을 예상할 수 있다. 여자가 요리에 대해 '매우 담백하다'고 말했으므로 정답은 D이다.

단어 ★**地道** dìdao 형 진짜의, 본고장의 | ★**清淡** qīngdàn 형 (맛이) 담백하다 | ★**特色** tèsè 명 특색 | ★**家乡** jiāxiāng 명 고향 | ★**辣** là 형 맵다 | ★**潮湿** cháoshī 형 축축하다, 눅눅하다 | ★**辣椒** làjiāo 명 고추

듣기 Chapter 04 동작

+ 본서 51~52쪽

정답

Track 16	1 C	2 D	3 C	4 A	5 A	6 C	7 A	8 B
Track 17	9 C	10 D	11 D	12 A				

1

男：年纪大了，记忆力也不如从前了，总是忘事。 女：这是正常现象。平时多做一些记忆练习，有助于提高记忆力。 问：女的建议男的怎么做？	남: 나이가 드니 기억력도 예전만 못해서 항상 일을 잊어버려요. 여: 이것은 정상적인 현상이에요. 평소에 기억 연습을 좀 많이 하면, 기억력을 향상시키는 데 도움이 돼요. 질문: 여자는 남자에게 어떻게 하라고 제안했는가?
A 多思考　　B 多活动 C 多做记忆练习　　D 保证睡眠时间	A 많이 사고한다　　B 많이 활동한다 C 기억 연습을 많이 한다　　D 수면 시간을 보증한다

풀이 모두 동사가 포함된 보기를 통해 동작형 질문임을 예상할 수 있다. 여자가 남자에게 기억 연습을 좀 많이 하면 기억력 향상에 도움이 된다고 말했으므로 정답은 C이다.

단어 ★年纪 niánjì 명 나이, 연령 | ★记忆 jìyì 명동 기억(하다) | ★不如 bùrú 동 ~만 못하다, ~하는 편이 낫다 | ★从前 cóngqián 명 예전, 이전 | ★现象 xiànxiàng 명 현상 | ★思考 sīkǎo 명동 사고(하다), 사색(하다) | ★保证 bǎozhèng 동 보증하다 | 睡眠 shuìmián 명 수면

2

女：领导让我给新员工培训，但我从没接触过这种方面的工作。 男：你可以向李老师请教一下，以前都是他负责培训的。 问：领导让女的做什么？	여: 사장님께서 저한테 신입사원들에게 교육을 하라고 시키셨는데, 저는 여태껏 이런 방면의 업무를 접한 적이 없어요. 남: 당신은 이 선생님께 물어보면 돼요. 이전에는 모두 그가 교육을 책임졌어요. 질문: 사장은 여자에게 무엇을 하라고 시켰는가?
A 邀请嘉宾　　B 辅导学生 C 复印资料　　D 培训新员工	A 내빈을 초청하다　　B 학생들을 지도하다 C 자료를 복사하다　　D 신입사원을 교육하다

풀이 모두 동사가 포함된 보기를 통해 동작형 질문임을 예상할 수 있다. 여자가 사장님께서 자신에게 신입사원 교육을 시켰다고 말했으므로 정답은 D이다.

단어 ★领导 lǐngdǎo ⓜ 지도자, 리더 | ★员工 yuángōng ⓜ 사원, 직원 | ★培训 péixùn ⓢ 훈련하다, 양성하다 | ★接触 jiēchù ⓢ 접촉하다 | 请教 qǐngjiào ⓢ 가르침을 청하다 | ★负责 fùzé ⓢ 책임지다 | ★邀请 yāoqǐng ⓜⓢ 초청(하다), 초대(하다) | ★嘉宾 jiābīn ⓜ 내빈, 게스트 | ★辅导 fǔdǎo ⓢ 개별 지도하다, 과외하다 | ★复印 fùyìn ⓜⓢ 복사(하다) | ★资料 zīliào ⓜ 자료

3

男：踢球的时候，不光要注意球，还要注意与其他队员互相配合。 女：我明白了，教练。 问：男的要求女的怎么做？	남: 공을 찰 때 공에 주의해야 할 뿐 아니라, 다른 팀원들과 서로 협력하는 것에도 주의해야 해. 여: 알겠습니다, 코치님. 질문: 남자는 여자에게 어떻게 하기를 요구하는가?
A 坚持训练　　B 挑战自己 C 注意配合　　D 加入俱乐部	A 훈련을 꾸준히 한다　　B 자신에게 도전한다 C 협력에 주의한다　　D 클럽에 가입한다

풀이 모두 동사가 포함된 보기를 통해 동작형 질문임을 예상할 수 있다. 남자가 다른 팀원들과의 협력에도 주의해야 한다고 말했으므로 정답은 C이다.

단어 不光 bùguāng ⓙ ~뿐 아니라 | 队员 duìyuán ⓜ 팀원, 대원 | ★配合 pèihé ⓜⓢ 협력(하다), 협동(하다) | ★训练 xùnliàn ⓜⓢ 훈련(하다) | ★挑战 tiǎozhàn ⓜⓢ 도전(하다) | ★俱乐部 jùlèbù ⓜ 클럽 | ★教练 jiàoliàn ⓜ 코치, 감독

4

女：摄影师，我想调整一下姿势。 男：当然可以。你自由发挥就好，我配合你。 问：他们最可能在做什么？	여: 촬영 기사님, 저는 자세를 좀 조정하고 싶어요. 남: 당연히 됩니다. 당신은 자유롭게 발휘하시면 되고, 제가 당신에게 맞추겠습니다. 질문: 그들은 무엇을 하고 있을 가능성이 가장 큰가?
A 拍照　　B 出席宴会 C 观看辩论赛　　D 欣赏音乐作品	A 촬영하다　　B 연회에 참석하다 C 토론대회를 관람하다　　D 음악 작품을 감상하다

풀이 모두 동사가 포함된 보기를 통해 동작형 질문임을 예상할 수 있다. 여자가 남자를 '촬영 기사님'이라고 호칭했고, 자세를 조정하고 싶다고 말한 것으로 보아 A가 정답임을 유추할 수 있다.

단어 ★摄影 shèyǐng ⓜⓢ 촬영(하다) | ★调整 tiáozhěng ⓢ 조정하다 | ★姿势 zīshì ⓜ 자세 | ★自由 zìyóu ⓜⓗ 자유(롭다) | ★发挥 fāhuī ⓢ 발휘하다 | 拍照 pāizhào ⓢ 촬영하다, 사진을 찍다 | ★出席 chūxí ⓢ 참석하다, 출석하다 | ★宴会 yànhuì ⓜ 연회 | 观看 guānkàn ⓢ 관람하다, 보다 | ★辩论 biànlùn ⓜⓢ 토론(하다), 변론(하다) | ★欣赏 xīnshǎng ⓢ 감상하다, 좋다고 여기다, 마음에 들어하다 | ★作品 zuòpǐn ⓜ 작품

5

男：酒吧最近生意很不好，再这样下去我连租金都付不起了。 女：你可以试着延长营业时间，再多做点儿宣传。 问：女的建议男的怎么做？	남: 술집이 최근 장사가 좋지 않아서, 계속 이런다면 임대료 조차도 낼 수 없을 거야. 여: 너는 영업 시간을 연장해 보고, 다시 홍보를 좀 많이 해 봐. 질문: 여자는 남자에게 어떻게 하기를 제안했는가?
A 多做宣传　　B 先暂停营业 C 向银行贷款　　D 打造自己的特色	A 홍보를 많이 한다　　B 먼저 영업을 잠시 멈춘다 C 은행에 대출한다　　D 자신의 특색을 만든다

풀이 모두 동사가 포함된 보기를 통해 동작형 질문임을 예상할 수 있다. 여자가 남자에게 다시 홍보를 많이 해 보라고 제안했으므로 정답은 A이다.

단어 ★酒吧 jiǔbā 명 술집, 바 | ★生意 shēngyi 명 장사, 영업 | 租金 zūjīn 명 임대료 | 付 fù 동 지불하다 | …不起 …buqǐ (돈이 없어서) ~할 수 없다 | ★延长 yáncháng 동 연장하다 | ★营业 yíngyè 동 영업하다 | ★宣传 xuānchuán 명동 홍보(하다), 선전(하다) | 暂停 zàntíng 동 잠시 멈추다 | ★贷款 dàikuǎn 동 대출하다 | 打造 dǎzào 동 만들다, 제조하다 | ★特色 tèsè 명 특색

6

女：你俩不要争论了，冠军马上就会公布。 男：好吧。反正无论结果如何，他永远是我心中最棒的射击运动员。 问：他们最可能在做什么？	여: 너희 두 사람 논쟁하지 마. 1등을 곧 발표할 거야. 남: 좋아. 어차피 결과가 어떻든 관계없이, 그는 영원히 내 마음속의 가장 뛰어난 사격 선수야. 질문: 그들은 무엇을 하고 있을 가능성이 가장 큰가?
A 投票　　B 谈判 C 看射击赛　　D 观看京剧表演	A 투표하다　　B 담판하다 C 사격 경기를 보다　　D 경극 공연을 보다

풀이 모두 동사가 포함된 보기를 통해 동작형 질문임을 예상할 수 있다. 여자가 1등을 곧 발표한다고 말했으므로 일단 경기를 보고 있음을 알 수 있고, 남자가 '사격 선수'를 언급한 것으로 보아 C가 정답임을 유추할 수 있다.

단어 ★争论 zhēnglùn 명동 논쟁(하다) | ★冠军 guànjūn 명 1등, 챔피언 | ★公布 gōngbù 동 발표하다, 공표하다 | ★反正 fǎnzhèng 부 어차피, 어쨌든 | ★无论 wúlùn 접 ~에 관계없이 | ★如何 rúhé 대 어떠하다 | ★永远 yǒngyuǎn 부 영원히 | ★棒 bàng 형 뛰어나다, 멋지다, 훌륭하다 | ★射击 shèjī 명동 사격(하다) | 投票 tóupiào 명동 투표(하다) | ★谈判 tánpàn 명동 담판(하다), 협상(하다)

7

男：最近很多股票的价格都下滑了，我们要不要考虑买点儿？ 女：可以。不过我想先咨询几个有经验的朋友，听听他们的意见。 问：女的想先怎么做？	남: 최근 많은 주식의 가격이 모두 하락했는데, 우리 사는 걸 고려해 볼까? 여: 좋아. 하지만 나는 먼저 몇 명의 경험 있는 친구들에게 자문을 구하고, 그들의 의견을 좀 듣고 싶어. 질문: 여자는 먼저 어떻게 하고 싶은가?

A 咨询朋友　　B 还清贷款 C 和父母商量　　D 学习经济学知识	A 친구에게 자문을 구하다　B 대출금을 다 갚는다 C 부모님과 상의한다　D 경제학 지식을 공부한다

[풀이] 모두 동사가 포함된 보기를 통해 동작형 질문임을 예상할 수 있다. 여자가 경험 있는 친구들에게 자문을 구하고 싶다고 말했으므로 정답은 A이다.

[단어] ★股票 gǔpiào [명] 주식 | 下滑 xiàhuá [동] 하락하다 | ★考虑 kǎolǜ [명][동] 고려(하다) | ★咨询 zīxún [동] 자문하다, 문의하다, 상의하다 | 还清 huánqīng [동] 완전히 갚다 | ★贷款 dàikuǎn [명] 대출금 | ★经济 jīngjì [명] 경제

8

女：这个房间地毯的颜色和家具的样式我都很喜欢。 男：确实是，有一种古典美。就租这儿吧！	여: 이 방 카펫의 색깔과 가구의 모양이 나는 모두 맘에 들어요. 남: 정말 그래요. 일종의 고전미가 있어요. 여기에 세냅시다!
问：他们最可能在做什么？	질문: 그들은 무엇을 하고 있을 가능성이 가장 큰가?
A 装修　　B 租房子 C 逛家具店　　D 打扫房间	A 인테리어하다　B 집을 세내다 C 가구점을 돌아보다　D 방을 청소하다

[풀이] 모두 동사가 포함된 보기를 통해 동작형 질문임을 예상할 수 있다. 여자와 남자의 대화를 통해 방에 대해 이야기하고 있음을 알 수 있으며, 남자가 '여기에 세냅시다'라고 말한 것으로 보아 B가 정답임을 유추할 수 있다.

[단어] ★地毯 dìtǎn [명] 카펫 | ★样式 yàngshì [명] 모양, 양식 | ★确实 quèshí [부] 정말, 확실히 | ★古典 gǔdiǎn [명] 고전 [형] 고전적이다, 클래식하다 | ★租 zū [동] 세내다, 세주다 | ★装修 zhuāngxiū [동] 인테리어하다

9

男：小张，国庆假期你有什么安排吗？ 女：我打算回趟老家，怎么了？ 男：咱们去看望一下高中的班主任吧。 女：没问题！具体哪天去呢？	남: 샤오짱, 국경절 연휴 기간에 너는 무슨 계획 있어? 여: 나는 고향 집에 다녀올 계획인데, 왜 그래? 남: 우리 고등학교 담임 선생님 뵈러 가자. 여: 좋아! 구체적으로 언제 갈 거야?
问：他们国庆期间打算做什么？	질문: 그들은 국경절 연휴 기간에 무엇을 할 계획인가?
A 回母校拍照 B 回家办婚礼 C 看望班主任 D 去欧洲旅行	A 모교로 돌아가 사진을 찍는다 B 집에 가서 결혼식을 올린다 C 담임 선생님을 뵈러 간다 D 유럽에 여행 간다

[풀이] 모두 동사가 포함된 보기를 통해 동작형 질문임을 예상할 수 있다. 남자의 고등학교 담임 선생님을 뵈러 가자는 제안에 여자가 좋다고 말했으므로 정답은 C이다.

단어 老家 lǎojiā 명 고향 (집) | ★看望 kànwàng 동 찾아가 보다, 방문하다, 문안하다 | 班主任 bānzhǔrèn 명 담임 | ★具体 jùtǐ 형 구체적이다 | 拍照 pāizhào 동 사진을 찍다, 촬영하다 | ★婚礼 hūnlǐ 명 결혼식, 혼례 | ★欧洲 Ōuzhōu 고유 유럽

10

女：爷爷，这两天您怎么没去公园下象棋啊？ 男：我的老对手出国旅行了，没人和我下。 女：我给您在手机上安装个下棋软件吧，随时可以玩儿。 男：行，那你一会儿教教我怎么用。 问：女的要帮爷爷做什么？	여: 할아버지, 요 며칠 어째서 공원에 가서 장기를 두지 않으세요? 남: 내 오랜 상대가 해외 여행을 가서, 나와 둘 사람이 없어. 여: 제가 할아버지께 휴대전화에 장기 두는 앱을 설치해 드릴게요. 언제든지 하실 수 있어요. 남: 좋아. 그럼 조금 있다 나에게 어떻게 사용하는지 가르쳐 주렴. 질문: 여자는 할아버지를 도와 무엇을 하려고 하는가?
A 预订机票 B 买一副象棋 C 换一部手机 D 安装下棋软件	A 비행기표를 예약하다 B 장기판 하나를 사다 C 휴대전화 한 대를 바꾸다 D 장기 두는 앱을 설치하다

풀이 모두 동사가 포함된 보기를 통해 동작형 질문임을 예상할 수 있다. 여자가 할아버지께 휴대전화로 장기 두는 앱을 설치해 드리겠다고 말했으므로 정답은 D이다.

단어 ★象棋 xiàngqí 명 장기 | ★对手 duìshǒu 명 상대, 적수 | ★安装 ānzhuāng 동 설치하다 | ★软件 ruǎnjiàn 명 소프트웨어 | ★随时 suíshí 부 수시로, 언제나, 아무 때나 | ★预订 yùdìng 동 예약하다

11

男：你好，请出示您的护照。您这次在中国停留几天？ 女：大概一个星期。 男：您的行李箱里有动植物产品吗？ 女：没有，只有一些衣服和书。 问：女的最可能在做什么？	남: 안녕하세요. 당신의 여권을 제시해 주세요. 당신은 이번에 중국에서 며칠 동안 머무르나요? 여: 대략 1주일이요. 남: 당신의 트렁크 안에 동식물 제품이 있나요? 여: 없습니다. 약간의 옷과 책만 있습니다. 질문: 여자는 무엇을 하고 있을 가능성이 가장 큰가?
A 面试　　B 买票 C 买礼物　　D 过海关	A 면접을 보다　　B 표를 사다 C 선물을 사다　　D 세관을 통과하다

풀이 모두 동사가 포함된 보기를 통해 동작형 질문임을 예상할 수 있다. 남자가 여자에게 여권 제시를 요구하고, 체류 기간과 트렁크 안의 물건들을 묻는 것으로 보아 D가 정답임을 유추할 수 있다.

단어 ★出示 chūshì 동 제시하다, 내보이다 | 停留 tíngliú 동 머물다, 묵다 | ★产品 chǎnpǐn 명 제품 | 面试 miànshì 명 면접(시험) 동 면접을 보다 | ★海关 hǎiguān 명 세관

12

女：喂，请问是物业吗？我们楼道的灯坏了，能派人来看看吗？ 男：您住哪栋公寓？ 女：十六号公寓，八楼。 男：好的，我们马上派人过去维修。 问：女的找物业做什么？	여: 여보세요, 죄송한데 관리실이죠? 우리 복도의 등이 고장 났는데, 사람을 보내서 좀 봐 줄 수 있을까요? 남: 몇 동 아파트에 사세요? 여: 16동 아파트 8층입니다. 남: 네, 저희가 바로 사람을 보내서 수리하겠습니다. 질문: 여자는 무엇을 하려고 관리실을 찾았는가?
A 维修灯　　B 安装水管 C 处理垃圾　　D 管理交通	A 등을 수리하다　　B 수도관을 설치하다 C 쓰레기를 처리하다　　D 교통을 관리하다

풀이 모두 동사가 포함된 보기를 통해 동작형 질문임을 예상할 수 있다. 여자가 복도의 등이 고장 났다고 말했으므로 A가 정답임을 유추할 수 있다.

단어 物业 wùyè 명 (아파트) 관리실 | 楼道 lóudào 명 복도 | 栋 dòng 양 동, 채 | ★公寓 gōngyù 명 아파트 | ★维修 wéixiū 동 수리하다, 보수하다 | ★安装 ānzhuāng 동 설치하다 | 水管 shuǐguǎn 명 수도관 | ★处理 chǔlǐ 동 처리하다, (문제를) 해결하다

듣기 Chapter 05 열거

+ 본서 59~60쪽

정답

Track 20	1 B	2 D	3 A	4 D	5 B	6 C	7 A	8 B
Track 21	9 A	10 C	11 C	12 B				

1

男：这把梳子是用桃木做的。据说，长期使用能有效改善发质。 女：我很喜欢这个礼物，谢谢你！ 问：男的送女的什么了？	남: 이 빗은 복숭아나무로 만든 거야. 듣기로 장기간 사용하면 효과적으로 머릿결을 개선할 수 있대. 여: 나는 이 선물이 너무 마음에 들어. 고마워! 질문: 남자는 여자에게 무엇을 선물했는가?
A 扇子　B 梳子　C 耳环　D 围巾	A 부채　B 빗　C 귀걸이　D 목도리

풀이 모두 사물로 이루어진 보기를 통해 열거형 질문임을 예상할 수 있다. 남자가 직접 '이 빗'이라고 말했으므로 정답은 B이다.

단어 ★梳子 shūzi 명 빗 | ★桃 táo 명 복숭아(나무) | ★据说 jùshuō 말하는 바에 의하면, 듣건대 | ★改善 gǎishàn 동 개선하다 | 发质 fàzhì 명 머릿결 | ★扇子 shànzi 명 부채 | ★耳环 ěrhuán 명 귀걸이 | ★围巾 wéijīn 명 목도리, 스카프

2

女：我想开家食品店，你知道需要办什么证件吗？ 男：你得到相关部门办理营业执照和卫生许可证。	여: 나는 식품점 하나를 열고 싶은데, 당신은 어떤 증명서를 발급해야 하는지 알아요? 남: 당신은 관련 부서에 가서 영업허가증과 위생허가증을 발급해야 해요.
问：女的想开什么店？	질문: 여자는 무슨 가게를 열고 싶어 하는가?
A 文具店　B 乐器店　C 服装店　D 食品店	A 문구점　B 악기점　C 옷 가게　D 식품점

[풀이] 모두 가게명으로 이루어진 보기를 통해 열거형 질문임을 예상할 수 있다. 여자가 식품점 하나를 열고 싶다고 말했으므로 정답은 D이다.

[단어] 食品 shípǐn [명] 식품 | ★证件 zhèngjiàn [명] (신분, 경력 등의) 증명서, 증거 서류 | ★部门 bùmén [명] 부, 부문, 부서 | ★办理 bànlǐ [동] 처리하다, (수속 등을) 하다 | ★营业 yíngyè [동] 영업하다 | ★执照 zhízhào [명] 허가증, 면허증, 인가증 | 卫生 wèishēng [명] 위생 | ★许可 xǔkě [명][동] 허가(하다) | ★文具 wénjù [명] 문구 | ★乐器 yuèqì [명] 악기 | ★服装 fúzhuāng [명] 옷, 의류

3

男：待会儿会有位女士来咨询移民的事情，你负责接待一下。 女：好的，那我先准备一下相关资料。	남: 잠시 후에 한 여성 분이 와서 이민 일을 문의할 텐데, 당신이 책임지고 응대 좀 해 주세요. 여: 네. 그럼 제가 먼저 관련 자료를 준비하겠습니다.
问：女的要准备哪方面的材料？	질문: 여자는 어느 방면의 자료를 준비하려고 하는가?
A 移民　B 汇率　C 学历　D 夏令营	A 이민　B 환율　C 학력　D 하계 캠프

[풀이] 모두 어떤 방면을 나타내는 명사로 이루어진 보기를 통해 열거형 질문임을 예상할 수 있다. 남자가 '이민'을 문의하려는 고객이 있다고 말했고, 이에 여자가 관련 자료를 준비하겠다고 했으므로 정답은 A이다.

[단어] 待会儿 dāihuìr 잠시 후에, 이따가 | ★女士 nǚshì [명] 부인, 여사(존칭) | ★咨询 zīxún [동] 자문하다, 문의하다, 상의하다 | ★移民 yímín [동] 이민하다 | ★负责 fùzé [동] 책임지다 | ★接待 jiēdài [동] 응대하다, 맞이하다 | ★相关 xiāngguān [동] 관련되다 | ★资料 zīliào [명] 자료 | ★材料 cáiliào [명] 자료, 재료 | ★汇率 huìlǜ [명] 환율 | ★学历 xuélì [명] 학력 | ★夏令营 xiàlìngyíng [명] 하계 캠프

4

女：孩子这么小，你就让他读古诗，他能理解其中的含义吗？ 男：不要紧，关键是让他通过朗读来欣赏和体会古诗的美。	여: 아이가 이렇게 어린데 당신이 아이에게 고시를 읽으라고 시키면, 아이가 그 속에 내포된 뜻을 이해할 수 있겠어요? 남: 괜찮아요. 관건은 아이가 낭독을 통해 고시의 미를 감상하고 체득하게 하는 거예요.
问：女的担心孩子什么？	질문: 여자는 아이의 무엇을 걱정하는가?

A 太淘气 B 学习不用功 C 欣赏不了抽象画 D 不理解诗的意思	A 너무 장난이 심하다 B 공부를 열심히 하지 않는다 C 추상화를 감상할 수 없다 D 시의 뜻을 이해하지 못한다

풀이 이 문제는 보기만 봐서는 질문 유형을 예상하기 어렵다. 여자가 '아이가 그(시) 속에 내포된 뜻을 이해할 수 있겠어요?'라고 반문하는 것으로 보아 D가 정답임을 유추할 수 있다.

단어 ★**诗** shī 명 시 | **含义** hányì 명 내포된 뜻 | ★**不要紧** búyàojǐn 괜찮다, 문제없다 | ★**关键** guānjiàn 명 관건, 키포인트 형 매우 중요한 | ★**朗读** lǎngdú 동 낭독하다 | ★**欣赏** xīnshǎng 동 (1)감상하다 (2)좋다고 여기다, 마음에 들어하다 | ★**体会** tǐhuì 동 체득하다 | ★**淘气** táoqì 형 장난이 심하다 | ★**用功** yònggōng 동 열심히 공부하다, 힘써 배우다 | ★**抽象** chōuxiàng 형 추상적이다

5

男：我听说你晕车，是吗？我给你准备了些晕车药。 女：谢谢你，你想得真周到。 问：男的为女的准备了什么？	남: 내가 듣기로 너는 차멀미를 한다던데, 그래? 내가 너에게 약간의 멀미약을 준비했어. 여: 고마워. 너는 정말 세심하게 생각하는구나. 질문: 남자는 여자를 위해 무엇을 준비했는가?
A 矿泉水　　B 晕车药 C 一些零食　　D 数码照相机	A 광천수　　B 차멀미약 C 약간의 간식　　D 디지털카메라

풀이 모두 사물로 이루어진 보기를 통해 열거형 질문임을 예상할 수 있다. 남자가 멀미약을 준비했다고 말했으므로 정답은 B이다.

단어 ★**晕** yūn 형 어지럽다 동 기절하다 yùn 동 멀미하다 | ★**周到** zhōudào 형 세심하다, 꼼꼼하다 | ★**矿泉水** kuàngquánshuǐ 명 광천수 | ★**零食** língshí 명 간식 | ★**数码** shùmǎ 형 디지털

6

女：八点了，快换到教育频道。女儿参加的辩论赛要播放了。 男：好，我去拿遥控器。 问：男的要去拿什么？	여: 8시가 되었어요. 어서 교육 채널로 돌려요. 딸이 참가하는 토론대회가 곧 방송해요. 남: 좋아요. 내가 리모컨을 가지러 갈게요. 질문: 남자는 무엇을 가지러 가려고 하는가?
A 鼠标　B 麦克风　C 遥控器　D 录音机	A 마우스　B 마이크　C 리모컨　D 녹음기

풀이 모두 사물로 이루어진 보기를 통해 열거형 질문임을 예상할 수 있다. 남자가 리모컨을 가지러 간다고 직접 말했으므로 정답은 C이다.

단어 ★教育 jiàoyù 명동 교육(하다) | ★频道 píndào 명 채널 | ★辩论 biànlùn 명동 토론(하다), 변론(하다) | ★播放 bōfàng 동 방송하다, 방영하다 | 遥控器 yáokòngqì 명 리모컨 | ★鼠标 shǔbiāo 명 (컴퓨터의) 마우스 | ★麦克风 màikèfēng 명 마이크 | ★录音 lùyīn 명동 녹음(하다)

7

男：你演讲时语速太快了，正式比赛时一定要放慢一些。 女：谢谢您的指导，我会注意的。 问：男的认为女的演讲时有什么问题？	남: 너는 연설할 때 말하는 속도가 너무 빠르니, 정식 대회 때는 반드시 좀 늦추도록 하렴. 여: 당신의 지도에 감사드립니다. 제가 주의하겠습니다. 질문: 남자는 여자가 연설할 때 무슨 문제가 있다고 생각하는가?
A 语速太快　　B 手势太少 C 表达不流利　　D 没投入感情	A 말하는 속도가 너무 빠르다　B 손짓이 너무 적다 C 표현이 유창하지 않다　D 감정을 넣지 않았다

풀이 모두 말에 대해 설명하는 내용으로 이루어진 보기를 통해 열거형 질문임을 예상할 수 있다. 남자가 여자의 말하는 속도가 너무 빠르다고 언급했으므로 정답은 A이다.

단어 ★演讲 yǎnjiǎng 명동 연설(하다), 강연(하다) | 放慢 fàngmàn 동 (속도를) 늦추다 | ★指导 zhǐdǎo 명동 지도(하다) | 手势 shǒushì 명 손짓 | ★表达 biǎodá 동 (생각이나 감정을) 표현하다 | ★流利 liúlì 형 유창하다, 막힘이 없다 | ★投入 tóurù 동 넣다, 투입하다, 몰두하다

8

女：现在存款利息太低了，做点儿什么投资好呢？ 男：你可以买些股票，教育、互联网等领域的都还不错。 问：男的建议投资什么？	여: 지금 예금 이자가 너무 낮은데, 무슨 투자를 좀 하면 좋을까? 남: 너는 주식을 좀 사도 돼. 교육, 인터넷 등과 같은 분야의 것은 다 괜찮아. 질문: 남자는 무엇에 투자하라고 제안했나?
A 黄金　　B 股票 C 房地产　　D 贵金属	A 황금　B 주식 C 부동산　D 귀금속

풀이 모두 사물로 이루어진 보기를 통해 열거형 질문임을 예상할 수 있다. 남자가 주식을 사라고 말했으므로 정답은 B이다.

단어 存款 cúnkuǎn 동 예금하다, 저금하다 | ★利息 lìxī 명 이자 | ★投资 tóuzī 명동 투자(하다) | ★股票 gǔpiào 명 주식 | ★互联网 hùliánwǎng 명 인터넷 | ★领域 lǐngyù 명 분야, 영역 | ★黄金 huángjīn 명 황금 | 房地产 fángdìchǎn 명 부동산 | ★金属 jīnshǔ 명 금속

9

男：这么大的包裹里装了什么呀？ 女：我在网上给儿子买的玩具。 男：就是你上次说的玩具摩托车吗？ 女：对，拆开看看。 问：包裹里面是什么？	남: 이렇게 큰 소포 안에 무엇이 들어있어요? 여: 내가 인터넷에서 아들에게 주려고 산 장난감이요. 남: 바로 당신이 지난번에 말한 장난감 오토바이인 거예요? 여: 맞아요. 뜯어서 봐 봅시다. 질문: 소포 안은 무엇인가?
A 玩具　B 家具　C 零食　D 日用品	A 장난감　B 가구　C 간식　D 일용품

풀이 모두 사물로 이루어진 보기를 통해 열거형 질문임을 예상할 수 있다. 여자가 소포 안의 것이 '장난감'이라고 말했으므로 정답은 A이다.

단어 ★**包裹** bāoguǒ ⓜ 소포 | ★**装** zhuāng ⓓ 담다, 싣다 | ★**玩具** wánjù ⓜ 장난감, 완구 | ★**摩托车** mótuōchē ⓜ 오토바이 | ★**拆** chāi ⓓ 뜯다, 떼다, 분해하다, 철거하다 | ★**日用品** rìyòngpǐn ⓜ 일용품

10

女：你慌慌张张地在找什么呢？ 男：我和厂商约好了下午谈判，但谈判资料不见了。 女：你是不是放在抽屉里了？ 男：这几个抽屉我都翻遍了，没找到。 问：男的在找什么？	여: 당신은 허둥지둥 무엇을 찾고 있나요? 남: 제가 제조상과 오후에 협상하기로 약속했는데, 협상 자료가 보이지 않아요. 여: 당신이 서랍 안에 두지 않았나요? 남: 이 몇 개의 서랍은 제가 다 찾아봤는데 찾지 못했어요. 질문: 남자는 무엇을 찾고 있는가?
A 支票　B 抽屉钥匙 C 谈判资料　D 录音设备	A 수표　B 서랍 열쇠 C 협상 자료　D 녹음 설비

풀이 모두 사물로 이루어진 보기를 통해 열거형 질문임을 예상할 수 있다. 무엇을 찾느냐는 여자의 질문에 남자가 협상 자료가 보이지 않는다고 대답했으므로 정답은 C이다.

단어 ★**慌张** huāngzhāng ⓗ 허둥대다, 당황하다 | **厂商** chǎngshāng ⓜ 제조상 | ★**谈判** tánpàn ⓜⓓ 협상(하다), 담판(하다) | ★**资料** zīliào ⓜ 자료 | ★**抽屉** chōuti ⓜ 서랍 | ★**翻** fān ⓓ (물건을 찾기 위해) 뒤지다, (책을) 펼치다 | **V+遍了** biànle V할만한 곳은 다 V했다 | ★**支票** zhīpiào ⓜ 수표 | ★**钥匙** yàoshi ⓜ 열쇠 | ★**录音** lùyīn ⓜⓓ 녹음(하다) | ★**资料** zīliào ⓜ 자료 | ★**设备** shèbèi ⓜ 설비

11

男：你在看什么呢？电视剧？ 女：不，是一部纪录片，叫《美丽中国》。你看过吗？ 男：没看过。不过听说最近很火，好看吗？ 女：好看，它主要介绍了中国各地美丽的自然景观。 问：那部纪录片是关于什么的？	남: 너는 뭘 보고 있어? 드라마? 여: 아니. 《아름다운 중국》이라는 한 편의 다큐멘터리이야. 너 본 적 있어? 남: 본 적 없어. 그런데 듣기로 요즘 인기가 있다던데, 재미있어? 여: 재미있어. 그것은 주로 중국 각지의 아름다운 자연 경관을 소개했어. 질문: 그 다큐멘터리는 무엇에 관한 것인가?
A 各地风俗　　B 科学发展 C 自然地理　　D 古代神话	A 각지 풍속　　B 과학 발전 C 자연 지리　　D 고대 신화

풀이 모두 관련성이 있는 명사로 이루어진 보기를 통해 열거형 질문임을 예상할 수 있다. 여자가 다큐멘터리에서 중국 각지의 '자연 경관'을 소개했다고 말했으므로 가장 유사한 C가 정답이다.

단어 **纪录片** jìlùpiàn 명 다큐멘터리 영화 | ★**火** huǒ 명 불 형 왕성하다, 번창하다, 흥하다 | **景观** jǐngguān 명 경관, 경치 | ★**风俗** fēngsú 명 풍속 | ★**地理** dìlǐ 명 지리 | ★**古代** gǔdài 명 고대 | ★**神话** shénhuà 명 신화

12

女：我总是不能在规定时间内完成任务，究竟怎样才能提高工作效率呢？ 男：我会把第二天的任务写在日程本上制定好计划。 女：这样有效吗？ 男：还可以，你也试试看。 问：女的有什么烦恼？	여: 저는 항상 규정된 시간 내에 임무를 완성할 수 없는데, 도대체 어떻게 해야 업무 효율을 높일 수 있을까요? 남: 저는 다음 날 임무를 일정 노트에 쓰고 계획을 세워요. 여: 이렇게 하면 효과가 있나요? 남: 그런대로 괜찮아요. 당신도 한번 해 보세요. 질문: 여자는 무슨 고민이 있는가?
A 桌上文件太多 B 工作效率很低 C 日程安排过满 D 各部门配合得不好	A 책상에 문서가 너무 많다 B 업무 효율이 낮다 C 스케줄이 지나치게 꽉차다 D 각 부서가 잘 협력하지 못한다

풀이 형용사나 동사로 이루어진 보기만 봐서는 질문 유형을 예상하기 어렵다. 여자가 어떻게 해야 업무 효율을 높일 수 있는지 묻는 것으로 보아 여자의 고민을 묻는 질문의 정답이 B임을 유추할 수 있다.

단어 ★**规定** guīdìng 명동 규정(하다) | ★**任务** rènwù 명 임무 | ★**究竟** jiūjìng 부 도대체 | ★**效率** xiàolǜ 명 효율 | ★**日程** rìchéng 명 일정 | ★**制定** zhìdìng 동 세우다, 제정하다 | ★**计划** jìhuà 명동 계획(하다) | ★**烦恼** fánnǎo 명동 고민(하다), 걱정(하다) | ★**文件** wénjiàn 명 문서, 문건, 서류, 파일 | ★**部门** bùmén 명 부, 부문, 부서 | ★**配合** pèihé 명동 협동(하다), 협력(하다)

듣기 Chapter 06 화제 · 사건

+ 본서 66~67쪽

정답

Track 24	1 A	2 D	3 B	4 C	5 B	6 A	7 D	8 C
Track 25	9 A	10 B	11 B	12 D				

1

男：我的设计方案又没通过，真不知道该怎么改了。
女：你多跟同事讨论讨论，说不定就有更好的主意了。

问：他们在谈论什么？

남: 내 설계 방안이 또 통과되지 못했어요. 정말 어떻게 고쳐야 할지 모르겠어요.
여: 당신은 동료들과 많이 토론을 좀 해 봐요. 아마도 더 좋은 의견이 있을 거예요.

질문: 그들은 무엇을 논의하고 있는가?

A 设计方案　B 名片印刷
C 图书出版　D 合同期限

A 설계 방안　B 명함 인쇄
C 도서 출판　D 계약 기한

풀이 보기로는 문제 유형을 정확히 알 수 없지만, 질문의 '**谈论什么**'를 통해 화제형임을 알 수 있다. 두 사람이 설계 방안에 대해 이야기하고 있으므로 정답은 A이다.

단어 ★**方案** fāng'àn 명 방안 | ★**说不定** shuōbudìng 아마 ~일 것이다 | ★**主意** zhǔyi 명 의견, 방법, 생각 | **谈论** tánlùn 명동 논의(하다) | ★**设计** shèjì 명동 설계(하다), 디자인(하다) | ★**名片** míngpiàn 명 명함 | ★**印刷** yìnshuā 명동 인쇄(하다) | ★**出版** chūbǎn 명동 출판(하다) | ★**合同** hétong 명 계약(서) | **期限** qīxiàn 명 기한

2

女：我认为青少年应该远离网络，这样才有利于他们健康成长。
男：远离倒不必，但是他们必须学会合理利用网络。

问：他们在谈什么问题？

여: 나는 청소년들이 인터넷을 멀리해야 하고, 이렇게 해야만 그들의 건강한 성장에 이롭다고 생각해.
남: 멀리하는 것은 필요하지 않아. 그러나 그들은 반드시 합리적으로 인터넷을 이용하는 것을 배워야만 해.

질문: 그들은 무슨 문제를 이야기하고 있는가?

A 网络的好处
B 青少年的心理问题
C 网络与现实的矛盾
D 青少年是否应远离网络

A 인터넷의 좋은 점
B 청소년의 심리 문제
C 인터넷과 현실의 모순
D 청소년은 인터넷을 멀리해야 하는가

풀이 보기로는 문제 유형을 정확히 알 수 없지만, 질문의 '**谈什么问题**'를 통해 화제형임을 알 수 있다. 여자가 청소년들이 인터넷을 멀리해야 한다고 말하자 남자가 그에 대해 다른 의견을 얘기하고 있으므로 정답은 D이다.

단어 ★青少年 qīngshàonián 명 청소년 | 远离 yuǎnlí 동 멀리하다 | ★网络 wǎngluò 명 인터넷 | ★有利 yǒulì 형 이롭다, 유리하다 | ★成长 chéngzhǎng 동 성장하다, 자라다 | ★倒 dào 부 역접을 나타냄(~지만) | ★合理 hélǐ 형 합리적이다 | ★利用 lìyòng 동 이용하다 | ★心理 xīnlǐ 명 심리 | ★现实 xiànshí 명형 현실(적이다) | ★矛盾 máodùn 명 모순, 갈등 형 모순적이다

3

男：大夫！做完手术都两个月了，我现在走路还是不太灵活。 女：这很正常，腿部受伤本来就恢复得慢。 问：男的怎么了？	남: 의사 선생님! 수술을 한 지 이미 2개월인데, 저는 지금 길을 걷는 것이 여전히 그다지 빠르지 않아요. 여: 이건 정상적이에요. 다리 부위 부상은 원래 회복이 느려요. 질문: 남자는 어떻게 된 것인가?
A 拉伤肌肉了 B 走路不灵活 C 手部受伤了 D 担心手术风险大	A 근육이 늘어났다 B 길 걷는 것이 빠르지 않다 C 손 부위에 부상을 당했다 D 수술의 위험이 클까 걱정한다

풀이 보기로는 문제 유형을 정확히 알 수 없지만, 질문의 '怎么了'를 통해 사건형임을 알 수 있다. 남자가 길을 걷는 것이 빠르지 않다고 말했으므로 정답은 B이다.

단어 ★手术 shǒushù 명 수술 | ★灵活 línghuó 형 재빠르다, 민첩하다, 융통성이 있다 | ★受伤 shòushāng 동 부상을 당하다, 상처를 입다 | ★恢复 huīfù 동 회복하다, 회복되다 | ★拉 lā 동 당기다 | ★肌肉 jīròu 명 근육 | ★风险 fēngxiǎn 명 위험, 리스크

4

女：我感觉头很晕，应该是有点儿晕车。 男：我跟你换换座位吧，靠窗户吹吹风可能会舒服一点儿。 问：女的怎么了？		여: 나 머리가 어지럽고 조금 차멀미를 하는 것 같아. 남: 내가 너와 자리를 좀 바꿔줄게. 창가 쪽에서 바람을 쐬면 아마 좀 편해질 거야. 질문: 여자는 어떻게 된 것인가?	
A 肚子疼 C 晕车了	B 没胃口 D 着凉了	A 배가 아프다 C 차멀미를 한다	B 입맛이 없다 D 감기에 걸렸다

풀이 보기로는 문제 유형을 정확히 알 수 없지만, 질문의 '怎么了'를 통해 사건형임을 알 수 있다. 여자가 차멀미를 하는 것 같다고 말했으므로 정답은 C이다.

단어 ★感觉 gǎnjué 명 감각, 느낌 동 느끼다 | ★晕 yūn 형 어지럽다 동 기절하다 yùn 동 멀미하다 | ★座位 zuòwèi 명 자리, 좌석 | ★靠 kào 동 기대다, 다가서다, 의지하다 | ★吹 chuī 동 (바람이) 불다 | ★肚子 dùzi 명 배, 복부 | ★胃口 wèikǒu 명 입맛, 식욕 | ★着凉 zháoliáng 동 감기에 걸리다

5

男：这次的培训会规模很大呀！有多少人参加？ 女：报名参会的有五百七十人，加上工作人员就将近六百人了。 问：他们在谈论什么？	남: 이번 수련회는 규모가 크네요! 몇 명이 참가하나요? 여: 참가 신청을 한 사람이 570명이고, 스태프들을 더하면 600명에 가까워요. 질문: 그들은 무엇을 논의하고 있는가?
A 座位安排　B 参会人数 C 会议日程　D 会议主题	A 좌석 배치　B 참가 인원수 C 회의 일정　D 회의 주제

[풀이] 보기로는 문제 유형을 정확히 알 수 없지만, 질문의 **'谈论什么'**를 통해 화제형임을 알 수 있다. 남자가 참가 인원수를 묻자 여자가 그에 대해 자세하게 대답하고 있으므로 정답은 B이다.

[단어] ★**培训** péixùn [동] 훈련하다, 양성하다 | ★**规模** guīmó [명] 규모 | ★**报名** bàomíng [동] 신청하다, 등록하다, 지원하다 | ★**人员** rényuán [명] 인원, 요원 | **将近** jiāngjìn [동] ~에 가깝다 | ★**日程** rìchéng [명] 일정 | ★**主题** zhǔtí [명] 주제

6

女：这学期的选修课我选了美术，你呢？ 男：我对文学挺感兴趣的，想选诗歌欣赏课。 问：他们在谈论什么？	여: 이번 학기 선택과목으로 나는 미술을 선택했는데, 너는? 남: 나는 문학에 매우 관심이 있어서, 시가 감상 수업을 선택하고 싶어. 질문: 그들은 무엇을 논의하고 있는가?
A 选课　B 教材 C 新年愿望　D 课程作业	A 수강 신청　B 교재 C 새해 희망　D 교과 과제

[풀이] 보기로는 문제 유형을 정확히 알 수 없지만, 질문의 **'谈论什么'**를 통해 화제형임을 알 수 있다. 여자와 남자가 각각 자신이 선택했거나 선택하고 싶은 수업에 대해 이야기하고 있으므로 정답은 A이다.

[단어] **选修课** xuǎnxiūkè 선택과목 | ★**美术** měishù [명] 미술 | **诗歌** shīgē [명] 시가 | **选课** xuǎnkè [명][동] 수강 신청(하다) | ★**教材** jiàocái [명] 교재 | ★**愿望** yuànwàng [명] 희망, 바람 | ★**课程** kèchéng [명] (교육) 과정, 커리큘럼

7

男：教师用的麦克风坏了，连着讲了几节课嗓子疼得受不了。 女：你怎么不找技术人员解决一下？ 问：男的怎么了？	남: 교사용 마이크가 고장 나서, 연달아 몇 교시 수업을 했더니 목이 참을 수 없을 정도로 아프네요. 여: 당신은 어째서 기술자를 찾아 해결을 좀 하지 않나요? 질문: 남자는 어떻게 된 건가?
A 肩膀很疼　B 胳膊酸痛 C 看东西模糊　D 嗓子不舒服	A 어깨가 아프다　B 팔이 쑤시고 아프다 C 물건을 보는 것이 모호하다　D 목이 불편하다

[풀이] 보기로는 문제 유형을 정확히 알 수 없지만, 질문의 '**怎么了**'를 통해 사건형임을 알 수 있다. 남자가 목이 아프다고 말했으므로 비슷한 의미를 나타내는 D가 정답이다.

[단어] ★**麦克风** màikèfēng [명] 마이크 | ★**节** jié [양] 교시를 세는 단위 | ★**嗓子** sǎngzi [명] 목(구멍) | ★**受不了** shòubuliǎo 참을 수 없다, 견딜 수 없다 | ★**肩膀** jiānbǎng [명] 어깨 | ★**胳膊** gēbo [명] 팔 | **酸痛** suāntòng [형] 시큰시큰 쑤시고 아프다 | ★**模糊** móhu [형] 모호하다, 분명하지 않다

8

女：小刘，你这两天怎么都走路来上班？ 男：我的车有个零件坏了，得从国外进口。修理店让我两个星期后去取车。 问：小刘的车怎么了？	여: 샤오리우, 당신은 요 며칠 어째서 걸어서 출근하러 오나요? 남: 제 차의 부품이 고장 났는데 외국에서 수입해야 해요. 수리점에서 저한테 2주 후에 차를 찾으라고 했어요. 질문: 샤오리우의 차는 어떻게 된 것인가?
A 被撞了　B 玻璃碎了 C 零件坏了　D 没汽油了	A 충돌했다　B 유리가 깨졌다 C 부품이 고장 났다　D 휘발유가 떨어졌다

[풀이] 보기로는 문제 유형을 정확히 알 수 없지만, 질문의 '**怎么了**'를 통해 사건형임을 알 수 있다. 남자가 차의 부품이 고장 났다고 말했으므로 정답은 C이다.

[단어] ★**零件** língjiàn [명] 부(속)품 | ★**进口** jìnkǒu [동] 수입하다 | ★**撞** zhuàng [동] 충돌하다, 부딪히다 | ★**玻璃** bōli [명] 유리 | ★**碎** suì [동] 깨지다, 부서지다 | ★**汽油** qìyóu [명] 휘발유

9

男：现在有一些关于机器人的报道太夸张了。 女：你指的是哪些？ 男：有一部分人认为人力最终会被机器人所代替，我觉得这太绝对了。 女：同意，机器人的智慧毕竟是有限的。 问：他们在谈论什么？	남: 지금 일부 로봇에 관한 보도는 너무 과장되었어. 여: 네가 지적하는 것은 어떤 것들이야? 남: 일부 사람들은 사람의 힘이 최후에는 로봇에 의해 대체될 거라고 생각하는데, 나는 이것이 너무 절대적이라고 생각해. 여: 동의해. 로봇의 지혜는 아무래도 한계가 있는 거야. 질문: 그들은 무엇을 논의하고 있는가?
A 机器人　B 个人前途 C 新闻报道　D 自然灾害	A 로봇　B 개인의 앞날 C 신문 보도　D 자연재해

[풀이] 보기로는 문제 유형을 정확히 알 수 없지만, 질문의 '**谈论什么**'를 통해 화제형임을 알 수 있다. 남자와 여자가 반복적으로 로봇을 언급하며 이야기하고 있으므로 정답은 A이다.

[단어] ★**机器** jīqì [명] 기계, 기기 | ★**报道** bàodào [명][동] 보도(하다) | ★**夸张** kuāzhāng [동] 과장(하여 말)하다 | ★**指** zhǐ [동] 지적하다, 가리키다 | ★**代替** dàitì [동] 대체하다, 대신하다 | ★**绝对** juéduì [형] 절대적이다 [부] 절대로, 반드시 | ★**智慧** zhìhuì [명] 지혜 | ★**毕竟** bìjìng [부] 아무래도, 그래도, 역시 | ★**前途** qiántú [명] 앞날, 전망 | ★**写作** xiězuò [동] 글을 짓다, 작문하다 | ★**灾害** zāihài [명] 재해

10

女：喂！听说你的车被撞了，你没事吧？ 男：没事，只是受了点儿惊吓。不过车需要修理一下。 女：幸亏人没事。事情处理完了吗？ 男：没有，我正在保险公司办理赔偿手续呢。 问：男的怎么了？	여: 여보세요! 당신 차가 부딪혔다고 하던데, 당신 괜찮은 거죠? 남: 괜찮은데, 단지 좀 놀랐을 뿐이에요. 하지만 차는 수리를 좀 해야 해요. 여: 사람이 괜찮아서 다행이에요. 일은 다 처리했어요? 남: 아뇨. 나는 보험회사에 보상 수속을 하고 있어요. 질문: 남자는 어떻게 된 건가?
A 受伤了　　B 车被撞了 C 没买保险　　D 不会修车	A 부상을 당했다　　B 차가 부딪혔다 C 보험에 들지 않았다　　D 차를 고칠 줄 모른다

풀이 보기로는 문제 유형을 정확히 알 수 없지만, 질문의 '**怎么了**'를 통해 사건형임을 알 수 있다. 여자가 남자의 차가 부딪혔다고 말했으므로 정답은 B이다.

단어 ★**撞** zhuàng ⓢ 부딪히다, 충돌하다 | **惊吓** jīngxià ⓜ 놀람 ⓢ 놀라다 | ★**幸亏** xìngkuī ⓑ 다행히, 운 좋게 | ★**处理** chǔlǐ ⓢ 처리하다, (문제를) 해결하다 | ★**保险** bǎoxiǎn ⓜ 보험 ⓗ 안전하다 | ★**办理** bànlǐ ⓢ 처리하다, (수속 등을) 하다 | ★**赔偿** péicháng ⓜⓢ 배상(하다), 변상(하다) | ★**手续** shǒuxù ⓜ 수속, 절차 | ★**受伤** shòushāng ⓢ 상처를 입다, 부상을 당하다

11

男：你这么喜欢这个相机，要不就买下吧。别犹豫了。 女：算了，太贵了，我舍不得。 男：你钱不够的话，我可以先借你。 女：还是下次打折的时候再买吧。 问：他们在谈论什么？	남: 너 이 사진기가 이렇게나 마음에 들면 그냥 사든지 해. 망설이지 마. 여: 됐어. 너무 비싸서 돈 쓰기 아까워. 남: 네가 돈이 부족하다면 내가 먼저 빌려줄 수 있어. 여: 그냥 다음 번에 할인할 때 사자. 질문: 그들은 무엇을 논의하고 있는가?
A 相机的重量　　B 要不要买相机 C 怎样讨价还价　　D 相机什么时候打折	A 카메라의 무게　　B 카메라를 사야 하나 말아야 하나 C 어떻게 흥정할까　　D 카메라는 언제 할인하나

풀이 보기로는 문제 유형을 정확히 알 수 없지만, 질문의 '**谈论什么**'를 통해 화제형임을 알 수 있다. 남자는 그냥 카메라를 사라고 하고 있고, 여자는 너무 비싸서 할인할 때 사려고 하는 것으로 보아 카메라 구입에 대해 이야기를 나누고 있음을 알 수 있다. 따라서 정답은 B이다.

단어 ★**要不** yàobù ⓙ 아니면, 그렇지 않으면 | ★**犹豫** yóuyù ⓢ 주저하다, 망설이다 | ★**舍不得** shěbude 아깝다, 아쉽다, 섭섭하다 | ★**打折** dǎzhé ⓢ 할인하다, 세일하다 | ★**重量** zhòngliàng ⓜ 무게, 중량 | ★**讨价还价** tǎojià huánjià 흥정하다

12

女：你拿到教师资格证了吗？ 男：没有，面试没通过。 女：那你得抓紧时间了，笔试成绩的有效期只有两年。 男：是啊，我争取下次通过。 问：男的怎么了？	여: 당신 교사자격증을 땄나요? 남: 아뇨. 면접 시험을 통과하지 못했어요. 여: 그럼 당신 서둘러야 돼요. 필기 시험 성적의 유효기간이 겨우 2년이에요. 남: 네. 다음 번에는 통과하기 위해 노력해야죠. 질문: 남자는 어떻게 된 것인가?
A 笔试不及格 B 要重新参加笔试 C 没收到面试通知 D 没拿到教师资格证	A 필기 시험에 불합격했다 B 다시 필기 시험에 참가해야 한다 C 면접 시험 통지를 받지 못했다 D 교사자격증을 따지 못했다

[풀이] 보기로는 문제 유형을 정확히 알 수 없지만, 질문의 '**怎么了**'를 통해 사건형임을 알 수 있다. 여자의 교사자격증을 땄냐는 질문에 남자가 아니라고 말했으므로 정답은 D이다.

[단어] ★**资格** zīgé [명] 자격 | **面试** miànshì [명] 면접 시험 | ★**抓紧** zhuājǐn [동] 다잡다, 다그치다 | **笔试** bǐshì [명] 필기 시험 | ★**争取** zhēngqǔ [동] (1)~을 실현하기 위해 노력하다 (2)쟁취하다 | ★**及格** jígé [동] 합격하다 | ★**重新** chóngxīn [부] 다시, 새로

듣기 Chapter 07 원인

+ 본서 73~74쪽

정답

Track 28	1 D	2 C	3 A	4 A	5 C	6 D	7 C	8 B
Track 29	9 C	10 B	11 B	12 C				

1

男：你怎么一直打喷嚏？感冒了吗？ 女：应该是昨晚没盖好被子，着凉了。 问：女的为什么会着凉？	남: 당신 어째서 계속 재채기를 해요? 감기 걸렸어요? 여: 어젯밤에 이불을 잘 덮지 않아 감기에 걸렸을 거예요. 질문: 여자는 왜 감기에 걸렸을까?
A 衣服太薄了　B 饮食不规律 C 睡得太晚了　D 没盖好被子	A 옷이 너무 얇다　B 음식이 규칙적이지 않다 C 잠을 너무 늦게 잤다　D 이불을 잘 덮지 않았다

[풀이] 보기로는 문제 유형을 정확히 알 수 없지만, 질문의 '**为什么**'를 통해 원인형임을 알 수 있다. 여자가 이불을 잘 덮지 않았다고 직접 말했으므로 정답은 D이다.

단어 ★**打喷嚏** dǎ pēntì 재채기를 하다 | ★**盖** gài 명 덮개, 뚜껑 동 덮다, 씌우다 | ★**被子** bèizi 명 이불 | ★**着凉** zháoliáng 동 감기에 걸리다 | ★**薄** báo 형 얇다 | **饮食** yǐnshí 명 음식 | ★**规律** guīlǜ 명 규칙, 규율 형 규칙적이다

2

女：我的电脑是不是中病毒了？怎么这么慢？ 男：没有，就是垃圾文件太多了。 问：为什么电脑速度很慢？	여: 내 컴퓨터가 바이러스에 걸린 거 아닐까? 어째서 이렇게 느린 거야? 남: 아니야. 스팸 파일이 너무 많은 것뿐이야. 질문: 왜 컴퓨터 속도가 느린가?
A 中了病毒　　B 系统太老 C 垃圾文件多　　D 装了很多软件	A 바이러스에 걸렸다　　B 시스템이 너무 오래됐다 C 스팸 파일이 많다　　D 많은 소프트웨어를 설치했다

풀이 보기로는 문제 유형을 정확히 알 수 없지만, 질문의 '**为什么**'를 통해 원인형임을 알 수 있다. 여자가 자신의 컴퓨터가 바이러스에 걸린 것이 아닌지 묻자 이에 남자가 스팸 파일이 너무 많다고 직접 말했으므로 정답은 C이다.

단어 **中** zhòng 동 걸리다, 당하다, 받다 | ★**病毒** bìngdú 명 바이러스 | **中病毒** zhòng bìngdú 바이러스에 걸리다 | ★**文件** wénjiàn 명 문서, 서류, 파일 | ★**速度** sùdù 명 속도 | ★**系统** xìtǒng 명 시스템, 체계 형 체계적이다 | ★**装** zhuāng 동 설치하다, 조립하다 | ★**软件** ruǎnjiàn 명 소프트웨어

3

男：都到海边了，不游泳多可惜啊！ 女：哎！都怪我忘了带游泳衣。不过在岸边晒晒太阳也不错。 问：女的为什么不下海游泳？	남: 해변까지 왔는데 수영을 못하다니 너무 아쉽네! 여: 아이고! 모두 내가 수영복을 가져오는 걸 깜빡한 탓이지. 하지만 해안가에서 일광욕을 하는 것도 괜찮아. 질문: 여자는 왜 바다에 들어가 수영하지 않는가?
A 没带泳衣 B 不会游泳 C 觉得太晒了 D 这里禁止游泳	A 수영복을 가져오지 않았다 B 수영할 줄 모른다 C 햇볕이 너무 내리쬔다고 생각한다 D 이곳은 수영을 금지한다

풀이 보기로는 문제 유형을 정확히 알 수 없지만, 질문의 '**为什么**'를 통해 원인형임을 알 수 있다. 여자가 수영복을 가져오지 않았다고 직접 말했으므로 정답은 A이다.

단어 ★**可惜** kěxī 형 아쉽다, 아깝다 | ★**哎** āi 감탄 아이고, 아이(의외, 불만 등의 어감을 나타냄) | **怪** guài 동 책망하다, 원망하다 | ★**岸** àn 명 해안, 물가, 기슭 | ★**晒** shài 동 햇볕을 쬐다, 햇볕에 말리다 | ★**禁止** jìnzhǐ 동 금지하다

4

女：我们不是有固定的合作伙伴吗？为什么要换？ 男：公司扩大了业务范围，需要实力更强的合作对象。 问：公司为什么要换合作伙伴？	여: 우리 고정된 협력 파트너가 있지 않나요? 왜 바꾸려고 하죠? 남: 회사가 업무 범위를 확대해서, 실력이 더 강한 협력 대상이 필요해요. 질문: 회사는 왜 협력 파트너를 바꾸려고 하는가?
A 业务需要　　B 合同到期了 C 想节省费用　　D 经营范围变小了	A 업무상의 필요　　B 계약 기간이 만료되었다 C 비용을 절약하고 싶다　　D 경영 범위가 작아졌다

[풀이] 보기로는 문제 유형을 정확히 알 수 없지만, 질문의 '为什么'를 통해 원인형임을 알 수 있다. 남자는 회사가 업무 범위를 확대해서, 실력이 더 강한 협력 대상이 필요하다고 말했으므로 정답은 A이다.

[단어] ★固定 gùdìng [형] 고정된 [동] 고정하다, 고정시키다 | ★合作 hézuò [명][동] 합작(하다), 협력(하다) | ★伙伴 huǒbàn [명] 짝, 동료, 동업자 | ★扩大 kuòdà [동] 확대하다, 넓히다 | ★业务 yèwù [명] 업무 | ★范围 fànwéi [명] 범위 | 实力 shílì [명] 실력 | ★对象 duìxiàng [명] 대상, 결혼 상대 | ★合同 hétong [명] 계약(서) | ★节省 jiéshěng [동] 절약하다, 아끼다 | 费用 fèiyòng [명] 비용 | ★经营 jīngyíng [동] 경영하다

5

男：你瘦了，整个人看起来也精神了许多。 女：是吗？看来我每天去健身房运动，还是有效果的。 问：女的为什么瘦了？	남: 너 살 빠졌네. 전체적으로도 많이 활기차 보여. 여: 그래? 보아하니 내가 매일 헬스장 가서 운동한 것이 그래도 효과가 있네. 질문: 여자는 왜 살이 빠졌는가?
A 胃口不好　　B 最近烦恼多 C 每天去健身　　D 经常打太极拳	A 입맛이 좋지 않다　　B 최근 고민이 많다 C 매일 헬스하러 간다　　D 자주 태극권을 한다

[풀이] 보기로는 문제 유형을 정확히 알 수 없지만, 질문의 '为什么'를 통해 원인형임을 알 수 있다. 여자가 매일 헬스장에 가서 운동한다고 말했으므로 정답은 C이다.

[단어] ★精神 jīngshen [명] 활력, 활기 [형] 활기차다, 생기발랄하다 | ★健身 jiànshēn [동] 헬스하다 | ★胃口 wèikǒu [명] 입맛, 식욕 | ★烦恼 fánnǎo [명][동] 고민(하다), 걱정(하다) | ★太极拳 tàijíquán [명] 태극권

6

女：你在那家公司干得不是挺好的吗？怎么辞职了？ 男：那儿虽然很稳定，但工作内容太单一，没什么挑战性。 问：男的辞职的原因是什么？	여: 너 그 회사에서 일을 꽤 잘하지 않았어? 어째서 사직한 거야? 남: 그곳은 비록 안정적이지만, 업무 내용이 너무 단일해서, 그다지 도전성이 없어. 질문: 남자가 사직한 원인은 무엇인가?

A 工资太低　　B 升职空间小 C 同事很难相处　　D 工作没有挑战性	A 월급이 너무 낮다　　B 승진 공간이 작다 C 동료가 함께 지내기 어렵다　　D 업무가 도전성이 없다

풀이 보기로는 문제 유형을 정확히 알 수 없지만, 질문의 '为什么'를 통해 원인형임을 알 수 있다. 업무가 그다지 도전성이 없다고 남자가 말했으므로 정답은 D이다.

단어 ★辞职 cízhí 동 사직하다 | ★稳定 wěndìng 형 안정적이다 동 안정시키다 | 单一 dānyī 형 단일하다 | ★挑战 tiǎozhàn 명동 도전(하다) | 升职 shēngzhí 동 승진하다 | ★空间 kōngjiān 명 공간 | ★相处 xiāngchǔ 동 함께 지내다, 함께 살다

7

男：真不好意思！我把咖啡洒在地毯上了。 女：没事。上面积了不少灰尘，我本来就打算洗呢。 问：男的为什么道歉？	남: 정말 미안해! 내가 커피를 카펫 위에 쏟았어. 여: 괜찮아. 위에 적지 않은 먼지가 쌓여서, 내가 원래 빨 계획이었어. 질문: 남자는 왜 사과하는가?
A 忘晒被子了　　B 没空儿做家务 C 把咖啡洒地毯上了　　D 把酱油弄衬衫上了	A 이불 말리는 것을 잊었다　B 집안일 할 틈이 없다 C 커피를 카펫 위에 쏟았다　D 간장을 셔츠 위에 쏟았다

풀이 보기로는 문제 유형을 정확히 알 수 없지만, 질문의 '为什么'를 통해 원인형임을 알 수 있다. 남자가 커피를 카펫에 쏟았다고 말했으므로 정답은 C이다.

단어 ★洒 sǎ 동 (물을) 엎지르다, 뿌리다 | ★地毯 dìtǎn 명 카펫 | 积 jī 동 쌓다, 쌓이다 | ★灰尘 huīchén 명 먼지 | ★道歉 dàoqiàn 동 사과하다 | ★晒 shài 동 햇볕을 쬐다, 햇볕에 말리다 | ★被子 bèizi 명 이불 | 空儿 kòngr 명 틈, 짬, 겨를 | ★家务 jiāwù 명 집안일, 가사 | ★酱油 jiàngyóu 명 간장

8

女：这个项目投资风险很大，我不赞成你冒险。 男：可是一旦成功，收益也很大。我想试一下。 问：女的为什么不赞成男的投资？	여: 이 프로젝트는 투자 리스크가 커서, 나는 당신이 모험하는 것을 찬성하지 않아요. 남: 그러나 일단 성공하면 수익이 커요. 나는 시도해 보고 싶어요. 질문: 여자는 왜 남자의 투자를 찬성하지 않는가?
A 收益太低　　B 风险太大 C 项目手续不全　　D 缺乏投资经验	A 수익이 너무 낮다　　B 리스크가 너무 크다 C 프로젝트 수속이 완전하지 않다 D 투자 경험이 부족하다

풀이 보기로는 문제 유형을 정확히 알 수 없지만, 질문의 '为什么'를 통해 원인형임을 알 수 있다. 여자가 투자 리스크가 크다고 말했으므로 정답은 B이다.

단어 ★项目 xiàngmù ⓜ 항목, 사항, 프로젝트 | ★投资 tóuzī ⓜⓓ 투자(하다) | ★风险 fēngxiǎn ⓜ 위험(성), 리스크 | ★赞成 zànchéng ⓜⓓ 찬성(하다) | ★冒险 màoxiǎn ⓓ 모험하다 | ★一旦 yídàn ⓑ 일단 | ★成功 chénggōng ⓜⓓ 성공(하다) | 收益 shōuyì ⓜ 수익 | ★手续 shǒuxù ⓜ 수속 | ★缺乏 quēfá ⓓ 부족하다, 모자라다

9

男：小谢，你有林教授讲座的录音吗？ 女：有，不过在我电脑里。你着急用吗？ 男：不急。讲座内容正好和我的毕业论文相关，所以我想听听。 女：好的，我晚上回宿舍就发给你。 问：男的为什么想听那个录音？	남: 샤오씨에, 너 린 교수님 강좌의 녹음 있니? 여: 있어. 그런데 내 컴퓨터에 있어. 너 급하게 사용해야 해? 남: 급하지 않아. 강좌 내용이 마침 내 졸업 논문과 관련이 있어서, 그래서 나는 좀 듣고 싶어. 여: 좋아. 내가 저녁에 기숙사에 돌아가면 너에게 보내 줄게. 질문: 남자는 왜 그 녹음을 듣고 싶어 하는가?
A 想学习演讲 B 讲座主题很新鲜 C 和毕业论文有关 D 为了通过毕业考试	A 강연하는 것을 배우고 싶다 B 강좌 주제가 신선하다 C 졸업 논문과 관계가 있다 D 졸업 시험을 통과하기 위해서

풀이 보기로는 문제 유형을 정확히 알 수 없지만, 질문의 '**为什么**'를 통해 원인형임을 알 수 있다. 남자가 자신의 졸업 논문과 관련이 있다고 말했으므로 정답은 C이다.

단어 ★讲座 jiǎngzuò ⓜ 강좌 | ★录音 lùyīn ⓜⓓ 녹음(하다) | ★正好 zhènghǎo ⓑ 마침, 공교롭게도 | ★论文 lùnwén ⓜ 논문 | ★相关 xiāngguān ⓓ 관련되다 | ★演讲 yǎnjiǎng ⓜⓓ 강연(하다), 연설(하다) | ★主题 zhǔtí ⓜ 주제

10

女：你好！我上午打电话预订了餐位，我姓白。 男：白小姐，您好！请问，有什么可以帮您的？ 女：很抱歉，我临时有事，晚上不能过去用餐了。 男：没关系。那我帮您取消预订，欢迎您下次光临。 问：女的为什么打电话？	여: 안녕하세요! 제가 오전에 전화를 해서 식사 자리를 예약했었는데요. 제 성은 바이입니다. 남: 바이 고객님, 안녕하세요! 실례지만 무엇을 도와드릴까요? 여: 죄송합니다. 제가 갑자기 일이 생겨서, 저녁에 식사를 하러 갈 수 없게 되었네요. 남: 괜찮습니다. 그럼 제가 당신을 위해 예약을 취소하겠습니다. 다음 번에 방문해 주세요. 질문: 여자는 왜 전화했는가?
A 咨询菜价　　B 想取消预订 C 要提前用餐　　D 询问餐厅位置	A 요리 가격을 문의하다　　B 예약을 취소하고 싶다 C 앞당겨 식사를 하려고 한다　　D 식당 위치를 묻다

풀이 보기로는 문제 유형을 정확히 알 수 없지만, 질문의 '**为什么**'를 통해 원인형임을 알 수 있다. 여자가 일이 생겨서 저녁에 식사를 하러 갈 수 없게 되었다고 하자 남자가 예약을 취소하겠다고 말한 것으로 보아 B가 정답임을 알 수 있다.

단어 ★**预订** yùdìng 명동 예약(하다) | **餐位** cānwèi 명 식사 자리 | ★**抱歉** bàoqiàn 형 미안해하다 | ★**临时** línshí 동 그때가 되다, 때에 이르다 형 임시의 | **用餐** yòngcān 동 식사를 하다 | ★**取消** qǔxiāo 동 취소하다 | ★**光临** guānglín 동 왕림하다 | ★**咨询** zīxún 동 자문하다, 문의하다, 상의하다 | ★**询问** xúnwèn 동 묻다, 문의하다 | ★**餐厅** cāntīng 명 식당 | ★**位置** wèizhi 명 위치, 지위

11

男：是什么促使您开始创作儿童故事的？ 女：因为我女儿喜欢，她希望有一个属于自己的故事。 男：您在创作过程中有什么困难吗？ 女：还可以，幼儿教师的身份让我对小朋友们很熟悉。 问：女的为什么要创作那个故事？	남: 무엇이 당신으로 하여금 아동 이야기 창작을 시작하게 했나요? 여: 제 딸이 좋아하기 때문이에요. 그녀는 자신이 속하는 이야기가 있기를 희망해요. 남: 당신은 창작 과정에서 어떤 어려움이 있나요? 여: 그런대로 괜찮습니다. 보육 교사의 신분은 제가 아이들에 대해 잘 알게 해주었습니다. 질문: 여자는 왜 그 이야기를 창작하려고 하는가?
A 读者再三请求　　B 满足女儿愿望 C 学校安排的任务　　D 收到了出版社的邀请	A 독자가 여러 번 부탁했다　B 딸의 희망을 만족시킨다 C 학교가 배치한 임무　　D 출판사의 요청을 받았다

풀이 보기로는 문제 유형을 정확히 알 수 없지만, 질문의 '**为什么**'를 통해 원인형임을 알 수 있다. 여자가 딸이 자신의 이야기를 희망한다고 말한 것으로 보아 정답이 B임을 유추할 수 있다.

단어 ★**促使** cùshǐ 동 ~하도록 (재촉)하다 | **创作** chàngzuò 동 (문예 작품을) 창작하다 | ★**儿童** értóng 명 어린이, 아동 | ★**属于** shǔyú 동 ~에 속하다 | **幼儿** yòu'ér 명 유아 | ★**身份** shēnfen 명 신분 | ★**再三** zàisān 부 여러 번, 재삼 | ★**请求** qǐngqiú 명동 부탁(하다) | ★**满足** mǎnzú 형 만족하다 동 만족시키다 | ★**愿望** yuànwàng 명 바람, 희망 | ★**任务** rènwù 명 임무 | ★**出版** chūbǎn 명동 출판(하다) | ★**邀请** yāoqǐng 명동 초청(하다), 요청(하다)

12

女：我刚去了趟超市，发现这儿的桃子真贵。 男：那些水果都是从外地运来的，运费高。 女：对。我的家乡山上到处都是桃树，所以我们那儿的桃子很便宜。 男：是吗？你的老家在哪儿？ 问：超市的桃子为什么很贵？	여: 내가 막 슈퍼마켓에 갔다 왔는데, 그곳의 복숭아가 정말 비싸다는 걸 발견했어요. 남: 그 과일들은 모두 타지에서 운반해 온 것이라, 운송비가 비싸요. 여: 맞아요. 우리 고향의 산은 도처가 복숭아 나무여서 그곳의 복숭아는 저렴해요. 남: 그래요? 당신의 고향은 어디예요? 질문: 슈퍼마켓의 복숭아는 왜 비싼가?
A 口味独特 B 营养丰富 C 是从外地运来的 D 当地经济比较发达	A 맛이 독특하다 B 영양이 풍부하다 C 타지에서 운반해 온 것이다 D 그 지역 경제가 비교적 발달했다

풀이 보기로는 문제 유형을 정확히 알 수 없지만, 질문의 '**为什么**'를 통해 원인형임을 알 수 있다. 남자가 타지에서 운반해 와서 운송비가 비싸다고 말했으므로 정답은 C이다.

단어 ★**趟** tàng ⓔ (왕복 동작의) 차례, 번 | ★**桃** táo ⓜ 복숭아 | **运** yùn ⓓ 운반하다, 운송하다 | ★**家乡** jiāxiāng ⓜ 고향 | ★**口味** kǒuwèi ⓜ 맛 | ★**独特** dútè ⓗ 독특하다 | ★**营养** yíngyǎng ⓜ 영양 | ★**当地** dāngdì ⓜ 그 지방, 현지 | ★**经济** jīngjì ⓜ 경제 | ★**发达** fādá ⓗ 발달하다

듣기 Chapter 08 판단

+ 본서 80~81쪽

정답

Track 32	1 C	2 C	3 D	4 B	5 C	6 D	7 B	8 C
Track 33	9 B	10 A	11 D	12 B				

1

男：现在人民币兑欧元的汇率很低，我们先别兑换了。 女：行。我这儿还有三千人民币，应该够了。 问：根据对话，下列哪项正确？	남: 지금 위안화를 유로화로 바꾸는 환율이 낮으니까, 우리 우선 환전하지 말자. 여: 그래. 나에게 아직 3000위안이 있으니까, 충분할 거야. 질문: 대화에 근거하여, 다음 중 옳은 것은 무엇인가?
A 现在汇率不稳定 B 他们打算买黄金 C 女的有3000人民币 D 男的资金出现了问题	A 지금 환율이 안정적이지 않다 B 그들은 황금을 살 계획이다 C 여자는 3000위안이 있다 D 남자의 자금에 문제가 생겼다

풀이 보기로는 문제 유형을 정확히 알 수 없지만, 질문의 '**哪项正确**'를 통해 판단형임을 알 수 있다. 보기에 이미 주어가 있으므로 남녀 혹은 환율에 관한 내용을 잘 구분하며 들어야 한다. 여자가 3000위안이 있다고 말했으므로 정답은 C이다.

단어 **欧元** Ōuyuán ⓜ 유로화 | ★**汇率** huìlǜ ⓜ 환율 | ★**兑换** duìhuàn ⓓ 현금과 바꾸다, 화폐로 교환하다 | ★**稳定** wěndìng ⓗ 안정적이다 ⓓ 안정시키다 | ★**黄金** huángjīn ⓜ 황금 | ★**资金** zījīn ⓜ 자금

2

女：主任，您好！白经理派我来配合您的工作。 男：你来得真及时。我同时在做好几个项目，正忙得不得了呢。 问：根据对话，下列哪项正确？	여: 주임님, 안녕하세요! 바이 사장님께서 저를 보내 주임님 일을 협조하라고 하셨습니다. 남: 당신 정말 때맞춰 왔네요. 제가 동시에 여러 개의 프로젝트를 하고 있어서, 마침 매우 바빴거든요. 질문: 대화에 근거하여, 다음 중 옳은 것은 무엇인가?

A 女的是总裁　B 公司在招秘书 C 男的最近很忙　D 男的不熟悉业务	A 여자는 총재이다　B 회사는 비서를 모집하고 있다 C 남자는 요즘 바쁘다　D 남자는 업무에 익숙하지 않다

풀이 보기로는 문제 유형을 정확히 알 수 없지만, 질문의 '**哪项正确**'를 통해 판단형임을 알 수 있다. 보기에 이미 주어가 있으므로 남녀 혹은 회사에 관한 내용을 잘 구분하며 들어야 한다. 남자가 마침 매우 바빴다고 말했으므로 정답은 C이다.

단어 ★**主任** zhǔrèn ⓜ 주임 | ★**配合** pèihé ⓜⓓ 협동(하다), 협력(하다) | ★**及时** jíshí ⓜ 때맞다, 시기적절하다 ⓟ 즉시 | ★**项目** xiàngmù ⓜ 프로젝트, 항목, 사항 | ★**不得了** bùdéliǎo ⓜ 매우 심하다 | ★**总裁** zǒngcái ⓜ (그룹이나 정당의) 총재 | ★**招(聘)** zhāo(pìn) ⓓ 모집하다 | ★**秘书** mìshū ⓜ 비서 | ★**业务** yèwù ⓜ 업무

3

男：你们图书馆真特别，外面墙上长了这么多绿色植物。 女：图书馆是我们学校的标志性建筑。要不要在这儿拍个照？ 问：关于图书馆，下列哪项正确？	남: 너희 도서관은 정말 특별해. 바깥 벽에 이렇게 많은 녹색 식물들이 자랐네. 여: 도서관은 우리 학교의 상징적 건축물이야. 여기서 사진 한 장 찍을래? 질문: 도서관에 관해, 다음 중 옳은 것은 무엇인가?
A 不允许拍照 B 有10万册图书 C 是一个绿色建筑 D 墙上有很多植物	A 사진 찍는 것을 허락하지 않는다 B 10만 권의 도서가 있다 C 하나의 녹색 건축물이다 D 벽에 많은 식물들이 있다

풀이 보기로는 문제 유형을 정확히 알 수 없지만, 질문의 '**哪项正确**'를 통해 판단형임을 알 수 있다. 보기에 주어가 없으므로 문제에서 질문의 대상을 잘 들어야 한다. 남자가 도서관 바깥 벽에 많은 녹색 식물이 자랐다고 말했으므로 정답은 D이다.

단어 ★**墙** qiáng ⓜ 벽, 담 | ★**植物** zhíwù ⓜ 식물 | ★**标志** biāozhì ⓜ 상징, 표지, 지표 | ★**建筑** jiànzhù ⓜ 건축(물) | ★**拍** pāi ⓓ (사진을) 찍다, 촬영하다 | ★**允许** yǔnxǔ ⓓ 허락하다, 허가하다 | ★**册** cè ⓜ 책 ⓛ 책, 권(책을 세는 단위)

4

女：师傅，能再快点儿吗？我赶时间。 男：前面堵得厉害，要不你下车去坐地铁，说不定会更快。 问：根据对话，下列哪项正确？	여: 기사님, 좀 더 빨리 가실 수 있나요? 제가 시간이 촉박해서요. 남: 앞쪽에 차가 심하게 막혀요. 아니면 내려서 지하철을 타고 가면 아마 더 빠를 거예요. 질문: 대화에 근거하여, 다음 중 옳은 것은 무엇인가?
A 地铁里很拥挤 B 前方堵车严重 C 司机改变了路线 D 女的在购买车票	A 지하철 안이 혼잡하다 B 앞쪽에 교통 체증이 심하다 C 운전 기사가 노선을 바꿨다 D 여자는 차표를 사고 있다

풀이 보기로는 문제 유형을 정확히 알 수 없지만, 질문의 '**哪项正确**'를 통해 판단형임을 알 수 있다. 보기에 이미 주어가 있으므로 여자 혹은 기사와 지하철에 관한 내용을 잘 구분하며 들어야 한다. 기사가 앞쪽에 차가 심하게 막힌다고 말했으므로 정답은 B이다.

단어 ★**厉害** lìhai ⓗ 대단하다, 굉장하다, 심하다 | ★**要不** yàobù ⓙ 아니면, 그렇지 않으면 | ★**说不定** shuōbudìng 아마 ~일 것이다 | ★**拥挤** yōngjǐ ⓗ 혼잡하다, 붐비다 | ★**堵车** dǔchē ⓜ 교통 체증 ⓓ 차가 막히다 | ★**严重** yánzhòng ⓗ 심각하다

5

男：我怎么觉得我爸退休后待在家里的时间反而更少了？ 女：他呀！现在迷上了钓鱼，河边才是他的家呢。 问：关于爸爸，下列哪项正确？	남: 저는 어째서 우리 아빠가 퇴직한 후 집에 머무르는 시간이 오히려 더 적어졌다고 느껴지죠? 여: 아빠는 말이야! 지금 낚시에 빠져서, 강가가 그의 집인걸. 질문: 아빠에 관해, 다음 중 옳은 것은 무엇인가?
A 非常好客　　B 住在河边 C 喜爱钓鱼　　D 天天待在家里	A 손님 접대를 매우 좋아한다　B 강가에 산다 C 낚시하기를 좋아한다　D 매일 집에 머무른다

풀이 보기로는 문제 유형을 정확히 알 수 없지만, 질문의 '**哪项正确**'를 통해 판단형임을 알 수 있다. 보기에 주어가 없으므로 문제에서 질문의 대상을 잘 들어야 한다. 아빠에 대해 여자는 낚시에 빠졌다고 말했으므로 정답은 C이다.

단어 ★**退休** tuìxiū ⓓ 퇴직하다 | **待** dāi ⓓ 머물다 | ★**反而** fǎn'ér ⓑ 오히려 | **迷** mí ⓓ 빠지다, 심취하다 | ★**钓** diào ⓓ 낚시하다 | ★**好客** hàokè ⓗ 손님 접대를 좋아하다

6

女：老马，听说你的新书要出版了，现在怎么样了？ 男：还算顺利。稿子有几处还需修改，修改完就可以印刷了。 问：关于老马的新书，下列哪项正确？	여: 라오마, 듣기로 당신의 새 책이 곧 출판될 거라고 하던데, 지금 어때요? 남: 순조로운 편이에요. 원고의 몇 곳은 아직 수정을 해야 해서, 수정이 끝나면 바로 인쇄할 수 있어요. 질문: 라오마의 새 책에 관해, 다음 중 옳은 것은 무엇인가?
A 正在印刷 B 写了一半 C 已出版上市 D 还在修改稿子	A 인쇄하고 있는 중이다 B 절반을 썼다 C 이미 출판해서 출시되었다 D 아직 원고를 수정하고 있다

풀이 보기로는 문제 유형을 정확히 알 수 없지만, 질문의 '**哪项正确**'를 통해 판단형임을 알 수 있다. 보기에 주어가 없으므로 문제에서 질문의 대상을 잘 들어야 한다. 남자, 즉 라오마가 원고의 몇 곳을 수정해야 한다고 말했으므로 정답은 D임을 유추할 수 있다.

단어 ★**出版** chūbǎn ⓜⓓ 출판(하다) | ★**顺利** shùnlì ⓗ 순조롭다 | **稿子** gǎozi ⓜ 원고 | ★**修改** xiūgǎi ⓓ 수정하다, 고치다 | ★**印刷** yìnshuā ⓜⓓ 인쇄(하다) | **上市** shàngshì ⓓ 출시되다, 시장에 나오다

7

男：国庆节期间好几家购物网站的优惠力度都很大，有的还满299减100。 女：正好我家的肥皂、洗发水这些日用品快用完了，我要趁这个机会多买点儿。 问：根据对话，下列哪项正确？	남: 국경절 기간에 많은 쇼핑몰 사이트의 할인 혜택이 커요. 어떤 곳은 299위안을 채우면 100위안을 깎아 줘요. 여: 마침 우리 집 비누와 샴푸 같은 이런 생활용품이 다 떨어져 가서, 저는 이참에 좀 많이 사야겠어요. 질문: 대화에 근거하여, 다음 중 옳은 것은 무엇인가?
A 他们在超市 B 国庆节优惠多 C 男的不赞同购买 D 女的要买电子产品	A 그들은 슈퍼마켓에 있다 B 국경절에 할인이 많다 C 남자는 구매를 찬성하지 않는다 D 여자는 전자제품을 사려고 한다

풀이 보기로는 문제 유형을 정확히 알 수 없지만, 질문의 '**哪项正确**'를 통해 판단형임을 알 수 있다. 보기에 이미 주어가 있으므로 남녀 혹은 국경절에 관한 내용을 잘 구분하며 들어야 한다. 남자가 국경절에 할인 혜택이 크다고 말했으므로 정답은 B이다.

단어 ★**期间** qījiān 명 기간 | ★**网站** wǎngzhàn 명 웹 사이트 | ★**优惠** yōuhuì 형 할인의, 특혜의 | ★**肥皂** féizào 명 비누 | **洗发水** xǐfàshuǐ 명 샴푸 | ★**日用品** rìyòngpǐn 명 일용품 | ★**趁** chèn 전 (때, 기회를) 이용해서, 틈타서 | **赞同** zàntóng 명동 찬성(하다), 동의(하다) | ★**产品** chǎnpǐn 명 제품

8

女：小林，你女朋友身材真好，打扮也很时尚。她是模特吗？ 男：不是。她是学服装设计的，接触新潮的东西比较多。 问：关于小林的女朋友，下列哪项正确？	여: 샤오린, 네 여자 친구는 몸매가 정말 좋고, 차림새도 세련됐어. 그녀는 모델이니? 남: 아니. 그녀는 의상 디자인을 배워서, 최신 유행의 것을 접할 일이 비교적 많아. 질문: 샤오린의 여자 친구에 관해, 다음 중 옳은 것은 무엇인가?
A 是模特 B 身材微胖 C 学服装设计 D 穿着很古典	A 모델이다 B 몸매가 조금 뚱뚱하다 C 의상 디자인을 배운다 D 옷차림이 고전적이다

풀이 보기로는 문제 유형을 정확히 알 수 없지만, 질문의 '**哪项正确**'를 통해 판단형임을 알 수 있다. 보기에 주어가 없으므로 문제에서 질문의 대상을 잘 들어야 한다. 남자가 여자 친구에 대해 의상 디자인을 배운다고 말했으므로 정답은 C이다.

단어 ★**身材** shēncái 명 몸매 | ★**打扮** dǎban 명 차림, 치장, 단장 동 꾸미다, 치장하다 | ★**时尚** shíshàng 명형 유행(에 맞다) | ★**模特** mótè 명 모델 | ★**服装** fúzhuāng 명 옷, 의류 | ★**设计** shèjì 명동 설계(하다), 디자인(하다) | ★**接触** jiēchù 동 접촉하다 | **新潮** xīncháo 명 최신 유행, 새로운 유행 | **穿着** chuānzhuó 명 옷차림 | ★**古典** gǔdiǎn 명 고전 형 고전적이다, 클래식하다

9

男：请问，我现在能使用会议室吗？ 女：抱歉。会议室是各个部门共用的，使用前需要预订。 男：要提前多久预订呢？ 女：至少三个小时，取消的话随时都可以。	남: 죄송합니다만, 제가 지금 회의실을 사용할 수 있을까요? 여: 죄송합니다. 회의실은 각 부서가 공동으로 사용하는 것이어서, 사용 전에 예약이 필요합니다. 남: 얼마나 미리 예약해야 하나요? 여: 적어도 3시간이고, 취소한다면 언제든지 가능합니다.
问：关于会议室的使用规定，下列哪项正确？	**질문: 회의실의 사용 규정에 관해, 다음 중 옳은 것은 무엇인가?**
A 可随时使用 B 需提前预订 C 周三不能用 D 不能临时取消	A 수시로 사용할 수 있다 B 미리 예약이 필요하다 C 수요일은 사용할 수 없다 D 시간이 임박하면 취소할 수 없다

풀이 보기로는 문제 유형을 정확히 알 수 없지만, 질문의 '**哪项正确**'를 통해 판단형임을 알 수 있다. 보기에 주어가 없으므로 문제에서 질문의 대상을 잘 들어야 한다. 여자가 회의실은 사용 전에 예약해야 한다고 말했으므로 정답은 B이다.

단어 ★**抱歉** bàoqiàn ⓗ 미안해하다 | ★**部门** bùmén ⓜ 부, 부서 | ★**预订** yùdìng ⓜⓓ 예약(하다) | ★**至少** zhìshǎo ⓑ 최소한, 적어도 | ★**取消** qǔxiāo ⓓ 취소하다 | ★**随时** suíshí ⓑ 수시로, 언제나, 아무 때나 | ★**规定** guīdìng ⓜⓓ 규정(하다) | ★**临时** línshí ⓓ 그때가 되다, 때에 이르다 ⓗ 임시의

10

女：你好！我挂皮肤科的专家号。 男：抱歉。周末下午没有专家坐诊。 女：那请帮我挂一个普通号吧。 男：好的，麻烦您把身份证给我一下。	여: 안녕하세요! 저는 피부과 전문의 접수를 하고 싶습니다. 남: 죄송합니다. 주말 오후에는 전문의 진료가 없습니다. 여: 그럼 일반 접수로 해 주세요. 남: 네. 죄송하지만 당신의 신분증을 저에게 좀 주세요.
问：根据对话，下列哪项正确？	**질문: 대화에 근거하여, 다음 중 옳은 것은 무엇인가?**
A 女的挂了普通号 B 女的没带身份证 C 男的皮肤过敏了 D 周末医院不营业	A 여자는 일반 접수를 했다 B 여자는 신분증을 안 가져왔다 C 남자의 피부는 알레르기가 있다 D 주말에 병원은 영업을 하지 않는다

풀이 보기로는 문제 유형을 정확히 알 수 없지만, 질문의 '**哪项正确**'를 통해 판단형임을 알 수 있다. 보기에 이미 주어가 있으므로 남녀 혹은 병원에 관한 내용을 잘 구분하며 들어야 한다. 여자가 일반 접수로 해달라고 말했으므로 정답은 A이다.

단어 ★**挂号** guàhào ⓓ (병원에서) 접수하다 | ★**皮肤** pífū ⓜ 피부 | **坐诊** zuòzhěn ⓓ (의사가) 진료하다 | **身份证** shēnfènzhèng ⓜ 신분증 | ★**过敏** guòmǐn ⓜⓗ 알레르기(가 있다) | ★**营业** yíngyè ⓜⓓ 영업(하다)

11

男：我上周去杭州旅游了，给你带了把扇子。 女：好漂亮啊！是纯手工制作的吧？ 男：对。你看，背面还有你最喜欢的那首诗呢。 女：真不错，我太喜欢了。谢谢你！ 问：关于那把扇子，下列哪项正确？	남: 내가 지난 주에 항저우에 여행을 갔는데, 너에게 줄 부채 하나를 가져왔어. 여: 정말 예쁘다! 수작업으로 제작한 거지? 남: 맞아. 봐, 뒷면에 네가 가장 좋아하는 그 시도 있어. 여: 정말 좋다. 나는 너무 마음에 들어. 고마워! 질문: 그 부채에 관해, 다음 중 옳은 것은 무엇인가?
A 极轻　　B 有香味 C 两面都有诗　　D 是手工制作的	A 아주 가볍다　　B 향기가 있다 C 양면에 모두 시가 있다　　D 수작업으로 제작한 것이다

풀이 보기로는 문제 유형을 정확히 알 수 없지만, 질문의 '**哪项正确**'를 통해 판단형임을 알 수 있다. 보기에 주어가 없으므로 문제에서 질문의 대상을 잘 들어야 한다. 여자가 수작업으로 제작했냐고 묻자 남자가 맞다고 대답했으므로 정답은 D이다.

단어 ★**扇子** shànzi ⓜ 부채 | ★**手工** shǒugōng ⓜ 수공 | ★**制作** zhìzuò ⓢ 제작하다, 제조하다 | **背面** bèimiàn ⓜ 뒷면 | ★**首** shǒu ⓛ 수(시를 세는 단위) | ★**诗** shī ⓜ 시 | **香味** xiāngwèi ⓜ 향기

12

女：下一场辩论赛的对手是哪个系的？ 男：物理系。上届比赛的第二名，实力很强。 女：他们的成绩如何？ 男：跟咱们一样，都是一胜一负。 问：关于下一场辩论赛的对手，下列哪项正确？	여: 다음번 토론대회의 상대는 어느 과야? 남: 물리학과. 지난번 대회의 2등으로 실력이 강해. 여: 그들의 성적은 어때? 남: 우리와 같아. 모두 1승 1패야. 질문: 다음 번 토론대회의 상대에 관해, 다음 중 옳은 것은 무엇인가?
A 已输两场　　B 实力很强 C 放弃了比赛　　D 是文学系的	A 이미 두 번 졌다　　B 실력이 강하다 C 대회를 포기했다　　D 문학과이다

풀이 보기로는 문제 유형을 정확히 알 수 없지만, 질문의 '**哪项正确**'를 통해 판단형임을 알 수 있다. 보기에 주어가 없으므로 문제에서 질문의 대상을 잘 들어야 한다. 남자가 상대팀의 실력이 강하다고 말했으므로 정답은 B이다.

단어 ★**辩论** biànlùn ⓜⓢ 토론(하다), 변론(하다) | ★**对手** duìshǒu ⓜ 상대, 적수 | ★**物理** wùlǐ ⓜ 물리(학) | ★**届** jiè ⓛ 회, 기, 차 | **实力** shílì ⓜ 실력 | **一胜一负** yíshèng yífù 1승 1패 | ★**输** shū ⓢ 지다, 패하다 | ★**文学** wénxué ⓜ 문학

듣기 **Chapter 09** **함의** + 본서 87~88쪽

정답

Track 36	1 B	2 D	3 C	4 A	5 B	6 A	7 D	8 A
Track 37	9 B	10 B	11 C	12 D				

1

男：这条路很窄，劳驾您再把车往旁边开一点儿，不然会妨碍交通。 女：真是抱歉，我这就把车开走。 问：根据对话，可以知道什么？	남: 이 길은 좁으니, 죄송하지만 당신은 차를 좀 더 옆쪽으로 운전해 주세요. 그렇지 않으면 교통에 방해가 될 수 있어요. 여: 정말 죄송합니다. 제가 바로 차를 운전해서 갈게요. 질문: 대화에 근거하여, 무엇을 알 수 있는가?
A 女的是警察　　B 那条路很窄 C 男的要交罚款　　D 两个人在吵架	A 여자는 경찰이다　　B 그 길은 좁다 C 남자는 벌금을 내야 한다　　D 두 사람은 다투고 있다

풀이 보기로는 문제 유형을 정확히 알 수 없지만, 질문의 '**可以知道什么**'를 통해 함의형임을 알 수 있다. 보기에 이미 주어가 있으므로 남녀 혹은 길에 관한 내용을 잘 구분하며 들어야 한다. 남자가 이 길이 좁다고 말했으므로 정답은 B이다.

단어 ★**窄** zhǎi ⓗ (폭이) 좁다 | ★**劳驾** láojià 죄송합니다, 미안합니다 | ★**不然** bùrán ⓙ 그렇지 않으면 | ★**妨碍** fáng'ài ⓓ 방해하다 | ★**抱歉** bàoqiàn ⓗ 미안해하다 | ★**警察** jǐngchá ⓜ 경찰 | ★**罚款** fákuǎn ⓜⓓ 벌금(을 내다, 부과하다) | ★**吵架** chǎojià ⓓ 다투다, 말다툼하다

2

女：已经投入了那么多的时间和精力，你打算就这么放弃吗？ 男：没办法，再继续下去只会给公司带来更多的损失。 问：男的是什么意思？	여: 이미 그렇게 많은 시간과 에너지를 쏟아 부었는데, 당신은 이렇게 포기할 생각인가요? 남: 방법이 없어요. 더 계속해나가면 회사에 더 많은 손실을 가져올 뿐이에요. 질문: 남자는 무슨 뜻인가?
A 向银行贷款　　B 很感激女的 C 要赔偿损失　　D 不得不放弃	A 은행에서 대출한다　　B 여자에게 매우 감사한다 C 손실을 배상해야 한다　　D 어쩔 수 없이 포기한다

풀이 보기로는 문제 유형을 정확히 알 수 없지만, 질문의 '**是什么意思**'를 통해 함의형임을 알 수 있다. 보기에 주어가 없으므로 문제에서 질문의 대상을 잘 들어야 한다. 남자가 회사의 손실 때문에 방법이 없다고 말한 것으로 보아, 남자의 뜻은 D임을 유추할 수 있다.

[단어] ★投入 tóurù [동] 투입하다, 넣다, 몰두하다 | ★精力 jīnglì [명] 에너지, 활력, 기운 | ★损失 sǔnshī [명] 손실, 손해 [동] 손해보다 | ★贷款 dàikuǎn [명] 대출금 [동] 대출하다 | ★感激 gǎnjī [동] 감사하다 | ★赔偿 péicháng [명][동] 배상(하다) | ★不得不 bùdébù [부] 어쩔 수 없이, 부득이하게

3

男：陈医生看起来比真实年龄小很多，一点儿也不像五十多岁的人。
女：是啊！他平常很注重锻炼，而且还请了一个私人健身教练。

问：关于陈医生，可以知道什么？

남: 천 의사 선생님은 실제 나이보다 훨씬 어려 보여서, 조금도 50세가 넘는 사람 같지 않아.
여: 그러게! 그는 평소 운동을 매우 중시하고, 게다가 개인 헬스 코치도 초빙했어.

질문: 천 의사 선생님에 관해, 무엇을 알 수 있는가?

A 受伤了　　B 正在做手术
C 显得比真实年龄小　　D 打算找个健身教练

A 부상을 당했다　B 지금 수술하고 있는 중이다
C 실제 나이보다 어려 보인다　D 헬스 코치를 찾을 계획이다

[풀이] 보기로는 문제 유형을 정확히 알 수 없지만, 질문의 '可以知道什么'를 통해 함의형임을 알 수 있다. 보기에 주어가 없으므로 문제에서 질문의 대상을 잘 들어야 한다. 남자가 천 의사 선생님은 보기에 실제 나이보다 훨씬 어려 보인다고 했으므로 정답은 C이다.

[단어] ★真实 zhēnshí [형] 진실하다 | ★年龄 niánlíng [명] 나이, 연령 | ★平常 píngcháng [명] 평소 [형] 평범하다, 보통이다 | 注重 zhùzhòng [동] 중시하다 | ★私人 sīrén [명] 개인 | ★健身 jiànshēn [동] 헬스하다 | ★教练 jiàoliàn [명] 감독, 코치 | ★受伤 shòushāng [동] 상처를 입다, 부상을 당하다 | ★手术 shǒushù [명] 수술 | ★显得 xiǎnde [동] ~하게 보이다

4

女：明天的讲座，咱们早点儿去，去晚了说不定又没位置了。
男：刚接到通知，孙教授临时出差，讲座改到下周三了。

问：关于讲座，可以知道什么？

여: 내일 강좌, 우리 좀 빨리 가자. 늦게 가면 아마 또 자리가 없을 거야.
남: 막 공지를 받았는데, 쑨 교수님께서 급작스럽게 출장을 가게 되셔서, 강좌는 다음 주 수요일로 바뀌었어.

질문: 강좌에 관해, 무엇을 알 수 있는가?

A 推迟了　　B 没空位了
C 媒体报道了　　D 延长了半小时

A 연기되었다　B 빈 자리가 없다
C 매체가 보도했다　D 30분 연장되었다

[풀이] 보기로는 문제 유형을 정확히 알 수 없지만, 질문의 '可以知道什么'를 통해 함의형임을 알 수 있다. 보기에 거의 주어가 없으므로 문제에서 질문의 대상을 잘 들어야 한다. 남자가 강좌의 시간이 다음 주 수요일로 바뀌었다고 말했으므로 정답은 A이다.

[단어] ★讲座 jiǎngzuò [명] 강좌 | ★说不定 shuōbudìng 아마 ~일 것이다 | ★位置 wèizhì [명] (1)위치 (2)지위 | ★临时 línshí [동] 그때가 되다, 때에 이르다 [형] 임시의 | ★推迟 tuīchí [동] 연기하다, 미루다 | ★媒体 méitǐ [명] 매체, 미디어 | ★报道 bàodào [명][동] 보도(하다) | ★延长 yáncháng [명][동] 연장(하다)

5

男：你们婚纱照拍得真棒，让人感觉很浪漫。 女：这多亏了我们的摄影师。他特别专业，很会教我们摆姿势。 问：女的是什么意思？	남: 당신들의 웨딩 사진은 정말 멋지게 찍어서, 사람들에게 로맨틱하다고 느끼게 해요. 여: 이건 우리 촬영 기사님 덕분이에요. 그는 매우 전문적이고, 우리가 포즈 잡는 것을 매우 잘 가르쳐 주었어요. 질문: 여자는 무슨 뜻인가?
A 背景选得好　　B 摄影师专业 C 不会摆姿势　　D 照片不清晰	A 배경을 잘 선택했다　　B 촬영 기사는 전문적이다 C 포즈를 잡을 줄 모른다　　D 사진이 또렷하지 않다

풀이 보기로는 문제 유형을 정확히 알 수 없지만, 질문의 '**是什么意思**'를 통해 함의형임을 알 수 있다. 보기에 공통적인 주어가 없으므로 문제에서 질문의 대상을 잘 들어야 한다. 여자가 직접 촬영 기사(그)가 전문적이라고 말했으므로 B가 정답이다.

단어 **婚纱照** hūnshāzhào 명 웨딩 사진 | ★**棒** bàng 형 멋지다, 뛰어나다, 훌륭하다 | ★**浪漫** làngmàn 형 로맨틱하다, 낭만적이다 | ★**多亏** duōkuī 동 덕분이다, 덕택이다 | ★**摄影** shèyǐng 명동 촬영(하다) | ★**专业** zhuānyè 명 전공 형 전문적인, 프로의 | ★**姿势** zīshì 명 자세 | ★**摆** bǎi 동 드러내다, 내보이다, 뽐내다, 놓다, 배치하다 | **摆姿势** bǎi zīshì 포즈를 잡다 | ★**背景** bèijǐng 명 배경 | **清晰** qīngxī 형 뚜렷하다, 분명하다

6

女：大夫，我最近经常熬夜，眼睛又干又痒。 男：这是眼睛太疲劳导致的。我给你开点儿眼药水吧，每天滴几滴。 问：关于女的，可以知道什么？	여: 의사 선생님, 제가 요즘 자주 밤을 새서 눈이 건조하고 가려워요. 남: 이것은 눈이 너무 피로해서 초래된 겁니다. 제가 당신에게 안약을 좀 처방해 드릴게요. 매일 몇 방울씩 떨어뜨리세요. 질문: 여자에 관해, 무엇을 알 수 있는가?
A 用眼过度　　B 需多喝水 C 手术很成功　　D 正在配眼镜	A 눈 사용이 과도하다　　B 물을 많이 마실 필요가 있다 C 수술이 성공적이다　　D 안경을 맞추고 있는 중이다

풀이 보기로는 문제 유형을 정확히 알 수 없지만, 질문의 '**可以知道什么**'를 통해 함의형임을 알 수 있다. 보기에 거의 주어가 없으므로 문제에서 질문의 대상을 잘 들어야 한다. 여자가 요즘 자주 밤을 새서 눈이 건조하고 가렵다고 하자, 이에 남자(의사)가 눈이 피로해서 그렇다고 했으므로 A가 정답임을 유추할 수 있다.

단어 ★**熬夜** áo'yè 동 밤을 새다 | ★**痒** yǎng 형 가렵다 | ★**疲劳** píláo 형 피로하다 | ★**导致** dǎozhì 동 초래하다, 야기하다 | **眼药水** yǎnyàoshuǐ 안약 | ★**滴** dī 명양 방울 동 한 방울씩 떨어뜨리다 | **过度** guòdù 형 과도하다, 지나치다 | **配眼镜** pèi yǎnjìng 안경을 맞추다

7

男：小红，来陪外公下两盘象棋怎么样？ 女：好啊！不过下象棋我可不是您的对手，您得让着我点儿。 问：女的是什么意思？	남: 샤오훙, 와서 외할아버지와 장기 몇 판 두는 거 어떠니? 여: 좋아요! 하지만 장기 두는 것은 제가 할아버지 상대가 안 되니까, 할아버지가 저에게 좀 양보해 주셔야 해요. 질문: 여자는 무슨 뜻인가?
A 只能下一盘 B 外公很谦虚 C 不想陪外公下象棋 D 象棋水平不如外公	A 한 판만 둘 수 있다 B 외할아버지는 겸손하다 C 외할아버지와 장기를 두고 싶지 않다 D 장기 수준이 외할아버지만 못하다

풀이 보기로는 문제 유형을 정확히 알 수 없지만, 질문의 '**是什么意思**'를 통해 함의형임을 알 수 있다. 보기에 공통된 주어가 없으므로 문제에서 질문의 대상을 잘 들어야 한다. 여자(손녀)가 자신이 장기는 할아버지의 상대가 안 된다고 한 것으로 보아 여자의 뜻이 D임을 유추할 수 있다.

단어 ★**陪** péi 동 모시다, 동반하다, 수행하다 | ★**外公** wàigōng 명 외할아버지 | ★**象棋** xiàngqí 명 장기 | ★**对手** duìshǒu 명 상대, 적수 | ★**谦虚** qiānxū 형 겸손하다 | ★**不如** bùrú 동 ~만 못하다

8

女：真不好意思。昨天家里临时有事，没能去参加聚会。 男：没关系。事情都处理好了吗？哪天你有空儿我们再约。 问：关于女的，可以知道什么？	여: 정말 미안해. 어제 집에 잠시 일이 있어서, 모임에 참가하지 못했어. 남: 괜찮아. 일은 모두 다 처리한 거야? 언제 너 시간되면 우리 다시 약속하자. 질문: 여자에 관해, 무엇을 알 수 있는가?
A 没参加聚会 B 临时要加班 C 忘了约会地点 D 家里来客人了	A 모임에 참가하지 않았다 B 잠시 추가 근무를 해야 했다 C 약속 장소를 잊어버렸다 D 집에 손님이 왔다

풀이 보기로는 문제 유형을 정확히 알 수 없지만, 질문의 '**可以知道什么**'를 통해 함의형임을 알 수 있다. 보기에 대부분 주어가 없으므로 문제에서 질문의 대상을 잘 들어야 한다. 여자가 어제 집에 잠시 일이 있어서 모임에 참가하지 못했다고 말했으므로 정답은 A이다.

단어 ★**聚会** jùhuì 명 모임 동 모이다 | ★**处理** chǔlǐ 동 처리하다

9

男：九点的时候记得提醒我看体育频道。 女：难道有重要比赛？ 男：对，今晚有网球男子双打决赛。 女：那一定很激烈。我到时和你一起看。 问：女的是什么意思？	남: 9시에 나한테 체육 채널 보라고 알려줘요. 여: 중요한 경기라도 있는 거예요? 남: 맞아요. 오늘 밤에 테니스 남자 복식 결승전이 있어요. 여: 그럼 분명 치열하겠네요. 나도 그때 가서 당신과 함께 볼게요. 질문: 여자는 무슨 뜻인가?
A 晚上要聚餐　　B 想一起看决赛 C 遥控器不见了　　D 纪录片很无聊	A 저녁에 회식을 해야 한다　B 함께 결승전을 보고 싶다 C 리모컨이 보이지 않는다　D 다큐멘터리는 지루하다

풀이 보기로는 문제 유형을 정확히 알 수 없지만, 질문의 '**是什么意思**'를 통해 함의형임을 알 수 있다. 보기에 공통적인 주어가 없으므로 문제에서 질문의 대상을 잘 들어야 한다. 남자가 오늘 밤에 테니스 남자 복식 결승전이 있다고 하자 여자가 함께 보겠다고 말했으므로, 정답은 B이다.

단어 ★**频道** píndào 명 채널 | ★**难道** nándào 부 설마 ~이겠는가, 그래 ~란 말인가 | ★**网球** wǎngqiú 명 테니스 | ★**决赛** juésài 명 결승전 | ★**激烈** jīliè 형 치열하다, 격렬하다 | **聚餐** jùcān 명동 회식(하다) | **遥控器** yáokòngqì 명 리모컨 | **纪录片** jìlùpiàn 명 다큐멘터리 | ★**无聊** wúliáo 형 지루하다, 무료하다, 따분하다

10

女：这次大赛的开幕式在招志愿者，你报名吗？ 男：志愿者的工作都包含哪些内容？ 女：我咨询过了，主要是迎接嘉宾，而且录取后还有岗前培训。 男：听起来倒也不复杂，我想试一下。 问：男的是什么意思？	여: 이번 대회의 개막식 자원봉사자를 모집하고 있던데, 너는 지원할 거야? 남: 자원봉사자의 업무는 모두 어떤 내용들을 포함해? 여: 내가 문의해 봤는데, 주로 내빈을 맞이하고, 게다가 합격한 후 업무 전 교육이 있어. 남: 들어 보니 별로 복잡하지도 않네. 나는 한번 시도해 보고 싶어. 질문: 남자는 무슨 뜻인가?
A 已经被录取了 B 报名当志愿者 C 不想参加培训 D 步骤太复杂了	A 이미 합격했다 B 자원봉사자가 되겠다고 지원하다 C 교육에 참가하고 싶지 않다 D 절차가 너무 복잡하다

풀이 보기로는 문제 유형을 정확히 알 수 없지만, 질문의 '**是什么意思**'를 통해 함의형임을 알 수 있다. 보기에 거의 주어가 없으므로 문제에서 질문의 대상을 잘 들어야 한다. 여자가 개막식 자원봉사자에 지원할 거냐고 묻자 남자가 한번 시도해 보고 싶다고 한 것으로 보아 남자의 뜻은 B임을 유추할 수 있다.

단어 ★**开幕式** kāimùshì 명 개막식 | ★**招(聘)** zhāopìn 동 모집하다 | ★**报名** bàomíng 동 신청하다, 등록하다, 지원하다 | ★**志愿者** zhìyuànzhě 명 자원봉사자, 지원자 | ★**包含** bāohán 동 포함하다 | ★**咨询** zīxún 동 문의하다, 자문하다, 상의하다, 의논하다 | ★**迎接** yíngjiē 동 맞이하다, 영접하다 | ★**嘉宾** jiābīn 명 내빈, 게스트 | ★**录取** lùqǔ 동 합격시키다, 채용하다, 뽑다 | ★**培训** péixùn 동 훈련하다, 양성하다 | ★**步骤** bùzhòu 명 (일 진행의) 절차, 순서, 차례

11

男：你觉得这个角色和你本人有相似之处吗？ 女：有，我曾经也是一名专业运动员。 男：运动员的经历能帮助你更好地把握这个角色吧？ 女：确实如此。她的欢笑和泪水我都深有体会。 问：关于女的，可以知道什么？	남: 당신은 이 배역과 당신 본인이 비슷한 점이 있다고 생각하나요? 여: 네. 저도 예전에 프로 운동선수였어요. 남: 운동선수의 경험은 당신이 이 배역을 더 잘 파악하는 데 도움이 되었죠? 여: 확실히 그래요. 그녀의 웃음과 눈물에 저도 모두 깊게 공감해요. 질문: 여자에 관해, 무엇을 알 수 있는가?
A 很坚强 B 现在是教练 C 曾经是运动员 D 对角色把握不准	A 강하다 B 지금은 감독이다 C 예전에 운동선수였다 D 배역에 대해 잘 파악하지 못하다

[풀이] 보기로는 문제 유형을 정확히 알 수 없지만, 질문의 '**可以知道什么**'를 통해 함의형임을 알 수 있다. 보기에 거의 주어가 없으므로 문제에서 질문의 대상을 잘 들어야 한다. 여자가 자신이 예전에 운동선수였다고 말했으므로 정답은 C이다.

[단어] ★**角色** juésè [명] 배역 | **本人** běnrén [명] 본인 | ★**把握** bǎwò [명] 자신, 가망, 성공의 가능성 [동] 파악하다, 잡다 | ★**确实** quèshí [형] 확실하다 [부] 확실히, 정말 | **如此** rúcǐ 이와 같다, 이러하다 | **欢笑** huānxiào [동] 즐겁게 웃다 | **泪水** lèishuǐ [명] 눈물 | ★**坚强** jiānqiáng [형] 강하다, 굳세다

12

女：几年前我来过这个城市，那时它还没这么发达。 男：对。这儿近几年发展很快，人口越来越多，车也越来越多了。 女：确实，刚才坐出租车堵车挺严重的。 男：是。不过政府已经计划修地铁了，到时候交通压力就能缓解了。 问：关于那个城市，可以知道什么？	여: 몇 년 전 내가 이 도시에 온 적이 있는데, 그때는 아직 이렇게 발달하지 않았어. 남: 맞아. 이곳은 최근 몇 년 발전이 빨라서, 인구가 갈수록 늘고, 차도 갈수록 많아지고 있어. 여: 확실히 그래. 방금 택시를 탔는데 교통 체증이 매우 심각하더라. 남: 응. 하지만 정부가 이미 지하철을 건설할 계획이니까, 그때가 되면 교통 체증이 완화될 수 있을 거야. 질문: 그 도시에 관해, 무엇을 알 수 있는가?
A 失业率很高　B 新修了地铁 C 房价上涨快　D 比以前更发达	A 실업률이 높다　B 새로 지하철을 건설했다 C 집값 상승이 빠르다　D 예전보다 더 발달했다

[풀이] 보기로는 문제 유형을 정확히 알 수 없지만, 질문의 '**可以知道什么**'를 통해 함의형임을 알 수 있다. 보기에 공통적인 주어가 없으므로 문제에서 질문의 대상을 잘 들어야 한다. 여자가 도시에 대해 몇 년 전에는 이렇게 발달하지 않았다고 말했으므로, D가 정답임을 유추할 수 있다.

[단어] ★**发达** fādá [형] 발달하다 | ★**人口** rénkǒu [명] 인구 | ★**政府** zhèngfǔ [명] 정부 | ★**计划** jìhuà [명][동] 계획(하다) | ★**缓解** huǎnjiě [동] 완화되다, 완화시키다, 풀어지다, 풀다 | ★**失业** shīyè [동] 직업을 잃다, 실업하다 | ★**涨** zhǎng [동] (가격이) 오르다

듣기 2부분 기출 테스트 해설

듣기 Chapter 01 서술형 이야기

+ 본서 101쪽

정답

Track 41 1 D 2 C 3 D 4 C 5 A 6 B 7 C 8 B 9 D 10 C

1-2

一家公司高薪招聘部门经理，经过一番激烈竞争，两位应聘者脱颖而出。[1D]其中一人是从名牌大学毕业的，另一人则是从一所普通学校毕业的。最终，公司决定聘用后者。有人不理解公司的决定，总经理解释道："[2C]学历不等于能力。他们已经毕业十年了，如今能力却差不多。如果两个人比赛爬楼梯，一个从第十层开始爬，另一个从第三层开始爬，两人同时出发，却同时到达楼顶。你说谁更优秀呢？"

한 회사가 높은 임금으로 부서 책임자를 모집했는데, 한 차례의 격렬한 경쟁을 거쳐 두 명의 지원자가 두각을 나타냈다. [1D] 그중 한 명은 명문대학을 졸업했고, 다른 사람은 일반 학교를 졸업했다. 최종적으로 회사는 후자를 채용하기로 결정했다. 누군가 회사의 결정을 이해하지 못하자, 사장은 설명했다. "[2C] 학력은 능력과 같지 않아요. 그들은 이미 졸업한 지 10년 되었는데, 지금 능력은 비슷합니다. 만약 두 사람이 계단 올라가기 시합을 했다면, 한 명은 10층에서 올라가기 시작했고 다른 한 명은 3층에서 올라가기 시작했는데, 두 사람이 동시에 출발했으나 동시에 건물 꼭대기에 도착했어요. 당신 생각에 누가 더 우수한가요?"

1. 哪位应聘者最终成为了部门经理？
   A 经验丰富的
   B 经常爬楼梯的
   C 有研究生学历的
   D 毕业于普通学校的

1. 어느 지원자가 최종적으로 부서 책임자가 되었는가?
   A 경험이 풍부한 사람
   B 자주 계단을 오르는 사람
   C 대학원 학력이 있는 사람
   D 일반 학교를 졸업한 사람

2. 总经理举比赛爬楼梯的例子是为了说明什么？
   A 坚持就是胜利
   B 公平的重要性
   C 学历不等于能力
   D 身体健康是根本

2. 사장이 계단 오르기 시합을 예로 든 것은 무엇을 설명하기 위한 것인가?
   A 꾸준함이 바로 승리이다
   B 공평한 것의 중요성
   C 학력은 능력과 같지 않다
   D 신체건강이 근본이다

풀이 ❶ 신분형 문제이다. 한 명은 명문대학, 한 명은 일반 학교를 졸업했는데 후자를 채용했다고 했으므로 정답은 D이다. 앞뒤 내용을 통해 유추해야 하는 문제이다.

❷ 열거형 문제이다. '학력은 능력과 같지 않다'라고 직접 말한 다음 계단 오르기 시합을 예로 든 것이므로 정답은 C이다. 녹음과 보기가 일치하는 문제이다.

단어 高薪 gāoxīn 명 높은 임금 | ★招聘 zhāopìn 동 모집하다 | ★部门 bùmén 명 부, 부문, 부서 | 番 fān 양 번, 차례, 바탕 | ★激烈 jīliè 형 격렬하다, 치열하다 | ★竞争 jìngzhēng 명 경쟁 동 경쟁하다 | ★应聘 yìngpìn 동 응시하다, 지원하다 | 脱颖而出 tuōyǐng'érchū 성어 두각을 나타내다 | ★名牌 míngpái 명 유명 상표 | 聘用 pìnyòng 동 임용하다 | ★学历 xuélì 명 학력 | ★等于 děngyú 동 ~와 같다 | ★如今 rújīn 명 지금, 오늘날 | 爬 pá 동 기어오르다 | 楼梯 lóutī 명 계단, 층계 | ★到达 dàodá 동 도착하다, 도달하다 | ★优秀 yōuxiù 형 우수하다 | 研究生 yánjiūshēng 명 대학원생 | 例子 lìzi 명 예, 보기 | ★胜利 shènglì 명동 승리(하다) | ★公平 gōngpíng 형 공평하다 | ★根本 gēnběn 명형 근본(적이다) 부 전혀, 아예(부정을 강조함)

3-5

一位女士拿着刚买的奶油蛋糕，路过[5A]另一家新开的蛋糕店。她想进去看看，可进门时不小心[3D]被台阶绊了一下，正好撞在蛋糕店老板身上，手中的奶油蛋糕弄脏了老板的衣服。她赶紧对老板说："真对不起，把您的衣服都弄脏了。"没想到，老板却说："应该是我向您道歉，是我的衣服太喜欢您的蛋糕了。"[4C]这位女士笑了起来。虽然这家蛋糕店比前一家贵，也没什么名气，但她除了重新买了一个奶油蛋糕以外，还买了好几样其他点心才离开。

한 여자가 방금 산 생크림 케이크를 들고 [5A]다른 새로 개업한 케이크 가게를 지나게 되었다. 그녀는 들어가서 구경하고 싶었는데, 문을 들어설 때 조심하지 않아 [3D]계단에 발이 걸렸고, 마침 케이크 가게 사장 몸에 부딪혀서, 손의 생크림 케이크는 사장의 옷을 더럽혔다. 그녀는 급히 사장에게 말했다. "정말 죄송해요. 당신의 옷을 모두 더럽혔네요." 뜻밖에 사장이 말했다. "제가 당신에게 사과해야죠. 제 옷이 당신의 케이크를 너무 좋아했네요." [4C]이 여자는 웃기 시작했다. 비록 이 가게는 앞의 가게보다 비싸고 별다른 유명세도 없었지만, 그녀는 다시 생크림 케이크를 산 것 말고도, 다른 간식거리 몇 가지를 사고서야 떠났다.

3. 那位女士进门时发生了什么？
A 碰见了小偷　B 跟老板吵架了
C 蛋糕摔在地上了　D 被台阶绊了一下

3. 그 여자가 문을 들어설 때 무엇이 발생했나?
A 도둑을 우연히 만났다　B 사장과 말다툼했다
C 케이크가 땅에 떨어졌다　D 계단에 발이 걸렸다

4. 那位老板给人感觉怎么样？
A 不耐烦　B 爱干净
C 十分幽默　D 打扮时尚

4. 그 사장이 사람들에게 주는 느낌은 어떠한가?
A 귀찮다　B 깨끗한 것을 좋아한다
C 매우 유머러스하다　D 차림이 유행에 맞다

5. 关于那家蛋糕店，下列哪项正确？
A 开业不久
B 装修简单
C 点心很便宜
D 奶油蛋糕打折

5. 그 케이크 가게에 관해, 다음 중 옳은 것은 무엇인가?
A 개업한 지 오래되지 않았다
B 인테리어가 심플하다
C 간식이 저렴하다
D 생크림 케이크를 세일한다

풀이
③ 사건형 문제이다. 계단에 발이 걸렸다고 했으므로 정답은 D이다. 녹음과 보기가 일치하는 문제이다.
④ 평가형 문제이다. 사장의 대답과 여자가 웃었다는 표현으로 보아 정답은 C이다. 녹음 내용을 통해 유추해야 하는 문제이다.
⑤ 판단형 문제이다. 새로 개업한 케이크 가게라고 했으므로 정답은 A이다. 녹음 내용을 통해 유추해야 하는 문제이다.

단어 奶油 nǎiyóu 명 생크림 | ★台阶 táijiē 명 계단, 층계 | 绊 bàn 동 발이 걸리다 | ★撞 zhuàng 동 부딪치다, 충돌하다 | ★赶紧 gǎnjǐn 부 서둘러, 급히, 재빨리 | ★道歉 dàoqiàn 동 사과하다 | 名气 míngqì 명 명성 | ★重新 chóngxīn 부 (1)다시 (2)새로 | ★点心 diǎnxin 명 간식, 스낵, 가벼운 식사, 딤섬 | 碰见 pèngjiàn 동 우연히 만나다 | ★吵架 chǎojià 동 다투다, 말다툼하다 | 摔 shuāi 동 넘어지다, 자빠지다 | ★不耐烦 búnàifán 형 못 참다, 귀찮다, 견디지 못하다 | ★幽默 yōumò 형 유머러스하다 | ★打扮 dǎban 명 차림, 치장, 단장 동 꾸미다, 치장하다 | ★时尚 shíshàng 명형 유행(에 맞다) | ★装修 zhuāngxiū 명동 인테리어(하다) | ★打折 dǎzhé 동 할인하다, 세일하다

6-7

思想家顾炎武年轻时特别重视读书。他的阅读方法很独特，不是一个人读，而是[6B]请四个朋友围坐在一起轮流大声读。读书时，如果有人对读的内容有疑问，就打断读书人，提出问题，大家一起讨论。这样等全读完的时候，基本上就没有疑问了。这种读书法把看书变为听书：一能使人印象更深；二是多人共读能活跃气氛；三是边读边提出和讨论问题，[7C]更有利于整理思路，得出正确的结论。

사상가 구옌무는 젊었을 때 책 읽는 것을 매우 중시했다. 그의 책 읽는 방법이 독특했는데, 한 사람이 읽는 것이 아니고, [6B]네 명의 친구들을 초대해 함께 둘러앉아 돌아가면서 큰 소리로 읽었다. 책을 읽을 때 만약 누군가 읽는 내용에 대해 의문이 있다면, 책 읽는 사람을 멈추게 하여 문제를 제시했고 모두가 함께 토론했다. 이렇게 다 읽었을 때는 대체로 의문이 없었다. 이러한 독서 방식은 책을 보는 것에서 듣는 것으로 변화시켰다. 첫 번째는 사람에게 더 깊은 인상을 남겼고, 두 번째는 많은 사람들이 함께 읽으니 분위기가 활기차질 수 있었으며, 세 번째로, 읽으면서 문제를 제시하고 토론하는 것은 [7C]생각의 흐름을 정리하고 정확한 결론을 얻는 데 더욱 유리했다.

6. 顾炎武的读书方法有什么独特之处？
   A 低声朗读
   B 多人轮流朗读
   C 边读边做笔记
   D 同时读很多书

6. 구옌무의 독서 방식에는 어떠한 독특한 점이 있었나?
   A 낮은 소리로 낭독한다
   B 많은 사람이 돌아가면서 낭독하다
   C 읽으면서 필기를 한다
   D 동시에 많은 책을 읽는다

7. 边读边讨论有什么好处？
   A 增进同窗友谊
   B 能使观点统一
   C 更能理清思路
   D 提高辩论水平

7. 읽으면서 토론하는 것은 어떤 좋은 점이 있는가?
   A 동창의 우정을 증진한다
   B 관점을 통일시킬 수 있다
   C 생각의 흐름을 더욱 분명하게 정리할 수 있다
   D 토론 수준을 향상시킨다

풀이 ❻ 열거형 문제이다. 네 명의 친구들을 초대해 돌아가면서 읽는다고 했으므로 정답은 B이다. 녹음과 보기가 거의 일치하는 문제이다.

❼ 열거형 문제이다. 생각의 흐름을 정리하는 데 유리하다고 했으므로 정답은 C이다. 녹음과 보기가 거의 일치하는 문제이다.

단어 ★独特 dútè 형 독특하다 | ★轮流 lúnliú 동 교대로 하다, 돌아가면서 하다 | ★疑问 yíwèn 명 의문 | 打断 dǎduàn 동 끊다 | ★基本 jīběn 명 기본, 근본 부 대체로, 거의, 기본적으로 | ★印象 yìnxiàng 명 인상 | ★活跃 huóyuè 형 활기 있다, 활기차다 동 활기를 띠게 하다 | ★气氛 qìfēn 명 분위기 | ★有利 yǒulì 형 유리하다, 이롭다 | 思路 sīlù 명 생각의 방향, 사고의 흐름 | ★结论 jiélùn 명 결론 | ★朗读 lǎngdú 동 낭독하다 | 笔记 bǐjì 명동 필기(하다) | 增进 zēngjìn 동 증진하다, 증진시키다 | 同窗 tóngchuāng 명 동창 | ★统一 tǒngyī 명동 통일(하다) 형 일치한, 통일적인 | 理清 lǐqīng 동 정리하다 | ★辩论 biànlùn 명동 토론(하다), 변론(하다)

8-10

[10C]老张是一家制衣厂的老板。有段时间他发现[8B]工人不爱惜工具，厂里的剪刀、尺子等没用多久就坏了。他一直没想到办法改变这种状况。一天晚上，老张无意中发现，半年前买给女儿的书包居然还和买来时一样新。女儿以前的书包一个星期就会脏得不成样子。这次她这么爱护书包是因为上面印着她喜欢的卡通人物。老张突然有了灵感，马上联系了一家工厂定制了一批特殊的工具。那批特殊的工具投入使用后再也没有短时间内就损坏的情况发生。原来，老张让工厂[9D]在工具上都贴上了工人们亲人的照片，这样工人们使用工具时，都会格外珍惜。

[10C]라오장은 한 옷 제조공장의 사장이다. 한동안 그는 [8B]노동자들이 공구를 아끼지 않아, 공장의 가위나 자 등이 얼마 사용하지 않아 망가진다는 것을 발견했다. 그는 줄곧 이런 상황을 바꿀 방법을 생각해내지 못했다. 어느 날 저녁, 라오장은 반 년 전에 딸에게 사 준 책가방이 의외로 사왔을 때와 같이 새것 같다는 것을 무심코 발견했다. 딸의 이전 책가방은 일주일이면 더러워서 꼴이 말이 아니었다. 이번에 그녀가 이렇게 책가방을 아끼는 것은 위에 그녀가 좋아하는 만화 캐릭터가 인쇄되어 있기 때문이었다. 라오장은 갑자기 영감이 떠올랐고, 바로 한 공장에 연락해서 특수한 공구들을 주문 제작했다. 그 특수한 공구들을 사용한 후 다시는 짧은 시간에 파손되는 상황이 발생하지 않았다. 알고 보니 라오장은 공장으로 하여금 [9D]공구 위에 모두 노동자들의 가족 사진을 붙이게 했고, 이렇게 노동자들은 공구를 사용할 때 모두 각별히 소중하게 여기게 되었다.

8. 厂里的工具为什么经常坏？
A 质量差　B 工人不爱惜
C 型号不合适　D 使用频率高

8. 공장의 공구는 왜 자주 망가졌나?
A 품질이 떨어진다　B 노동자들이 아끼지 않는다
C 사이즈가 적합하지 않다　D 사용 빈도가 높다

9. 老张在工具上做了什么改变？
A 换成了小一号的
B 让工人花钱购买
C 都做成了塑料的
D 贴上工人们家人的照片

9. 라오장은 공구 위에 무슨 변화를 주었나?
A 한 사이즈 작은 것으로 교체했다
B 노동자들이 돈을 써서 구매하게 했다
C 모두 플라스틱으로 만들었다
D 노동자들 가족의 사진을 붙였다

10. 关于老张，下列哪项正确？
A 女儿不太乖
B 没有管理经验
C 是制衣厂的老板
D 对工人要求严格

10. 라오장에 관해, 다음 중 옳은 것은 무엇인가?
A 딸이 그다지 말을 잘 듣지 않는다
B 관리 경험이 없다
C 옷 제조공장의 사장이다
D 노동자에 대해 요구가 엄격하다

풀이 ❽ 원인형 문제이다. 노동자들이 공구를 아끼지 않는다고 했으므로 정답은 B이다. 녹음과 보기가 일치하는 문제이다.

❾ 동작형 문제이다. 공구 위에 노동자들의 가족 사진을 붙였다고 했으므로 정답은 D이다. 녹음과 보기가 일치하는 문제이다.

❿ 판단형 문제이다. 옷 제조공장 사장이라고 언급했으므로 정답은 C이다. 녹음과 보기가 일치하는 문제이다.

단어 ★**老板** lǎobǎn 명 주인, 사장 | ★**爱惜** àixī 동 아끼다, 소중하게 여기다 | ★**工具** gōngjù 명 공구, 도구 | ★**剪刀** jiǎndāo 명 가위 | ★**尺子** chǐzi 명 자 | ★**状况** zhuàngkuàng 명 상황 | **无意中** wúyìzhōng 무의식 중에, 무심코 | ★**居然** jūrán 부 뜻밖에, 의외로 | **不成样子** bùchéng yàngzi 꼴이 말이 아니다 | ★**爱护** àihù 동 애호하다 | **印** yìn 동 인쇄하다 | **卡通** kǎtōng 명 카툰, 만화 | **灵感** línggǎn 명 영감 | ★**工厂** gōngchǎng 명 공장 | **定制** dìngzhì 동 주문하여 만들다 | ★**批** pī 양 (사람의) 무리, (물건의) 한 무더기 | ★**特殊** tèshū 형 특수하다 | ★**投入** tóurù 동 (1)투입하다, 넣다 (2)몰두하다 | **损坏** sǔnhuài 동 손상시키다, 훼손시키다, 파손시키다 | **贴** tiē 동 붙이다 | ★**格外** géwài 부 각별히, 유달리 | ★**珍惜** zhēnxī 동 진귀하게 여겨 아끼다, 소중히 여기다 | ★**质量** zhìliàng 명 (품)질 | **型号** xínghào 명 사이즈 | **频率** pínlǜ 명 빈도 | **购买** gòumǎi 동 구매하다 | **塑料** sùliào 명 플라스틱, 비닐 | ★**乖** guāi 형 (아이가) 말을 잘 듣다, 착하다 | ★**严格** yángé 형 엄격하다

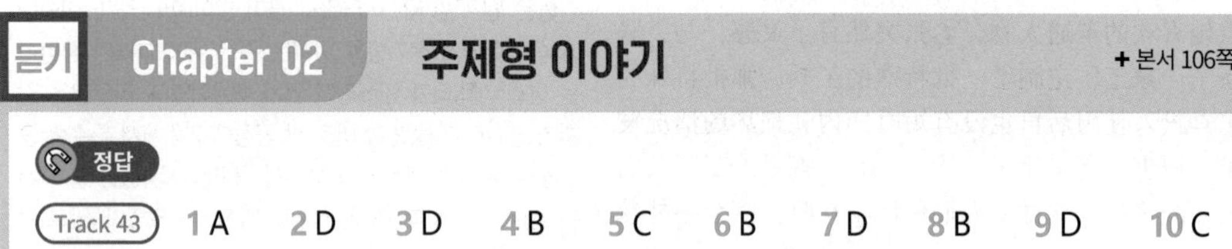

1-2

一个青年向一个陌生地方的老人询问："这里怎么样？"老人反问他："你的家乡怎么样？"年轻人回答："1A 糟透了，我很讨厌那儿。"老人回答："那你还是离开吧。这里同你的家乡一样糟糕。"不久，另一个青年也问了同样的问题，老人也反问了他。但这个青年回答："我的家乡很好，我很想念那里。"老人便说："这里也同样好。"旁人很奇怪，为什么老人前后的说法不一致？老人说："一个人有什么样的态度就会看到什么。2D 当你用欣赏的眼光去看待事物，便会看到许多优点；而以批评的眼光去看时，便会看到无数缺点。"

한 청년이 낯선 곳의 노인에게 물었다. "이곳은 어떻습니까?" 노인이 그에게 반문했다. "당신의 고향은 어때요?" 젊은이가 대답했다. "1A 완전 엉망이에요. 저는 그곳을 매우 싫어해요." 노인이 대답했다. "그럼 당신은 떠나세요. 이곳은 당신의 고향과 마찬가지로 엉망이에요." 머지않아, 다른 청년도 같은 질문을 했고, 노인은 또한 그에게 반문했다. 그러나 이 청년은 대답했다. "제 고향은 좋아요. 저는 그곳이 매우 그립습니다." 노인이 말했다. "이곳도 똑같이 좋아요." 옆에 있던 사람은 의아했다. 왜 노인은 앞과 뒤의 말이 일치하지 않는 걸까? 노인이 말했다. "한 사람이 어떤 태도를 가지고 있느냐에 따라 보는 것도 달라지게 됩니다. 2D 당신이 좋아하는 시선으로 사물을 대하면 많은 장점을 보게 됩니다. 반면 비판하는 시선으로 볼 때는 무수한 단점을 보게 되죠."

1. 第一个青年觉得自己的家乡怎么样？

A 很糟糕　　B 非常繁荣
C 十分拥挤　　D 风景优美

1. 첫 번째 청년은 자신의 고향이 어떠하다고 생각했는가?

A 엉망이다　　B 매우 번영하다
C 매우 혼잡하다　　D 풍경이 아름답다

2. 这段话主要想告诉我们什么？
A 应该尊老爱幼
B 经历决定态度
C 要接受不完美
D 看待事物要积极

2. 이 글은 주로 우리에게 무엇을 알려주는가?
A 노인을 공경하고 어린이를 사랑해야 한다
B 경험이 태도를 결정한다
C 완벽하지 않은 것을 받아들여야 한다
D 사물을 대할 때 긍정적이어야 한다

풀이 ❶ 평가형 문제이다. 첫 번째 청년이 자신의 고향을 완전히 엉망이라고 말했으므로 정답은 A이다. 녹음과 보기가 거의 일치하는 문제이다.

❷ 주제형 문제이다. 좋아하는 시선으로 사물을 대해야 장점을 볼 수 있다고 했으므로 정답은 D이다. 녹음 내용을 통해 유추해야 하는 문제이다.

단어 ★陌生 mòshēng 형 생소하다, 낯설다 | ★询问 xúnwèn 동 묻다, 문의하다 | 反问 fǎnwèn 동 반문하다 | ★家乡 jiāxiāng 명 고향 | 糟透了 zāotòule 완전히 엉망이다 | ★讨厌 tǎoyàn 동 싫어하다, 미워하다 | ★糟糕 zāogāo 형 엉망이다 | ★想念 xiǎngniàn 동 그리워하다 | ★一致 yízhì 형 일치하다 | ★欣赏 xīnshǎng 동 (1)감상하다 (2)좋다고 여기다, 마음에 들어하다 | 眼光 yǎnguāng 명 시선, 눈길, 눈빛 | 看待 kàndài 동 대하다, 취급하다 | ★事物 shìwù 명 사물 | ★无数 wúshù 형 무수하다, 매우 많다 | ★繁荣 fánróng 형 번영하다 | ★拥挤 yōngjǐ 형 붐비다, 혼잡하다 | ★风景 fēngjǐng 명 풍경, 경치 | ★优美 yōuměi 형 우아하고 아름답다 | 尊老爱幼 zūnlǎo àiyòu 성어 노인을 공경하고 어린이를 사랑한다 | ★经历 jīnglì 명 경험, 경력 동 겪다, 경험하다 | ★接受 jiēshòu 동 받아들이다 | ★完美 wánměi 형 완벽하다 | ★积极 jījí 형 (1)긍정적이다 (2)적극적이다

3-5

一位著名钢琴大师第一天上课，就3D让学生弹一首难度很高的曲子，学生弹得错误百出。“还不成熟，回去好好儿练习。”他叮嘱道。学生练习了一个星期。第二周上课时正准备让大师验收，没想到大师又给他布置了一首难度更高的乐曲。“试试看吧。”第三周，更难的曲子出现了。学生感到很沮丧，便向大师提出了质疑。4B大师没直接回答，只是抽出最早的那份乐谱让他弹。意想不到的事情发生了，他居然可以将那首曲子弹得十分动听。“如果我任由你表现最擅长的部分，你可能不会达到现在这样的程度。”钢琴大师缓缓说道。人们往往习惯于停留在自己最熟悉、最擅长的领域。有时，迎面而来的5C挑战更能培养人的能力。

한 유명한 피아노 거장이 첫날 수업을 하면서 3D 학생에게 난이도가 높은 곡을 치게 하자, 학생은 실수가 수두룩했다. “아직 숙련되지 않았으니, 돌아가서 잘 연습하렴.” 그는 신신당부했다. 학생은 1주일을 연습했다. 다음 주 수업할 때 막 거장에게 검사받을 준비를 하고 있는데, 뜻밖에도 거장은 또 그에게 난이도가 더 높은 곡을 내줬다. “시도해 봐라.” 3주째에 더 어려운 곡이 나타났다. 학생은 낙담해서 거장에게 의문을 제기했다. 4B 거장은 직접적으로 대답하지 않고, 단지 제일 처음의 그 악보를 꺼내어 그에게 치게 했다. 생각지도 못한 일이 일어났다. 그는 뜻밖에도 그 곡을 매우 감동적으로 칠 수 있었다. “만약 네가 가장 잘하는 부분을 마음대로 치게 했다면, 너는 아마 지금 이러한 수준에 도달하지 못했을 거야.” 피아노 거장이 느릿느릿 말했다. 사람들은 종종 자신이 가장 익숙하고 가장 잘하는 영역에 머무르는 데 익숙하다. 때로는 정면에서 다가오는 5C 도전이 사람의 능력을 더욱 키울 수 있다.

3. 授课第一天大师做了什么？
A 讲了很多理论知识
B 亲自弹了一首曲子
C 安排了整个学期的任务
D 让学生弹高难度的曲子

3. 수업을 하는 첫날 거장은 무엇을 했는가?
A 많은 이론 지식을 강의했다
B 직접 한 곡을 연주했다
C 전체 학기의 임무를 안배했다
D 학생에게 난이도가 높은 곡을 치게 했다

4. 对于学生的质疑，大师是怎么做的？

A 教训了学生　　B 没有直接回答

C 重新调整了课程　　D 与学生进行辩论

4. 학생의 질문에 대해, 거장은 어떻게 했는가?

A 학생을 훈계했다　　B 직접 대답하지 않았다

C 다시 과정을 조정했다　　D 학생과 논쟁을 했다

5. 根据这段话，下列哪项正确？

A 学生不够用功

B 钢琴大师没责任心

C 挑战更能培养人的能力

D 要善于展示自己的优势

5. 이 글에 근거하여, 다음 중 옳은 것은 무엇인가?

A 학생은 충분히 열심히 하지 않는다

B 피아노 거장은 책임감이 없다

C 도전은 사람의 능력을 더욱 키울 수 있다

D 자신의 강점을 드러내 보이는 데 능숙해야 한다

풀이 ❸ 동작형 문제이다. 학생에게 난이도가 높은 곡을 치게 했다고 했으므로 정답은 D이다. 녹음과 보기가 일치하는 문제이다.

❹ 동작형 문제이다. 거장이 직접 대답하지 않았다고 했으므로 정답은 B이다. 녹음과 보기가 일치하는 문제이다.

❺ 판단형 문제이다. 마지막 주제문에 같은 표현이 있으므로 정답은 C이다. 녹음과 보기가 일치하는 문제이다.

단어 **钢琴** gāngqín ⓜ 피아노 | **弹** tán ⓓ (피아노를) 치다, 연주하다 | ★**首** shǒu ⓛ 곡(시나 노래를 세는 단위) | **曲子** qǔzi ⓜ 곡 | **百出** bǎichū ⓗ 각양각색이다 | ★**成熟** chéngshú ⓗ 기술이 숙련되다, 어느 정도에 이르다, 성숙하다 | **叮嘱** dīngzhǔ ⓓ 신신당부하다 | **验收** yànshōu ⓓ 검수하다 | **布置** bùzhì ⓓ 안배하다, 할당하다 | **乐曲** yuèqǔ ⓜ 악곡, 음악 작품 | **沮丧** jǔsàng ⓗ 기가 꺾이다, 낙담하다 | **质疑** zhìyí ⓜ 질의, 의문 ⓓ 질의하다 | **抽** chōu ⓓ 꺼내다, 빼내다 | **乐谱** yuèpǔ ⓜ 악보 | **意想** yìxiǎng ⓓ 생각하다, 상상하다 | ★**居然** jūrán ⓑ 뜻밖에, 의외로 | **动听** dòngtīng ⓗ 감동적이다, 듣기 좋다 | **任由** rènyóu ⓓ 마음대로 하게 하다 | ★**表现** biǎoxiàn ⓜ 태도, 품행, 활약 ⓓ (태도나 능력을) 드러내다, 나타내다 | **擅长** shàncháng ⓜ 장기 ⓓ 뛰어나다, 숙달하다 | ★**达到** dádào ⓓ 도달하다, 이르다 | ★**程度** chéngdù ⓜ 정도, 수준 | **缓缓** huǎnhuǎn ⓗ 느릿느릿하다 | **停留** tíngliú ⓓ 머물다 | ★**领域** lǐngyù ⓜ (1)(국가의) 영역 (2)분야, 영역 | **迎面而来** yíngmiàn'érlái 정면에서 닥쳐오다 | ★**挑战** tiǎozhàn ⓜⓓ 도전(하다) | ★**培养** péiyǎng ⓓ 양성하다, 키우다, 기르다 | **授课** shòukè ⓓ 강의를 하다 | ★**理论** lǐlùn ⓜ 이론 | ★**亲自** qīnzì ⓑ 몸소, 친히, 직접 | ★**任务** rènwù ⓜ 임무 | ★**教训** jiàoxùn ⓜ 교훈 ⓓ 꾸짖다, 훈계하다 | ★**重新** chóngxīn ⓑ (1)다시 (2)새로 | ★**调整** tiáozhěng ⓓ 조정하다 | ★**课程** kèchéng ⓜ (교육) 과정, 커리큘럼 | ★**辩论** biànlùn ⓜⓓ 토론(하다), 변론(하다) | ★**用功** yònggōng ⓓ 힘써 배우다, 열심히 공부하다 | ★**善于** shànyú ⓓ ~에 능숙하다, ~을 잘하다 | **展示** zhǎnshì ⓓ 드러내 보이다, 펼쳐 보이다 | ★**优势** yōushì ⓜ 우위, 우세

6-7

一次促销会上，经理发现公司参会的员工很多都无所事事坐着消磨时间，[6B]便想调动一下大家的积极性。午饭时，他请大家都站起来看看自己的座椅下都有什么。结果每个人都在自己的椅子下发现了钱，最少的捡到一枚硬币，最多的发现了一百元。经理说：“这些钱都归你们了。我只是想告诉大家[7D]坐着不动永远也赚不到钱。”

한 판촉회의에서, 사장은 회사의 회의에 참가한 직원 중 많은 사람들이 아무 일도 하지 않고 시간을 보내고 있다는 것을 발견하여, [6B]모두의 적극성을 끌어올리고 싶었다. 점심 시간에 그는 모두에게 일어나서 자신의 의자 아래에 무엇이 있는지 보라고 했다. 결과적으로 모든 사람들은 자신의 의자 밑에서 돈을 발견했는데, 가장 적게는 하나의 동전을 주웠고, 가장 많게는 100위안을 발견했다. 사장이 말했다. “이 돈들은 모두 여러분 거예요. 저는 단지 여러분에게 [7D]앉아서 움직이지 않으면 영원히 돈을 벌 수 없다는 것을 알려주고 싶었어요.”

6. 参会员工的表现怎么样？
A 不诚恳　　B 不积极
C 很活跃　　D 服务周到

7. 经理想告诉员工什么？
A 会后就涨工资
B 下一阶段的任务
C 财产需要不断积累
D 行动起来才能赚到钱

6. 회의에 참석한 직원들의 태도는 어떠했는가?
A 성실하지 않다　　B 적극적이지 않다
C 활기차다　　D 서비스가 세심하다

7. 사장은 직원들에게 무엇을 알려주고 싶어 했는가?
A 회의 후 임금이 오른다
B 다음 단계의 임무
C 재산은 끊임없이 쌓아갈 필요가 있다
D 행동을 해야만 돈을 벌 수 있다

풀이 ❻ 평가형 문제이다. 사장이 직원들의 적극성을 끌어올리고 싶었다고 한 것으로 보아 정답은 B이다. 녹음 내용을 통해 유추해야 하는 문제이다.

❼ 주제형 문제이다. 사장의 '앉아서는 돈을 벌 수 없다'는 말로 보아 정답은 D이다. 녹음 내용을 통해 유추해야 하는 문제이다.

단어 **促销** cùxiāo ⓢ 판매를 촉진시키다 | ★**员工** yuángōng ⓜ 직원, 종업원 | **无所事事** wúsuǒ shìshì 아무 일도 하지 않다 | **消磨** xiāomó ⓢ (시간을) 헛되이 보내다, 소비하다 | **调动** diàodòng ⓢ 끌어올리다, (분위기를) 띄우다 | **座椅** zuòyǐ ⓜ 좌석 | ★**捡** jiǎn ⓢ 줍다 | **枚** méi ⓛ 작고 동글납작한 사물을 세는 단위 | **硬币** yìngbì ⓜ 동전 | **归** guī ⓢ ~에 속하다, ~으로 돌아가다 | ★**赚** zhuàn ⓢ (돈을) 벌다 | ★**表现** biǎoxiàn ⓜ 태도, 품행, 활약 ⓢ (태도나 능력을) 드러내다, 나타내다 | ★**诚恳** chéngkěn ⓗ 성실하다, 진실하다, 간절하다 | ★**活跃** huóyuè ⓗ 활기 있다, 활기차다 ⓢ 활기를 띠게 하다 | ★**周到** zhōudào ⓗ 꼼꼼하다, 세심하다 | ★**涨** zhǎng ⓢ (가격이) 오르다 | ★**阶段** jiēduàn ⓜ 단계 | ★**任务** rènwu ⓜ 임무 | ★**财产** cáichǎn ⓜ 재산, 자산 | ★**积累** jīlěi ⓢ 쌓이다, 누적하다 | ★**行动** xíngdòng ⓜⓢ 행동(하다)

8-10

小鸭子要邀请朋友来家里玩儿。妈妈问她："你愿意和朋友分享你的玩具吗？"小鸭子说："当然。[8B]他们可以玩儿我的积木、小火车和布娃娃。""那你有没有不想和别人分享的玩具呢？"鸭妈妈提醒道。"我不想让他们玩儿我的小熊和会跳舞的公主。那是我的新玩具。"小鸭子回答道。鸭妈妈建议说："[9D]那就收起来吧。否则，你的朋友看见了想玩儿，但是你却不给的话，他们会不高兴的。"小鸭子听后把新玩具藏进了柜子里。[10C]故事中的鸭妈妈让孩子自己决定哪些东西可以分享，同时根据孩子的想法，给出处理事情的合理建议。这点值得家长们学习。

어린 오리가 친구들을 집에 와서 놀자고 초대했다. 엄마가 그녀에게 물었다. "너는 친구들과 네 장난감을 함께 나누기를 원하니?" 어린 오리가 대답했다. "당연하죠. [8B]그들이 제 블록, 작은 기차와 천 인형을 가지고 놀아도 돼요." "그럼 너는 다른 사람과 나누고 싶지 않은 장난감이 있니?" 오리 엄마가 일깨워주며 말했다. "저는 그들이 저의 작은 곰과 춤출 수 있는 공주를 가지고 놀게 하고 싶지 않아요. 그건 제 새 장난감이에요." 어린 오리가 대답했다. 오리 엄마는 제안했다. "[9D]그럼 치우도록 하렴. 그렇지 않으면 네 친구가 보고 놀고 싶어 하는데 네가 주지 않는다면 그들은 기분이 좋지 않을 거야." 어린 오리는 이 말을 듣고 새 장난감을 수납장 안에 넣었다. [10C]이야기 속의 오리 엄마는 아이 스스로 어느 물건을 함께 나눌 수 있는지 결정하게 했고, 동시에 아이의 생각에 따라 일을 처리할 합리적인 제안을 내놓았다. 이 점은 학부형들이 배울 만한 가치가 있다.

8. 下列哪项是小鸭子愿意和朋友分享的？
A 蛋糕 B 布娃娃
C 小熊玩具 D 会跳舞的公主

8. 다음 중 어린 오리가 친구들과 함께 나누길 원하는 것은 무엇인가?
A 케이크 B 천 인형
C 작은 곰 장난감 D 춤을 출 수 있는 공주

9. 听到小鸭子不愿意分享新玩具后，鸭妈妈是怎么做的？
A 批评了她
B 让她再想想
C 把新玩具送给了别人
D 让她把新玩具收起来

9. 어린 오리가 새 장난감을 함께 나누고 싶지 않다는 것을 들은 후, 오리 엄마는 어떻게 했는가?
A 그녀를 비판했다
B 그녀가 다시 한번 생각해 보게 했다
C 새 장난감을 다른 사람에게 선물했다
D 그녀에게 새 장난감을 치우게 했다

10. 说话人怎么评价鸭妈妈？
A 粗心大意
B 非常严格
C 给孩子决定权
D 不尊重孩子个性

10. 화자는 오리 엄마를 어떻게 평가했는가?
A 세심하지 못하다
B 매우 엄격하다
C 아이에게 결정권을 주었다
D 아이의 개성을 존중하지 않는다

풀이 ❽ 열거형 문제이다. 어린 오리가 친구들과 나눌 수 있는 장난감으로 '블록, 작은 기차, 천 인형'을 나열했으므로 정답은 B이다. 녹음과 보기가 일치하는 문제이다.

❾ 동작형 문제이다. 오리 엄마가 나누고 싶지 않은 장난감을 치우라고 말했으므로 정답은 D이다. 녹음과 보기가 거의 일치하는 문제이다.

❿ 평가형 문제이다. 화자는 오리 엄마가 아이 스스로 결정하게 했다는 점을 긍정적으로 평가했으므로 정답은 C이다. 녹음 내용을 통해 유추해야 하는 문제이다.

단어 **鸭子** yāzi ⓜ 오리 | **分享** fēnxiǎng ⓢ 함께 누리다, 함께 나누다 | ★**玩具** wánjù ⓜ 완구, 장난감 | **积木** jīmù ⓜ 블록 | **娃娃** wáwa ⓜ 인형 | **熊** xióng ⓜ 곰 | ★**公主** gōngzhǔ ⓜ 공주 | ★**收** shōu ⓢ 치우다, 거두어들이다, 회수하다 | ★**否则** fǒuzé ⓙ 만약 그렇지 않으면 | **藏** cáng ⓢ (1)숨다, 숨기다 (2)저장하다, 간수하다 | **柜子** guìzi ⓜ 수납장 | ★**处理** chǔlǐ ⓢ 처리하다, (문제를) 해결하다 | ★**合理** hélǐ ⓗ 합리적이다 | ★**值得** zhíde ⓗ 가치 있다 ⓢ ~할 가치가 있다 | **家长** jiāzhǎng ⓜ 학부형, 보호자 | ★**评价** píngjià ⓜⓢ 평가(하다) | ★**粗心** cūxīn ⓗ 세심하지 못하다, 부주의하다 | **大意** dàyi ⓗ 부주의하다, 소홀하다 | ★**严格** yángé ⓗ 엄격하다 | ★**尊重** zūnzhòng ⓢ 존중하다 | ★**个性** gèxìng ⓜ 개성

듣기 Chapter 03 논설문

+본서 111쪽

정답

Track 45 1 C 2 A 3 D 4 B 5 D 6 D 7 B 8 D 9 C 10 D

1-2

这些年来，经济社会的迅猛发展改变着我们的生活方式，也急剧改变着城市和乡村的面貌。一切都来得太快，人们还来不及细想，[1C]有些事物就已经被放弃了，有些文化就失落了。好在还有很多人具有更长远的眼光，他们意识到，不管变化来得多么快，多么令人欣喜，[2A]有些事物我们必须传承下去。那些古老的建筑、雕塑以及世代相传的故事和歌谣，是我们必须留给后人的宝贵财富。

요 몇 년 경제 사회의 빠른 발전은 우리의 생활방식을 바꾸고 있고, 또한 도시와 농촌의 면모를 급격하게 변화시키고 있다. 모든 것이 너무 빠르게 왔고, 사람들은 미처 자세하게 생각할 틈이 없어서, [1C]어떤 사물들은 이미 버려졌고, 어떤 문화들은 잃게 되었다. 다행히도 아직 많은 사람들이 더 긴 안목을 갖고 있는데, 그들은 변화가 얼마나 빠르게 오고 얼마나 사람을 기쁘게 하든지 관계없이 [2A]어떤 사물들은 우리가 반드시 계승해가야 한다고 의식하게 되었다. 오래된 건축물, 조각 및 대대로 전해지는 이야기와 민요들은 우리가 반드시 후대에게 남겨 주어야 하는 귀중한 재산이다.

1. 经济发展太快会导致什么？
   A 自然资源不足
   B 失业人口增加
   C 有些事物被放弃
   D 生态系统被破坏

1. 경제 발전이 너무 빠른 점은 무엇을 초래했는가?
   A 자연 자원이 부족하다
   B 실업 인구가 증가하다
   C 어떤 사물들은 버려졌다
   D 생태 환경이 파괴되었다

2. 这段话主要想告诉我们什么？
   A 要传承优秀文化
   B 要保护城市环境
   C 要重视人才的培养
   D 要多欣赏现代艺术

2. 이 글은 주로 우리에게 무엇을 알려주는가?
   A 우수한 문화를 계승해야 한다
   B 도시 환경을 보호해야 한다
   C 인재 양성을 중시해야 한다
   D 현대 예술을 많이 감상해야 한다

풀이 ❶ 열거형 문제이다. 어떤 사물들이 이미 버려졌다고 했으므로 정답은 C이다. 녹음과 보기가 일치하는 문제이다.

❷ 주제형 문제이다. 어떤 사물들은 우리가 반드시 계승해야 한다고 말하며 여러 가지 귀중한 문화적 재산들을 나열했으므로 정답은 A이다. 녹음 내용을 통해 유추해야 하는 문제이다.

단어 **迅猛** xùnměng 형 빠르고 맹렬하다 | ★**方式** fāngshì 명 방식 | **急剧** jíjù 형 급격하다 | **乡村** xiāngcūn 명 농촌, 시골 | **面貌** miànmào 명 면모, 양상 | **失落** shīluò 동 잃(어버리)다 | **好在** hǎozài 부 다행히도 | **长远** chángyuǎn 형 시간이 길다 | **眼光** yǎnguāng 명 시선, 안목 | **意识** yìshí 명동 의식(하다) | **欣喜** xīnxǐ 형 기쁘다, 즐거워하다 | ★**事物** shìwù 명 사물 | **传承** chuánchéng 동 전수하다, 계승하다 | **古老** gǔlǎo 형 오래되다 | ★**建筑** jiànzhù 명 건축(물) | ★**雕塑** diāosù 명 조각 | ★**以及** yǐjí 접 및, 그리고 | ★**世代** shìdài 명 세대, 대대 | **相传** xiāngchuán 접 전해지다, 전해오다 | **歌谣** gēyáo 명 민가, 민요 | ★**宝贵** bǎoguì 형 귀중하다 | **财富** cáifù 명 부, 재산 | ★**导致** dǎozhì 동 (부정적인 사태를) 야기하다, 초래하다 | ★**资源** zīyuán 명 자원 | ★**不足** bùzú 형 부족하다 | ★**失业** shīyè 동 직업을 잃다, 실업하다 | ★**人口** rénkǒu 명 인구 | **生态** shēngtài 명 생태 | ★**系统** xìtǒng 명 체계, 시스템 형 체계적이다 | ★**破坏** pòhuài 동 파괴하다 | ★**人才** réncái 명 인재 | ★**培养** péiyǎng 동 양성하다, 키우다, 기르다 | ★**欣赏** xīnshǎng 동 (1)감상하다 (2)좋다고 여기다, 마음에 들어하다 | ★**现代** xiàndài 명 현대 | ★**艺术** yìshù 명형 예술(적이다)

3-5

在网络时代，有人认为学习似乎变得不太重要了。因为无论你[3D]在网上搜索什么关键词，[4B]只需几秒钟这个领域的所有东西就一一展现在你面前，所以根本没有必要去学习知识了。然而[5D]我们需要的并不仅仅是知识，而是判断。网上的信息形形色色、真真假假，如果我们没有能力对这些信息做出判断，就会被虚假的信息欺骗，所以学习依然十分重要。在网络时代，我们更需要学习如何看待信息、分辨信息，并[5D]形成你自己独立的看法。

인터넷 시대에, 누군가는 학습이 그다지 중요하지 않게 거의 변했다고 생각한다. 왜냐하면 당신이 [3D]인터넷 상에서 무슨 키워드를 검색하든 관계없이, [4B]단지 몇 초의 시간이면 이 영역의 모든 것들이 하나하나 당신 눈 앞에 펼쳐지기 때문에, 그래서 지식을 학습할 필요가 전혀 없게 되었다. 그러나 [5D]우리가 필요한 것은 결코 단지 지식이 아니라 판단이다. 인터넷상의 정보는 가지각색의 진짜와 가짜가 혼재되어 있어, 만약 우리가 이러한 정보들에 대해 판단을 해낼 능력이 없으면 허위 정보에 의해 속게 되고, 그래서 학습은 여전히 매우 중요하다. 인터넷 시대에 우리는 어떻게 정보를 대하고 정보를 구분하는지 배우고, 또한 [5D]자신의 독립적인 견해를 형성하는 것이 더욱 필요하다.

3. 在网络时代，人们如何获取知识？
   - A 安装问答软件
   - B 参加网络课程
   - C 在网上咨询专家
   - D 在网站搜索关键词

3. 인터넷 시대에, 사람들은 어떻게 지식을 얻는가?
   - A 문답 소프트웨어를 설치한다
   - B 인터넷 교육 과정에 참가한다
   - C 인터넷에서 전문가에게 자문한다
   - D 인터넷에서 키워드를 검색한다

4. 为什么有人认为在网络时代学习不重要？
   - A 网络资源都免费
   - B 获取知识很迅速
   - C 知识都数字化了
   - D 见到专家很容易

4. 왜 누군가는 인터넷 시대에 학습이 중요하지 않다고 생각하는가?
   - A 인터넷 자원은 모두 무료이다
   - B 지식을 얻는 것이 신속하다
   - C 지식은 모두 디지털화되었다
   - D 전문가를 만나기 쉽다

5. 说话人认为我们应该如何做？
   - A 刻苦学习知识
   - B 掌握读书方法
   - C 拒绝使用网络
   - D 形成自己的判断

5. 화자는 우리가 어떻게 해야 한다고 생각하는가?
   - A 열심히 지식을 학습한다
   - B 독서 방법을 익힌다
   - C 인터넷 사용을 거절한다
   - D 자신의 판단을 형성한다

풀이

❸ 동작형 문제이다. 인터넷에서 무슨 키워드를 검색하든 모든 정보를 볼 수 있다고 했으므로 정답은 D이다. 녹음과 보기가 거의 일치하는 문제이다.

❹ 원인형 문제이다. 단지 몇 초면 자신이 원하는 영역의 모든 것을 볼 수 있다고 했으므로 정답은 B이다. 녹음 내용을 통해 유추해야 하는 문제이다.

❺ 주제형 문제이다. 우리가 필요한 것은 판단이며, 자신의 독립적 견해를 형성해야 한다고 했으므로 정답은 D이다. 앞뒤 내용을 통해 유추해야 하는 문제이다.

단어 ★网络 wǎngluò 명 인터넷 | ★时代 shídài 명 (1)(역사상의) 시대 (2)(개인의 일생 중의 한) 시기, 시절 | ★似乎 sìhū 부 마치 | ★搜索 sōusuǒ 동 (1)수색하다 (2)검색하다 | ★关键 guānjiàn 명 관건, 키포인트 형 매우 중요한 | ★领域 lǐngyù 명 (1)(국가의) 영역 (2)분야, 영역 | 展现 zhǎnxiàn 동 (눈 앞에) 펼쳐지다, 드러내다 | ★根本 gēnběn 명 근본 형 근본적이다, 기본적이다 부 전혀, 아예(부정을 강조) | ★必要 bìyào 명형 필요(하다) | ★信息 xìnxī 명 정보 | 虚假 xūjiǎ 형 허위의, 거짓의 | 欺骗 qīpiàn 동 기만하다, 속이다 | ★依然 yīrán 형 여전하다 부 여전히 | 看待 kàndài 동 대하다, 다루다 | 分辨 fēnbiàn 동 분별하다, 구분하다 | ★独立 dúlì 동 독립하다 형 독립적이다 | 获取 huòqǔ 동 얻다, 획득하다 | ★安装 ānzhuāng 동 설치하다 | ★软件 ruǎnjiàn 명 소프트웨어 | ★课程 kèchéng 명 (교육) 과정, 커리큘럼 | ★咨询 zīxún 동 자문하다, 문의하다, 상의하다 | ★资源 zīyuán 명 자원 | ★迅速 xùnsù 형 신속하다, 빠르다 | 数字化 shùzìhuà 동 디지털화하다 | ★刻苦 kèkǔ 형 몹시 애를 쓰다 | ★掌握 zhǎngwò 동 숙달하다, 정통하다

6-7

“妈妈，我再吃一个棒棒糖，行吗？”“爸爸，我再玩儿十分钟手机。”随着孩子慢慢长大，[6D]他们逐渐学会跟父母谈条件。如果父母处理不当，就会带来负面影响。一味地同意孩子的要求会让孩子变得自私，而一味拒绝则会让孩子变得胆小。那么，当孩子讨价还价时，家长该怎么办呢？对于原则性问题，比如，晚上刷牙后不能吃东西，[7B]家长一定要拒绝，不能做任何让步。而对于非原则性问题，家长可以适当让步，给孩子一些自由空间。

“엄마, 저 막대 사탕 하나 더 먹어도 돼요?” “아빠, 저 10분 더 휴대전화 가지고 놀게요.” 아이가 서서히 성장함에 따라, [6D]그들은 점점 부모와 조건을 협상하는 것을 배우게 된다. 만약 부모의 처리가 부당하면 부정적인 영향을 가져오게 된다. 덮어놓고 아이의 요구에 동의하면 아이를 이기적으로 변하게 만들고, 덮어놓고 거절하면 아이가 겁이 많게 변하게 된다. 그럼 아이가 흥정을 할 때, 보호자는 어떻게 해야 할까? 원칙적인 문제에 대해서, 예를 들어 저녁에 이를 닦은 후 음식을 먹으면 안 되는 것과 같은 것은 [7B]보호자가 반드시 거절해야 하며 어떠한 양보를 해서도 안 된다. 비원칙적인 문제에 대해서는, 보호자는 적당히 양보하여 아이에게 약간의 자유로운 여지를 주어도 된다.

6. 这段话主要是针对什么现象来谈的？
   A 如何解决家庭矛盾
   B 人们购物时爱讲价
   C 孩子迷上手机游戏
   D 孩子跟父母谈条件

6. 이 글은 주로 무슨 현상에 대해 이야기하는가?
   A 가정 갈등을 어떻게 해결할까
   B 사람들이 구매를 할 때는 가격 흥정을 좋아한다
   C 아이들이 휴대전화 게임에 빠졌다
   D 아이들은 부모와 조건을 협상한다

7. 对于原则性问题，父母应该如何做？
   A 同意　　B 拒绝
   C 随机应变　　D 尽量满足

7. 원칙적인 문제에 대해, 부모는 어떻게 해야 하는가?
   A 동의한다　　B 거절한다
   C 임기응변한다　　D 가능한 한 만족시킨다

풀이 ❻ 화제형 문제이다. 아이들이 성장하게 되면 부모와 조건을 협상하는 것을 배우게 된다고 했으므로 정답은 D이다. 녹음과 보기가 거의 일치하는 문제이다.

❼ 동작형 문제이기도 하지만, 질문 뒤 제시된 논점을 묻는 주제형 문제이기도 하다. 원칙적 문제에 대해서는 반드시 거절해야 한다고 했으므로 정답은 B이다. 녹음과 보기가 일치하는 문제이다.

단어 棒棒糖 bàngbàngtáng [명] 막대 사탕 | ★逐渐 zhújiàn [부] 점점, 점차 | ★处理 chǔlǐ [동] 처리하다, (문제를) 해결하다 | 不当 búdàng [형] 부당하다 | 负面 fùmiàn [명] 부정적인 면, 나쁜 면 | 一味 yíwèi [부] 덮어놓고, 그저, 오로지 | ★自私 zìsī [형] 이기적이다 | 胆小 dǎnxiǎo [형] 겁이 많다 | ★讨价还价 tǎojià huánjià 흥정하다 | ★原则 yuánzé [명] 원칙 | 让步 ràngbù [명][동] 양보(하다) | 适当 shìdàng [형] 적당하다 | ★自由 zìyóu [명][형] 자유(롭다) | ★空间 kōngjiān [명] 공간 | ★针对 zhēnduì [동] 대하다, 겨누다 | ★现象 xiànxiàng [명] 현상 | ★家庭 jiātíng [명] 가정 | ★矛盾 máodùn [명] (1)모순 (2)갈등 [형] 모순적이다 | 讲价 jiǎngjià [동] 값을 흥정하다 | 迷 mí [동] 빠지다, 심취하다 | 随机应变 suíjīyìngbiàn 임기응변하다 | ★尽量 jǐnliàng [부] 가능한 한, 최대한, 되도록 | ★满足 mǎnzú [형] 만족하다 [동] 만족시키다

8-10

在各种组织中，领导层一般习惯提拔某个等级上称职的成员，而成员也总是趋向于晋升到其无法胜任的职位。这就是著名的彼得原理，[8 D]这种现象在现实生活中无处不在。比如一名称职的教授被提升为大学校长后，却无法胜任；一位优秀的运动员被提升为主管体育的官员后，而无所作为。因此对于组织而言，不能因某个成员在某个岗位上干得出色，就推断他一定能够胜任更高一级的职务，而是[9 C]要客观评价每一位成员的能力，将其安排到合适的岗位，并建立更有效的奖励机制。对于成员个人而言，[10 D]不要将往上爬作为自己的唯一动力，与其在一个无法胜任的岗位上勉强支撑，不如在自己游刃有余的岗位上好好发挥。

각 조직에서 리더들은 일반적으로 어느 등급에서 직무에 적합한 구성원을 뽑는 데 익숙하고, 구성원은 항상 그들이 감당할 수 없는 직위로 승진하려는 경향이 있다. 이것이 바로 유명한 피터의 원리인데, [8 D]이런 현상은 현실 생활에서 없는 곳이 없다. 예를 들면 직무에 적합한 교수가 대학 총장으로 진급한 후 감당할 수 없고, 우수한 한 운동선수가 체육을 관할하는 관리로 진급된 후 어떤 성과도 내지 못한다. 따라서 조직은 어느 구성원이 어떤 직책에서 뛰어나다고 해서 그가 반드시 한 등급 더 높은 직무를 감당할 수 있을 거라고 추정하지 말아야 하며, [9 C]객관적으로 모든 구성원의 능력을 평가하고 그들을 적합한 직책에 배치하고, 또한 효과적인 장려 시스템을 세워야 한다. 구성원들은, [10 D]위로 올라가는 것을 자신의 유일한 동력으로 삼지 말고, 감당할 수 없는 직책에서 억지로 버티는 것보다 차라리 자신이 여유 있게 할 수 있는 직책에서 잘 발휘하는 것이 낫다.

8. 举教授和运动员的例子是为了说明什么？
   A 运动员训练辛苦
   B 人们对现状不满足
   C 运动员退役后就业困难
   D 彼得原理普遍存在于生活中

8. 교수와 운동선수의 예를 든 것은 무엇을 설명하기 위한 것인가?
   A 운동선수는 훈련이 힘들다
   B 사람들은 현재 상황에 만족하지 않는다
   C 운동선수는 은퇴한 후 취업이 어렵다
   D 피터의 원리는 생활 속에 보편적으로 존재한다

9. 组织应该怎么做？
   A 尊重成员
   B 多安慰成员
   C 客观评价成员
   D 延长工作时间

9. 조직은 어떻게 해야 하는가?
   A 구성원을 존중한다
   B 구성원을 많이 위로한다
   C 구성원을 객관적으로 평가한다
   D 업무 시간을 연장한다

10. 对于成员个人而言，应该怎么做？
A 参加职业培训
B 主动要求加工资
C 完成上级分配的任务
D 不以升职为唯一目标

10. 구성원 개인은 어떻게 해야 하는가?
A 직업 훈련에 참가한다
B 자발적으로 임금 인상을 요구한다
C 상급자가 분배한 임무를 완성한다
D 승진을 유일한 목표로 삼지 않는다

풀이 ⑧ 열거형 문제이다. 이런 현상은 없는 곳이 없다고 했으므로 정답은 D이다. 녹음 내용을 통해 유추해야 하는 문제이다.
⑨ 동작형 문제이기도 하지만, '因此' 뒤에 나오는 내용을 묻는 주제형 문제이기도 하다. 조직은 모든 구성원의 능력을 객관적으로 평가해야 한다고 했으므로 정답은 C이다. 녹음과 보기가 거의 일치하는 문제이다.
⑩ 동작형 문제이기도 하지만, '因此' 뒤에 나오는 내용을 묻는 주제형 문제이기도 하다. 위로 올라가는 것을 유일한 동력으로 삼지 말라고 했으므로 가장 유사한 D가 정답이다. 녹음 내용을 통해 유추해야 하는 문제이다.

단어 ★组织 zǔzhī 명동 조직(하다) | ★领导 lǐngdǎo 명 지도자, 리더 동 지도하다 | 提拔 tíbá 동 등용하다, 발탁하다 | ★某 mǒu 대 모, 어느, 아무 | 等级 děngjí 명 등급 | 称职 chènzhí 동 직무에 적합하다 | 成员 chéngyuán 명 (구)성원 | 趋向于 qūxiàngyú 동 ~하는 경향이 있다 | 晋升 jìnshēng 동 승진하다 | 胜任 shèngrèn 동 (직책이나 임무를) 감당하다 | 职位 zhíwèi 명 직위 | 原理 yuánlǐ 명 원리 | 无处不在 wúchù búzài 없는 곳이 없다, 어디에나 있다 | 提升 tíshēng 동 진급하다 | 主管 zhǔguǎn 동 주관하다, 관할하다 | 官员 guānyuán 명 관리, 관원 | 无所作为 wúsuǒzuòwéi 성어 어떤 성과도 내지 못하다 | 岗位 gǎngwèi 명 직책, 본분 | ★出色 chūsè 형 훌륭하다, 뛰어나다 | 推断 tuīduàn 동 추정하다, 추단하다 | 职务 zhíwù 명 직무 | ★客观 kèguān 형 객관적이다 | ★建立 jiànlì 동 (1)건립하다, 설립하다, 수립하다 (2)맺다, 세우다, 이루다 | 奖励 jiǎnglì 명 장려금, 보너스 동 장려하다, 표창하다 | 机制 jīzhì 명 시스템, 매커니즘, 구조 | ★唯一 wéiyī 형 유일한 | 动力 dònglì 명 (원)동력 | ★与其A不如B yǔqí A bùrú B A하느니 차라리 B하다 | 勉强 miǎnqiǎng 부 간신히, 가까스로, 억지로 | 支撑 zhīchēng 동 버티다, 지탱하다 | 游刃有余 yóurènyǒuyú 성어 힘들이지 않고 여유 있게 일을 처리하다 | ★发挥 fāhuī 동 발휘하다 | 举例子 jǔ lìzi 예를 들다 | ★训练 xùnliàn 명동 훈련(하다) | 现状 xiànzhuàng 명 현재 상황 | 退役 tuìyì 동 (운동선수가) 은퇴하다 | 就业 jiùyè 동 취업하다 | ★普遍 pǔbiàn 형 보편적이다 | ★存在 cúnzài 동 존재하다 | ★尊重 zūnzhòng 동 존중하다 | ★安慰 ānwèi 동 위안하다, 위로하다 | ★延长 yáncháng 동 연장하다 | ★培训 péixùn 동 훈련하다, 양성하다 | ★主动 zhǔdòng 형 주동적이다, 능동적이다, 자발적이다 | 上级 shàngjí 명 상급자, 상급 기관 | ★分配 fēnpèi 동 분배하다, 배치하다 | 升职 shēngzhí 동 승진하다, 진급하다

듣기 Chapter 04 설명문

+ 본서 116쪽

정답

Track 47 1 C 2 D 3 D 4 A 5 D 6 B 7 D 8 A 9 C 10 A

1-2

"立春"是二十四节气中的第一个节气，在每年的公历二月三日至五日之间，[1C]"立"是开始的意思。自秦代以来，中国就一直以立春作为春季的开始，从立春到立夏的这段时间都被称为春季。在古代，立春时统治者会亲自率领群臣，[2D]去郊外迎春，祈求丰收，回来之后还要赏赐群臣。后来，这种迎春活动传入民间，逐渐成为了中国的传统风俗。

'입춘'은 24절기 중 첫 번째 절기이며, 매년 양력 2월 3월부터 5월 사이에 있고, [1C]'立'는 시작의 뜻이다. 진나라 때부터, 중국은 줄곧 입춘을 봄의 시작으로 여겼으며, 입춘에서 입하에 이르는 기간이 모두 봄이라고 불렸다. 고대에 입춘 때는 통치자가 친히 군신들을 거느리고 [2D]교외에 봄맞이를 가서 풍작을 빌었으며, 돌아온 후 군신들에게 상을 주었다. 후에 이러한 봄맞이 활동이 민간으로 전해졌고, 점차 중국의 전통 풍속이 되었다.

1. 立春的"立"是什么意思？

A 面临　B 立刻　C 开始　D 收获

1. 입춘의 '立'는 무슨 뜻인가?

A 직면하다　B 즉시　C 시작하다　D 수확

2. 下列哪项属于古代立春时举行的活动？

A 赏花　B 写诗
C 举办宴会　D 到郊外迎春

2. 다음 중 어느 것이 고대 입춘 때 거행했던 활동에 속하는가?

A 꽃놀이를 하다　B 시를 쓰다
C 연회를 열다　D 교외에 봄맞이를 간다

풀이 ❶ 함의형 문제이다. '立'는 시작의 뜻이라고 했으므로 정답은 C이다. 녹음과 보기가 일치하는 문제이다.
❷ 열거형 문제이다. 교외에 봄맞이를 간다고 했으므로 정답은 D이다. 녹음과 보기가 일치하는 문제이다.

단어 **节气** jiéqi ⓜ 절기 | **公历** gōnglì ⓜ 양력 | ★**作为** zuòwéi ⓢ ~로 삼다, ~로 여기다 ⓟ ~로서 | **称为** chēngwéi ⓢ ~로 부르다 | **统治** tǒngzhì ⓢ 통치하다 | ★**亲自** qīnzì ⓑ 몸소, 친히, 직접 | **率领** shuàilǐng ⓢ 거느리다, 인솔하다 | **群臣** qúnchén ⓜ 군신 | **郊外** jiāowài ⓜ 교외 | **迎春** yíngchūn ⓢ 봄을 맞이하다 | **祈求** qíqiú ⓢ 간청하다 | **丰收** fēngshōu ⓜ 풍작 | **赏赐** shǎngcì ⓢ 상을 주다, 하사하다 | **民间** mínjiān ⓜ 민간 | ★**逐渐** zhújiàn ⓑ 점점, 점차 | ★**传统** chuántǒng ⓜⓗ 전통(적이다) | ★**风俗** fēngsú ⓜ 풍속 | ★**面临** miànlín ⓢ (문제나 상황에) 직면하다 | ★**立刻** lìkè ⓑ 즉시, 곧, 당장 | ★**收获** shōuhuò ⓜ 수확, 성과, 소득 ⓢ 수확하다 | **赏花** shǎnghuā ⓢ 꽃놀이를 하다 | ★**诗** shī ⓜ 시 | ★**宴会** yànhuì ⓜ 연회

3-5

蹦床运动是一项集竞技、健身、观赏和娱乐于一体的[3D]综合性运动项目。它流行于世界各地，可以说是许多人的童年回忆，是小时候去公园必玩儿的游戏项目。与其他运动不同，[4A]蹦床要求比赛场馆的天花板距离地面必须超过八米。专业运动员的腾起高度通常可达五米至八米，大大超过了其他运动中空翻的高度。此外，蹦床运动在空中停留的时间长，因而[5D]运动员能够完成许多优美的高难度动作。这使蹦床成为了一项能够充分展示人体运动美的项目。

트램펄린 운동은 스포츠, 헬스, 감상, 놀이가 일체화된 [3D]종합적 운동 종목이다. 그것은 세계 각지에서 유행하여, 많은 사람들의 어린 시절 추억이며 어렸을 때 공원에 가면 반드시 놀았던 게임 종목이라고 말할 수 있다. 기타 운동과 다르게, [4A]트램펄린은 경기장의 천장이 지면에서 떨어진 거리가 반드시 8미터를 넘을 것을 요구한다. 프로선수의 도약 높이가 일반적으로 5미터에서 8미터에 도달할 수 있어서, 다른 운동에서의 공중회전 높이를 크게 초과한다. 이밖에 트램펄린 운동은 공중에서 머무는 시간이 길고, 따라서 [5D]운동선수들은 아름다운 고난이도 동작을 많이 완성할 수 있다. 이것은 트램펄린이 인체 운동의 미를 충분히 드러낼 수 있는 종목이 되게 했다.

3. 蹦床是一项什么样的运动项目？

A 适合儿童
B 追求速度
C 需互相合作
D 具有综合性

3. 트램펄린은 어떠한 운동 종목인가?

A 아동에게 적합하다
B 속도를 추구한다
C 서로 협력할 필요가 있다
D 종합성이 있다

4. 蹦床运动对比赛场馆有什么特殊要求？

A 高度应超过8米
B 温度在20度左右
C 场地大于100平方米
D 和观众席有足够距离

4. 트램펄린 운동은 경기장에 어떤 특수한 요구가 있는가?

A 높이가 8미터를 초과해야 한다
B 온도가 20도 정도이다
C 운동장이 100제곱미터보다 크다
D 관중석과 충분한 거리가 있다

5. 关于蹦床运动员，下列哪项正确？

A 都很苗条
B 平均年龄很小
C 需进行长期训练
D 能在空中做优美动作

5. 트램펄린 선수에 관해, 다음 중 옳은 것은 무엇인가?

A 모두 날씬하다
B 평균 연령이 어리다
C 장기간의 훈련을 해야 한다
D 공중에서 아름다운 동작을 할 수 있다

풀이 ❸ 평가형 문제이다. 트램펄린은 종합적인 운동 종목이라고 했으므로 정답은 D이다. 녹음과 보기가 거의 일치하는 문제이다.

❹ 열거형 문제이다. 경기장 천장과 지면의 거리가 8미터를 넘어야 한다고 했으므로 정답은 A이다. 녹음 내용을 통해 유추해야 하는 문제이다.

❺ 판단형 문제이다. 트램펄린 선수는 공중에 머무는 시간이 길어서 많은 아름다운 동작을 할 수 있다고 했으므로 정답은 D이다. 녹음과 보기가 거의 일치하는 문제이다.

단어 蹦床 bèngchuáng 명 트램펄린 | 竞技 jìngjì 명 경기, 스포츠 | ★健身 jiànshēn 동 헬스하다 | 观赏 guānshǎng 동 감상하다, 보면서 즐기다 | ★娱乐 yúlè 명 오락, 놀이, 엔터테인먼트 | 集…于一体 jí…yúyìtǐ ~을 일체화하다 | ★综合 zōnghé 동 종합하다 | ★项目 xiàngmù 명 종목, 항목, 프로젝트 | 童年 tóngnián 명 어린 시절 | ★回忆 huíyì 명동 회상(하다), 추억(하다) | 场馆 chǎngguǎn 명 경기장 | 天花板 tiānhuābǎn 명 천장 | ★距离 jùlí 명 거리 동 떨어지다, 사이를 두다 | ★专业 zhuānyè 명 전공 형 전문적인, 프로의 | 腾 téng 동 도약하다, 뛰어오르다 | ★通常 tōngcháng 형 통상적이다, 일반적이다 | 达 dá 동 이르다, 도달하다 | 空翻 kōngfān 명 공중회전 | 停留 tíngliú 동 (잠시) 머물다 | ★因而 yīn'ér 접 그러므로, 따라서 | ★优美 yōuměi 형 우아하고 아름답다 | ★充分 chōngfèn 형 충분하다 | 展示 zhǎnshì 동 드러내 보이다, 펼쳐 보이다 | ★追求 zhuīqiú 동 추구하다 | ★合作 hézuò 명 합작, 협력 동 합작하다, 협력하다 | ★特殊 tèshū 형 특수하다 | ★温度 wēndù 명 온도 | 场地 chǎngdì 명 운동장, 그라운드 | ★平方 píngfāng 명 제곱, 평방 | 席 xí 명 좌석 | 足够 zúgòu 형 충분하다 | ★苗条 miáotiao 형 날씬하다 | ★平均 píngjūn 명 평균 형 평균의, 평균적인 | ★年龄 niánlíng 명 연령, 나이 | ★训练 xùnliàn 명동 훈련(하다)

6-7

夜间文旅经济是夜间消费与文化旅游消费的结合。夜间文旅经济能延长游客在旅游地的停留时间，6B 有助于拉动地方消费，并有效提高夜间经济的水平。虽然游客文化消费已经成为夜间旅游的重要组成部分，但许多地方的夜间文化旅游还停留在引导游客欣赏歌舞演出，或者观看当地历史文化纪录片等，7D 形式较为单一。夜间文旅消费市场还需要进一步找到其正确的表达方式。

야간문화관광경제는 야간 소비와 문화 여행 소비의 결합이다. 야간문화관광경제는 여행객이 여행지에서 머무르는 시간을 연장시킬 수 있어, 6B 지역 소비를 이끄는 데 도움이 되고, 또한 효과적으로 야간 경제의 수준을 향상시킨다. 비록 여행객의 문화소비가 이미 야간 여행의 중요한 구성 부분이 되었지만, 그러나 많은 지역의 야간문화관광은 아직 여행객에게 노래와 춤 공연을 감상하게 하거나 현지의 역사문화 다큐멘터리 등을 관람하는 데 머무르고 있어, 7D 형식이 비교적 단순하다. 야간문화관광의 소비시장은 다른 정확한 표현 방식을 한층 더 찾아낼 필요가 있다.

6. 关于夜间文旅经济，可以知道什么？
   - A 能减轻景区压力
   - B 能拉动地方消费
   - C 能提高城市竞争力
   - D 得到了政府的大力支持

6. 야간문화관광경제에 관해, 알 수 있는 것은 무엇인가?
   - A 관광 지구의 부담을 덜 수 있다
   - B 지역 소비를 이끌 수 있다
   - C 도시 경쟁력을 높일 수 있다
   - D 정부의 강력한 지지를 얻었다

7. 说话人认为目前夜间文旅消费存在什么问题？
   - A 优惠力度小
   - B 主题太模糊
   - C 缺少趣味性
   - D 形式较单一

7. 화자는 지금 야간문화관광 소비에 어떤 문제가 존재한다고 생각하는가?
   - A 할인 혜택이 적다
   - B 주제가 너무 모호하다
   - C 재미가 부족하다
   - D 형식이 비교적 단순하다

풀이 ❻ 함의형 문제이다. 지역 소비를 이끄는 데 도움이 된다고 했으므로 정답은 B이다. 녹음과 보기가 거의 일치하는 문제이다.

❼ 열거형 문제이다. 형식이 비교적 단순하다고 했으므로 정답은 D이다. 녹음과 보기가 거의 일치하는 문제이다.

단어 夜间 yèjiān 명 야간 | ★经济 jīngjì 명 경제 | ★消费 xiāofèi 명동 소비(하다) | ★结合 jiéhé 명동 결합(하다) | ★延长 yáncháng 동 연장하다 | 拉动 lādòng 동 이끌다, 촉진하다 | ★组成 zǔchéng 동 구성하다, 이루다 | 引导 yǐndǎo 동 안내하다, 인도하다 | ★欣赏 xīnshǎng 동 (1)감상하다 (2)좋다고 여기다, 마음에 들어하다 | ★演出 yǎnchū 명동 공연(하다) | 观看 guānkàn 동 관람하다 | ★当地 dāngdì 명 현지, 그 지방 | 纪录片 jìlùpiàn 명 다큐멘터리 | ★形式 xíngshì 명 형식 | 较为 jiàowéi 부 비교적 | ★市场 shìchǎng 명 시장 | ★表达 biǎodá 동 표현하다 | ★方式 fāngshì 명 방식 | 减轻 jiǎnqīng 동 경감하다, 덜다, 가볍게 하다 | 景区 jǐngqū 명 관광 지구 | ★竞争 jìngzhēng 명동 경쟁(하다) | ★政府 zhèngfǔ 명 정부 | ★优惠 yōuhuì 형 할인의, 특혜의 | 力度 lìdù 명 힘, 세기 | ★主题 zhǔtí 명 주제 | ★模糊 móhu 형 모호하다, 분명하지 않다 | ★缺少 quēshǎo 동 부족하다, 모자라다 | 趣味 qùwèi 명 흥미, 재미

8–10

白酒是中国独有的特色产品，[8A]有上千年的历史。根据古书记载，白酒具有一定的药用价值，可用来治病防病。白酒中含有多种有利于人体健康的成分，几乎所有的白酒都具有[9A]消炎的功效。少量饮用白酒[9D]能促进血液循环、[9B]抗衰老。此外，白酒中还含有多种酸，可以提高人体的免疫力，有很强的保健功能。白酒虽然好处多，但饮用[10A]一定要适量，否则，会对身体造成损伤。	바이주는 중국 고유의 특산품으로, [8A]천년이 넘는 역사가 있다. 고서의 기재에 따르면, 바이주는 어느 정도 약용 가치가 있어서, 병을 치료하고 병을 예방하는 데 쓰일 수 있다. 바이주에는 여러 가지 인체 건강에 이로운 성분이 함유되어 있고, 거의 모든 바이주는 [9A]소염 효과가 있다. 바이주를 소량 마시면 [9D]혈액순환을 촉진하고 [9B]노화를 방지를 할 수 있다. 이밖에 바이주에는 여러 종류의 산이 함유되어 있어서 인체의 면역력을 향상시킬 수 있고, 아주 강한 보건 효능이 있다. 바이주가 비록 좋은 점이 많지만, [10A]반드시 적당한 양을 마셔야 하는데, 그렇지 않으면 신체에 손상을 초래할 수 있다.

8. 关于白酒，可以知道什么？
   A 历史悠久
   B 用中药制成
   C 含700种成分
   D 古时仅富贵者能饮用

8. 바이주에 관해, 무엇을 알 수 있나?
   A 역사가 유구하다
   B 중의약으로 만들어졌다
   C 700종의 성분을 함유하고 있다
   D 고대에는 단지 부자만 마실 수 있었다

9. 下列哪项不属于白酒的药用功效？
   A 消炎 B 抗衰老
   C 治疗咳嗽 D 促进血液循环

9. 다음 중 바이주의 약용 효과에 속하지 않는 것은 무엇인가?
   A 염증을 없앤다 B 노화를 방지한다
   C 기침을 치료한다 D 혈액순환을 촉진한다

10. 饮用白酒应该注意什么？
   A 要适量
   B 不可冷藏
   C 睡前不宜喝
   D 在服药前饮用

10. 바이주를 마실 때 주의해야 하는 것은 무엇인가?
   A 양이 적당해야 한다
   B 냉장하면 안 된다
   C 자기 전에 마시는 것은 좋지 않다
   D 약을 먹기 전에 마신다

풀이 ❽ 함의형 문제이다. 천년이 넘는 역사가 있다고 했으므로 정답은 A이다. 천년이라는 시간은 상대적이므로 B, C, D의 내용이 녹음에서 언급되지 않은 것을 통해 문제의 정답을 찾아야 한다.

❾ 열거형 문제이다. 염증을 없애고 혈액순환을 촉진하며 노화를 방지한다고 했으므로 언급되지 않은 C가 정답이다. 각 보기의 내용이 녹음에서 나올 때마다 체크를 하며 들어야 맞출 수 있는 문제이다.

❿ 열거형 문제이다. 반드시 양이 적당해야 한다고 했으므로 정답은 A이다. 녹음과 보기가 일치하는 문제이다.

단어 独有 dúyǒu ⓓ 혼자만이 가지고 있다 | ★特色 tèsè ⓜ 특색 | ★产品 chǎnpǐn ⓜ 제품 | 记载 jìzǎi ⓜⓓ 기재(하다) | ★价值 jiàzhí ⓜ 가치 | 含有 hányǒu ⓓ 함유하다 | ★成分 chéngfèn ⓜ 성분 | 消炎 xiāoyán ⓓ 염증을 없애다, 소염하다 | 功效 gōngxiào ⓜ 효능, 효과 | 饮用 yǐnyòng ⓓ 마시다 | ★促进 cùjìn ⓓ 촉진하다 | 血液 xuèyè ⓜ 혈액 | 循环 xúnhuán ⓜⓓ 순환(하다) | 抗衰老 kàngshuāilǎo 안티에이징하다, 노화방지하다 | ★酸 suān ⓜ 산 ⓗ 시다 | 免疫力 miǎnyìlì ⓜ 면역력 | 保健 bǎojiàn ⓜ 보건 | ★功能 gōngnéng ⓜ 기능, 효능 | 适量 shìliàng ⓗ 양이 적당하다 | ★造成 zàochéng ⓓ (부정적인 상황을) 야기하다, 초래하다 | 损伤 sǔnshāng ⓜⓓ 손상(되다) | ★悠久 yōujiǔ ⓗ 유구하다 | 富贵 fùguì ⓗ 부귀하다 | ★治疗 zhìliáo ⓓ 치료하다 | ★咳嗽 késou ⓓ 기침하다 | 冷藏 lěngcáng ⓓ 냉장하다 | 不宜 bùyí ⓓ ~하는 것은 좋지 않다 | 服药 fúyào ⓓ 약을 먹다

실용문

+ 본서 121쪽

Track 49　1 C　2 D　3 A　4 C　5 C　6 B　7 D　8 C　9 B　10 D

1-2

本次大赛的主题是"寻找最佳服装设计师"。无论你是设计专业的学生还是已工作多年的职场人士，或者是自由职业者，只要你[1C]热爱服装设计，我们都欢迎你来参加比赛。参赛作品将由十位著名的服装设计师来评选。获奖者将会得到丰厚的奖品，并且[2D]可以进入著名的品牌服装公司工作。欢迎大家积极报名参加。

본 대회의 주제는 '가장 훌륭한 의류 디자이너 찾기'입니다. 당신이 디자인 전공의 학생이든 아니면 이미 다년간 일한 직장인이든, 혹은 프리랜서이든 관계없이, 당신이 [1C]의류 디자인을 매우 좋아하기만 한다면, 우리는 당신이 와서 대회에 참가하는 것을 환영합니다. 참가 작품은 열 분의 유명한 디자이너가 심사하여 선발하게 될 것입니다. 수상자는 푸짐한 상품을 받게 될 것이며, 게다가 [2D]유명 브랜드 의류 회사에 들어가서 일할 수 있습니다. 여러분들이 적극적으로 지원하여 참가하기를 환영합니다.

1. 本次大赛对参赛者有什么要求?
   A 有设计经验
   B 具备本科学历
   C 热爱服装设计
   D 年龄在40岁以下

1. 본 대회는 참가자에 어떤 요구가 있는가?
   A 디자인 경험이 있다
   B 학사 학력을 갖추다
   C 의류 디자인을 매우 좋아한다
   D 연령이 40세 이하이다

2. 获奖选手会得到什么奖励?
   A 上万元奖金
   B 获赠名牌服饰
   C 著名设计师的指导
   D 进入服装公司工作

2. 수상 선수는 어떤 상을 얻게 되는가?
   A 만 위안이 넘는 상금
   B 유명 브랜드의 의복과 장신구를 증정받는다
   C 유명한 디자이너의 지도
   D 의류 회사에 들어가서 일한다

풀이 ❶ 열거형 문제이다. 의류 디자인을 좋아하기만 하면 참가를 환영한다고 했으므로 정답은 C이다. 녹음과 보기가 일치하는 문제이다.

❷ 열거형 문제이다. 유명 브랜드 의류 회사에서 일할 수 있다고 했으므로 정답은 D이다. 녹음과 보기가 일치하는 문제이다.

단어 ★主题 zhǔtí 명 주제 | ★寻找 xúnzhǎo 동 찾다 | ★服装 fúzhuāng 명 옷, 의류 | ★设计 shèjì 명동 설계(하다), 디자인(하다) | ★专业 zhuānyè 명 전공 형 전문적인, 프로의 | 职场 zhíchǎng 명 직장 | 人士 rénshì 명 인사 | ★自由 zìyóu 명형 자유(롭다) | ★热爱 rè'ài 동 열렬히 사랑하다, 매우 좋아하다 | ★作品 zuòpǐn 명 작품 | 评选 píngxuǎn 동 심사하여 뽑다 | 获奖 huòjiǎng 동 상을 받다 | 丰厚 fēnghòu 형 푸짐하다, 두둑하다, 후하다 | 奖品 jiǎngpǐn 명 상품 | 品牌 pǐnpái 명 브랜드 | ★具备 jùbèi 동 갖추다 | ★本科 běnkē 명 본과, 학부 | ★学历 xuélì 명 학력 | 选手 xuǎnshǒu 명 선수 | 奖励 jiǎnglì 명동 상(주다), 표창(하다) | ★奖金 jiǎngjīn 명 상금, 보너스 | 获赠 huòzèng 동 증정받다 | ★名牌 míngpái 명 유명 브랜드 | 服饰 fúshì 명 의복과 장신구 | ★指导 zhǐdǎo 명동 지도(하다)

3-5

研究表明，[5C]如果人们能花几分钟时间，回顾一下不久前听过或看过的内容，就会使记忆更加深刻。研究人员将参与者分成两组，让他们观看一系列短片。第一组参与者看完一部分后，被要求回忆并[3A]描述短片内容；而另一组则继续看新的短片。结果发现，第一组参与者在一个星期或更长时间内，还能回忆起短片中的细节。研究人员还发现，在描述短片场景时，将场景与熟悉的事物联系起来，也可加深记忆。例如，有位参与者将短片里的一个人物，[4C]看作他喜欢的一位电影角色，这加深了他对人物的印象。

연구에서 밝히기를, [5C]만약 사람들이 몇 분의 시간을 써서 방금 전 들은 적 있거나 본 적 있는 내용을 회상한다면, 기억에 더 깊게 남을 수 있다. 연구자는 참여자를 두 조로 나누어 그들에게 단편 영화 시리즈를 보게 했다. 첫 번째 조의 참여자는 한 편을 본 후 회상하고 또한 단편 [3A]영화의 내용을 묘사하라고 요구 받았고, 반면 다른 조는 계속해서 새로운 단편 영화를 봤다. 결과에서 발견하길, 첫 번째 조 참여자들은 일주일 혹은 더 긴 시간 내에 여전히 단편 영화 속의 사소한 부분을 기억할 수 있었다. 연구자들은 또한 단편 영화의 장면을 묘사할 때, 장면을 익숙한 사물과 연계시키면 기억을 더 심화시킨다는 것을 발견했다. 예를 들어, 어떤 참여자는 단편 영화 속의 한 인물을 [4C]그가 좋아하는 한 영화 배역으로 생각했는데, 이것은 인물에 대한 그의 인상을 더 깊게 했다.

3. 研究人员对第一组参与者有什么要求？
   A 描述短片内容
   B 寻找实验伙伴
   C 猜出短片的结尾
   D 谈论对角色的看法

3. 연구자는 첫 번째 조 참여자에게 어떤 요구를 했는가?
   A 단편 영화의 내용을 묘사한다
   B 실험 동료를 찾는다
   C 단편 영화의 결말을 추측해낸다
   D 배역에 대한 견해를 논의한다

4. 那位实验对象将短片里的人物跟什么联系了起来？
   A 一位亲戚　　B 一位导演
   C 喜欢的电影角色　　D 动画片中的人物

4. 그 실험 대상은 단편 영화 속의 인물을 무엇과 연계시켰나?
   A 한 명의 친척　　B 한 명의 감독
   C 좋아하는 영화 배역　　D 만화영화 속의 인물

5. 这段话主要谈的是什么？
   A 怎样制作短片　　B 电影的发展史
   C 如何加深记忆　　D 大脑的思考过程

5. 이 글이 주로 이야기하는 것은 무엇인가?
   A 어떻게 단편 영화를 제작하나　　B 영화의 발전사
   C 어떻게 기억을 심화시키나　　D 대뇌의 사고 과정

풀이 ❸ 열거형 문제이다. 첫 번째 조는 한 편의 단편 영화를 보고 나면 내용을 묘사하라고 요구받았으므로 정답은 A이다. 녹음과 보기가 일치하는 문제이다.

❹ 열거형 문제이다. 한 참여자가 단편 영화 속의 인물을 그가 좋아하는 한 영화 배역으로 여겼다고 했으므로 정답은 C이다. 녹음과 보기가 일치하는 문제이다.

❺ 주제형 문제이다. 녹음의 첫 부분에서 만약 방금 듣거나 본 내용을 회상하면 기억이 깊어진다고 했고, 그 뒤의 내용들은 그것을 뒷받침하는 연구에 대한 내용이므로 정답은 C이다. 전체 내용을 통해 유추해야 하는 문제이다.

단어 ★**表明** biǎomíng ⓢ 분명하게 나타내다, 표명하다 | **回顾** huígù ⓢ 회고하다, 돌이켜보다 | ★**记忆** jìyì ⓜⓢ 기억(하다) | ★**深刻** shēnkè ⓗ (인상 등이) 깊다 | ★**参与** cānyù ⓢ 참여하다 | **一系列** yíxìliè 일련의 | **短片** duǎnpiàn ⓜ 단편 영화 | ★**回忆** huíyì ⓜⓢ 회상(하다), 추억(하다) | **描述** miáoshù ⓜⓢ 묘사(하다) | ★**细节** xìjié ⓜ 세부, 사소한 부분 | **场景** chǎngjǐng ⓜ 장면, 신(scene), 정경 | **看作** kànzuò ⓢ ~로 보다, ~로 여기다 | ★**角色** juésè ⓜ 배역 | **加深** jiāshēn ⓢ 심화하다, 심화되다 | ★**实验** shíyàn ⓜⓢ 실험(하다) | ★**伙伴** huǒbàn ⓜ 짝, 동료, 동업자 | ★**猜** cāi ⓢ 추측하다, 알아맞히다 | **结尾** jiéwěi ⓜ 결말 | **谈论** tánlùn ⓜⓢ 논의(하다) | ★**亲戚** qīnqi ⓜ 친척 | ★**动画片** dònghuàpiàn ⓜ 만화영화 | **大脑** dànǎo ⓜ 대뇌 | ★**思考** sīkǎo ⓜⓢ 사고(하다)

6-7

分期购物作为一种全新的消费方式，近年来迅速普及，并为各大主流电商所采用。研究报告显示，分期购物人群呈现出年轻化特征，[6B]90后占比超过80%，且以未婚男性为主；分期商品以高品质、高单价的消费品为主。从趋势上看，分期商品正[7D]从大件转向小件，分期热度由大城市扩散至中小城市，分期人群从低收入者迁移至中高收入者。

할부 구매는 새로운 소비 방식으로 최근 들어 빠르게 보급되었고, 또한 각 주요 인터넷 쇼핑들에 도입되었다. 연구 보고서에서는 할부 구매군이 젊어지는 특징을 보이는데 [6B] 90년대생이 차지하는 비율이 80%가 넘고, 게다가 미혼 남성이 주를 이루며, 할부 상품은 고품질의 높은 가격의 소비품이 주를 이루는 것을 나타냈다. 추세로 볼 때, 할부 상품은 [7D] 크고 비싼 상품에서 저렴한 소품으로 바뀌고 있고, 할부 구매의 열기는 대도시에서 중소도시로 확산되고 있으며, 할부 구매군은 저수입자로부터 고수입자로 옮겨가고 있다.

6. 关于分期购物人群，下列哪项正确？
A 学生居多
B 大多是90后
C 以已婚女性为主
D 收入水平普遍较高

6. 할부 구매군에 관해, 다음 중 옳은 것은 무엇인가?
A 학생이 다수를 차지한다
B 대다수가 90년대생이다
C 기혼 여성이 주를 이룬다
D 수입 수준이 보편적으로 비교적 높다

7. 分期购物的发展趋势是什么？
A 高单价商品减少
B 发展速度放慢
C 集中在北京、上海
D 由大件商品转向小件

7. 할부 구매의 발전 추세는 무엇인가?
A 높은 단가의 상품이 감소한다
B 발전 속도가 느려진다
C 베이징, 상하이에 집중된다
D 크고 비싼 상품에서 저렴한 소품으로 바뀐다

풀이 ❻ 판단형 문제이다. 90년대생이 차지하는 비율이 80%가 넘는다고 했으므로 정답은 B이다. 녹음 내용을 통해 유추해야 하는 문제이다.

❼ 열거형 문제이다. 크고 비싼 상품에서 저렴한 소품으로 할부 상품 추세가 바뀌고 있다고 했으므로 정답은 D이다. 녹음과 보기가 거의 일치하는 문제이다.

단어 ★**作为** zuòwéi ⓢ ~로 삼다, ~로 여기다 ⓙ ~로서 | ★**消费** xiāofèi ⓜⓢ 소비(하다) | ★**迅速** xùnsù ⓗ 신속하다, 빠르다 | **普及** pǔjí ⓢ 보급되다 | **主流** zhǔliú ⓜ 주류, 주요 추세 | **电商** diànshāng ⓜ 전자상거래 | **采用** cǎiyòng ⓢ 도입하다, 채택하다 | ★**报告** bàogào ⓜ 보고(서), 리포트 ⓢ 보고하다 | ★**显示** xiǎnshì ⓢ 나타내 보이다, 드러내다 | **呈现** chéngxiàn ⓢ 나타나다, 양상을 띠다 | ★**特征** tèzhēng ⓜ 특징 | **占比** zhànbǐ ⓜ 차지하는 비율 | **未婚** wèihūn ⓗ 미혼이다 | **品质** pǐnzhì ⓜ 품질 | **单价** dānjià ⓜ 단가 | ★**趋势** qūshì ⓜ 추세, 경향 | **大件** dàjiàn ⓜ 부피가 비교적 크고 가격도 비교적 비싼 상품 | **转向** zhuǎnxiàng ⓢ ~쪽으로 방향을 바꾸다 | **扩散** kuòsàn ⓢ 확산하다 | **迁移** qiānyí ⓢ 옮기다, 이전하다 | **居多** jūduō ⓢ 다수를 차지하다 | ★**普遍** pǔbiàn ⓗ 보편적이다 | ★**集中** jízhōng ⓢ 집중하다, 모으다

8-10

近年来，随着人们生活水平的提高，南极旅行逐渐流行起来。南极没有四季之分，[8C]只有寒暖两季。寒季气温低，也常出现极端天气，因此只有十一月到次年三月份的暖季才适宜旅游。因其遥远的地理位置、不可代替的旅游地貌以及相对稀缺的旅游资源，[9B]南极旅游一直是单价最高的旅游产品之一，平均价格在人民币十万元上下。尽管开销巨大，每年还是有不少游客选择去南极旅行。他们选择南极的原因也不尽相同，有的是因为七大洲只差南极洲没去过，还有的是因为职业需要和兴趣爱好，比如摄影师、[10D]冒险爱好者等。

최근 들어 사람들의 생활 수준이 향상됨에 따라, 남극 여행이 점차 유행하기 시작했다. 남극은 사계절의 구분이 없고, [8C]오직 춥고 따뜻한 두 계절만 있다. 추운 계절은 기온이 낮고 극단적인 날씨가 자주 나타나고, 따라서 오직 11월에서 이듬해 3월까지의 따뜻한 계절만 여행하기에 적합하다. 아득히 먼 그곳의 지리적 위치, 대체할 수 없는 여행 지형 및 상대적으로 희귀한 여행 자원 때문에, [9B]남극 여행은 줄곧 단가가 가장 높은 여행 상품 중의 하나로, 평균 가격이 10만 위안 안팎이다. 비록 비용이 크지만, 매년 여전히 많은 여행객이 남극 여행을 선택한다. 그들이 남극을 선택하는 원인도 다 같지는 않다. 어떤 사람은 7대주에서 남극주만 가본 적이 없기 때문이고, 어떤 사람은 직업적 요구와 흥미 및 취미 때문인데, 예를 들어 사진작가, [10D]모험 애호가 등이 있다.

8. 南极的气候怎么样？
   A 空气潮湿
   B 大雾天多
   C 分寒、暖两季
   D 全年光照强烈

8. 남극의 날씨는 어떠한가?
   A 공기가 습하다
   B 짙은 안개가 끼는 날이 많다
   C 춥고 따뜻한 두 개의 날씨로 나뉜다
   D 1년 내내 일조가 강렬하다

9. 关于南极旅行，可以知道什么？
   A 必须乘船　B 费用很高
   C 路线单一　D 至少需一个月

9. 남극 여행에 관해, 무엇을 알 수 있는가?
   A 반드시 배를 타야 한다　B 비용이 높다
   C 노선이 단일하다　D 적어도 한 달이 걸린다

10. 根据这段话，哪些人可能会对南极旅游感兴趣？
   A 青少年　B 物理学家
   C 媒体工作者　D 热爱冒险的人

10. 이 글에 근거하여, 어떤 사람들이 남극 여행에 흥미를 느낄까?
   A 청소년　B 물리학자
   C 미디어 종사자　D 모험을 매우 좋아하는 사람

풀이

❽ 평가형 문제이다. 남극은 사계절이 없이 춥고 따뜻한 두 계절만 있다고 했으므로 정답은 C이다. 녹음과 보기가 거의 일치하는 문제이다.

❾ 함의형 문제이다. 남극여행은 단가가 가장 높은 여행 중 하나라고 했으므로 정답은 B이다. 녹음 내용을 통해 유추해야 하는 문제이다.

❿ 열거형 문제이다. 예시로 사진작가와 모험 애호가를 들었으므로 정답은 D이다. 녹음과 보기가 거의 일치하는 문제이다.

단어 ★逐渐 zhújiàn ㊝ 점점, 점차 | 气温 qìwēn ㊔ 기온 | 极端 jíduān ㊌ 극단적인 | 次年 cìnián ㊔ 이듬해 | 适宜 shìyí ㊌ 적합하다, 적절하다 | 遥远 yáoyuǎn ㊌ 아득히 멀다 | ★地理 dìlǐ ㊔ 지리 | ★代替 dàitì ㊕ 대신하다, 대체하다 | 地貌 dìmào ㊔ 지형 | ★以及 yǐjí ㊎ 및, 그리고 | ★相对 xiāngduì ㊝ 상대적으로 ㊌ 상대적이다 | 稀缺 xīquē ㊌ 희소하다 | 开销 kāixiāo ㊔ 비용 ㊕ 지출하다 | ★巨大 jùdà ㊌ 거대하다, 매우 크다 | 不尽相同 bújìn xiāngtóng 다 같은 것이 아니다 | 大洲 dàzhōu ㊔ 대주, 대륙 | ★冒险 màoxiǎn ㊕ 모험하다 | ★潮湿 cháoshī ㊌ 축축하다, 눅눅하다 | ★雾 wù ㊔ 안개 | 光照 guāngzhào ㊔ 일조 | ★强烈 qiángliè ㊌ 강렬하다 | 乘船 chéngchuán ㊕ 배를 타다 | 费用 fèiyòng ㊔ 비용 | 路线 lùxiàn ㊔ 노선 | 单一 dānyī ㊌ 단일하다 | ★至少 zhìshǎo ㊝ 적어도 | ★青少年 qīngshàonián ㊔ 청소년 | ★物理 wùlǐ ㊔ 물리(학)

독해 1부분 기출 테스트 해설

독해 Chapter 01 명사 · 양사 고르기

+ 본서 135~136쪽

[정답]

1 A　2 B　3 C　4 D　5 A　6 B　7 C　8 A　9 B　10 C　11 A　12 D

1-2

电脑、手机等电子产品，使用时间长了需要定期清洁。然而，传统清洗电子设备的 1A 方式 需要拆机，过程复杂。鉴于此，一名女大学生与其对化学颇有研究的父亲共同发明了一种绝缘液体。

据介绍，这种绝缘液体适用于几乎所有电子产品。清洗时，电子产品无需关机，而且，两 2B 公斤 液体就可以清洗50部手机或20台笔记本电脑。

컴퓨터, 휴대전화 등 전자제품은 사용 시간이 길어지면 정기적으로 청결하게 해야 한다. 그러나 전통적으로 전자설비를 깨끗하게 씻는 1A 방식은 기계를 분해할 필요가 있어서 과정이 복잡했다. 이를 감안하여, 한 여자 대학생과 화학을 깊이 연구한 아버지가 함께 절연 액체를 발명했다.

소개에 따르면, 이 절연 액체는 거의 모든 전자제품에 사용하기 적합하다고 한다. 씻을 때 전자제품을 끌 필요가 없고, 게다가 2 2B 킬로그램의 액체면 50대의 휴대전화 혹은 20대의 노트북컴퓨터를 씻을 수 있다.

1. A 方式　B 资格　C 范围　D 规矩
2. A 平方　B 公斤　C 公里　D 厘米

1. A 방식　B 자격　C 범위　D 규율
2. A 제곱미터(㎡)　B 킬로그램(kg)　C 킬로미터(km)　D 센티미터(cm)

[풀이] ❶ 보기가 모두 명사이고 주어 자리가 빈칸이므로 일단 주어를 수식하는 관형어와 서술어와 목적어를 읽어 보자. 빈칸은 **'传统清洗电子设备的**(전통적으로 전자설비를 깨끗하게 씻는)'의 수식을 받고 있고, 서술어와 목적어는 **'需要拆机'**이다. 내용의 흐름상 A가 가장 적합하다.

TIP!

A **方式** fāngshì [명] 방식	**采取**方式 cǎiqǔ fāngshì 방식을 취하다 **合理的**方式 hélǐ de fāngshì 합리적인 방식
B **资格** zīgé [명] 자격	**获得**资格 huòdé zīgé 자격을 얻다 **具备**资格 jùbèi zīgé 자격을 갖추다
C **范围** fànwéi [명] 범위	**扩大**范围 kuòdà fànwéi 범위를 넓히다
D **规矩** guīju [명] 규율, 법칙	**制定**规矩 zhìdìng guīju 규율을 만들다 **遵守**规矩 zūnshǒu guīju 규율을 지키다 **违反**规矩 wéifǎn guīju 규율을 어기다

❷ 보기가 모두 양사이므로 전체 내용을 읽을 필요 없이 빈칸 주변에서 양사가 세는 단위만 우선 찾아내면 된다. 빈칸 뒤에 **'液体**(액체)'가 있으므로 적합한 양사는 B밖에 없다.

TIP!

A 平方 píngfāng ⓜ 제곱, 제곱미터(m^2)	3的平方是9。3 de píngfāng shì 9. 3의 제곱은 9이다.
B 公斤 gōngjīn ⓜ 킬로그램(kg)	比以前胖了5公斤。 Bǐ yǐqián pàng le 5gōngjīn. 예전보다 5킬로그램 쪘다.
C 公里 gōnglǐ ⓜ 킬로미터(km)	这儿离河北大约有40公里。 Zhèr lí héběi dàyuē yǒu 40gōnglǐ. 이곳은 허베이에서 약 40킬로미터 떨어져 있다.
D 厘米 límǐ ⓜ 센티미터(cm)	我的身高是180厘米。 Wǒ de shēngāo shì 180límǐ. 내 키는 180센티미터이다.

단어 ★产品 chǎnpǐn ⓜ 제품 | 定期 dìngqī ⓗ 정기의 | 清洁 qīngjié ⓓ 청결하게 하다 ⓗ 청결하다 | ★传统 chuántǒng ⓜⓗ 전통(적이다) | 清洗 qīngxǐ ⓓ 깨끗하게 씻다 | ★设备 shèbèi ⓜ 설비 | ★拆 chāi ⓓ 해체하다, 분해하다 | 鉴于 jiànyú ~에 비추어 보아, ~을 감안하여 | ★化学 huàxué ⓜ 화학 | 颇 pō ⓑ 매우, 대단히 | ★发明 fāmíng ⓜⓓ 발명(하다) | 绝缘 juéyuán ⓓ 절연하다(전기 용어) | 液体 yètǐ ⓜ 액체 | 适用 shìyòng ⓗ 사용에 적합하다 | 无需 wúxū ~할 필요가 없다

3-4

国际奥委会执委会对2020年夏季奥运会的项目设置进行了调查，总参赛人数将比上一 3C 届 减少285人，其中田径总共减少105人。不过田径赛也增加了一个新项目，即4X400米混合接力。这是一个新生事物，对于具体的比赛 4D 规则，国际奥委会和国际田联都还要进行研究。

국제올림픽위원회 집행위원회는 2020년 하계올림픽의 종목 설립에 대해 조사를 했는데, 총 경기 참가 인원수가 지난 3C 회 보다 285명 감소했고, 그중 육상 경기는 모두 105명이 감소했다. 그러나 육상 경기는 또한 새로운 종목 하나를 추가했는데, 바로 4인 400미터 혼합 계주이다. 이것은 새로 생긴 것으로, 구체적인 경기 4D 규칙에 대해서는, 국제위원회와 국제육상연맹이 모두 연구해야 한다.

3. A 组　B 团　C 届　D 片
4. A 比例　B 状况　C 结论　D 规则

3. A 세트　B 뭉치　C 회　D 조각
4. A 비례　B 상황　C 결론　D 규칙

풀이 ❸ 보기가 모두 양사이므로 빈칸 주변에서 양사가 세는 단위만 우선 찾아내면 된다. 지금은 빈칸 뒤에 양사가 수식하는 명사가 생략되어 있으므로 앞의 내용을 확인해야 한다. 앞 문장의 내용으로 볼 때 빈칸의 양사는 '올림픽'을 세는 단위이므로 정답은 C이다.

TIP!

A 组 zǔ ⓜ 조, 벌, 세트	一组 yì zǔ 한 조, 한 세트
B 团 tuán ⓜ 뭉치, 덩이(덩어리를 세는 단위)	一团毛线 yì tuán máoxiàn 털실 한 뭉치
C 届 jiè ⓜ 회, 기, 차(정기적인 회의, 졸업 연차, 대회 등)	一届奥运会 yí jiè Àoyùnhuì 올림픽 한 회
D 片 piàn ⓜ (1) 얇고 작게 잘라진 부분을 세는 단위 (2) 차지한 면적이나 범위를 세는 단위 (3) 풍경을 세는 단위	一片面包 yí piàn miànbāo 한 조각의 빵 一片土地 yí piàn tǔdì 땅덩어리 一片景象 yí piàn jǐngxiàng 하나의 광경

❹ 보기가 모두 명사이고 관형어 '**比赛**'의 수식을 받고 있으므로 A와 C는 소거할 수 있다. 뒤의 문장에 '더 연구해야 한다'라는 내용이 있으므로 흐름상 D가 가장 적합하다.

TIP!

A 比例 bǐlì [명] 비례, 비율	成比例 chéng bǐlì 비례하다
B 状况 zhuàngkuàng [명] 상황	发生状况 fāshēng zhuàngkuàng 상황이 발생하다 出现状况 chūxiàn zhuàngkuàng 상황이 나타나다
C 结论 jiélùn [명] 결론	下结论 xià jiélùn 결론을 내리다 得出结论 déchū jiélùn 결론을 얻다
D 规则 guīzé [명] 규칙	制定规则 zhìdìng guīzé 규칙을 만들다 遵守规则 zūnshǒu guīzé 규칙을 지키다 违反规则 wéifǎn guīzé 규칙을 어기다

[단어] **国际奥委会执委会** Guójì Àowěihuì zhíwěihuì 국제올림픽위원회 집행위원회 | ★**项目** xiàngmù [명] 종목, 항목, 프로젝트 | **设置** shèzhì [동] 설치하다, 설립하다 | **田径** tiánjìng [명] 육상 경기 | ★**总共** zǒnggòng [부] 모두, 합쳐서 | **混合接力** hùnhé jiēlì 혼합 계주 | ★**具体** jùtǐ [형] 구체적이다 | **田联** tiánlián 육상연맹

5-6

一次，我到一个朋友的根雕工作室参观，看见墙角有一 5A 堆未经雕刻的树根，造型十分独特。我便问他是从哪儿找来的？朋友说是从戈壁滩带回来的。

为什么不到树木丰富的树林中寻找，而要到荒凉的戈壁滩找呢？朋友回答道，树林里的树都是在常态环境下成长起来的，所以树根比较普通，没什么艺术 6B 价值。而在戈壁滩生存下来的树，经过了无数的磨难，这使得它们的树根木质坚硬，造型奇特，成为了根雕艺术中不可多得的可造之材。

한 번은 내가 친구의 나무뿌리 조각 예술 작업실에 구경갔다가 벽 구석에 한 5A 무더기의 조각을 거치지 않은 나무 뿌리들을 보게 되었는데, 조형이 매우 독특했다. 나는 그에게 어디서 찾아온 것인지 물었고, 친구는 사막 가장자리에서 가져온 것이라고 말했다.

왜 나무가 풍부한 숲에 가서 찾지 않고, 황량한 사막 가장자리에 가서 찾은 걸까? 친구가 대답하길, 숲속의 나무는 정상적인 환경에서 성장한 것이고, 그래서 나무뿌리가 비교적 평범해서 특별한 예술적 6B 가치가 없다. 하지만 사막 가장자리에서 생존해 남은 나무는 무수한 고난을 거쳤고, 이것은 그것들의 뿌리 재질이 단단해지고 조형이 기이해져, 나무뿌리 예술에서 쉽게 얻을 수 없는 조각할 만한 재료가 되었다.

5. A 堆　B 幅　C 匹　D 套
6. A 重量　B 价值　C 程序　D 成分

5. A 무더기　B 폭　C 필　D 세트
6. A 중량　B 가치　C 절차　D 성분

[풀이] ❺ 보기가 모두 양사이므로 전체 내용을 읽을 필요 없이 빈칸 주변에서 양사가 세는 단위만 우선 찾아내면 된다. 빈칸의 양사가 수식하는 명사는 '**树根**(나무뿌리)'이므로 의미상 정답은 A이다.

TIP!

A 堆 duī [양] (1) 쌓아 놓은 물건이나 더미를 세는 단위 (2) 사람의 무리를 세는 단위 (3) 추상적인 것이 많음을 나타내는 단위	一堆书 yì duī shū 한 무더기의 책 一堆人 yì duī rén 한 무리의 사람들 一堆问题 yì duī wèntí 많은 문제들
B 幅 fú [양] 폭(그림을 세는 단위)	一幅画 yì fú huà 한 폭의 그림
C 匹 pǐ [양] 필(말, 노새 등을 세는 단위)	一批马 yì pǐ mǎ 한 필의 말
D 套 tào [양] 세트를 세는 단위	一套袜子 yí tào wàzi 한 벌의 양말

❻ 보기가 모두 명사이고 동사 '没'의 목적어 자리가 빈칸이다. 또한, '艺术(예술)'라는 관형어의 수식을 받고 있다. 의미상 정답은 B이다.

TIP!

A 重量 zhòngliàng ⓜ 중량, 무게	称重量 chēng zhòngliàng 무게를 달다 计算重量 jìsuàn zhòngliàng 무게를 계산하다
B 价值 jiàzhí ⓜ 가치	有/没有价值 yǒu/méiyǒu jiàzhí 가치가 있다/없다 价值高 jiàzhí gāo 가치가 높다 历史价值 lìshǐ jiàzhí 역사적 가치 艺术价值 yìshù jiàzhí 예술적 가치 营养价值 yíngyǎng jiàzhí 영양 가치
C 程序 chéngxù ⓜ (1) 절차, 순서, 단계 (2) (컴퓨터) 프로그램	按照……程序 ànzhào……chéngxù ~절차에 따라 程序复杂 chéngxù fùzá 절차가 복잡하다 程序简单 chéngxù jiǎndān 절차가 간단하다
D 成分 chéngfèn ⓜ 성분	化学成分 huàxué chéngfèn 화학성분 营养成分 yíngyǎng chéngfèn 영양성분

단어 根雕 gēndiāo ⓜ 나무뿌리에 조각하는 예술 | 墙角 qiángjiǎo ⓜ 담의 모퉁이, 벽의 구석 | 未 wèi ⓟ 아직 ~하지 않다(=没有) | 雕刻 diāokè ⓜⓓ 조각(하다) | 造型 zàoxíng ⓜ 조형 | ★独特 dútè ⓗ 독특하다 | 戈壁滩 gēbìtān ⓜ 사막 가장자리 자갈과 굵은 모래로 이루어진 지형 | ★寻找 xúnzhǎo ⓓ 찾다 | 荒凉 huāngliáng ⓗ 황량하다 | 常态 chángtài ⓜ 정상 상태 | ★成长 chéngzhǎng ⓓ 성장하다, 자라다 | 生存 shēngcún ⓜⓓ 생존(하다) | ★无数 wúshù ⓗ 무수하다, 매우 많다 | 磨难 mónàn ⓜ 고난, 고생 | 坚硬 jiānyìng ⓗ 단단하다 | 奇特 qítè ⓗ 기묘하다, 기괴하다 | 多得 duōdé ⓓ 많이 얻다, 쉽게 얻다 | 可造之材 kězàozhīcái ⓢ 만들어낼 만한 재료, 키워볼 만한 인재

7-8

雷州半岛位于中国最南端，那儿有中国 7C 面积最大的"海上森林"——港江红树林国家级保护区。

经考证，这种红树 8A 最初是一种陆生植物，后来漂流到了海洋与陆地的交界地带。为了能在恶劣的咸水环境中生存下来，它们不断进化，形成了多种适应环境的方式。因此，红树的生命力极其顽强。

레이저우반도는 중국 최남단에 위치하며, 그곳에는 중국에서 7C 면적이 가장 큰 '바다 위의 숲', 강장홍수림 국가급 보호 지역이 있다.

고증을 거쳐 보면, 이런 홍수는 8A 최초에는 육생 식물이었지만, 후에 해양과 육지의 경계 지역으로 표류되어 왔다. 열악한 소금물 환경에서 생존하기 위해, 그것들은 끊임없이 진화하여 환경에 적응하는 여러 방식을 형성했다. 따라서 홍수의 생명력은 매우 강하다.

7. A 特色　B 步骤　C 面积　D 种类
8. A 最初　B 未来　C 目前　D 如今

7. A 특색　B 순서　C 면적　D 종류
8. A 최초　B 미래　C 현재　D 오늘날

풀이 ❼ 보기가 모두 명사이고 빈칸의 단어와 호응을 이루는 서술어 '大'와 함께 '海上森林(바다 위의 숲)'을 수식하고 있다. 의미에 맞는 단어는 C밖에 없다.

TIP!

A 特色 tèsè [명] 특색	富有特色 fùyǒu tèsè 특색이 풍부하다 没有特色 méiyǒu tèsè 특색이 없다
B 步骤 bùzhòu [명] (일 진행의) 순서, 절차, 단계	按照……步骤 ànzhào……bùzhòu ~순서에 따라
C 面积 miànjī [명] 면적	扩大面积 kuòdà miànjī 면적을 넓히다
D 种类 zhǒnglèi [명] 종류	种类丰富 zhǒnglèi fēngfù 종류가 풍부하다 种类多样 zhǒnglèi duōyàng 종류가 다양하다

8 보기가 모두 시간명사이고 부사어 자리가 빈칸이다. 시제를 파악하기 위해서는 뒤의 내용을 봐야 하는데, 다음 문장이 이미 발생한 일들의 순서를 나타내는 '**后来**'로 시작하므로 흐름상 A가 가장 적합하다.

TIP!

A 最初 zuìchū [명] 최초, 맨 처음	最初的样子 zuìchū de yàngzi 최초의 모습 最初的状态 zuìchū de zhuàngtài 처음의 상태
B 未来 wèilái [명] 미래	想象未来 xiǎngxiàng wèilái 미래를 상상하다
C 目前 mùqián [명] 지금, 현재	目前为止 mùqián wéizhǐ 지금까지
D 如今 rújīn [명] 지금, 오늘날	事到如今 shì dào rújīn 일이 이 지경에 이르다

[단어] **半岛** bàndǎo [명] 반도 | **南端** nánduān [명] 남단 | ★**面积** miànjī [명] 면적 | ★**森林** sēnlín [명] 숲, 삼림 | **考证** kǎozhèng [명][동] 고증(하다) | **陆生植物** lùshēng zhíwù 육생 식물 | **漂流** piāoliú [동] 표류하다, 물을 따라 흐르다 | ★**陆地** lùdì [명] 육지 | **交界** jiāojiè [명] 경계 [동] 경계선이 맞닿다, 인접하다 | **地带** dìdài [명] 지대, 지역 | ★**恶劣** èliè [형] 아주 나쁘다, 열악하다 | **咸水** xiánshuǐ [명] 짠물, 소금물 | **进化** jìnhuà [명][동] 진화(하다) | ★**形成** xíngchéng [동] 형성하다, 이루다 | ★**极其** jíqí [부] 매우, 지극히 | **顽强** wánqiáng [형] 완강하다, 억세다

9-10

在现代生活中，旅游已经成为女性休闲娱乐的首选。80%的女性认为旅游比买奢侈品更有 9B 魅力，98%的女性认为旅行能让其人生更具幸福感。

女性在旅游中最关注的 10C 因素是安全。一名女游客表示："即使有些地方方非常具有吸引力，但要是安全没有保障的话，我肯定不会去。"

현대 생활에서 여행은 이미 여성들의 휴식과 레저 활동에 있어 우선적인 선택이 되었다. 80%의 여성은 사치품을 구매하는 것보다 여행이 더욱 9B 매력 있다고 생각했고, 98%의 여성은 여행이 인생에 행복함을 더욱 느끼게 해준다고 생각했다.

여성들이 여행에서 가장 관심을 가지는 10C 요소는 안전이다. 한 여성 여행객은 말했다. "설령 어떤 곳은 매우 사람을 끄는 힘이 있지만, 만약 안전이 보장되지 않는다면 저는 분명 가지 않을 것입니다."

9. A 义务 B 魅力 C 核心 D 背景
10. A 后果 B 理论 C 因素 D 运气

9. A 의무 B 매력 C 핵심 D 배경
10. A (나쁜) 결과 B 이론 C 요소 D 운(수)

[풀이] 9 보기가 모두 명사이고 동사 '**有**'의 목적어 자리가 빈칸이지만 이 힌트만으로는 답을 선택하기 어렵다. 앞으로 한 호흡만 더 가면 여행이 여성들의 우선적인 선택이 되었다는 내용이 있으므로, 내용의 흐름상 B가 가장 적합하다.

TIP!

A 义务 yìwù 명 의무	有义务 yǒu yìwù 의무가 있다 承担义务 chéngdān yìwù 의무를 맡다
B 魅力 mèilì 명 매력	有魅力 yǒu mèilì 매력이 있다 散发魅力 sànfā mèilì 매력을 발산하다
C 核心 héxīn 명 핵심	工作的核心 gōngzuò de héxīn 업무의 핵심 思想的核心 sīxiǎng de héxīn 사상의 핵심 内容的核心 nèiróng de héxīn 내용의 핵심
D 背景 bèijǐng 명 배경	故事背景 gùshi bèijǐng 이야기의 배경 社会背景 shèhuì bèijǐng 사회적 배경 文化背景 wénhuà bèijǐng 문화적 배경

⑩ 보기가 모두 명사이고 주어 자리가 빈칸이므로 일단 주어를 수식하는 관형어와 서술어, 목적어를 보자. 빈칸은 '**女性在旅游中最关注的**(여성들이 여행에서 가장 관심을 가지는)'의 수식을 받고 있고, 서술어는 '**是**', 목적어는 '**安全**'이다. '빈칸=**安全**'의 의미구조를 이루며 내용의 흐름상 적합한 것은 C밖에 없다.

TIP!

A 后果 hòuguǒ 명 (나쁜) 결과	承担后果 chéngdān hòuguǒ 나쁜 결과를 떠맡다
B 理论 lǐlùn 명 이론	研究理论 yánjiū lǐlùn 이론을 연구한다 发表理论 fābiǎo lǐlùn 이론을 발표하다
C 因素 yīnsù 명 요소, 요인	构成因素 gòuchéng yīnsù 구성 요소 重要因素 zhòngyào yīnsù 중요한 요인
D 运气 yùnqì 명 운(수)	运气好 yùnqì hǎo 운이 좋다 运气不好 yùnqì bù hǎo 운이 좋지 않다

단어 ★**休闲** xiūxián 동 여가 활동을 하다, 레저 활동을 하다 | ★**娱乐** yúlè 명 오락, 레저 | **奢侈品** shēchǐpǐn 명 사치품 | ★**人生** rénshēng 명 인생 | **关注** guānzhù 명동 관심(을 가지다) | **保障** bǎozhàng 명동 보장(하다)

11-12

一杯冷水和一杯热水同时放入冰箱的冷冻室里，哪一杯先结冰？

1963年的一天，坦桑尼亚的马干巴中学的一名初三年级学生姆佩姆巴发现，自己放在冰箱冷冻室里的热牛奶比其他同学的凉牛奶先结冰，他问老师，老师则认为，肯定是姆佩姆巴搞错了。姆佩姆巴只好再做一次试验，11A 结果与上次完全相同。

后来，许多新闻媒体把这个非洲中学生发现的物理 12D 现象，称为"姆佩姆巴效应"。

한 잔의 차가운 물과 한 잔의 뜨거운 물을 동시에 냉장고의 냉동실에 넣으면, 어느 것이 먼저 얼게 될까?

1963년 어느 날, 탄자니아의 마간바중학교 3학년 학생 음펨바는 자신이 냉장고 냉동실 안에 둔 뜨거운 우유가 다른 친구들의 시원한 우유보다 먼저 얼었다는 것을 발견했다. 그가 선생님에게 물었지만, 선생님은 분명히 음펨바가 착각한 것이라고 생각했다. 음펨바는 어쩔 수 없이 다시 한 번 실험을 했고, 11A 결과는 지난번과 완전히 같았다.

이후에 많은 신문매체들은 이 아프리카 중학생이 발견한 물리학 12D 현상을 '음펨바효과'라고 불렀다.

11. A 结果	B 教训	C 证据	D 措施	11. A 결과	B 교훈	C 증거	D 조치
12. A 原则	B 道理	C 意义	D 现象	12. A 원칙	B 도리	C 의의	D 현상

풀이 ⑪ 보기가 모두 명사이고 주어 자리가 빈칸이지만 서술어 '**相同**'만으로는 답을 선택하기 어렵다. 앞으로 한 호흡만 더 가면 음펨바가 실험을 했다는 내용이 있으므로 흐름상 A가 가장 적합하다.

TIP!

A **结果** jiéguǒ 명 결과	**出现**结果 chūxiàn jiéguǒ 결과가 나타나다 **等待**结果 děngdài jiéguǒ 결과를 기다리다
B **教训** jiàoxùn 명 교훈 동 훈계하다	**吸取**教训 xīqǔ jiàoxùn 교훈을 받아들이다
C **证据** zhèngjù 명 증거	**有/没有**证据 yǒu/méiyǒu zhèngjù 증거가 있다/없다 **寻找**证据 xúnzhǎo zhèngjù 증거를 찾다
D **措施** cuòshī 명 조치	**采取**措施 cǎiqǔ cuòshī 조치를 취하다

⑫ 보기가 모두 명사이고 전치사 '**把**' 뒤의 명사 자리가 빈칸이다. 빈칸 앞에 '**物理**(물리학)'과 함께 사용할 수 있고, '음펨바효과'라고 부를 수 있는 대상은 의미상 D가 적합하다.

TIP!

A **原则** yuánzé 명 원칙	**有/没有**原则 yǒu/méiyǒu yuánzé 원칙이 있다/없다 **遵守**原则 zūnshǒu yuánzé 원칙을 지키다
B **道理** dàoli 명 도리, 일리, 이치	**有/没有**道理 yǒu/méiyǒu dàoli 일리가 있다/없다 **讲**道理 jiǎng dàoli 이치를 따지다
C **意义** yìyì 명 의의, 의미	**有/没有**意义 yǒu/méiyǒu yìyì 의미가 있다/없다 **深刻的**意义 shēnkè de yìyì 깊은 의미
D **现象** xiànxiàng 명 현상	**出现**现象 chūxiàn xiànxiàng 현상이 나타나다

단어 **结冰** jiébīng 동 얼음이 얼다 | **坦桑尼亚** Tǎnsāngníyà 명 탄자니아 | **试验** shìyàn 명동 실험(하다), 테스트(하다) | ★**媒体** méitǐ 명 매체, 미디어 | **非洲** Fēizhōu 명 아프리카주 | ★**物理** wùlǐ 명 물리(학) | **效应** xiàoyìng 명 효과, 반응

독해 Chapter 02 형용사 고르기

+ 본서 145~146쪽

정답

1 A 2 D 3 B 4 C 5 D 6 B 7 B 8 A 9 D 10 C 11 A 12 C

1-2

情感销售为什么有效？心理学理论告诉我们，人的需求分为功能性需求和精神需求，其中"爱"是人类不可缺少的精神需求，也是精神需求中[1A]相对更容易实现的需求。很多企业会抓住这一点，进行情感销售。比如通过在广告中设计一个简单的拥抱，可使很多感到孤单的消费者获得安慰，进而对产品产生[2D]强烈的心理需求。	감성 마케팅은 왜 효과적일까? 심리학 이론이 우리에게 알려주기를, 사람의 수요는 기능적 수요와 정신적 수요로 나뉘는데, 그중 '사랑'은 인류에게 없어서는 안 되는 정신적 수요이며, 또한 정신적 수요 중 [1A] 상대적으로 더욱 쉽게 실현할 수 있는 수요이기도 하다. 많은 기업은 이 점을 잡아 감성 마케팅을 하게 된다. 예를 들어 광고에서 간단한 포옹을 설계하면, 외로움을 느끼는 많은 소비자들에게 위안을 얻게 하고, 더 나아가 제품에 대해 [2D] 강렬한 심리적 수요가 생기게 된다.
1. A 相对　B 必然 C 公平　D 相反 2. A 多余　B 活跃 C 神秘　D 强烈	1. A 상대적이다　B 필연적이다 C 공평하다　D 상반되다 2. A 나머지의　B 활기차다 C 신비하다　D 강렬하다

[풀이] ❶ 보기가 모두 형용사이고 '**更容易实现**'이라는 서술어 구조를 수식하고 있다. 여러 가지 '정신적 수요'의 비교 하에 그중 '실현하기가 쉽다'는 의미를 수식하기에 적합한 단어는 A이다.

TIP!

A **相对** xiāngduì [형] 상대적이다	相对**来讲** xiāngduì lái jiǎng 상대적으로 말하면
B **必然** bìrán [형] 필연적이다	必然**的结果** bìrán de jiēguǒ 필연적인 결과
C **公平** gōngpíng [형] 공평하다	公平**(地)对待** gōngpíng (de) duìdài 공평하게 대하다 公平**(地)分配** gōngpíng (de) fēnpèi 공평하게 분배하다
D **相反** xiāngfǎn [형] 상반되다, 반대되다	相反**的结论** xiāngfǎn de jiélùn 상반된 결론 相反**的结果** xiāngfǎn de jiéguǒ 상반된 결과 相反**的意见** xiāngfǎn de yìjiàn 상반된 의견

❷ 보기가 모두 형용사이고 명사 '**心理需求**'를 수식하고 있다. 광고로 인해 생기는 '심리적 수요'를 수식하기에 의미상 적합한 단어는 D밖에 없다.

TIP!

A **多余** duōyú [형] 나머지의, 필요 없는, 쓸데없는	多余**的空间** duōyú de kōngjiān 남는 공간
B **活跃** huóyuè [형] 활기차다 [동] 활기를 띠게 하다	活跃**的气氛** huóyuè de qìfēn 활기찬 분위기 活跃**的活动** huóyuè de huódòng 활발한 활동 活跃**气氛** huóyuè qìfēn 분위기를 활기차게 하다 活跃**经济** huóyuè jīngjì 경제를 활성화하다
C **神秘** shénmì [형] 신비하다	神秘**的气氛** shénmì de qìfēn 신비한 분위기 神秘**的色彩** shénmì de sècǎi 신비로운 색채
D **强烈** qiángliè [형] 강렬하다	强烈**的印象** qiángliè de yìnxiàng 강렬한 인상

[단어] **情感** qínggǎn [명] 감정 | ★**销售** xiāoshòu [동] 팔다, 판매하다 | ★**心理** xīnlǐ [명] 심리 | ★**理论** lǐlùn [명] 이론 | **需求** xūqiú [명] 수요, 필요 | ★**功能** gōngnéng [명] 기능 | ★**精神** jīngshén [명] 정신 | ★**实现** shíxiàn [동] 실현하다 | ★**企业** qǐyè [명] 기업 | ★**抓** zhuā [동] 잡다 | ★**设计** shèjì [명][동] 설계(하다), 디자인(하다) | ★**拥抱** yōngbào [명][동] 포옹(하다) | **孤单** gūdān [형] 외롭다, 쓸쓸하다 | ★**消费** xiāofèi [명][동] 소비(하다) | ★**安慰** ānwèi [명][동] 위안, 위로(하다) | **进而** jìn'ér [접] 더 나아가 | ★**产品** chǎnpǐn [명] 제품 | ★**产生** chǎnshēng [동] 생기다, 발생하다

3-4

骆驼祥子博物馆是老舍先生创造长篇小说《骆驼祥子》的地方，也是中国第一个以文学作品命名的博物馆。骆驼祥子博物馆的二百八十多件展品，3B 全面展示了老舍先生在青岛期间的工作与生活情况。博物馆内摆着老舍先生及其作品人物的雕像，参观者一进入博物馆内，便能 4C 充分感受到老舍先生及其作品的独特魅力。	루워투워시앙즈 박물관은 라오셔 선생이 장편소설 ≪루워투워시앙즈≫를 창작한 곳이며, 중국에서 처음으로 문학작품으로 이름을 지은 박물관이기도 하다. 루워투워시앙즈 박물관의 280여 개의 전시품은 라오셔 선생이 칭다오에 있던 기간의 일과 생활 환경을 3B 전반적으로 드러냈다. 박물관 내에는 라오셔 선생 및 그의 작품 속 인물의 조각상이 진열되어 있고, 참관자는 박물관에 들어오자마자 라오셔 선생 및 그 작품의 독특한 매력을 4C 충분히 느낄 수 있다.
3. A 整齐　　B 全面 C 熟练　　D 艰巨 4. A 宝贵　　B 清淡 C 充分　　D 合理	3. A 가지런하다　　B 전빈적이다 C 숙련되다　　D 막중하다 4. A 귀중하다　　B 담백하다 C 충분하다　　D 합리적이다

풀이 ③ 보기가 모두 형용사이고 동사 '展示(드러내다)'를 수식하고 있다. '라오셔의 일과 생활 환경을 드러냈다'를 수식하기에 적합한 단어는 모든 면에서 드러냈음을 나타내는 B밖에 없다.

TIP!

A 整齐 zhěngqí ⓗ 가지런하다, 나란하다	整齐(地)摆放 zhěngqí (de) bǎifàng 가지런하게 놓다 整齐(地)排列 zhěngqí (de) páiliè 가지런하게 배열하다
B 全面 quánmiàn ⓗ 전반적이다	全面的反映 quánmiàn de fǎnyìng 전반적으로 반영하다
C 熟练 shúliàn ⓗ 숙련되다, 능숙하다	熟练的技巧 shúliàn de jìqiǎo 숙련된 기교
D 艰巨 jiānjù ⓗ 막중하다	艰巨的任务 jiānjù de rènwù 막중한 임무

④ 보기가 모두 형용사이고 동사 '感受到(느끼다)'를 수식하고 있다. 박물관에서 '매력을 느낄 수 있다'를 수식하기에 적합한 단어는 의미상 C밖에 없다.

TIP!

A 宝贵 bǎoguì ⓗ 귀중하다, 소중하다	宝贵的时间 bǎoguì de shíjiān 귀중한 시간
B 清淡 qīngdàn ⓗ (맛·색채가) 담백하다	清淡的菜 qīngdàn de cài 담백한 요리 清淡的味道 qīngdàn de wèidao 담백한 맛 清淡的风格 qīngdàn de fēnggé 단아한 스타일
C 充分 chōngfèn ⓗ 충분하다	充分的证据 chōngfèn de zhèngjù 충분한 증거
D 合理 hélǐ ⓗ 합리적이다	合理(地)利用 hélǐ (de) lìyòng 합리적으로 이용하다 合理(地)处理 hélǐ (de) chǔlǐ 합리적으로 처리하다 合理(地)解决 hélǐ (de) jiějué 합리적으로 해결하다

단어 骆驼 luòtuo ⓜ 낙타 | ★博物馆 bówùguǎn ⓜ 박물관 | 创作 chuàngzuò ⓢ (문예 작품을) 창작하다 | ★文学 wénxué ⓜ 문학 | ★作品 zuòpǐn ⓜ 작품 | 命名 mìngmíng ⓢ 이름을 짓다 | ★期间 qījiān ⓜ 기간 | ★摆 bǎi ⓢ 놓다, 배치하다, 진열하다 | 雕像 diāoxiàng ⓜ 조각상 | ★感受 gǎnshòu ⓜ 느낌, 감상 ⓢ 느끼다 | ★独特 dútè ⓗ 독특하다 | ★魅力 mèilì ⓜ 매력

5-6

为什么电影院不能像演唱会那样，换位置来定票价呢？经济学家解释：只有当你占有稀缺资源时，才要想办法制造各种差别，尽可能多地获取利润；而当你和别人有[5D]相似的资源时，只能通过提升顾客的体验，提供[6B]周到的服务，以吸引更多顾客。全国的电影院在同一时间可以放相同的电影，而且电影可重复放映。因此，电影院不能靠位置定价。

왜 영화관은 콘서트처럼 자리를 바꾸는 것에 따라 푯값을 정하지 않는 걸까? 경제학자는 이렇게 설명한다. 오직 당신이 희소한 자원을 차지했을 때만 방법을 생각해서 각종 차이를 만들고, 가능한 이윤을 많이 얻으려고 한다. 반면 당신과 다른 사람이 [5D]비슷한 자원이 있을 때는, 오직 고객의 체험을 향상시키고 [6B] 세심한 서비스를 제공함으로써 더 많은 고객을 사로잡아야만 한다. 전국의 영화관은 같은 시간에 같은 영화를 상영할 수 있고, 게다가 영화는 중복해서 상영할 수 있다. 따라서 영화관은 자리에 의거하여 가격을 정할 수 없다.

5. A 粗糙　B 勤奋　C 实用　D 相似
6. A 乐观　B 周到　C 单调　D 无奈

5. A 투박하다　B 근면하다　C 실용적이다　D 비슷하다
6. A 낙관적이다　B 세심하다　C 단조롭다　D 어찌할 수가 없다

풀이 ❺ 보기가 모두 형용사이고 명사 '**资源**'를 수식하고 있다. 절의 병렬관계를 나타내는 '；(**分号**)'로 볼 때 앞의 문장에서 희소한 자원을 차지한 상황을 설명하고 있으므로, 5번 빈칸이 있는 뒤의 문장은 그 반대 의미여야 하므로 의미상 맞는 단어는 D이다.

TIP!

A **粗糙** cūcāo ⓗ 투박하다, 거칠다	粗糙**的表面** cūcāo de biǎomiàn 거친 표면 粗糙**的皮肤** cūcāo de pífū 거친 피부
B **勤奋** qínfèn ⓗ 근면하다, 부지런하다	勤奋**的人** qínfèn de rén 부지런한 사람
C **实用** shíyòng ⓗ 실용적이다	实用**性** shíyòngxìng 실용성
D **相似** xiāngsì ⓗ 닮다, 비슷하다	相似**度** xiāngsìdù 싱크로율, 닮은 정도

❻ 보기가 모두 형용사이고 명사 '**服务**'를 수식하고 있다. '서비스'를 수식하는 형용사는 고정 격식으로 B를 사용한다.

TIP!

A **乐观** lèguān ⓗ 낙관적이다	乐观**的人** lèguān de rén 낙관적인 사람 乐观**的性格** lèguān de xìnggé 낙관적인 성격 乐观**的态度** lèguān de tàidu 낙관적인 태도
B **周到** zhōudào ⓗ 세심하다, 꼼꼼하다	周到**的服务** zhōudào de fúwù 세심한 서비스
C **单调** dāndiào ⓗ 단조롭다	单调**的生活** dāndiào de shēnghuó 단조로운 생활 单调**的色彩** dāndiào de sècǎi 단조로운 색채
D **无奈** wúnài ⓗ 어찌할 수가 없다, 부득이하다	无奈**的事情** wúnài de shìqing 어쩔 수 없는 일 无奈**的表情** wúnài de biǎoqíng 어이없다는 표정

단어 **演唱会** yǎnchànghuì ⓜ 콘서트 | ★**位置** wèizhì ⓜ 자리, 위치, 직위 | **占有** zhànyǒu ⓓ 점유하다, 차지하다 | **稀缺** xīquē ⓗ 희소하다 | ★**资源** zīyuán ⓜ 자원 | ★**制造** zhìzào ⓓ (1)제조하다 (2)(상황이나 분위기를) 조성하다, 만들다 | **差别** chābié ⓜ 차이, 격차 | **获取** huòqǔ ⓓ 얻다, 획득하다 | ★**利润** lìrùn ⓜ 이윤 | ★**体验** tǐyàn ⓜⓓ 체험(하다) | ★**重复** chóngfù ⓓ 중복하다 | **放映** fàngyìng ⓓ 상영하다 | ★**靠** kào ⓓ 기대다, 의지하다, 의거하다

7-8

心理学研究表明，拥抱能让孩子充分感受到爱，为日后健康的身心发展打下 7B 良好的心理基础。拥抱还能消除孩子的不安，帮助他们形成 8A 稳定的情绪。不仅如此，拥抱对培养孩子的自信心以及关爱别人的能力也起到了积极的作用。

심리학 연구에서 밝히기를, 포옹은 아이로 하여금 충분히 사랑을 느끼게 하고, 앞으로의 건강한 심신 발전에 7B 좋은 심리적 기초를 다질 수 있다고 한다. 또한 포옹은 아이들의 불안함을 없애고, 그들이 8A 안정적인 정서를 형성하는 데 있어 도움을 준다. 이러할 뿐만 아니라, 포옹은 아이의 자신감 및 다른 사람을 사랑하고 배려하는 능력을 기르는 데에도 긍정적인 작용을 일으킨다.

7. A 迫切 B 良好
C 超级 D 巨大

8. A 稳定 B 疲劳
C 巧妙 D 显然

7. A 절실하다 B 좋다
C 뛰어나다 D 거대하다

8. A 안정적이다 B 피로하다
C 교묘하다 D 명백하다

풀이 ❼ 보기가 모두 형용사이고 명사 '**心理基础**(심리적 기초)'를 수식하고 있다. 의미상 맞는 단어는 B밖에 없다.

TIP!

A **迫切** pòqiè ⓗ 절실하다, 절박하다	迫切**的愿望** pòqiè de yuànwàng 절실한 소원
B **良好** liánghǎo ⓗ 좋다, 양호하다	良好**的习惯** liánghǎo de xíguàn 좋은 습관
C **超级** chāojí ⓗ 뛰어나다, 슈퍼, 초	超级**市场** chāojí shìchǎng 슈퍼마켓
D **巨大** jùdà ⓗ 거대하다, 매우 크다	巨大**的压力** jùdà de yālì 매우 큰 스트레스 巨大**的变化** jùdà de biànhuà 매우 큰 변화 巨大**的困难** jùdà de kùnnan 매우 큰 어려움

❽ 보기가 모두 형용사이고 명사 '**情绪**(정서)'를 수식하고 있다. 포옹에 대한 긍정적인 서술을 하고 있으므로, 의미상 맞는 단어는 A밖에 없다.

TIP!

A **稳定** wěndìng ⓗ 안정적이다 ⓓ 안정시키다	稳定**的情绪** wěndìng de qíngxù 안정적인 정서 稳定**情绪** wěndìng qíngxù 정서를 안정시키다
B **疲劳** píláo ⓜⓗ 피로(하다)	**产生**疲劳 chǎnshēng píláo 피로가 생기다 **缓解**疲劳 huǎnjiě píláo 피로를 풀다
C **巧妙** qiǎomiào ⓗ 교묘하다, 절묘하다	巧妙**的方法** qiǎomiào de fāngfǎ 절묘한 방법 巧妙**的手段** qiǎomiào de shǒuduàn 교묘한 수단
D **显然** xiǎnrán ⓗ 명백하다, 분명하다	**很**显然 hěn xiǎnrán 분명하다

단어 ★**表明** biǎomíng ⓓ 표명하다, 분명하게 나타내다 | ★**拥抱** yōngbào ⓜⓓ 포옹(하다) | **消除** xiāochú ⓓ 제거하다, 없애다 | ★**不安** bù'ān ⓗ 불안하다 | ★**形成** xíngchéng ⓓ 형성하다, 이루다 | ★**情绪** qíngxù ⓜ 정서, 기분 | **如此** rúcǐ ⓓⓐ 이와 같다, 이러하다 | ★**培养** péiyǎng ⓓ (1)기르다, (2)키우다, 양성하다, 배양하다 | ★**积极** jījí ⓗ (1)적극적이다 (2)긍정적이다

9-10

博物馆中的“镇馆之宝”，往往是其所在国家以及博物馆的骄傲。“镇馆之宝”有着重要的艺术价值、[9D]突出的历史地位，足以代表社会或艺术的发展过程。

“镇馆之宝”具有独特性、[10C]唯一性和不可替代性，常常有着难以比拟之最，比如在青铜器中，中国国家博物馆的镇馆之宝——“后母戊鼎”是已知最大、最重的青铜器。

박물관의 '진관지보'는 종종 그것이 소재하는 국가 및 박물관의 자랑이다. '진관지보'는 중요한 예술적 가치와 [9D]두드러지는 역사적 지위를 가지고 있으며, 사회 및 예술의 발전 과정을 대표하기에 충분하다.

'진관지보'는 독특성, [10C]유일성, 그리고 대체불가성이 있으며, 종종 비교하기 어려운 최고성을 갖고 있는데, 예를 들어 청동기 중 중국국가박물관의 진관지보인 '후모무정'은 이미 알려진 가장 크고 가장 무거운 청동기이다.

9. A 意外　B 激烈
   C 通常　D 突出

10. A 发达　B 高档
    C 唯一　D 明确

9. A 의외이다　B 격렬하다
   C 통상적이다　D 두드러지다

10. A 발달하다　B 고급의
    C 유일한　D 명확하다

풀이 ⑨ 보기가 모두 형용사이고 명사 '**历史地位**'를 수식하고 있다. '진관지보'에 대한 긍정적인 묘사와 '지위'를 수식하기에 적합한 단어는 D밖에 없다.

TIP!

A **意外** yìwài 형 의외이다, 뜻밖이다	意外**的事情** yìwài de shìqing 뜻밖의 일
B **激烈** jīliè 형 격렬하다, 치열하다	激烈**的比赛** jīliè de bǐsài 격렬한 시합 激烈**的竞争** jīliè de jìngzhēng 치열한 경쟁
C **通常** 형 통상적이다, 일반적이다 tōngcháng	通常**的方法** tōngcháng de fāngfǎ 통상적인 방법 通常**的观点** tōngcháng de guāndiǎn 일반적인 관점
D **突出** tūchū 형 두드러지다, 뛰어나다	突出**的表现** tūchū de biǎoxiàn 뛰어난 활약

⑩ 보기가 모두 형용사이고 명사 '**性**'과 함께 사용할 수 있어야 한다. 가능한 보기는 C와 D밖에 없고, 뒤에 '비교하기 어려운 최고성'을 갖고 있다고 한 것으로 보아 의미상 정답은 C이다.

TIP!

A **发达** fādá 형 발달하다	发达**国家** fādá guójiā 선진국
B **高档** gāodàng 형 고급의	高档**商品** gāodàng shāngpǐn 고급 상품 高档**产品** gāodàng chǎnpǐn 고급 제품
C **唯一** wéiyī 형 유일한	唯一**的希望** wéiyī de xīwàng 유일한 희망
D **明确** míngquè 형 명확하다 동 명확하게 하다	**目标**明确 mùbiāo míngquè 목표가 명확하다 明确**目标** míngquè mùbiāo 목표를 명확하게 하다

단어 **所在** suǒzài 동 소재하다 | ★**骄傲** jiāo'ào 명 자랑(거리), 긍지 형 (1)거만하다, 오만하다 (2)자랑스럽다 | ★**价值** jiàzhí 명 가치 | ★**地位** dìwèi 명 지위 | **足以** zúyǐ ~하기에 족하다 | ★**代表** dàibiǎo 명 대표(자) 동 대표하다 | ★**独特** dútè 형 독특하다 | **不可替代** bùkě tìdài 대체할 수 없다 | **比拟** bǐnǐ 동 비교하다 | **青铜器** qīngtóngqì 명 청동기

11-12

为什么全年无休，每天24小时营业的便利店还要安锁呢？谁也不能保证，一年365天店里不会发生任何 11 A 紧急 情况，这就有可能导致24小时营业的便利店暂时关门，所以上锁是十分 12 C 必要 的。

1년 내내 쉬지 않고 매일 24시간 영업하는 편의점에 왜 자물쇠를 설치해야 할까? 1년 365일 동안 가게에 어떠한 11 A 긴급한 상황도 발생하지 않는다고 아무도 보증할 수 없으며, 이것은 아마도 24시간 영업하는 편의점이 잠시 문을 닫는 상황을 초래하게 될 것이다. 그렇기 때문에 자물쇠를 채우는 것은 매우 12 C 필요한 것이다.

11. A 紧急　B 倒霉　C 委屈　D 冷淡
12. A 广泛　B 独特　C 必要　D 偶然

11. A 긴급하다　B 재수 없다　C 억울하다　D 냉담하다
12. A 광범위하다　B 독특하다　C 필요하다　D 우연하다

풀이 ⑪ 보기가 모두 형용사이다. 명사 '**情况**'을 '**的**' 없이 바로 수식할 수 있는 있고 동시에 의미상 맞는 단어는 A밖에 없다.

TIP!

A **紧急** jǐnjí ⓗ 긴급하다, 긴박하다	紧急**情况** jǐnjí qíngkuàng 긴급 상황 紧急**会议** jǐnjí huìyì 긴급 회의
B **倒霉** dǎoméi ⓗ 재수 없다	**真**倒霉 zhēn dǎoméi 정말 재수 없다
C **委屈** wěiqū ⓗ 억울하다 ⓓ 억울하게 하다	委屈**的表情** wěiqū de biǎoqíng 억울한 표정
D **冷淡** lěngdàn ⓗ 냉담하다, 냉정하다	冷淡**的语气** lěngdàn de yǔqì 냉정한 말투 冷淡**的表情** lěngdàn de biǎoqíng 냉담한 표정 冷淡**的态度** lěngdàn de tàidu 냉정한 태도

⑫ 보기가 모두 형용사이고 '**上锁**(자물쇠를 채우는 것)'의 서술어 역할을 하고 있다. 주어와 호응하고 전체적 내용의 흐름에도 적합한 단어는 C이다.

TIP!

A **广泛** guǎngfàn ⓗ 광범위하다	广泛**宣传** guǎngfàn xuānchuán 널리 선전하다
B **独特** dútè ⓗ 독특하다	**人**独特 rén dútè 사람이 독특하다 **结构**独特 jiégòu dútè 구조가 독특하다 **风格**独特 fēnggé dútè 스타일이 독특하다 **方式**独特 fāngshì dútè 방식이 독특하다
C **必要** bìyào ⓗ 필요하다	**不**必要 bú bìyào 필요하지 않다
D **偶然** ǒurán ⓗ 우연하다	偶然**的机会** ǒurán de jīhuì 우연한 기회

단어 ★**营业** yíngyè ⓓ 영업하다 | **便利店** biànlìdiàn ⓜ 편의점 | **安锁** ānsuǒ ⓓ 자물쇠를 달다 | ★**保证** bǎozhèng ⓓ 보증하다 | ★**导致** dǎozhì ⓓ (부정적인 상황을) 초래하다, 야기하다 | ★**暂时** zànshí ⓜ 잠시, 잠깐 | **上锁** shàngsuǒ ⓓ 자물쇠를 채우다

독해 Chapter 03 동사 고르기

+ 본서 155~156쪽

정답

1 B　2 A　3 D　4 C　5 C　6 B　7 D　8 A　9 B　10 C　11 D　12 A

1-2

"天黑睡觉"是人类在长期适应环境的过程中自然[1B]形成的生活规律。如果夜间开灯睡觉，或白天在强烈的阳光下睡觉，都会使人[2A]产生一种"光压力"。光压力会使人体的生物系统发生改变，最终可能导致疾病的发生。

'날이 어두울 때 잠을 자는 것'은 인류가 장기간 환경에 적응하는 과정에서 자연스럽게 [1B] 형성된 생활 규율이다. 만약 야간에 불을 켜고 자거나 낮에 강렬한 햇빛 아래에서 잠을 자면, 모두 사람으로 하여금 '빛 스트레스'가 [2A] 생기게 만든다. 빛 스트레스는 인체의 생물 시스템으로 하여금 변화가 생기게 만들고, 최종적으로는 질병의 발생을 야기하게 될 것이다.

1. A 表现　B 形成　C 欣赏　D 吸收
2. A 产生　B 承认　C 满足　D 成立

1. A 나타내다　B 형성하다　C 감상하다　D 흡수하다
2. A 생기다　B 인정하다　C 만족하다　D 설립하다

풀이 ❶ 보기가 모두 동사이고 명사 '**生活规律**(생활 규율)'을 수식하고 있다. 의미상 맞는 단어는 B밖에 없다.

TIP!

A **表现** 명동 태도, 품행(을 겉으로 나타내다) biǎoxiàn	表现**得很好** biǎoxiàn de hěn hǎo 좋은 활약을 보이다 表现**得不好** biǎoxiàn de bù hǎo 능력 발휘를 못하다
B **形成** xíngchéng 동 형성하다, 이루다	形成**习惯** xíngchéng xíguàn 습관을 형성시키다
C **欣赏** 동 감상하다, 마음에 들어 하다 xīnshǎng	欣赏**音乐** xīnshǎng yīnyuè 음악을 감상하다 欣赏**风景** xīnshǎng fēngjǐng 경치를 감상하다 欣赏 + 사람 (사람)을 좋아하다 欣赏**风格** xīnshǎng fēnggé 스타일을 마음에 들어 하다
D **吸收** xīshōu 동 흡수하다, 받아들이다	吸收**阳光** xīshōu yángguāng 햇빛을 흡수하다

❷ 보기가 모두 동사이고 목적어 '**光压力**'의 서술어 역할을 하고 있다. 의미상 맞는 단어는 A밖에 없다.

TIP!

A **产生** chǎnshēng 동 생기다, 발생하다	产生**影响** chǎnshēng yǐngxiǎng 영향이 생기다 产生**好奇心** chǎnshēng hàoqíxīn 호기심이 생기다
B **承认** chéngrèn 동 인정하다	承认**错误** chéngrèn cuòwù 잘못을 인정하다
C **满足** mǎnzú 형 만족하다 동 만족시키다	满足**条件** mǎnzú tiáojiàn 조건을 만족시키다 满足**需要** mǎnzú xūyào 수요를 만족시키다 满足**要求** mǎnzú yāoqiú 요구를 만족시키다
D **成立** chénglì 동 설립하다, 세우다	成立**公司** chénglì gōngsī 회사를 설립하다

단어 ★**人类** rénlèi 명 인류 | ★**规律** guīlǜ 명 규율 | ★**心理** xīnlǐ 명 심리 | ★**强烈** qiángliè 형 강렬하다 | **生物** shēngwù 명 생물 | ★**系统** xìtǒng 명 체계, 시스템 형 체계적이다 | **疾病** jíbìng 명 질병

3-4

根据调查，中国人最喜欢说的口头禅是“随便”。根据不同的语境，它的含义可以被 3D 归纳 为四种：第一表示尊重，愿意遵从对方的意愿；第二表示厌烦，想以交出主动权来尽快结束谈话；第三是心中有不满，但认为没有与对方 4C 争论 的必要；第四则可能是不愿意动脑子，或者不愿意承担责任。

조사에 따르면 중국인이 가장 말하기 좋아하는 입버릇은 '마음대로 해라'이다. 서로 다른 언어 환경에 따라, 그것의 내포된 뜻은 네 가지로 3D 추려낼 수 있다. 첫 번째는 존중과 상대방의 뜻에 따르길 원한다는 것을 나타낸다. 두 번째는 귀찮아서 주도권을 내어 줌으로써 대화를 가능한 한 빨리 끝내고 싶어 한다는 것을 나타낸다. 세 번째는 마음 속에는 불만이 있지만, 상대와 4C 논쟁할 필요가 없다고 생각하는 것이다. 네 번째는 아마도 머리를 쓰기 싫거나, 혹은 책임을 지기 싫어하는 것이다.

3. A 浏览 B 保持 C 宣传 D 归纳
4. A 体会 B 转告 C 争论 D 责备

3. A 대충 훑어보다 B 유지하다 C 선전하다 D 추려내다
4. A 체험하여 이해하다 B 전(달)하다 C 논쟁하다 D 탓하다

[풀이] ❸ 보기가 모두 동사이고 주어 '**含义**(내포된 뜻)'의 서술어 역할을 하고 있다. 또한, 빈칸 뒤에 '~(으)로'라는 뜻의 결과보어 '**为**'를 사용하여 네 가지 분류를 나열하고 있다. 의미상 맞는 단어는 D밖에 없다.

TIP!

A **浏览** liúlǎn [동] 대충 훑어보다	**快速**浏览 kuàisù liúlǎn 빠르게 훑어보다
B **保持** bǎochí [동] 유지하다	保持**状态** bǎochí zhuàngtài 상태를 유지하다
C **宣传** xuānchuán [동] 선전하다, 홍보하다	宣传**单** xuānchuándān 전단지 宣传**活动** xuānchuán huódòng 홍보 활동 宣传**新产品** 신제품을 홍보하다 xuānchuán xīn chǎnpǐn
D **归纳** guīnà [동] 추려내다, 도출하다, 귀납하다	归纳**意见** guīnà yìjiàn 의견을 귀납하다

❹ 보기가 모두 동사이고 '**与对方**'과 함께 명사 '**必要**'를 수식하고 있다. '**与对方**(상대방과)'라는 전치사구와 맞는 단어는 C밖에 없다.

TIP!

A **体会** tǐhuì [동] 체험하여 이해하다	体会**到** tǐhuìdào 실감하다, 이해하다 体会**不到** tǐhuì bu dào 이해할 수 없다
B **转告** zhuǎngào [동] 전(달)하다	转告**消息** zhuǎngào xiāoxi 소식을 전하다
C **争论** zhēnglùn [동] 논쟁하다	争论**不休** zhēnglùn bù xiū 논쟁이 그칠 줄을 모른다
D **责备** zébèi [동] 탓하다, 꾸짖다	责备 + 사람 + (동사) (사람)을 탓하다 / (사람)이 (동사)한 것을 탓하다

[단어] **口头禅** kǒutóuchán [명] 입버릇, 입에 발린 말 | **语境** yǔjìng [명] 언어 환경 | **含义** hányì [명] 내포된 뜻 | **遵从** zūncóng [동] 따르다, 복종하다 | **意愿** yìyuàn [명] 소원, 염원 | **厌烦** yànfán [동] 귀찮아 하다, 싫어하다 | **交出** jiāochū [동] 넘겨주다 | ★**主动** zhǔdòng [형] 주동적이다 | ★**尽快** jǐnkuài [부] 되도록 빨리 | ★**必要** bìyào [명][형] 필요(로 하다) | **动脑子** dòngnǎozi 머리를 쓰다, 깊게 생각하다 | ★**承担** chéngdān [동] 담당하다, 맡다 | ★**责任** zérèn [명] 책임 | ★**必要** bìyào [명] 필요

5-6

吃水果能不能减肥？其实，如果用水果来[5C]代替米饭、馒头等主食，确实是有利于减肥的。利用水果减肥，比较合理的方式是：餐前吃些水果提升血糖，以防因过度饥饿而[6B]导致吃得太多。然而减少正餐主食的量，同时补充一些富含蛋白质的食物，例如豆腐、鸡蛋等。	과일을 먹으면 다이어트할 수 있을까? 사실 만약 과일로 쌀밥, 찐빵 등 주식을 [5C] 대체하면, 확실히 다이어트하는 것에 유리하다. 과일을 이용해서 다이어트할 때 비교적 합리적인 방식은 다음과 같다. 식사 전에 약간의 과일을 먹어 혈당을 높여 과도하게 배가 고파서 많이 먹게 되는 결과를 [6B] 초래하는 것을 방지하는 것이다. 그러나 정찬과 주식의 양을 감소하면, 동시에 두부, 달걀 등의 단백질이 풍부하게 함유된 음식들을 보충한다.
5. A 妨碍　B 交换 C 代替　D 模仿 6. A 传染　B 导致 C 限制　D 促使	5. A 방해하다　B 교환하다 C 대체하다　D 모방하다 6. A 전염되다　B 초래하다 C 제한하다　D 재촉하다

풀이 ❺ 보기가 모두 동사이고 목적어 '**主食**'의 서술어 역할을 하고 있다. 빈칸 앞에 '**用水果**'가 있으므로, '**用A代替B**(A로 B를 대신하다)'라는 구조로 사용할 수 있는 C가 정답이다.

TIP!

A **妨碍** fáng'ài ⓢ 방해하다	妨碍**交通** fáng'ài jiāotōng 교통을 방해하다
B **交换** jiāohuàn ⓢ 교환하다, 바꾸다	交换**物品** jiāohuàn wùpǐn 물품을 교환하다
C **代替** dàitì ⓢ 대체하다, 대신하다	**A**代替 **B** A dàitì B A가 B를 대체하다
D **模仿** mófǎng ⓢ 모방하다	模仿**语气** mófǎng yǔqì 말투를 모방하다 模仿**动作** mófǎng dòngzuò 동작을 따라하다

❻ 보기가 모두 동사이고 목적어 '**吃得太多**'의 서술어 역할을 하고 있다. '많이 먹게 되는' 부정적인 결과를 야기하거나 초래하는 것이므로 의미상 B가 가장 적합하다.

TIP!

A **传染** chuánrǎn ⓢ 전염하다, 옮다	**把** + 질병 + 传染**给** + 사람 (질병)을 (사람)에게 옮기다
B **导致** dǎozhì ⓢ 야기하다, 초래하다	导致……**结果** dǎozhì …… jiéguǒ ~결과를 초래하다
C **限制** xiànzhì ⓢ 제한하다	限制**活动** xiànzhì huódòng 활동을 제한하다 限制**人数** xiànzhì rénshù 인원수를 제한하다 限制**速度** xiànzhì sùdù 속도를 제한하다
D **促使** cùshǐ ⓢ ~로 하여금 ~하게 (재촉)하다	促使 + 명사 + 동사 (명사)로 하여금 (동사)하게 (재촉)하다

단어 ★**有利** yǒulì ⓗ 유리하다, 이롭다 | ★**合理** hélǐ ⓗ 합리적이다 | ★**方式** fāngshì ⓜ 방식 | **血糖** xuètáng ⓜ 혈당 | **过度** guòdù ⓗ 과도하다, 지나치다 | **饥饿** jī'è ⓗ 배가 고프다 | **正餐** zhèngcān ⓜ 정찬(정식으로 먹는 식사) | ★**补充** bǔchōng ⓢ 보충하다 | **富含** fùhán ⓢ 풍부하게 함유하다 | **蛋白质** dànbáizhì ⓜ 단백질 | ★**豆腐** dòufu ⓜ 두부

7-8

很多人有疑问，观看戏剧表演时第一排为什么不是最佳位置？其实，一台好的舞台剧，除了演员的表演，还有灯光、道具、舞美等因素。如果坐得太近，必然看不清舞台场面的整体变化。所以，坐得近并不[7D]等于看得清。另外，在观看一些需要雨雾[8A]配合的情绪的表演时，坐在前排的观众还可能会“不幸中招”。

많은 사람들은 의문을 갖는데, 연극 공연을 볼 때 첫 줄은 왜 가장 좋은 위치가 아닐까? 사실 좋은 무대극은 연기자의 연기를 제외하고, 조명, 도구, 무대 미술 등 요소도 있다. 만약 너무 가까이 앉으면 필연적으로 무대 장면의 전체적인 변화를 잘 볼 수 없다. 그래서 가까이 앉는 것이 잘 보이는 것과 결코 [7D]같지는 않다. 이 밖에 비와 안개가 [8A]조화를 이루어야 하는 공연을 볼 때, 앞자리에 앉은 관중은 아마도 '재수 없이 당하게' 될 것이다.

7. A 鼓舞 B 具备 C 控制 D 等于
8. A 配合 B 承担 C 实现 D 体验

7. A 고무시키다 B 갖추다 C 제어하다 D ~와 같다
8. A 조화를 이루다 B 담당하다 C 실현하다 D 체험하다

[풀이] ❼ 보기가 모두 동사이고 주어 '**坐得近**'과 목적어 '**看得清**'의 서술어 역할을 하고 있다. 의미상 맞는 단어는 D밖에 없다.

TIP!

A **鼓舞** gǔwǔ [동] 고무시키다, 북돋우다	鼓舞**人心** gǔwǔ rénxīn 마음을 고무시키다 鼓舞**士气** gǔwǔ shìqì 사기를 북돋우다
B **具备** jùbèi [동] 갖추다, 구비하다	具备**条件** jùbèi tiáojiàn 조건을 갖추다
C **控制** kòngzhì [동] 제어하다, 억제하다	控制(**感情/情绪**) 감정을 억제하다 kòngzhì (gǎnqíng/qíngxù) 控制**消费** kòngzhì xiāofèi 소비를 억제하다
D **等于** děngyú [동] ~와 같다	**不**等于 bù děngyú ~와 같지 않다

❽ 보기가 모두 동사이고 주어 '**雨雾**'와 함께 '주어+서술어' 구조로 명사 '**表演**'을 수식하고 있다. 의미상 A가 가장 적합하다.

TIP!

A **配合** pèihé [동] 조화를 이루다, 협력하다	**互相**配合 hùxiāng pèihé 서로 협력하다
B **承担** chéngdān [동] 담당하다, 맡다	承担**工作** chéngdān gōngzuò 업무를 담당하다 承担**责任** chéngdān zérèn 책임을 맡다 承担**任务** chéngdān rènwù 임무를 맡다
C **实现** shíxiàn [동] 실현하다, 이루다	实现**梦想** shíxiàn mèngxiǎng 꿈을 이루다
D **体验** tǐyàn [동] 체험하다	体验……**生活** tǐyàn……shēnghuó ~생활을 체험하다 体验**服务** tǐyàn fúwù 서비스를 체험하다

[단어] ★**疑问** yíwèn [명] 의문 | ★**戏剧** xìjù [명] 연극, 희극 | ★**位置** wèizhì [명] 위치, 지위 | **舞台剧** wǔtáijù [명] 무대극 | **道具** dàojù [명] 도구 | **舞美** wǔměi [명] 무대 미술 | ★**因素** yīnsù [명] 요소, 요인 | ★**必然** bìrán [형] 필연적이다 [부] 필연적으로, 반드시, 꼭 | **场面** chǎngmiàn [명] 장면, 신(sence) | ★**整体** zhěngtǐ [명] (집단이나 사물의) 전체 | ★**雾** wù [명] 안개 | **不幸中招** búxìngzhòngzhāo 덫에 걸리다, 속임수에 걸려들다

9-10

学习模式是指能够使个人 9B 达到最佳学习状态的方式，专家曾提出三种最常见的学习模式：视觉学习型、听觉学习型和动觉学习型。其中，视觉学习型的孩子偏重于以文字、图片和表格等可视信息为载体，通过观察、10C 运用想象来学习。	학습 유형이란 개인이 가장 좋은 학습 상태에 9B 이르게 만들 수 있는 방식을 가리키는데, 전문가는 일찍이 시각학습형, 청각학습형, 그리고 근육 운동 지각학습형이라는 세 가지의 가장 자주 볼 수 있는 학습 유형을 제시했다. 그중 시각학습형의 아이는 문자, 그림, 도표 등 볼 수 있는 정보를 매개체로 하는 것에 치중하여 관찰하고 상상을 10C 활용하는 것을 통해 학습하는 경향이 있다.
9. A 省略 B 达到 C 充满 D 发挥 10. A 遵守 B 忽视 C 运用 D 避免	9. A 생략하다 B 이르다 C 충만하다 D 발휘하다 10. A 준수하다 B 경시하다 C 활용하다 D 피하다

[풀이] ⑨ 보기가 모두 동사이고 수식어를 포함한 목적어 '**最佳学习状态**'와 함께 명사 '**方式**'를 수식하고 있다. '가장 좋은 학습 상태'와 가장 적합한 단어는 B이다.

TIP!

A **省略** shěnglüè [동] 생략하다	省略**内容** shěnglüè nèiróng 내용을 생략하다
B **达到** dádào [동] 이르다, 도달하다	到达……**水平** ~수준에 도달하다 dádào……shuǐpíng
C **充满** chōngmǎn [동] 충만하다, 가득하다, 넘치다	充满**自信心** 자신감이 충만하다 chōngmǎn zìxìnxīn
D **发挥** fāhuī [동] 발휘하다	发挥**能力** fāhuī nénglì 능력을 발휘하다 发挥**作用** fāhuī zuòyòng 작용을 발휘하다

⑩ 보기가 모두 동사이고 목적어 '**想象**'의 서술어 역할을 하고 있다. 의미상 가능한 단어는 C밖에 없다.

TIP!

A **遵守** zūnshǒu [동] 준수하다, 지키다	遵守**规定** zūnshǒu guīdìng 규정을 지키다 遵守**规则** zūnshǒu guīzé 규칙을 지키다 遵守**法律** zūnshǒu fǎlǜ 법률을 준수하다
B **忽视** hūshì [동] 경시하다, 소홀히 하다	忽视**他人** hūshì tārén 타인을 경시하다
C **运用** yùnyòng [동] 활용하다	运用**知识** yùnyòng zhīshi 지식을 활용하다
D **避免** bìmiǎn [동] 피하다	避免**事故** bìmiǎn shìgù 사고를 피하다 避免**发生事故** 사고가 발생하는 것을 피하다 bìmiǎn fāshēng shìgù

[단어] **模式** móshì [명] 유형, 패턴 | ★**状态** zhuàngtài [명] 상태 | **视觉** shìjué [명] 시각 | **动觉** dòngjué [명] 근육 운동 지각 | **偏重** piānzhòng [동] 편중하다, 치중하다 | **图片** túpiàn [명] 그림 | ★**表格** biǎogé [명] (도)표 | **载体** zàitǐ [명] 매개체 | ★**观察** guānchá [명][동] 관찰(하다) | ★**想象** xiǎngxiàng [명][동] 상상(하다)

11-12

研究显示，军舰鸟可以进行"不对称睡眠"——仅让一侧大脑半球进入睡眠状态，另一侧 11 D 保持清醒的状态。此时，它的眼睛一只睁着，一只闭着，从而实现对环境的监控。即便 12 A 掌握了如此特别的睡眠技巧，军舰鸟在空中的睡眠时间也很短，仅占总飞行时间的3%左右。	연구에서 밝히기를 군함조는 '비대칭수면'을 할 수 있는데, 단지 한 쪽 대뇌 반구만 수면 상태에 들어가고, 다른 한 쪽은 또렷한 상태를 11 D 유지한다. 이때 그것의 눈 한 쪽은 떠 있고 한 쪽은 감고 있으며, 따라서 환경에 대한 모니터링을 실현한다. 설령 이와 같이 특별한 수면 테크닉을 12 A 익혔다고 하더라도, 군함조가 공중에서 수면하는 시간은 짧아서 총 비행시간의 3% 정도만을 차지한다.
11. A 缺乏　B 吸取 C 搜索　D 保持 12. A 掌握　B 确认 C 包括　D 建立	11. A 부족하다　B 흡수하다 C 수색하다　D 유지하다 12. A 익히다　B 확인하다 C 포함하다　D 설립하다

풀이 ⑪ 보기가 모두 동사이고 목적어 '**状态**'의 서술어 역할을 하고 있다. 내용의 흐름상 D가 가장 적합하다.

TIP!

A **缺乏** quēfá ⓢ 부족하다, 모자라다	缺乏**自信** quēfá zìxìn 자신감이 부족하다 缺乏**经验** quēfá jīngyàn 경험이 부족하다 缺乏**沟通** quēfá gōutōng 소통이 부족하다
B **吸取** xīqǔ ⓢ 흡수하다, 받아들이다	吸取**教训** xīqǔ jiàoxùn 교훈을 받아들이다
C **搜索** sōusuǒ ⓢ 수색하다, 검색하다	搜索**现场** sōusuǒ xiànchǎng 현장을 수색하다 搜索**犯人** sōusuǒ fànrén 범인을 수색하다
D **保持** bǎochí ⓢ 유지하다	保持**联系** bǎochí liánxì 연락을 유지하다

⑫ 보기가 모두 동사이고 목적어 '**技巧**(테크닉)'의 서술어 역할을 하고 있다. 의미상 지식이나 기술 등을 익혔음을 나타내는 A가 가장 적합하다.

TIP!

A **掌握** zhǎngwò ⓢ 익히다, 숙달하다, 정통하다	掌握**知识** zhǎngwò zhīshi 지식을 습득하다
B **确认** quèrèn ⓢ 확인하다	确认**身份** quèrèn shēnfen 신분을 확인하다 确认**姓名** quèrèn xìngmíng 이름을 확인하다 确认**目标** quèrèn mùbiāo 목표물을 확인하다
C **包括** bāokuò ⓢ 포함하다	包括……**在内** bāokuò……zàinèi ~을 포함해서
D **建立** jiànlì ⓢ 건립하다, 설립하다, 맺다	建立**关系** jiànlì guānxi 관계를 맺다

단어 **军舰鸟** jūnjiànniǎo ⓜ 군함조 | **对称** duìchèn ⓗ 대칭이다 | **睡眠** shuìmián ⓜ 수면 | **侧** cè ⓜ 옆, 측면 | **清醒** qīngxǐng ⓗ (머릿속이) 뚜렷하다 | ★**睁** zhēng ⓢ 눈을 뜨다 | **闭** bì ⓢ 닫다, 다물다 | ★**从而** cóng'ér ⓙ 따라서 | **监控** jiānkòng ⓢ 감시하고 제어하다 | **技巧** jìqiǎo ⓜ 테크닉, 기교 | ★**占** zhàn ⓢ 차지하다

부사 · 전치사 · 접속사 고르기

+ 본서 166~167쪽

정답

1 A　2 B　3 B　4 D　5 A　6 C　7 B　8 D　9 C　10 D　11 A　12 C

1-2

谭延闿是民国时期著名的政治家，1A 同时也是一位书法大家。一次，谭延闿切菜时不小心切到了右手，而当时他恰好需要写一份公文发给胡汉民。谭延闿从来都是 2B 亲自书写信件的，因而他还是勉强写完了公文。

胡汉民也是一位著名的书法家。接到公文后，他发现谭延闿的字和以前的不太一样，就派秘书去打听原因。知道实情后，胡汉民生气地说："我还以为他练成了什么新本领来向我挑战呢，原来是手受伤了。"

탄옌카이는 민국시기 유명한 정치가이고, 1A 동시에 서예 대가이기도 했다. 한 번은 탄옌카이가 채소를 썰 때 부주의하여 오른손을 다쳤는데, 당시에 그는 마침 공문을 한 부 써서 후한민에게 보내야 했다. 탄옌카이는 여태껏 항상 2B 직접 서신을 썼고, 따라서 그는 간신히 공문을 다 썼다.

후한민도 유명한 서예가였다. 공문을 받은 후, 그는 탄옌카이의 글자가 예전의 것과 그다지 같지 않다는 것을 발견했고, 비서를 보내 원인을 알아보게 했다. 사실을 알게 된 후, 후한민은 화를 내며 말했다. "나는 그가 무슨 새로운 기술을 연마해서 나에게 도전하는 줄 알았더니, 알고 보니 손을 다친 거였군."

1. A 同时　　B 总之
   C 可见　　D 除非
2. A 赶紧　　B 亲自
   C 互相　　D 逐步

1. A 동시에　　B 한마디로 말하면
   C ~을 알 수 있다　　D 오직 ~하여야
2. A 서둘러　　B 직접
   C 서로　　D 차츰차츰

풀이 ❶ 보기가 모두 접속사이고 탄옌카이의 두 가지 신분에 대한 설명을 병렬관계로 연결하고 있다. 의미상 맞는 단어는 A밖에 없다.

❷ 보기가 모두 부사이고 동사+목적어 '**书写信件**'을 수식하고 있다. 일단 의미적으로 적합하지 않은 C와 D는 소거한다. 다음 문장에서 '간신히 공문을 다 썼다'라고 한 것으로 보아 의미상 남에게 시키지 않고 본인이 직접 썼다는 의미의 B가 가장 적합하다.

단어 ★**政治** zhèngzhì ⓜ 정치 | **书法** shūfǎ ⓜ 서예 | ★**切** qiē ⓢ 썰다, 자르다 | **恰好** qiàhǎo ⓑ 마침 | **公文** gōngwén ⓜ 공문(서) | **书写** shūxiě ⓢ (글을) 쓰다 | **信件** xìnjiàn ⓜ 서신, 편지 | ★**因而** yīn'ér ⓙ 그러므로, 따라서 | **勉强** miǎnqiǎng ⓑ 간신히, 가까스로 | ★**派** pài ⓢ 파견하다 | ★**秘书** mìshū ⓜ 비서 | ★**打听** dǎting ⓢ 알아보다, 물어보다 | **实情** shíqíng ⓜ 실제 사정 | ★**本领** běnlǐng ⓜ 능력, 재주, 기술 | ★**挑战** tiǎozhàn ⓜⓢ 도전(하다) | ★**受伤** shòushāng ⓢ 상처를 입다, 부상을 당하다 | **同时** tóngshí ⓙ 동시에, 또한 | **总之** zǒngzhī ⓙ 한마디로 말하면, 요컨대 | **可见** kějiàn ⓙ ~을 알 수 있다 | **除非** chúfēi ⓙ 오직 ~하여야 | **赶紧** gǎnjǐn ⓑ 서둘러, 급히 | **亲自** qīnzì ⓑ 몸소, 친히, 직접 | **互相** hùxiāng ⓑ 서로 | **逐步** zhúbù ⓑ 한 걸음 한 걸음, 차츰차츰

3-4

一个越国人外出游历时发现了一辆破车，这辆车破得已经没办法再用了。但是越国没有这种车，于是他用船把车载回去。大家看了之后以为车本来就是那样造的，于是把所有的车都做成类似的样子。别的国家的人都嘲笑他们，但越国人以为他们是在骗自己，3B 依然继续造着破车。

到了有外敌入侵越国的时候，越国人就驾驶着这些简陋的车打仗，结果，车坏兵败。可笑的是，越国人 4D 始终不明白失败的原因，更不知道真正的车是怎么造的。

한 월나라 사람이 나가서 돌아다닐 때 한 낡은 차를 발견했는데, 이 차는 낡아서 이미 다시 사용할 수가 없었다. 그러나 월나라에는 이런 차가 없었고, 그래서 그는 배로 차를 싣고 돌아갔다. 모두들 보고서는 차는 본래 그렇게 만드는 것이라고 생각했고, 그래서 모든 차를 유사한 모양으로 만들었다. 다른 국가의 사람들은 모두 그들을 비웃었지만, 월나라 사람들은 그들이 자신을 속이고 있다고 생각하고, 3B 여전히 계속해서 낡은 차를 만들고 있었다.

외적이 월나라를 침입했을 때, 월나라 사람들은 이런 낡은 차들을 몰고 전쟁했고, 결과적으로 차는 망가지고 병사들은 패했다. 우스운 것은, 월나라 사람들은 4D 처음부터 한결같이 실패의 원인을 이해하지 못했고, 제대로 된 차는 어떻게 만드는지 더욱 알지 못했다.

3. A 反正　B 依然
   C 毕竟　D 极其
4. A 或许　B 再三
   C 立刻　D 始终

3. A 어차피　B 여전히
   C 어쨌든　D 지극히
4. A 아마　B 여러 번
   C 즉시　D 처음부터 한결같이

풀이 ❸ 보기가 모두 부사이고 동사+목적어 '**继续造着破车**'를 수식하고 있다. 빈칸 뒤의 '계속하다'와 의미상 맞는 단어는 B 밖에 없다.

❹ 보기가 모두 부사이고 동사+목적어 '**不明白失败的原因**'을 수식하고 있다. 일단 의미상 맞지 않는 B와 C는 소거한다. 내용의 흐름상 전쟁 전이나 전쟁에서 패배한 후나 똑같이 원인을 모르고 있기 때문에 D가 가장 적합하다.

단어 **游历** yóulì ⓢ 두루 돌아다니다 | **载** zài ⓢ 싣다 | **类似** lèisì ⓗ 유사하다, 비슷하다 | **嘲笑** cháoxiào ⓢ 비웃다 | ★**骗** piàn ⓢ 속이다, 기만하다 | **外敌** wàidí ⓜ 외적 | **入侵** rùqīn ⓢ 침입하다 | ★**驾驶** jiàshǐ ⓢ 운전하다, 조종하다 | **简陋** jiǎnlòu ⓗ 초라하다, 보잘것없다 | **打仗** dǎzhàng ⓢ 전쟁하다 | **反正** fǎnzhèng ⓑ 어차피, 어쨌든 | **依然** yīrán ⓑ 여전히 ⓗ 여전하다 | **毕竟** bìjìng ⓑ 어쨌든, 아무래도, 역시 | **极其** jíqí ⓑ 지극히, 매우 | **或许** huòxǔ ⓑ 아마, 혹시 | **再三** zàisān ⓑ 재삼, 여러 번 | **立刻** lìkè ⓑ 즉시, 당장 | **始终** shǐzhōng ⓑ 처음부터 한결같이, 시종일관, 언제나, 늘

5-6

垂直森林指的是在大楼的外墙一层一层种下绿色植物的建筑物。据报道，南京有望诞生亚洲首个垂直森林。南京的垂直森林将 5A 由一个高塔和一个矮塔组成，高度 6C 分别为200米和108米，在每个塔周围都会种植超过1000棵树和2500棵灌木类植物。整个工程预计于2018年完工。

수직삼림이란 큰 빌딩 외벽에 한 층 한 층 녹색 식물을 심은 건축물을 가리킨다. 보도에 따르면, 난징에 아시아에서 첫 번째 수직삼림이 탄생할 가능성이 있다. 난징의 수직삼림은 장차 하나의 높은 탑과 하나의 낮은 탑 5A 으로 이루어지고, 높이는 6C 각각 200미터와 108미터이며, 매 탑 주위에는 1,000그루가 넘는 나무와 2,500그루가 넘는 관목류 식물을 심을 것이다. 전체 공정은 2018년에 완공될 예정이다.

5. A 由	B 凭	5. A ~으로	B ~에 근거하여
C 趁	D 与	C ~을 틈타서	D ~와(과)
6. A 果然	B 简直	6. A 과연	B 그야말로
C 分别	D 的确	C 각각	D 확실히

풀이 ❺ 보기가 모두 전치사이다. '**由……组成**'은 '~으로 구성되다'의 의미를 나타내는 고정격식이므로 정답은 A이다.

❻ 보기가 모두 부사이고 동사 '**为(是)**'를 수식하고 있다. 앞에서 언급한 높은 탑과 낮은 탑의 높이를 하나씩 나열하고 있으므로 C가 가장 적합하다.

단어 **垂直** chuízhí ⓜ 수직 | ★**森林** sēnlín ⓜ 삼림, 숲 | ★**墙** qiáng ⓜ 벽, 담 | **种** zhòng ⓢ 심다 | ★**报道** bàodào ⓜⓢ 보도(하다) | **有望** yǒuwàng 가능성이 있다, 희망적이다 | **诞生** dànshēng ⓢ 탄생하다 | **塔** tǎ ⓜ 탑 | ★**组成** zǔchéng ⓢ 이루다, 구성하다 | **种植** zhòngzhí ⓢ 심다, 재배하다 | **灌木** guànmù ⓜ 관목 | **工程** gōngchéng ⓜ 공사, 공정 | **预计** yùjì ⓢ 예상하다, 전망하다 | **由** yóu ⓟ (1)从 (2)동작의 주체, 구성성분, 원인을 나타냄 | **凭** píng ⓟ ~에 근거하여 ⓢ 기대다, 의지하다 | **趁** chèn ⓟ (때나 기회를) 이용해서, ~을 틈타서, ~할 때 얼른 | **与** yǔ ⓟⓒ ~와(과) | **果然** guǒrán ⓑ 과연, 생각한 대로 | **简直** jiǎnzhí ⓑ 그야말로, 정말이지 | **分别** fēnbié ⓑ 각각 | **的确** díquè ⓑ 확실히, 정말

7-8

钱穆先生读中学时，有次参加考试，卷子上有4道题，每道25分，共100分。他看到第三题时兴奋极了，因为他对这个问题很感兴趣，此前看过很多相关资料，于是他决定先答这道题。不知过了多久，他 [7B] 总算把这个题答完了，正当他准备做其他题时，交卷的铃声响了，可是他竟然得了75分。

原来，这次阅卷的是史学大师吕思勉先生，他非常爱惜人才，吕先生发现钱穆虽然只答了一道题，却答得非常出色，最后给了75分。于是，钱穆先生仅 [8D] 凭一道题就通过了考试。

치옌무 선생이 중학교 다닐 때 한 번은 시험을 쳤다. 시험지에는 4문제가 있었는데 매 문제가 25점으로 총 100점이었다. 그는 세 번째 문제를 봤을 때 매우 흥분했는데, 왜냐하면 그는 이 문제에 매우 흥미를 느껴서 이전에 많은 관련 자료들을 본 적 있기 때문이었고, 그래서 그는 이 문제를 먼저 답하기로 결정했다. 얼마나 지났는지 모르겠지만 그는 [7B] 마침내 이 문제를 다 풀었고, 그가 막 다른 문제를 풀려고 할 때, 답안지를 제출하라는 종이 울렸지만, 그는 뜻밖에도 75점을 받았다.

알고 보니 이번에 채점한 사람은 사학의 대가 뤼쓰미엔 선생으로, 그는 인재를 매우 소중하게 생각했는데, 뤼선생은 치옌무가 비록 겨우 한 문제만 대답했지만 매우 뛰어나다는 것을 발견하고 마지막에 75점을 주었다. 그래서 치옌무 선생은 겨우 한 문제에 [8D] 의지하여 시험을 통과했다.

7. A 居然	B 总算	7. A 뜻밖에	B 마침내
C 反而	D 何必	C 오히려	D 구태여 ~할 필요가 있는가
8. A 当	B 及	8. A 막 (~할 때)	B ~와(과)
C 与	D 凭	C ~와(과)	D ~에 의지하여

풀이 ❼ 보기가 모두 부사이고 전치사구+동사구 '**把这个题答完了**'를 수식하고 있다. 빈칸 앞에 '얼마나 지났는지 모르겠다'라는 말로 보아 시간이 많이 지났음을 알 수 있으므로 의미상 B가 가장 적합하다.

❽ 보기는 모두 전치사나 접속사이다. 빈칸 앞뒤의 흐름을 보면 '**一道题**'까지 전치사구이고, 뒤에 '시험을 통과했다'라는 동사구가 나온다. 의미상 전치사 D가 가장 적합하다.

[단어] **卷子** juànzi [명] 시험지 | **此前** cǐqián [명] 이전 | ★**相关** xiāngguān [동] 상관되다, 관련되다 | ★**资料** zīliào [명] 자료 | **铃声** língshēng [명] 벨소리 | ★**响** xiǎng [동] 소리가 나다, 울리다 | **阅卷** yuèjuàn [동] 답지를 채점하다 | ★**爱惜** àixī [동] 아끼다, 소중하게 여기다 | ★**出色** chūsè [형] 훌륭하다, 뛰어나다 | **居然** jūrán [부] 뜻밖에, 의외로 | **总算** zǒngsuàn [부] (1)결국, 마침내, 드디어 (2)대체로 ~인 셈이다 | **反而** fǎn'ér [부] 오히려 | **何必** hébì [부] 구태여 ~할 필요가 있는가 | **当** dāng [전] 막 (~할 때) | **及** jí [접] 및, ~와(과) | **与** yǔ [전][접] ~와(과) | **凭** píng [전] ~에 근거하여, ~에 의지하여 [동] 기대다, 의지하다

9-10

回国还是留下，这是不少海外留学生毕业时面临的选择。具体怎么选，9C 往往受到就业环境、职业理想等因素的影响。报告显示，中国发展迅速、就业机会更多，回国已经成为海外留学生的首要选择。此外，熟悉的文化背景、家人和朋友 10D 以及近年来中国出台的各种人才引进政策，让不少海外留学生坚定了回国的信心。

귀국할 것인가 남을 것인가, 이것은 많은 해외 유학생들이 졸업할 때 직면하는 선택이다. 구체적으로 어떻게 선택할지는, 9C 종종 취업 환경, 직업 이상 등 요인의 영향을 받는다. 보고서에서 밝히기를, 중국은 발전이 빠르고 취업 기회가 더 많아서, 귀국하는 것이 이미 해외 유학생들의 우선적인 선택이 되었다. 이 밖에 익숙한 문화적 배경, 가족과 친구들 10D 그리고 최근 들어 중국이 실시하는 각종 인재 영입 정책은, 많은 유학생들이 귀국하겠다는 결심을 굳히게 만들었다.

9. A 幸亏　B 照常　C 往往　D 逐渐

10. A 至于　B 与其　C 自从　D 以及

9. A 다행히　B 평소대로　C 종종　D 점점

10. A ~으로 말하면　B ~하느니 차라리　C ~부터　D 그리고

[풀이] ❾ 보기가 모두 부사이고 동사+목적어 '**受到……的影响**'을 수식하고 있다. 일반적으로 그런 경향이 있음을 나타내는 C가 가장 적합하다.

❿ 보기는 모두 전치사나 접속사이다. 빈칸은 '문화적 배경', '가족과 친구들', '정책'의 나열을 연결하고 있으므로 접속사 D가 가장 적합하다.

[단어] ★**面临** miànlín [동] (문제나 상황에) 직면하다 | ★**具体** jùtǐ [형] 구체적이다 | **就业** jiùyè [동] 취업하다 | ★**因素** yīnsù [명] 요소, 요인 | ★**报告** bàogào [명] 보고(서), 리포트 [동] 보고하다 | ★**显示** xiǎnshì [동] 뚜렷하게 나타내 보이다 | ★**迅速** xùnsù [형] 신속하다, 빠르다 | **首要** shǒuyào [형] 가장 중요하다, 최우선이다 | ★**此外** cǐwài [접] 이 밖에 | ★**背景** bèijǐng [명] 배경 | **出台** chūtái [동] 공포하거나 실시하다 | ★**人才** réncái [명] 인재 | **引进** yǐnjìn [동] 끌어들이다, 도입하다 | **政策** zhèngcè [명] 정책 | **坚定** jiāndìng [형] 굳다, 확고하다 [동] 굳히다, 확고히 하다 | **幸亏** xìngkuī [부] 다행히 | **照常** zhàocháng [부] 평소대로 | **往往** wǎngwǎng [부] 자주, 흔히, 종종 | **逐渐** zhújiàn [부] 점점, 점차 | **至于** zhìyú [전] ~으로 말하면, ~에 관해서는 | **与其** yǔqí [접] ~하느니 차라리 | **自从** zìcóng [전] ~부터 | **以及** yǐjí [접] 그리고, 및

11-12

著名京剧大师梅兰芳擅长饰演女性角色。一次，为了更好地表现女性吃惊的样子，回到家后，他 11 A 趁正在整理衣服的妻子不注意，12 C 随手拿起一个盆向地上摔去，只听“咣当”一声大响，妻子大叫一声，吓得半天说不出话来。妻子这一神情被他看得清清楚楚，他据此把女性吃惊的样子演得活灵活现。

유명한 경극 대가 메이란팡은 여성의 배역을 연기하는 데 정통했다. 한 번은 여성이 놀라는 모습을 더 잘 표현하기 위해, 집에 돌아온 후 그는 막 옷을 정리하고 있는 아내가 주의하지 않는 11 A 틈을 타서, 12 C 손이 가는 대로 대야 하나를 들어 땅으로 집어 던졌다. 아내는 '와장창'하는 큰 소리만 듣고서 크게 소리를 지르고는, 놀라서 한참 동안 말을 잇지 못했다. 아내의 이러한 모습은 그에 의해 또렷하게 목격되었고, 그는 이것을 근거로 여성이 놀란 모습을 생생하게 연기했다.

11. A 趁　　B 由
C 以　　D 与
12. A 未必　　B 尽量
C 随手　　D 陆续

11. A ~을 틈타서　　B ~으로
C ~로써　　D ~와(과)
12. A 반드시 ~한 것은 아니다　　B 가능한 한
C 손이 가는 대로　　D 계속하여

풀이 ⑪ 보기가 모두 전치사이고 '……**妻子不注意**'까지 전치사구이다. 잠깐의 시간을 틈타서 다음 동작을 하게 됨을 나타내는 A가 가장 적합하다.

⑫ 보기가 모두 부사이고 동사+목적어 '**拿起一个盆**'을 수식하고 있다. 내용의 흐름상 가능한 답은 손에 잡히는 대로 대야를 잡았음을 나타내는 C밖에 없다.

단어 **擅长** shàncháng ⓜ 장기 ⓢ 정통하다, 숙달하다 | **饰演** shìyǎn ⓢ ~역을 연기하다 | ★**角色** juésè ⓜ 배역 | ★**表现** biǎoxiàn ⓜ 태도, 품행, 활약 ⓢ (1)표현하다 (2)(태도나 능력을) 드러내다, 나타내다 | ★**盆** pén ⓜ 대야, 화분 | **摔** shuāi ⓢ 내던지다, 집어 던지다 | **咣当** guāngdāng 의성 와장창, 꽈당 | ★**响** xiǎng ⓢ 소리가 나다, 울리다 | ★**吓** xià ⓢ 놀라다, 겁내다 | **神情** shénqíng ⓜ 안색, 기색, 모습 | **活灵活现** huólíng huóxiàn 성어 (묘사나 서술이) 생생하다 | **趁** chèn 전 (때나 기회를) 틈타서, 이용해서, ~할 때 얼른 | **由** yóu 전 (1)从 (2)동작의 주체, 구성성분, 원인을 나타냄 | **以** yǐ 전 ~로써 | **与** yǔ 전접 ~와(과) | **未必** wèibì 부 반드시 ~한 것은 아니다 | **尽量** jǐnliàng 부 가능한 한, 되도록 | **随手** suíshǒu 부 손이 가는 대로, ~하는 김에 | **陆续** lùxù 부 계속하여, 잇따라

독해 Chapter 05 문장 고르기

+ 본서 175~177쪽

정답

1 C　2 C　3 D　4 A　5 D　6 C　7 D　8 D　9 C　10 A　11 B　12 C

1

徐政夫是一位收藏家，他曾担任过著名的文物商店的总经理。那时他虽年纪轻，[C] 却总能买来货真价实的文物，并卖出一个好价钱。	쉬정푸는 한 명의 수집가로, 그는 일찍이 유명한 문물 상점의 총 지배인을 맡은 적이 있다. 그때 그는 비록 젊었지만, [C] 그러나 항상 믿을 만하고 저렴한 문물을 사왔고, 또한 좋은 가격에 팔았다.
A 承受着巨大的压力 B 但经常和店主打交道 C 却总能买来货真价实的文物 D 明白“吃亏就是福”这个道理	A 큰 스트레스를 견디고 있었고 B 그러나 자주 상점 주인과 왕래했고 C 그러나 항상 믿을 만하고 저렴한 문물을 사왔고 D '손해보는 것이 복이다'라는 도리를 이해했고

풀이 빈칸 앞에는 관련사 '**虽(然)**'이 있고 빈칸 뒤에는 병렬 관계를 나타내는 '**并(且)**'이 있다. '**虽**'와 짝을 이루는 '**却**'가 있고 '좋은 가격에 팔았다'와 병렬 관계를 이루는 C가 적합하다.

단어 **收藏** shōucáng 명동 수집(하다), 소장(하다) | ★**担任** dānrèn 동 맡다, 담당하다 | **文物** wénwù 명 문물, 문화재 | ★**承受** chéngshòu 동 감당하다, 이겨내다 | ★**巨大** jùdà 형 크다, 거대하다 | ★**打交道** dǎ jiāodào 왕래하다, 접촉하다, 사귀다 | **货真价实** huòzhēn jiàshí 성어 품질도 좋고 값도 싸다 | ★**吃亏** chīkuī 동 손해를 보다 | **福** fú 명 복 | ★**道理** dàoli 명 도리, 일리, 이치

2

近些年，“断食”成了养生圈里十分流行的一个词。然而到目前为止，并没有哪家权威机构向人们积极推荐过断食。相反，[C] 他们强调的是其不确定性。某研究所就曾指出，断食对人类健康和寿命的影响都是不明确的。	최근 '단식'은 건강에 관심을 갖는 사람들 사이에서 매우 유행하는 단어가 되었다. 그러나 지금까지 어느 기구도 사람들에게 단식을 추천한 적이 없으며, 반대로 [C] 그들이 강조하는 것은 그것의 불확정성이다. 모 연구소는 인류 건강과 수명에 대한 단식의 영향이 모두 명확하지 않다고 일찍이 지적했다.
A 努力从事这项研究 B 这种方法有利于健康 C 他们强调的是其不确定性 D 他们试图用大量数据来证明	A 열심히 이 연구에 종사한다 B 이런 방법은 건강에 이롭다 C 그들이 강조하는 것은 그것의 불확정성이다 D 그들은 대량의 데이터를 사용하여 증명하려고 시도한다

풀이 빈칸에 들어갈 내용은 '**相反**' 앞의 내용(단식을 추천한 적이 없다)과 '반대로'라는 흐름으로 연결이 가능한 C가 가장 적합하다.

단어 **养生** yǎngshēng 동 몸보신하다, 보양하다 | ★**圈** quān 명 (1)원, 동그라미 (2)범위, 권 | **权威** quánwēi 명형 권위(적인) | **机构** jīgòu 명 기구 | ★**推荐** tuījiàn 동 추천하다 | **指出** zhǐchū 동 지적하다, 가리키다 | ★**寿命** shòumìng 명 수명 | ★**明确** míngquè 형 명확하다 동 명확하게 하다 | ★**从事** cóngshì 동 종사하다 | ★**有利** yǒulì 형 유리하다, 이롭다 | ★**强调** qiángdiào 동 강조하다 | ★**确定** quèdìng 동 확정하다 형 확정적이다 | **试图** shìtú 동 시도하다 | ★**数据** shùjù 명 데이터, 통계 수치

3

滑草自从六十年代在欧洲兴起后，逐渐发展成一种新兴的运动项目。滑草和滑雪一样能给运动者带来动感和刺激，特别是对少雪地区的人们来说，滑草比滑雪更具有娱乐性。[D]滑草者在感受风一般速度的同时，也能感受到人与大自然的和谐，领略到大自然的美好。

필드 스키는 60년대 유럽에서 생긴 후부터, 점차 새로운 운동 종목으로 발전했다. 필드 스키는 스노우 스키와 마찬가지로 운동하는 사람에게 생동감과 자극을 가져다 주며, 특히 눈이 잘 오지 않는 지역의 사람들에게 필드 스키는 스노우 스키보다 더욱 레저성이 있다. [D] 필드 스키를 타는 사람은 바람과 같은 속도를 느낄 수 있는 것과 동시에, 사람과 대자연의 조화를 느끼고 대자연의 아름다움을 깨달을 수도 있다.

A 只要爬上山顶
B 不但能欣赏到日出
C 尽管可以多人同时滑雪
D 滑草者在感受风一般速度的同时

A 산 정상에 올라가기만 하면
B 일출을 감상할 수 있을 뿐만 아니라
C 비록 많은 사람들이 동시에 스키를 탈 수 있지만
D 필드 스키를 타는 사람은 바람과 같은 속도를 느낄 수 있는 것과 동시에

풀이 빈칸 뒤의 부사 '**也**'와 짝을 이룰 수 있는 보기 B(**不但**)와 C(**尽管**)도 있지만, '**也能感受到**(또한 느낄 수 있다)'라는 내용으로 볼 때 D가 가장 적합하다.

단어 ★**欧洲** Ōuzhōu 명 유럽(주) | **兴起** xīngqǐ 동 일어나다, 흥기하다 | ★**逐渐** zhújiàn 부 점차, 점점 | **新兴** xīnxīng 형 신흥의, 신생의 | ★**项目** xiàngmù 명 항목, 조항, 프로젝트 | **动感** dònggǎn 명 생동감 | ★**刺激** cìjī 명동 자극(하다) | ★**地区** dìqū 명 지구, 지역 | ★**娱乐** yúlè 명 레저, 오락 | ★**感受** gǎnshòu 명 느낌, 감상 동 느끼다 | **和谐** héxié 형 조화롭다, 잘 어울리다 | **领略** lǐnglüè 동 이해하다, 깨닫다 | **山顶** shāndǐng 명 산꼭대기, 산 정상 | ★**欣赏** xīnshǎng 동 (1)감상하다 (2)좋다고 여기다, 마음에 들어하다 | ★**速度** sùdù 명 속도

4

南极和北极究竟哪个更冷一些呢？答案是南极相对更冷一些。北极大部分地方都是海洋，而南极是一个四面环海的冰原大陆。根据我们所学的地理知识，海水的比热容比陆地要大，海水的温度变化较小，因此，[A]南极会更冷一些。

남극과 북극은 도대체 어느 곳이 더 추울까? 정답은 남극이 상대적으로 좀 더 춥다. 북극은 대부분 지역이 모두 바다이고, 남극은 사면이 바다로 둘러 쌓인 빙원 대륙이다. 우리가 배운 지리학적 지식에 따르면, 바닷물의 열용량이 육지보다 크고, 바닷물의 온도 변화가 비교적 작으며, 따라서 [A] 남극이 좀 더 추울 것이다.

A 南极会更冷一些
B 有待进一步研究
C 北极更适合旅游
D 正改变着地球的环境

A 남극이 좀 더 추울 것이다
B 한층 더 연구할 필요가 있다
C 북극이 여행하기에 더욱 적합하다
D 지구의 환경을 변화시키고 있다

풀이 빈칸 앞에 접속사 '**因此**'가 있으므로 앞의 내용을 통해 주제나 결론을 찾아내야 한다. 지문 첫 부분에서 질문에 대답하는 형식으로 남극이 더 춥다고 한 것으로 보아 전체 주제 또한 A가 가장 적합하다.

단어 ★**相对** xiāngduì 형 상대적이다 | **环海** huánhǎi 동 바다로 둘러 싸이다 | **大陆** dàlù 명 대륙 | ★**地理** dìlǐ 명 지리(학) | **比热容** bǐrèróng 명 열용량 | **有待** yǒudài 동 ~이 요구되다, ~할 필요가 있다

5

研究发现，如果父母总当着孩子的面吵架，D 就会影响孩子的脑部发育，甚至可能导致孩子成年后罹患心理疾病。	연구에서 발견하기를, 만약 부모가 아이 앞에서 말다툼을 하면, D 아이의 뇌 발육에 영향을 줄 수 있고, 심지어는 아이가 성인이 된 후 심리 질병에 걸리는 결과를 초래할 수도 있다.
A 离婚的可能性大 B 孩子一直在抱怨 C 孩子会变得不孝顺 D 就会影响孩子的脑部发育	A 이혼의 가능성이 크고 B 아이는 줄곧 불평하고 있고 C 아이가 효성스럽지 않게 변할 것이고 D 아이의 뇌 발육에 영향을 줄 수 있고

[풀이] 빈칸 앞에 가정의 접속사 '**如果**'가 있고 빈칸 뒤에는 더 심한 경우 아이가 병에 걸린다는 내용이 있으므로, 일단 아이에 대해 언급하는 B, C, D 중 가정의 의미에 맞게 '**会**(~할 것이다)'를 사용한 C와 D를 살펴본다. 내용의 흐름상 D가 가장 적합하다.

[단어] **当面** dāngmiàn [동] 얼굴을 직접 맞대다 | ★**吵架** chǎojià [동] 다투다, 말다툼하다 | ★**导致** dǎozhì [동] 초래하다, 야기하다 | **成年** chéngnián [동] 성인이 되다 | **罹患** líhuàn [동] 병에 걸리다 | ★**心理** xīnlǐ [명] 심리 | **疾病** jíbìng [명] 질병 | ★**离婚** líhūn [명][동] 이혼(하다) | **抱怨** bàoyuàn [동] 원망하다, 불평하다 | ★**孝顺** xiàoshùn [동] 효성스럽다 [형] 효도하다 | **发育** fāyù [명][동] 발육(하다)

6

近几年，网剧如雨后春笋般涌现，让观众眼前一亮。它与传统电视剧的主要区别是播放媒介不同，C 传统电视剧的播放媒介是电视，网剧的播放媒介则是电脑、手机、平板电脑等设备。	최근 몇 년 인터넷 드라마가 우후죽순처럼 나타나서 시청자들의 눈을 번쩍이게 하고 있다. 인터넷 드라마와 기존 TV 드라마의 주요 차이는 방송 매체가 다르다는 것인데, C 기존 TV 드라마의 방송 매체는 TV이고, 반면 인터넷 드라마의 방송 매체는 TV, 휴대전화, 태블릿 PC 등의 기기이다.
A 都是根据小说改编的 B 电视应该增添搜索功能 C 传统电视剧的播放媒介是电视 D 传统电视剧的人物角色较多	A 모두 소설을 근거로 각색한 것이고 B TV에는 검색 기능을 더해야 하고 C 기존 TV 드라마의 방송 매체는 TV이고 D 기존 TV 드라마의 인물 배역은 비교적 많고

[풀이] 빈칸 앞에서 두 드라마의 방송 매체가 다르다고 언급한 뒤 빈칸 뒤는 인터넷 드라마의 매체를 설명하고 있으므로, 빈칸에는 기존 TV 드라마 매체에 대해 설명하는 C가 가장 적합하다.

[단어] **网剧** wǎngjù [명] 인터넷 드라마 | **雨后竹笋** yǔhòu chūnsǔn [성어] 우후죽순 | **涌现** yǒngxiàn [동] 대량으로 나타나다 | **眼前一亮** yǎnqián yīliàng 눈이 번뜩이다 | ★**传统** chuántǒng [명][형] 전통(적이다) | ★**区别** qūbié [명] 차이, 구별 [동] 구별하다 | ★**播放** bōfàng [동] 방송하다 | **媒介** méijiè [명] 매체, 매개자 | **平板电脑** píngbǎn diànnǎo 태블릿 PC | ★**设备** shèbèi [명] 설비, 기기 | **改编** gǎibiān [동] 각색하다 | **增添** zēngtiān [동] 더하다, 늘리다 | ★**搜索** sōusuǒ [동] 검색하다, 수색하다 | ★**功能** gōngnéng [명] 기능 | ★**角色** juésè [명] 배역

7

很多人都不喜欢寒冷的冬天，却喜欢下雪。可是雪花真的是白色的吗？[D]如果让雪花落在掌上，我们就会发现它其实是无色透明的。	많은 사람들은 추운 겨울을 좋아하진 않지만, 눈이 내리는 것은 좋아한다. 그런데 눈꽃은 정말 흰색일까? [D] 만약 눈꽃을 손바닥 위에 떨어지게 하면, 우리는 그것이 사실 무색 투명한 것이라는 것을 발견하게 될 것이다.
A 要是握紧拳头 B 尽管挥一挥手 C 哪怕把雪打扫干净 D 如果让雪花落在掌上	A 만약 주먹을 꽉 쥐면 B 비록 손을 좀 흔들지만 C 설령 눈을 깨끗하게 청소하더라도 D 만약 눈꽃을 손바닥 위에 떨어지게 하면

풀이 빈칸 뒤의 부사 '**就**'와 짝을 이룰 수 있는 A(**要是**)와 D(**如果**) 중 주먹을 쥐어서는 눈을 볼 수 없으므로 A는 소거한다. 내용의 흐름상 D가 정답이다.

단어 ★**透明** tòumíng ⓗ 투명하다 | **握** wò ⓓ (손으로) 쥐다 | **拳头** quántou ⓜ 주먹 | ★**挥** huī ⓓ 휘두르다, 흔들다 | **落** luò ⓓ 떨어지다 | **掌** zhǎng ⓜ 손바닥

8

对于很多人而言，学习汉语口语最困难的是掌握复杂的声调变化。[D]复杂的声调是怎么产生的呢？一项研究给出了一种新的解释——潮湿的气候。科学家发现，声调语言在欧洲中部等干旱地区非常罕见；相反，在相对潮湿的地区如非洲和亚洲的很多湿热地区，却非常流行。	많은 사람들에게 있어서, 중국어 회화를 배우는 데 가장 어려운 점은 복잡한 성조 변화를 익히는 것이다. [D] 복잡한 성조는 어떻게 생겨난 것일까? 한 연구는 '습한 기후'라는 새로운 해석을 내놓았다. 과학자들이 발견하길, 성조 언어는 유럽 중부 등 건조한 지역에서는 매우 보기 드물지만, 반대로 상대적으로 습한 지역, 예를 들어 아프리카와 아시아의 여러 습하고 더운 지역에서는 매우 유행한다.
A 我们应该如何学习声调呢 B 声调的变化有什么规律呢 C 声调到底有多少种变化呢 D 复杂的声调是怎么产生的呢	A 우리는 어떻게 성조를 배워야 할까 B 성조의 변화는 어떤 규칙이 있을까 C 성조는 도대체 몇 가지 변화가 있을까 D 복잡한 성조는 어떻게 생겨난 것일까

풀이 독해 지문에서 질문을 제시하면 일반적으로 바로 뒤에 그에 대한 답이 제시된다. 따라서 뒤의 내용을 보고 그러한 대답을 하게 만드는 질문을 찾으면 된다. 내용의 흐름상 D가 가장 적합하다.

단어 ★**掌握** zhǎngwò ⓓ 숙달하다, 정통하다 | ★**声调** shēngdiào ⓜ (1)성조, (2)톤, 말투, 어조 | ★**潮湿** cháoshī ⓗ 습하다, 축축하다, 눅눅하다 | ★**欧洲** Ōuzhōu ⓜ 유럽(주) | **干旱** gānhàn ⓗ 가물다 | **罕见** hǎnjiàn ⓗ 보기 드물다 | **非洲** Fēizhōu ⓜ 아프리카(주) | ★**亚洲** Yàzhōu ⓜ 아시아(주) | ★**规律** guīlǜ ⓜ 규칙, 규율 | ★**产生** chǎnshēng ⓓ 생기다, 발생하다

9

做生意的行业叫做“商业”，市场上用来交换的物品叫做“商品”，做生意的人叫做“商人”。[C] 只要与生意有关的人和事，都要冠以“商”字。	장사를 하는 업종은 '상업'이라고 부르고, 시장에서 사용하고 교환하는 물품은 '상품'이라고 부르며, 장사를 하는 사람은 '상인'이라고 부른다. [C] 장사와 관련 있는 사람과 일이기만 하면, 모두 '상(商)'자를 붙인다.
A 商业贸易发展很快 B 商人的社会地位极高 C 只要与生意有关的人和事 D 哪怕不会做生意的农民	A 상업 무역은 발전이 빠르며 B 상인의 사회적 지위가 매우 높고 C 장사와 관련 있는 사람과 일이기만 하면 D 설령 장사를 할 줄 모르는 농민일지라도

풀이 빈칸 뒤 '모두 상(商)자를 붙인다'라는 내용과 어울리면서 부사 '都'와 자주 호응하는 관련사 '只要'가 쓰인 C가 가장 적합하다.

단어 ★行业 hángyè ⓜ 업종, 업무 | ★市场 shìchǎng ⓜ 시장 | 物品 wùpǐn ⓜ 물품 | ★交换 jiāohuàn ⓜⓓ 교환(하다) | 冠以 guànyǐ ⓓ ~라고 이름을 붙이다 | ★贸易 màoyì ⓜ 무역 | ★地位 dìwèi ⓜ 지위 | ★农民 nóngmín ⓜ 농민

10

电池的逐渐老化是不可避免的，[A] 但可以延缓。比如，使用手机时，电池在剩下20%时会有电量提醒，这是电池的一种自我保护机制。	배터리의 노화는 피할 수 없는 것이지만, [A] 그러나 늦출 수는 있다. 예를 들어, 휴대전화를 사용할 때 배터리가 20% 남았을 때의 배터리 알림이 있는데, 이것은 배터리의 일종의 자기 보호 매커니즘이다.
A 但可以延缓 B 所以应及时更换 C 这导致了很多问题 D 这与手机的硬件有关	A 그러나 늦출 수는 있다 B 그래서 즉시 교체해야 한다 C 이것은 많은 문제를 초래했다 D 이것은 휴대전화의 하드웨어와 관계가 있다

풀이 빈칸 뒤에서 예를 들고 있으므로 예시의 내용을 통해 빈칸의 내용을 유추할 수 있다. 배터리가 스스로를 보호하는 방법이 제시되고 있으므로 내용의 흐름상 A가 가장 적합하다.

단어 ★电池 diànchí ⓜ 배터리, 전지 | 机制 jīzhì ⓜ 매커니즘 | 延缓 yánhuǎn ⓓ 늦추다, 연기하다 | 更换 gēnghuàn ⓓ 교체하다, 변경하다 | ★导致 dǎozhì ⓓ (부정적인 상황을) 초래하다, 야기하다 | ★硬件 yìngjiàn ⓜ 하드웨어

11

你还在戴成双成对的耳环吗？摘下一只，你可能会更加时尚。[B]无论是模特还是明星，他们都越来越偏爱只佩戴一只耳环。	당신은 아직도 쌍을 이루는 귀걸이를 착용하는가? 한 쪽을 떼면 당신은 아마 더욱 세련되어 질 것이다. [B] 모델이든 아니면 스타이든 관계없이, 그들은 모두 갈수록 한 쪽 귀걸이만 착용하는 것을 선호한다.
A 由于缺乏自信心 B 无论是模特还是明星 C 你不见得会喜欢 D 在色彩方面也要很讲究	A 자신감이 부족하기 때문에 B 모델이든 아니면 스타이든 관계없이 C 당신이 반드시 좋아하는 것은 아니고 D 색채 방면에서도 신경을 써야 하고

풀이 빈칸 뒤의 '他们'이 제시될 수 있는 보기는 B밖에 없다. 또한, 접속사 '无论'은 종종 부사 '都'와 짝을 지어 사용한다.

단어 成双成对 chéngshuāng chéngduì 성어 짝을 이루다 | ★摘 zhāi 동 떼다, 따다, 벗다 | ★时尚 shíshàng 명형 유행(에 맞다) | 偏爱 piān'ài 동 편애하다, 선호하다 | ★耳环 ěrhuán 명 귀걸이 | ★缺乏 quēfá 동 부족하다, 모자라다 | ★自信 zìxìn 명 자신(감) 형 자신하다 | ★模特 mótè 명 모델 | ★明星 míngxīng 명 인기있는 배우나 운동선수, 스타 | ★不见得 bújiànde 부 반드시 ~라고는 할 수 없다 | ★色彩 sècǎi 명 색채 | ★讲究 jiǎngjiu 명 주의하거나 신경 써야 할 만한 것 동 신경을 쓰다, 주의하다, 문제 삼다, 따지다

12

搭乘公共汽车时，要想避免晕车，首先要保持车厢内空气流通，因为刺激性气味，尤其是发动机尾气和食物的气味，[C]它们会使人晕车更厉害。	버스를 탈 때 멀미를 피하고 싶다면, 먼저 차량 내 공기가 통하도록 유지해야 한다. 자극성 냄새, 특히 엔진 배기가스와 음식물의 냄새는 [C] 사람의 차멀미가 더 심해지게 만들 수 있다.
A 可以吃两片晕车药 B 上车前最好把饭吃饱 C 它们会使人晕车更厉害 D 有些乘客会在车上进餐	A 두 알의 멀미약을 먹으면 된다 B 차를 타기 전 밥을 배부르게 먹는 것이 가장 좋다 C 사람의 차멀미가 더 심해지게 만들 수 있다 D 어떤 승객은 차에서 식사를 한다

풀이 빈칸 앞의 '자극성 냄새'가 주어 역할을 하고 있고, 의미상 이와 이어질 수 있는 문장은 C밖에 없다.

단어 搭乘 dāchéng 동 타다 | ★晕 yūn 동 멀미하다 | ★保持 bǎochí 동 유지하다 | ★车厢 chēxiāng 명 객실, 차량 | 流通 liútōng 동 유통하다 | ★刺激 cìjī 명형 자극(적이다) 동 자극하다 | 气味 qìwèi 명 냄새 | 发动机 fādòngjī 명 엔진, 모터 | 尾气 wěiqì 명 배기가스 | ★食物 shíwù 명 음식물 | 晕车 yùnchē 명동 차멀미(하다) | 乘客 chéngkè 명 승객 | 进餐 jìncān 동 식사를 하다

독해 2부분 기출 테스트 해설

독해 Chapter 01 일치형

+ 본서 190~192쪽

정답 1 D 2 D 3 A 4 B 5 C 6 B 7 C 8 C 9 A 10 D

1

零工经济指的是个人利用自己的空余时间，通过帮别人解决问题而获取报酬的一种工作量不多且 D 短期的工作形式。有些企业为了节约成本，会选择这种用工方式降低自己的人力成本。	아르바이트 경제는 개인이 자신의 비는 시간을 이용해서 다른 사람을 도와 문제를 해결해주는 것을 통해 보수를 얻는, 일종의 업무량이 많지 않고 또한 D 단기의 업무 형식을 가리킨다. 일부 기업은 원가를 절약하기 위해, 이러한 노동력을 사용하는 방식을 선택하여 자신의 인력 원가를 낮춘다.
A 零工经济收入不高 B 零工经济越来越流行 C 零工经济缓解了失业问题 D 零工经济是一种短期工作形式	A 아르바이트 경제는 수입이 높지 않다 B 아르바이트 경제는 갈수록 유행이다 C 아르바이트 경제는 실업 문제를 완화시켰다 D 아르바이트 경제는 일종의 단기 업무 형식이다

보기 분석

A 零工经济|收入不高 ➡ 언급되지 않음

B 零工经济|越来越流行 ➡ 언급되지 않음

C 零工经济|缓解了失业问题 ➡ 언급되지 않음

D 零工经济|是一种短期工作形式 ➡ 지문과 완전히 일치하므로 정답은 D이다.

TIP! 보기의 앞부분이 '零工经济'로 모두 같으므로 세로줄로 분리한다. 세로줄 뒤에서 내용을 빠르게 상기시키는 데 도움이 되는 표현에 밑줄을 그으며 보기를 읽는다.

단어 空余 kòngyú 동 남다, 비다 | 获取 huòqǔ 동 얻다, 획득하다 | 报酬 bàochou 명 보수, 사례금 | ★企业 qǐyè 명 기업 | ★节约 jiéyuē 동 절약하다 | 成本 chéngběn 명 원가, 자본금 | 用工 yònggōng 동 노동력을 사용하다 | ★缓解 huǎnjiě 동 완화시키다, 풀다 | ★失业 shīyè 동 실업하다, 직업을 잃다

2

电池的一个充电周期不是指充一次电，而是指电池把百分之百的电量全部用完，然后再充满的过程。比如一块电池在第一天只用了一半儿的电量，然后将它充满，第二天用了一半儿电量再充满，这两次充电只能算作一个充电周期。如果每次都 D 等到电池快没电时再充满，这种做法只会损害电池寿命。	전지의 하나의 충전 주기는 충전을 한 번 하는 것을 가리키는 것이 아니라, 전지가 100%의 전기량을 전부 다 사용하고 그런 후에 다시 가득 충전하는 과정을 가리킨다. 예를 들어 하나의 전지가 첫날에 겨우 반의 전기량을 사용하고 그런 다음 그것을 가득 충전하고, 다음 날 반의 전기량을 사용하고 다시 가득 충전하면, 이 두 번의 충전을 하나의 충전 주기라고 할 수 있다. 만약 매번 D 전지가 곧 방전되려고 할 때가 되어서 충전한다면, 이런 행동은 전지 수명을 손상시킬 수밖에 없다.

A 充电器要定期更换 B 首次充电充满12个小时 C 充电时打电话非常危险 D 快没电时充电损害电池寿命	A 충전기는 정기적으로 바꿔야 한다 B 처음 충전할 때 12시간을 가득 충전한다 C 충전할 때 전화하는 것은 매우 위험하다 D 곧 방전되려고 할 때 충전하면 전지 수명을 손상시킨다

A 充电器要定期更换 ➡ 언급되지 않음

B 首次充电充满12个小时 ➡ 언급되지 않음

C 充电时打电话非常危险 ➡ 언급되지 않음

D 快没电时充电损害电池寿命 ➡ 지문 속 내용과 거의 일치하므로 정답은 D이다.

TIP! 내용을 빠르게 상기시키는 데 도움이 되는 표현에 밑줄을 그으며 보기를 읽는다.

단어 ★电池 diànchí 명 전지 | 充电 chōngdiàn 동 충전하다 | 周期 zhōuqī 명 주기 | 算作 suànzuò 동 ~라고 할 수 있다 | 定期 dìngqī 형 정기의, 정기적인 | 更换 gēnghuàn 동 바꾸다, 교체하다 | 损害 sǔnhài 동 손상시키다, 해치다 | ★寿命 shòumìng 명 수명

3

鳡鱼并不像它的名字那样温柔，它是一种[A]攻击性很强的大型食肉鱼类，最大的成年鳡鱼可达两米长，重达80公斤。一发现食物，鳡鱼就相互争抢，动作十分干脆。有时，它们竟能吞掉比自己的嘴还大的鱼。	자가사리는 그것의 이름처럼 결코 그렇게 부드럽고 순하지 않은데, 그것은 [A]공격성이 강한 대형 육식 어류로, 가장 큰 성년 자가사리는 2미터 길이에 80킬로그램 무게에 이를 수 있다. 먹이를 한 번 발견하면, 자가사리는 서로 다투어 빼앗는데, 동작이 매우 시원스럽다. 때때로 그것들은 뜻밖에 자신의 입보다 더 큰 고기를 삼켜버릴 수도 있다.
A 鳡鱼攻击性强 B 鳡鱼非常团结 C 鳡鱼行动很缓慢 D 鳡鱼体型普遍较小	A 자가사리는 공격성이 강하다 B 자가사리는 매우 사이가 좋다 C 자가사리는 행동이 느리다 D 자가사리는 체형이 보편적으로 비교적 작다

A 鳡鱼|攻击性强 ➡ 지문과 완전히 일치하므로 정답은 A이다.

B 鳡鱼|非常团结 ➡ 먹이를 서로 다투어 빼앗는다고 했으므로 정답이 아니다.

C 鳡鱼|行动很缓慢 ➡ 동작이 시원스럽다고 했으므로 정답이 아니다.

D 鳡鱼|体型普遍较小 ➡ 대형 어류라고 했으므로 정답이 아니다.

TIP! 보기의 앞부분이 '鳡鱼'로 모두 시작이 같으므로 세로줄로 분리한다. 세로줄 뒤에서 내용을 빠르게 상기시키는 데 도움이 되는 표현에 밑줄을 그으며 보기를 읽는다.

단어 鳡 gǎn 명 자가사리 | ★温柔 wēnróu 형 부드럽고 순하다, 상냥하다 | ★大型 dàxíng 형 대형의 | 食肉 shíròu 명 육식 | ★食物 shíwù 명 음식물 | 争抢 zhēngqiǎng 동 다투어 빼앗다, 쟁탈하다 | ★干脆 gāncuì 형 시원스럽다, 명쾌하다, 간단명료하다 부 차라리, 아예 | 吞 tūn 동 (통째로) 삼키다 | 攻击 gōngjī 명동 공격(하다) | 团结 tuánjié 형 사이가 좋다, 화목하다 동 단결하다 | ★行动 xíngdòng 명동 행동(하다) | 缓慢 huǎnmàn 형 느리다 | 体型 tǐxíng 명 체형 | ★普遍 pǔbiàn 형 보편적이다

독해

제2부분

4

口译员首先要有大量的词汇积累和较强的记忆力，其次还必须具备演讲能力，因为口译时不仅要翻译出句子本身的意思，更重要的是与听话人交流、沟通。此外，[B] 口译员翻译时不应表现自己的真实情感，而要努力模仿说话者的语气、动作，甚至表情。	통역사는 먼저 대량의 어휘 축적과 비교적 강한 기억력이 있어야 하고, 두 번째로 반드시 연설 능력을 갖추어야 하는데, 왜냐하면 통역할 때는 문장 자체의 뜻을 번역해내야 할 뿐만 아니라, 더욱 중요한 것은 청자들과 교류하고 소통하는 것이기 때문이다. 이 밖에 [B] 통역사는 통역할 때 자신의 진실된 감정을 드러내면 안 되고, 말하는 사람의 말투, 동작, 심지어는 표정을 모방하려고 노력해야 한다.
A 演讲时要注意语气 B 口译时应模仿说话人 C 词汇量是外语学习的基础 D 口译员要随时和说话人沟通	A 연설할 때는 말투에 주의해야 한다 B 통역할 때는 말하는 사람을 모방해야 한다 C 어휘량은 외국어 학습의 기초이다 D 통역사는 수시로 말하는 사람과 소통해야 한다

보기 분석

A 演讲时要注意语气 ➡ 연설에 대한 내용이 아니다.

B 口译时应模仿说话人 ➡ 떨어져 있는 두 개의 표현과 거의 일치하므로 정답은 B이다.

C 词汇量是外语学习的基础 ➡ 어휘량은 통역사에게 필요한 것으로 언급되었다.

D 口译员要随时和说话人沟通 ➡ 청자와 소통해야 한다고 했다.

TIP! 내용을 빠르게 상기시키는 데 도움이 되는 표현에 밑줄을 그으며 보기를 읽는다.

단어 **口译** kǒuyì 명동 통역(하다) | ★**记忆** jìyì 명동 기억(하다) | ★**具备** jùbèi 동 갖추다 | **本身** běnshēn 명 그 자체, 그 자신 | **此外** cǐwài 이 외에, 이 밖에 | ★**表现** biǎoxiàn 명 태도, 품행, 활약 동 (태도나 능력을) 드러내다, 나타내다 | ★**真实** zhēnshí 형 진실하다 | **情感** qínggǎn 명 감정 | ★**表情** biǎoqíng 명 표정 | ★**演讲** yǎnjiǎng 명동 강연(하다), 연설(하다) | ★**语气** yǔqì 명 말투, 어투 | ★**模仿** mófǎng 동 모방하다 | ★**词汇** cíhuì 명 어휘 | ★**基础** jīchǔ 명 기초 | ★**随时** suíshí 부 수시로, 언제나, 아무 때나 | ★**沟通** gōutōng 동 소통하다

5

微信是目前中国最大的网络交流平台之一。[C] 微信头像代表着人们的形象，反映了人们自我状态的变化。喜欢经常更换头像的人往往自我灵活性较高，或者生活中经常出现刺激性事件。但无论什么原因，头像的变化都表示人们想以一种新的状态迎接生活。	위챗은 현재 중국에서 가장 큰 네트워크 플랫폼 중의 하나이다. [C] 위챗 프로필 사진은 사람들의 이미지를 대표하며, 사람들의 자기 상태 변화를 반영했다. 프로필 사진을 자주 바꾸길 좋아하는 사람은 종종 자기 유연성이 비교적 높거나, 혹은 생활 속에 자극적인 사건이 자주 나타난다. 그러나 어떤 원인이든 관계없이, 프로필 사진의 변화는 모두 사람들이 새로운 상태로써 생활을 맞이하고 싶어 한다는 것을 나타낸다.
A 不应频繁更换微信头像 B 微信头像最好使用自己的照片 C 微信头像往往代表人们的形象 D 经常更换头像的人生活不幸福	A 빈번하게 위챗 프로필 사진을 바꿔서는 안 된다 B 위챗 프로필 사진은 자신의 사진을 쓰는 것이 가장 좋다 C 위챗 프로필 사진은 종종 사람들의 이미지를 대표한다 D 자주 프로필 사진을 바꾸는 사람은 생활이 행복하지 않다

[보기 분석] A 不应频繁更换微信头像 ➡ 언급되지 않음
B 微信头像|最好使用自己的照片 ➡ 언급되지 않음
C 微信头像|往往代表人们的形象 ➡ 지문과 완전히 일치하므로 정답은 C이다.
D 经常更换头像的人生活不幸福 ➡ 언급되지 않음

[TIP!] 보기 B, C의 앞부분이 '微信头像'으로 같으므로 세로줄로 분리한다. 세로줄 뒤에서 내용을 빠르게 상기시키는 데 도움이 되는 표현에 밑줄을 그으며 보기를 읽는다.

[단어] ★目前 mùqián [명] 지금, 현재 | ★网络 wǎngluò [명] 네트워크, 인터넷 | 平台 píngtái [명] 플랫폼 | ★反映 fǎnyìng [명][동] 반영(하다) | ★灵活 línghuó [형] (1)민첩하다, 재빠르다 (2)융통성이 있다 (3)원활하다 | ★刺激 cìjī [명][동] 자극(하다) [형] 자극적이다 | 事件 shìjiàn [명] 사건 | ★无论 wúlùn [접] ~에 관계없이 | ★状态 zhuàngtài [명] 상태 | ★迎接 yíngjiē [동] 맞이하다 | 频繁 pínfán [형] 잦다, 빈번하다 | 更换 gēnghuàn [동] 바꾸다, 교체하다 | 头像 tóuxiàng [명] 프로필 사진 | ★代表 dàibiǎo [명] 대표(자) [동] 대표하다 | ★形象 xíngxiàng [명] 이미지, 형상 [형] 구체적이다 | ★幸福 xìngfú [형] 행복하다

6

很多电梯里都装有一面镜子，人们大多以为镜子是给进入电梯的人整理仪表用的。其实，[B]在电梯里装镜子最初主要是为了方便腿脚不便的残疾人，当他们摇着轮椅进来的时候，不必费力地转身，从镜子里就可以看到楼层的显示灯。	많은 엘리베이터 안에는 모두 하나의 거울이 설치되어 있고, 사람들은 대부분 엘리베이터로 들어오는 사람들이 용모를 정리하는 데 거울을 사용하라는 것으로 생각한다. 사실 [B]엘리베이터 안에 거울을 설치하는 것은 처음에는 주로 다리와 발이 불편한 장애인을 편리하게 하기 위함이었는데, 그들이 휠체어를 흔들어 움직여 들어올 때 힘을 써서 몸을 돌릴 필요 없이 거울로부터 층의 표시등을 볼 수 있다.
A 应先让残疾人进电梯 B 电梯的镜子能方便残疾人 C 装镜子显得电梯的空间大 D 镜子里看到的显示灯是反的	A 먼저 장애인이 엘리베이터에 들어가게 해야 한다 B 엘리베이터의 거울은 장애인을 편리하게 할 수 있다 C 거울을 설치하면 엘리베이터의 공간이 커 보인다 D 거울 속에 보이는 표시등은 반대이다

[보기 분석] A 应先让残疾人进电梯 ➡ 언급되지 않음
B 电梯的镜子能方便残疾人 ➡ 지문에는 각각 떨어져 있는 세 개의 표현과 거의 일치하므로 정답은 B이다.
C 装镜子显得电梯的空间大 ➡ 언급되지 않음
D 镜子里看到的显示灯是反的 ➡ 언급되지 않음

[TIP!] 내용을 빠르게 상기시키는 데 도움이 되는 표현에 밑줄을 그으며 보기를 읽는다.

[단어] 仪表 yíbiǎo [명] 용모, 자태 | ★最初 zuìchū [명] (맨) 처음, 최초 | ★摇 yáo [동] 흔들어 움직이다, 흔들다 | 轮椅 lúnyǐ [명] 휠체어 | 不必 búbì [부] ~할 필요가 없다 | 费力 fèilì [동] 애쓰다, 힘을 쓰다 | 转身 zhuǎnshēn [동] 몸을 돌리다 | 残疾人 cánjírén [명] 장애인, 장애우 | ★装 zhuāng [동] (1)설치하다, 조립하다 (2)담다, 싣다, (3)~인 척하다 | ★显得 xiǎnde [동] ~하게 보이다 | ★空间 kōngjiān [명] 공간 | ★显示 xiǎnshì [명] 디스플레이 [동] 드러내다, 나타내 보이다

7

据统计，2015年全球约有3.22亿人患有抑郁症。抑郁症患者数量在快速增加，但却得不到应有的重视。与此同时，病人因[C]缺乏相应的心理治疗，很难走出困境，恢复正常生活。在高收入国家，约有50%的抑郁症患者没有接受治疗，而在低收入国家，数字更为惊人，达到了80%至90%。

통계에 따르면, 2015년 전 세계 약 3억 2,200만 명이 우울증에 걸렸다. 우울증 환자 수는 신속하게 증가하고 있지만, 그에 맞는 중시를 받지 못하고 있다. 이와 동시에, 환자는 [C]상응하는 심리 치료가 부족하기 때문에 곤경을 벗어나서 정상적인 생활을 회복하기 어렵다. 고수입 국가에서는 약 50%의 우울증 환자가 치료를 받지 못했고, 저수입 국가에서는 숫자가 더욱 놀라운데 80–90%에 이르렀다.

A 抑郁症的药物疗效不佳
B 抑郁症患者人数降低了
C 抑郁症患者缺乏心理治疗
D 大多数抑郁症是因收入引起的

A 우울증의 약물치료는 효과가 좋지 않다
B 우울증 환자의 수는 떨어졌다
C 우울증 환자는 심리 치료가 부족하다
D 대다수 우울증은 수입 때문에 야기된 것이다

보기 분석

A 抑郁症|的药物疗效不佳 ➡ 언급되지 않음
B 抑郁症患者|人数降低了 ➡ 신속하게 증가하고 있다고 했으므로 정답이 아니다.
C 抑郁症患者|缺乏心理治疗 ➡ 지문과 완전히 일치하므로 정답은 C이다.
D 大多数抑郁症|是因收入引起的 ➡ 언급되지 않음

TIP! 이왕이면 위의 보기 분석처럼 주어를 분리하면 문제를 풀기 더 쉽지만, 어렵다면 B, C의 앞부분이 '**抑郁症患者**'로 같으므로 두 개의 보기만 세로줄로 분리한다. 세로줄 뒤부터 내용을 빠르게 상기시키는 데 도움이 되는 표현에 밑줄을 그으며 보기를 읽는다.

단어 **统计** tǒngjì 명동 통계(하다) | **患有** huànyǒu 동 ~에 걸리다 | ★**快速** kuàisù 형 신속하다, 빠르다 | **应有** yīngyǒu 형 상응하는, 응당 있어야 할 | **困境** kùnjìng 명 곤경 | ★**恢复** huīfù 동 회복하다, 회복되다 | ★**达到** dádào 동 도달하다, 이르다 | **抑郁症** yìyùzhèng 명 우울증 | **疗效** liáoxiào 명 치료 효과 | **佳** jiā 형 좋다 | **患者** huànzhě 명 환자 | ★**心理** xīnlǐ 명 심리 | ★**治疗** zhìliáo 명동 치료(하다)

8

"凡勃伦效应"指的是当一种商品定价较高时，人们对该商品的需求不但不减少，反而增加的一种现象。这主要是因为，人们购买某些商品不仅是为了获得物质享受，更是为了获得心理上的满足，比如购买高级轿车。这类[C]商品价格越高越能显示购买者的财富和地位，因而也越受他们的欢迎。

'베블런효과'는 한 가지 상품 정가가 비교적 높을 때, 이 상품에 대한 사람들의 수요가 감소하지 않을 뿐만 아니라, 오히려 증가하는 현상을 가리킨다. 이것은 주로 사람들이 어떤 상품을 사는 것은 단지 물질적 향유를 얻기 위해서일 뿐만 아니라, 심리상의 만족을 얻기 위해서이기 때문인데, 예를 들면 고급 승용차를 구매하는 것이다. 이런 [C]상품은 가격이 높을수록 구매자의 부와 지위를 드러낼 수 있고, 따라서 더욱 그들의 환영을 받는다.

A 高档汽车乘坐更舒适
B 商品越便宜越受欢迎
C 买高价商品能显示地位
D 心理满足比物质享受更重要

A 고급 자동차는 승차하면 더 쾌적하다
B 상품은 저렴할수록 환영을 받는다
C 높은 가격의 상품을 사면 지위를 드러낼 수 있다
D 심리 만족은 물질적 향유보다 더 중요하다

A 高档汽车乘坐更舒适 ➡ 언급되지 않음
B 商品越便宜越受欢迎 ➡ 지문의 내용과 반대된다.
C 买高价商品能显示地位 ➡ 지문에는 각각 떨어져 있는 세 개의 표현과 거의 일치하므로 정답은 C이다.
D 心理满足比物质享受更重要 ➡ 상품 구매는 물질적 향유와 심리적 만족 모두를 얻기 위해서라고 했다.

TIP! 내용을 빠르게 상기시키는 데 도움이 되는 표현에 밑줄을 그으며 보기를 읽는다.

단어 效应 xiàoyìng 명 효과, 반응(주로 이론의 명칭에 사용) | 定价 dìngjià 명 정가 | 需求 xūqiú 명 수요, 필요, 요구 | ★反而 fǎn'ér 부 오히려 | ★现象 xiànxiàng 명 현상 | 购买 gòumǎi 동 구매하다 | ★某 mǒu 대 어느, 아무, 모 | ★高级 gāojí 명형 고급(의) | 轿车 jiàochē 명 승용차 | 财富 cáifù 명 부, 재산 | ★因而 yīn'ér 접 따라서 | ★高档 gāodàng 형 고급의 | ★乘坐 chéngzuò 동 타다 | ★舒适 shūshì 형 쾌적하다, 편하다 | ★显示 xiǎnshì 동 드러내다, 나타내 보이다 명 디스플레이 | ★地位 dìwèi 명 지위 | ★满足 mǎnzú 명형 만족(하다) 동 만족시키다 | ★物质 wùzhì 명 물질 | ★享受 xiǎngshòu 명 향유 동 누리다, 즐기다

9

软广告指商家 [A] 不直接介绍商品、服务，而是通过在报纸、网络、电视节目等宣传载体上插入带有引导性的文章、画面和短片，或赞助社会活动、公益事业等方式来提升企业品牌知名度，来促进企业销售的一种广告形式。	간접광고는 업체가 [A] 직접적으로 상품과 서비스를 소개하지 않고, 신문, 인터넷, TV 프로그램 등 선전 매체에 유도성의 글, 화면 그리고 단편 영화를 삽입하거나 혹은 사회활동, 공익사업 등을 협찬하는 방식을 통해, 기업 브랜드의 지명도를 높여 기업 판매를 촉진하는 일종의 광고 형식을 가리킨다.
A 软广告不直接介绍商品 B 软广告不以赚钱为目的 C 软广告更受消费者喜爱 D 软广告只出现在杂志上	A 간접광고는 직접적으로 상품을 소개하지 않는다 B 간접광고는 돈을 버는 것을 목적으로 하지 않는다 C 간접광고는 더욱 소비자들의 사랑을 받는다 D 간접광고는 오직 잡지에만 나온다

보기 분석
A 软广告|不直接介绍商品 ➡ 지문과 완전히 일치하므로 정답은 A이다.
B 软广告|不以赚钱为目的 ➡ 언급되지 않음
C 软广告|更受消费者喜爱 ➡ 언급되지 않음
D 软广告|只出现在杂志上 ➡ 언급되지 않음

TIP! 보기의 앞부분이 '软广告'로 모두 같으므로 세로줄로 분리한다. 세로줄 뒤에서 내용을 빠르게 상기시키는 데 도움이 되는 표현에 밑줄을 그으며 보기를 읽는다. 이때 절대성의 의미를 갖는 어휘인 '只'는 동그라미를 쳐서 일치 여부를 확인한다.

단어 软广告 ruǎnguǎnggào 명 간접광고 | ★广告 guǎnggào 명 광고 | ★网络 wǎngluò 명 인터넷, 네트워크 | ★宣传 xuānchuán 명동 선전(하다) | 载体 zàitǐ 명 매(개)체 | ★插 chā 동 (1)삽입하다, 끼우다, 꽂다 (2)개입하다, 끼어들다 | 引导 yǐndǎo 동 인도하다, 이끌다 | ★文章 wénzhāng 명 글 | 画面 huàmiàn 명 화면 | 短片 duǎnpiàn 명 단편 영화 | 赞助 zànzhù 동 찬조하다, 협찬하다 | 公益 gōngyì 명 공익 | 事业 shìyè 명 사업 | ★方式 fāngshì 명 방식 | ★企业 qǐyè 명 기업 | 知名度 zhīmíngdù 명 지명도 | ★促进 cùjìn 동 촉진하다 | ★销售 xiāoshòu 동 판매하다 | ★形式 xíngshì 명 형식 | ★软 ruǎn 형 부드럽다 | ★赚 zhuàn 동 (돈을) 벌다 | ★目的 mùdì 명 목적 | ★消费 xiāofèi 명동 소비(하다) | ★杂志 zázhì 명 잡지

10

摄影从来就不是按下快门那么简单，而是 [D] 一门需要思考的艺术。在按下快门之前，往往要经过漫长的观察、选择和期待。尽管有时候灵光一闪，也会有妙手偶得的佳作，但这种直觉也有赖于长期的思考与拍摄经验的积累。	촬영은 지금까지 셔터를 누르는 그렇게 간단한 것이 아니라 [D] 사고가 필요한 예술이다. 셔터를 누르기 전에 종종 긴 관찰, 선택 그리고 기대를 거쳐야 한다. 비록 가끔은 번쩍하는 영감으로 명인도 우연히 얻을 수 있는 뛰어난 작품이 있을 수 있지만, 이런 직감도 장기간의 사고와 촬영 경험의 축적에 의존한다.
A 好的摄影师往往凭感觉 B 照片能反映摄影师的情绪 C 摄影作品通常是偶然得来的 D 摄影是一门需要思考的艺术	A 좋은 촬영 기사는 종종 느낌에 의지한다 B 사진은 촬영 기사의 정서를 반영할 수 있다 C 촬영 작품은 일반적으로 우연히 얻게 되는 것이다 D 촬영은 사고가 필요한 예술이다

보기 분석

A 好的摄影师往往凭感觉 ➡ 언급되지 않음

B 照片能反映摄影师的情绪 ➡ 언급되지 않음

C 摄影|作品通常是偶然得来的 ➡ 우연히 좋은 작품을 얻는 것은 '가끔'이지 '일반적인' 일이 아니다.

D 摄影|是一门需要思考的艺术 ➡ 지문과 완전히 일치하므로 정답은 D이다.

TIP! 보기 C, D의 앞부분이 '摄影'으로 같으므로 세로줄로 분리한다. 세로줄 뒤에서 내용을 빠르게 상기시키는 데 도움이 되는 표현에 밑줄을 그으며 보기를 읽는다.

단어 按 àn ⓢ (손가락으로) 누르다 | 快门 kuàimén ⓜ (카메라의) 셔터 | ★艺术 yìshù ⓜⓗ 예술(적이다) | 漫长 màncháng ⓗ (시간이나 길이가) 멀다 | ★观察 guānchá ⓜⓢ 관찰(하다) | ★期待 qīdài ⓜⓢ 기대(하다) | 灵光一闪 língguāng yìshǎn 번쩍하다 | 妙手 miàoshǒu ⓜ 달인, 명인 | 佳作 jiāzuò ⓜ 가작, 뛰어난 작품 | 直觉 zhíjué ⓜ 직감, 직관 | 有赖于 yǒulài yú ~에 의존하다 | 拍摄 pāishè ⓢ 촬영하다, 사진을 찍다 | ★积累 jīlěi ⓜⓢ 축적(하다), 누적(하다) | ★摄影 shèyǐng ⓜⓢ 촬영(하다) | ★凭 píng ⓢ 기대다, 의지하다 | ★感觉 gǎnjué ⓜ 감각, 느낌 ⓢ 느끼다 | ★反映 fǎnyìng ⓜⓢ 반영(하다) | ★情绪 qíngxù ⓜ 정서, 기분 | ★通常 tōngcháng ⓗ 통상적이다, 일반적이다 | ★偶然 ǒurán ⓗ 우연하다 | ★艺术 yìshù ⓜⓗ 예술(적이다)

독해 Chapter 02 유사형

+ 본서 198~200쪽

정답 1 D 2 C 3 B 4 C 5 A 6 A 7 C 8 B 9 C 10 D

1

成长过程中，[D] 每个人都会经历一段“叛逆期”，这一时期的主要特征之一就是拒绝接受父母的意见，甚至与父母对着干。这其实并不完全是坏事，从心理发展的角度来看，这是获得独立思考能力必经的、不可缺少的阶段。	성장 과정에서, [D] 모든 사람은 한 시기의 '사춘기'를 거치는데, 이 시기의 주요 특징 중 하나는 부모의 의견을 받아들이는 것을 거절하고, 심지어는 부모와 대립하여 행동한다. 이것은 사실 결코 완전히 나쁜 일은 아닌데, 심리 발전의 각도에서 볼 때, 이것은 독립적인 사고 능력을 얻을 때 반드시 거쳐야 하고 없어서는 안 되는 단계이다.
A 父母不应责备孩子 B 孩子应该孝顺父母 C “叛逆期”的孩子很听话 D “叛逆期”是每个人必经的阶段	A 부모는 아이를 탓해서는 안 된다 B 아이는 부모에게 효도해야 한다 C '사춘기'의 아이는 말을 잘 듣는다 D '사춘기'는 모든 사람이 반드시 거치는 단계이다

[보기 분석]
A **父母不应责备孩子** ➡ 언급되지 않음
B **孩子应该孝顺父母** ➡ 언급되지 않음
C **“叛逆期”|的孩子很听话** ➡ 언급되지 않음
D **“叛逆期”|是每个人必经的阶段** ➡ 지문의 '모든 사람이 사춘기를 거친다'는 말이 보기에서는 '사춘기는 모든 사람이 거치는 단계이다'로 어순이 바뀐 것으로, 서로 유사한 뜻을 나타내고 있으므로 정답은 D이다.

TIP! 보기 C, D의 앞부분이 '**叛逆期**'로 같으므로 세로줄로 분리한다. 세로줄 뒤에서 내용을 빠르게 상기시키는 데 도움이 되는 표현에 밑줄을 그으며 보기를 읽는다.

[단어] ★**成长** chéngzhǎng [동] 성장하다, 자라다 | ★**经历** jīnglì [명] 경력, 경험, [동] 겪다, 경험하다 | ★**时期** shíqī [명] 시기 | ★**特征** tèzhēng [명] 특징 | **对着干** duìzhegàn 대항하여 일을 하다 | ★**心理** xīnlǐ [명] 심리 | ★**角度** jiǎodù [명] 각도 | ★**独立** dúlì [형] 독립적이다 [동] 독립하다 | ★**思考** sīkǎo [명][동] 사고(하다) | **不可缺少** bùkě quēshǎo 없어서는 안 된다 | ★**责备** zébèi [동] 탓하다, 꾸짖다 | ★**孝顺** xiàoshùn [동] 효도하다 [형] 효성스럽다 | **叛逆** pànnì [동] 반항하다, 거스르다 | **必经** bìjīng 반드시 거치다 | ★**阶段** jiēduàn [명] 단계

2

[C] 运动前最好先进行四五分钟的热身活动，通过一系列的动作来活动关节、舒展肌肉，使心脏逐渐适应即将进入的运动状态。运动结束后，同样应有几分钟的放松活动，让身体放松，避免运动带来的肌肉酸痛。	[C] 운동 전에 가장 좋기로는 먼저 4~5분의 워밍업 활동을 해야 하는데, 일련의 동작을 통해 관절을 활동시키고 근육을 펴서, 곧 들어가게 될 운동 상태에 심장이 점점 적응하게 한다. 운동이 끝난 후에는, 마찬가지로 몇 분의 릴랙스 활동이 있어야 하는데, 신체를 풀어주어 운동이 가져온 근육 통증을 피한다.
A 运动有助于减肥 B 运动后要赶快休息 C 运动前的热身很有必要 D 放松活动对肌肉有一定伤害	A 운동은 다이어트에 도움이 된다 B 운동 후 빨리 휴식해야 한다 C 운동 전의 워밍업은 매우 필요하다 D 릴랙스 활동은 근육에 일정한 상해가 있다

[보기 분석]

A 运动|有助于减肥 ➡ 언급되지 않음

B 运动后|要赶快休息 ➡ 언급되지 않음

C 运动前|的热身很有必要 ➡ 지문의 '운동 전에 워밍업 활동을 하는 것이 가장 좋다'라는 말이 보기에서는 '운동 전의 워밍업 활동이 필요하다'라는 유사한 표현으로 대체되었으므로 정답은 C이다.

D 放松活动对肌肉有一定伤害 ➡ 릴랙스 활동은 근육 통증을 피하게 하므로 정답이 아니다.

[TIP!] A, B, C는 주어에 '운동'이 공통적으로 들어 있으므로 세로줄로 분리한다. 세로줄 뒤에서 내용을 빠르게 상기시키는 데 도움이 되는 표현에 밑줄을 그으며 보기를 읽는다.

[단어] 热身 rèshēn [동] 준비 운동하다, 워밍업하다 | 一系列 yíxìliè 일련의 | 关节 guānjié [명] 관절 | 舒展 shūzhǎn [동] 펴다 | ★心脏 xīnzàng [명] 심장 | ★逐渐 zhújiàn [부] 점점, 점차 | ★适应 shìyìng [동] 적응하다 | 即将 jíjiāng [부] 곧, 머지않아 | ★状态 zhuàngtài [명] 상태 | ★避免 bìmiǎn [동] 피하다 | 酸痛 suāntòng [형] 시큰시큰 쑤시고 아프다 | ★赶快 gǎnkuài [부] 빨리, 얼른 | ★必要 bìyào [명][형] 필요(하다) | ★肌肉 jīròu [명] 근육 | ★伤害 shānghài [동] 상해하다, 손상시키다, 해치다

3

B 小提琴的音质与木材有关。制作小提琴的木材多来自于温带和寒带，木材采伐后至少要经过数十年的自然风干才能用来制琴。而且，自然干燥的时间越长，小提琴的音色越响亮浑厚、干净圆润。	B 바이올린의 음질은 목재와 관련이 있다. 바이올린을 제작하는 목재는 대부분 온대와 한대 지역으로부터 오는데, 목재 벌채 후 적어도 수십 년의 자연 바람 건조를 거쳐야 바이올린 제작에 사용할 수 있다. 게다가 자연 건조의 시간이 길수록 바이올린의 음색이 크고 힘이 있으며, 깨끗하고 충만하다.
A 小提琴独奏表现力更强 B 木材会影响小提琴的音质 C 表面越光滑的木材越高档 D 热带的木材不可以做小提琴	A 바이올린은 독주 표현력이 더 강하다 B 목재는 바이올린의 음질에 영향을 준다 C 표면이 매끄러운 목재일수록 고급이다 D 열대 목재는 바이올린을 만들 수 없다

[보기 분석]

A 小提琴独奏表现力更强 ➡ 언급되지 않음

B 木材会影响小提琴的音质 ➡ 지문의 '바이올린 음질이 목재와 관계 있다'라는 말이 보기에서는 '목재가 바이올린 음질에 영향을 준다'라는 유사한 표현으로 대체되었으므로 정답은 B이다.

C 表面越光滑的木材越高档 ➡ 언급되지 않음

D 热带的木材不可以做小提琴 ➡ 언급되지 않음

[TIP!] 내용을 빠르게 상기시키는 데 도움이 되는 표현에 밑줄을 그으며 보기를 읽는다.

[단어] 小提琴 xiǎotíqín [명] 바이올린 | 木材 mùcái [명] 목재 | ★制作 zhìzuò [동] 제작하다, 만들다 | 温带 wēndài [명] 온대 | 寒带 hándài [명] 한대 | 采伐 cǎifá [동] 벌채하다, 채벌하다 | 风干 fēnggān [동] 바람에 말리다 | ★干燥 gānzào [형] 건조하다 | 响亮 xiǎngliàng [형] (소리가) 높고 크다, 우렁차다 | 浑厚 húnhòu [형] (소리가) 낮고 힘이 있다 | 圆润 yuánrùn [형] 충만하고 윤택하다 | 独奏 dúzòu [명][동] 독주(하다) | ★表现 biǎoxiàn [명] 태도, 품행 [동] (1)표현하다 (2)(태도나 능력을) 드러내다 | ★表面 biǎomiàn [명] 표면 | ★光滑 guānghuá [형] 매끄럽다, 반들반들하다 | ★高档 gāodàng [형] 고급스럽다 | 热带 rèdài [명] 열대

4

民族舞主要来源于各民族人民的聚会、婚丧等实际生活。民族舞的 [C]动作一般比较简单，规范性不强，而且舞蹈风格相对稳定。但民族舞形式多样、内容丰富，历来都是各国古典舞、宫廷舞和专业舞蹈创作中不可缺少的素材。	민족무용은 주로 각 민족 인민들의 모임, 혼례와 장례 등 실제 생활로부터 유래한다. 민족무용의 [C]동작은 일반적으로 비교적 간단하고, 규범성이 강하지 않으며, 게다가 무용 스타일이 상대적으로 안정적이다. 그러나 민족무용은 형식이 다양하고 내용이 풍부하여, 예로부터 각국 고전무용, 궁정무용과 전문무용 창작에서 없어서는 안 되는 소재이다.
A 民族舞风格变化大 B 民族舞的形式比较夸张 C 民族舞的动作不太复杂 D 民族舞是专业舞蹈的一种	A 민족무용은 스타일 변화가 크다 B 민족무용의 형식은 비교적 과장되어 있다 C 민족무용의 동작은 그다지 복잡하지 않다 D 민족무용은 전문무용의 일종이다

A 民族舞|风格变化大 ➡ 스타일이 안정적이다.

B 民族舞|的形式比较夸张 ➡ 언급되지 않음

C 民族舞|的动作不太复杂 ➡ 지문의 '동작이 비교적 간단하다'는 말이 보기에서는 반대 의미의 단어를 사용하여 '복잡하지 않다'로 대체되었으므로 정답은 C이다.

D 民族舞|是专业舞蹈的一种 ➡ 전문무용의 소재이지 전문무용의 일종인 것은 아니다.

TIP! 보기의 앞부분이 '民族舞'로 모두 같으므로 세로줄로 분리한다. 세로줄 뒤에서 내용을 빠르게 상기시키는 데 도움이 되는 표현에 밑줄을 그으며 보기를 읽는다.

단어 **来源** láiyuán 명 근원, 출처 동 유래하다, 기원하다('来源于'로 사용) | ★**民族** mínzú 명 민족 | **婚丧** hūnsāng 명 혼례와 장례 | **规范** guīfàn 명형 규범(에 맞다) | ★**相对** xiāngduì 형 상대적이다 | ★**稳定** wěndìng 형 안정적이다 동 안정시키다 | **历来** lìlái 부 예로부터, 여태까지 | ★**古典** gǔdiǎn 명형 고전(적이다) | **宫廷** gōngtíng 명 궁전, 궁정 | **创作** chuàngzuò 명 문예 작품 동 (문예 작품을) 창작하다 | **素材** sùcái 명 (예술 작품의) 소재 | ★**风格** fēnggé 명 풍격, 스타일 | ★**形式** xíngshì 명 형식 | ★**夸张** kuāzhāng 동 과장하(여 말하)다 | **舞蹈** wǔdǎo 명동 춤(추다), 무용(하다)

5

比起扬尘等人眼可见的污染，[A]我们往往会忽视噪声对人的影响。其实，噪声也是一种污染，高分贝的噪声对人和动物都存在隐性伤害。一些研究显示，噪声不仅会损伤人类的听觉、增添烦躁情绪，还会加速鸟类的老化。	비산 먼지 등 사람 눈이 볼 수 있는 오염과 비교할 때, [A]우리는 종종 사람에 대한 소음의 영향을 경시한다. 사실 소음도 일종의 오염이며, 높은 데시벨의 소음은 사람과 동물에게 모두 잠재적 상해가 존재한다. 일부 연구들은 소음이 인류의 청각을 손상시키고 초조한 정서를 늘릴 뿐만 아니라, 조류의 노화를 가속화한다고 밝혔다.
A 噪声污染易被忽视 B 动物对噪声更敏感 C 噪声有一定的益处 D 噪声污染比可见污染危害大	A 소음 오염은 쉽게 경시된다 B 동물은 소음에 대해 더 민감하다 C 소음은 일정한 유익한 점이 있다 D 소음 오염은 볼 수 있는 오염보다 해로움이 크다

보기 분석 A **噪声|污染易被忽视** ➡ 지문의 '종종 소음의 영향을 경시한다'는 말이 보기에서는 '소음 오염은 쉽게 경시된다'로 어순이 바뀌어 유사한 뜻을 나타내고 있으므로 정답은 A이다.

B **动物对噪声更敏感** ➡ 언급되지 않음

C **噪声|有一定的益处** ➡ 언급되지 않음

D **噪声|污染比可见污染危害大** ➡ 언급되지 않음

TIP! A, C, D의 앞부분 시작이 같으므로 세로줄로 분리한다. 세로줄 뒤에서 내용을 빠르게 상기시키는 데 도움이 되는 표현에 밑줄을 그으며 보기를 읽는다.

단어 **扬尘** yángchén 명 비산 먼지, 날림 먼지 | ★**忽视** hūshì 동 소홀히 하다, 경시하다 | **噪声** zàoshēng 명 소음 | **分贝** fēnbèi 양 데시벨 | ★**存在** cúnzài 동 존재하다 | **隐性** yǐnxìng 명 잠재성 | ★**伤害** shānghài 동 상해하다, 해치다 | ★**显示** xiǎnshì 동 뚜렷하게 나타내 보이다 | **损伤** sǔnshāng 동 손상되다, 손상시키다 | ★**人类** rénlèi 명 인류 | **听觉** tīngjué 명 청각 | **增添** zēngtiān 동 더하다, 늘리다 | **烦躁** fánzào 형 초조하다 | ★**情绪** qíngxù 명 정서, 기분 | ★**敏感** mǐngǎn 형 민감하다 | **益处** yìchù 명 유익한 점 | ★**危害** wēihài 명동 해(치다)

6

一项调查显示，大约50%的大学生承认自己有拖延的毛病。严重的 A 拖延症会对个体的身心健康带来消极的影响，如出现强烈的自责情绪，并伴有焦虑症、抑郁症等心理疾病。因此，我们应该重视拖延症。	한 조사에서 대략 50%의 대학생이 자신에게 미루는 나쁜 버릇이 있음을 인정했다고 밝혔다. 심각한 A 미루는 버릇은 개인의 심신 건강에 부정적인 영향을 가져오는데, 예를 들어 강렬한 자책 정서가 나타나고, 또한 불안장애, 우울증 등의 심리 질병을 동반한다. 따라서 우리는 미루는 버릇을 중요하게 바라봐야 한다.
A 拖延症对健康不利 B 年纪大的人易得抑郁症 C 大学生对调查结果不满 D 大学生很难控制自己的情绪	A 미루는 버릇은 건강에 이롭지 않다 B 나이가 많은 사람은 쉽게 우울증에 걸린다 C 대학생은 조사 결과에 불만을 가진다 D 대학생은 자신의 정서를 통제하기가 매우 어렵다

보기 분석 A **拖延症对健康不利** ➡ 지문의 '개인의 심신 건강에 부정적인 영향을 가져온다'라는 말이 보기에서는 '건강에 이롭지 않다'라는 유사한 표현으로 대체되었으므로 정답은 A이다.

B **年纪大的人易得抑郁症** ➡ 언급되지 않음

C **大学生|对调查结果不满** ➡ 언급되지 않음

D **大学生|很难控制自己的情绪** ➡ 언급되지 않음

TIP! 보기 C, D의 앞부분이 '**大学生**'으로 같으므로 세로줄로 분리한다. 세로줄 뒤에서 내용을 빠르게 상기시키는 데 도움이 되는 표현에 밑줄을 그으며 보기를 읽는다.

단어 ★**承认** chéngrèn 동 인정하다, 시인하다 | ★**毛病** máobìng 명 (1)(개인의) 나쁜 버릇 (2)고장 | **个体** gètǐ 명 개인, 개체 | ★**消极** xiāojí 형 (1)부정적이다 (2)소극적이다 | ★**强烈** qiángliè 형 강렬하다 | **自责** zìzé 동 자책하다 | **伴有** bànyǒu 동 수반하다, 동반하다 | **焦虑症** jiāolǜzhèng 불안장애 | ★**心理** xīnlǐ 명 심리 | **疾病** jíbìng 명 질병 | **拖延** tuōyán 동 끌다, 지연하다, 늦추다 | **抑郁症** yìyùzhèng 명 우울증 | ★**控制** kòngzhì 동 통제하다, 제어하다, 억제하다

7

研究表明，掌握一种以上的语言有利于大脑发育。双语人士通常具有更强的问题解决能力和更敏锐的感知能力，并且能够进入更为多元的社会关系网。此外，[C]精通两种语言的年轻人更懂得换位思考，在职场中的表现也更为出色。	연구에서 한 가지 이상의 언어를 익히면 대뇌 발달에 이롭다고 밝혔다. 2개 언어를 하는 사람은 일반적으로 더 강한 문제 해결 능력과 더 민감한 감지 능력이 있으며, 게다가 더 다방면의 사회관계망에 들어갈 수 있다. 이 외에, [C]두 가지 언어에 정통한 젊은 사람들은 입장을 바꾸어 사고하는 것을 더 잘 이해하고, 직장에서의 활약 또한 더욱 뛰어나다.
A 第二语言学习要从小抓起 B 会两门语言是应聘的必要条件 C 双语者在职场上的表现更优秀 D 会一门语言的人思考能力不足	A 제2언어 학습은 어릴 때부터 다잡아야 한다 B 2개 언어를 할 줄 아는 것은 지원의 필요조건이다 C 2개 언어를 하는 사람은 직장에서의 활약이 더 우수하다 D 한 개 언어를 할 줄 아는 사람은 사고 능력이 부족하다

A 第二语言学习要从小抓起 ➡ 언급되지 않음

B 会两门语言是应聘的必要条件 ➡ 언급되지 않음

C 双语者在职场上的表现更优秀 ➡ 지문의 '优秀'가 보기에서는 유사한 의미의 단어 '出色'로 대체되었으므로 정답은 C이다.

D 会一门语言的人思考能力不足 ➡ 언급되지 않음

TIP! 내용을 빠르게 상기시키는 데 도움이 되는 표현에 밑줄을 그으며 보기를 읽는다.

단어 ★**表明** biǎomíng 동 분명하게 나타내다 | ★**掌握** zhǎngwò 동 익히다, 정통하다, 숙달하다 | ★**有利** yǒulì 형 유리하다, 이롭다 | **大脑** dànǎo 명 대뇌 | **发育** fāyù 명동 발육(하다) | **人士** rénshì 명 인사 | ★**通常** tōngcháng 형 통상적이다, 일반적이다 | **敏锐** mǐnruì 형 예민하다, 날카롭다 | **感知** gǎnzhī 동 감지하다 | **多元** duōyuán 형 다방면의, 다원적인, 다양한 | ★**此外** cǐwài 이 밖에, 이 외에 | **精通** jīngtōng 동 정통하다 | **懂得** dǒngde 동 이해하다, 알다 | **换位** huànwèi 동 위치를 바꾸다 | ★**出色** chūsè 형 훌륭하다, 뛰어나다 | ★**抓** zhuā 동 잡다 | ★**应聘** yìngpìn 동 지원하다 | ★**必要** bìyào 명형 필요(하다) | **职场** zhíchǎng 명 직장 | ★**表现** biǎoxiàn 명 활약, 태도, 품행 동 (1)표현하다 (2)(태도나 능력을) 드러내다 | ★**思考** sīkǎo 명동 사고(하다) | ★**不足** bùzú 형 부족하다

8

人们通常以为赛场上的"神枪手"视力都极好，但实际情况却恰恰相反，[B]射击冠军近视是国际普遍现象。这是因为射击时一般是睁一只眼闭一只眼，长此以往两只眼用力不一样，很容易造成近视眼、散光眼等疾病。因此不少射击运动员们会选择戴眼镜来矫正视力。	사람들은 일반적으로 경기장의 '명사수' 시력이 모두 아주 좋을 것이라고 오해하지만 실제 상황은 정반대인데, [B]사격 챔피언이 근시인 것은 국제적으로 보편적인 현상이다. 사격할 때 일반적으로 한 쪽 눈을 뜨고 한 쪽 눈을 감는데, 이대로 가면 두 눈을 사용하는 힘이 다르기 때문에, 근시안, 난시안 등의 질병을 쉽게 초래하게 된다. 따라서 많은 사격 선수들은 안경을 쓰는 것을 선택하여 시력을 교정한다.
A 射击要求两眼视力相同 B 射击冠军大多近视 C 射击选手常做眼科手术 D 射击选手都很有冒险精神	A 사격은 두 눈의 시력이 같을 것을 요구한다 B 사격 챔피언은 대다수가 근시이다 C 사격 선수는 안과 수술을 자주 한다 D 사격 선수는 모두 모험 정신이 많다

A 射击|要求两眼视力相同 ➡ 언급되지 않음

B 射击冠军|大多近视 ➡ 지문의 '사격 챔피언이 근시인 것은 보편적인 현상이다'라는 말이 보기에서는 '대다수가 근시이다'라는 유사한 표현으로 대체되었으므로 정답은 B이다.

C 射击选手|常做眼科手术 ➡ 언급되지 않음

D 射击选手|都很有冒险精神 ➡ 언급되지 않음

TIP! 4개 보기 모두 주어에 공통적으로 '射击'가 쓰였으므로 세로줄로 분리한다. 세로줄 뒤에서 내용을 빠르게 상기시키는 데 도움이 되는 표현에 밑줄을 그으며 보기를 읽는다. 이때 절대성의 의미를 갖는 어휘인 '都'는 동그라미를 쳐서 일치 여부를 확인한다.

단어 赛场 sàichǎng 명 경기장 | 神枪手 shénqiāngshǒu 명 명사수 | 视力 shìlì 명 시력 | 恰恰相反 qiàqià xiāngfǎn 정반대이다 | ★射击 shèjī 명동 사격(하다) | ★冠军 guànjūn 명 챔피언, 1등, 우승자 | ★普遍 pǔbiàn 형 보편적이다 | ★现象 xiànxiàng 명 현상 | ★睁 zhēng 동 눈을 뜨다 | 闭 bì 동 닫다, 다물다 | 长此以往 chángcǐyǐwǎng 성어 늘 이대로 나아가다 | ★造成 zàochéng 동 (부정적인 사태를) 초래하다, 야기하다 | 散光 sǎnguāng 명 난시 | 矫正 jiǎozhèng 동 교정하다 | 近视 jìnshì 명 근시 | 选手 xuǎnshǒu 명 선수 | 眼科 yǎnkē 명 안과 | ★手术 shǒushù 명 수술 | ★冒险 màoxiǎn 동 모험하다 | ★精神 jīngshén 명 정신

9

学过速记的朋友们一定有类似的体会：一段很长的话，想一字一句地记下来，难度肯定很大，但如果每句话都 C 用一两个关键词来概括大意，我们就能轻松记住。因此，要想加快记忆速度，我们可以将大块复杂信息拆分成多个独立的简单信息去记忆。	속기를 배워본 적이 있는 분들이라면 분명히 유사한 체험이 있을 것이다. 한 단락의 매우 긴 말을 한 글자 한 문장 기록하고 싶어 하면 난이도가 분명 높지만, 만약 모든 말을 C 한두 개의 키워드로 큰 뜻을 요약한다면, 우리는 수월하게 기억할 수 있을 것이다. 따라서 기억 속도를 빠르게 하고 싶다면, 우리는 큰 덩어리의 복잡한 정보를 여러 개의 독립적인 간단한 정보로 분해하여 기억하면 된다.
A 复杂信息应随手记录 B 速记强调内容一字不差 C 用关键词概括能加快记忆 D 用脑过度会导致记忆力变差	A 복잡한 정보는 즉석에서 기록해야 한다 B 속기는 내용이 한 글자도 틀리지 않을 것을 강조한다 C 키워드로 요약하면 기억을 빠르게 할 수 있다 D 뇌 사용이 과도하면 기억력이 나빠지는 결과를 초래할 수 있다

A 复杂信息应随手记录 ➡ 언급되지 않음

B 速记强调内容一字不差 ➡ 한 글자도 틀리지 않는 것은 난이도가 높다.

C 用关键词概括能加快记忆 ➡ 지문의 '한두 개의 키워드로 요약하면 수월하게 기억할 수 있다'라는 말이 보기에서는 '키워드로 요약하면 기억을 빠르게 할 수 있다'라는 유사한 표현으로 대체되었으므로 정답은 C이다.

D 用脑过度会导致记忆力变差 ➡ 언급되지 않음

TIP! 내용을 빠르게 상기시키는 데 도움이 되는 표현에 밑줄을 그으며 보기를 읽는다.

단어 速记 sùjì 명동 속기(하다) | 类似 lèisì 형 유사하다, 비슷하다 | ★体会 tǐhuì 명 체득, 이해 동 체험하여 터득하다, 이해하다 | ★速度 sùdù 명 속도 | 拆分 chāifēn 동 분해하다 | ★独立 dúlì 동 독립하다 형 독립적이다 | ★随手 suíshǒu 부 즉석에서, 손이 가는 대로 | ★记录 jìlù 명동 기록(하다) | ★强调 qiángdiào 동 강조하다 | 一字不差 yízì búchà 한 글자의 오차도 없다 | 关键词 guānjiàncí 명 키워드 | ★概括 gàikuò 동 개괄하다, 요약하다 | ★记忆 jìyì 명동 기억(하다) | 过度 guòdù 형 지나치다, 과도하다 | ★导致 dǎozhì 동 초래하다, 야기하다

10

随着科技的发展，用手指打电话这种只在科幻电影中出现的场景，已成为现实。最近有款智能戒指问世，[D]它的工作原理是助听器领域常用的"骨传导"技术。用户只需将其戴在食指上，当有来电时，它就会震动提示，此时只需轻触耳部，就能接通电话。是不是很神奇？	과학기술의 발전에 따라, 손가락으로 전화를 하는 이런 공상 과학 영화에서만 나올 것 같은 장면이 이미 현실이 되었다. 최근 스마트 반지가 세상에 나왔는데, [D]그것의 작동 원리는 보청기 분야에서 자주 사용하는 '골전도' 기술이다. 사용자는 단지 그것을 집게손가락에 끼우기만 하면, 전화가 왔을 때 그것이 진동으로 알려주는데, 이때 귀 부위를 가볍게 건드리면 전화를 받을 수 있다. 신기하지 않은가?
A 智能戒指能自动充电 B 助听器的市场在不断扩大 C 智能戒指是为听力差的人研发的 D 智能戒指利用了"骨传导"技术	A 스마트 반지는 자동으로 충전할 수 있다 B 보청기 시장은 끊임없이 확대되고 있다 C 스마트 반지는 청력이 좋지 않은 사람을 위해 연구 개발한 것이다 D 스마트 반지는 '골전도' 기술을 이용했다

[보기 분석]
A 智能戒指|能自动充电 ➡ 언급되지 않음
B 助听器的市场在不断扩大 ➡ 언급되지 않음
C 智能戒指|是为听力差的人研发的 ➡ 언급되지 않음
D 智能戒指|利用了"骨传导"技术 ➡ 지문의 '작동 원리는 골전도 기술이다'라는 말이 보기에서는 '골전도 기술을 이용했다'라는 유사한 표현으로 대체되었으므로 정답은 D이다.

[TIP!] 보기 A, C, D의 앞부분이 '智能戒指'로 같으므로 세로줄로 분리한다. 세로줄 뒤에서 내용을 빠르게 상기시키는 데 도움이 되는 표현에 밑줄을 그으며 보기를 읽는다.

[단어] ★手指 shǒuzhǐ [명] 손가락 | 科幻电影 kēhuàn diànyǐng 공상 과학 영화 | 场景 chǎngjǐng [명] 장면, 신 | 智能 zhìnéng [명][형] 지능(이 있는), 스마트(의) | ★戒指 jièzhi [명] 반지 | 问世 wènshì [동] 세상에 나오다 | 原理 yuánlǐ [명] 원리 | 助听器 zhùtīngqì [명] 보청기 | ★领域 lǐngyù [명] 영역, 분야 | 传导 chuándǎo [명] 전도 | 用户 yònghù [명] 사용자, 가입자 | 食指 shízhǐ [명] 집게손가락 | 震动 zhèndòng [동] 진동하다 | 提示 tíshì [동] 제시하다, 알리다 | 轻触 qīngchù 가볍게 건드리다 | 神奇 shénqí [형] 신기하다 | ★自动 zìdòng [형] (1)자동의 (2)자발적인 | 充电 chōngdiàn [동] 충전하다 | ★市场 shìchǎng [명] 시장 | ★扩大 kuòdà [동] 확대하다, 넓히다 | 研发 yánfā [동] 연구 개발하다 | ★利用 lìyòng [명][동] 이용(하다)

독해 Chapter 03 유추형 + 본서 205~207쪽

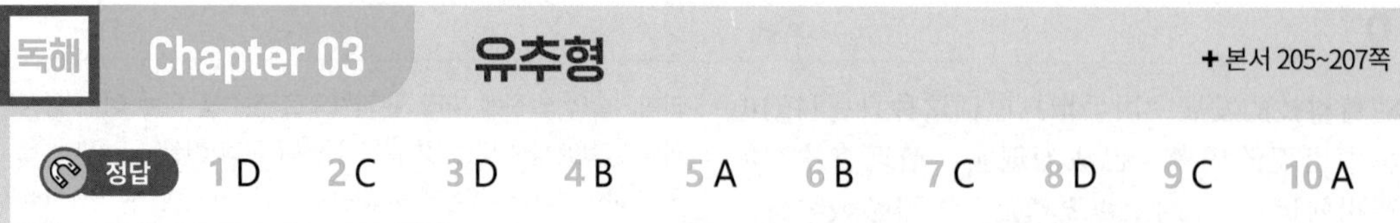

정답 1 D 2 C 3 D 4 B 5 A 6 B 7 C 8 D 9 C 10 A

1

骆驼曾是沙漠里唯一的交通工具，被称为“沙漠之舟”。但在运输业机械化的时代里，沙漠中也有了越来越多的现代化交通工具。[D]如今，我们已经很少能看到成群的骆驼驮着货物在沙漠里穿行的情景了。	낙타는 일찍이 사막에서 유일한 교통수단이었고, '사막의 배'라고 불렸다. 그러나 운송업의 기계화 시대에서, 사막 속에도 갈수록 많은 현대화된 교통수단이 생겼다. [D]오늘날 우리는 무리 지은 낙타들이 짐을 싣고 사막을 지나다니는 광경을 이미 거의 볼 수 없게 되었다.
A 沙漠的面积逐渐缩小 B 骆驼妨碍了交通秩序 C 骆驼的生存条件需改善 D 骆驼的运输功能在减弱	A 사막의 면적이 점차 줄고 있다 B 낙타는 교통 질서를 방해했다 C 낙타의 생존 조건은 개선되어야 한다 D 낙타의 운송 기능이 약해지고 있다

[보기 분석]
A 沙漠的面积逐渐缩小 ➡ 언급되지 않음
B 骆驼|妨碍了交通秩序 ➡ 언급되지 않음
C 骆驼|的生存条件需改善 ➡ 언급되지 않음
D 骆驼|的运输功能在减弱 ➡ 지문에서 '오늘날 우리는 낙타들이 짐을 싣고 다니는 것을 거의 볼 수 없게 되었다'라고 한 것으로 보아 낙타의 운송 기능이 약해지고 있다는 것을 유추할 수 있으므로 정답은 D이다.

TIP! 보기 B, C, D의 앞부분이 '骆驼'로 같으므로 세로줄로 분리한다. 세로줄 뒤에서 내용을 빠르게 상기시키는 데 도움이 되는 표현에 밑줄을 그으며 보기를 읽는다.

[단어] 骆驼 luòtuo [명] 낙타 | ★沙漠 shāmò [명] 사막 | ★唯一 wéiyī [형] 유일한 | ★工具 gōngjù [명] 수단, 도구 | 舟 zhōu [명] 배(교통수단) | 机械 jīxiè [명][형] 기계(적이다) | ★时代 shídài (1)(역사상의) 시대 (2)(일생 중의) 시기, 시절 | ★现代 xiàndài [명] 현대 | ★如今 rújīn [명] 지금, 오늘날 | 成群 chéngqún [동] 무리를 이루다 | 驮 tuó [동] 싣다, 등에 지우다 | 货物 huòwù [명] 화물, 물품 | 穿行 chuānxíng [동] 지나다니다 | ★情景 qíngjǐng [명] 광경, 정경, 장면 | ★面积 miànjī [명] 면적 | ★逐渐 zhújiàn [부] 점점, 점차 | 缩小 suōxiǎo [동] 축소하다, 줄다 | ★妨碍 fáng'ài [동] 방해하다 | ★秩序 zhìxù [명] 질서 | 生存 shēngcún [명][동] 생존(하다) | ★改善 gǎishàn [동] 개선하다 | ★运输 yùnshū [동] 운송하다, 수송하다 | ★功能 gōngnéng [명] 기능 | 减弱 jiǎnruò [동] 약해지다, 약화시키다

2

曾经有位国王命令士兵在路上放了块巨石，自己则躲在一旁偷偷观察路人的反应。开始时，路人都选择绕开巨石走，后来终于来了个农民，使出全身的力气，把巨石推到了路旁。农民意外地发现，巨石下有一个装满金子的袋子和一张纸条，纸条上写着：[C] 把这块巨石推开的人就能成为这袋金子的主人。

일찍이 한 국왕이 병사들에게 명령하여 길에 큰 돌 하나를 놓게 했고, 자신은 한 쪽에 숨어 몰래 행인들의 반응을 관찰했다. 처음에 행인들은 모두 큰 돌을 돌아서 피해가는 것을 선택했는데, 후에 마침내 한 농민이 와서 온몸의 힘을 써서 큰 돌을 길가로 밀어냈다. 농민은 뜻밖에도 큰 돌 아래에 하나의 금이 가득 담긴 자루와 한 장의 쪽지가 있다는 것을 발견했고, 쪽지에는 쓰여 있었다. [C] 이 큰 돌을 밀어내는 사람이 바로 이 자루의 금의 주인이 될 수 있습니다.

A 国王没有空闲时间
B 大多数路人都很热
C 农民得到了那袋金子
D 农民对金子数量 不满足

A 국왕은 여가 시간이 없었다
B 대다수 행인은 모두 친절했다
C 농민은 그 자루의 금을 얻었다
D 농민은 금의 수량에 대해 만족하지 못했다

보기 분석

A **国王没有空闲时间** ➡ 언급되지 않음

B **大多数路人都很热** ➡ 언급되지 않음

C **农民|得到了那袋金子** ➡ 지문에서 '돌을 밀어내는 사람이 금의 주인이 된다'라고 한 것으로 보아 돌을 밀어낸 농민이 금을 얻었음을 유추할 수 있으므로 정답은 C이다.

D **农民|对金子数量 不满足** ➡ 언급되지 않음

TIP! 보기 C, D의 앞부분이 '**农民**'으로 같으므로 세로줄로 분리한다. 세로줄 뒤에서 내용을 빠르게 상기시키는 데 도움이 되는 표현에 밑줄을 그으며 보기를 읽는다. 보기 B의 '**都**'는 앞의 '대다수'와 호응을 이루는 표현으로 절대성을 띠지 않는다.

단어 ★**命令** mìnglìng 명동 명령(하다) | ★**士兵** shìbīng 명 병사, 사병 | **躲** duǒ 동 숨다, 몸을 숨기다 | ★**观察** guānchá 명동 관찰(하다) | ★**反应** fǎnyìng 명동 반응(하다) | ★**绕** rào 동 감싸고 돌다, 빙빙 돌다 | **绕开** ràokāi 동 돌아서 피하다 | ★**农民** nóngmín 명 농민 | **使出** shǐchū 동 (힘을) 발휘하다, 쓰다 | ★**意外** yìwài 명 뜻밖의 사고 형 뜻밖이다, 의외이다 | ★**装** zhuāng 동 (1)담다, 싣다 (2)설치하다, 조립하다 (3)가장하다, ~인 척하다 | **纸条** zhǐtiáo 명 종이 쪽지 | ★**空闲** kòngxián 명 여가, 짬, 겨를 | ★**热身** rèshēn 형 친절하다, 마음이 따뜻하다 | **袋** dài 명양 자루, 주머니 | ★**满足** mǎnzú 형 만족하다 동 만족시키다

3

[D] 演讲如果缺乏实实在在的内容，无论演讲者的技巧多么高超，幻灯片做得多么漂亮，照样不会吸引观众，演讲也不会成功。好的演讲要有优质的内容，在此基础上，再加入一定的技巧，来调动观众的兴趣，从而在演讲者和观众之间形成良好的互动。

[D] 연설이 만약 진실된 내용이 없으면, 연설자의 기교가 얼마나 출중하든, 슬라이드를 얼마나 멋지게 만들었든, 여전히 관중을 사로잡지 못할 것이고, 연설도 성공하지 못할 것이다. 좋은 연설은 우수한 질의 내용이 있어야 하고, 이 기초 위에 다시 일정한 기교를 넣어 관중들의 흥미를 움직이며, 따라서 연설자와 관중 사이에 좋은 상호작용을 형성하게 된다.

A 演讲时表情要丰富 B 演讲前要了解观众的背景 C 演讲者的语气不能太幽默 D 演讲成功的关键在于内容	A 연설할 때는 표정이 풍부해야 한다 B 연설하기 전에 관중들의 배경을 이해해야 한다 C 연설자의 말투가 너무 유머러스해서는 안 된다 D 연설 성공의 관건은 내용에 있다

A 演讲|时表情要丰富 ➡ 언급되지 않음

B 演讲|前要了解观众的背景 ➡ 언급되지 않음

C 演讲|者的语气不能太幽默 ➡ 언급되지 않음

D 演讲|成功的关键在于内容 ➡ 지문에서 '연설이 진실된 내용이 없으면 성공하지 못한다'라고 한 것으로 보아 성공의 관건이 내용에 달려있다는 것을 유추할 수 있으므로 정답은 D이다.

TIP! 보기의 앞부분이 '演讲'으로 모두 같으므로 세로줄로 분리한다. 세로줄 뒤에서 내용을 빠르게 상기시키는 데 도움이 되는 표현에 밑줄을 그으며 보기를 읽는다.

단어 ★缺乏 quēfá ⓢ 부족하다, 모자라다 | ★实在 shízài ⓗ 진실하다, 참되다 | 技巧 jìqiǎo ⓜ 기교, 테크닉 | 高超 gāochāo ⓗ 우수하다, 출중하다 | 幻灯片 huàndēngpiàn ⓜ 슬라이드 | ★照样 zhàoyàng ⓢ 예전대로 하다, 그대로 하다 ⓑ 여전히, 그대로 | 优质 yōuzhì ⓗ 우수한 품질의 | 调动 diàodòng ⓢ 동원하다, 움직이다 | ★从而 cóng'ér ⓙ 따라서 | ★形成 xíngchéng ⓢ 형성하다, 이루다 | ★良好 liánghǎo ⓗ 좋다 | 互动 hùdòng ⓜⓢ 상호작용(하다) | ★演讲 yǎnjiǎng ⓜⓢ 강연(하다), 연설(하다) | ★背景 bèijǐng ⓜ 배경 | ★语气 yǔqì ⓜ 말투, 어투 | ★幽默 yōumò ⓗ 유머러스하다 | ★关键 guānjiàn ⓜ 관건, 키포인트 ⓗ 매우 중요한 | ★在于 zàiyú ⓢ ~에 있다, ~에 달려 있다

4

在坚果中，榛子不仅被人们食用的历史最悠久，营养物质的含量也最高，有着"坚果之王"的称号。[B]在中国，《诗经》中就有人们曾经食用榛子的记载；明清年间，榛子甚至是专供宫廷享用的坚果。	견과 중에 개암은 사람들에 의해 식용된 역사가 가장 유구할 뿐만 아니라, 영양 물질의 함량도 가장 높아서 '견과의 왕'이라는 칭호가 있다. [B]중국에서 ≪시경≫에 사람들이 일찍이 개암을 먹었다는 기록이 있고, 명청 시기에 개암은 심지어 전문적으로 궁에 식용으로 제공하는 견과였다.
A 榛子的营养价值不高 B 榛子很早就传入了中国 C 明清时期营养学很盛行 D 《诗经》记载了榛子的种类	A 개암의 영양 가치가 높지 않다 B 개암은 일찍부터 중국으로 전해져 들어왔다 C 명청 시기에 영양학이 성행했다 D ≪시경≫에는 개암의 종류를 기재했다

A 榛子|的营养价值不高 ➡ 영양 물질의 함량이 가장 높다.

B 榛子|很早就传入了中国 ➡ 지문에서 '중국에서 ≪시경≫에 일찍이 개암을 먹었다는 기록이 있다'라고 한 것으로 보아 개암이 일찍부터 중국에 들어왔다는 것을 유추할 수 있으므로 정답은 B이다.

C 明清时期营养学很盛行 ➡ 언급되지 않음

D 《诗经》记载了榛子的种类 ➡ ≪시경≫에는 사람들이 개암을 먹었다는 기재가 있다.

TIP! 보기 A, B의 앞부분이 '榛子'로 같으므로 세로줄로 분리한다. 세로줄 뒤에서 내용을 빠르게 상기시키는 데 도움이 되는 표현에 밑줄을 그으며 보기를 읽는다.

단어 坚果 jiānguǒ 명 견과 | 榛子 zhēnzi 명 개암(나무) | ★悠久 yōujiǔ 형 유구하다 | ★营养 yíngyǎng 명 영양 | ★物质 wùzhì 명 물질 | 含量 hánliàng 명 함량 | 称号 chēnghào 명 칭호 | 年间 niánjiān 명 연간, 시기 | 宫廷 gōngtíng 명 궁전, 궁궐 | 享用 xiǎngyòng 동 누리다, 맛보다 | ★价值 jiàzhí 명 가치 | ★时期 shíqī 명 시기 | 盛行 shèngxíng 동 성행하다, 널리 유행하다 | 记载 jìzǎi 명동 기록(하다), 기재(하다) | ★种类 zhǒnglèi 명 종류

5

华为公司给员工算了一笔账：在一个月内，每个员工每天多打一个闲聊电话的钱等于黔南山区十个孩子一年的学费；每人每天浪费一两米饭等于一个农民损失2000公斤优良种子。因而，华为公司的墙上贴着“下班之前过五关”的卡通画，[A] 提醒员工下班前不要忘记关灯、关电脑等。

화웨이 회사는 직원들에게 계산을 해 주었다. 한 달 내 모든 직원이 매일 한 통의 잡담하는 전화를 더 거는 것은 첸난산지 10명의 아이들의 1년 학비와 같고, 모든 사람이 매일 50그램의 쌀밥을 낭비하는 것은 한 농민이 2,000킬로그램의 우량 품종을 손해보는 것과 같다. 따라서 화웨이 회사의 벽면에는 '퇴근 전 다섯 가지 관문을 넘는다'라는 만화 그림이 붙어있고, [A] 직원들에게 퇴근 전에 등을 끄고 컴퓨터를 끄는 것 등을 잊지 말기를 일깨워주고 있다.

A 华为公司要求员工节约资源
B 山区的孩子需要更多的资助
C 经常算账能使员工更加优秀
D 贴些卡通画可使墙面更美观

A 화웨이 회사는 직원들에게 에너지를 절약할 것을 요구한다
B 산지의 아이들은 더 많은 지원을 필요로 한다
C 자주 계산하는 것은 직원들을 더 우수하게 만든다
D 만화 그림들을 붙이면 벽면을 더 보기 좋게 할 수 있다

A 华为公司要求员工节约资源 ➡ 지문에서 '직원들에게 등이나 컴퓨터 등을 끄는 것을 잊지 말기를 일깨워 준다'라고 한 것으로 보아 에너지를 절약할 것을 요구한다는 것을 유추할 수 있으므로 정답은 A이다.

B 山区的孩子需要更多的资助 ➡ 언급되지 않음

C 经常算账能使员工更加优秀 ➡ 언급되지 않음

D 贴些卡通画可使墙面更美观 ➡ 언급되지 않음

TIP! 내용을 빠르게 상기시키는 데 도움이 되는 표현에 밑줄을 그으며 보기를 읽는다.

단어 ★员工 yuángōng 명 직원, 사원 | 闲聊 xiánliáo 동 잡담하다 | ★等于 děngyú 동 ~와 같다 | 两 liǎng 양 중량의 단위(50g) | ★损失 sǔnshī 명 손실, 손해 동 손해보다 | 优良 yōuliáng 형 우량하다, 우수하다 | 种子 zhǒngzi 명 씨(앗) | ★因而 yīn'ér 접 그러므로, 따라서 | ★工厂 gōngchǎng 명 공장 | ★设备 shèbèi 명 설비 | ★实现 shíxiàn 동 실현하다 | ★自动 zìdòng 형 (1)자동의 (2)자발적인 | ★生产 shēngchǎn 동 생산하다 | ★产品 chǎnpǐn 명 제품 | 机器人 jīqìrén 명 로봇 | ★控制 kòngzhì 동 제어하다, 규제하다, 억제하다 | ★资源 zīyuán 명 자원 | 资助 zīzhù 동 재물로 돕다 | 算账 suànzhàng 동 계산하다, 결산하다, 회계하다 | 贴 tiē 동 붙이다 | 卡通 kǎtōng 명 만화, 카툰 | ★墙 qiáng 명 벽, 담 | 美观 měiguān 명 미관 형 보기 좋다, 아름답다

6

B "无人工厂"又叫自动化工厂、全自动化工厂，是指全部生产活动由电子计算机进行控制，生产第一线配有机器人而无需配备工人的工厂。无人工厂里安装有各种能够自动调换的加工工具，从加工部件到装配以至最后一道成品检查，都可在无人的情况下自动完成。	B '무인공장'은 자동화공장, 전자동화공장으로도 부르며, 모든 생산활동을 전자 컴퓨터가 제어하고, 생산 제1라인에 로봇을 배치하여 노동자를 배치할 필요가 없는 공장을 가리킨다. 무인공장에는 자동으로 교체할 수 있는 각종 가공 도구가 설치되어 있어서, 가공부품으로부터 조립하여 마지막 완제품 검사에 이르기까지, 모두 사람이 없는 상황에서 자동으로 완성할 수 있다.
A 无人工厂设备更多 B 无人工厂实现了全自动化 C 无人工厂只生产电子产品 D 无人工厂完全由机器人控制	A 무인공장은 설비가 더 많다 B 무인공장은 전자동화를 실현했다 C 무인공장은 전자제품만 생산한다 D 무인공장은 완전히 로봇이 제어한다

보기 분석

A 无人工厂|设备更多 ➡ 언급되지 않음

B 无人工厂|实现了全自动化 ➡ 지문에서 '무인공장은 전자동화공장이라고 부르며, 모두 사람이 없는 상황에서 자동으로 완성할 수 있다'라고 한 것으로 보아 전자동화 되어있다는 것을 유추할 수 있으므로 정답은 B이다.

C 无人工厂|只生产电子产品 ➡ 언급되지 않음

D 无人工厂|完全由机器人控制 ➡ 무인공장은 컴퓨터가 제어한다.

TIP! 보기의 앞부분이 '无人工厂'으로 모두 같으므로 세로줄로 분리한다. 세로줄 뒤에서 내용을 빠르게 상기시키는 데 도움이 되는 표현에 밑줄을 그으며 보기를 읽는다. 이때 절대성의 의미를 갖는 어휘인 '只'는 동그라미를 쳐서 일치 여부를 확인한다.

단어 ★工厂 gōngchǎng 명 공장 | ★自动 zìdòng 형 (1)자동의 (2)자발적인 | 计算机 jìsuànjī 명 컴퓨터 | 配有 pèiyǒu 동 배치되어 있다 | 机器人 jīqìrén 명 로봇 | ★生产 shēngchǎn 동 생산하다 | 无需 wúxū ~할 필요가 없다 | 配备 pèibèi 동 배치하다 | ★工人 gōngrén 명 노동자 | ★安装 ānzhuāng 동 설치하다, 장치하다 | 调换 diàohuàn 동 교환하다 | 加工 jiāgōng 동 가공하다 | ★工具 gōngjù 명 도구 | 部件 bùjiàn 명 부품 | 装配 zhuāngpèi 동 조립하다, 맞추다 | 以至 yǐzhì 접 ~에 이르기까지 | 成品 chéngpǐn 명 완제품 | ★设备 shèbèi 명 설비 | ★实现 shíxiàn 동 실현하다 | ★产品 chǎnpǐn 명 제품 | ★控制 kòngzhì 동 제어하다, 규제하다, 억제하다

7

C 最近我的记忆力严重下降，今天早上闹钟响起后，我像往常一样，梳洗打扮，准备去上班。出门前我还特意检查了一遍：灯关好了，钱包、证件、手机在背包里，钥匙在手里。最后，我关上门，走向电梯，楼梯间打扫卫生的阿姨看到我，笑着说："这姑娘真勤快，周末也起这么早。"	C 요즘 내 기억력이 심각하게 떨어졌는데, 오늘 아침 알람이 울린 뒤, 나는 평소와 마찬가지로 머리를 빗고 세수하고 단장하며 출근하러 갈 준비를 했다. 문을 나서기 전 나는 일부러 점검을 한 번 했다. 등은 잘 껐고, 지갑, 신분증, 휴대전화는 백팩에 있고, 열쇠는 손에 있었다. 마지막으로 내가 문을 닫고 엘리베이터로 걸어가는데, 계단 사이에서 청소하던 아주머니가 나를 보고는 웃으며 말했다. "이 아가씨는 정말 부지런해. 주말에도 이렇게 일찍 일어나네."

A 阿姨非常幽默 B 我被锁在门外了 C 我以为今天是工作日 D 我出门前做了精心打扮	A 아주머니는 매우 유머러스하다 B 나는 문이 잠겨서 밖에 있다 C 나는 오늘이 일하는 날이라고 착각했다 D 나는 문을 나서기 전에 공을 들여 단장했다

보기 분석

A 阿姨|非常幽默 ➡ 언급되지 않음

B 我|被锁在门外了 ➡ 언급되지 않음

C 我|以为今天是工作日 ➡ 지문에서 '최근에 기억력이 떨어졌다', '출근하러 갈 준비를 했다', '청소하는 아주머니가 주말에도 일찍 일어난다고 했다'라고 한 것으로 보아 오늘이 출근하는 날이라고 착각했다는 것을 유추할 수 있으므로 정답은 C이다.

D 我|出门前做了精心打扮 ➡ 언급되지 않음

TIP! 모든 보기의 주어가 사람으로 시작하므로 세로줄로 분리한다. 세로줄 뒤에서 내용을 빠르게 상기시키는 데 도움이 되는 표현에 밑줄을 그으며 보기를 읽는다.

단어 ★记忆 jìyì 명동 기억(하다) | 闹钟 nàozhōng 명 알람시계 | ★响 xiǎng 동 울리다 | 往常 wǎngcháng 명 평소, 평상시 | 梳洗 shūxǐ 동 머리를 빗고 세수하다 | 特意 tèyì 부 특별히, 일부러 | ★证件 zhèngjiàn 명 (신분이나 경력을 증명하는) 증명서, 증거 서류 | 背包 bēibāo 명 배낭, 백팩 | ★钥匙 yàoshi 명 열쇠 | 楼梯 lóutī 명 계단, 층계 | ★姑娘 gūniang 명 아가씨 | 勤快 qínkuài 형 부지런하다, 근면하다 | ★锁 suǒ 명 자물쇠 동 잠그다, 채우다 | 精心 jīngxīn 형 공들이다, 심혈을 기울이다

8

每个人家里通常都会有一些闲置物品，既占据空间，又不够环保。然而大多数人往往没有空闲时间和精力去处理它们。为此，很多网站推出了[D]二手交易平台，为大家随时处理闲置物品提供了便捷的途径，也响应了低碳生活的号召。	모든 사람들은 집에 일반적으로 쓰지 않고 놔두는 물품들이 있는데, 공간을 차지하기도 하고, 환경보호에도 좋지 않다. 그러나 대다수 사람들은 종종 그것들을 처리할 여가 시간과 에너지가 없다. 이를 위해 많은 웹사이트들은 [D]중고거래 플랫폼을 내놓았는데, 모두들 쓰지 않는 물품을 언제든지 처리하기에 간편한 루트를 제공했고, 저탄소 생활의 호소에도 호응했다.
A 网上商家竞争激烈 B 二手交易观念落后 C 二手交易平台造成资源浪费 D 二手交易平台满足大众需求	A 인터넷 상점은 경쟁이 격렬하다 B 중고거래는 사고방식이 뒤처진다 C 중고거래 플랫폼은 자원 낭비를 초래했다 D 중고거래 플랫폼은 대중의 요구를 만족시킨다

보기 분석

A 网上商家竞争激烈 ➡ 언급되지 않음

B 二手交易|观念落后 ➡ 언급되지 않음

C 二手交易平台|造成资源浪费 ➡ 오히려 저탄소 생활에 호응한다.

D 二手交易平台|满足大众需求 ➡ 지문에서 '중고거래 플랫폼은 모두가 쓰지 않는 물품을 처리하기에 간편한 루트를 제공했다'라고 한 것으로 보아 대중의 요구를 만족시켰다는 것을 유추할 수 있으므로 정답은 D이다.

TIP! 보기 B, C, D의 앞부분이 '二手交易(平台)'로 같으므로 세로줄로 분리한다. 세로줄 뒤에서 내용을 빠르게 상기시키는 데 도움이 되는 표현에 밑줄을 그으며 보기를 읽는다.

단어 闲置 xiánzhì 동 (쓰지 않고) 놀리다, 내버려두다 | 占据 zhànjù 동 차지하다, 점거하다 | ★空间 kōngjiān 명 공간 | ★空闲 kòngxián 명 여가, 짬, 겨를 | ★精力 jīnglì 명 에너지, 정력, 기력 | ★处理 chǔlǐ 동 처리하다 | 推出 tuīchū 동 내놓다, 출시하다 | ★随时 suíshí 부 수시로, 아무 때나 | 便捷 biànjié 형 간편하다 | 途径 tújìng 명 경로, 루트 | 响应 xiǎngyìng 동 응(답)하다 | 低碳 dītàn 저탄소 | 号召 hàozhào 명동 호소(하다) | 商家 shāngjiā 명 상점, 상가, 업체 | ★竞争 jìngzhēng 명동 경쟁(하다) | ★激烈 jīliè 형 격렬하다 | 二手 èrshǒu 중고 | 交易 jiāoyì 명동 거래(하다), 교역(하다) | 平台 píngtái 명 플랫폼 | ★观念 guānniàn 명 사고방식, 관념, 생각 | ★落后 luòhòu 동 낙오하다, 뒤처지다 형 낙후되다, 뒤처지다 | ★造成 zàochéng 동 (부정적인 것을) 초래하다, 야기하다 | ★资源 zīyuán 명 자원 | ★满足 mǎnzú 형 만족하다 동 만족시키다 | 大众 dàzhòng 명 대중 | 需求 xūqiú 명 수요, 요구

9

《傅雷家书》是由作家傅雷及其夫人写给儿子的书信编成的一本家信集。书中处处体现着浓浓的父爱，同时，傅雷也不忘对儿子 [C]进行音乐、美术、哲学、历史、文学乃至健康等全方位的教育。	《傅雷家书》는 작가 푸레이와 그의 부인이 아들에게 쓴 편지를 편집한 한 권의 가족 편지집이다. 책에는 도처에서 진한 부성애를 드러내고 있으며, 동시에 푸레이는 아들에 대해 [C]음악, 미술, 철학, 역사, 문학 더 나아가서 건강 등 다각도의 교육을 하는 것도 잊지 않았다.
A 傅雷对学生要求很高 B 傅雷的夫人是一位哲学家 C 《傅雷家书》内容很丰富 D 《傅雷家书》已停止出版	A 푸레이는 학생에 대한 요구가 높다 B 푸레이의 부인은 철학가이다 C 《傅雷家书》는 내용이 풍부하다 D 《傅雷家书》는 이미 출판이 정지되었다

보기 분석

A 傅雷|对学生 要求很高 ➡ 언급되지 않음

B 傅雷|的夫人是一位哲学家 ➡ 언급되지 않음

C 《傅雷家书》|内容很丰富 ➡ 지문에서 '음악, 미술, 철학, 역사, 문학, 건강 등 다각도의 교육을 했다'라고 한 것으로 보아 내용이 풍부하다는 것을 유추할 수 있으므로 정답은 C이다.

D 《傅雷家书》|已停止出版 ➡ 언급되지 않음

TIP! 보기 A, B와 보기 C, D의 앞부분이 각각 같으므로 세로줄로 분리한다. 세로줄 뒤에서 내용을 빠르게 상기시키는 데 도움이 되는 표현에 밑줄을 그으며 보기를 읽는다. 이때 시제를 나타내는 '已'는 동그라미를 쳐서 일치 여부를 확인한다.

단어 夫人 fūrén 명 부인 | 书信 shūxìn 명 편지, 서신 | 编 biān 동 편집하다 | 处处 chùchù 부 도처에 | ★体现 tǐxiàn 동 구체적으로 드러내다 | ★浓 nóng 형 진하다, 짙다 | ★美术 měishù 명 미술 | ★哲学 zhéxué 명 철학 | ★文学 wénxué 명 문학 | 乃至 nǎizhì 접 더 나아가서 | 全方位 quánfāngwèi 다각도, 전방위 | ★出版 chūbǎn 명동 출판(하다)

10

心理生物学家通过实验证实，人的 [A]左脑善于掌握、运用概念进行逻辑推理和判定分析，被人们称为“抽象脑”；而右脑善于掌握图形进行形象思维和空间想象，被人们称为“艺术脑”。专家表示，两个大脑半球功能的协调发挥，会产生惊人的效果。	심리생물학자는 실험을 통해 증명했다. 사람의 [A]좌뇌는 개념을 익히고 활용하여 논리적 추리와 판정 분석을 잘하여, 사람들에게 '추상적인 뇌'로 불린다. 반면 우뇌는 도형을 익혀 형상 사유와 공간 상상을 잘하여, 사람들에게 '예술의 뇌'로 불린다. 전문가는 두 개의 대뇌 반구 기능의 조화로운 발휘는 놀라운 효과를 발생시킬 수 있다고 말했다.
A 左右脑分工不同 B 左右脑无法同时工作 C 艺术家的左脑都非常发达 D 画画儿是开发右脑的最好方式	A 좌우 뇌의 분업이 다르다 B 좌우 뇌는 동시에 작동할 수 없다 C 예술가의 좌뇌는 모두 매우 발달했다 D 그림을 그리는 것은 우뇌를 개발하는 가장 좋은 방식이다

A 左右脑|分工不同 ➡ 좌뇌는 '추상적인 뇌', 우뇌는 '예술의 뇌'로 불린다고 한 것으로 보아 좌우 뇌의 분업이 다름을 유추할 수 있으므로 정답은 A이다.

B 左右脑|无法同时工作 ➡ 언급되지 않음

C 艺术家的左脑都非常发达 ➡ 언급되지 않음

D 画画儿是开发右脑的最好方式 ➡ 언급되지 않음

TIP! 보기 A, B의 앞부분이 '左右脑'로 같으므로 세로줄로 분리한다. 세로줄 뒤에서 내용을 빠르게 상기시키는 데 도움이 되는 표현에 밑줄을 그으며 보기를 읽는다. 이때 절대성의 의미를 갖는 어휘인 '都'와 '最'는 동그라미를 쳐서 일치 여부를 확인한다.

단어 ★心理 xīnlǐ 명 심리 | 生物 shēngwù 명 생물 | ★实验 shíyàn 명동 실험(하다) | 证实 zhèngshí 동 사실을 증명하다 | 脑 nǎo 명 뇌 | ★善于 shànyú 동 ~을 잘하다 | ★掌握 zhǎngwò 동 익히다, 정통하다, 숙달하다 | ★运用 yùnyòng 동 활용하다 | ★概念 gàiniàn 명 개념 | ★逻辑 luójí 명형 논리(적이다) | 推理 tuīlǐ 명동 추리(하다) | 判定 pàndìng 명동 판정(하다) | ★抽象 chōuxiàng 형 추상적이다 | 图形 túxíng 명 도형 | ★形象 xíngxiàng 명 형상, 이미지 형 구체적이다 | 思维 sīwéi 명동 사유(하다) | ★想象 xiǎngxiàng 명동 상상(하다) | ★功能 gōngnéng 명 기능 | 协调 xiétiáo 형 조화롭다, 어울리다 동 협조하다 | ★发挥 fāhuī 명동 발휘(하다) | ★产生 chǎnshēng 동 발생하다, 생기다 | 惊人 jīngrén 형 사람을 놀라게 하다 | ★艺术 yìshù 명형 예술(적이다) | ★发达 fādá 형 발달하다 | ★开发 kāifā 동 개발하다 | ★方式 fāngshì 명 방식

독해 Chapter 04 주제형

+ 본서 212~215쪽

정답 1 B 2 B 3 D 4 A 5 C 6 A 7 D 8 B 9 C 10 A

1

生活中，总有人在抱怨：我现在开始已经太晚了，不然我也能成功。其实，这不过是懒惰的借口，对于真正追求的人来说，生命的每个时期都是年轻的，永远没有太晚的开始。所以，[B]去做你喜欢做的事吧，哪怕你现在已经80岁了。	생활 속에서 항상 누군가는 불평하고 있다. '내가 지금 시작하는 것은 이미 너무 늦었어. 그렇지 않으면 나도 성공했을 거야.' 사실 이것은 단지 게으른 핑계일 뿐, 진정으로 추구하는 사람에게 생명의 모든 시기는 젊은 것이고, 영원히 너무 늦은 시작이란 없다. 그래서 [B]설령 당신이 지금 이미 80세일지라도 당신이 하고 싶은 일을 하러 가 보자.
A 要勇于面对现实 B 何时追求梦想都不晚 C 健康是人生最大的财富 D 在青年时期要打好基础	A 용감하게 현실을 직면해야 한다 B 언제 꿈을 추구해도 모두 늦지 않다 C 건강은 인생의 가장 큰 재산이다 D 청년 시기에는 기초를 잘 다져야 한다

A 要勇于面对现实 ➡ 언급되지 않음

B 何时追求梦想都不晚 ➡ 지문의 마지막 문장이 주제나 결론을 나타내는 '所以'로 시작하므로 먼저 읽어 본다. '아무리 나이가 많아도 자신이 하고 싶은 일을 하라'고 격려하는 말을 통해 언제 꿈을 추구해도 모두 늦지 않다는 것을 유추할 수 있으므로 정답은 B이다.

C 健康是人生最大的财富 ➡ 언급되지 않음

D 在青年时期要打好基础 ➡ 언급되지 않음

TIP! 내용을 빠르게 상기시키는 데 도움이 되는 표현에 밑줄을 그으며 보기를 읽는다. 이때 절대성의 의미를 갖는 어휘인 '都'와 '最'는 동그라미를 쳐서 일치 여부를 확인한다.

단어 ★抱怨 bàoyuàn 동 원망하다, 불평하다 | ★不然 bùrán 접 그렇지 않으면 | 懒惰 lǎnduò 형 게으르다, 나태하다 | ★借口 jièkǒu 명동 핑계(로 삼다) | ★追求 zhuīqiú 동 추구하다 | ★哪怕 nǎpà 접 설령 ~일지라도 | 勇于 yǒngyú 용감하게 ~하다 | ★面对 miànduì 동 직면하다, 대면하다 | ★现实 xiànshí 명형 현실(적이다) | 何时 héshí 대 언제(=什么时候) | ★追求 zhuīqiú 동 추구하다 | ★梦想 mèngxiǎng 명동 꿈(꾸다) | 财富 cáifù 명 부, 재산 | ★时期 shíqī 명 시기

2

[B]春季天气干燥，火灾风险大。请您及时清理楼道物品，经常检查电器、燃气软管，出门关掉燃气开关。出入人口密集场所时要留意安全出口的位置，严防各类火灾发生，确保用火和人身安全。	[B]봄은 날씨가 건조하여 화재 위험이 크다. 당신은 즉시 복도의 물품을 깨끗이 정리하고, 자주 전자 기기와 가스 호스를 점검하며, 외출할 때 가스 밸브를 끄도록 하자. 사람이 밀집한 곳을 출입할 때는 안전 출구의 위치에 주의해야 하고, 여러 종류의 화재 발생을 단단히 예방하여 불 사용과 사람의 안전을 확보해야 한다.
A 要经常更换燃气管 B 春季应特别注意防火 C 出门不关灯易引起火灾 D 尽量不要前往人群密集的地方	A 자주 가스관을 교체해야 한다 B 봄에는 화재 예방에 매우 주의해야 한다 C 외출할 때 등을 끄지 않으면 쉽게 화재를 초래한다 D 가능한 한 사람이 밀집한 곳에 가면 안 된다

A 要经常更换燃气管 ➡ 언급되지 않음

B 春季应特别注意防火 ➡ 지문이 세 문장으로 이루어져 있고, 그중 첫 번째 문장의 길이가 유난히 짧은 것으로 보아 주제문일 가능성이 크다. 첫 번째 문장에서 '봄은 건조하여 화재 위험이 크다'고 한 것으로 보아 봄에 화재 예방을 주의해야 하는 것을 유추할 수 있으므로 정답은 B이다.

C 出门不关灯易引起火灾 ➡ 언급되지 않음

D 尽量不要前往人群密集的地方 ➡ 언급되지 않음

TIP! 내용을 빠르게 상기시키는 데 도움이 되는 표현에 밑줄을 그으며 보기를 읽는다.

단어 ★干燥 gānzào ⓗ 건조하다 | ★风险 fēngxiǎn ⓜ 위험, 리스크 | 清理 qīnglǐ ⓓ 깨끗이 정리하다 | 楼道 lóudào ⓜ 복도, 통로 | 电器 diànqì ⓜ 전자 기기, 가전제품 | ★软 ruǎn ⓗ 부드럽다 | 软管 ruǎnguǎn ⓜ 튜브, 호스 | 开关 kāiguān ⓜ 스위치, 밸브, 버튼 | 场所 chǎngsuǒ ⓜ 장소 | 留意 liúyì ⓓ 주의하다, 조심하다 | ★位置 wèizhì ⓜ (1)위치 (2)지위 | 严防 yánfáng ⓓ 단단히 방비하다 | 确保 quèbǎo ⓓ 확보하다, 확실하게 보증하다 | 更换 gēnghuàn ⓓ 교체하다, 변경하다 | 燃气 ránqì ⓜ 가스 | 管 guǎn ⓜ 관, 파이프 | 防火 fánghuǒ ⓓ 화재를 방지하다 | 火灾 huǒzāi ⓜ 화재 | ★尽量 jǐnliàng ⓑ 가능한 한, 되도록 | 前往 qiánwǎng ⓓ 향하여 가다 | 密集 mìjí ⓗ 밀집해 있다

3

盛夏时节，人们最爱的消暑食品自然非西瓜莫属。关于西瓜名字的由来，较为流行的说法认为是取其"来自西域"的意思。其实，它还有另外一个名字，根据《本草纲目》记载，西瓜性寒、味甜、解暑，因此 D 在古时，它又被称做"寒瓜"。	한여름 절기에 사람들이 가장 좋아하는 더위를 식히는 식품으로는 자연스럽게 수박이 가장 적합하다. 수박이라는 이름의 유래에 관해, 비교적 유행하는 견해는 그것이 '서역에서 왔다'는 뜻을 가진다는 것이다. 사실 그것은 또 다른 이름이 있는데, ≪본초강목≫ 기록에 따르면, 수박은 성질이 차갑고 맛이 달며 더위를 식혀주어서 D 옛날에 그것은 '한과'로도 불렸다.
A 西瓜有助消化的功效 B 西瓜从中国传入了西域 C 西瓜不适应温暖的气候 D 西瓜古时也被称为寒瓜	A 수박은 소화를 돕는 효과가 있다 B 수박은 중국에서 서역으로 전해졌다 C 수박은 따뜻한 기후에 적응하지 못한다 D 수박은 옛날에 '한과'로도 불렸다

A 西瓜|有助消化的功效 ➡ 언급되지 않음

B 西瓜|从中国传入了西域 ➡ 서역에서 왔다고 했다.

C 西瓜|不适应温暖的气候 ➡ 언급되지 않음

D 西瓜|古时也被称为寒瓜 ➡ 지문의 마지막 부분이 주제나 결론을 나타내는 '因此'로 시작하므로 먼저 읽어 본다. '옛날에 한과라고도 불렸다'라는 말은 D와 거의 일치하므로 정답은 D이다.

TIP! 보기의 앞부분이 모두 '西瓜'로 같으므로 세로줄로 분리한다. 세로줄 뒤에서 내용을 빠르게 상기시키는 데 도움이 되는 표현에 밑줄을 그으며 보기를 읽는다. 이때 시제를 나타내는 '古时'는 동그라미를 쳐서 일치 여부를 확인한다.

단어 盛夏 shèngxià ⓜ 한여름 | 时节 shíjié ⓜ 계절, 절기 | 消暑 xiāoshǔ ⓓ 더위를 식히다, 피서하다 | 非…莫属 fēi…mòshǔ ~이 아니면 안 된다, ~이 가장 적합하다 | 由来 yóulái ⓜ 유래 | 西域 xīyù ⓜ 서역 | 记载 jìzǎi ⓜⓓ 기록(하다), 기재(하다) | 解暑 jiěshǔ ⓓ 더위를 식히다 | ★消化 xiāohuà ⓜⓓ 소화(하다) | 功效 gōngxiào ⓜ 효능, 효과 | 传入 chuánrù ⓓ 전해지다 | ★温暖 wēnnuǎn ⓗ 따뜻하다 | 称为 chēngwéi ⓓ ~으로 부르다

4

人们的智商差别其实并不是特别大，在知识学习过程中，人与人之间出现的优劣差异，更多的是由情商造成的。而一个人是否具有较高的情商，和童年时期的教育有着很大的关系。所以，A 培养情商应从小开始。	사람들의 IQ 차이는 사실 결코 매우 큰 것이 아니며, 지식 학습 과정에서 사람과 사람 간에 나타나는 우열의 차이는 더 많은 경우 EQ에서 야기된 것이다. 한 사람이 비교적 높은 EQ가 있는지 없는지는 어린 시기의 교육과 매우 큰 관계가 있다. 그래서 A EQ를 기르려면 어렸을 때부터 시작해야 한다.
A 情商要从小培养 B 要谨慎选辅导班 C 情商很难直接测出来 D 高智商的人成绩更好	A EQ는 어렸을 때부터 길러야 한다 B 신중하게 학원을 선택해야 한다 C EQ는 직접 측정하기 어렵다 D IQ가 높은 사람은 성적이 더 좋다

[보기 분석] A 情商|要从小培养 ➡ 지문의 마지막 문장이 주제나 결론을 나타내는 '所以'로 시작하므로 먼저 읽어 본다. 'EQ를 기르려면 어렸을 때 시작해야 한다'는 말이 보기에서는 'EQ는 어렸을 때부터 길러야 한다'로 어순이 바뀌어 유사한 뜻을 나타내고 있으므로 정답은 A이다.

B 要谨慎选辅导班 ➡ 언급되지 않음

C 情商|很难直接测出来 ➡ 언급되지 않음

D 高智商的人成绩更好 ➡ 사람들의 IQ 차이는 크지 않다고 했다.

TIP! 보기 A, C의 앞부분이 '情商'으로 같으므로 세로줄로 분리한다. 세로줄 뒤에서 내용을 빠르게 상기시키는 데 도움이 되는 표현에 밑줄을 그으며 보기를 읽는다.

[단어] **智商** zhìshāng [명] IQ(지능 지수) | **差别** chābié [명] 차이, 격차 | **优劣** yōuliè [명] 우열 | **差异** chāyì [명] 차이 | **情商** qíngshāng [명] EQ(감성 지수) | ★**造成** zàochéng [동] 야기하다, 초래하다 | **童年** tóngnián [명] 어린 시절, 어릴 적 | ★**时期** shíqī [명] 시기 | ★**培养** péiyǎng [동] (1)기르다, 키우다 (2)배양하다 | ★**谨慎** jǐnshèn [형] 신중하다 | ★**辅导** fǔdǎo [동] 지도하다, 과외하다 | **测** cè [동] 측정하다, 측량하다, 재다

5

人的烦恼大多源于"事与愿违"，即事实与愿望不符。比如想保持年轻，却要经历变老；想成功却常常遭遇失败，有可能是不够努力、方法不对，或是愿望本身不切实际。有的时候，C 放下错误的愿望，才能收获快乐。	사람의 걱정 대다수가 '事与愿违', 즉 사실과 바람이 부합되지 않는 것에서 비롯된다. 예를 들어 젊음을 유지하고 싶지만 늙게 변하는 것을 경험해야 하고, 성공하고 싶지만 종종 실패를 맞닥뜨리는데, 아마도 충분히 노력하지 않았거나 방법이 틀렸거나 혹은 바람 자체가 현실에 부합되지 않을 것이다. 때로는 C 잘못된 바람을 내려놓아야 즐거움을 얻을 수 있다.
A 要多向别人请教 B 事与愿违的情况很少 C 要放下不切实际的愿望 D 努力实现愿望的人值得尊敬	A 다른 사람에게 많이 가르침을 청해야 한다 B 일이 뜻대로 되지 않는 상황은 적다 C 현실에 부합되지 않는 바람은 내려놓아야 한다 D 바람을 실현하려고 노력하는 사람은 존경할 만한 가치가 있다

보기 분석

A 要多向别人请教 ➡ 언급되지 않음

B 事与愿违的情况很少 ➡ 사람의 걱정 대다수가 '**事与愿违**'에서 비롯된다고 했다.

C 要放下不切实际的愿望 ➡ 지문은 모두 세 문장으로 이루어져 있고, 두 번째 문장은 길게 예를 들어 설명하고 있으므로 첫 번째와 마지막 문장이 주제문일 가능성이 크다. 첫 번째 문장에서는 보기 B를 소거할 수 있다. 세 번째 문장에서 '잘못된 바람을 내려놓아야 즐거움을 얻을 수 있다'라는 말은 C와 거의 일치하므로 정답은 C이다.

D 努力实现愿望的人值得尊敬 ➡ 언급되지 않음

TIP! 내용을 빠르게 상기시키는 데 도움이 되는 표현에 밑줄을 그으며 보기를 읽는다.

단어 ★**烦恼** fánnǎo 명동 걱정(하다) | **源于** yuányú 동 ~에서 비롯되다 | **事与愿违** shìyǔyuànwéi 성어 일이 뜻대로 되지 않다 | ★**愿望** yuànwàng 명 바람, 희망 | ★**保持** bǎochí 동 유지하다 | **遭遇** zāoyù 동 (불행한 일을) 맞닥뜨리다, 만나다 | **本身** běnshēn 명 그 자신, 그 자체 | **不切实际** búqiè shíjì 실제와 맞지 않다, 현실에 부합되지 않다 | ★**收获** shōuhuò 명 수확, 소득, 성과 동 수확하다, 거두다 | **请教** qǐngjiào 동 가르침을 청하다 | ★**实现** shíxiàn 동 실현하다 | ★**尊敬** zūnjìng 명동 존경(하다)

6

杭州伴随着互联网经济的兴盛而崛起。现在的杭州已经不是评书故事里那个缓慢安静的杭州了，它不由自主地走上了竞争一线城市的独木桥，而外来人口的引入是大城市成长的必经之路。因而，[A]现在的杭州外来人口比例极高，以至于很多老杭州人在感叹外地人占领了自己的城市。	항저우는 인터넷 경제의 번영에 따라 굴기했다. 지금의 항저우는 이미 옛날 이야기 속의 그 느리고 조용한 항저우가 아니며, 그곳은 저절로 경쟁 일선 도시의 외나무다리에 올라서게 되었고, 외부에서 온 인구의 유입은 대도시가 성장하는 데 반드시 거쳐야 하는 길이다. 따라서 [A]지금의 항저우는 외부에서 온 인구 비율이 매우 높아서, 많은 항저우 토박이들은 외지인들이 자신의 도시를 점령했다고 탄식하게 되었다.
A 杭州外来人口比例高 B 很多评书故事以杭州为背景 C 一线城市间的资本竞争激烈 D 互联网经济是在杭州形成的	A 항저우는 외지에서 온 인구 비율이 높다 B 많은 핑수(评书) 이야기는 항저우를 배경으로 한다 C 일선 도시 간의 자본 경쟁이 격렬하다 D 인터넷 경제는 항저우에서 형성된 것이다

보기 분석

A 杭州 外来人口比例高 ➡ 지문의 마지막 문장이 주제나 결론을 나타내는 '因而'로 시작하므로 먼저 읽어 본다. '지금의 항저우는 외부에서 온 인구 비율이 매우 높다'는 말은 A와 거의 일치하므로 정답은 A이다.

B 很多评书故事以杭州为背景 ➡ 언급되지 않음

C 一线城市间的资本竞争激烈 ➡ 언급되지 않음

D 互联网经济是在杭州形成的 ➡ 언급되지 않음

TIP! 내용을 빠르게 상기시키는 데 도움이 되는 표현에 밑줄을 그으며 보기를 읽는다.

[단어] 伴随 bànsuí [동] 수반하다, 따라가다 | 兴盛 xīngshèng [형] 흥성하다, 번창하다 | 崛起 juéqǐ [동] 굴기하다, 들고 일어나다 | 缓慢 huǎnmàn [형] 느리다 | 不由自主 bùyóuzìzhǔ [성어] 저절로, 자기도 모르게 | 独木桥 dúmùqiáo [명] 외나무다리, 어려운 길 | 引入 yǐnrù [동] 끌어들이다 | ★成长 chéngzhǎng [동] 성장하다 | 必经之路 bìjīngzhīlù 반드시 거쳐야 하는 길 | A以至于B A yǐzhìyú B [접] A로 인해 B의 결과에 이르다 | 感叹 gǎntàn [동] (1)탄식하다 (2)감탄하다 | 占领 zhànlǐng [동] 점령하다 | ★比例 bǐlì [명] 비율, 비례 | 评书 píngshū [명] 민간 문예의 한 가지로 장편의 이야기를 도구를 사용하며 강설하는 것 | ★背景 bèijǐng [명] 배경 | 资本 zīběn [명] 자본 | ★竞争 jìngzhēng [명][동] 경쟁(하다) | ★激烈 jīliè [형] 격렬하다, 치열하다 | ★形成 xíngchéng [동] 형성하다, 이루다

7

我们写文章时都要取一个题目，“题”和“目”是一个并列词组，“目”指的是眼睛，而“题”的本义是额头，“题目”原指人的额头和眼。看一个人，从其眼睛和额头就能大致了解其容貌与气质，所以 D 人们就用题目来概括一篇文章的主要内容和特点。题目也有标志作用，又叫“标题”。	우리가 글을 쓸 때는 모두 하나의 제목을 지어야 하는데, '题'와 '目'는 병렬로 된 단어의 조합으로, '目'는 눈을 가리키고, '题'의 본래 뜻은 이마로, '题目'는 원래 사람의 이마와 눈을 가리켰다. 한 사람을 볼 때, 그의 눈과 이마로부터 대략적으로 그의 용모와 기질을 파악할 수 있는데, 그래서 D 사람들은 제목을 사용하여 한 편의 글의 주요 내용과 특징을 요약한다. 제목은 명시하는 작용도 있어서 '标题'라고도 부른다.
A 题目原指人的大脑 B 一般文章完成后才取题目 C 题目和标题的意思差别很大 D 题目能概括文章的主要内容	A 제목은 원래 사람의 대뇌를 가리켰다 B 일반적으로 글을 완성한 후에야 제목을 짓는다 C '题目'와 '标题'의 뜻은 차이가 크다 D 제목은 글의 주요 내용을 요약할 수 있다

[보기 분석]
A 题目|原指人的大脑 ➡ 언급되지 않음
B 一般文章完成后才取题目 ➡ 언급되지 않음
C 题目|和标题的意思差别很大 ➡ '标题'는 제목의 또 다른 호칭이다.
D 题目|能概括文章的主要内容 ➡ 지문의 두 번째 문장에 주제나 결론을 나타내는 '所以'가 있으므로 먼저 읽어 본다. '제목을 사용하여 글의 주요 내용과 특징을 요약한다'는 말은 D와 거의 일치하므로 정답은 D이다.

[TIP!] 보기 A, C, D의 앞부분이 '题目'로 같으므로 세로줄로 분리한다. 세로줄 뒤에서 내용을 빠르게 상기시키는 데 도움이 되는 표현에 밑줄을 그으며 보기를 읽는다.

[단어] ★题目 tímù [명] 제목 | 并列 bìngliè [명][동] 병렬(하다) | 额头 étóu [명] 이마 | 大致 dàzhì [부] 대체로, 대략 | 容貌 róngmào [명] 용모 | 气质 qìzhì [명] 기질, 분위기 | ★标志 biāozhì [명] 표지, 지표, 상징 [동] 명시하다, 상징하다 | 标题 biāotí [명] 표제, 타이틀 | ★差别 chābié [명] 차이, 격차 | ★概括 gàikuò [동] 간단하게 요약하다

8

户外冒险旅游以其神秘性、刺激性吸引了不少游客。但是户外冒险有很多不可控因素，冒然出行，人身安全可能会受到威胁。因此，在户外冒险前，[B]游客一定要掌握必要的专业知识，了解目的地的天气、交通等情况，准备好各类物品和装备，并尽量结伴同行。	야외모험 여행은 그 신비성과 자극성으로 많은 여행객들을 사로잡았다. 그러나 야외모험은 많은 통제 불가한 요소들이 있어서, 경솔하게 나가면 사람의 안전이 위협 받게 될 것이다. 따라서 야외모험을 하기 전에, [B]여행객은 반드시 필요한 전문적인 지식을 익히고, 목적지의 날씨와 교통 등 상황을 파악하여 여러 종류의 물품과 장비를 잘 준비하고, 또한 가능한 한 짝을 지어 이동해야 한다.
A 户外冒险前应买一份保险 B 户外冒险要具备专业知识 C 户外冒险目的地交通不方便 D 户外冒险活动很吸引年轻人	A 야외모험 전에는 보험을 하나 들어야 한다 B 야외모험은 전문적인 지식을 갖추어야 한다 C 야외모험의 목적지는 교통이 불편하다 D 야외모험 활동은 젊은이들을 매료시킨다

A 户外冒险|前应买一份保险 ➡ 언급되지 않음

B 户外冒险|要具备专业知识 ➡ 지문의 마지막 문장이 주제나 결론을 나타내는 '因此'로 시작하므로 먼저 읽어 본다. '여행객은 반드시 전문적인 지식을 익혀야 한다'에서 '掌握'는 보기에서 '具备'라는 유사한 단어로 대체되었으므로 정답은 B이다.

C 户外冒险|目的地交通不方便 ➡ 언급되지 않음

D 户外冒险|活动很吸引年轻人 ➡ 언급되지 않음

TIP! 보기의 앞부분이 '户外冒险'으로 모두 같으므로 세로줄로 분리한다. 세로줄 뒤에서 내용을 빠르게 상기시키는 데 도움이 되는 표현에 밑줄을 그으며 보기를 읽는다.

단어 **户外** hùwài 명 야외, 실외 | ★**冒险** màoxiǎn 동 모험하다 | ★**神秘** shénmì 형 신비하다 | ★**刺激** cìjī 명동 자극(하다) 형 자극적이다 | ★**因素** yīnsù 명 요소, 요인 | **冒然** màorán 형 경솔하다 | ★**威胁** wēixié 명동 위협(하다) | ★**掌握** zhǎngwò 동 익히다, 정통하다, 숙달하다 | ★**必要** bìyào 명형 필요(로 하다) | **装备** zhuāngbèi 명 장비 | ★**尽量** jǐnliàng 부 가능한 한, 되도록 | **结伴** jiébàn 동 짝이 되다, 동행이 되다 | ★**保险** bǎoxiǎn 명 보험 형 안전하다, 위험이 없다 | ★**具备** jùbèi 동 갖추다

9

[C]员工是否优秀，关键在于企业如何去培养。一方面，企业要舍得拿出资源去培养员工，给予他们充足的上升空间，栽培员工，让他们强大到足以离开；另一方面，企业要为员工提供良好的待遇以及人文关怀，对员工好，好到让他们想要留下来。	[C]직원이 우수한지 아닌지 관건은 기업이 어떻게 양성하는지에 달려 있다. 한 편으로 기업은 기꺼이 자원을 내놓아 직원을 양성하고 그들에게 충분한 상승 공간을 주어야 하는데, 직원을 양성하여 그들이 충분히 떠날 수 있을 때까지 강해지도록 한다. 다른 방면으로 기업은 직원에게 좋은 대우와 인문적 관심을 제공해야 하는데, 직원에게 잘해주는 것은 그들이 남고 싶어 할 때까지 잘해주는 것이다.
A 培养员工需要投入大量资金 B 精神关怀比物质奖励更重要 C 优秀的员工离不开企业的培养 D 员工能力提升后往往选择离开	A 직원을 양성하려면 대량의 자금을 투입해야 한다 B 정신적인 관심이 물질적인 상보다 더 중요하다 C 우수한 직원은 기업의 양성과 뗄 수 없다 D 직원은 능력이 향상된 후 종종 떠나는 것을 선택한다

A 培养员工需要投入大量资金 ➡ 언급되지 않음

B 精神关怀比物质奖励更重要 ➡ 언급되지 않음

C 优秀的员工离不开企业的培养 ➡ 지문은 두 문장으로 이루어져 있고, 두 번째 문장은 '一方面', '另一方面'을 이용하여 자세하게 설명하고 있으므로 첫 번째 문장이 주제문일 가능성이 크다. 첫 번째 문장에서 '직원이 우수한지 아닌지는 기업이 어떻게 양성하는지에 달려 있다'고 한 것으로 보아 우수한 직원은 기업의 양성이 반드시 필요하다는 것을 유추할 수 있으므로 정답은 C이다.

D 员工能力提升后往往选择离开 ➡ 언급되지 않음

TIP! 내용을 빠르게 상기시키는 데 도움이 되는 표현에 밑줄을 그으며 보기를 읽는다.

단어 ★在于 zàiyú 동 ~에 달려 있다, ~에 있다 | ★企业 qǐyè 명 기업 | 舍得 shěde 동 아깝지 않다, 기꺼이 하다 | ★资源 zīyuán 명 자원 | 给予 jǐyǔ 동 주다 | 充足 chōngzú 형 충분하다 | 上升 shàngshēng 동 상승하다, 올라가다 | 栽培 zāipéi 동 (1)재배하다 (2)인재를 기르다, 양성하다 | 足以 zúyǐ 동 충분히 ~할 수 있다 | 良好 liánghǎo 형 좋다 | ★待遇 dàiyù 명 대우 | ★投入 tóurù 동 (1)투입하다 (2)(열정적으로) 몰입하다, 전념하다 | ★精神 jīngshén 명 정신 | 关怀 guānhuái 명동 관심(을 가지다), 배려(하다) | ★物质 wùzhì 명 물질 | 奖励 jiǎnglì 명 상(금) 동 상주다, 표창하다 | 提升 tíshēng 동 (1)향상시키다 (2)진급하다

10

人的身体具有可塑性，比如经常去健身房锻炼，肌肉和力量会慢慢增长。其实，人的心理也一样，如果每天都处于某种情绪中，与它相关的生理和心理过程就会变成常态。所以，A我们应提醒自己保持乐观，不要陷入负面情绪中。	사람의 신체는 가소성이 있는데, 예를 들어 자주 헬스장에 가서 운동을 하면 근육과 힘이 천천히 늘어난다. 사실 사람의 심리도 마찬가지로, 만약 매일 모종의 정서에 있으면 그것과 관련된 생리적 심리적 과정도 정상 상태로 변한다. 그래서 A우리는 자신에게 낙관적임을 유지하도록 일깨워야 하고, 부정적인 정서 속으로 빠지지 않아야 한다.
A 要注意保持乐观 B 好习惯很难养成 C 身体健康主要靠锻炼 D 心理状态比生理因素更重要	A 낙관적임을 유지하는 데 주의해야 한다 B 좋은 습관은 기르기 어렵다 C 신체 건강은 주로 운동에 의지한다 D 심리 상태는 생리적 요인보다 더 중요하다

A 要注意保持乐观 ➡ 지문의 마지막 문장이 주제나 결론을 나타내는 '所以'로 시작하므로 먼저 읽어 본다. '우리는 낙관적임을 유지하도록 일깨워야 한다'에서 '提醒'은 보기에서 '注意'라는 유사한 단어로 대체되었으므로 정답은 A이다.

B 好习惯很难养成 ➡ 언급되지 않음

C 身体健康主要靠锻炼 ➡ 언급되지 않음

D 心理状态比生理因素更重要 ➡ 언급되지 않음

TIP! 내용을 빠르게 상기시키는 데 도움이 되는 표현에 밑줄을 그으며 보기를 읽는다.

단어 可塑性 kěsùxìng 명 가소성 | ★健身 jiànshēn 동 헬스하다 | ★肌肉 jīròu 명 근육 | 增长 zēngzhǎng 동 늘어나다, 증가하다 | 处于 chǔyú 동 (어떤 지위나 상태에) 처하다 | ★情绪 qíngxù 명 정서, 기분 | ★相关 xiāngguān 동 상관되다, 관련되다 | 常态 chángtài 명 정상 상태 | 陷入 xiànrù 동 (불리한 상황에) 빠지다 | 负面 fùmiàn 명 부정적인 면 | ★乐观 lèguān 형 낙관적이다 | ★靠 kào 동 기대다, 의지하다 | ★心理 xīnlǐ 명 심리 | ★状态 zhuàngtài 명 상태 | 生理 shēnglǐ 명 생리

독해 3부분 기출 테스트 해설

독해 Chapter 01 서술형 이야기

+ 본서 226~229쪽

정답

1 B	2 D	3 C	4 D	5 B	6 C	7 A	8 D
9 A	10 A	11 C	12 D	13 C	14 A	15 D	16 C

1-4 지문 해석

①麦迪逊8岁时，有一天她和父母在沙滩玩耍，天快黑了，父母催她回去，麦迪逊却[1B]找不到自己的拖鞋了。她想，为什么没有一双发光的拖鞋呢？这样鞋子就会很容易找到。回家后，她很快就画出了一双可爱的、安装着小灯的儿童拖鞋。

②她的想法得到了父母的支持，[2D]他们提供资金，按照她的设计图制作了样品。然后麦迪逊拿着样品找到商店，宣传自己的拖鞋。

③很快就有超过30家商店决定订购这款发光拖鞋。慢慢地，[3C]麦迪逊设计的发光拖鞋越来越受欢迎。为此，她还专门成立了自己的品牌。在麦迪逊15岁的时候，这款拖鞋的销售额已经超过了百万美元。

④然而这个小姑娘并没有在此停步，而是进一步扩大产品种类，现在她品牌下的产品有帽子、T恤、儿童读物，甚至还有一款以海底世界为场景的视频游戏。

⑤电视台的记者在采访她的时候问道："你觉得自己未来会登上富豪榜吗？"小女孩儿调皮地回答："大人们就爱操之过急，我们小孩儿可不这样。现在我只想继续画画儿，设计更有趣的产品。未来还很远，[4D]抓住当下最重要。"

① 매디슨이 8살 때, 하루는 그녀와 부모님이 백사장에서 놀다 곧 어두워지려고 하자 부모님이 그녀에게 돌아가자고 재촉했는데, 매디슨은 [1B] 자신의 슬리퍼를 찾지 못했다. 그녀는 '왜 빛이 나는 슬리퍼가 없을까? 이러면 신발을 쉽게 찾아낼 수 있을 텐데'라고 생각했다. 집에 돌아온 후, 그녀는 빠르게 귀엽고 작은 불이 달린 아동용 슬리퍼를 그려냈다.

② 그녀의 생각은 부모님의 지지를 얻었고, [2D] 그들은 자금을 제공하여 그녀의 설계도에 따라 샘플을 제작했다. 그런 후에 매디슨은 샘플을 들고 상점을 찾아가서 자신의 슬리퍼를 홍보했다.

③ 30개가 넘는 상점이 매우 빠르게 이 발광 슬리퍼를 주문하기로 결정했다. 조금씩 [3C] 매디슨이 설계한 발광 슬리퍼는 갈수록 환영받았다. 이로 인해 그녀는 전문적으로 자신의 브랜드를 설립했다. 매디슨이 15살 때, 이 슬리퍼의 판매액은 이미 백만 달러를 넘어섰다.

④ 그런데 이 어린 소녀는 결코 여기서 멈추지 않았고, 제품 종류를 한층 더 확대하여, 지금 그녀의 브랜드 제품은 모자, 티셔츠, 아동도서가 있으며, 심지어 해저세계를 배경으로 하는 동영상 게임도 있다.

⑤ TV 방송국 기자가 그녀를 인터뷰할 때 물었다. "당신은 자신이 미래에 부자 순위에 오를 것이라고 생각하나요?" 어린 소녀는 장난스럽게 대답했다. "어른들은 너무 성급하게 일을 끝내길 좋아하지만, 우리 아이들은 그렇지 않아요. 지금 저는 계속 그림을 그려서 더 재미있는 제품을 설계하고 싶을 뿐이에요. 미래는 아직 멀고, [4D] 지금을 잡는 것이 가장 중요하죠."

단어 ★沙滩 shātān 명 백사장, 모래사장 | 玩耍 wánshuǎ 동 놀다, 장난하다 | ★催 cuī 동 재촉하다, 다그치다 | 拖鞋 tuōxié 명 슬리퍼 | ★安装 ānzhuāng 동 설치하다, 장치하다 | ★资金 zījīn 명 자(본)금 | ★设计 shèjì 명동 설계(하다), 디자인(하다) | ★制作 zhìzuò 동 제작하다, 제조하다 | 样品 yàngpǐn 명 샘플, 견본(품) | ★宣传 xuānchuán 명동 홍보(하다), 선전(하다) | 订购 dìnggòu 동 주문하다 | ★成立 chénglì 동 설립하다, 창립하다 | 品牌 pǐnpái 명 브랜드, 상표 | ★销售 xiāoshòu 동 판매하다 | 额 é 명 액(수) | ★姑娘 gūniang 명 아가씨 | ★扩大 kuòdà 동 확대하다, 넓히다 | ★产品 chǎnpǐn 명 제품 | ★种类 zhǒnglèi 명 종류 | T恤 Txù 명 티셔츠 | 海底 hǎidǐ 명 해저 | 场景 chǎngjǐng 명 장면, 정경 | 视频 shìpín 명 동영상 | ★采访 cǎifǎng 명동 인터뷰(하다), 취재(하다) | ★未来 wèilái 명 미래 | 富豪榜 fùháobǎng 부자 순위 | ★调皮 tiáopí 형 장난치다, 까불다 | 操之过急 cāozhīguòjí 성어 너무 성급하게 일을 처리하다 | ★抓 zhuā 동 잡다 | 当下 dāngxià 명 지금

1

父母催麦迪逊回去时，发生了什么事情？	부모님이 매디슨에게 돌아가자고 재촉했을 때, 어떤 일이 생겼는가?
A 路灯不亮了　　B 拖鞋不见了	A 가로등이 켜지지 않았다　　B 슬리퍼가 보이지 않았다
C 玩具弄坏了　　D 麦迪逊摔倒了	C 장난감이 망가졌다　　D 매디슨이 넘어졌다

풀이 (1) 힌트가 될 만한 표현인 '**父母催麦迪逊回去**'에 밑줄을 그어 둔다.

(2) 먼저 보기를 읽는다.

(3) 단락 시작부터 '**麦迪逊**'과 '**父母**'가 나오므로 '돌아가자고 재촉한다'는 말이 나오는 부분을 빠르게 찾고 그 부분을 자세히 읽어 본다.

① **麦迪逊8岁时，有一天她和父母在沙滩玩耍，天快黑了，父母催她回去，麦迪逊却**找不到自己的拖鞋了。……

(4) '**找不到自己的拖鞋了**'라는 표현에서 정답이 B임을 알 수 있다.

단어 ★亮 liàng 형 밝다, 환하다 동 빛나다 | ★玩具 wánjù 명 장난감, 완구 | ★摔倒 shuāidǎo 동 넘어지다, 자빠지다

2

对于麦迪逊的想法，父母：	매디슨의 생각에 대해, 부모님은:
A 表示佩服　　B 认为很难实现	A 감탄을 나타냈다　　B 실현하기 어렵다고 생각했다
C 感到不能理解　　D 提供了资金支持	C 이해할 수 없다고 느꼈다　　D 자금적 지지를 제공했다

풀이 (1) 힌트가 될 만한 표현은 '**想法**'와 '**父母**'이므로 밑줄을 그어 둔다.

(2) 먼저 보기를 읽는다.

(3) 1번 답을 찾으면서 매디슨의 생각에 대한 부모님의 태도를 확인하지 못했으므로, 뒷부분부터 '**想法**'와 '**父母**'가 나오는 위치를 빠르게 찾고 그 부분을 자세히 읽어 본다.

② **她的想法得到了父母的支持，**他们提供资金，……

(4) '**他们提供资金**'이라는 표현은 보기 D와 거의 유사하므로 정답은 D이다.

단어 ★佩服 pèifú 동 감탄하다, 탄복하다 | ★实现 shíxiàn 동 실현하다

3

根据第三段，可以知道：	세 번째 단락에 근거하여, 알 수 있는 것은:
A 店主的利润很低	A 점주의 이윤이 낮다
B 麦迪逊的产品很单一	B 매디슨의 제품은 단일하다
C 麦迪逊的产品很受欢迎	C 매디슨의 제품은 매우 환영받는다
D 顾客的年龄集中在15岁	D 고객의 연령이 15세에 집중되어 있다.

풀이 (1) 이 문제는 힌트가 없다. 단, ③번 단락부터 보면 되는 것은 확실하다.

(2) 힌트가 없는 문제일수록 보기를 먼저 읽는 것이 중요하다. 그래야 답을 찾으면 계속 지문을 읽는 것을 멈출 수 있다.

(3) 읽어 둔 보기와 같거나 유사한 내용이 나올 때까지 ③번 단락을 읽어 본다.

③ **很快就有超过30家商店决定订购这款发光拖鞋。慢慢地，**麦迪逊设计的发光拖鞋越来越受欢迎。……

(4) '**越来越受欢迎**'이라는 표현에서 답이 C임을 알 수 있다.

단어 ★**利润** lìrùn ㉮ 이윤 | **单一** dānyī ㉻ 단일하다 | ★**集中** jízhōng ㉧ 집중되다, 집중하다

4

对于记者的问题，麦迪逊认为：	기자의 질문에 대해, 매디슨은 생각했다:
A 赚钱是目的	A 돈을 버는 것이 목적이라고
B 承认太悲观了	B 너무 비관적인 것을 인정했다고
C 自己会更加富有	C 자신이 더 부유해질 것이라고
D 把握当下最重要	D 지금을 잡는 것이 가장 중요하다고

풀이 (1) 일단 '**记者**'가 언급되는 곳을 찾아야 하므로 밑줄을 그어 둔다.

(2) 먼저 보기를 읽는다.

(3) 3번 답을 찾은 뒷부분부터 '기자'가 나오는 위치를 빠르게 찾고 매디슨의 반응이 나오는 부분을 자세히 읽어 본다.

⑤ **电视台的记者在采访她的时候问道："你觉得自己未来会登上富豪榜吗?" 小女孩儿调皮地回答："大人们就爱操之过急，我们小孩儿可不这样。现在我只想继续画画儿，设计更有趣的产品。未来还很远，**抓住当下最重要。"

(4) 기자의 질문은 우선 넘어가고 바로 매디슨의 대답만 확인하면 된다. '**抓住当下最重要**'라는 표현은 보기 D와 거의 유사하므로 정답은 D이다.

단어 ★**承认** chéngrèn ㉧ 인정하다, 시인하다 | ★**悲观** bēiguān ㉻ 비관적이다 | **富有** fùyǒu ㉻ 부유하다 | ★**把握** bǎwò ㉧ 잡다, 파악하다

5-8 지문 해석

①在一家公司的群组面试上，面试官提出了这样一个问题：如何把一瓶矿泉水卖到一千元？

②第一位面试者说："应该到缺水的地方去卖，比如沙漠或者高山上。那里既没有竞争对手，人们也很需要水，一千元肯定有人买。"第二位面试者说："那样虽然能卖出去，但需求量有限，5B 创造不出多少利润。不如在包装上下点儿功夫，从而提高产品价格。"第三位面试者说："从包装入手听起来很合理，但对于矿泉水这类产品，人们更看重产品本身。不如 6C 多添加一些对人体有益的物质，价格自然就能提上去了。"大家的发言五花八门，面试官却没有任何表示。

③这时，最后一位面试者严肃地说："恕我直言，7A 这道题本身就有问题。我认为，销售的原则有两条：把高端产品卖出更高的价格；把普通产品卖出更多的销量。很显然，矿泉水属于普通产品，只能按照它原本的价值去卖，否则就是欺骗消费者。我们应该做的是保证产品质量，注重用户口碑，争取卖出更好的销量。"

④他的发言一结束，面试官们纷纷鼓起掌来，并当场宣布录用他。理由是：8D 创造财富靠的是质量和诚信，想把普通产品卖出高价格的行为，属于方向性的错误，是不诚信的表现。

① 한 회사의 단체 면접에서 면접관은 이러한 질문을 했다. 어떻게 한 병의 광천수를 천 위안에 팔 것인가?

② 첫 번째 면접자가 말했다. "예를 들어 사막이나 높은 산과 같은 물이 부족한 곳에 가서 팔아야 합니다. 그곳은 경쟁 상대도 없고 사람들도 물을 매우 필요로 해서, 천 위안에도 분명 사는 사람이 있을 겁니다." 두 번째 면접자가 말했다. "그러면 비록 팔 수는 있겠지만 수요량이 제한적이어서, 5B 이윤을 얼마 창조해낼 수 없습니다. 차라리 포장에 공을 좀 들이고, 제품 가격을 올리는 편이 낫습니다." 세 번째 면접자는 말했다. "포장에 손을 대는 것이 듣기에는 합리적이지만, 광천수 이러한 제품에 있어서 사람들은 제품 자체를 더욱 중요시합니다. 차라리 6C 인체에 유익한 물질들을 많이 첨가해서 가격이 자연스럽게 올라가게 하는 편이 낫습니다." 모두의 발언이 다양했지만, 면접관은 어떠한 말도 없었다.

③ 이때 마지막 면접자가 엄숙하게 말했다. "제가 직언하는 것을 용서 바랍니다. 7A 이 질문 자체에 문제가 있습니다. 저는 판매의 원칙에 두 가지가 있다고 생각합니다. 고급 제품을 더 높은 가격에 파는 것과 평범한 제품을 더 많이 파는 것입니다. 명백하게도 광천수는 평범한 제품에 속하니, 그것의 원래 가치에 따라 팔 수밖에 없고, 그렇지 않으면 소비자를 속이는 것입니다. 우리가 해야 하는 것은 제품의 품질을 보증하고 사용자의 평판을 중시하며 더 많은 제품을 팔기 위해 노력하는 것입니다."

④ 그의 발언이 끝나자마자 면접관들은 잇달아 박수를 치기 시작했고, 또한 그 자리에서 그를 채용한다고 발표했다. 이유는 이러했다. 8D 부를 창조할 때 기대야 하는 것은 품질과 신용인데, 평범한 제품을 높은 가격에 팔고 싶어 하는 행위는 방향성 오류에 속하고, 성실하지 않은 태도이다.

단어 群组 qúnzǔ 그룹 | 面试 miànshì 명동 면접시험(을 보다) | ★矿泉水 kuàngquánshuǐ 명 광천수 | ★沙漠 shāmò 명 사막 | ★竞争 jìngzhēng 명동 경쟁(하다) | ★对手 duìshǒu 명 상대, 적수, 라이벌 | 需求量 xūqiúliàng 수요량 | ★创造 chuàngzào 동 창조하다, 만들다 | ★利润 lìrùn 명 이윤 | ★不如 bùrú 동 ~하는 편이 낫다, ~만 못하다 | 包装 bāozhuāng 명동 포장(하다) | 下功夫 xià gōngfu 공들이다, 힘쓰다 | ★从而 cóng'ér 접 따라서, 그리하여 | 入手 rùshǒu 동 손을 대다, 착수하다 | ★合理 hélǐ 형 합리적이다 | 看重 kànzhòng 동 중시하다 | 添加 tiānjiā 동 첨가하다, 늘리다 | 有益 yǒuyì 형 유익하다 | ★发言 fāyán 명동 발언(하다) | 五花八门 wǔhuā bāmén 성어 다양하다, 형형색색, 여러 가지 모양 | ★严肃 yánsù 형 엄숙하다 | 恕 shù 동 용서를 바랍니다 | 直言 zhíyán 동 직언하다, 솔직히 말하다 | ★原则 yuánzé 명 원칙 | 高端 gāoduān 형 고급의, 고가의, 첨단의 | ★显然 xiǎnrán 형 명백하다, 분명하다 | ★属于 shǔyú 동 ~에 속하다 | ★价值 jiàzhí 명 가치 | 欺骗 qīpiàn 동 속이다, 기만하다 | ★消费 xiāofèi 명동 소비(하다) | ★保证 bǎozhèng 동 보증하다 | 注重 zhùzhòng 동 중시하다 | 用户 yònghù 명 사용자, 가입자 | 口碑 kǒubēi 명 평판, 입소문 | ★争取 zhēngqǔ 동 ~을 실현하기 위해 노력하다, 쟁취하다 | ★纷纷 fēnfēn 부 잇달아, 계속하여 | ★鼓掌 gǔzhǎng 동 박수치다 | 当场 dāngchǎng 부 그 자리에서, 현장에서 | ★宣布 xuānbù 동 발표하다, 공표하다, 선언하다 | ★理由 lǐyóu 명 이유 | 财富 cáifù 명 부, 재산 | ★靠 kào 동 기대다, 의지하다 | 诚信 chéngxìn 명 신용, 성실 형 성실하다 | ★行为 xíngwéi 명 행위

5

第二位面试者认为"到缺水的地方去卖"：	두 번째 면접자는 '물이 부족한 곳에서 파는 것'을 어떻게 생각했는가?
A 成本高　B 利润低 C 运输难　D 竞争压力大	A 원가가 높다　B 이윤이 낮다 C 운송이 어렵다　D 경쟁 스트레스가 크다

풀이 (1) 힌트가 될 만한 표현은 '**第二位面试者**'와 지문에 그대로 나온다는 표시("")가 되어 있는 '**到缺水的地方去卖**'이므로 밑줄을 그어 둔다.

(2) 먼저 보기를 읽는다.

(3) ②번 단락에서 '**到缺水的地方去卖**'를 찾을 수 있고, 그에 대한 두 번째 면접자의 대답부터 자세히 읽어 본다.

② **第一位面试者说："应该到缺水的地方去卖，比如沙漠或者高山上。那里既没有竞争对手，人们也很需要水，一千元肯定有人买。" 第二位面试者说："那样虽然能卖出去，但需求量有限，**创造不出多少利润。……

(4) '**创造不出多少利润**'이라는 표현은 곧 이윤이 낮다는 뜻이므로 정답은 B이다.

단어 成本 chéngběn 명 원가 | ★运输 yùnshū 명동 운송(하다), 수송(하다)

6

第三位面试者认为应该怎么做？	세 번째 면접자는 어떻게 해야 한다고 생각하는가?
A 缩短生产时间　B 重视产品包装 C 加入有益物质　D 加大宣传力度	A 생산 시간을 단축한다　B 제품 포장을 중시한다 C 유익한 물질을 넣는다　D 홍보의 힘을 강화한다

풀이 (1) 힌트가 될 만한 표현은 '**第三位面试者**'이므로 밑줄을 그어 둔다.

(2) 먼저 보기를 읽는다.

(3) 5번 답을 찾은 뒷부분부터 '**第三位面试者**'가 나오는 위치를 빠르게 찾고 그 부분을 자세히 읽어 본다.

② ……。**第三位面试者说："从包装入手听起来很合理，但对于矿泉水这类产品，人们更看重产品本身，不如**多添加一些对人体有益的物质，……

(4) '**多添加一些对人体有益的物质**'라는 표현은 보기 C와 거의 유사하므로 정답은 C이다.

단어 ★缩短 suōduǎn 동 단축하다, 줄이다 | ★生产 shēngchǎn 명동 생산(하다) | 加大 jiādà 동 강화하다, 확대하다 | ★宣传 xuānchuán 명동 홍보(하다), 선전(하다)

7

下列哪项是最后一位面试者的观点？	다음 중 어느 것이 가장 마지막 면접자의 관점인가?
A 题目存在问题 B 商品价值应高于价格 C 矿泉水很难增加销量 D 要敢于打破销售原则	A 질문에 문제가 존재한다 B 상품 가치는 가격보다 높아야 한다 C 광천수는 판매량을 증가시키기 어렵다 D 용감하게 판매 원칙을 깨야 한다

풀이 (1) 힌트가 될 만한 표현은 '**最后一位面试者**'이므로 밑줄을 그어 둔다.

(2) 먼저 보기를 읽는다.

(3) 6번 답을 찾은 뒷부분부터 '**最后一位面试者**'가 나오는 위치를 빠르게 찾고 그 부분을 자세히 읽어 본다.

③ **这时，最后一位面试者严肃地说："恕我直言，**这道题本身就有问题。……。"

(4) '**这道题本身就有问题**'라는 말에서 정답이 A임을 알 수 있다.

단어 ★**题目** tímù 명 질문, 문제, 제목 | ★**存在** cúnzài 명동 존재(하다) | **敢于** gǎnyú 동 용감하게 ~하다, 대담하게 ~하다 | **打破** dǎpò 동 깨다, 타파하다

8

上文主要谈什么？	윗글은 주로 무엇을 이야기하는가?
A 要及时改正错误	A 잘못을 즉시 시정해야 한다
B 与人合作才能创造财富	B 사람과 협력해야만 부를 창조할 수 있다
C 面试顺序影响录取结果	C 면접 순서가 채용 결과에 영향을 준다
D 质量和诚信是销售的关键	D 품질과 신용이 판매의 관건이다

풀이 (1) 이 문제는 힌트가 없지만 주제를 찾는 문제인 것은 확실하다. ①~③번 단락까지는 이야기를 서술했을 뿐이므로 남은 ④번 단락을 공략한다.

(2) 먼저 보기를 읽는다.

(3) 읽어 둔 보기와 같거나 유사한 내용이 나올 때까지 ④번 단락을 읽어 본다.

④ **他的发言一结束，面试官们纷纷鼓起掌来，并当场宣布录用他。理由是**：创造财富靠的是质量和诚信，……

(4) '**创造财富靠的是质量和诚信**'이라는 말은 보기 D와 거의 유사한 뜻이므로 정답은 D이다.

단어 ★**及时** jíshí 부 즉시 형 시기 적절하다, 때맞다 | ★**改正** gǎizhèng 동 시정하다, 수정하다, 바로잡다 | ★**合作** hézuò 명동 협력(하다), 합작(하다) | ★**顺序** shùnxù 명 순서 | ★**录取** lùqǔ 동 채용하다, 합격시키다, 뽑다 | ★**关键** guānjiàn 명 관건, 키포인트 형 가장 중요한

9-12 지문 해석

①我经常去中国旅行，在不同的地方，总能遇到积极坦率、热情好客的中国人。其中有很多退休老人，他们很乐于与人交谈，退休后的生活丰富又充满活力，脸上的神情 9A 幸福又快乐。

②最令人瞩目的是那些在户外跳舞的人们。在中国，这是一个非常普遍的现象。跳舞的人群年龄一般在40到70岁，10A 绝大多数是女性。她们每天的活动安排是一个小时左右的舞蹈或者健身操，这样的活动有利于身心健康。无论是广场、公园，还是桥边、河边，到处都是她们的"舞池"。广场舞的音乐既有中国音乐，也有印度或

① 나는 중국으로 자주 여행을 가는데, 다른 지역에서 항상 적극적이고 솔직하며 친절하고 손님 대접을 좋아하는 중국인을 마주치게 된다. 그중에는 퇴직한 노인들이 많이 있는데, 그들은 사람과 이야기 나누는 것을 좋아하고, 퇴직 후의 생활이 풍부하고 활력으로 넘치며, 얼굴 표정은 9A 행복하고도 즐겁다.

② 사람들로 하여금 가장 주목하게 하는 것은 야외에서 춤을 추는 사람들이다. 중국에서 이것은 매우 보편적인 현상이다. 춤을 추는 사람들의 연령은 일반적으로 40세에서 70세이고 10A 대다수가 여성이다. 그녀들의 매일 활동 계획은 한 시간 정도의 춤이나 에어로빅인데, 이러한 활동은 심신 건강에 이롭다. 광장, 공원이든 아니면 다리 옆, 강가이든 관계없이 도처가 모두 그녀들의 '무대'이다. 광장 춤의 음악은 중국 음악도 있고 인도나

者西方舞曲，还有一些人跳交谊舞。但是参与跳舞的男士很有限，他们更热爱打牌、下象棋，或者打太极拳等活动。

③当然，跳舞并不是他们唯一的活动方式。在中国，老人们退休后可以参加很多社会团体，比如老年大学、诗歌协会、书画协会等等。至于[11 C]替子女照料孩子，更是中国一个非常特殊却常见的社会现象，这恰恰反映了中国牢固的家庭关系。

④在偶遇了很多中国的退休老人之后，我发现[12 D]中国悠久的尊老敬老传统一直延续到了今天。在如今的中国，老人们的晚年生活更加丰富多彩、幸福洋溢。

서양 음악도 있으며, 사교댄스를 추는 사람도 있다. 그러나 춤을 추는 것에 참여하는 남자는 제한적인데, 그들은 카드놀이를 하고 장기를 두거나 혹은 태극권을 하는 등의 활동을 더 좋아한다.

③ 물론 춤을 추는 것이 그들의 유일한 활동 방식은 결코 아니다. 중국에서 노인들은 퇴직 후 많은 사회 단체, 예를 들어 노인대학, 시가협회, 서화협회 등에 참가할 수 있다. [11 C] 자녀를 대신해 아이를 돌보는 것에 관해서는, 중국의 매우 특수하지만 흔히 볼 수 있는 사회 현상으로, 이것은 바로 중국의 견고한 가정 관계를 반영했다.

④ 중국의 퇴직한 많은 노인들을 우연히 만난 후, 나는 [12 D] 노인을 존경하고 공경하는 중국의 유구한 전통이 오늘날까지 줄곧 이어졌다는 것을 발견했다. 오늘날 중국에서 노인들의 노년 생활은 더욱 풍부하고 다채로우며 행복으로 넘친다.

단어 ★**坦率** tǎnshuài 형 솔직하다 | ★**好客** hàokè 형 손님 대접을 좋아하다 | ★**退休** tuìxiū 동 퇴직하다 | **乐于** lèyú 동 즐겨하다, 기꺼이 하다 | ★**充满** chōngmǎn 동 넘치다, 가득하다 | **活力** huólì 명 활력 | **神情** shénqíng 명 표정 | **瞩目** zhǔmù 동 주목하다, 눈여겨보다 | **户外** hùwài 명 야외, 실외 | **舞蹈** wǔdǎo 명동 춤(추다), 무용(하다) | **健身操** jiànshēncāo 명 에어로빅 | ★**有利** yǒulì 형 이롭다, 유리하다 | ★**广场** guǎngchǎng 명 광장 | ★**桥** qiáo 명 다리 | **舞池** wǔchí 명 무도장의 무대 | **印度** Yìndù 명 인도 | **舞曲** wǔqǔ 명 댄스 음악, 무곡 | **交谊舞** jiāoyìwǔ 명 사교댄스 | ★**参与** cānyù 동 참여하다 | **男士** nánshì 명 성년 남자 | ★**热爱** rè'ài 동 매우 좋아하다, 열렬히 사랑하다 | **打牌** dǎpái 동 카드 게임을 하다 | ★**象棋** xiàngqí 명 장기 | ★**太极拳** tàijíquán 명 태극권 | ★**方式** fāngshì 명 방식 | **团体** tuántǐ 명 단체 | **诗歌** shīgē 명 시가 | **协会** xiéhuì 명 협회 | ★**至于** zhìyú 전 ~에 관해서는, ~으로 말하면 | **替** tì 전 ~을 대신해서, ~을 위하여 | **照料** zhàoliào 동 돌보다, 보살피다 | ★**特殊** tèshū 형 특수하다 | ★**现象** xiànxiàng 명 현상 | **恰恰** qiàqià 부 바로, 꼭, 마침 | ★**反映** fǎnyìng 명동 반영(하다) | **牢固** láogù 형 견고하다, 튼튼하다 | ★**家庭** jiātíng 명 가정 | **偶遇** ǒuyù 동 우연히 만나다 | ★**悠久** yōujiǔ 형 유구하다 | **尊老敬老** zūnlǎo jìnglǎo 노인을 존경하고 공경하다 | ★**传统** chuántǒng 명형 전통(적이다) | **延续** yánxù 동 계속하다, 연장하다 | ★**如今** rújīn 명 오늘날, 지금 | **晚年** wǎnnián 명 노년 | **丰富多彩** fēngfù duōcǎi 성어 풍부하고 다채롭다 | **洋溢** yángyì 동 가득 넘쳐흐르다, 충만하다

9

在作者眼中，中国的老人怎么样？

A 很幸福
B 打扮时髦
C 无人陪伴
D 不爱交谈

글쓴이의 눈에 중국의 노인은 어떠한가?

A 행복하다
B 차림새가 세련되다
C 같이 있어주는 사람이 없다
D 이야기 나누는 것을 좋아하지 않는다

풀이 (1) 힌트가 될 만한 표현은 '**中国的老人**'이므로 밑줄을 그어 둔다.

(2) 먼저 보기를 읽는다.

(3) '中国的老人'이 나오는 위치를 빠르게 찾고 그 부분을 자세히 읽어 본다.

① 我经常去中国旅行，在不同的地方，总能遇到积极坦率、热情好客的中国人。其中有很多退休老人，他们很乐于与人交谈，退休后的生活丰富又充满活力，脸上的神情幸福又快乐。

(4) '幸福'라고 직접 언급했으므로 A가 정답이다.

단어 ★时髦 shímáo 명형 유행(에 맞다) | 陪伴 péibàn 동 동행하다, 동반하다

10

关于在户外跳舞的人们，可以知道：	야외에서 춤을 추는 사람들에 관해 알 수 있는 것은:
A 多数是女性	A 대다수가 여성이다
B 会在沙滩上跳	B 모래사장에서 춘다
C 更喜欢下象棋	C 장기 두는 것을 더 좋아한다
D 年龄都大于70岁	D 연령이 모두 70세가 넘는다

풀이 (1) 힌트가 될 만한 표현은 '户外跳舞'이므로 밑줄을 그어 둔다.

(2) 먼저 보기를 읽는다.

(3) ②번 단락부터 '户外跳舞'가 나오는 위치를 빠르게 찾고 그 부분을 자세히 읽어 본다.

② 最令人瞩目的是那些在户外跳舞的人们。在中国，这是一个非常普遍的现象。跳舞的人群年龄一般在40到70岁，绝大多数是女性。……

(4) '绝大多数是女性'이라고 직접 언급했으므로 A가 정답이다.

11

根据第三段，中国老人退休后的生活包括：	세 번째 단락에 근거하여, 중국 노인의 퇴직 후 생활에 포함되는 것은:
A 养宠物	A 애완동물을 기른다
B 写回忆录	B 회고록을 쓴다
C 照顾孙子	C 손주를 돌본다
D 做志愿者	D 자원봉사자가 된다

풀이 (1) ③번 단락이라는 위치 자체가 큰 힌트이다. ③번 단락이 길지 않으므로 보기를 읽고 일치하거나 유사한 표현이 나올 때까지 빠르게 훑어보는 것도 좋은 방법이다.

③ 当然，跳舞并不是他们唯一的活动方式。在中国，老人们退休后可以参加很多社会团体，比如老年大学、诗歌协会、书画协会等等。至于替子女照料孩子，……

(2) '替子女照料孩子(자녀를 대신해 아이를 돌본다)'라는 말이 곧 손주를 돌본다는 뜻이므로 정답은 C이다.

단어 ★包括 bāokuò 동 포함하다 | ★宠物 chǒngwù 명 애완동물 | 回忆录 huíyìlù 명 회고록 | ★孙子 sūnzi 명 손주 | ★志愿者 zhìyuànzhě 명 자원봉사자, 지원자

12

根据上文，下列哪项正确? A 年轻人反对广场舞 B 中国人口老龄化严重 C 适度运动有利于长寿 D 中国有尊敬老人的传统	윗글에 근거하여, 다음 중 옳은 것은 어느 것인가? A 젊은이들은 광장 춤을 반대한다 B 중국 인구의 노령화가 심각하다 C 적당한 운동은 장수에 유리하다 D 중국에는 노인을 존경하는 전통이 있다

풀이 (1) 이 문제는 힌트가 없다.

(2) 힌트가 없는 문제일수록 보기를 먼저 읽는 것이 중요하다. 그래야 답을 찾으면 계속 지문을 읽는 것을 멈출 수 있다.

(3) 11번 문제에서 ③번 단락까지 끝났으므로 ④번 단락부터 답이 나올 때까지 읽어 본다.

④ **在偶遇了很多中国的退体老人之后，我发现中国悠久的尊老敬老传统一直延续到了今天。**……

(4) '**中国悠久的尊老敬老传统**'이라는 표현에서 D가 정답을 알 수 있다.

단어 **适度** shìdù ⓗ 적당하다, 적절하다 | **长寿** chángshòu ⓜⓓ 장수(하다) | ★**尊敬** zūnjìng ⓜⓓ 존경(하다)

13-16 지문 해석

①有家叫"雨后彩虹"的模特公司，[13C]只招聘年纪在四五十岁以上的叔叔阿姨，甚至是六七十岁的爷爷奶奶。创始人刘新说，他想告诉所有人，[16C]美丽是在时间的积累中变得越来越有价值的。	① '비 온 뒤의 무지개'라는 이름의 모델 회사는 [13C] 나이가 4, 50세 이상의 아저씨와 아줌마만 모집하고, 심지어는 6, 70세의 할아버지와 할머니이기도 하다. 창시자인 리우신은 모든 사람들에게 [16C] 아름다움은 시간의 누적 속에서 갈수록 가치 있게 변한다는 것을 알려주고 싶어 한다.
②刘新[14A]最感兴趣的是摄影，他经常带着一台单反相机到处去拍照。有一天，他走到市中心广场时，看到一群热情又有活力的老太太在跳舞，受到了触动。于是，在接下来的时间里，他走遍大街小巷，专门拍摄那些被社会忽视的老人，并成立了"雨后彩虹"老年模特公司。	② 리우신이 [14A] 가장 관심을 갖는 것은 촬영이어서, 그는 자주 DSLR 카메라 한 대를 가지고 도처로 사진을 찍으러 갔다. 어느 날 그가 시 중심 광장에 갔을 때, 한 무리의 열정적이고 활력 있는 할머니들이 춤을 추는 것을 보게 되었고 감명을 받았다. 그래서 이후의 시간 동안 그는 모든 거리를 돌아다니며 사회에 주목받지 못하는 노인들을 전문적으로 촬영했고, 또한 '비 온 뒤의 무지개' 노인 모델 회사를 설립했다.
③"雨后彩虹"对招收模特除了年龄要求外，还要他们回答这样一些问题："随着年龄的增长，你如何看待现在的自己?这些年你认为自己都收获了什么?"刘新没有设置标准答案，但有一点他很确定：如果对方的回答可以表明他是一个能看淡时间，并且[15D]对生活有自己独到见解的人，那么无需专业背景，他也会成为一个有魅力的模特。	③ '비 온 뒤의 무지개'는 모집 모델에 대해 나이 요구 외에도 그들이 이러한 질문들에 대답할 것을 요구한다. '나이가 많아짐에 따라 당신은 현재의 자신을 어떻게 봅니까, 요 몇 년간 당신은 자신이 무엇을 거두었다고 생각하나요?' 리우신은 표준 정답을 정하지 않았지만, 한 가지는 그가 매우 확실하게 정했다. 만약 상대의 대답이 그가 시간을 중요하게 보지 않을 수 있고, 게다가 [15D] 생활에 대해 자신만의 독특한 견해가 있는 사람이라면, 전문적인 배경이 필요 없이 그도 매력 있는 모델이 될 것이다.
④如今，"雨后彩虹"的模特们已受到了时尚圈的关注，公司邀约不断，模特们都十分忙碌。刘新说"我希望他们能了解，生活有很多选择，[16C]年龄并不是放弃希望的理由。"	④ 지금 '비 온 뒤의 무지개'의 모델들은 이미 패션계의 관심을 받았고, 회사 섭외가 끊이지 않아 모델들은 모두 매우 바쁘다. 리우신은 말했다. "저는 생활에는 많은 선택이 있고, [16C] 나이는 결코 희망을 포기하는 이유가 아니라는 것을 그들이 알 수 있기를 바랍니다."

독해 제3부분

단어 ★彩虹 cǎihóng 명 무지개 | ★模特 mótè 명 모델 | ★招聘 zhāopìn 동 모집하다 | 创始 chuàngshǐ 동 창시하다 | ★积累 jīlěi 동 누적하다, 쌓이다 | ★摄影 shèyǐng 동 촬영하다, 사진 찍다 | 单反相机 dānfǎn xiàngjī DSLR 카메라 | 拍照 pāizhào 동 사진을 찍다 | ★中心 zhōngxīn 명 중심, 센터 | ★广场 guǎngchǎng 명 광장 | 活力 huólì 명 활력 | ★太太 tàitai 명 아주머니, 아내 | 触动 chùdòng 동 (감정, 추억 등을) 불러일으키다, 건드리다, 자아내다 | 大街小巷 dàjiē xiǎoxiàng 온 거리, 온갖 길 | ★忽视 hūshì 동 주의하지 않다, 소홀히 하다, 경시하다 | 招收 zhāoshōu 동 모집하다, 받아들이다 | 看待 kàndài 동 대하다, 다루다 | ★收获 shōuhuò 명 수확, 소득, 성과 동 수확하다 | 设置 shèzhì 동 설치하다, 설정하다 | ★确定 quèdìng 동 확정하다 형 확정적이다, 확고하다 | ★表明 biǎomíng 동 분명하게 나타내다 | 看淡 kàndàn 동 가볍게 보다, 하찮게 여기다 | 独到 dúdào 형 독창적이다 | 见解 jiànjiě 명 견해, 의견 | ★背景 bèijǐng 명 배경 | ★魅力 mèilì 명 매력 | ★如今 rújīn 명 지금, 오늘날 | ★时尚 shíshàng 명형 유행(에 맞다) | ★圈 quān 명 (1)범위, 권 (2)동그라미, 원 | 关注 guānzhù 명동 관심(을 가지다) | 邀约 yāoyuē 동 초대하다 | 忙碌 mánglù 형 바쁘다, 분주하다 | ★理由 lǐyóu 명 이유

13

"雨后彩虹"这家公司有什么特点?		'비 온 뒤의 무지개'라는 이 회사는 어떤 특징이 있는가?	
A 待遇好	B 重视市场开发	A 대우가 좋다	B 시장 개발을 중시한다
C 只招聘中老年人	D 创始人年纪很小	C 중노년층만 모집한다	D 창시자 나이가 어리다

풀이 (1) 힌트가 될 만한 표현은 지문에 그대로 나온다는 표시("")가 되어 있는 '雨后彩虹'이므로 밑줄을 그어 둔다.

(2) 먼저 보기를 읽는다.

(3) 지문에서 '雨后彩虹'이 처음 나오는 부분부터 자세히 읽어 본다.

① 有家叫"雨后彩虹"的模特公司，只招聘年纪在四五十岁以上的叔叔阿姨，甚至是六七十岁的爷爷奶奶。……

(4) 4, 50세 이상의 중년층과 6, 70세 이상의 노년층만 모집하므로 C가 정답이다.

단어 ★待遇 dàiyù 명 대우 | ★市场 shìchǎng 명 시장 | ★开发 kāifā 명동 개발(하다)

14

刘新最感兴趣的是:		리우신이 가장 관심을 갖는 것은:	
A 摄影	B 销售	A 촬영하는 것	B 판매하는 것
C 当导演	D 创办公司	C 감독이 되는 것	D 회사를 설립하는 것

풀이 (1) 힌트가 될 만한 표현은 '最感兴趣'이므로 밑줄을 그어 둔다.

(2) 먼저 보기를 읽는다.

(3) 13번 답을 찾으면서 '最感兴趣'를 본 적이 없으므로, 뒷부분부터 '最感兴趣'가 나오는 위치를 빠르게 찾고 그 부분을 자세히 읽어 본다.

② 刘新最感兴趣的是摄影，……

(4) '摄影'이라고 직접 언급했으므로 A가 정답이다.

단어 ★导演 dǎoyǎn 명 연출자, 감독 | 创办 chuàngbàn 동 창립하다

15

刘新认为什么样的人会成为一个有魅力的模特？	리우신은 어떤 사람이 매력 있는 모델이 될 것이라고 생각하는가?
A 身材好的	A 몸매가 좋은 사람
B 穿着讲究的	B 옷차림에 신경을 쓰는 사람
C 有专业背景的	C 전문적인 배경이 있는 사람
D 对生活有自己理解的	D 생활에 대해 자신의 이해가 있는 사람

풀이 (1) 힌트가 될 만한 표현은 '**有魅力**'이므로 밑줄을 그어 둔다.

(2) 먼저 보기를 읽는다.

(3) 13~14번 답을 찾으면서 '**有魅力**'를 본 적이 없으므로, 뒷부분부터 '**有魅力**'가 나오는 위치를 빠르게 찾고 그 부분을 자세히 읽어 본다.

③ ……：如果对方的回答可以表明他是一个能看淡时间，并且对生活有自己独到见解的人，那么无需专业背景，他也会成为一个有魅力的模特。

(4) '**有魅力**'가 포함된 문장이 '그도 매력 있는 모델이 될 것이다'라는 말로 끝나기 때문에, 그가 어떤 사람인지 구체적으로 찾으려면 앞에 나오는 조건을 찾아봐야 한다. 쉼표 단위로 거꾸로 올라가다 보면 '**对生活有自己独到见解的人**'이라는 표현이 나오고 거의 유사한 뜻을 나타내는 D를 정답으로 찾을 수 있다.

단어 ★**身材** shēncái 명 몸매 | **穿着** chuānzhuó 명 옷(차림) | ★**讲究** jiǎngjiu 동 신경을 쓰다, 따지다 명 따져볼 만한 것

16

最适合做上文标题的是：	윗글의 제목이 되기에 가장 적합한 것은:
A 摄影改变生活	A 촬영은 생활을 바꾼다
B 追求生命的意义	B 생명 추구의 의의
C 美丽的"雨后彩虹"	C 아름다운 '비 온 뒤의 무지개'
D 成为模特的第一步	D 모델이 되는 첫걸음

풀이 (1) 제목을 찾는 문제는 주제를 찾는 문제 중 하나이다. 일반적으로 제목을 찾는 문제는 위의 세 문제를 푸는 과정에서 파악한 내용만으로도 쉽게 정답을 찾을 수 있다. 이 문제 또한 보기를 읽기만 해도 답이 C임을 유추할 수 있다.

(2) 지문에서도 주제를 유추할 수 있는 부분이 있다. 보통 주제는 지문의 제일 처음이나 끝에 제시된다. ①번 단락과 마지막 ④번 단락에서 리우신이 하는 말을 통해서도 주제를 파악할 수 있다.

① ……。创始人刘新说，他想告诉所有人，美丽是在时间的积累中变得越来越有价值的。

④ ……。刘新说"我希望他们能了解，生活有很多选择，年龄并不是放弃希望的理由。"

(3) '**雨后彩虹**'은 단순히 회사의 이름이 아니라 오랜 시간을 살고 난 뒤 더욱 아름다운 중노년층을 나타내므로 C가 정답이다.

단어 **标题** biāotí 명 제목, 타이틀 | ★**追求** zhuīqiú 동 추구하다 | ★**意义** yìyì 명 의의, 의미, 가치, 보람

독해 Chapter 02 **주제형 이야기**

+ 본서 235~238쪽

정답 1 A 2 B 3 D 4 C 5 B 6 A 7 B 8 C 9 B 10 C 11 A 12 D 13 B 14 C 15 A 16 B

1-4 지문 해석

①经理和年轻的助手一起外出办事。他们走到办公楼的大门口时，无意中看到前面不远处，一个匆匆走路的女孩子突然脚下一滑，摔倒在地上。

②经理认出了那个女孩子，她是公司里一名[1A]非常注意外在形象的职员，平时总是打扮得光彩照人。

③助手立即迈开大步，打算上前去扶起她。然而，刚走出两步就被经理拉住："别急着过去，我们先找个地方[2B]暂时回避一下。"说着，两人返回到走廊的拐角处，悄悄关注着那名女职员。只见那个女孩子很快站了起来，她环顾四周，稍微整理了下衣服，[3D]马上又恢复了平日里的自信，若无其事地继续往前走。

④等那个女孩子走远后，经理才走出来。经理平时挺爱帮助别人，但今天不仅没帮忙，反而看起来热闹，这让助手感到十分困惑。面对助手的困惑，他笑着说："你愿意让别人看见你摔倒时的倒霉样子吗？"助手恍然大悟。

⑤帮助别人是一种美德，但在某些特殊情况下，不出面帮助也许是[4C]另一种帮助。

① 사장과 젊은 조수가 함께 외출하여 일을 처리했다. 그들이 빌딩 정문에 걸어왔을 때, 앞의 멀지 않은 곳에서 급하게 길을 걷던 한 아가씨가 갑자기 발이 미끄러져 땅에 넘어지는 것을 무의식 중에 보게 되었다.

② 사장은 그 아가씨를 알아봤는데, 그녀는 회사에서 [1A] 외적인 이미지에 매우 신경 쓰는 직원으로, 평소에 항상 예쁘고 주목을 끌게 단장을 했다.

③ 조수가 즉시 큰 걸음으로 나아가 그녀를 부축하려고 했다. 그러나 몇 걸음 가다가 바로 사장에게 붙잡혔다. "급하게 가지 말고 우리 먼저 장소를 찾아 [2B] 잠시 피하도록 하지." 말을 하며 두 사람은 복도 모퉁이로 돌아가 소리 없이 그 여직원을 주시했다. 얼핏 보니 그 아가씨는 빠르게 일어났고, 그녀는 사방을 둘러보며 옷을 조금 정리하더니, [3D] 바로 평소의 자신감을 회복하고 아무 일도 없었던 것처럼 계속 앞으로 걸어갔다.

④ 그 아가씨가 멀리 걸어간 후에 사장은 그제서야 걸어 나왔다. 사장은 평소 다른 사람을 돕는 것을 매우 좋아하는데, 그러나 오늘은 돕지 않았을 뿐 아니라 오히려 구경거리를 보고 있었는데, 이것은 조수에게 매우 당황스럽게 느껴졌다. 조수의 당혹함을 본 사장은 웃으며 말했다. "자네는 자네가 넘어졌을 때의 재수 없는 모습을 다른 사람이 보길 원하나?" 조수는 문득 깨달음을 느꼈다.

⑤ 다른 사람을 돕는 것은 일종의 미덕이지만, 어떤 특수한 상황에서는 나서지 않는 도움이 아마도 [4C] 또 다른 도움일 것이다.

단어 **助手** zhùshǒu 명 조수 | **无意中** wúyìzhōng 부 무의식 중에, 무심코 | **匆匆** cōngcōng 형 분주한 모양, 황급한 모양 | ★**滑** huá 동 미끄러지다 형 미끄럽다 | ★**摔倒** shuāidǎo 동 넘어지다, 자빠지다 | **外在** wàizài 형 외재적인, 외부적인 | ★**形象** xíngxiàng 명 이미지, 형상 | **职员** zhíyuán 명 직원 | **光彩照人** guāngcǎi zhàorén 성어 아름답고 눈부셔서 사람의 이목을 끌다 | ★**立即** lìjí 부 즉시, 당장 | **迈步** màikāi 동 (발걸음을) 내디디다 | **上前** shàngqián 동 앞으로 나아가다 | ★**扶** fú 동 부축하다 | ★**拉** lā 동 끌다, 당기다 | ★**暂时** zànshí 명 잠시, 잠깐 | **回避** huíbì 동 (회)피하다 | **返回** fǎnhuí 동 되돌아가다, 되돌아오다 | **走廊** zǒuláng 명 복도 | **拐角** guǎijiǎo 명 모퉁이, 구석 | ★**悄悄** qiāoqiāo 부 소리 없이, 몰래, 은밀히 | **关注** guānzhù 명동 관심(을 가지다) | **只见** zhǐjiàn 동 얼핏 보다, 문득 보다 | **环顾四周** huángù sìzhōu 사방을 살피다 | ★**稍微** shāowēi 부 조금, 약간 | ★**恢复** huīfù 동 회복하다 | **平日** píngrì 명 평소, 평상시 | **若无其事** ruòwúqíshì 성어 아무 일도 없었던 것처럼 시치미를 떼다, 태연스럽다 | ★**热闹** rènao 명 구경거리, 떠들석함 형 번화하다, 떠들썩하다 | **困惑** kùnhuò 명형 당혹(스럽다), 곤혹(스럽다) | ★**倒霉** dǎoméi 형 재수 없다 동 재수 없는 일을 당하다 | **恍然大悟** huǎngrán dàwù 성어 문득 모든 것을 깨치다

1

那个女孩子：		그 아가씨는:	
A 很注重形象	B 平时不自信	A 이미지를 매우 중시한다	B 평소에 자신감이 없다
C 最近很幸运	D 摔得很厉害	C 최근에 운이 좋다	D 심하게 넘어졌다

풀이 (1) 힌트가 될 만한 표현인 '**女孩子**'에 밑줄을 그어 둔다.

(2) 먼저 보기를 읽는다.

(3) '**女孩子**'가 나오는 위치를 빠르게 찾고 그 부분을 자세히 읽어 본다.

① ……，**一个匆匆走路的女孩子突然脚下一滑，摔倒在地上。**

② **经理认出了那个女孩子，她是公司里一名非常注意外在形象的职员，**……

(4) '**非常注意外在形象**'이라는 표현에서 정답이 A임을 알 수 있다.

단어 **注重** zhùzhòng ⓓ 중시하다 | ★**幸运** xìngyùn ⓜ 행운 ⓗ 운이 좋다

2

经理让助手怎么做？		사장은 조수에게 어떻게 하라고 했는가?	
A 叫救护车	B 暂时回避	A 구급차를 부른다	B 잠시 피한다
C 装作不认识	D 去扶起女孩子	C 모르는 체한다	D 가서 아가씨를 부축한다

풀이 (1) 힌트가 될 만한 표현은 '**经理**'와 '**助手**'이므로 밑줄을 그어 둔다.

(2) 먼저 보기를 읽는다.

(3) 지문의 처음부터 '**经理**'와 '**助手**'가 나오지만 1번 답을 찾으면서 보기와 같거나 유사한 표현을 본 적이 없으므로, 뒷부분부터 '**经理**'와 '**助手**'가 나오는 위치를 빠르게 찾고 그 부분을 자세히 읽어 본다.

③ **助手立即迈开大步，打算上前去扶起她。然而，刚走出两步就被经理拉住："别急着过去，我们先找个地方暂时回避一下。"**……

(4) '**暂时回避一下**'라고 직접 언급했으므로 정답은 B이다.

단어 ★**救护车** jiùhùchē ⓜ 구급차 | **装作** zhuāngzuò ⓓ ~한 체하다

3

画线词语"若无其事"是什么意思？	밑줄 친 단어 '若无其事'는 무슨 뜻인가?
A 粗心大意	A 세심하지 않다
B 仿佛真的似的	B 마치 진짜 같다
C 沿着新路线走	C 새 노선을 따라간다
D 像没有那回事一样	D 마치 그런 일이 없는 것 같다

풀이 (1) 의미파악형 문제이다. 당연히 '**若无其事**'가 힌트지만 어차피 밑줄이 그어져 있기 때문에 위치를 찾는 것은 어렵지 않다. 하지만 다른 문제 유형과는 달리 정답을 그대로 찾을 수 있는 것이 아니라 주변 내용을 잘 읽고 그 뜻을 유추해내야 한다.

(2) 먼저 보기를 읽는다.

(3) 밑줄 친 단어가 포함된 문장부터 잘 읽어 본다.

③ ……。只见那个女孩子很快站了起来，她环顾四周，稍微整理了下衣服，马上又恢复了平日里的自信，若无其事地继续往前走。……

(4) '바로 평소의 자신감을 회복하고 아무 일도 없었던 것처럼 계속 앞으로 걸어갔다'는 내용을 통해 정답이 D임을 유추할 수 있다.

단어 粗心大意 cūxīn dàyì 성어 세심하지 못하다, 꼼꼼하지 않다 | ★仿佛 fǎngfú 부 마치 | ★似的 shìde 부 (마치) ~와 같다 | 沿着 yánzhe 전 ~을 따라서 | 路线 lùxiàn 명 노선

4

最适合做上文标题的是：	윗글의 제목이 되기에 가장 적합한 것은:
A 敢于提出疑问	A 과감하게 의문을 제기하다
B 伸出希望之手	B 희망의 손을 내밀다
C 另一种"帮助"	C 또 다른 '도움'
D 助人为乐是一种美德	D 남을 돕는 것을 기쁘게 생각하는 것은 미덕이다

풀이 (1) 제목을 찾는 문제는 주제를 찾는 문제 중 하나이다. 특히 이 지문은 ⑤번 단락에서 한 문장으로 명확하게 주제를 제시하고 있다.

(2) 먼저 보기를 읽는다.

⑤ 帮助别人是一种美德，但在某些特殊情况下，不出面帮助也许是另一种帮助。

(3) '另一种帮助'라고 직접 언급했으므로 정답은 C이다.

단어 敢于 gǎnyú 동 대담하게 ~하다, 용감하게 ~하다 | ★疑问 yíwèn 명 의문 | ★伸 shēn 동 (신체나 물체의 일부분을) 내밀다, 펴다 | 助人为乐 zhùrénwéilè 성어 남을 돕는 것을 기쁘게 생각하다

5-8 지문 해석

①李华利是一名普通的理发师，他的理发店也在街道最不起眼的地方，但[5B]每天都有很多顾客排队等他理发，因为他总能帮顾客把头发剪出最理想的效果。	① 리화리는 평범한 이발사였고, 그의 이발소는 거리에서 가장 눈에 띄지 않는 곳에 있었지만 [5B] 매일 많은 고객이 줄을 서서 그가 이발해 주기를 기다렸는데, 왜냐하면 항상 그가 고객을 위해 머리카락을 자르면 가장 이상적인 효과를 냈기 때문이었다.
②李华利[6A]成功的奥秘来自于一句话：每一刀剪下去都要负责任。这句话是李华利做学徒时师父对他说的。因为这句话，他对待工作极其认真、近乎偏执。	② 리화리 [6A] 성공의 비결은 한 마디 말로부터 왔다. 매번 자를 때마다 책임을 져야 한다. 이것은 리화리가 견습생일 때 스승이 그에게 말한 것이었다. 이 말 때문에, 그는 매우 진지하고 고집스러움에 가깝게 업무를 대했다.
③一次，一位顾客来店里理发，还剩一点儿没剪完时，顾客突然接到一个电话，便起身打算离开。但[7B]李华利坚持要求对方把头发剪完再走，不然会影响整体效果。顾客很生气，但李华利不肯放他走，并且再三强调要为自己的工作负责。顾客没有办法，只能留在店里把头发剪完。	③ 한 번은 한 고객이 가게로 와서 이발을 하는데, 아직 조금 남고 다 이발하지 못했을 때 고객이 전화 한 통을 받더니 몸을 일으켜 떠나려고 했다. 그러나 [7B] 리화리는 끝까지 상대에게 머리카락을 다 자르고 떠날 것을 요구했는데, 그렇지 않으면 전체적인 효과에 영향을 줄 것이었다. 고객은 화가 났지만, 리화리는 그가 가도록 놔주려 하지 않았고, 게다가 자신의 일을 위해 책임져야 한다고 여러 번 강조했다. 고객은 방법이 없어 가게에 남아 머리카락을 다 자를 수밖에 없었다.

④半年后，那位顾客又来了，他笑着对李华利说："上次因为在你这里理发耽误了一笔生意，我曾发誓再也不来了。但后来发现其他理发店剪的都没你这里好。现在，我和朋友都只认你的店。"	④ 반 년 후 그 고객이 또 왔고, 그는 웃으면서 리화리에게 말했다. "지난번 당신 가게에서 이발하느라 비즈니스를 그르쳤고, 나는 일찍이 다시는 오지 않겠다고 맹세했었죠. 그런데 이후에 다른 이발소에서 자르는 게 당신만큼 잘하지 않다는 것을 발견했어요. 지금은 나와 친구들이 모두 당신 가게만을 인정해요."
⑤如果[8C]我们在工作中有着高度的责任感，对待每一件事都能尽职尽责，那么一定能获得更大的成功，赢得更多的尊敬和荣誉。	⑤ 만약[8C]우리가 일을 하면서 매우 높은 책임감을 갖고, 모든 일을 대함에 직무와 책임을 다할 수 있다면, 그러면 분명 더 큰 성공을 거두고 더 많은 존경과 영예를 얻게 될 것이다.

단어 **不起眼** bùqǐyǎn 눈에 띄지 않다 | **剪** jiǎn ⓢ 자르다 | **奥秘** àomì ⓜ 비밀, 오묘한 뜻, 신비 | ★**责任** zérèn ⓜ 책임 | **学徒** xuétú ⓜ 견습생, 실습생 | **师父** shīfu ⓜ 스승, 사부 | ★**对待** duìdài ⓢ 대하다 | ★**极其** jíqí ⓑ 매우, 지극히 | **近乎** jìnhū ⓢ ~에 가깝다 | **偏执** piānzhí ⓗ 고집스럽다, 편집스럽다 | ★**对方** duìfāng ⓜ 상대방, 상대편 | ★**整体** zhěngtǐ ⓜ 전체, 총체 | **肯** kěn 조동 기꺼이 ~하려고 하다 | ★**再三** zàisān ⓑ 여러 번, 재삼 | ★**强调** qiángdiào ⓢ 강조하다 | ★**耽误** dānwu ⓢ 일을 그르치다, 시간을 허비하다 | **发誓** fāshì ⓢ 맹세하다 | **尽职尽责** jìnzhí jìnzé 직무와 책임을 다하다 | **赢得** yíngdé ⓢ 얻다, 획득하다 | ★**尊敬** zūnjìng ⓜⓢ 존경(하다) | **荣誉** róngyù ⓜ 영예, 명예

5

关于李华利的理发店，可以知道：	리화리의 이발소에 대해 알 수 있는 것은:
A 面积很小　　B 顾客非常多	A 면적이 작다　　B 고객이 매우 많다
C 地理位置很好　　D 只有一位理发师	C 지리적 위치가 좋다　　D 겨우 한 명의 이발사만 있다

풀이 (1) 힌트가 될 만한 표현은 '**李华利的理发店**'이므로 밑줄을 그어 둔다.

(2) 먼저 보기를 읽는다.

(3) 처음부터 이발소가 언급되는 위치를 빠르게 찾고 그 부분을 자세히 읽어 본다.

① **李华利是一名普通的理发师，他的理发店也在街道最不起眼的地方，但**每天都有很多顾客排队等他理发，……

(4) '**每天都有很多顾客排队等他理发**'라는 표현에서 정답이 B임을 유추할 수 있다.

단어 ★**面积** miànjī ⓜ 면적 | ★**地理** dìlǐ ⓜ 지리(학) | ★**位置** wèizhì ⓜ 위치, 지위

6

第二段主要讲的是李华利：	두 번째 단락에서 주로 이야기하는 것은 리화리의 무엇인가:
A 成功的原因　　B 求学的经过	A 성공의 원인　　B 학문 탐구의 과정
C 收徒弟的标准　　D 高超的理发技术	C 제자를 받는 기준　　D 우수한 이발 기술

풀이 (1) 이 문제는 힌트가 없다. 단 ②번 단락부터 보면 되는 것은 확실하다.

(2) 힌트가 없는 문제일수록 보기를 먼저 읽는 것이 중요하다. 그래야 답을 찾으면 계속 지문을 읽는 것을 멈출 수 있다.

(3) 정답을 찾을 때까지 ②번 단락을 읽어 본다.

② **李华利**成功的奥秘**来自于一句话**：……

(4) '**成功的奥秘**'라는 표현에서 답이 A임을 알 수 있다.

[단어] 求学 qiúxué [동] 학문을 탐구하다 | 徒弟 túdì [명] 제자, 견습공 | 高超 gāochāo [형] 우수하다, 출중하다

7

李华利为什么不让那位顾客离开？	리화리는 왜 그 고객을 떠나지 못하게 했는가?
A 还没付钱	A 아직 돈을 지불하지 않았다
B 头发没剪完	B 머리카락을 다 자르지 않았다
C 想帮顾客吹头发	C 고객을 위해 드라이를 해주고 싶어 한다
D 顾客忘了拿手机	D 고객이 휴대전화 가져가는 것을 잊었다

[풀이] (1) 힌트가 될 만한 표현은 '**顾客离开**'이므로 밑줄을 그어 둔다.

(2) 먼저 보기를 읽는다.

(3) ③번 단락부터 '고객이 떠난다'는 내용이 나오는 위치를 빠르게 찾고 그 부분을 자세히 읽어 본다.

③ **一次，一位顾客来店里理发，还剩一点儿没剪完时，顾客突然接到一个电话，便起身打算离开。但** 李华利坚持要求对方把头发剪完再走，……

(4) '**李华利坚持要求对方把头发剪完再走**'라는 말에서 정답이 B임을 유추할 수 있다.

[단어] 付钱 fùqián 돈을 지불하다 | ★吹 chuī [동] (바람이) 불다

8

上文主要想告诉我们：	윗글은 우리에게 무엇을 알리고 싶어 하는가:
A 要尊敬每一位顾客	A 모든 고객을 존경해야 한다
B 当理发师很有前途	B 이발사가 되는 것은 매우 전망이 있다
C 对待工作要有责任感	C 일을 대할 때는 책임감이 있어야 한다
D 如何选择适合自己的发型	D 어떻게 자신에게 적합한 헤어스타일을 선택할까

[풀이] (1) 주제를 찾는 문제 중 하나이다. 특히 이 지문은 ⑤번 단락에서 한 문장으로 명확하게 주제를 제시하고 있다.

(2) 먼저 보기를 확인한 후 ⑤번 단락을 읽어 본다.

⑤ **如果**我们在工作中有着高度的责任感，……

(3) '**在工作中有着高度的责任感**'이라는 말에서 정답이 C임을 알 수 있다.

[단어] ★前途 qiántú [명] 전망, 전도, 앞길 | 发型 fàxíng [명] 헤어스타일

9-12 지문 해석

①有一位登山者曾用十年的时间，成功地登上了世界几座高峰。然而，就在他挑战世界最高峰——珠穆朗玛峰时，却 9B 因为心脏问题，不得不放弃登顶。这对于一名把登山作为人生事业的人来说，无疑是万分痛苦的。	① 한 등산가는 일찍이 10년의 시간을 들여서 성공적으로 세계 몇 개의 고봉에 올랐다. 그러나 세계에서 가장 높은 봉우리 에베레스트에 도전할 때 9B 심장 문제 때문에, 어쩔 수 없이 정상에 오르는 것을 포기했다. 이것은 등산을 인생의 업으로 여기는 사람에게 있어서 의심할 바 없이 매우 고통스러운 것이었다.

②就在登山者带着无尽的遗憾准备收拾行李回国时，他注意到了珠穆朗玛峰下那些[10 C]贫穷落后的乡村，那些村子里竟然连一所学校都没有。无学可上的孩子们睁着大眼睛，看着那些来自世界各地的登山者，眼神迷茫而空洞。看到这些可怜的孩子们，他想，既然自己这辈子已经无缘登上珠穆朗玛峰的峰顶了，何不把目光投到山脚下，为这些孩子们做点儿有意义的事呢？

③这个想法重新点燃了他的热情。在接下来的日子里，他不断穿梭在各个富裕的国家之间，进行演讲，同时筹集资金。每筹到一笔资金，他就返回那些落后的农村，帮助那里的孩子们[11 A]建学校、找老师。因为他的努力，山脚下成千上万的孩子们走进了学校，获得了接受教育的机会。

④有时，我们虽然无法登上梦想中的山顶，但是[12 D]转换一下方向，善于发现、懂得付出，也许会有另一种风景等着你。

② 등산가가 무한한 아쉬움을 안고 짐을 정리하여 귀국하려고 준비할 때, 그는 에베레스트 아래 그 [10 C] 가난하고 낙후한 시골 마을들을 알게 되었는데, 그 마을에는 뜻밖에 학교 하나조차도 없었다. 다닐 학교도 없는 아이들은 큰 눈을 뜨고 그 세계 각지로부터 온 등산가들을 보고 있었는데, 눈빛이 멍하고 공허했다. 그는 기왕 자신은 평생 에베레스트 정상에 오르는 것에 이미 인연이 없게 되었으니, 어째서 산자락 아래로 시선을 던져 이러한 아이들을 위해 의미 있는 일을 하지 않을까 생각했다.

③ 이 생각은 그의 열정에 다시 불을 지폈다. 이어지는 날들 동안, 그는 끊임없이 각 부유한 국가 사이를 누비며 연설을 했고, 동시에 자금을 마련했다. 매번 자금을 모을 때마다, 그는 그 낙후한 농촌으로 돌아와 그곳의 아이들을 위해 [11 A] 학교를 짓고 선생님을 찾았다. 그의 노력으로 인해, 산자락 아래 수많은 아이들은 학교에 들어가고 교육을 받을 기회를 얻었다.

④ 때때로 우리는 비록 꿈속의 산 정상에 오를 수 없지만, [12 D] 방향을 바꾸어 잘 발견하고 노력할 줄 안다면, 아마도 또 다른 풍경이 당신을 기다리고 있을 것이다.

단어 **高峰** gāofēng 명 고봉, 최고점, 절정 | **珠穆朗玛峰** Zhūmùlǎngmǎfēng 명 에베레스트 | ★**心脏** xīnzàng 명 심장 | ★**作为** zuòwéi 전 ~로서 동 ~로 여기다, ~로 삼다 | **无疑** wúyí 형 의심할 바 없다 | **万分** wànfēn 부 매우, 극히, 대단히 | ★**痛苦** tòngkǔ 형 고통스럽다, 괴롭다 | **无尽** wújìn 형 무한하다, 무궁무진하다, 끝이 없다 | ★**遗憾** yíhàn 명형 유감(스럽다) | **贫穷** pínqióng 형 가난하다 | ★**落后** luòhòu 형 낙후되다 | **乡村** xiāngcūn 명 시골, 촌 | ★**睁** zhēng 동 눈을 뜨다 | **眼神** yǎnshén 명 눈빛 | **迷茫** mímáng 형 멍하다, 막연하다 | **空洞** kōngdòng 형 공허하다 | ★(一)**辈子** yíbèizi 명 한평생, 일생 | **无缘** wúyuán 동 인연이 없다 | **峰顶** fēngdǐng 명 산의 정상, 산꼭대기 | **何不** hébù 부 어찌 ~하지 않는가 | **目光** mùguāng 명 시야, 눈길 | **投** tóu 동 던지다 | **点燃** diǎnrán 동 불을 붙이다, 점화하다 | **穿梭** chuānsuō 동 빈번하게 왕래하다, 누비다 | **富裕** fùyù 형 부유하다 | ★**演讲** yǎnjiǎng 명동 연설(하다), 강연(하다) | **筹集** chóují 동 (자금을) 마련하다, 모으다 | **返回** fǎnhuí 동 되돌아가다, 되돌아오다 | ★**农村** nóngcūn 명 농촌 | **成千上万** chéngqiān shàngwàn 성어 수천수만, 대단히 많은 수 | ★**梦想** mèngxiǎng 명동 꿈(꾸다) | **转换** zhuǎnhuàn 동 바꾸다, 전환하다 | ★**善于** shànyú 동 ~을 잘하다 | **付出** fùchū 동 치르다, 바치다, 들이다, 쏟아붓다

9

登山者为什么放弃了登上珠穆朗玛峰？

A 食物不够了　　B 身体出了问题
C 同伴都放弃了　　D 天气十分恶劣

등산가는 왜 에베레스트에 오르는 것을 포기했는가?

A 음식이 부족했다　　B 몸에 문제가 생겼다
C 동료가 모두 포기했다　　D 날씨가 매우 열악했다

풀이 (1) 힌트가 될 만한 표현은 '**放弃**'와 '**珠穆朗玛峰**'이므로 밑줄을 그어 둔다.

(2) 먼저 보기를 읽는다.

(3) '**放弃**'나 '**珠穆朗玛峰**'이 나오는 위치를 빠르게 찾고 그 부분을 자세히 읽어 본다.

① ……。然而，就在他挑战世界最高峰——珠穆朗玛峰时，却因为心脏问题，不得不放弃登顶。 ……

(4) '**因为心脏问题**'라고 직접 언급했으므로 B가 정답이다.

단어 ★食物 shíwù 명 음식(물) | 同伴 tóngbàn 명 동료, 동행자, 동반자 | ★恶劣 èliè 형 열악하다, 아주 나쁘다

10

根据第二段，那些乡村： A 人口很少　　B 风景优美 C 非常落后　　D 历史悠久	두 번째 단락에 근거하여, 그 시골 마을은: A 인구가 적다　　B 풍경이 아름답다 C 매우 낙후되었다　　D 역사가 유구하다

풀이 (1) 힌트가 될 만한 표현은 '乡村'이므로 밑줄을 그어 둔다.

(2) 먼저 보기를 읽는다.

(3) ②번 단락부터 '乡村'이 나오는 위치를 빠르게 찾고 그 부분을 자세히 읽어 본다.

② 就在登山者带着无尽的遗憾准备收拾行李回国时，他注意到了珠穆朗玛峰下那些贫穷落后的乡村，……

(4) '落后'라고 직접 언급했으므로 C가 정답이다.

단어 ★优美 yōuměi 형 아름답고 우아하다 | ★悠久 yōujiǔ 형 유구하다

11

登山者为那些孩子们做了什么？ A 建了学校　　B 买了文具 C 办了讲座　　D 做了体检	등산가는 그 아이들을 위해 무엇을 했는가? A 학교를 지었다　　B 문구를 샀다 C 강좌를 열었다　　D 신체검사를 했다

풀이 (1) 힌트가 될 만한 표현은 '孩子们'이므로 밑줄을 그어 둔다.

(2) 먼저 보기를 읽는다.

(3) 10번 답을 찾은 뒷부분부터 '孩子们'이 나오는 위치를 찾고 보기와 같거나 유사한 표현이 나올 때까지 읽어 본다.

② ……。无学可上的孩子们睁着大眼睛，看着那些来自世界各地的登山者，眼神迷茫而空洞。看到这些可怜的孩子们，他想，既然自己这辈子已经无缘登上珠穆朗玛峰的峰顶了，何不把目光投到山脚下，为这些孩子们做点儿有意义的事呢？

③ 这个想法重新点燃了他的热情。在接下来的日子里，他不断穿梭在各个富裕的国家之间，进行演讲，同时筹集资金。每筹到一笔资金，他就返回那些落后的农村，帮助那里的孩子们建学校、找老师。……

(4) '建学校'라고 직접 언급했으므로 A가 정답이다.

단어 ★文具 wénjù 명 문구 | ★讲座 jiǎngzuò 명 강좌 | 体检 tǐjiǎn 명 신체검사

12

最适合做上文标题的是： A 教育的力量 B 登山者的遗憾 C 山脚下的生活 D "登顶"不止一条路	윗글의 제목이 되기에 가장 적합한 것은: A 교육의 힘 B 등산가의 아쉬움 C 산자락 아래의 생활 D '정상을 오르는 것'은 하나의 길에 그치지 않는다

풀이 (1) 제목을 찾는 문제는 주제를 찾는 문제 유형 중 하나이다. 특히 이 지문은 ④번 단락에서 한 문장으로 명확하게 주제를 제시하고 있다.

(2) 먼저 보기를 읽는다.

④ **有时，我们虽然无法登上梦想中的山顶，但是**转换一下方向，**善于发现、懂得付出，**也许会有另一种风景等着你。

(3) '방향을 바꾸면 또 다른 풍경이 당신을 기다리고 있다'라고 한 것으로 보아 D가 가장 적합하다.

단어 ★**力量** lìliang 명 힘, 역량 | **不止** bùzhǐ ~에 그치지 않다, ~을 넘다

13-16 지문 해석

①一个小城新建了一座十层高的居民住宅楼，并且安装了电梯。最初，电梯乘坐一次需交两角钱，13 B 这遭到了居民们的一致反对，导致电梯成了无用的摆设。

②能够入住新楼的居民，生活水平普遍较高，应该不会在乎区区的两角钱。那么问题究竟出在哪里呢？物业公司经过调查发现，原来过去小城的住宅楼一直没电梯，居民已经习惯了爬楼梯。明白问题所在后，物业公司做出了一个决定：14 C 免费开放三个月电梯。在这三个月的时间里，即使是一些二三楼的住户也习惯了乘电梯。

③三个月后，物业公司有做出决定：电梯白天免费，只在夜间收费。由于夜间乘坐电梯的人很少，所以居民的反应很平静，乘坐电梯的人数基本上也没有发生变化。但是，15 A 这却给物业公司带来了一定的收入，虽然很少。

④又过了三个月，物业公司开始正式对电梯收费。这时，居民都已经习惯了乘坐电梯上下楼，没有人提出异议。于是，此后短短的几个月中，所有的电梯都获得了预期的收入，并且很快就收回了免费期的运营成本。

⑤人们一旦形成了某种习惯，很可能会忘记衡量得失。如果想让人们接受新鲜事物，16 B 那就必须得慢慢来，循序渐进，才能使人们养成新的习惯。

① 한 작은 도시에 10층 높이의 주민 아파트 한 채를 새로 지었고, 또한 엘리베이터를 설치했다. 처음에 엘리베이터는 한 번 타는 데 0.2위안을 내야 했는데, 13 B 이것은 주민들의 일치된 반대를 당했고, 엘리베이터가 쓸모없는 장식이 되는 결과를 초래했다.

② 새 건물에 입주할 수 있는 주민들은 생활 수준이 보편적으로 비교적 높은 편이라, 얼마되지 않는 0.2위안을 문제 삼지 않을 것이었다. 그렇다면 문제는 도대체 어디에서 나온 걸까? 관리사무소는 조사를 거쳐, 알고 보니 과거 작은 도시의 아파트는 줄곧 엘리베이터가 없었고, 주민들은 이미 계단을 오르는 데 익숙하다는 것을 발견했다. 문제의 소재를 알게 된 후, 관리사무소는 14 C 무료로 3개월 간 엘리베이터를 개방한다는 결정을 했다. 이 3개월의 시간 동안 2, 3층의 입주자들도 엘리베이터를 타는 데 익숙해졌다.

③ 3개월 후, 관리사무소는 엘리베이터를 낮에는 무료로 하고, 야간에만 요금을 받는 것으로 결정했다. 야간에는 엘리베이터를 타는 사람이 적기 때문에, 그래서 주민들의 반응은 평온했고, 엘리베이터를 타는 사람 수는 거의 변화가 생기지 않았다. 그러나 15 A 이것은 관리사무소에 일정한 수입을 가져왔다. 비록 적었지만.

④ 또 3개월이 지나자, 관리사무소는 정식으로 엘리베이터에 대해 요금을 받기 시작했다. 이때 주민들은 모두 이미 엘리베이터를 타고 층을 오르내리는 데 익숙해져서, 반대 의견을 내는 사람이 없었다. 그래서 이후 짧은 몇 개월 동안 모든 엘리베이터는 기대했던 수입을 얻었고, 게다가 매우 빠르게 무료 기간의 운영 원가를 거두어들였다.

⑤ 사람들은 일단 어떤 습관이 형성되면, 득과 실을 따지는 것을 잊게 된다. 만약 사람들로 하여금 새로운 사물을 받아들이게 하고 싶다면, 16 B 반드시 천천히 하고 조금씩 진행시켜야만 사람들이 새로운 습관을 기를 수 있게 할 수 있다.

단어 居民 jūmín 명 (거)주민 | 住宅楼 zhùzháilóu 고층 건물로 된 주택, 아파트 | ★安装 ānzhuāng 동 설치하다, 장치하다 | 遭到 zāodào 동 만나다, 당하다 | ★一致 yízhì 형 일치하다 부 만장일치로, 함께, 같이 | ★导致 dǎozhì 동 초래하다, 야기하다 | 无用 wúyòng 형 쓸모없다, 쓸데없다 | 摆设 bǎishè 명 장식(품) | ★在乎 zàihu 동 마음에 두다, 문제 삼다 | 区区 qūqū 형 사소하다, 시시하다, 얼마 되지 않다 | 物业公司 wùyègōngsī 관리사무소 | 楼梯 lóutī 명 계단, 층계 | 所在 suǒzài 명 장소, 곳, 소재 | ★开放 kāifàng 동 개방하다 형 개방적이다 | 住户 zhùhù 명 주민, 거주자 | ★反应 fǎnyìng 명동 반응(하다) | ★平静 píngjìng 형 (감정이나 태도가) 평온하다, 차분하다, (환경이) 조용하다 | ★基本(上) jīběn(shàng) 부 대체로, 거의 | 异议 yìyì 명 다른 의견, 반대 의견 | 预期 yùqī 동 기대하다, 예기하다 | 运营 yùnyíng 동 운영하다 | 成本 chéngběn 명 원가 | ★一旦 yídàn 부 일단 | ★形成 xíngchéng 동 이루다, 형성하다 | 衡量 héngliáng 동 따져보다, 가늠하다 | ★新鲜 xīnxiān 형 새롭다, 신선하다 | ★事物 shìwù 명 사물 | 循序渐进 xúnxù jiànjìn 성어 한 걸음 한 걸음 앞으로 나아가다, 점차적으로 심화시키다

13

居民最初对电梯收费是什么态度？	주민들은 처음에 엘리베이터 요금을 받는 것에 대해 어떤 태도였는가?
A 十分平静　　B 集体反对	A 매우 평온했다　　B 집단으로 반대했다
C 一致同意　　D 毫不在意	C 함께 동의했다　　D 조금도 문제 삼지 않았다

풀이 (1) 힌트가 될 만한 표현은 '**居民**'과 '**电梯收费**'이므로 밑줄을 그어 둔다.

(2) 먼저 보기를 읽는다.

(3) 주민들의 처음 태도를 묻고 있으므로 지문에서 처음으로 '**居民**'과 '**电梯收费**'가 나오는 부분을 자세히 읽어 본다.

① **一个小城新建了一座十层高的居民住宅楼，并且安装了电梯。最初，电梯乘坐一次需交两角钱，**这遭到了居民们的一致反对，……

(4) '**收费**'라는 표현은 '0.2위안을 내야 한다'로 되어 있고, 그 뒤에 '주민들의 일치된 반대를 당했다'는 표현이 있으므로 B가 정답이다.

단어 ★集体 jítǐ 명 집단, 단체

14

根据第二段，物业公司决定：	두 번째 단락에 근거하여, 관리사무소는 결정했다:
A 暂时关闭电梯	A 잠시 엘리베이터를 끄기로
B 降低电梯收费标准	B 엘리베이터 요금 기준을 낮추기로
C 电梯三个月内不收费	C 엘리베이터는 3개월 내에 요금을 받지 않기로
D 二三楼住户不能乘电梯	D 2, 3층 입주자는 엘리베이터를 탈 수 없도록

풀이 (1) 힌트가 될 만한 표현은 '**物业公司决定**'이므로 밑줄을 그어 둔다.

(2) 먼저 보기를 읽는다.

(3) ②번 단락부터 '**物业公司决定**'이 나오는 위치를 빠르게 찾고 그 부분을 자세히 읽어 본다.

② ……，**物业公司做出了一个决定**：免费开放三个月电梯。……

(4) '**决定**' 뒤에 구체적인 설명이나 보충을 끌어내는 '콜론(:)'이 있으므로 그 뒤를 읽으면 바로 정답을 알 수 있다. '**免费开放三个月电梯**'라는 표현은 보기 C와 거의 유사하므로 C가 정답이다.

단어 ★暂时 zànshí 명 잠시, 잠깐 | ★关闭 guānbì 동 끄다, 닫다

15

关于电梯夜间收费，可以知道：	엘리베이터가 야간에 요금을 받는 것에 관해, 무엇을 알 수 있는가:
A 收入很少	A 수입이 적다
B 不符合规定	B 규정에 맞지 않다
C 提高了服务质量	C 서비스 품질을 향상시켰다
D 使乘电梯人数减少	D 엘리베이터를 타는 사람 수를 감소시켰다

풀이 (1) 힌트가 될 만한 표현은 '**夜间收费**'이므로 밑줄을 그어 둔다.

(2) 먼저 보기를 읽는다.

(3) 14번 답을 찾은 뒷부분부터 '**夜间收费**'가 나오는 위치를 빠르게 찾고 보기와 같거나 유사한 표현이 나올 때까지 읽어 본다.

③ ……，**只在夜间收费。由于夜间乘坐电梯的人很少，所以居民的反应很平静，乘坐电梯的人数基本上也没有发生变化。但是，**这却给物业公司带来了一定的收入，虽然很少。

(4) '적지만 일정한 수입을 가져왔다'는 표현이 있으므로 A가 정답이다.

단어 ★符合 fúhé 동 맞다, 부합하다 | ★规定 guīdìng 명동 규정(하다)

16

上文主要想告诉我们什么？	윗글은 주로 우리에게 무엇을 알려주고 싶어 하는가?
A 贪小便宜吃大亏	A 작은 이익을 탐내다가 큰 손해를 보다
B 改变习惯需要时间	B 습관을 바꾸려면 시간이 필요하다
C 人生难免经历失败	C 인생은 실패를 겪는 것을 피하기 어렵다
D 要敢于挑战新鲜事物	D 용감하게 새로운 사물에 도전해야 한다

풀이 (1) 주제를 찾는 문제 중 하나이다. 특히 이 지문은 ⑤번 단락에서 한 문장으로 명확하게 주제를 제시하고 있다.

(2) 먼저 보기를 읽는다.

⑤ **人们一旦形成了某种习惯，很可能会忘记衡量得失。如果想让人们接受新鲜事物，**那就必须得慢慢来，循序渐进，才能使人们养成新的习惯。

(3) '천천히 해야만 새로운 습관을 기를 수 있다'는 표현을 통해 B가 정답임을 알 수 있다.

단어 贪小便宜吃大亏 tān xiǎopiányi chī dàkuī 속담 작은 이익을 탐내다가 큰 손해를 보다 | ★人生 rénshēng 명 인생 | ★难免 nánmiǎn 동 피하기 어렵다, 불가피하다 | 敢于 gǎnyú 동 용감하게 ~하다, 대담하게 ~하다

독해 **Chapter 03** **논설문**

+ 본서 244~247쪽

정답

1 B	2 C	3 B	4 D	5 A	6 B	7 C	8 D
9 C	10 A	11 D	12 D	13 C	14 D	15 B	16 C

1-4 지문 해석

①研究表明，在幼儿阶段，孩子如果能够拥有充分的自我管理的空间，他们长大后自由选择和自我控制行为的能力便会很高。

②六七岁时，大部分孩子已经对时间以及与时间相关的规则有一定的概念，比如[1B]能看懂课程表，知道作业完成和上交的期限等。对于那些自我管理能力得到过锻炼的孩子来说，他们完全有能力去支配本就属于自己的时间。

③但有些父母会认为孩子不能很好地管理自己的时间，总喜欢不厌其烦地跟在孩子后面，[2C]不停地催促孩子。孩子几乎失去了对时间的自主支配权：晚上睡觉父母会催促，早上起床父母会提醒，做作业时还有父母监督。长此以往，孩子很可能就会迷失自我，找不到存在感。

④限时法[3B]能帮助孩子在一定时间内集中注意力。父母可以给孩子设立时间限制，让孩子自主地支配时间，从而培养他们的独立意识。比如，孩子出去玩儿之前，父母可以跟孩子商量玩儿多长时间、几点之前得回家等等。总之，父母不能强行控制孩子的时间，而应该跟孩子商量，[4D]让他们做自己时间的主人。

① 연구에서 나타나길, 유아 단계에서 아이가 만약 충분한 자기 관리 시간을 가질 수 있다면, 그들이 성장한 후 자유로운 선택과 스스로 행위를 제어하는 능력이 높아진다.

② 6, 7세 때 대부분 아이들은 이미 시간 및 시간과 관련된 규칙에 대해 일정한 개념이 생기는데, 예를 들어 [1B] 시간표를 알아볼 수 있고, 숙제를 끝내고 제출해야 하는 기한을 아는 등이다. 그러한 자기 관리 능력이 단련된 아이들에게 있어서, 그들은 완전히 본래 자신에게 속한 시간을 지배할 능력이 있다.

③ 그러나 어떤 부모들은 아이가 자신의 시간을 잘 관리할 수 없다고 생각해서, 항상 귀찮아하지도 않고 아이 뒤를 따라다니며, [2C] 끊임없이 아이를 재촉한다. 아이는 시간에 대한 자주적인 지배권을 거의 잃게 되는데, 저녁에 잠을 잘 때도 부모가 재촉하고, 아침에 일어날 때도 부모가 깨우며, 숙제를 할 때도 부모가 감독한다. 이런 식으로 가면, 아이는 자신을 잃게 되고, 존재감을 찾지 못하게 될 것이다.

④ 시간제한법은 [3B] 아이가 일정 시간 내에 주의력을 집중하는 것을 도와줄 수 있다. 부모는 아이에게 시간 제한을 두고, 아이가 자주적으로 시간을 안배하게 하며, 따라서 그들의 독립 의식을 키우게 된다. 예를 들어 아이가 나가서 놀기 전에, 부모는 아이와 얼마 동안 놀 것인지, 몇 시 전에 집에 돌아올 것인지 등을 상의할 수 있다. 결론적으로, 부모는 아이의 시간을 강제로 제한해서는 안 되고, 아이와 함께 상의하여 [4D] 그들이 자기 시간의 주인이 되도록 해야 한다.

단어 **幼儿** yòu'ér 명 유아 | ★**阶段** jiēduàn 명 단계 | **拥有** yōngyǒu 동 소유하다, 보유하다, 가지다 | **充分** chōngfèn 형 충분하다 | ★**自由** zìyóu 명형 자유(롭다) | ★**控制** kòngzhì 동 제어하다, 억제하다 | ★**行为** xíngwéi 명 행위 | ★**相关** xiāngguān 동 관련되다 | ★**规则** guīzé 명 규칙 | ★**概念** gàiniàn 명 개념 | ★**课程** kèchéng 명 (교육)과정, 커리큘럼 | **期限** qīxiàn 명 기한 | **支配** zhīpèi 동 안배하다, 배치하다, 지배하다 | **不厌其烦** búyànqífán 성어 귀찮게 생각하지 않다 | **催促** cuīcù 동 재촉하다, 독촉하다 | ★**失去** shīqù 동 잃(어버리)다 | **自主** zìzhǔ 형 자주적이다 동 자립하다 | **监督** jiāndū 명동 감독(하다) | **长此以往** chángcǐyǐwǎng 성어 이 식으로 가다 | **迷失** míshī 동 (길, 방향 등을) 잃다 | **限时** xiànshí 동 시간을 한정하다 | **设立** shèlì 동 세우다, 만들다, 설립하다 | **限制** xiànzhì 명동 제한(하다) | ★**培养** péiyǎng 동 양성하다, 키우다 | ★**独立** dúlì 형 독립적이다 동 독립하다 | **意识** yìshí 명동 의식(하다) | **商量** shāngliáng 동 상의하다 | **强行** qiángxíng 동 강행하다, 강요하다

1

大部分六七岁的孩子： A 喜欢拆闹钟 B 能看懂课程表 C 常为写作业发愁 D 会做简单的家务	대부분 6, 7세 아이들은: A 알람을 분해하는 것을 좋아한다 B 시간표를 알아볼 수 있다 C 종종 숙제하는 것 때문에 걱정한다 D 간단한 가사일을 할 줄 안다

풀이 (1) 힌트가 될 만한 표현인 '**六七岁**'에 밑줄을 그어 둔다.

(2) 먼저 보기를 읽는다.

(3) '**六七岁**'가 나오는 위치를 빠르게 찾고 그 부분을 자세히 읽어 본다.

② **六七岁时，大部分孩子已经对时间以及与时间相关的规则有一定的概念，比如**能看懂课程表，……

(4) '**能看懂课程表**'라고 직접 언급했으므로 정답은 B이다.

단어 ★**拆** chāi ⓢ 분해하다, 해체하다 | ★**发愁** fāchóu ⓢ 걱정하다, 근심하다 | ★**家务** jiāwù ⓜ 가사, 집안일

2

第三段中画线词语的意思是： A 很不耐烦　　B 躲躲藏藏 C 不怕麻烦　　D 匆匆忙忙	세 번째 단락에서 밑줄 친 단어의 뜻은: A 매우 귀찮다　　B 피해 다닌다 C 귀찮아하지 않는다　　D 매우 바쁘다

풀이 (1) 의미파악형 문제로, 어차피 지문에 밑줄이 그어져 있기 때문에 위치를 찾는 것은 어렵지 않다. 하지만 다른 문제 유형과는 달리 정답을 바로 찾을 수 있는 것이 아니라 주변 내용을 잘 읽고 그 뜻을 유추해내야 한다.

(2) 먼저 보기를 읽는다.

(3) 밑줄 친 단어가 포함된 문장부터 잘 읽어 본다.

③ **但有些父母会认为孩子不能很好地管理自己的时间，总喜欢不厌其烦地跟在孩子后面，**不停地催促孩子。……

(4) '끊임없이 아이를 재촉한다'는 내용을 통해 정답이 C임을 유추할 수 있다.

단어 ★**不耐烦** búnàifán ⓗ 귀찮다, 성가시다, 견디지 못하다 | **躲躲藏藏** duǒduǒ cángcáng 이리저리 숨다, 피해 다니다 | ★**匆忙** cōngmáng ⓗ 매우 바쁘다

3

关于限时法，可以知道什么？ A 能让孩子更乐观 B 能使孩子集中注意力 C 会使孩子精神压力大 D 不利于培养孩子的独立性	시간제한법에 관해, 무엇을 알 수 있는가? A 아이를 더 낙관적이게 할 수 있다 B 아이가 주의력을 집중하게 할 수 있다 C 아이의 정신적 스트레스를 크게 만든다 D 아이의 독립성을 키우는 데 이롭지 않다

풀이 (1) 힌트가 될 만한 표현인 '**限时法**'에 밑줄을 그어 둔다.

(2) 먼저 보기를 읽는다.

(3) '**限时法**'가 나오는 위치를 빠르게 찾고 그 부분을 자세히 읽어 본다.

④ **限时法**能帮助孩子在一定时间内集中注意力。……

(4) '**集中注意力**'라고 직접 언급했으므로 정답은 B이다.

[단어] ★**乐观** lèguān [형] 낙관적이다 | ★**精神** jīngshén [명] 정신

4

上文主要谈的是:
A 孩子的个性
B 沟通的重要性
C 怎样保护孩子的好奇心
D 如何让孩子学会自主管理时间

윗글이 주로 이야기하는 것은:
A 아이의 개성
B 소통의 중요성
C 어떻게 아이의 호기심을 보호할 것인가
D 어떻게 아이가 자주적으로 시간을 관리하게 할 것인가

[풀이] (1) 주제를 찾는 문제이다. 이 지문에서는 마지막 부분에 주제나 결론을 제시하는 '**总之**'를 이용하여 명확하게 주제를 제시하고 있다.

(2) 먼저 보기를 읽는다.

④ ……。**总之，父母不能强行控制孩子的时间，而应该跟孩子商量，**让他们做自己时间的主人。

(3) '아이가 자기 시간의 주인이 되게 해야 한다'고 한 것으로 보아 D가 정답이다.

[단어] ★**个性** gèxìng [명] 개성 | ★**沟通** gōutōng [동] 소통하다 | ★**好奇** hàoqí [형] 호기심이 많다

5-8 지문 해석

①一位作家说过："幸运的人一生都被童年治愈，不幸的人一生都在治愈童年。"[5A]童年对人的一生影响深远，如果这个阶段留下了美好回忆，那是非常珍贵和幸福的事情。同样的，童年时受到的伤害，也如同影子一样伴随人的一生。

②[6B]童年是人生最宝贵的阶段，会为人的一生奠定基础。中国有句俗语"三岁看大，七岁看老"，意思是说一个人在童年阶段所具有的性格和特质，基本上决定了其个体发展的轨迹与程度。经验总结和实证研究都表明这一观点具有一定的合理性。有很多人天赋一般，但由于家庭氛围幸福，童年愉快，也依然创造出了很大的成就。

③父母是儿童的第一任老师，在孩子的成长过程中有着不可替代的作用。[7C]作为父母，对孩子童年的积极影响主要有以下几个方面：第一，培养孩子的阅读爱好和探索精神；第二，用民主的、充满爱的方式与孩子相处，培养孩子良好的性格；第三，培养孩子良好的生活习惯。在这样的环境下成长的孩子，未来将有更多的选择权。

① 한 작가는 "운이 좋은 사람은 평생을 어린 시절로부터 치유 받고, 불행한 사람은 평생 어린 시절을 치유한다"고 말한 적이 있다. [5A] 어린 시절의 사람에 대한 영향은 깊고 커서, 만약 이 단계에서 아름다운 추억을 남긴다면 매우 귀중하고 행복한 일이 된다. 마찬가지로 어린 시절에 받은 상처는 그림자처럼 한평생을 따라다닌다.

② [6B] 어린 시절은 인생에서 가장 소중한 단계로, 사람의 일생에 기초를 다지게 된다. 중국에는 '될성부른 나무는 떡잎부터 알아본다'는 속담이 있는데, 한 사람이 어린 시절에 가지고 있는 성격과 특성이 대체로 개인 발전의 궤적과 정도를 결정한다는 뜻이다. 경험의 총결과 실증연구가 모두 이 관점이 일정한 합리성이 있다는 것을 보여주었다. 많은 사람들이 타고난 것은 평범하지만, 가정 분위기가 행복하고 어린 시절이 즐거웠기 때문에 여전히 매우 큰 성취를 이루어낸다.

③ 부모는 아동의 첫 번째 부임한 선생님으로, 아이의 성장 과정에서 대체할 수 없는 영향을 미친다. [7C] 부모로서 아이의 어린 시절에 대한 긍정적인 영향은 주로 다음 몇 개의 방면이 있다. 첫 번째, 아이의 독서 취미와 탐구 정신을 기른다. 두 번째, 민주적이고 사랑이 넘치는 방식으로 아이와 지내며 아이의 좋은 성격을 기른다. 세 번째, 아이의 좋은 생활 습관을 기른다. 이런 환경에서 성장한 아이는 미래에 더 많은 선택권을 갖게 될 것이다.

[단어] ★幸运 xìngyùn [명] 행운 [형] 운이 좋다 | 童年 tóngnián [명] 어린 시절 | 治愈 zhìyù [동] 치유하다 | 深远 shēnyuǎn [형] 깊고 크다 | ★回忆 huíyì [명][동] 추억(하다) | 珍贵 zhēnguì [형] 진귀하다, 소중하다 | ★伤害 shānghài [명][동] 상처(입히다), 해치다 | 如同 rútóng [동] 마치 ~와 같다 | ★影子 yǐngzi [명] 그림자 | 伴随 bànsuí [동] 동행하다, 수반하다, 따라가다 | ★宝贵 bǎoguì [형] 귀중하다 | ★奠定 diàndìng [동] 다지다, 닦다 | 俗语 súyǔ [명] 속담 | 特质 tèzhì [명] 특성, 특질 | 个体 gètǐ [명] 개인, 개체 | 轨迹 guǐjì [명] 궤적, 자취 | ★程度 chéngdù [명] 정도 | ★总结 zǒngjié [명][동] 총결산(하다), 개괄(하다) | 实证 shízhèng [명][동] 실증(하다) | ★观点 guāndiǎn [명] 관점 | 天赋 tiānfù [명] 타고난 것, 선천적인 것 | 氛围 fēnwéi [명] 분위기 | ★依然 yīrán [형] 여전하다 | ★成就 chéngjiù [명][동] 성취(하다), 이루다 | 任 rèn [동] 임명하다 | ★成长 chéngzhǎng [동] 성장하다, 자라다 | 替代 tìdài [동] 대체하다, 대신하다 | 探索 tànsuǒ [동] 탐색하다 | 民主 mínzhǔ [명][형] 민주(적이다) | ★充满 chōngmǎn [동] 가득차다, 충만하다, 넘치다 | ★方式 fāngshì [명] 방식 | ★相处 xiāngchǔ [동] 함께 지내다 | ★良好 liánghǎo [형] 양호하다, 좋다 | ★未来 wèilái [명] 미래

5

作者引用一位作家的话主要是想说明什么？	필자가 한 작가의 말을 인용한 것은 주로 무엇을 설명하고 싶어서인가?
A 童年的重要性	A 어린 시절의 중요성
B 孩子都渴望长大	B 아이들은 모두 자라기를 갈망한다
C 童年的记忆易被忘却	C 어린 시절의 기억은 쉽게 망각된다
D 心理疾病越来越低龄化	D 심리 질병이 갈수록 저령화된다

[풀이] (1) 힌트가 될 만한 표현은 '一位作家'이므로 밑줄을 그어 둔다.

(2) 먼저 보기를 읽는다.

(3) '一位作家'가 언급되는 위치를 빠르게 찾고 그 부분을 자세히 읽어 본다.

① 一位作家说过："幸运的人一生都被童年治愈，不幸的人一生都在治愈童年。" 童年对人的一生影响深远，……

(4) '어린 시절의 사람에 대한 영향은 깊고 크다'는 표현에서 정답이 A임을 유추할 수 있다.

[단어] 引用 yǐnyòng [동] 인용하다 | 渴望 kěwàng [명][동] 갈망(하다) | ★记忆 jìyì [명][동] 기억(하다) | 忘却 wàngquè [동] 망각하다, 잊어버리다 | 心理 xīnlǐ [명] 심리 | 低龄化 dīlínghuà [명] 저령화

6

根据第二段，可以知道：	두 번째 단락에 근거하여, 무엇을 알 수 있는가:
A 三岁和七岁决定未来	A 3세와 7세가 미래를 결정한다
B 童年是奠定基础的阶段	B 어린 시절은 기초를 다지는 단계이다
C 童年决定老年生活质量	C 어린 시절이 노년 생활의 질을 결정한다
D 童年不幸的人难获成功	D 어린 시절이 불행한 사람은 성공을 거두기 어렵다

[풀이] (1) 이 문제는 힌트가 없다. 단, ②번 단락부터 보면 되는 것은 확실하다.

(2) 힌트가 없는 문제일수록 보기를 먼저 읽는 것이 중요하다. 그래야 답을 찾으면 계속 지문을 읽는 것을 멈출 수 있다.

(3) 정답을 찾을 때까지 ②번 단락을 읽어 본다.

② 童年是人生最宝贵的阶段，会为人的一生奠定基础。……

(4) '童年会为人的一生奠定基础'라는 표현에서 답이 B임을 알 수 있다.

7

第三段主要讲的是：	세 번째 단락이 주로 이야기하는 것은:
A 要尊重孩子的感受	A 아이의 느낌을 존중해야 한다
B 如何养成阅读习惯	B 어떻게 독해 습관을 기를 것인가
C 父母对儿童的积极影响	C 부모의 아동에 대한 긍정적인 영향
D 要培养儿童的独立精神	D 아동의 독립 정신을 키워야 한다

풀이 (1) 이 문제는 힌트가 없다. 단, ③번 단락의 주제를 찾아야 하는 것은 확실하다.

(2) 먼저 보기를 읽는다.

(3) ③번 단락의 흐름을 보면 앞부분에서 단락의 주제를 제시하고, 그 뒷부분은 총 세 가지의 구체적인 예시를 나열하고 있다. 따라서 앞부분만 읽으면 주요 화제를 찾을 수 있다.

③ ……。作为父母，对孩子童年的积极影响主要有以下几个方面：……

(4) 부모가 아이의 어린 시절에 끼치는 긍정적인 영향을 구체적으로 설명하기 위해 '콜론(：)'을 사용해서 세 가지로 예시를 드는 구조이다. 따라서 정답은 C이다.

단어 ★感受 gǎnshòu 명 느낌, 감상 동 느끼다

8

下列哪项最适合做上文标题？	다음 중 어느 것이 윗글의 제목이 되기에 가장 적합한가?
A 成长的烦恼　B 亲人的作用	A 성장의 고민　B 친척의 작용
C 作家的不幸　D 童年与人生	C 작가의 불행　D 어린 시절과 인생

풀이 제목을 찾는 문제는 주제를 찾는 문제 유형 중 하나이다. 제목을 찾는 문제는 위의 세 문제를 푸는 과정에서 파악한 내용만으로도 쉽게 정답을 찾을 수 있는 경우가 많다. 이 문제 또한 보기를 읽기만 해도 답이 D임을 유추할 수 있다.

단어 ★烦恼 fánnǎo 명형 걱정(하다), 마음을 졸이다 | 亲人 qīnrén 명 친척, 배우자, 관계가 다정한 사람

9-12 지문 해석

①高校图书馆是否应该向社会公众开放？近年来，在媒体上经常能看到相关的讨论。 ②支持者认为，高校图书馆的[9C]经费主要来自政府，其提供的服务自然应当全民共享；反对者则指出，高校图书馆与公共图书馆性质有别，完全向公众开放可能会影响到高校的教学、科研。可以明确的是，要求所有公办图书馆都为公众提供平等无差别的服务并不现实。	① 대학 도서관은 사회 대중에게 개방해야 하는 걸까? 최근 몇 년간 미디어에서 관련 토론을 자주 볼 수 있다. ② 지지자들은 대학 도서관의 [9C] 경비는 주로 정부에서 오고, 그것이 제공하는 서비스는 자연히 모든 국민이 함께 누려야 한다고 생각한다. 반대하는 사람들은 대학 도서관과 공공 도서관은 성질이 다르고, 완전히 대중에게 개방하면 아마도 대학의 교육과 과학 연구에 영향을 주게 될 것이라고 지적한다. 명확하게 할 수 있는 것은, 모든 국립 도서관에게 대중을 위해 평등하고 차별 없는 서비스를 제공할 것을 요구하는 것은 결코 현실적이지 않은 것이다.

③高校图书馆的主要服务对象是高校师生，主要功能是为学校的教学科研提供图书借阅和信息服务。因此，高校图书馆向社会开放的前提是保证其服务教学科研的基础功能不受影响。在开放之前，有必要对高校图书馆的师生人均馆舍面积、人均藏书量等方面进行测算评估，在此基础上制定合理的开放方案。如果连校内读者都很难在图书馆占到一个座位，那么高校图书馆开放的脚步自然应当放缓一些。相反，如果 10A 图书馆大量资源长期闲置，少人问津，不妨向有需求的公众敞开大门。	③ 대학 도서관의 주요 서비스 대상은 대학의 교수와 학생이며, 주요 기능은 학교의 교육 과학 연구를 위해 도서 열람과 정보 서비스를 제공하는 것이다. 따라서 대학 도서관이 사회에 개방되는 것의 전제 조건은 교육 과학 연구에 서비스하는 대학 도서관의 기능이 영향을 받지 않는 것을 보증하는 것이다. 개방 전 대학 도서관의 교수와 학생들 평균 1인당 도서관 사용 면적, 1인당 평균 소장 도서량 등 방면에 대해 계산과 예측을 할 필요가 있고, 이 기초 위에 합리적인 개방 방안을 세워야 한다. 만약 교내 독자들조차 도서관에서 좌석 하나를 차지하기 어렵다면, 대학 도서관 개방의 발걸음은 자연히 느려져야 한다. 반대로 만약 10A 도서관의 대량 자원이 장기간 방치되어 있고 찾는 사람이 적다면, 수요가 있는 대중에게 문을 활짝 여는 것도 괜찮다.
④高校图书馆对外开放，首先要加强自身资源建设，12D 然后根据各自特点，通过各种形式适度地向公众开放。事实上，现在有很多高校图书馆都开通了"馆际互借"制度，读者向一家图书馆提出申请，11D 就可以借阅到别的图书馆的馆藏资料，这也可以视为开放的一种形式。	④ 대학 도서관을 대외로 개방하려면, 먼저 스스로의 자원 건설을 강화해야 하고, 그런 다음 12D 각자의 특징에 따라 각종 형식을 통해 적절하게 대중에게 개방해야 한다. 사실 현재 많은 대학 도서관은 모두 '도서관 상호 열람' 제도를 개통하여, 독자가 한 도서관에 신청을 하기만 하면 11D 다른 도서관의 소장 자료를 열람할 수 있는데, 이것도 개방의 한 형식으로 볼 수 있다.

단어 高校 gāoxiào ⓜ 대학, 고등교육기관 | 公众 gōngzhòng ⓜ 대중, 공중 | 媒体 méitǐ ⓜ 매체, 미디어 | 经费 jīngfèi ⓜ 경비 | ★政府 zhèngfǔ ⓜ 정부 | 共享 gòngxiǎng ⓢ 함께 누리다 | 指出 zhǐchū ⓢ 지적하다 | 性质 xìngzhì ⓜ 성질 | 科研 kēyán ⓜ 과학 연구 | ★明确 míngquè ⓗ 명확하다 ⓢ 명확하게 하다 | 公办 gōngbàn ⓗ 국립의 | ★平等 píngděng ⓜⓗ 평등(하다) | 差别 chābié ⓜ 차별, 차이 | ★现实 xiànshí ⓜⓗ 현실(적이다) | ★对象 duìxiàng ⓜ 대상, 결혼 상대 | 功能 gōngnéng ⓜ 기능, 작용 | 借阅 jièyuè ⓢ 빌려서 보다 | 前提 qiántí ⓜ 전제 조건 | ★必要 bìyào ⓜⓗ 필요(로 하다) | 人均 rénjūn 1인당 평균 | 馆舍 guǎnshě ⓜ 기숙사, 숙소 | 藏书 cángshū ⓢ 책을 소장하다 | 测算 cèsuàn ⓢ 계산하다, 측량하다 | 评估 pínggū ⓢ 평가하다 | ★制定 zhìdìng ⓢ 세우다, 제정하다 | ★方案 fāng'àn ⓜ 방안 | 脚步 jiǎobù ⓜ (발)걸음 | 放缓 fànghuǎn ⓢ 늦추다 | ★资源 zīyuán ⓜ 자원 | 闲置 xiánzhì ⓢ 쓰지 않고 내버려두다 | 问津 wènjīn ⓢ 가격이나 상황 등을 묻다 | 不妨 bùfáng 무방하다, 괜찮다 | 需求 xūqiú ⓜ 수요, 요구 | 敞开 chǎngkāi ⓢ 활짝 열다 | ★建设 jiànshè ⓢ 건설하다 | ★形式 xíngshì ⓜ 형식 | 适度 shìdù ⓗ 적당하다, 적절하다 | 开通 kāitōng ⓢ 개통하다, 열다 | ★制度 zhìdù ⓜ 제도 | 申请 shēnqǐng ⓜⓢ 신청(하다) | ★资料 zīliào ⓜ 자료 | 视为 shìwéi ⓢ ~로 보다, ~로 간주하다

9

关于高校图书馆，可以知道：	대학 도서관에 관해 알 수 있는 것은:
A 指导高校科研教学	A 대학의 과학 연구 교육을 지도한다
B 服务对象是社会公众	B 서비스 대상은 사회 대중이다
C 主要由政府出资建设	C 주로 정부가 출자해서 건설한다
D 人均面积小于公共图书馆	D 1인당 평균 면적이 공공 도서관보다 작다

풀이 (1) 힌트가 될 만한 표현은 '**高校图书馆**'이므로 밑줄을 그어 둔다.

(2) 먼저 보기를 읽는다.

(3) 지문에서 '**高校图书馆**'이 나오는 위치를 빠르게 찾고 정답이 나올 때까지 자세히 읽어 본다.

① **高校图书馆是否应该向社会公众开放？近年来，在媒体上经常能看到相关的讨论。**

② **支持者认为，高校图书馆的**经费主要来自政府，……

(4) '경비가 주로 정부에서 온다'는 말을 통해 정답이 C임을 유추할 수 있다.

단어 ★**指导** zhǐdǎo 명동 지도(하다) | **出资** chūzī 동 출자하다

10

画线词语"少人问津"是什么意思？	밑줄 친 단어 '少人问津'은 무슨 뜻인가?
A 使用的人少	A 사용하는 사람이 적다
B 发挥的作用小	B 발휘하는 역할이 작다
C 容易被人忽视	C 쉽게 사람들에게 등한시된다
D 资源更新速度慢	D 자원의 업데이트 속도가 느리다

풀이 (1) 의미파악형 문제이다. 당연히 '**少人问津**'이 힌트지만 어차피 밑줄이 그어져 있기 때문에 위치를 찾는 것은 어렵지 않다. 하지만 다른 문제 유형과는 달리 정답을 바로 찾을 수 있는 것이 아니라 주변 내용을 잘 읽고 그 뜻을 유추해내야 한다.

(2) 먼저 보기를 읽는다.

(3) 밑줄 친 단어가 포함된 문장부터 읽어 본다.

③ ……。**相反，如果**图书馆大量资源长期闲置，**少人问津，不妨向有需求的公众敞开大门。**……

(4) '도서관의 대량 자원이 장기간 방치되어 있다'는 내용을 통해 정답이 A임을 유추할 수 있다.

단어 **发挥** fāhuī 동 발휘하다 | **更新** gēngxīn 동 업데이트하다, 갱신하다

11

通过"馆际互借"，读者可以：	'도서관 상호 열람'을 통해 독자는 어떻게 할 수 있는가:
A 不必还书	A 책을 반납할 필요가 없다
B 选择阅读环境	B 독서 환경을 선택한다
C 延长借阅时间	C 열람 시간을 연장한다
D 借到其他图书馆的资料	D 다른 도서관의 자료를 빌린다

풀이 (1) 힌트가 될 만한 표현은 '**馆际互借**'이므로 밑줄을 그어 둔다. 큰따옴표로 표시되어 있는 표현은 지문에 그대로 나온다.

(2) 먼저 보기를 읽는다.

(3) '**馆际互借**'이 나오는 위치를 빠르게 찾고 보기와 같거나 유사한 표현이 나올 때까지 읽어 본다.

④ ……，**现在有很多高校图书馆都开通了"馆际互借"制度，读者向一家图书馆提出申请，**就可以借阅到别的图书馆的馆藏资料，……

(4) '다른 도서관의 소장 자료를 열람할 수 있다'라는 말에 정답이 D임을 알 수 있다.

단어 ★**延长** yáncháng 동 연장하다

12

作者对高校图书馆向社会公众开放是什么观点？	필자는 대학 도서관이 사회 대중에게 개방되는 것에 대해 어떤 관점인가?
A 不应对社会开放	A 사회에 개방해서는 안 된다
B 面向公众有偿使用	B 대중에 대해서는 유료로 사용한다
C 应逐步对全社会开放	C 점차 전 사회에 개방해야 한다
D 根据自身条件适当开放	D 자신의 조건에 따라 적절하게 개방한다

[풀이] (1) 필자의 관점, 즉 이 지문의 논점이자 결론을 찾는 문제이다. ①번 단락에서 질문을 통해 자신이 논하려는 주제를 제시했으므로 마지막 단락을 살펴보자.

④ **高校图书馆对外开放，首先要加强自身资源建设，然后**根据各自特点，通过各种形式适度地向公众开放。……

(2) ④번 단락에서 조동사 '**要**'를 사용하여 필자의 주장을 드러냈다. '각자의 특징에 따라 적절하게 대중에 개방해야 한다'는 말을 통해 정답이 D임을 알 수 있다.

[단어] **面向** miànxiàng [동] ~쪽으로 향하다 | **有偿** yǒucháng [형] 유료의, 유상의 | ★**逐步** zhúbù [부] 차츰차츰, 한 걸음 한 걸음 | **适当** shìdàng [형] 적절하다, 적당하다

13-16 지문 해석

①如果孩子的作文总是写不好，你可以让他先说给你听；如果他的叙述逻辑清楚，但一写就出问题，你可以教他试着用语音输入。有趣的是，很多孩子虽然能说得条理分明，一用语言输入，却又变得不够连贯。13 C 这是因为他们紧张。我曾经用过一个方法，就是先让学生尽情地说，同时偷偷录音，接着让学生一字不漏地把录音转成文字，这样常常会出现连学生自己都吃惊的成果。

②所以，教孩子写文章，先要教他把话说顺、把理说清。如果父母平常很少跟孩子讲完整的话，也16 C 不给孩子表达的机会，是不利于孩子写作的。

③在互联网时代，为了抢时间，14 D 大家往往用片段的、简化的句子沟通，较少做完整的叙述。如果大人再不跟孩子好好谈话，也不给孩子表达的机会，自然会影响孩子的写作能力。

① 만약 아이가 작문을 항상 잘 하지 못한다면, 당신은 먼저 아이로 하여금 말을 하여 당신에게 들려주도록 해 보아라. 만약 아이의 서술 논리가 분명하지만 쓰기만 하면 문제가 생긴다면, 당신은 아이에게 음성으로 입력하는 것을 시도해 보도록 가르쳐 보자. 흥미롭게도, 많은 아이들이 비록 조리가 분명하게 말할 수 있지만, 언어를 사용하여 입력하기만 하면 또 연결이 잘 되지 않게 변하게 된다. 13 C 이것은 그들이 긴장하기 때문이다. 나는 일찍이 하나의 방법을 사용한 적이 있는데, 먼저 학생들로 하여금 마음껏 말하게 하고, 동시에 몰래 녹음한 다음 이어서 학생들에게 한 글자도 빠뜨리지 말고 녹음을 문자로 바꾸게 했는데, 이렇게 하면 종종 학생들 자신조차도 놀라운 성과가 나타난다.

② 그래서 아이에게 글을 쓰는 것을 가르칠 때는, 먼저 순서에 맞게 말을 하고 이치를 정확히 말하도록 아이를 가르쳐야 한다. 만약 부모가 평소에 아이와 완벽한 말을 잘 하지 않고, 또한 16 C 아이에게 표현할 기회를 주지 않는다면, 아이가 작문하는 데 이롭지 않을 것이다.

③ 인터넷 시대에 서두르기 위해, 14 D 모두들 종종 단편적이고 간소화된 문장을 사용하여 소통하고, 완벽한 서술을 잘 하지 않는다. 만약 어른이 아이들과 더는 제대로 말을 하지 않고, 또한 아이에게 표현할 기회를 주지 않는다면, 자연히 아이의 작문 능력에 영향을 주게 될 것이다.

④所以，我建议家长，如果孩子要说，就静静地听，[15B]中间不要打岔，让他把话说完。如果孩子说一半儿说不下去了，不要急着帮他解围，[16C]可以等他继续说。因为这样可以培养孩子"完整叙述"的习惯，也可以训练孩子冷静思考和处理问题的能力，同时可以有效训练他的作文和口语表达能力。	④ 그래서 나는 만약 아이가 말하려고 하면 조용히 듣고, [15B]중간에 끊지 말고 아이가 말을 마치게 할 것을 학부모들에게 제안한다. 만약 아이가 반 정도 말하다가 계속 말하지 못한다면, 급하게 아이를 도와 해결해 주지 말고, [16C]아이가 계속 말하기를 기다려 주어도 된다. 왜냐하면 이렇게 하면 아이의 '완벽하게 서술'하는 습관을 기를 수 있고, 또한 아이가 냉정하게 사고하고 문제를 처리하는 능력을 키를 수 있으며, 동시에 아이의 작문과 회화 표현 능력을 효과적으로 훈련할 수 있다.

단어 ★作文 zuòwén 명동 작문(하다) | ★叙述 xùshù 명동 서술(하다) | ★逻辑 luójí 명 논리 | ★输入 shūrù 동 입력하다, 들여보내다, 받아들이다 | ★条理 tiáolǐ 명 조리 | 分明 fēnmíng 부 분명히 형 분명하다 | 连贯 liánguàn 동 연관되다, 연결되다 | 尽情 jìnqíng 부 마음껏, 실컷 | ★漏 lòu 동 새다, 빠지다, 빠뜨리다 | ★成果 chéngguǒ 명 성과 | ★平常 píngcháng 명 평소, 평상시 | 完整 wánzhěng 형 제대로 갖추어져 있다, 완전무결하다 | ★表达 biǎodá 동 표현하다 | ★写作 xiězuò 동 글을 짓다 | ★时代 shídài 명 (역사상의) 시대, (개인의 일생 중의 한) 시절, 시기 | ★抢 qiǎng 동 빼앗다, 앞다투어 ~하다 | 片段 piànduàn 명 단편, 부분, 토막 | 简化 jiǎnhuà 동 간소화하다 | ★沟通 gōutōng 동 소통하다 | 打岔 dǎchà 동 (말을) 끊다, 막다 | 解围 jiěwéi 동 곤경에서 구원하다 | ★训练 xùnliàn 명동 훈련(하다) | ★冷静 lěngjìng 형 냉정하다, 침착하다 | ★思考 sīkǎo 명동 사고(하다) | ★处理 chǔlǐ 동 처리하다

13

作者为什么偷偷录音？	필자는 왜 몰래 녹음했는가?
A 保存资料	A 자료를 보존하려고
B 家长要求的	B 학부모가 요구한 것이라서
C 避免学生紧张	C 학생들이 긴장하는 것을 피하기 위해
D 利于学生改正错误	D 학생들이 잘못을 수정하는 데 이로워서

풀이 (1) 힌트가 될 만한 표현은 '**偷偷录音**'이므로 밑줄을 그어 둔다.

(2) 먼저 보기를 읽는다.

(3) 지문에서 '**偷偷录音**'이 나오는 위치를 빠르게 찾고 그 원인이 언급되는 곳을 앞뒤로 찾아본다.
① ……。这是因为他们紧张。**我曾经用过一个方法，就是先让学生尽情地说，同时偷偷录音**，……

(4) '**偷偷录音**' 뒤의 내용을 읽어 보면 녹음의 결과만 언급되고 단락이 끝난다. 따라서 원인을 찾기 위해 앞부분을 읽으면 접속사 '**因为**'를 사용하여 언급한 '그들이 긴장하기 때문이다'라는 표현을 찾을 수 있다. 따라서 C가 정답이다.

단어 保存 bǎocún 동 보존하다 | ★避免 bìmiǎn 동 피하다 | ★改正 gǎizhèng 동 고치다, 정정하다

14

互联网时代，人们的沟通往往：	인터넷 시대에 사람들의 소통은 종종:
A 非常活跃　　B 不够坦率	A 매우 활기차다　　B 그다지 솔직하지 않다
C 比较冷淡　　D 更加简化	C 비교적 냉담하다　　D 더욱 간소화되었다

풀이 (1) 힌트가 될 만한 표현은 '**互联网时代**'이므로 밑줄을 그어 둔다.

(2) 먼저 보기를 읽는다.

(3) '互联网时代'가 나오는 위치를 빠르게 찾고 그 부분을 자세히 읽어 본다.

③ 在互联网时代，为了抢时间，大家往往用片段的、简化的句子沟通，……

(4) '단편적이고 간소화된 문장으로 소통한다'고 했으므로 정답은 D이다.

[단어] ★活跃 huóyuè [형] 활기차다, 활기 있다 [동] 활기를 띠게 하다 | ★冷淡 lěngdàn [형] 냉정하다, 냉담하다

15

根据最后一段，孩子说话时，家长： A 可以随时提问 B 不要打断他们 C 可以适当补充 D 要提醒孩子时间	마지막 단락에 근거하여, 아이가 말할 때 학부모는: A 수시로 질문해도 된다 B 그들의 말을 끊지 않아야 한다 C 적당히 보충해도 된다 D 아이에게 시간을 일깨워 주어야 한다

[풀이] (1) '家长'이 해야 하는 동작을 찾는 문제이므로 '家长'에 밑줄을 그어 둔다.

(2) 먼저 보기를 읽는다.

(3) 마지막 단락에서 '家长'이 나올 때부터 보기와 같거나 유사한 표현이 나올 때까지 읽어 본다.

④ 所以，我建议家长，如果孩子要说，就静静地听，中间不要打岔，让他把话说完。……

(4) '中间不要打岔'라는 표현은 어려울 수 있지만, 뒤에 '아이가 말을 마치게 한다'라는 표현이 있으므로 B가 정답임을 유추할 수 있다.

[단어] ★随时 suíshí [부] 수시로, 아무 때나 | ★提问 tíwèn [동] 질문하다 | 打断 dǎduàn [동] 끊다 | ★补充 bǔchōng [동] 보충하다

16

上文主要谈的是： A 孩子犯错时怎么办 B 父母与孩子的沟通方法 C 多表达能提高写作水平 D 坚持写日记对写作的帮助	윗글이 주로 이야기하는 것은: A 아이가 잘못을 저지를 때 어떻게 할 것인가 B 부모와 아이의 소통 방법 C 표현을 많이 하면 글짓기 수준을 높일 수 있다 D 꾸준히 일기를 쓰는 것은 글짓기에 도움이 된다

[풀이] (1) 힌트 없이 주제를 찾는 문제이다.

(2) 먼저 보기를 읽는다.

(3) 이 글은 ②번 단락과 ④번 단락이 모두 '所以'로 시작하므로 두 단락에서 주제를 찾을 수 있다.

② 所以，教孩子写文章，先要教他把话说顺、把理说清。如果父母平常很少跟孩子讲完整的话，也不给孩子表达的机会，是不利于孩子写作的。

④ 所以，我建议家长，如果孩子要说，就静静地听，中间不要打岔，让他把话说完。如果孩子说一半儿说不下去了，不要急着帮他解围，可以等他继续说。因为这样可以培养孩子"完整叙述"的习惯，也可以训练孩子冷静思考和处理问题的能力，同时可以有效训练他的作文和口语表达能力。

(4) ②번 단락에서는 '아이에게 표현할 기회를 주지 않으면, 아이가 작문하는 데 이롭지 않다'고 했고, ④번 단락에서는 '계속 말하게 하면 작문 능력을 훈련할 수 있다'고 했으므로 사실상 모두 C가 주제임을 나타내고 있다.

[단어] 犯错 fàncuò [동] 잘못을 저지르다, 실수하다

독해 Chapter 04 설명문

+본서 253~256쪽

정답 1 A　2 A　3 C　4 B　5 A　6 D　7 C　8 B　9 B　10 D　11 C　12 D　13 D　14 A　15 C　16 D

1-4 지문 해석

①[1A] 近年来听书十分流行。所谓“听书”，就是使用移动终端设备来听专业朗诵者读书。其实，这种方式由来已久，我们所熟悉的评书、评话、评弹等，都属于听书。如今，文学作品的朗读或直接将文学作品分角色演绎成的广播剧，都是听书的新内容。听书有显著的优点。

②第一，保护视力。当你看书看累了，可以打开软件来听书，这样能有效缓解眼部疲劳。

③第二，[2A] 节省时间。听书时只要戴上耳机，便可以随时开启阅读之旅，不会影响你做别的事情，比如你可以一边听书一边做家务。

④第三，学习正确发音。看书的时候人们为了追求速度，常常将很多词语匆匆略过，并不仔细研究它们的读音。而通过听书，人们可以确定一些字的正确发音。

⑤但听书并非绝对完美。相对看书而言，听书看似提高了效率，[3C] 可人们对于所听内容的记忆与掌握程度却远远不及看书。

① [1A] 최근 들어 책을 듣는 것이 매우 유행한다. 소위 '책을 듣는 것'이란 이동단말기를 통해 전문 낭송자가 책을 읽는 것을 듣는 것이다. 사실 이러한 방식의 유래는 이미 오래 되었는데, 우리에게 익숙한 핑수(评书), 핑화(评话), 핑탄(评弹) 등이 모두 책을 듣는 것에 속한다. 오늘날, 문학 작품의 낭독이나 직접적으로 문학 작품의 배역을 나누어 연출한 라디오 드라마도 모두 책을 듣는 것의 새로운 콘텐츠이다. 책을 듣는 것은 두드러지는 장점이 있다.

② 첫 번째로, 시력을 보호한다. 당신이 책을 보다 피로해지면, 앱을 열어 책을 들을 수 있는데, 이렇게 하면 효과적으로 눈의 피로를 풀 수 있다.

③ 두 번째로, [2A] 시간을 절약한다. 책을 들을 때 이어폰을 끼기만 하면 언제든지 독서의 여행을 시작할 수 있고 당신이 다른 일을 하는 데 영향을 주지 않는데, 예를 들어 당신은 책을 들으면서 집안일을 할 수 있다.

④ 세 번째로, 정확한 발음을 배울 수 있다. 책을 볼 때 사람들은 속도를 추구하기 위해 종종 많은 단어를 급하게 대충 지나가고, 또한 그것의 독음을 자세하게 연구하지 않는다. 반면 책을 듣는 것을 통해, 사람들은 일부 글자의 정확한 발음을 확정 지을 수 있다.

⑤ 그러나 책을 듣는 것이 절대적으로 완벽한 것은 아니다. 책을 보는 것과 상대적으로, 책을 듣는 것은 효율을 높이는 것처럼 보이지만, [3C] 들은 내용에 대한 사람들의 기억과 파악 정도는 책을 보는 것에 훨씬 미치지 못한다.

[단어] **所谓** suǒwèi 소위 ~란 | ★**移动** yídòng [동] 이동하다 | **终端** zhōngduān [명] 단말, 단자 | **设备** shèbèi [명] 설비, 장비 | **朗诵** lǎngsòng [동] 낭송하다 | **由来** yóulái [명] 유래 | **评书** píngshū [명] 장편의 이야기를 도구를 사용하며 이야기하는 민간 문예 | **评话** pínghuà [명] 그 지방의 사투리로 이야기하는 민간 문예 | **评弹** píngtán [명] **评话**와 **弹词**를 합친 말로, **弹词**는 노래하고 이야기하는 민간 문예 | ★**如今** rújīn [명] 지금, 오늘날 | ★**文学** wénxué [명] 문학 | ★**作品** zuòpǐn [명] 작품 | ★**朗读** lǎngdú [명][동] 낭독(하다) | ★**角色** juésè [명] 배역 | **演绎** yǎnyì [동] 연출하다, 나타내다 | **广播剧** guǎngbōjù 라디오 드라마 | **显著** xiǎnzhù [형] 두드러지다, 현저하다 | **视力** shìlì [명] 시력 | ★**软件** ruǎnjiàn [명] 소프트웨어, 앱 | ★**缓解** huǎnjiě [동] 풀다, 완화시키다 | ★**疲劳** píláo [명][형] 피로(하다) | ★**节省** jiéshěng [동] 아끼다, 절약하다 | **开启** kāiqǐ [동] 열다, 시작하다 | ★**家务** jiāwù [명] 가사, 집안일 | **匆匆** cōngcōng [형] 분주한 모양, 황급한 모양 | **略过** lüèguò [동] 대충 지나가다 | ★**确定** quèdìng [형] 확정적이다 [동] 확정하다 | ★**完美** wánměi [형] 완벽하다, 완전하여 결함이 없다 | ★**相对** xiāngduì [형] 상대적이다 [동] 상대하다 | ★**效率** xiàolǜ [명] 효율, 능률 | ★**记忆** jìyì [명][동] 기억(하다) | ★**掌握** zhǎngwò [동] 익히다, 숙달하다, 정통하다 | **不及** bùjí [동] 미치지 못하다

1

根据第一段，可以知道：	첫 번째 단락에 근거하여 알 수 있는 것은:
A 听书现在很流行	A 책을 듣는 것은 지금 유행한다
B 听书是刚刚兴起的	B 책을 듣는 것은 막 시작된 것이다
C 听书不需借助设备	C 책을 듣는 것은 장비의 힘을 빌릴 필요가 없다
D 评弹是听书的新内容	D 핑탄(**评弹**)은 책을 듣는 것의 새로운 콘텐츠이다

[풀이] (1) 이 문제는 힌트가 없다.

(2) 힌트가 없는 문제일수록 보기를 먼저 읽는 것이 중요하다. 그래야 답을 찾으면 계속 지문을 읽는 것을 멈출 수 있다.

(3) 첫 번째 문제인 만큼 지문의 처음부터 정답이 나올 때까지 읽어 본다.

① 近年来听书十分流行。……

(4) 지문을 읽기 시작하자마자 정답이 A임을 알 수 있다.

[단어] **兴起** xīngqǐ [동] 일어나다, 흥기하다 | **借助** jièzhù [동] ~의 힘을 빌리다

2

边听书边做家务的例子是为了说明：	책을 들으면서 집안일을 하는 것의 예시는 무엇을 설명하기 위한 것인가:
A 听书可节省时间	A 책을 들으면 시간을 절약할 수 있다
B 听书时需集中注意力	B 책을 들을 때는 주의력을 집중해야 한다
C 听书能有效保护视力	C 책을 들으면 효과적으로 시력을 보호할 수 있다
D 听书不会引起家庭矛盾	D 책을 들으면 가정의 갈등을 일으키지 않는다

[풀이] (1) 힌트가 될 만한 표현인 '**边听书边做家务**'에 밑줄을 그어 둔다.

(2) 먼저 보기를 읽는다.

(3) '**边听书边做家务**'가 나오는 위치를 빠르게 찾고 그 부분을 자세히 읽어 본다.

③ **第二，**节省时间。**听书时只要戴上耳机，便可以随时开启阅读之旅，不会影响你做别的事情，比如你可以一边听书一边做家务。**

(4) 힌트가 언급된 문장으로 단락이 끝나기 때문에, 그 앞의 문장을 읽어 봐야 한다. 이 단락은 '두 번째, 시간을 절약한다'라는 점을 설명하는 내용으로 되어 있으므로 정답은 A이다.

[단어] ★**矛盾** máodùn [명][형] 갈등, 모순(적이다)

3

根据最后一段，听书：	마지막 단락에 근거하여, 책을 듣는 것은:
A 不适合儿童	A 아동에게 적합하지 않다
B 前景很乐观	B 전망이 낙관적이다
C 不如看书记忆深	C 책을 보는 것만큼 깊게 기억되지 않는다
D 对网络信号要求高	D 네트워크 신호에 대한 요구가 높다

[풀이] (1) 이 문제는 힌트가 없다.

(2) 힌트가 없는 문제일수록 보기를 먼저 읽는 것이 중요하다. 그래야 답을 찾으면 계속 지문을 읽는 것을 멈출 수 있다.

(3) 정답을 찾을 때까지 마지막 단락을 읽어 본다.

⑤ ……，可人们对于所听内容的记忆与掌握程度却远远不及看书。

(4) '들은 내용에 대한 사람들의 기억과 파악 정도는 책을 보는 것에 훨씬 미치지 못한다'는 말을 통해 정답이 C임을 알 수 있다.

[단어] 前景 qiánjǐng [명] 전도, 전망 | ★乐观 lèguān [형] 낙관적이다 | ★网络 wǎngluò [명] 네트워크, 인터넷 | ★信号 xìnhào [명] 신호, 전파 신호

4

上文主要谈的是：	윗글이 주로 이야기하는 것은:
A 一种新的消费形式	A 하나의 새로운 소비 형식
B 听书的优点及其缺点	B 책을 듣는 것의 장점 및 그것의 단점
C 听书人群的年龄分布	C 책을 듣는 사람들의 연령 분포
D 各方人士对听书的批评	D 각 방면 인사들의 책을 듣는 것에 대한 비판

[풀이] (1) 주제를 찾는 문제이다. 앞의 세 문제를 풀면서 끝까지 지문을 봤지만 따로 주제문이 없었으므로, 각 단락의 앞부분을 훑어보자.

① 近年来听书十分流行。……

② 第一，保护视力。……

③ 第二，节省时间。……

④ 第三，学习正确发音。……

⑤ 但听书并非绝对完美。……

(2) ①번 단락에서 이 지문이 '听书'에 대한 내용임을 알 수 있고, ②~④번 단락은 '听书'의 장점을 언급한 뒤, ⑤번 단락에서 접속사 '但(그러나)'을 사용해 단점도 설명하고 있으므로 정답은 B이다.

[단어] ★消费 xiāofèi [명][동] 소비(하다) | ★形式 xíngshì [명] 형식 | 及 jí [접] 및, 와(과) | ★分布 fēnbù [명][동] 분포(하다) | 人士 rénshì [명] 인사

5-8 지문 해석

①机器鱼并不是鱼，而是一种外观像鱼的机器，它里面装有化学传感器。机器鱼 5A 主要被用来探测海水中的污染物质，并绘制出实时三维图，告诉人们污染物的位置。 ②机器鱼共分为头部、躯干和尾部三部分。头部控制游动的方向，另外，机器鱼的头部还有两个鱼须，鱼须碰到障碍物就会报警。躯干是鱼的主要部分，控制电路、电机和相关驱动电路都在其中。尾部则是 6D 机器鱼前进的唯一动力，尽管构造简单，却能完成复杂的动作。	① 기계 물고기는 물고기가 아니라 외관이 물고기를 닮은 기계이며, 그 안에는 화학 센서가 설치되어 있다. 기계 물고기는 주로 5A 바닷물 속의 오염 물질을 탐지하고, 또한 실시간으로 3D 그림을 제작하여 사람들에게 오염물의 위치를 알려주는 데 사용된다. ② 기계 물고기는 머리, 몸통, 꼬리 세 부분으로 나뉜다. 머리 부위는 유영하는 방향을 통제하며, 그 밖에 기계 물고기의 머리 부위에는 두 개의 수염이 있는데 수염이 장애물에 닿으면 경고 신호를 보낸다. 몸통은 물고기의 주요 부분으로, 제어 회로, 전기 기계, 관련 구동 전로가 모두 그 속에 있다. 꼬리 부위는 6D 기계 물고기가 전진하는 유일한 동력으로, 비록 구조는 간단하지만 복잡한 동작을 완성할 수 있다.

③充满电后，机器鱼一次能游8个小时左右。在执行任务时，假如电量变低，[7C]它会自动游回充电站进行充电。与此同时，机器鱼还会将水质数据通过无线局域网传送给研究人员。基于这些优点，机器鱼非常适合在长时间无能源补充及远距离条件下执行任务。

④此外，[8B]众多机器鱼还会集体协调工作，其中一个机器鱼发现了污染物，会把污染点位置发送给其他同伴。接收到信息后，同伴会马上聚集到污染区域共同进行探测。

③ 100% 충전 후, 기계 물고기는 한 번에 8시간 정도 수영할 수 있다. 임무를 수행할 때 만약 전기량이 낮아지면, [7C] 그것은 자동으로 충전소로 수영해 돌아와 충전한다. 이와 동시에, 기계 물고기는 와이파이를 통해 수질 데이터를 연구원에게 전송할 수 있다. 이러한 장점을 기반으로, 기계 물고기는 장시간 에너지 보충을 할 수 없거나 원거리 조건에서 임무를 수행하기에 매우 적합하다.

④ 이 밖에, [8B] 많은 기계 물고기는 단체로 협조하여 작업할 수 있어서, 그중 하나의 기계 물고기가 오염물을 발견하면 오염 지점의 위치를 다른 동료들에게 발송하게 된다. 정보를 받은 후, 동료들은 바로 오염 구역에 모여 공동으로 탐지를 진행한다.

단어 ★机器 jīqì ⓜ 기기, 기계 | 装有 zhuāngyǒu ⓢ 설치되다, 내장되다 | ★化学 huàxué ⓜ 화학 | 传感器 chuángǎnqì ⓜ 감지기, 센서 | 探测 tàncè ⓜⓢ 탐사(하다), 탐지(하다), 관측(하다) | 绘制 huìzhì ⓢ (도면 등을) 제작하다 | 实时 shíshí ⓑ 실시간으로 | 三维 sānwéi ⓜ 3D | 躯干 qūgàn ⓜ 몸통 | 尾 wěi ⓜ 꼬리 | 须 xū ⓜ 수염 | ★碰 pèng ⓢ (1)부딪치다, 충돌하다 (2)(우연히) 만나다, 마주치다 | 障碍 zhàng'ài ⓜ 장애 | 报警 bàojǐng ⓢ 경고나 긴급 신호를 보내다, 경찰에 신고하다 | 电路 diànlù ⓜ (전기) 회로 | 电机 diànjī ⓜ 전기 기계 | 驱动 qūdòng ⓢ 시동 걸다, 구동하다 | 动力 dònglì ⓜ (원)동력 | 构造 gòuzào ⓜ 구조 | 充电 chōngdiàn ⓢ 충전하다 | 执行 zhíxíng ⓢ 수행하다, 집행하다 | ★假如 jiǎrú ⓙ 만약 | 电量 diànliàng ⓜ 전(기)량 | ★自动 zìdòng ⓜ 자동의, 자발적인 | ★数据 shùjù ⓜ 데이터, 통계 수치 | 无线局域网 wúxiàn júyùwǎng 와이파이(Wifi) | 传送 chuánsòng ⓢ 보내다, 전송하다 | 基于 jīyú ⓙ ~에 근거하여 | ★能源 néngyuán ⓜ 에너지(원) | ★此外 cǐwài 이 밖에, 이 외에 | 协调 xiétiáo ⓜ 조화롭다 ⓢ 협조하다 | 发送 fāsòng ⓢ 발송하다 | 接收 jiēshōu ⓢ 받다, 수신하다 | 聚集 jùjí ⓢ 모으다, 모이다 | 区域 qūyù ⓜ 구역, 지역, 지구

5

机器鱼主要作用是：

A 发现污染物　　B 拍摄海底风景
C 观察海底的鱼类　　D 开发深海石油资源

기계 물고기의 주요 역할은:

A 오염물을 발견한다　　B 해저 풍경을 촬영한다
C 해저 어류를 관찰한다　　D 심해 석유 자원을 개발한다

풀이 (1) 힌트가 될 만한 표현인 '机器鱼的主要作用'에 밑줄을 그어 둔다.

(2) 먼저 보기를 읽는다.

(3) '机器鱼'는 지문 처음부터 언급되므로 그 뒤를 읽으면서 역할을 설명하는 부분을 찾아본다.

① 机器鱼并不是鱼，而是一种外观像鱼的机器，它里面装有化学传感器。机器鱼主要被用来探测海水中的污染物质，……

(4) '주로 ~하는 데 사용된다'라는 표현이 곧 주요 역할을 설명하고 있다. '污染物质'라는 단어를 봤을 때 정답이 A임을 유추할 수 있다.

단어 拍摄 pāishè ⓢ 촬영하다, 사진을 찍다 | 海底 hǎidǐ ⓜ 해저 | ★观察 guānchá ⓜⓢ 관찰(하다) | ★开发 kāifā ⓜⓢ 개발(하다) | 石油 shíyóu ⓜ 석유

6

关于机器鱼的尾部，可以知道什么？	기계 물고기의 꼬리에 관해, 무엇을 알 수 있는가?
A 内部极其复杂	A 내부가 매우 복잡하다
B 主要控制方向	B 주로 방향을 통제한다
C 里面装有电池	C 내부에 배터리가 설치되어 있다
D 是前进的动力	D 전진하는 동력이다

풀이 (1) 힌트가 될 만한 표현은 '**尾部**'이므로 밑줄을 그어 둔다.

(2) 먼저 보기를 읽는다.

(3) '**尾部**'가 나오는 위치를 빠르게 찾고 그 부분을 자세히 읽어 본다.

② ……。**尾部则是**机器鱼前进的唯一动力，……

(4) '기계 물고기가 전진하는 유일한 동력'이라는 표현에서 답이 D임을 알 수 있다.

단어 ★**极其** jíqí ㊇ 지극히, 매우 | ★**电池** diànchí ㊔ 전지, 배터리

7

当电量变低时，机器鱼：	전기량이 낮아졌을 때, 기계 물고기는:
A 会发出求救信号	A 구조 요청 신호를 보낼 것이다
B 会关闭所有灯光	B 모든 불을 끌 것이다
C 可自行游回充电站	C 스스로 충전소로 수영해서 돌아갈 수 있다
D 可利用太阳能完成任务	D 태양 에너지를 이용하여 임무를 완성할 수 있다

풀이 (1) 힌트가 될 만한 표현은 '**电量变低**'이므로 밑줄을 그어 둔다.

(2) 먼저 보기를 읽는다.

(3) '**电量变低**'가 나오는 위치를 빠르게 찾고 그 부분을 자세히 읽어 본다.

③ ……，**假如电量变低**，它会自动游回充电站进行充电。……

(4) '자동으로 충전소로 수영해 돌아와 충전한다'라는 말에서 정답이 C임을 알 수 있다.

단어 **求救** qiújiù ㊍ 구조를 요청하다 | **自行** zìxíng ㊇ 스스로 | **太阳能** tàiyángnéng ㊔ 태양 에너지

8

根据上文，下列哪项正确？	윗글에 근거하여, 다음 중 옳은 것은 무엇인가?
A 机器鱼可以杀死病毒	A 기계 물고기는 바이러스를 죽일 수 있다
B 机器鱼之间能互相合作	B 기계 물고기 간에 서로 협력할 수 있다
C 机器鱼尚未被正式使用	C 기계 물고기는 아직 정식으로 사용되지 않았다
D 机器鱼不能进行远距离工作	D 기계 물고기는 원거리 작업을 할 수 없다

풀이 (1) 이 문제는 힌트가 없다.

(2) 힌트가 없는 문제일수록 보기를 먼저 읽는 것이 중요하다. 그래야 답을 찾으면 계속 지문을 읽는 것을 멈출 수 있다.

(3) 7번 문제의 답이 나온 뒷부분부터 정답이 나올 때까지 읽어 본다.

④ **此外**，众多机器鱼还会集体协调工作，……

(4) '단체로 협조하여 작업할 수 있다'라는 말에서 정답이 B임을 알 수 있다.

[단어] 杀死 shāsǐ [동] 죽이다 | ★病毒 bìngdú [명] 바이러스 | 尚未 shàngwèi 아직 ~하지 않다

9-12 지문 해석

①[9 B]精神亚健康是指一个人的精神状态不佳，在精神追求方面失去正确标准，缺乏价值支点，种种消极甚至扭曲的思想意识占据了主导地位，并体现在他们的日常工作和生活中。

②精神亚健康的症状多种多样，但归纳起来主要表现在以下几个方面：一是[10 C]对工作不积极，碌碌无为；二是[10 B]对生活缺乏热情；三是[10 A]对他人冷漠、疏离，甚至于防范、欺骗；四是对社会缺乏责任感。总体来说，他们沉溺于物质的汪洋之中，沉沦于享乐的迷茫之中，浮躁而无信仰、无追求。

③精神亚健康是由什么导致的呢？在全社会消费思潮的迅速膨胀下，大众在不知不觉中被消费主义牵着鼻子走，无法脱身。此外，人们过分重视外在的“成功”，整天追求那些看得见的东西，比如房子、汽车等，所以渐渐迷失在这些“身外之物”中不可自拔。[11 C]物质日益膨胀，精神状态变得越来越消极，在这种“内忧外患”的夹击之下，人们身心交瘁。

④如此看来，[12 D]我们都应该有一定的精神追求，找到归宿感，使我们的内心变得强大起来，并增强社会责任感。此外，我们还要共同努力，创造一个更加和谐的人文环境。

① [9 B] 정신적 서브 헬스란 한 사람의 정신 상태가 좋지 않아 정신 추구 방면에서 정확한 기준을 잃고, 가치적 중심이 부족하며, 여러 가지 부정적이고 심지어는 왜곡된 사상과 의식이 주도적인 지위를 점거하고, 또한 그들의 일상 업무와 생활에 드러나는 것을 가리킨다.

② 정신적 서브 헬스의 증상은 여러 가지가 있지만, 간추리자면 주로 아래의 몇 가지 방면에서 드러난다. 첫 번째, [10 C] 업무에 적극적이지 않고 아무것도 하는 것이 없다. 두 번째, [10 B] 생활에 대해 열정이 부족하다. 세 번째, [10 A] 타인에 대해 냉담하고 소외시키며, 심지어 방어하고 기만한다. 네 번째, 사회에 대해 책임감이 부족하다. 전체적으로 말하자면, 그들은 물질의 바다에 빠지고 향락의 아득함으로 타락하여, 경솔하며 신앙도 없고 추구하는 것도 없다.

③ 정신적 서브 헬스는 무엇 때문에 야기되는 것일까? 전 사회의 소비 사조가 신속하게 팽창하는 상황에서, 대중들은 자기도 모르게 소비주의에 끌려가서 벗어나지 못한다. 이 밖에, 사람들은 지나치게 외재적인 '성공'을 중시하여, 온종일 예를 들어 집, 자동차 등과 같은 볼 수 있는 것들을 추구하고, 그래서 이러한 '재산' 속에서 방향을 잃고 스스로 벗어나지 못한다. [11 C] 물질은 나날이 팽창하고 정신 상태는 갈수록 부정적으로 변하는데, 이러한 '내우외환'의 협공 하에 사람들은 심신이 지쳐가고 있다.

④ 이와 같이 볼 때, [12 D] 우리는 모두 일정한 정신적 추구가 있어야 하고, 소속감을 찾아내어 우리의 마음을 강대하게 변화시키며 또한 사회 책임감을 강화해야 한다. 이 밖에, 우리는 함께 노력하여 더욱 조화로운 인문 환경을 창조해야 한다.

[단어] 亚健康 yàjiànkāng [명] 서브 헬스(질병에 걸린 것도 아니고 건강하지도 않은 상태) | ★状态 zhuàngtài [명] 상태 | ★缺乏 quēfá [동] 부족하다, 모자라다 | 支点 zhīdiǎn [명] 중심, 거점 | ★消极 xiāojí [형] 소극적이다, 부정적이다 | 扭曲 niǔqū [동] 비틀다, 비틀리다, 왜곡하다, 왜곡되다 | ★思想 sīxiǎng [명] 사상 | 占据 zhànjù [동] 점거하다, 차지하다 | 主导 zhǔdǎo [동] 주도하다 | ★地位 dìwèi [명] 위치, 지위 | ★体现 tǐxiàn [동] 구체적으로 드러내다 | 症状 zhèngzhuàng [명] 증상, 증세 | 多种多样 duōzhǒng duōyàng [성어] 여러 가지, 가지각색 | ★归纳 guīnà [동] 귀납하다, 도출하다, 간추리다 | 碌碌无为 lùlù wúwéi [성어] 너무 무능하여 아무것도 해놓은 것이 없다 | 冷漠 lěngmò [형] 냉담하다, 무관심하다 | 疏离 shūlí [동] 소외되다, 소외시키다 | 防范 fángfàn [동] 방비하다, 대비하다 | 沉溺 chénnì [동] 빠지다 | 汪洋 wāngyáng [형] 넓고 큰 모양 | 沉沦 chénlún [동] 타락하다 | 享乐 xiǎnglè [명] 향락, 쾌락 | 迷茫 mímáng [형] 아득하다 | 浮躁 fúzào [형] 경솔하다, 경박하다 | 信仰 xìnyǎng [명] 신조, 신앙 | 思潮 sīcháo [명] 사조, 바람 | ★迅速 xùnsù [형] 신속하다 |

단어 膨胀 péngzhàng 동 팽창하다 | 不知不觉 bùzhī bùjué 성어 자기도 모르는 사이에, 부지불식간에 | 主义 zhǔyì 명 주의, 일정한 입장이나 주장 | 牵着鼻子走 qiānzhe bízi zǒu 억지로 끌고 가다 | 脱身 tuōshēn 동 벗어나다 | ★过分 guòfèn 형 지나치다 | 外在 wàizài 형 외재적인 | 渐渐 jiànjiàn 부 점점, 점차 | 迷失 míshī 동 (길이나 방향 등을) 잃다 | 身外之物 shēnwàizhīwù 성어 몸 이외의 것(주로 돈, 재산 등을 뜻함) | 自拔 zìbá 동 스스로 벗어나다 | 日益 rìyì 부 날로, 나날이 | 内忧外患 nèiyōu wàihuàn 성어 내우외환 | 夹击 jiājī 명동 협공(하다) | 交瘁 jiāocuì 동 과도하게 지치다 | 如此 rúcǐ 대 이와 같다 | 归宿感 guīsùgǎn 명 소속감, 귀속감 | 和谐 héxié 형 잘 어울리다, 조화롭다

9

第一段主要谈的是什么？	첫 번째 단락이 주로 이야기하는 것은 무엇인가?
A 精神亚健康的成因	A 정신적 서브 헬스의 형성 원인
B 精神亚健康的概念	B 정신적 서브 헬스의 개념
C 精神亚健康的预防措施	C 정신적 서브 헬스의 예방 조치
D 精神亚健康的治疗方法	D 정신적 서브 헬스의 치료 방법

풀이 (1) 이 문제는 힌트가 없다. 단, ①번 단락의 주제를 찾는 것은 분명하다.

(2) 힌트가 없는 문제일수록 보기를 먼저 읽는 것이 중요하다. 그래야 답을 찾으면 계속 지문을 읽는 것을 멈출 수 있다.
① 精神亚健康是指一个人的精神状态不佳，……

(3) ①번 단락 전체가 하나의 문장으로 되어 있고, 주어가 무엇인지 설명하거나 정의를 내릴 때 사용하는 동사 '**是指**'가 있으므로 정답이 B임을 유추할 수 있다.

단어 成因 chéngyīn 명 형성 원인, 생성 원인 | ★概念 gàiniàn 명 개념 | ★预防 yùfáng 명동 예방(하다) | 措施 cuòshī 명 조치, 대책 | 治疗 zhìliáo 명동 치료(하다)

10

下列哪项不是精神亚健康的症状？	다음 중 정신적 서브 헬스의 증상이 아닌 것은?
A 对他人冷淡	A 타인에 대해 냉담하다
B 缺乏生活热情	B 생활의 열정이 부족하다
C 工作上不积极	C 업무상 적극적이지 않다
D 抱怨社会不公平	D 사회가 불공평하다고 불평한다

풀이 (1) 힌트가 될 만한 표현은 '**症状**'이므로 밑줄을 그어 둔다.

(2) 먼저 보기를 읽는다.

(3) '**症状**'에 대해 설명하는 부분을 빠르게 찾고 그 부분을 자세히 읽어 본다.
② **精神亚健康的症状多种多样，但归纳起来主要表现在以下几个方面：一是** [C] 对工作不积极，**碌碌无为；二是** [B] 对生活缺乏热情；**三是** [A] 对他人冷漠、**疏离**，……

(4) 아닌 것을 찾는 문제는 반대로 말해서 보기 중 3개가 지문에 나온다는 뜻이므로 3개를 찾아야 정답을 찾을 수 있다. 해당 지문의 경우, '첫 번째', '두 번째' 등으로 나열되어 있어서 정답이 D임을 쉽게 찾을 수 있다.

단어 ★冷淡 lěngdàn 형 냉정하다, 냉담하다 | ★抱怨 bàoyuàn 동 불평하다, 원망하다 | ★公平 gōngpíng 형 공평하다

11

第三段中的“内忧外患”指的是：
A 与朋友之间的矛盾
B 事业与家庭的不平衡
C 物质与精神的双重压力
D 收入的减少与消费的增加

세 번째 단락에서 '내우외환'이 가리키는 것은:
A 친구 사이의 갈등
B 사업과 가정의 불평형
C 물질과 정신의 이중 스트레스
D 수입의 감소와 소비의 증가

[풀이] (1) 의미파악형 문제이다. 당연히 '**内忧外患**'이 힌트지만 어차피 밑줄이 그어져 있기 때문에 위치를 찾는 것은 어렵지 않다. 하지만 다른 문제형과는 달리 정답을 바로 찾을 수 있는 것이 아니라 주변 내용을 잘 읽고 그 뜻을 유추해내야 한다.

(2) 먼저 보기를 읽는다.

(3) 밑줄 친 단어가 포함된 문장부터 잘 읽어 본다.
③ ……。物质日益膨胀，精神状态变得越来越消极，**在这种“内忧外患”的夹击之下，人们身心交瘁。**

(4) '물질은 나날이 팽창하고, 정신 상태는 갈수록 부정적으로 변한다'는 내용을 통해 정답이 C임을 유추할 수 있다.

[단어] **事业** shìyè [명] 사업 | ★**平衡** pínghéng [명][형] 평형(하다), 균형(이 맞다) [동] 평형이 되게 하다, 균형 있게 하다 | **双重** shuāngchóng [명] 이중

12

我们应该如何避免出现精神亚健康状态？
A 吃得清淡一些
B 要懂得及时享乐
C 定期到医院体检
D 关注自身的精神追求

우리는 정신적 서브 헬스 상태가 나타나는 것을 어떻게 피해야 하는가?
A 좀 담백하게 먹는다
B 시기에 맞게 향락을 즐길 줄 알아야 한다
C 정기적으로 병원에 가서 신체검사를 한다
D 자신의 정신적 추구에 관심을 가진다

[풀이] (1) 정신적 서브 헬스에 대한 예방법을 묻는 문제이다. 예방 및 해결방법이나 제안은 흐름상 지문의 마지막에 제시되므로, 마지막 단락을 살펴보자.
④ **如此看来，**我们都应该有一定的精神追求，……。

(2) '일정한 정신적 추구가 있어야 한다'는 말을 통해 정답이 D임을 알 수 있다.

[단어] ★**避免** bìmiǎn [동] 피하다 | ★**清淡** qīngdàn [형] 담백하다 | **定期** dìngqī [형] 정기적인 [동] 기한을 정하다 | ★**体检** tǐjiǎn [명][동] 신체검사(하다) | **关注** guānzhù [명][동] 관심(을 가지다)

13-16 지문 해석

①中国人历来喜爱竹子，中国也是世界上最早培育和利用竹子的国家。中国古典园林中常以竹为景。[13 D] 竹子与水体、山石等结合是江南园林中最独特的景观之一，也深受古代诗人们的喜爱。

② [14 A] 竹子用于建造，可谓历史悠久。远古时代，在人们从巢居、穴居向地面居住发展的过程中，竹子就发挥着重要作用：如汉代甘泉宫、宋代黄冈竹楼便以竹为建筑材料。中国南方因其自然优势，竹楼竹屋十分常见，如云南傣族的竹楼；而在北方，竹子虽少，但也充分发挥着它的观赏价值，很多古典园林中也常见竹的身影。

③近年来，越来越多的中国建筑师也开始舍弃钢筋混凝土，去寻找遗失的传统技艺和文化。湖南双溪书院即是这一探索的代表，[15 C] 其设计理念既来源于当地传统民居建筑，又是对中国南方民居建筑符号的抽象提炼，在竹建筑中体现着浓浓的南方人文气息与山野情怀。

④ [16 D] 竹建筑的发展，不仅能推动艺术的绽放，还能促进经济的繁荣，助力乡村建设。比如中国浙江龙泉的宝溪村，就因为竹建筑艺术的推动，从昔日名不见经传的小村庄成为了远近闻名的旅游目的地。

① 중국인은 예로부터 대나무를 좋아하며, 중국은 또한 세계에서 가장 일찍 대나무를 재배하고 이용한 국가이다. 중국의 고전 원림은 종종 대나무를 경치로 삼았다. [13 D] 대나무가 물, 바위 등과 결합하는 것은 남방 지역 원림의 가장 독특한 경관 중의 하나이며, 또한 고대 시인들의 사랑을 크게 받았다.

② [14 A] 대나무가 건축에 사용된 것은 역사가 유구하다고 말할 수 있다. 상고 시대에 사람들이 나무 위 거주와 동굴 거주에서 지면 거주로 발전하는 과정에서, 대나무는 중요한 역할을 하고 있었다. 예를 들어 한나라 시대의 감천궁과 송나라 시대의 황강죽루는 대나무를 건축 재료로 삼았다. 중국 남방은 그것의 자연적 이점으로 인해 윈난 다이족의 대나무 집과 같은 대나무 건물과 대나무 집을 매우 흔히 볼 수 있다. 반면 북방은 대나무가 비록 적지만, 그것의 관상적 가치를 충분히 발휘하여, 많은 고전 원림에서 대나무의 모습을 흔히 볼 수 있다.

③ 최근 들어, 갈수록 많은 건축사들도 철근 콘크리트를 버리고 잃어버린 전통 기예와 문화를 찾기 시작했다. 후난 슈앙시 서원이 바로 이러한 탐색의 대표인데, [15 C] 그것의 설계 이념은 현지의 전통 민가 건축에서 왔으며, 또한 중국 남방 민가 건축 표지의 추상적 정제로, 대나무 건축 속에 매우 짙은 남방의 인문적 숨결과 산야의 감성이 드러나고 있다.

④ [16 D] 대나무 건축의 발전은 예술의 개화를 추진했을 뿐만 아니라, 경제의 번영을 촉진시킬 수 있어서 농촌의 건설에 도움을 주었다. 예를 들어 중국 저장룽취안의 바오시 마을은 대나무 건축 예술의 추진으로 인해, 예전에는 이름도 없던 작은 마을에서 명성이 자자한 여행 목적지가 되었다.

단어 历来 lìlái 부 예로부터, 역대로 | ★竹子 zhúzi 명 대(나무) | 培育 péiyù 동 재배하다, 기르다 | ★利用 lìyòng 명동 이용(하다) | ★古典 gǔdiǎn 명형 고전(적이다) | 园林 yuánlín 명 원림, 정원 | 水体 shuǐtǐ 명 물 | ★独特 dútè 형 독특하다 | 景观 jǐngguān 명 경관, 경치 | 诗人 shīrén 명 시인 | 建造 jiànzào 동 짓다, 건축하다 | 可谓 kěwèi 동 ~라고 말할 수 있다 | 远古 yuǎngǔ 명 상고, 아득한 옛날 | 巢居 cháojū 동 나무 위에 살다 | 穴居 xuéjū 동 동굴에 살다 | 居住 jūzhù 동 거주하다, 살다 | 宫 gōng 명 궁전 | ★建筑 jiànzhù 명 건축(물) | ★优势 yōushì 명 이점, 우세, 우위 | 傣族 Dǎizú 명 태족, 다이족(중국의 소수 민족) | ★充分 chōngfèn 형 충분하다 | 观赏 guānshǎng 명동 관상(하다) | 身影 shēnyǐng 명 그림자, 형체, 모습 | 舍弃 shěqì 동 버리다, 포기하다 | 钢筋混凝土 gāngjīn hùnníngtǔ 철근 콘크리트 | ★寻找 xúnzhǎo 동 찾다 | 遗失 yíshī 동 분실하다, 잃다 | 技艺 jìyì 명 기예, 기술 | 探索 tànsuǒ 동 탐색하다 | ★代表 dàibiǎo 명 대표(자) 동 대표하다 | 理念 lǐniàn 명 이념 | 来源 láiyuán 명 근원, 출처 동 유래하다 | ★当地 dāngdì 명 현지, 그 지방 | 民居 mínjū 명 민가 | 符号 fúhào 명 표지, 부호, 기호 | ★抽象 chōuxiàng 형 추상적이다 | 提炼 tíliàn 동 정제하다, 추출하다 | 浓 nóng 형 진하다, 짙다 | 气息 qìxī 명 호흡, 숨결 | 山野 shānyě 명 산야, 산과 들판 | 情怀 qínghuái 명 감성, 기분, 심경 | 推动 tuīdòng 동 추진하다 | 绽放 zhànfàng 동 (꽃이) 피다 | ★促进 cùjìn 동 촉진하다 | ★繁荣 fánróng 형 번영하다 동 번영시키다 | 助力 zhùlì 동 조력하다, 도와주다 | 昔日 xīrì 명 옛날, 이전 | 名不见经传 míngbújiàn jīngzhuàn 성어 지명도가 낮다, 이름이 알려지지 않다 | 村庄 cūnzhuāng 명 마을 | 远近闻名 yuǎnjìn wénmíng 명성이 자자하다

13

根据第一段，中国江南园林的特点是什么？	첫 번째 단락에 근거하여, 중국 남방 원림의 특징은 무엇인가?
A 规模较大　B 由文人命名	A 규모가 비교적 크다　B 문인들의 이름으로 지었다
C 多建于山脚下　D 将竹与山水结合	C 대부분 산기슭에 지었다　D 대나무를 산수와 결합했다

풀이 (1) 힌트가 될 만한 표현은 '**江南园林**'이므로 밑줄을 그어 둔다.

(2) 먼저 보기를 읽는다.

(3) 지문에서 '**江南园林**'이 나오는 위치를 빠르게 찾고 그 부분을 자세히 읽어 본다.

① ……。竹子与水体、山石等结合**是江南园林中最独特的景观之一**，……

(4) '대나무가 물, 바위 등과 결합하는 것이 남방 원림의 가장 독특한 경관 중 하나'라고 했으므로 정답은 D이다.

단어 ★**规模** guīmó 명 규모 | **命名** mìngmíng 동 명명하다, 이름을 짓다 | **山脚** shānjiâo 명 산기슭

14

第二段主要讲的是：	두 번째 단락이 주로 이야기하는 것은:
A 竹建筑历史悠久	A 대나무 건축은 역사가 유구하다
B 怎样用竹装饰屋子	B 어떻게 대나무를 사용하여 집을 장식할까
C 甘泉宫的整体结构	C 감천궁의 전체 구조
D 中国南方建筑的特点	D 중국 남방 건축의 특징

풀이 (1) 이 문제는 힌트가 없다. 단, ②번 단락의 주제를 찾는 것은 분명하다.

(2) 힌트가 없는 문제일수록 보기를 먼저 읽는 것이 중요하다. 그래야 답을 찾으면 계속 지문을 읽는 것을 멈출 수 있다.

② 竹子用于建造，可谓历史悠久。……

(3) ②번 단락의 시작 부분에서 단락의 주제가 명확하게 제시되고 있다. 또한 ②번 단락은 총 세 문장으로 되어 있는데, 뒤의 두 문장은 예를 들어 자세하게 설명하고 있으므로 첫 번째 문장이 단락의 주제임을 알 수 있다. 따라서 정답은 A이다.

단어 ★**装饰** zhuāngshì 명동 장식(하다), 장식품 | **结构** jiégòu 명 구조, 구성

15

关于湖南双溪书院，下列哪项正确？	후난 슈앙시 서원에 관해, 다음 중 옳은 것은 무엇인가?
A 实用性强	A 실용성이 강하다
B 房体结实	B 집 구조가 튼튼하다
C 设计理念源于传统	C 설계 이념이 전통에서 왔다
D 采用最新建筑材料	D 최신 건축 재료를 사용했다

풀이 (1) 힌트가 될 만한 표현은 '**湖南双溪书院**'이므로 밑줄을 그어 둔다.

(2) 먼저 보기를 읽는다.

(3) 지문에서 '**湖南双溪书院**'이 나오는 위치를 빠르게 찾고 그 부분을 자세히 읽어 본다.

③ ……。**湖南双溪书院即是这一探索的代表**，其设计理念既来源于当地传统民居建筑，……

(4) '설계 이념이 현지의 전통 민가 건축에서 왔다'라는 말을 통해 C가 정답임을 유추할 수 있다.

단어 ★实用 shíyòng 형 실용적이다 | ★结实 jiēshi 형 단단하다, 질기다, (신체가) 튼튼하다

16

举宝溪村的例子是为了说明什么？ A 竹建筑多在乡村 B 老百姓也懂艺术 C 建筑师缺乏创造力 D 竹建筑带动经济发展	바오시 마을의 예를 든 것은 무엇을 설명하기 위한 것인가? A 대나무 건축은 대부분 농촌에 있다 B 일반인도 예술을 이해한다 C 건축가는 창조력이 부족하다 D 대나무 건축은 경제 발전을 이끈다

풀이 (1) 힌트가 될 만한 표현은 '宝溪村'이므로 밑줄을 그어 둔다.

(2) 먼저 보기를 읽는다.

(3) '宝溪村'이 언급된 문장으로 전체 지문이 끝나기 때문에, 그 앞의 문장을 읽어 봐야 한다.

④ 竹建筑的发展，不仅能推动艺术的绽放，还能促进经济的繁荣，助力乡村建设。比如中国浙江龙泉的宝溪村，……

(4) '대나무 건축의 발전은 경제의 번영을 촉진시킬 수 있다'라고 했으므로 정답은 D이다.

단어 ★老百姓 lǎobǎixìng 명 백성, 국민, 대중, 일반인 | 带动 dàidòng 동 이끌어 나가다, 선도하다

독해 Chapter 05 실용문

+ 본서 262~265쪽

정답

1 D	2 C	3 B	4 C	5 B	6 D	7 A	8 A
9 C	10 B	11 D	12 A	13 D	14 A	15 C	16 A

1-4 지문 해석

①每年的4月22日是世界地球日，[1D]它是一个专为保护世界环境而设立的节日，旨在提高民众对于现有环境问题的重视，并动员民众参与到环保运动中，改善地球的整体环境。

②[2C]联合国环境署在2017年的世界地球日当天，发起了“地球卫士青年奖”评选大赛，目的是发掘年龄在18至30岁的年轻人才，支持他们将个人关于环保的想法付诸实践，以挽救我们的环境。“地球卫士青年奖”为青年人提供了一个全球性的舞台，来展示他们的技术发明和创新型商业模式，激发他们的潜能，共同改善地球的健康状况。

① 매년 4월 22일은 세계 지구의 날이며, [1D] 그것은 세계 환경을 보호하기 위해 특별히 설립된 기념일로, 현재 있는 환경 문제에 대한 대중들의 인식을 향상시키고, 또한 대중들을 일깨워 환경보호 운동에 참여하여 지구의 전체 환경을 개선하는 데 목적이 있다.

② [2C] 유엔 환경부처는 2017년 세계 지구의 날 당일에 '지구 지킴이 청년상' 선정 대회를 발기했는데, 목적은 우리의 환경을 구하기 위해 연령이 18세에서 30세까지의 젊은 인재를 발굴하고, 그들이 개인의 환경보호에 관한 생각을 실천에 옮기도록 지지하는 것이다. '지구 지킴이 청년상'은 청년들에게 전 세계적인 무대를 제공하여 그들의 기술적 발명과 창조형 상업 패턴을 드러내 보이고, 그들의 잠재력을 불러일으켜 지구의 건강 상황을 함께 개선한다.

③本次活动将有来自全球的6名年轻人被评为"地球青年卫士"。他们每人会获得大约9万元的种子基金，[3B] 并有机会接受强化培训及量身定制的指导，以帮助他们实现宏大的环保梦想。 ④获奖者将由全球评审团一致选出，联合国环境署执行主任也会担任评委。据了解，大赛的 [4C] 报名系统已于4月22日开放，并于6月18日关闭。	③ 이번 활동은 전 세계로부터 온 6명의 청년이 '지구 청년 지킴이'로 선정될 것이다. 그들이 환경보호의 큰 꿈을 이루는 것을 돕기 위해, 그들 모두는 대략 9만 위안의 씨앗 기금을 얻고, [3B] 또한 강화 훈련 및 맞춤형 코칭을 받을 기회를 갖게 될 것이다. ④ 수상자는 전 세계 심사단이 만장일치로 선출하며, 유엔 환경부처 집행 주임도 심사위원을 맡게 된다. 파악한 바에 따르면, 대회의 [4C] 신청 시스템은 이미 4월 22일에 열렸고, 6월 18일에 닫을 것이다.

단어 旨在 zhǐzài ⓢ ~을 목적으로 하다, ~에 뜻이 있다 | 动员 dòngyuán ⓢ 일깨우다, 동원하다, 설득하다, 교육하다 | ★改善 gǎishàn ⓢ 개선하다 | 联合国 Liánhéguó ⓜ 유엔(UN) | 署 shǔ ⓜ 관공서 | 当天 dāngtiān ⓜ 당일 | 发起 fāqǐ ⓢ 발기하다, 제창하다, 시작하다 | 卫士 wèishì ⓜ 지킴이, 호위병, 파수꾼 | 评选 píngxuǎn ⓢ 선정하다 | 发掘 fājué ⓢ 발굴하다, 캐내다 | ★人才 réncái ⓜ 인재 | ★个人 gèrén ⓜ 개인 | 付诸实践 fùzhū shíjiàn 실천에 옮기다, 행동에 옮기다 | 挽救 wǎnjiù ⓢ 구(출)하다 | 舞台 wǔtái ⓜ 무대 | 展示 zhǎnshì ⓢ 드러내 보이다, 펼쳐 보이다 | ★发明 fāmíng ⓢ 발명하다 | 创新 chuàngxīn ⓢ 새것을 창조하다 | ★商业 shāngyè ⓜ 상업 | 模式 móshì ⓜ 패턴, 양식, 유형 | 激发 jīfā ⓢ (감정을) 불러일으키다 | 潜能 qiánnéng ⓜ 잠재력 | ★状况 zhuàngkuàng ⓜ 상황 | 评为 píngwéi ⓢ ~으로 선정하다 | 种子 zhǒngzi ⓜ 씨(앗) | 基金 jījīn ⓜ 기금 | ★培训 péixùn ⓢ 훈련 양성하다 | 量身定制 liàngshēn dìngzhì 맞춤형 | ★实现 shíxiàn ⓢ 실현하다 | 宏大 hóngdà ⓗ 거대하다, 거창하다, 어마어마하다 | 评审 píngshěn ⓢ 심사하다 | ★主任 zhǔrèn ⓜ 주임 | ★担任 dānrèn ⓢ 맡다, 담당하다 | 评委 píngwěi ⓜ 심사위원 | ★系统 xìtǒng ⓜ 시스템 ⓗ 체계적이다

1

关于世界地球日，可以知道： A 是在每年的5月初 B 促进了经济的发展 C 有各个国家轮流举办 D 目标是改善地球环境	세계 지구의 날에 관해, 알 수 있는 것은: A 매년 5월 초이다 B 경제 발전을 촉진했다 C 각 국가가 돌아가면서 개최한다 D 목표는 지구 환경을 개선하는 것이다

풀이 (1) 힌트가 될 만한 표현은 '**世界地球日**'이므로 밑줄을 그어 둔다.

(2) 먼저 보기를 읽는다.

(3) 지문의 처음부터 훑어보면서 힌트와 같거나 유사한 표현이 언급되는 위치를 빠르게 찾고 그 부분을 자세히 읽어 본다.

① **每年的4月22日是世界地球日**，它是一个专为保护世界环境而设立的节日，**旨在提高民众对于现有环境问题的重视，并动员民众参与到环保运动中**，改善地球的整体环境。

(4) ①번 단락 전체에서 '세계 환경을 보호하기 위해 설립되었다'라고 했으므로 정답은 D이다.

단어 ★轮流 lúnliú ⓢ 돌아가면서 하다, 교대로 하다 | ★举办 jǔbàn ⓢ 거행하다, 개최하다

2

根据第二段，"地球卫士青年奖"：	두 번째 단락에 근거하여, '지구 지킴이 청년상'은:
A 已举办两届	A 이미 2회 개최되었다
B 培养了地区领导人	B 지역 지도자를 양성했다
C 由联合国环境署发起	C 유엔 환경부처가 발기했다
D 获奖者不能超过20岁	D 수상자는 20세를 넘을 수 없다

풀이 (1) 힌트가 될 만한 표현인 '**地球卫士青年奖**'에 밑줄을 그어 둔다.

(2) 먼저 보기를 읽는다.

(3) 힌트가 나오는 위치를 빠르게 찾고 그 부분을 자세히 읽어 본다.

② 联合国环境署**在2017年的世界地球日当天，**发起了 "**地球卫士青年奖**" **评选大赛**，……

(4) '**地球卫士青年奖**'이 언급된 문장의 시작부터 읽어 보면 '유엔 환경부처가 발기했다'는 표현이 나오므로 정답은 C이다.

단어 ★**届** jiè ⓐ 회, 기, 차 | ★**地区** dìqū ⓐ 지역, 지구 | ★**领导** lǐngdǎo ⓐ 지도자, 리더 ⓢ 지도하다, 이끌다

3

被评为"地球青年卫士"的6名年轻人：	'지구 청년 지킴이'로 선정되는 6명의 청년은:
A 都来自欧洲	A 모두 유럽에서 온다
B 有机会接受培训	B 훈련을 받을 기회가 있다
C 需要到各地演讲	C 각지에 가서 강연을 해야 한다
D 会被奖励一万元人民币	D 1만 위안을 표창받게 될 것이다

풀이 (1) 질문에 숫자가 포함되어 있어 위치를 찾기 쉽다. '**6名年轻人**'에 밑줄을 그어 둔다.

(2) 먼저 보기를 읽는다.

(3) 힌트가 나오는 위치를 빠르게 찾고 그 부분을 자세히 읽어 본다.

③ **本次活动将有来自全球的6名年轻人被评为 "地球青年卫士"。他们每人会获得大约9万元的种子基金，**并有机会接受强化培训**及量身定制的指导，**……

(4) '6명의 청년'이 언급된 문장의 시작부터 읽어 보면 '강화 훈련을 받을 기회가 있다'는 표현이 나오므로 B가 정답이다.

단어 ★**欧洲** Ōuzhōu ⓐ 유럽(주) | ★**演讲** yǎnjiǎng ⓐⓢ 강연(하다), 연설(하다) | **奖励** jiǎnglì ⓐⓢ장려(하다), 표창(하다)

4

根据上文，下列哪项正确？	윗글에 근거하여, 다음 중 옳은 것은 무엇인가?
A 评审团由10人组成	A 심사단은 10명으로 조직되어 있다
B 青年创业成功者居多	B 청년 창업 성공자가 다수를 차지한다
C 报名系统6月18日关闭	C 신청 시스템은 6월 18일에 닫는다
D 获奖结果于2018年年初公布	D 수상 결과는 2018년 연초에 공표한다

풀이 (1) 힌트가 없는 판단형 문제이다.

(2) 먼저 보기를 읽는다.

(3) 앞의 세 문제를 풀면서 정답을 찾을 수 없으므로 아직 읽지 않은 남은 부분, 즉 ④번 단락을 읽어 본다.

④ **获奖者将由全球评审团一致选出，联合国环境署执行主任也会担任评委。据了解，大赛的报名系统已于4月22日开放，并于6月18日关闭。**

(4) 신청 시스템의 폐쇄 시점이 6월 18일로 일치하므로 정답은 C이다.

단어 ★**组成** zǔchéng ⓢ 조직하다, 구성하다 | **创业** chuàngyè ⓢ 창업하다 | **居多** jūduō ⓢ 다수를 차지하다 | **获奖** huòjiǎng ⓢ 상을 받다 | ★**公布** gōngbù ⓢ 공표하다, 공포하다

5-8 지문 해석

①如今，动漫已经成为儿童、青少年甚至部分成人休闲生活的重要组成部分。那么 8A 为什么这些不同年龄段的人都这么喜欢动漫呢？

②心理学家研究表明，动漫与儿童之间存在某种天然的联系。5B 儿童具有把万物视为有生命、有意向的东西的天性，而动漫最大的特点就在于它可以把任何非人类的东西人格化，赋予它们情感、语言、思维和行动。

③随着年龄的增长，儿童逐渐成长为青少年，他们有着极强的求知欲和叛逆心理，不满足于学校和家庭的生活体验，6D 渴望接触外面的世界，但由于现实条件的限制，他们只能借助动漫寻找理想中的虚拟世界。此时，动漫承担了青少年情感转移的需求。

④心理学家还指出，动漫可以让人暂时脱离现实生活，尽情遨游在一个完全不同的世界里。所以，观看动漫具有帮助成人 7A 排解压力的作用。同时，它还能满足成人的梦想：做最刺激的事、拥有不可能拥有的一切。

① 요즘 애니메이션은 이미 아동, 청소년, 심지어는 일부 성인들의 여가 생활에 중요한 구성 요소가 되었다. 그러면 8A 왜 다른 연령대의 사람들이 모두들 애니메이션을 이렇게 좋아하는 것일까?

② 심리학자들은 애니메이션과 아동 간에는 모종의 천성적인 연계가 존재한다고 연구에서 밝혔다. 5B 아동은 만물을 생명이 있고 생각이 있는 것으로 여기는 천성이 있는데, 애니메이션의 가장 큰 특징이 바로 모든 비인류인 사물을 인격화하여 그것들에게 감정, 언어, 사유와 행동을 부여할 수 있다는 것에 있다.

③ 연령이 증가함에 따라 아동은 점점 청소년으로 성장하는데, 그들은 지극히 강한 지적 욕구와 반항 심리를 갖고 있으며, 학교와 가정의 생활 체험에 만족하지 않아 6D 외부 세계에 접촉하기를 갈망하는데, 현실적인 조건의 제한 때문에, 그들은 애니메이션의 힘을 빌려 이상 속의 허구 세계를 찾을 수밖에 없다. 이때 애니메이션은 청소년의 감정 전이의 요구를 맡았다.

④ 또한 심리학자들은 애니메이션은 사람으로 하여금 잠시 현실 생활을 떠나, 완전히 다른 세계를 마음껏 여행할 수 있게 할 수 있다는 점을 밝혔다. 그래서 애니메이션을 보는 것은 성인들이 7A 스트레스를 해소하도록 도와주는 효과가 있다. 동시에 그것은 가장 자극적인 일을 하고, 소유가 불가능한 모든 것을 소유하려는 성인들의 꿈을 만족시킬 수 있다.

단어 **动漫** dòngmàn ⓜ 애니메이션 | ★**成人** chéngrén ⓜⓢ 성인(이 되다) | ★**休闲** xiūxián ⓜⓢ 휴식 오락 활동(을 즐기다), 레저 활동(을 하다) | **万物** wànwù ⓜ 만물 | **意向** yìxiàng ⓜ 의향, 의도, 목적 | **天性** tiānxìng ⓜ 천성, 타고난 성격 | ★**在于** zàiyú ⓢ ~에 있다 | ★**人类** rénlèi ⓜ 인류 | **人格化** réngéhuà ⓢ 인격화하다, 의인화하다 | **赋予** fùyǔ ⓢ 부여하다 | **情感** qínggǎn ⓜ 정감, 감정 | **思维** sīwéi ⓜⓢ 사유(하다) | ★**行动** xíngdòng ⓜⓢ 행동(하다), 활동하다 | ★**逐渐** zhújiàn ⓟ 점점, 점차 | ★**青少年** qīngshàonián ⓜ 청소년 | **求知欲** qiúzhīyù ⓜ 지적 욕구 | **叛逆心理** pànnì xīnlǐ 반항 심리 | ★**满足** mǎnzú ⓗ 만족하다 ⓢ 만족시키다 | ★**体验** tǐyàn ⓜⓢ 체험(하다) | ★**接触** jiēchù ⓢ 접촉하다 | **动漫** dòngmàn ⓜ 애니메이션 | **虚拟** xūnǐ ⓗ 가상의, 허구의 | ★**承担** chéngdān ⓢ 맡다, 담당하다 | **转移** zhuǎnyí ⓜ 전이, 전환 ⓢ 옮기다, 이동하다 | ★**暂时** zànshí ⓜ 잠깐, 잠시 | **脱离** tuōlí ⓢ 벗어나다 | **遨游** áoyóu ⓢ 두루 돌아다니다, 여행하다 | **排解** páijiě ⓢ 해소하다 | ★**刺激** cìjī ⓜⓢ 자극(하다)

5

根据第二段，儿童：	두 번째 단락에 근거하면, 아동은:
A 有语言天赋	A 언어에 천부적인 재능이 있다
B 爱把物品人格化	B 사물을 인격화하는 것을 좋아한다
C 喜欢会动的玩具	C 움직일 수 있는 장난감을 좋아한다
D 娱乐方式多种多样	D 오락 방식이 가지각색이다

풀이 (1) 힌트가 될 만한 표현인 '**儿童**'에 밑줄을 그어 둔다.

(2) 먼저 보기를 읽는다.

(3) 일단 ②번 단락에서 '**儿童**'이 언급되는 부분을 찾고 자세히 읽어 본다.

② **心理学家研究表明，动漫与儿童之间存在某种天然的联系。**儿童具有把万物视为有生命、有意向的东西的天性，……

(4) '모든 것을 생명과 생각이 있는 것으로 여긴다'는 말로 보아 정답이 B임을 유추할 수 있다.

단어 ★**玩具** wánjù 명 장난감, 완구 | ★**娱乐** yúlè 명 오락, 레저 | ★**方式** fāngshì 명 방식

6

根据第三段，青少年：	세 번째 단락에 근거하면, 청소년은:
A 情绪多变	A 정서가 많이 변한다
B 求知欲不如儿童强	B 지적 욕구가 아동만큼 강하지 못하다
C 珍惜与家人的关系	C 가족과의 관계를 소중하게 여긴다
D 想要接触外面的世界	D 외부 세계에 접촉하고 싶어 한다

풀이 (1) 힌트가 될 만한 표현인 '**青少年**'에 밑줄을 그어 둔다.

(2) 먼저 보기를 읽는다.

(3) 일단 ③번 단락에서 '**青少年**'이 언급되는 부분을 찾고 자세히 읽어 본다.

③ **随着年龄的增长，儿童逐渐成长为青少年，他们有着极强的求知欲和叛逆心理，不满足于学校和家庭的生活体验，**渴望接触外面的世界，……

(4) '외부 세계에 접촉하기를 갈망한다'라고 했으므로 정답은 D이다.

단어 ★**情绪** qíngxù 명 정서, 기분 | ★**珍惜** zhēnxī 동 아끼다, 소중하게 여기다

7

动漫对成人有什么作用？	애니메이션은 성인에 대해 어떤 영향을 미치는가?
A 缓解压力	A 스트레스를 푼다
B 让他们吸取教训	B 그들이 교훈을 받아들이게 한다
C 了解儿女的思想	C 자녀의 생각을 이해한다
D 解决工作中的难题	D 업무 속의 난제를 해결한다

풀이 (1) 힌트가 될 만한 표현은 '**成人**'이므로 밑줄을 그어 둔다.

(2) 먼저 보기를 읽는다.

(3) '成人'이 나오는 위치를 빠르게 찾고 그 부분을 자세히 읽어 본다.

④ ……。所以，观看动漫具有帮助成人排解压力的作用。……

(4) '스트레스를 해소한다'고 했으므로 정답은 A이다.

단어 ★吸取 xīqǔ 동 받아들이다, 흡수하다 | ★教训 jiàoxùn 명동 교훈(하다), 훈계(하다)

8

上文主要谈的是：	윗글이 주로 이야기하는 것은:
A 动漫广受喜爱	A 애니메이션은 광범위하게 사랑받는다
B 动漫中包含的智慧	B 애니메이션 속에 포함된 지혜
C 怎么向不同人群推广动漫	C 서로 다른 사람들에게 어떻게 애니메이션을 보급할 것인가
D 如何克服动漫的消极影响	D 애니메이션의 부정적인 영향을 어떻게 극복할 것인가

풀이 (1) 주제를 찾는 문제이다. 이 지문은 ①번 단락에서 질문을 던지는 형식으로 명확하게 주제를 제시하고 있다.

(2) 먼저 보기를 읽는다.

① ……。那么为什么这些不同年龄段的人都这么喜欢动漫呢?

(3) 질문을 통해 전체 지문이 이에 대답하는 내용임을 유추할 수 있다. '왜 다른 연령대의 사람들이 모두들 애니메이션을 좋아하는가'라는 질문을 통해 지문의 주제가 A임을 알 수 있다.

단어 ★包含 bāohán 동 포함하다 | ★智慧 zhìhuì 명 지혜 | ★推广 tuīguǎng 동 널리 보급하다, 일반화하다 | ★克服 kèfú 동 극복하다

9-12 지문 해석

①南极的极昼来临时，企鹅会[9C]到数千米外的海洋去觅食。企鹅每次离家和回家的途中都要横跨没有任何地面标志的冰原，但它们从来不会迷路。这是为什么呢？难道它们身上带有指南针？

②1959年，科学家[10B]在南极5只成年企鹅身上做了标记，然后把它们带到1500千米外5个不同的地方，有趣的是，经过10个月的跋涉，它们居然全部都回到了原地。之后，又有两位科学家做了类似的实验。他们把几只企鹅带到离它们的故乡很远的陌生地方，并放到一个洞穴中。经过观察，他们发现，那些企鹅出洞后，[11D]一开始只在周围茫然地转来转去，但它们很快就找到了方向，一致把头转向了北方。他们还发现，只有当乌云遮住太阳的时候，企鹅才会迷失方向，四处乱走。

① 남극의 백야가 다가올 때, 펭귄은 [9C]수천 미터 밖의 바다로 먹이를 찾아간다. 펭귄은 매번 집을 떠나고 집에 돌아오는 도중에 어떠한 지면 지표도 없는 빙야를 가로질러야 하지만, 그들은 여태껏 길을 잃지 않았다. 이것은 왜일까? 그들 몸에 나침반이라도 가지고 있는 것일까?

② 1959년, 과학자는 [10B] 남극의 다섯 마리 성년 펭귄 몸에 표시를 하고, 그런 후에 그들을 1,500미터 밖 5개의 서로 다른 곳에 데려갔는데, 재미있는 것은 10개월의 고행을 거쳐 그들은 뜻밖에도 전부 원래 장소로 돌아왔다. 후에 또 두 명의 과학자가 유사한 실험을 했다. 그들은 몇 마리의 펭귄을 그들의 고향에서 먼 낯선 곳으로 데려갔고, 한 동굴에 두었다. 관찰을 통해 그들이 발견하길, 그 펭귄들은 동굴에서 나온 후 [11D] 처음에는 주위에서 막연하게 왔다 갔다 했지만, 빠르게 방향을 찾아내어 함께 머리를 북쪽으로 돌렸다. 그들은 또한 먹구름이 태양을 가렸을 때만 펭귄들이 방향을 잃고 사방을 헤맨다는 것을 발견했다.

③通过大量的实验，科学家们得出一个结论：企鹅体内的“指南针”是 12A 根据太阳来定向的。但是，太阳的位置和方向并不是固定的，企鹅是如何做到永远不迷失方向的呢？这个问题还有待研究。	③ 대량의 실험을 통해, 과학자들은 다음과 같은 결론을 얻었다. 펭귄 체내의 '나침반'은 12A 태양을 근거로 방향을 정한다는 것이다. 그러나 태양의 위치와 방향은 결코 고정된 것이 아닌데, 펭귄은 어떻게 영원히 방향을 잃지 않는 것일까? 이 문제는 아직 연구할 필요가 있다.

단어 极昼 jízhòu ⓜ 백야 | 企鹅 qǐ'é ⓜ 펭귄 | 觅食 mìshí ⓢ 먹이를 찾다 | 途中 túzhōng ⓜ 도중 | 横跨 héngkuà ⓢ 건너다, 가로지르다 | ★标志 biāozhì ⓜ 지표, 표지, 상징 | 冰原 bīngyuán ⓜ 빙야, 빙원 | ★难道 nándào ⓟ 그래 ~란 말인가 | 指南针 zhǐnánzhēn ⓜ 나침반 | 标记 biāojì ⓜ 표기 | 跋涉 báshè ⓢ 산을 넘고 물을 건너다(여행길이 고생스러움을 형용) | ★居然 jūrán ⓟ 뜻밖에, 생각 밖에 | 类似 lèisì ⓗ 유사하다 | ★实验 shíyàn ⓜⓢ 실험(하다) | 故乡 gùxiāng ⓜ 고향 | ★陌生 mòshēng ⓗ 생소하다, 낯설다 | 洞穴 dòngxué ⓜ 동굴 | 茫然 mángrán ⓗ 막연하다, 막막하다 | 乌云 wūyún ⓜ 먹구름 | 遮住 zhēzhù ⓢ 가리다, 막다 | 迷失 míshī ⓢ (길, 방향 등을) 잃다 | ★结论 jiélùn ⓜ 결론 | ★固定 gùdìng ⓗ 고정된 ⓢ 고정하다 | 有待 yǒudài ⓢ ~할 필요가 있다, ~이 기대되다, ~이 요구되다

9

南极极昼来临时，企鹅会：	남극의 백야가 다가올 때, 펭귄은:
A 藏在海洋里　　B 进入睡眠状态	A 바닷속에 숨는다　　B 수면 상태에 들어간다
C 出去寻找食物　　D 躺在冰上晒太阳	C 나가서 음식을 찾는다　　D 얼음 위에 누워서 햇볕을 쬔다

풀이 (1) 힌트가 될 만한 표현은 '**南极极昼来临**'이므로 밑줄을 그어 둔다.

(2) 먼저 보기를 읽는다.

(3) '**南极极昼来临**'에 대해 설명하는 부분을 빠르게 찾고 그 부분을 자세히 읽어 본다.

① **南极的极昼来临时，企鹅会**到数千米外的海洋去觅食。……

(4) '수천 미터 밖의 바다로 먹이를 찾아간다'고 했으므로 C가 정답이다.

단어 藏 cáng ⓢ 숨다, 숨기다 | 睡眠 shuìmián ⓜ 수면 | ★晒 shài ⓢ 햇볕을 쬐다

10

关于1959年的那个实验，可以知道什么？	1959년의 그 실험에 관해, 무엇을 알 수 있는가?
A 持续了5个月	A 5개월 간 지속되었다
B 企鹅身上有标记	B 펭귄 몸에 표시가 있다
C 总共选了15只企鹅	C 모두 15마리의 펭귄을 선택했다
D 企鹅在一年后回到了原地	D 펭귄은 1년 후에 원래 장소로 돌아왔다

풀이 (1) 힌트가 될 만한 표현은 '**1959年**'이므로 밑줄을 그어 둔다.

(2) 먼저 보기를 읽는다.

(3) '**1959年**'에 대해 설명하는 부분을 빠르게 찾고 그 부분을 자세히 읽어 본다. 숫자만큼 쉽게 위치를 찾을 수 있는 보기도 없다.

② **1959年，科学家**在南极5只成年企鹅身上做了标记，……

(4) '펭귄의 몸에 표시를 했다'는 말을 통해 정답이 B임을 알 수 있다.

단어 ★持续 chíxù 동 지속하다 | ★总共 zǒnggòng 부 모두, 전부

11

根据第二段，刚出洞时，企鹅：	두 번째 단락에 근거하여, 막 동굴을 나왔을 때 펭귄은:
A 睁不开眼　B 立即向南走	A 눈을 뜰 수 없었다　B 즉시 남쪽으로 갔다
C 不停地发抖　D 只在周围转	C 끊임없이 떨었다　D 단지 주위에서 돌아다녔다

풀이 (1) 힌트가 될 만한 표현은 '出洞'이므로 밑줄을 그어 둔다.

(2) 먼저 보기를 읽는다.

(3) '出洞'에 대해 설명하는 부분을 빠르게 찾고 그 부분을 자세히 읽어 본다.

② ……，**那些企鹅出洞后**，一开始只在周围茫然地转来转去，……

(4) '처음에는 주위에서 왔다 갔다 했다'는 말을 통해 정답이 D임을 알 수 있다.

단어 ★睁 zhēng 동 눈을 뜨다 | ★立即 lìjí 부 즉시, 당장 | ★发抖 fādǒu 동 떨다

12

企鹅根据什么来定方向？	펭귄은 무엇에 근거하여 방향을 정하는가?
A 太阳　B 风向	A 태양　B 풍향
C 海水的流动　D 乌云的位置	C 해수의 유동　D 먹구름의 위치

풀이 (1) 힌트가 될 만한 표현은 '定方向'이므로 밑줄을 그어 둔다.

(2) 먼저 보기를 읽는다.

(3) '定方向'에 대해 설명하는 부분을 빠르게 찾고 그 부분을 자세히 읽어 본다.

③ …… : **企鹅体内的"指南针"是**根据太阳**来定向的**。……

(4) '태양에 근거하여'라고 직접적으로 말했으므로 정답은 A이다.

단어 流动 liúdòng 동 (액체나 기체가) 흐르다, 유동하다

13-16 지문 해석

①坐飞机时，如果你希望有更大的空间，或者不希望旁边有人打扰，那么可以购买"占座票"。 ②据报道，一家航空公司目前推出了"一人多座"的产品，也就是说[13 D]旅客除了购买自己座位的机票，还可以购买其他的座位。	① 비행기를 탈 때, 만약 당신이 더 넓은 공간이 있길 바라거나 옆에 방해하는 사람이 앉는 것을 바라지 않는다면, '좌석차지표'를 구매하면 된다. ② 보도에 따르면, 한 항공회사가 요즘 '한 명이 여러 좌석을 쓰는' 제품을 출시했는데, 다시 말해서 [13 D] 자기 좌석의 비행기표를 구매하는 것을 제외하고도, 다른 좌석을 구매할 수 있는 것이다.

독해

제3부분

③航空公司为什么会出售"占座票"呢？据了解，不少航空公司的平均客座率都较低。大多数航班都有很多空座位，与其空着，不如想办法卖出去。这样既能满足部分旅客的个性化需求，[14A]还能增加航空公司的收入。	③ 항공회사는 왜 '좌석차지표'를 판매하는 것일까? 파악한 바에 따르면, 많은 항공회사의 평균 탑승률은 모두 비교적 낮다. 대다수 항공편에 모두 많은 빈 좌석이 있는데, 비워져 있을 바에는 방법을 생각해서 차라리 판매하는 것이 낫다. 이렇게 하면 일부 여행객의 개성화된 요구를 만족시킬 수 있고, 또한 [14A] 항공회사의 수입을 증가시킬 수 있다.
④可对于这项服务，网友们却议论纷纷。支持者认为，飞机座位较小，旁边有人的话，坐着很不舒服。同时，"占座票"对身材较胖的乘客而言更是十分必要的。反对者则 [15C] 认为这样做是浪费资源。	④ 그러나 이러한 서비스에 대해, 네티즌들은 의견이 분분하다. 지지자들은 비행기 좌석이 비교적 작아서, 옆에 사람이 있으면 앉아있을 때 매우 불편하다고 생각한다. 동시에 '좌석차지표'는 체격이 비교적 뚱뚱한 승객에게 있어서 더욱이 매우 필요한 것이다. 반면 반대자들은 [15C] 이렇게 하는 것이 자원을 낭비하는 것이라고 생각한다.
⑤某民航资深评论员表示，这样做谈不上浪费，而是 [16A] 航空公司的一种创新，满足了一部分特殊乘客的需求。另外航空公司也一定会控制该类产品的售卖情况，不会出现一人包全场等极端情况，而且航空公司也会根据淡旺季来决定是否售卖该产品。	⑤ 모 민간항공의 중견 평론가는, 이렇게 하는 것이 낭비라고 말할 수는 없으며 [16A] 항공회사의 일종의 혁신으로, 일부 특수한 승객의 수요를 만족시켰다고 말했다. 그 밖에 항공회사도 이 종류의 제품 판매 상황을 반드시 통제하여 한 사람이 전체를 전세내는 극단적인 상황이 나타나서는 안 되며, 게다가 항공회사도 비성수기와 성수기에 따라 이 제품을 판매할지 여부를 결정할 것이다.

단어 ★空间 kōngjiān ㊔ 공간 | ★打扰 dǎrǎo ㊕ 방해하다, 폐를 끼치다 | ★占 zhàn ㊕ 차지하다, 점령하다 | ★报道 bàodào ㊔㊕ 보도(하다) | 航空公司 hángkōng gōngsī 항공사 | 推出 tuīchū ㊕ 내놓다, 출시하다 | 出售 chūshòu ㊕ 팔다 | ★平均 píngjūn ㊖ 평균적인 | 客座率 kèzuòlǜ ㊔ 탑승률 | ★与其 A 不如 B yǔqí A bùrú B A하느니 차라리 B하다 | ★议论 yìlùn ㊔㊕ 논의(하다), 비평(하다) | ★纷纷 fēnfēn ㊖ 분분하다 ㊗ 잇달아, 쉴 새 없이, 계속하여 | ★身材 shēncái ㊔ 체격, 몸매 | 乘客 chéngkè ㊔ 승객 | ★必要 bìyào ㊔㊖ 필요(로 하다) | 民航 mínháng ㊔ 민간항공 | 资深 zīshēn ㊖ 경력과 자격이 풍부하다 | 评论 pínglùn ㊔㊕ 평론(하다) | 谈不上 tánbushàng ~라고까지 말할 수 없다 | ★包 bāo ㊕ 전세내다, 대절하다 | 极端 jíduān ㊔㊖ 극단(적인) | 淡旺季 dànwàngjì 비수기와 성수기

13

关于"一人多座"产品，可以知道： A 经常打折 B 可转卖给他人 C 方便旅客睡觉 D 旅客可享受更大空间	'한 명이 여러 좌석을 쓰는' 제품에 관해, 알 수 있는 것은: A 자주 할인한다 B 타인에게 양도할 수 있다 C 여행객이 잠을 자기에 편하다 D 여행객은 더욱 큰 공간을 누릴 수 있다

풀이 (1) 지문에 그대로 언급된다는 뜻을 의미하는 큰따옴표 속의 '**一人多座**'에 밑줄을 그어 둔다.

(2) 먼저 보기를 읽는다.

(3) 지문에서 '**一人多座**'가 나오는 위치를 빠르게 찾고 그 부분을 자세히 읽어 본다.

② ……, **一家航空公司目前推出了 "一人多座" 的产品，也就是说**旅客除了购买自己座位的机票，还可以购买其他的座位。

(4) '자기 좌석의 비행기표를 구매하는 것을 제외하고도 다른 좌석의 표를 구매할 수 있다'라는 말을 통해 정답은 D임을 유추할 수 있다.

단어 转卖 zhuǎnmài ⓢ 되팔다, 전매하다 | ★享受 xiǎngshòu ⓢ 누리다, 즐기다, 향수하다

14

航空公司出售“占座票”是为了什么？

A 增加收入

B 缓解买票难的状况

C 与其他交通工具竞争

D 满足绝大多数旅客的需求

항공회사가 '좌석차지표'를 판매하는 것은 무엇을 위한 것인가?

A 수입을 증가시킨다

B 표를 사기 어려운 상황을 완화시킨다

C 기타 교통수단과 경쟁한다

D 절대다수 여행객의 수요를 만족시킨다

풀이 (1) 힌트가 될 만한 표현은 '**航空公司**'와 '**占坐票**'이므로 밑줄을 그어 둔다.

(2) 먼저 보기를 읽는다.

(3) 지문에서 두 개의 힌트가 나오는 위치를 빠르게 찾고 그 부분을 자세히 읽어 본다.

① ……，**那么可以购买“占座票”**。

③ **航空公司为什么会出售“占座票”呢？据了解，不少航空公司的平均客座率都较低。大多数航班都有很多空座位，与其空着，不如想办法卖出去。这样既能满足部分旅客的个性化需求，**还能增加航空公司的收入。

(4) ①번 단락에서 '좌석차지표'가 나오고 ②번 단락에서 항공회사가 나오지만, 13번 문제를 풀면서 ②번 단락은 이미 읽어 봤어도 항공회사의 판매 목적은 언급되지 않았다. ③번 단락 첫 부분에 제시된 질문을 통해 그 뒤에 판매 목적이 나오는 것을 유추할 수 있다. '항공회사의 수입을 증가시킬 수 있다'고 했으므로 정답은 A이다.

단어 ★竞争 jìngzhēng ⓜⓢ 경쟁(하다)

15

持反对意见的网友认为卖“占座票”：

A 风险大

B 不公平

C 浪费资源

D 不符合规定

반대 의견을 가지고 있는 네티즌들은 '좌석차지표'를 판매하는 것에 대해 생각한다:

A 리스크가 크다고

B 공평하지 않다고

C 자원을 낭비한다고

D 규정에 부합하지 않다고

풀이 (1) 힌트가 될 만한 표현은 '**持反对意见的网友**'이므로 밑줄을 그어 둔다.

(2) 먼저 보기를 읽는다.

(3) 지문에서 '**持反对意见的人**'과 같거나 유사한 표현이 나오는 위치를 빠르게 찾고 그 부분을 자세히 읽어 본다.

④ ……。**反对者则**认为这样做是浪费资源。

(4) '자원을 낭비하는 것이라고 생각한다'고 했으므로 정답은 C이다.

단어 ★风险 fēngxiǎn ⓜ 위험, 리스크 | ★符合 fúhé ⓢ 부합하다, 맞다

16

下列哪项是那位民航资深评论员的观点？	다음 중 그 민간항공의 중견 평론가의 관점은 어느 것인가?
A 占座票是一种创新	A 좌석차지표는 일종의 혁신이다
B 应优先照顾特殊乘客	B 우선적으로 특수한 고객을 배려해야 한다
C 占座票应在旺季出售	C 좌석차지표는 성수기에 판매해야 한다
D 航空公司应提供包机服务	D 항공회사는 비행기 전세 서비스를 제공해야 한다

풀이 (1) 힌트가 될 만한 표현은 '**民航资深评论员**'이므로 밑줄을 그어 둔다.

(2) 먼저 보기를 읽는다.

(3) 지문에서 '**民航资深评论员**'이 나오는 위치를 빠르게 찾고 그 부분을 자세히 읽어 본다.

⑤ **某民航资深评论员表示，这样做谈不上浪费，而是航空公司的一种创新，……**

(4) '항공회사의 일종의 혁신이다'라고 했으므로 정답은 A이다.

단어 **优先** yōuxiān 부 우선적으로

쓰기 Chapter 01 기본 어순

+ 본서 278쪽

정답

1 那场讲座不允许录音。

2 开幕式上的乐器表演非常精彩。

3 她一直承受着巨大的压力。

4 他在犹豫要不要出席晚会。

5 他的方案取得了不错的效果。

6 他在担任一家健身俱乐部的教练。

7 妈妈做的麻辣豆腐很地道。

8 我和女朋友打算元旦举行婚礼。

1

那场讲座不允许录音。	그 강좌는 녹음하는 것을 허가하지 않는다.

[풀이] [1단계] 먼저 수식성분인 '**那场**'은 괄호로 표시하여 문장의 핵심성분에서 제외한다.

[2단계] 서술어가 될 수 있는 단어는 동사 '**录音**'과 '**允许**'가 있다. 그중 '**允许**'는 주로 동사목적어를 가져서 '~하는 것을 허가하다'라는 뜻을 나타낼 수 있다. 의미상 '**允许**'가 '**录音**'을 목적어로 삼고 있다.

[3단계] 주어가 될 수 있는 단어는 '**讲座**'밖에 없다.

[4단계] 남은 단어나 구를 의미에 맞게 수식하는 곳에 넣어 문장을 완성한다.

[단어] **讲座** jiǎngzuò [명] 강좌 | ★**允许** yǔnxǔ [동] 허가하다 | **录音** lùyīn [명][동] 녹음(하다)

2

开幕式上的乐器表演非常精彩。	개막식의 악기 공연은 매우 훌륭했다.

[풀이] [1단계] 먼저 수식성분인 '**开幕式上的**'와 정도부사 '**非常**'은 괄호로 표시하여 문장의 핵심성분에서 제외한다.

[2단계] 서술어가 될 수 있는 단어는 형용사 '**精彩**'밖에 없다.

[3단계] 서술어 '**精彩**'와 어울리는 주어는 '**乐器表演**'이다.

[4단계] 남은 단어나 구를 의미에 맞게 수식하는 곳에 넣어 문장을 완성한다.

[단어] **开幕式** kāimùshì [명] 개막식 | **乐器** yuèqì [명] 악기 | **表演** biǎoyǎn [명][동] 공연(하다), 연기(하다) | ★**精彩** jīngcǎi [형] 훌륭하다, 뛰어나다, 멋지다

3

她一直承受着巨大的压力。	그녀는 줄곧 큰 스트레스를 감당하고 있다.

[풀이] [1단계] 먼저 수식성분인 부사 '**一直**'와 형용사 '**巨大的**'는 괄호로 표시하여 문장의 핵심성분에서 제외한다.

[2단계] 서술어가 될 수 있는 단어는 뒤에 동태조사 '**着**'가 있는 동사 '**承受**'밖에 없다.

[3단계] 서술어 '**承受**'와 어울리는 주어와 목적어는 각각 '**她**'와 '**压力**'이다.

[4단계] 남은 단어나 구를 의미에 맞게 수식하는 곳에 넣어 문장을 완성한다.

[단어] ★**承受** chéngshòu [동] 감당하다, 견디다 | **巨大** jùdà [형] 크다, 거대하다 | **压力** yālì [명] 스트레스, 압력

4

他在犹豫要不要出席晚会。	그는 파티에 참석해야 할지 말아야 할지 망설이고 있다.

[풀이] [1단계] 먼저 수식성분인 조동사 '**要不要**'는 괄호로 표시하여 문장의 핵심성분에서 제외한다.

[2단계] 서술어가 될 수 있는 단어는 동사 '**出席**'와 '**犹豫**'가 있다. 그중 '**犹豫**'는 주로 동사목적어를 가져서 '~할지 말지 망설이다'라는 뜻을 나타낼 수 있다. 의미상 '**犹豫**'가 '**要不要出席**'를 목적어로 삼고 있다.

[3단계] 주어가 될 수 있는 단어는 '**他**'밖에 없다.

[단어] ★**犹豫** yóuyù [동] 망설이다, 주저하다 | **出席** chūxí [동] 참석하다, 출석하다

5

他的方案取得了不错的效果。	그의 방안은 괜찮은 효과를 얻었다.

[풀이] [1단계] 먼저 수식성분인 '**不错的**'와 '**他的**'는 괄호로 표시하여 문장의 핵심성분에서 제외한다.

[2단계] 서술어가 될 수 있는 단어는 뒤에 동태조사 '**了**'가 있는 동사 '**取得**'밖에 없다.

[3단계] 서술어 '**取得**'와 어울리는 주어와 목적어는 각각 '**方案**'과 '**效果**'이다.

[4단계] 남은 단어나 구를 의미에 맞게 수식하는 곳에 넣어 문장을 완성한다.

[단어] **方案** fāng'àn [명] 방안 | ★**取得** qǔdé [동] 얻다, 취득하다 | **效果** xiàoguǒ [명] 효과

6

他在担任一家健身俱乐部的教练。	그는 한 헬스클럽의 코치를 맡고 있다.

[풀이] [1단계] 먼저 수식성분인 수량사 '**一家**'와 '**健身俱乐部的**'는 괄호로 표시하여 문장의 핵심성분에서 제외한다.

[2단계] 서술어가 될 수 있는 단어는 동사 '**担任**'밖에 없다.

[3단계] 서술어 '**担任**'과 어울리는 주어와 목적어는 각각 '**他**'와 '**教练**'이다.

[4단계] 남은 단어나 구를 의미에 맞게 수식하는 곳에 넣어 문장을 완성한다.

[단어] ★**担任** dānrèn [동] 맡다, 담당하다 | **健身** jiànshēn [명] 헬스, 피트니스 [동] 몸을 건강하게 하다 | **俱乐部** jùlèbù [명] 클럽 | **教练** jiàoliàn [명] 코치

7

妈妈做的麻辣豆腐很地道。	엄마가 만든 마라두부는 제대로다.

풀이 1단계 먼저 수식성분인 '**做的**'와 정도부사 '**很**'은 괄호로 표시하여 문장의 핵심성분에서 제외한다.

2단계 서술어가 될 수 있는 단어는 형용사 '**地道**'밖에 없다.

3단계 서술어 '**地道**'와 어울리는 주어는 '**麻辣豆腐**'이다.

4단계 '**妈妈**'는 '**做的**'와 함께 주어를 수식하고 있다.

단어 **豆腐** dòufu ⓜ 두부 | ★**地道** dìdao ⓗ 진짜의, 본고장의

8

我和女朋友打算元旦举行婚礼。	나와 여자 친구는 설날에 결혼식을 올릴 계획이다.

풀이 1단계 서술어가 될 수 있는 단어는 동사 '**打算**'과 '**举行**'이 있다. 그중 '**打算**'은 반드시 동사목적어를 가져서 '~할 계획이다'라는 뜻을 나타낼 수 있다. 의미상 '**打算**'이 '**举行婚礼**'를 목적어로 삼고 있다.

2단계 주어가 될 수 있는 단어는 '**我和女朋友**'밖에 없다.

단어 ★**元旦** Yuándàn 고유 (양력) 설날 | **举行** jǔxíng ⓓ 거행하다, 개최하다 | ★**婚礼** hūnlǐ ⓜ 결혼식

쓰기 Chapter 02 정도보어 · 시량보어 · 전치사구보어

+ 본서 287쪽

정답

1 方案制定得非常详细。

2 地震持续了二十秒左右。

3 货架上的商品摆放得整整齐齐。

4 八十岁的爷爷依然活跃在舞台上。

5 这种大雾天气不会持续很久。

6 隔壁的音乐声吵得他无法入睡。

7 博物馆的开放时间延长到了晚上8点。

8 那个神话传说已经流传了上千年。

1

方案制定得非常详细。	방안은 매우 상세하게 세워졌다.

풀이 1단계 먼저 수식성분인 정도부사 '**非常**'은 괄호로 표시하여 문장의 핵심성분에서 제외한다.

2단계 서술어가 될 수 있는 단어는 형용사 '**详细**'와 동사 '**制定**'이 있지만, 구조조사 '**得**'가 있는 것으로 보아 '제정한 정도가 상세하다'라는 의미구조를 이루어야 한다. 따라서 서술어는 동사 '**制定**'이다.

3단계 주어가 될 수 있는 단어는 '**方案**'밖에 없다.

4단계 남은 단어나 구를 의미에 맞게 수식하는 곳에 넣어 문장을 완성한다.

단어 ★方案 fāng'àn 명 방안 | ★制定 zhìdìng 동 세우다, 제정하다 | ★详细 xiángxì 형 상세하다

2

地震持续了二十秒左右。	지진은 약 20초 동안 지속되었다.

풀이 1단계 서술어가 될 수 있는 단어는 뒤에 동태조사 '**了**'가 붙어있는 동사 '**持续**'이다.

2단계 주어가 될 수 있는 단어는 '**地震**'밖에 없다.

3단계 '**二十秒左右**'는 '약 20초 동안 ~했다'라는 의미를 나타내는 지속형 시량보어로 동사 뒤에 두어야 한다.

단어 ★**地震** dìzhèn 명 지진 | ★**持续** chíxù 동 지속하다

3

货架上的商品摆放得整整齐齐。	진열대 위의 상품은 가지런하게 놓여 있다.

풀이 1단계 먼저 수식성분인 '**货架上的**'는 괄호로 표시하여 문장의 핵심성분에서 제외한다.

2단계 서술어가 될 수 있는 단어는 뒤에 구조조사 '**得**'가 붙어있는 동사 '**摆放**'이다.

3단계 '**摆放**' 뒤에서 정도보어가 될 수 있는 표현은 '놓여진 정도가 매우 가지런하다'라는 의미구조를 이루는 '**整整齐齐**'이다.

4단계 주어가 될 수 있는 단어는 '**商品**'밖에 없다.

5단계 남은 단어나 구를 의미에 맞게 수식하는 곳에 넣어 문장을 완성한다.

단어 **货架** huòjià 명 진열대 | **摆放** bǎifàng 동 놓다, 두다 | ★**整齐** zhěngqí 형 가지런하다, 질서 있다, 깔끔하다

4

八十岁的爷爷依然活跃在舞台上。	80세의 할아버지는 여전히 무대 위에서 활약하고 있다.

풀이 1단계 먼저 수식성분인 부사 '**依然**'과 '**八十岁的**'는 괄호로 표시하여 문장의 핵심성분에서 제외한다.

2단계 서술어가 될 수 있는 단어는 동사 '**活跃**'이다. 뒤에 전치사 '**在**(~에서)'가 있으므로, '**在**'와 함께 쓰일 수 있는 명사성 단어를 찾는다.

3단계 '**在舞台上**'은 동사 뒤에서 전치사구보어가 된다.

4단계 서술어와 의미상 어울리는 주어는 '**爷爷**'밖에 없다.

5단계 남은 단어나 구를 의미에 맞게 수식하는 곳에 넣어 문장을 완성한다.

단어 ★**依然** yīrán 부 여전히 형 여전하다 | ★**活跃** huóyuè 동 (1)활약하다, 적극적으로 활동하다 (2)활기를 띠게 하다 형 활동적이다, 활기차다 | **舞台** wǔtái 명 무대

5

这种大雾天气不会持续很久。	이런 짙은 안개의 날씨는 오랫동안 지속되지 않을 것이다.

풀이 1단계 먼저 수식성분인 정도부사 '很'과 '这种'은 괄호로 표시하여 문장의 핵심성분에서 제외한다.
2단계 서술어가 될 수 있는 단어는 앞에 부정부사 '不'와 조동사 '会'의 수식을 받고 있는 동사 '持续'이다.
3단계 주어가 될 수 있는 단어는 '大雾天气'밖에 없다.
4단계 '很久'는 '아주 오랫동안 ~하다'라는 의미를 나타내는 지속형 시량보어로 동사 뒤에 두어야 한다.
5단계 남은 단어나 구를 의미에 맞게 수식하는 곳에 넣어 문장을 완성한다.

단어 ★雾 wù ⓜ 안개 | ★持续 chíxù ⓢ 지속하다

6

隔壁的音乐声吵得他无法入睡。	이웃집의 음악 소리는 시끄러워서 그는 잠을 잘 수가 없다.

풀이 1단계 먼저 수식성분인 '无法'와 '隔壁的'는 괄호로 표시하여 문장의 핵심성분에서 제외한다.
2단계 서술어가 될 수 있는 단어는 뒤에 구조조사 '得'가 붙어있는 형용사 '吵'이다.
3단계 '吵' 뒤에서 정도보어가 될 수 있는 표현은 '그가 잠을 잘 수 없을 정도로 시끄럽다'라는 의미구조를 이루는 '他无法入睡'이다.
4단계 주어가 될 수 있는 단어는 '音乐声'밖에 없다.
5단계 남은 단어나 구를 의미에 맞게 수식하는 곳에 넣어 문장을 완성한다.

단어 ★隔壁 gébì ⓜ 이웃(집) | ★吵 chǎo ⓗ 시끄럽다 ⓢ 떠들다 | 无法 wúfǎ ⓢ ~할 수 없다 | 入睡 rùshuì ⓢ 잠들다

7

博物馆的开放时间延长到了晚上8点。	박물관의 개방 시간이 저녁 8시까지 연장되었다.

풀이 1단계 먼저 수식성분인 '博物馆的'는 괄호로 표시하여 문장의 핵심성분에서 제외한다.
2단계 서술어가 될 수 있는 단어는 동사 '延长'이다.
3단계 전치사 '到(~까지)'는 '晚上8点'과 함께 쓰여 동사 뒤에서 전치사구보어가 된다.
4단계 서술어와 의미상 어울리는 주어는 '开放时间'밖에 없다.
5단계 남은 단어나 구를 의미에 맞게 수식하는 곳에 넣어 문장을 완성한다.

단어 ★博物馆 bówùguǎn ⓜ 박물관 | ★开放 kāifàng ⓢ 개방하다 ⓗ 개방적이다 | ★延长 yáncháng ⓢ 연장하다

8

那个神话传说已经流传了上千年。	그 신화전설은 이미 천년 넘도록 전해져 내려왔다.

쓰기

제1부분

풀이 1단계 먼저 수식성분인 '**那个**'와 부사 '**已经**'은 괄호로 표시하여 문장의 핵심성분에서 제외한다.
2단계 서술어가 될 수 있는 단어는 뒤에 동태조사 '**了**'가 붙어있는 동사 '**流传**'이다.
3단계 주어가 될 수 있는 단어는 '**神话传说**'밖에 없다.
4단계 '**上千年**'은 '천년 넘는 동안 ~했다'라는 의미를 나타내는 지속형 시량보어로 동사 뒤에 두어야 한다.
5단계 남은 단어나 구를 의미에 맞게 수식하는 곳에 넣어 문장을 완성한다.

단어 ★**神话** shénhuà 명 신화 | ★**传说** chuánshuō 명 전설 | ★**流传** liúchuán 동 전해져 내려오다

쓰기 Chapter 03 是자문 · 有자문

+ 본서 293쪽

정답

1 他的结论是不成立的。

2 各个时期的建筑都有所不同。

3 她是个追求完美的人。

4 我有两张多余的光盘。

5 哥哥曾经是一个疯狂的球迷。

6 疲劳驾驶是对生命不负责任的表现。

7 阳台上有一只美丽的蝴蝶。

8 这是属于我们两个人的秘密。

1

他的结论是不成立的。	그의 결론은 성립하지 않는 것이다.

풀이 1단계 먼저 수식성분인 '**他的**'는 괄호로 표시하여 문장의 핵심성분에서 제외한다.
2단계 서술어가 '**是**'이므로 이를 기준으로 주어와 목적어를 찾는다.
3단계 주어는 '**结论**', 목적어는 '**不成立的**'이다. '**不成立的**'는 조사 '**的**'를 사용해서 '**不成立**'를 명사화시킨 것이다.
4단계 남은 단어나 구를 의미에 맞게 수식하는 곳에 넣어 문장을 완성한다.

단어 ★**结论** jiélùn 명 결론 | ★**成立** chénglì 동 (1)(이론, 의견 등이) 성립하다 (2)(조직, 기구 등을) 창립하다

2

各个时期的建筑都有所不同。	각 시기의 건축물은 모두 다른 바가 있다.

풀이 1단계 먼저 수식성분인 부사 '**都**'와 '**各个时期的**'는 괄호로 표시하여 문장의 핵심성분에서 제외한다.
2단계 서술어가 '**有**'이므로 이를 기준으로 주어와 목적어를 찾는다.
3단계 주어는 소유의 주체를 나타내는 '**建筑**', 목적어는 소유 대상인 '**所不同**'이다. '**所不同**'은 조사 '**所**'를 사용해서 '**不同**'을 명사화시킨 것이다.
4단계 남은 단어나 구를 의미에 맞게 수식하는 곳에 넣어 문장을 완성한다.

단어 ★时期 shíqī 명 시기 | ★建筑 jiànzhù 명 건축(물) | ★所 suǒ 조 (1)주로 동사 앞에 쓰여 동사를 명사화함 (2)명사를 수식하는 동사 앞에 쓰여 수식관계를 나타냄

3

她是个追求完美的人。	그녀는 완벽을 추구하는 사람이다.

풀이 1단계 서술어가 될 수 있는 동사는 '是'와 '追求'가 있지만 '是(一)个'의 형식으로 뒤에 목적어가 온다는 것을 알 수 있으므로 동사 '是'를 기준으로 주어와 목적어를 찾는다.

2단계 주어는 '她', 목적어는 구조상 '人'이다.

3단계 남은 단어나 구를 의미에 맞게 수식하는 곳에 넣어 문장을 완성한다.

단어 ★追求 zhuīqiú 동 추구하다 | ★完美 wánměi 형 완벽하다

4

我有两张多余的光盘。	나는 남는 CD 두 장이 있다.

풀이 1단계 먼저 수식성분인 '多余的'와 수량사 '两张'은 괄호로 표시하여 문장의 핵심성분에서 제외한다.

2단계 서술어가 '有'이므로 이를 기준으로 주어와 목적어를 찾는다.

3단계 주어는 소유의 주체를 나타내는 '我', 목적어는 소유 대상인 '光盘'이다.

4단계 남은 단어나 구를 의미에 맞게 수식하는 곳에 넣어 문장을 완성한다. 이때 수량사 '两张'은 반드시 '형용사+的' 구조인 '多余的' 앞에 둔다.

단어 ★多余 duōyú 형 (1)나머지의, 여분의 (2)쓸데없는, 필요 없는 | ★光盘 guāngpán 명 CD

5

哥哥曾经是一个疯狂的球迷。	형은 이전에 한 명의 열광적인 축구팬이었다.

풀이 1단계 먼저 수식성분인 '疯狂的'와 수량사 '一个'는 괄호로 표시하여 문장의 핵심성분에서 제외한다.

2단계 서술어가 '是'이므로 이를 기준으로 주어와 목적어를 찾는다.

3단계 주어는 '哥哥', 목적어는 '球迷'이다.

4단계 남은 단어나 구를 의미에 맞게 수식하는 곳에 넣어 문장을 완성한다. 이때 수량사 '一个'는 반드시 '형용사+的' 구조인 '疯狂的' 앞에 둔다.

단어 ★曾经 céngjīng 부 이전에, 일찍이 | ★疯狂 fēngkuáng 형 미치다, 미친듯하다 | ★球迷 qiúmí 명 (구기종목의) 팬

6

疲劳驾驶是对生命不负责任的表现。	졸음운전은 생명에 대해 책임지지 않는 태도이다.

[풀이] [1단계] 먼저 수식성분인 전치사구 '**对生命**'은 괄호로 표시하여 문장의 핵심성분에서 제외한다.
[2단계] 서술어가 '**是**'이므로 이를 기준으로 주어와 목적어를 찾는다.
[3단계] 주어는 '**疲劳驾驶**', 목적어는 구조상 '**表现**'이다.
[4단계] 남은 단어나 구를 의미에 맞게 수식하는 곳에 넣어 문장을 완성한다.

[단어] ★**疲劳** píláo [형] 피로하다 | ★**驾驶** jiàshǐ [동] 운전하다, 조종하다 | ★**生命** shēngmìng [명] 생명 | ★**责任** zérèn [명] 책임 | ★**表现** biǎoxiàn [명] 태도, 품행 [동] (자신의 능력, 태도, 품행 등을 겉으로) 드러내다

7

阳台上有一只美丽的蝴蝶。	베란다에 아름다운 나비 한 마리가 있다.

[풀이] [1단계] 먼저 수식성분인 수량사 '**一只**'와 '**美丽的**'는 괄호로 표시하여 문장의 핵심성분에서 제외한다.
[2단계] 서술어가 '**有**'이므로 이를 기준으로 주어와 목적어를 찾는다.
[3단계] 주어는 존재하는 장소를 나타내는 표현 '**阳台上**', 목적어는 존재 대상인 '**蝴蝶**'이다.
[4단계] 남은 단어나 구를 의미에 맞게 수식하는 곳에 넣어 문장을 완성한다. 이때 수량사 '**一只**'는 반드시 '**형용사+的**' 구조인 '**美丽的**' 앞에 둔다.

[단어] ★**阳台** yángtái [명] 베란다 | ★**蝴蝶** húdié [명] 나비

8

这是属于我们两个人的秘密。	이것은 우리 두 사람에게 속하는 비밀이다.

[풀이] [1단계] 먼저 수식성분인 '**两个人的**'는 괄호로 표시하여 문장의 핵심성분에서 제외한다.
[2단계] 서술어가 될 수 있는 동사는 '**是**'와 '**属于**'가 있지만 '**这是**'의 형식으로 이미 앞에 주어가 있으므로 동사 '**是**'를 기준으로 주어와 목적어를 찾는다.
[3단계] 주어는 구조상 '**这**', 의미상 가능한 목적어는 '**秘密**'이다.
[4단계] 남은 단어나 구를 의미에 맞게 수식하는 곳에 넣어 문장을 완성한다.

[단어] ★**属于** shǔyú [동] ~에 속하다 | ★**秘密** mìmì [명] 비밀

쓰기 Chapter 04 把자문 · 被자문

+ 본서 299쪽

정답

1 你把讲座录音整理一下。

2 他讲的笑话把姥姥逗乐了。

3 这个学生的考试资格被取消了。

4 他把充电器忘在卧室了。

5 他被评为本部门的优秀员工。

6 我不小心把水洒在了键盘上。

7 恭喜你被清华大学录取了。

8 她已经把初级课程学完了。

1

你把讲座录音整理一下。	당신은 강좌 녹음을 정리 좀 해요.

풀이 1단계 서술어가 될 수 있는 단어는 동사 '**整理**'이다. 기타성분이 되는 동량보어 '**一下**'는 '**整理**' 뒤에 둔다.
2단계 주어는 동작의 주체가 되는 '**你**'이다.
3단계 '**把**' 뒤에 동작의 처리 대상인 '**讲座录音**'을 넣어 문장을 완성한다.

단어 ★**讲座** jiǎngzuò 명 강좌 | ★**录音** lùyīn 명동 녹음(하다) | ★**整理** zhěnglǐ 동 정리하다

2

他讲的笑话把姥姥逗乐了。	그가 말한 우스운 이야기는 외할머니를 웃겼다.

풀이 1단계 서술어가 될 수 있는 단어는 동사 '**逗**'이고 뒤에 기타성분이 되는 결과보어 '**乐**'와 동태조사 '**了**'를 갖고 있다.
2단계 주어는 동작의 주체가 되는 '**笑话**'이다.
3단계 '**把**' 뒤에 동작의 처리 대상인 '**姥姥**'를 넣어 문장을 완성한다.

단어 ★**笑话** xiàohua 명 우스운 이야기, 우스갯소리 | ★**姥姥** lǎolao 명 외할머니 | ★**逗** dòu 동 (1)웃기다 (2)놀리다

3

这个学生的考试资格被取消了。	이 학생의 시험 자격은 취소되었다.

풀이 1단계 먼저 수식성분인 '**这个学生的**'는 괄호로 표시하여 문장의 핵심성분에서 제외한다.
2단계 서술어가 될 수 있는 단어는 동사 '**取消**'이다. 기타성분이 되는 동태조사 '**了**'는 '**取消**' 뒤에 둔다.
3단계 주어 '**考试资格**'가 무엇에 의해 취소되었는지는 생략된 문장이다.
4단계 남은 단어나 구를 의미에 맞게 수식하는 곳에 넣어 문장을 완성한다.

단어 ★**资格** zīgé 명 자격 | ★**取消** qǔxiāo 동 취소하다

4

他把充电器忘在卧室了。	그는 충전기를 침실에 두고 왔다.

[풀이] [1단계] 서술어가 될 수 있는 단어는 동사 '忘'이다. 뒤에 전치사 '在(~에서)'가 있으므로, '在'와 함께 쓰일 수 있는 명사성 단어를 찾는다.
[2단계] '在卧室'는 동사 뒤에서 전치사구보어가 된다.
[3단계] 주어는 동작의 주체가 되는 '他'이다.
[4단계] '把' 뒤에 동작의 처리 대상인 '充电器'를 넣어 문장을 완성한다.

[단어] ★充电器 chōngdiànqì [명] 충전기 | ★卧室 wòshì [명] 침실

5

他被评为本部门的优秀员工。	그는 본부서의 우수사원으로 선정되었다.

[풀이] [1단계] 먼저 수식성분인 '本部门的'는 괄호로 표시하여 문장의 핵심성분에서 제외한다.
[2단계] 서술어가 될 수 있는 단어는 동사 '评为'이다. 기타성분이 되는 목적어 '优秀员工'은 '评为' 뒤에 둔다.
[3단계] 주어 '他'가 무엇에 의해 우수직원으로 선정되었는지는 생략된 문장이다.
[4단계] 남은 단어나 구를 의미에 맞게 수식하는 곳에 넣어 문장을 완성한다.

[단어] 评为 píngwéi [동] ~으로 선정하다 | ★部门 bùmén [명] 부, 부서, 부문 | ★优秀 yōuxiù [형] 우수하다 | ★员工 yuángōng [명] 사원, 직원

6

我不小心把水洒在了键盘上。	나는 조심하지 않아 물을 키보드 위에 쏟았다.

[풀이] [1단계] 서술어가 될 수 있는 단어는 동사 '洒'이고 뒤에 기타성분으로 전치사구보어 '在键盘上'을 갖고 있다.
[2단계] 주어는 동작의 주체가 되는 '我'이다.
[3단계] '把전치사구' 앞 뒤에 모두 올 수 있는 '不小心'은 이미 '把' 앞에 위치하고 있다.
[4단계] '把' 뒤에 동작의 처리 대상인 '水'를 넣어 문장을 완성한다.

[단어] ★洒 sǎ [동] (1)(액체나 음식을) 쏟다 (2)(액체를) 뿌리다 | ★键盘 jiànpán [명] 키보드, 건반

7

恭喜你被清华大学录取了。	당신이 칭화대학에 합격된 것을 축하합니다.

[풀이] [1단계] 서술어가 될 수 있는 단어는 동사 '恭喜'와 '录取'가 있다. 하지만 '恭喜'는 문장 제일 앞에 쓰여 나머지 내용을 축하한다는 의미로 사용되므로, 피동의 동사는 '录取'이다.
[2단계] 기타성분이 되는 동태조사 '了'는 '录取' 뒤에 둔다.
[3단계] 무엇이 무엇에 의해 합격되었는지 생각해 보면 주어는 '你', '被' 뒤의 명사는 '清华大学'가 된다.

단어 ★恭喜 gōngxǐ ⓢ 축하하다 | ★录取 lùqǔ ⓢ 합격시키다, 채용하다, 뽑다

8

她已经把初级课程学完了。	그녀는 이미 초급 과정을 다 배웠다.

풀이 1단계 서술어가 될 수 있는 단어는 동사 '**学**'이다. 기타성분이 되는 결과보어 '**完**'과 동태조사 '**了**'는 '**学**' 뒤에 둔다.
2단계 주어는 동작의 주체가 되는 '**她**'이다.
3단계 부사 '**已经**'은 '**把**' 앞에 두고, '**把**' 뒤에 동작의 처리 대상인 '**初级课程**'을 넣어 문장을 완성한다.

단어 ★**初级** chūjí ⓜ 초급 | ★**课程** kèchéng ⓜ (교육)과정, 커리큘럼

쓰기 Chapter 05 연동문 · 겸어문

+ 본서 305쪽

정답

1 你星期六去看望姥姥吗?

2 母亲的话让我充满了信心。

3 她利用业余时间做服装模特。

4 感谢您担任我们的采访嘉宾。

5 你用一句话概括本文的观点。

6 医生劝我改变饮食习惯。

7 谁将代表我们班参加辩论赛?

8 这台机器有三个零件找不到了。

1

你星期六去看望姥姥吗?	당신은 토요일에 외할머니께 문안하러 갈 건가요?

풀이 1단계 서술어가 될 수 있는 동사로 '**去**'와 '**看望**'이 있다. 동작의 발생 순서에 따라 목적어와 함께 배열하면 '가서(**去**) 외할머니를 문안하다(**看望姥姥**)'가 된다.
2단계 주어가 될 수 있는 단어는 '**你**'밖에 없다.
3단계 의문문이므로 물음표로 마무리한다.

단어 ★**看望** kànwàng ⓢ 문안하다, 방문하다 | ★**姥姥** lǎolao ⓜ 외할머니

2

母亲的话让我充满了信心。	어머니의 말씀은 나로 하여금 자신감으로 넘치게 했다.

풀이 1단계 먼저 수식성분인 '**母亲的**'는 괄호로 표시하여 문장의 핵심성분에서 제외한다.
2단계 서술어가 될 수 있는 동사로 '**让**'과 '**充满**'이 있다. 이때 '**我**'는 서술어[1] '**让**'의 목적어인 동시에 서술어[2] '**充满**'의 주어를 겸하는 겸어이다.
3단계 문장 전체의 주어는 '**话**'이다.
4단계 남은 단어나 구를 의미에 맞게 수식하는 곳에 넣어 문장을 완성한다.

단어 ★**充满** chōngmǎn 동 넘치다, 충만하다, 가득하다 | ★**信心** xìnxīn 명 자신(감)

3

她利用业余时间做服装模特。	그녀는 여가시간을 이용해서 패션모델을 한다.

풀이 1단계 서술어가 될 수 있는 동사로 '**做**'와 '**利用**'이 있다. 동작의 발생 순서에 따라 목적어와 함께 배열하면 '여가시간을 이용해서(**利用业余时间**) 패션모델을 하다(**做服装模特**)'가 된다.
2단계 주어가 될 수 있는 단어는 '**她**'밖에 없다.

단어 ★**业余** yèyú 형 (1)여가의 (2)아마추어의 | ★**服装** fúzhuāng 명 패션, 의류, 복장 | ★**模特** mótè 명 모델

4

感谢您担任我们的采访嘉宾。	당신께서 우리의 인터뷰 게스트를 맡아주셔서 감사합니다.

풀이 1단계 먼저 수식성분인 '**我们的**'는 괄호로 표시하여 문장의 핵심성분에서 제외한다.
2단계 서술어가 될 수 있는 동사로 '**担任**'과 '**感谢**'가 있다. 이때 '**您**'은 서술어[1] '**感谢**'의 목적어인 동시에 서술어[2] '**担任**'의 주어를 겸하는 겸어이다.
3단계 남은 단어나 구를 의미에 맞게 수식하는 곳에 넣어 문장을 완성한다.

단어 ★**担任** dānrèn 동 맡다, 담당하다 | ★**采访** cǎifǎng 동 인터뷰하다, 취재하다 | ★**嘉宾** jiābīn 명 게스트, 귀빈, 내빈

5

你用一句话概括本文的观点。	당신은 한 마디의 말로 본문의 관점을 요약해요.

풀이 1단계 먼저 수식성분인 '**本文的**'는 괄호로 표시하여 문장의 핵심성분에서 제외한다.
2단계 서술어가 될 수 있는 동사로 '**概括**'와 '**用**'이 있다. 동작의 발생 순서에 따라 목적어와 함께 배열하면 '한 마디의 말을 사용해서(**用一句话**) 관점을 요약하다(**概括观点**)'가 된다.
3단계 주어가 될 수 있는 단어는 '**你**'밖에 없다.
4단계 남은 단어나 구를 의미에 맞게 수식하는 곳에 넣어 문장을 완성한다.

단어 ★**概括** gàikuò 동 간략하게 요약하다 | ★**观点** guāndiǎn 명 관점

6

医生劝我改变饮食习惯。	의사는 나에게 음식 습관을 바꾸라고 충고했다.

풀이 1단계 서술어가 될 수 있는 동사로 '**劝**'과 '**改变**'이 있다. 이때 '**我**'는 서술어[1] '**劝**'의 목적어인 동시에 서술어[2] '**改变**'의 주어를 겸하는 겸어이다.

2단계 주어가 될 수 있는 단어는 '**医生**'밖에 없다.

단어 ★**劝** quàn ⓓ 충고하다, 권고하다, 타이르다, 설득하다 | ★**改变** gǎibiàn ⓓ 바꾸다, 바뀌다 | **饮食** yǐnshí ⓜ 음식

7

谁将代表我们班参加辩论赛?	누가 장차 우리 반을 대표하여 토론대회에 참가하나요?

풀이 1단계 서술어가 될 수 있는 동사로 '**代表**'와 '**参加**'가 있다. 동작의 발생 순서에 따라 목적어와 함께 배열하면 '우리 반을 대표해서(**代表我们班**) 토론대회에 참가하다(**参加辩论赛**)'가 된다. 이때 부사 '**将**'은 첫 번째 동사(**代表**) 앞에 써야 한다.

2단계 주어는 구조상 '**谁**'이다.

3단계 의문문이므로 물음표로 마무리한다.

단어 **将** jiāng ⓑ 장차 | ★**代表** dàibiǎo ⓓ 대표하다 ⓜ 대표(자) | ★**辩论** biànlùn ⓜⓓ 토론(하다), 논쟁(하다)

8

这台机器有三个零件找不到了。	이 기계는 찾을 수 없는 3개의 부품이 있다.

풀이 1단계 서술어가 될 수 있는 동사로 '**有**'와 가능보어 형태의 '**找不到**'가 있다. 이때 '**三个零件**'은 서술어[1] '**有**'의 목적어인 동시에 서술어[2] '**找不到**'의 주어를 겸하는 겸어이다.

2단계 문장 전체의 주어는 '**这台机器**'이다.

3단계 해석할 때 서술어[2] 부분은 모두 겸어 '**三个零件**'을 수식하면 된다.

단어 ★**机器** jīqì ⓜ 기계 | ★**零件** língjiàn ⓜ 부품, 부속품

쓰기 Chapter 06 **비교문·강조문**

+본서 311쪽

정답

1 办理贷款的手续比原来简单不少。

2 他的工作远不如从前那么忙。

3 这双手套是用丝绸做的。

4 广播电台的听众明显比以前减少了。

5 那条牛仔裤一点儿都不结实。

6 她的情况并没有想象中那么糟糕。

7 他现在丝毫没有紧张的感觉。

8 地震造成的损失要比想象的严重。

1

办理贷款的手续比原来简单不少。	대출을 처리하는 수속이 원래보다 매우 간단하다.

풀이 1단계 '**比**'가 있는 것으로 보아 '**比**비교문'인 것을 알 수 있다. 따라서 A와 B가 될 단어를 찾는다.
2단계 B는 이미 '**原来**'로 정해져 있고, A가 될 수 있는 표현은 '**办理贷款的手续**'밖에 없다.
3단계 서술어 '**简单**' 뒤에 '적지 않게, 많이'라는 의미를 나타내는 '**不少**'를 넣어 문장을 완성한다.

단어 ★**办理** bànlǐ 동 처리하다, 취급하다 | ★**贷款** dàikuǎn 명 대출금 동 대출하다 | ★**手续** shǒuxù 명 수속

2

他的工作远不如从前那么忙。	그의 일은 훨씬 이전만큼 그렇게 바쁘지 않다.

풀이 1단계 '**不如**'가 있는 것으로 보아 '**不如**비교문'인 것을 알 수 있다. 따라서 A와 B가 될 단어를 찾는다.
2단계 전체적인 의미로 보아 A는 '**他的工作**', B는 '**从前**'이다.
3단계 '**不如**'의 의미를 더 강조하는 '**远**'을 '**不如**' 앞에 둔다.
4단계 서술어 '**忙**'을 '**那么**'로 수식하여 문장을 완성한다.

단어 ★**从前** cóngqián 명 이전, 종전

3

这双手套是用丝绸做的。	이 장갑은 비단으로 만든 것이다.

풀이 1단계 서술어가 될 수 있는 단어는 동사 '**是**'와 '**做**'가 있지만, '**是**'는 '**的**'와 함께 강조구문을 이루고 있으므로 서술어는 '**做**'이다.
2단계 서술어와 어울리는 주어는 '**这双手套**'이다.
3단계 이 문장에서 '**是……的**' 구문은 '**用丝绸**'라는 방식을 강조하고 있다.

단어 ★手套 shǒutào 명 장갑 | ★丝绸 sīchóu 명 비단

4

广播电台的听众明显比以前减少了。	라디오 방송국의 청취자는 뚜렷하게 이전보다 감소했다.

풀이 1단계 '比'가 있는 것으로 보아 '比비교문'인 것을 알 수 있다. 따라서 A와 B가 될 단어를 찾는다.

2단계 B는 이미 '以前'으로 정해져 있고, A가 될 수 있는 표현은 '广播电台的听众'밖에 없다.

3단계 서술어 '减少了'로 문장을 완성한다.

단어 ★广播 guǎngbō 명 라디오 방송 | ★电台 diàntái 명 (라디오) 방송국 | 听众 tīngzhòng 명 청취자, 청중 | ★明显 míngxiǎn 형 뚜렷하다, 분명하다 | ★减少 jiǎnshǎo 동 감소하다

5

那条牛仔裤一点儿都不结实。	저 청바지는 조금도 튼튼하지 않다.

풀이 1단계 '一点儿'과 '都'가 있는 것으로 보아 강조구문임을 알 수 있다.

2단계 형용사의 부정을 강조하는 '一点儿都+不+형용사'의 어순에 따라 나열한다.

3단계 주어가 될 수 있는 표현은 '那条牛仔裤'밖에 없다.

단어 ★牛仔裤 niúzǎikù 명 청바지 | ★结实 jiēshi 형 (1)(사물이) 튼튼하다, 단단하다 (2)(신체가) 건장하다

6

她的情况并没有想象中那么糟糕。	그녀의 상황은 결코 상상 속만큼 그렇게 엉망이지 않다.

풀이 1단계 '没有'와 '那么' 등의 표현이 있는 것으로 보아 '没有비교문'인 것을 알 수 있다. 따라서 A와 B가 될 단어를 찾는다.

2단계 A는 '她的情况'이고, B는 '想象中的情况'이지만 A에서 이미 '情况'을 언급했으므로 '想象中'만 사용했다.

3단계 부정 강조 부사 '并'으로 '没有'를 수식한다.

4단계 서술어 '糟糕'를 '那么'로 수식하여 문장을 완성한다.

단어 并 bìng 부 결코, 전혀(부정을 강조함) | ★想象 xiǎngxiàng 명동 상상(하다) | ★糟糕 zāogāo 형 엉망이다

7

他现在丝毫没有紧张的感觉。	그는 지금 조금의 긴장한 느낌도 없다.

풀이 1단계 '**丝毫**'가 있는 것으로 보아 강조구문임을 알 수 있다.

2단계 어떤 대상이 조금도 없음을 강조하는 '**丝毫+没有+명사**'의 어순에 따라 나열한다.

3단계 주어가 될 수 있는 단어는 '**他**'밖에 없다.

4단계 남은 단어나 구를 의미에 맞게 수식하는 곳에 넣어 문장을 완성한다.

단어 ★**感觉** gǎnjué 명 느낌, 감각 동 느끼다

8

地震造成的损失要比想象的严重。	지진이 초래한 손실은 상상한 것보다 심각하다.

풀이 1단계 '**比**'가 있는 것으로 보아 '**比**비교문'인 것을 알 수 있다. 따라서 A와 B가 될 단어를 찾는다.

2단계 전체적인 의미로 보아 A는 '**地震造成的损失**', B는 '**想象的损失**'이지만 A에서 이미 '**损失**'을 언급했으므로 '**想象的**'만 사용했다.

3단계 서술어 '**严重**'으로 문장을 완성한다.

단어 ★**地震** dìzhèn 명 지진 | ★**造成** zàochéng 동 (부정적인 것을) 초래하다, 야기하다 | ★**损失** sǔnshī 명 손실 | ★**想象** xiǎngxiàng 명동 상상(하다) | ★**严重** yánzhòng 형 심각하다

기출 테스트 해설

쓰기 Chapter 01 단어 작문-이야기

+ 본서 321쪽

1

풀이 1단계 각 단어의 뜻, 품사, 용법을 파악한다.

精力 jīnglì 명 기력, 여력, 에너지	有/没有 + 精力: 기력(여력이) 있다/없다 充足 chōngzú 的 + 精力: 충분한 에너지(기력)
退休 tuìxiū 동 퇴직하다	
父亲 fùqin 명 아버지, 부친	
享受 xiǎngshòu 동 누리다, 즐기다	享受 + 生活/服务/美味 měiwèi / 幸福 xìngfú 생활/서비스/맛있는 음식/행복을 누리다(즐기다)
辛苦 xīnkǔ 형 고생스럽다, 고되다	生活/工作 + 辛苦: 생활/일이 고생스럽다 辛苦(地) + 生活/工作: 고생스럽게 생활/일하다

2단계 제시된 단어들 중 연결해서 사용 가능한 것이 있는지 확인한다.(없음)

3단계 5개 단어를 모두 사용해서 만들 수 있는 스토리를 생각해 본다.
아버지는 힘들게 일한 뒤 퇴직함 ➡ 아직 기력이 있을 때 생활을 즐기려 함

4단계 원고지의 길이를 가늠하며 가능한 한 마지막 줄 안에서 끝날 수 있도록 길이를 조절하며 작문한다.

5단계 5개 단어를 모두 사용했는지 확인한다.

모범 답안

		父	亲	辛	苦	地	工	作	了	几	十	年	，	上	个
月	退	休	了	。	他	最	近	一	直	在	做	出	国	旅	游
的	计	划	，	因	为	工	作	的	时	候	虽	然	想	出	去
玩	儿	，	但	一	直	没	有	时	间	，	现	在	终	于	有
了	充	足	的	时	间	，	所	以	他	决	定	趁	着	自	己
还	有	精	力	，	去	外	面	的	世	界	看	一	看	，	好
好	享	受	一	下	自	己	的	老	年	生	活	。			

아버지는 힘들게 몇십 년을 일했고, 지난달에 퇴직했다. 그는 최근 줄곧 출국해서 여행할 계획을 하고 있는데, 왜냐하면 일할 때는 비록 나가서 놀고 싶어도 그러나 줄곧 시간이 없었는데 지금은 마침내 충분한 시간이 생겼고, 그래서 그는 자신이 아직 기력이 있을 때 외부 세계에 가서 구경을 좀 하고 자신의 노년 생활을 아주 잘 즐기기로 결정했다.

단어 ★计划 jìhuà 명동 계획(하다) | 充足 chōngzú 형 충분하다

구문 趁(着) A + 동사: A할 때 얼른 ~하다 예 趁(着)热吃吧。따뜻할 때 먹어요.

2

풀이 1단계 각 단어의 뜻, 품사, 용법을 파악한다.

样式 yàngshì 명 모양, 스타일	
正好 zhènghǎo 부 (때)마침, 공교롭게도	
戒指 jièzhi 명 반지	一枚 méi + 戒指: 하나의 반지 戴上/摘 zhāi 下 + 戒指: 반지를 끼다/빼다
购物 gòuwù 동 쇼핑하다, 물건을 구입하다	
舍不得 shěbude 아쉽다, 아깝다	정도부사(很, 非常, 有点儿 등)의 수식을 받을 수 있음 舍不得 + 동사: ~하기 아쉽다/아깝다/미련이 남다

2단계 제시된 단어들 중 연결해서 사용 가능한 것이 있는지 확인한다.
戒指的样式好看: 반지의 모양이 예쁘다

3단계 5개 단어를 모두 사용해서 만들 수 있는 스토리를 생각해 본다.
엄마와 쇼핑을 하다가 모양이 예쁜 반지를 보게 됨
➡ 엄마는 사길 아까워함 ➡ 나는 마침 할인을 했다고 말하며 엄마에게 선물함

4단계 원고지의 길이를 가늠하며 가능한 한 마지막 줄 안에서 끝날 수 있도록 길이를 조절하며 작문한다.

5단계 5개 단어를 모두 사용했는지 확인한다.

모범 답안

		上	个	星	期	我	跟	妈	妈	一	起	去	商	场	购
物	，	妈	妈	在	逛	街	的	时	候	看	到	了	一	枚	样
式	非	常	好	看	的	戒	指	，	但	因	为	价	格	有	点
贵	，	所	以	她	舍	不	得	买	。	今	天	我	偷	偷	来
到	商	场	，	买	下	了	那	枚	戒	指	，	回	家	对	妈
妈	说	我	今	天	看	到	戒	指	正	好	在	打	折	，	所
以	买	了	。	妈	妈	收	到	戒	指	后	非	常	感	动	。

지난주에 나와 엄마는 함께 쇼핑몰에 쇼핑을 하러 갔는데, 엄마는 아이쇼핑을 할 때 모양이 매우 예쁜 반지 하나를 보게 되었지만, 가격이 좀 비싸서 그녀는 사는 것을 아까워했다. 오늘 나는 몰래 쇼핑몰에 와서 그 반지를 샀고, 집에 돌아와 엄마에게는 오늘 반지가 마침 할인하고 있는 것을 내가 보게 되어서 샀다고 말했다. 엄마는 반지를 받은 후 매우 감동했다.

단어 **逛街** guàngjiē ⓓ 아이쇼핑하다, 거리를 구경하며 돌아다니다 | **偷偷** tōutōu 남몰래, 살짝 | ★**打折** dǎzhé ⓓ 할인하다 | ★**感动** gǎndòng ⓓ 감동하다, 감동시키다

구문 **因为 A, 所以 B**: A때문에 그래서 B하다

쓰기 Chapter 02 단어 작문-논설문

+ 본서 327쪽

1

풀이 **1단계** 각 단어의 뜻, 품사, 용법을 파악한다.

宝贵 bǎoguì ⓗ 소중하다, 귀중하다	宝贵**的 + 生命/时间**: 소중한 생명/시간
保护 bǎohù ⓜⓓ 보호(하다)	保护 **+ 环境/森林**: 환경/숲을 보호하다
一旦 yídàn ⓑ 일단	
能源 néngyuán ⓜ 에너지(원)	**节约 +** 能源: 에너지를 절약하다
减少 jiǎnshǎo ⓓ 감소하다, 줄(이)다	减少 **+ 压力/垃圾**: 스트레스/쓰레기를 감소시키다

2단계 제시된 단어들 중 연결해서 사용 가능한 것이 있는지 확인한다.
宝贵的能源: 귀중한 에너지
保护能源: 에너지를 보호하다
减少能源: 에너지를 감소시키다

3단계 5개 단어를 모두 사용해서 만들 수 있는 논설문의 흐름을 생각해 본다.
현재 상황을 통해 문제점 제시 ① 에너지가 감소하고 있음
② 일부 에너지는 귀중해서 일단 다 사용하면 없어져버림
해결 방법 제시 에너지를 보호해야 함

4단계 원고지의 길이를 가늠하며 가능한 한 마지막 줄 안에서 끝날 수 있도록 길이를 조절하며 작문한다.

5단계 5개 단어를 모두 사용했는지 확인한다.

모범 답안

		随	着	人	口	的	增	长	和	经	济	的	发	展	，
我	们	使	用	的	能	源	越	来	越	多	。	但	在	满	足
人	类	需	要	的	同	时	，	不	能	否	认	的	是	，	有

些能源在逐渐减少，而且有些能源非
常宝贵，一旦用完了，就再也没有了。
所以为了避免这样的情况出现，我们
一定要保护它们，合理地使用。

인구의 증가와 경제의 발전에 따라, 우리가 사용하는 에너지는 갈수록 많아지고 있다. 그러나 인류의 수요를 만족시키는 것과 동시에 부인할 수 없는 것은, 어떤 에너지는 점차 감소하고 있고, 게다가 일부 에너지는 매우 귀중해서 일단 다 사용하고 나면 다시는 없게 된다. 그래서 이러한 상황이 나타나는 것을 피하기 위해, 우리는 반드시 그것들을 보호하고 합리적으로 사용해야 한다.

단어 ★**满足** mǎnzú ⓢ 만족시키다 ⓗ 만족하다 | ★**人类** rénlèi ⓜ 인류 | ★**否认** fǒurèn ⓢ 부인하다, 부정하다 | ★**逐渐** zhújiàn ⓑ 점차, 점점

구문 (1) **在 A 的同时**: A함과 동시에
(2) **满足 + 要求/条件/需要**: 요구/조건/수요를 만족시키다
(3) **一旦 A 就/立即/马上 B**: 일단 A하면 B하다

2

풀이 **1단계** 각 단어의 뜻, 품사, 용법을 파악한다.

缺少 quēshǎo ⓢ 부족하다, 모자라다	**缺少 + 사람/食物/资金/经验** : 사람/음식/자금/경험이 부족하다
消极 xiāojí ⓗ (1)소극적이다 (2)부정적인	
网络 wǎngluò ⓜ 인터넷, 웹	
合理 hélǐ ⓗ 합리적이다	**合理的 + 看法/要求/方法**: 합리적인 견해/요구/방법 **合理(地) + 安排/解决/使用** : 합리적으로 안배하다/해결하다/사용하다
交流 jiāoliú ⓜⓢ 교류(하다)	**A 跟/和/与 B + 交流**: A가 B와 교류하다

2단계 제시된 단어들 중 연결해서 사용 가능한 것이 있는지 확인한다.
缺少交流: 교류가 부족하다

3단계 5개 단어를 모두 사용해서 만들 수 있는 논설문의 흐름을 생각해 본다.
긍정적인 면을 인정 인터넷의 발전은 편리함을 가져옴
부정적인 면을 제시 그러나 부정적인 영향도 있음(사람들과의 교류가 부족해짐)
핵심 관점을 제시 인터넷을 합리적으로 사용해야 함

4단계 원고지의 길이를 가늠하며 가능한 한 마지막 줄 안에서 끝날 수 있도록 길이를 조절하며 작문한다.

5단계 5개 단어를 모두 사용했는지 확인한다.

모범 답안

		网	络	的	发	展	一	方	面	给	人	们	的	学	习
和	工	作	带	来	了	极	大	的	方	便	，	但	另	一	方
面	也	有	一	些	消	极	的	影	响	。	比	如	很	多	年
轻	人	把	时	间	都	浪	费	在	了	网	络	游	戏	上	，
缺	少	跟	家	人	或	朋	友	的	交	流	，	这	不	利	于
他	们	的	身	心	健	康	。	因	此	我	们	应	该	合	理
使	用	网	络	，	不	要	让	网	络	影	响	正	常	生	活。

인터넷의 발전은 한편으로 사람들의 학습과 업무에 매우 큰 편리함을 가져왔지만, 그러나 다른 한편으로는 부정적인 영향들도 있다. 예를 들어 많은 청소년들은 시간을 모두 인터넷 게임에 써버려서 가족이나 친구와의 교류가 부족한데, 이것은 그들의 심신 건강에 이롭지 않다. 따라서 우리는 인터넷을 합리적으로 사용해야 하며, 인터넷이 정상적인 생활에 영향을 끼치게 하지 말자.

구문 (1) **一方面 A, 另一方面 B**: 한편으로 A하고, 다른 한편으로는 B하다
(2) **把 A 浪费在 B 上**: A를 B에 낭비하다
(3) **有利于 A**: A에 유리하다/이롭다
不利于 A: A에 불리하다/이롭지 않다

쓰기 Chapter 03 단어 작문-단어 용법

+ 본서 332쪽

1

풀이 1단계 각 단어의 뜻, 품사, 용법을 파악한다.

激动 jīdòng ⓢ 감격하다, 감동하다, 흥분하다	자동사
合影 héyǐng ⓢ 함께 사진을 찍다 ⓜ 단체사진	이합동사 合影 + **留念**: 단체사진을 찍어 기념으로 남기다
媒体 méitǐ ⓜ 매체, 미디어	**新闻** + 媒体: 뉴스 매체
鼓掌 gǔzhǎng ⓢ 박수치다	이합동사 **为/给 A** 鼓掌: A에게 박수치다
庆祝 qìngzhù ⓢ 축하하다, 경축하다	

2단계 제시된 단어들 중 연결해서 사용 가능한 것이 있는지 확인한다.(없음)

3단계 5개 단어를 모두 사용해서 만들 수 있는 스토리나 논설문의 흐름을 생각해 본다.

언니가 챔피언이 되어 모두 박수를 침
➡ 언니는 매체의 인터뷰를 할 때 감격함
➡ 우리는 함께 사진을 찍고 식당에 가서 축하하기로 함

4단계 원고지의 길이를 가늠하며 가능한 한 마지막 줄 안에서 끝날 수 있도록 길이를 조절하며 작문한다.

5단계 5개 단어를 모두 사용했는지 확인한다.

모범 답안

		运	动	会	结	束	了	，	姐	姐	获	得	了	冠	军，
我	们	都	为	她	热	烈	地	鼓	掌	。	姐	姐	接	受	媒
体	采	访	的	时	候	心	情	非	常	激	动	，	不	停	地
感	谢	大	家	对	她	的	支	持	。	我	和	姐	姐	合	了
影	，	送	给	了	她	一	束	花	。	我	们	决	定	晚	上
一	家	人	一	起	去	有	名	的	餐	厅	吃	饭	，	庆	祝
姐	姐	获	得	冠	军	。									

운동회가 끝났고, 언니는 챔피언이 되어 우리는 모두 그녀에게 열렬하게 박수를 쳤다. 언니는 매체의 인터뷰에 응했을 때 매우 감격했고, 그녀에 대한 모두의 지지에 끊임없이 감사했다. 나는 언니와 함께 사진을 찍었고, 그녀에게 꽃 한 다발을 선물했다. 우리는 저녁에 온 가족이 함께 유명한 식당에 가서 밥을 먹고, 언니가 챔피언이 된 것을 축하하기로 했다.

단어 ★冠军 guànjūn 명 챔피언, 1등, 우승자 | ★热烈 rèliè 형 열렬하다, 열광적이다 | ★采访 cǎifǎng 명동 인터뷰(하다), 취재(하다) | 束 shù 양 다발, 묶음

구문 (1) **热烈的 + 掌声**: 열렬한 박수 소리
热烈(地) + 欢迎/鼓掌: 열렬하게 환영하다/박수치다
(2) **接受 + 采访**: 인터뷰에 응하다

2

풀이 1단계 각 단어의 뜻, 품사, 용법을 파악한다.

坚强 jiānqiáng 형 굳세다, 강인하다 동 공고히 하다, 강화하다	
千万 qiānwàn 부 제발, 절대(로).	주로 부정을 강조 **千万 + 不要/别**: 절대 ~하지 마라
梦想 mèngxiǎng 명동 꿈(꾸다)	**实现/追求/放弃 + 梦想**: 꿈을 이루다/추구하다/포기하다

尽管 jǐnguǎn 접 비록 ~하더라도	호응 관계 알아 두기 尽管 A, **但是/可是** 주어 **却/倒** B: 비록 A지만, 그러나 B하다 尽管 A, 주어 **也/还是** B: 비록 A지만, 그래도 B하다
逃避 táobì 동 회피하다, 도피하다	逃避 + **问题/责任**: 문제/책임을 회피하다

2단계 제시된 단어들 중 연결해서 사용 가능한 것이 있는지 확인한다.(없음)

3단계 5개 단어를 모두 사용해서 만들 수 있는 스토리나 논설문의 흐름을 생각해 본다.

현실에 대한 분석 꿈을 이룰 때 비록 노력을 해도 안 되는 경우가 있음

대처 방법 제시 ① 절대 어려움을 회피하면 안 됨
② 우리는 강해져야 함

4단계 원고지의 길이를 가늠하며 가능한 한 마지막 줄 안에서 끝날 수 있도록 길이를 조절하며 작문한다.

5단계 5개 단어를 모두 사용했는지 확인한다.

모범 답안

		我	们	在	追	求	梦	想	的	路	上	，	总	会	遇
到	困	难	，	甚	至	有	时	候	尽	管	做	了	长	时	间
的	努	力	，	却	没	有	任	何	收	获	。	但	想	要	实
现	梦	想	，	就	千	万	不	要	逃	避	困	难	，	更	不
能	放	弃	希	望	，	因	为	有	可	能	机	会	就	在	下
一	秒	出	现	。	所	以	在	这	个	过	程	中	，	我	们
一	定	要	坚	强	，	要	相	信	自	己	。				

우리는 꿈을 추구하는 길에서 항상 어려움을 만나게 되며, 심지어 때로는 비록 장시간의 노력을 했지만 어떠한 수확도 없다. 그러나 꿈을 실현하고 싶다면 절대 어려움을 회피하지 말고 더욱 희망을 포기하면 안 되는데, 왜냐하면 기회가 다음 1초에 나타날 수도 있기 때문이다. 그래서 이 과정에서, 우리는 반드시 강해야 하고 자신을 믿어야만 한다.

단어 ★**追求** zhuīqiú 동 추구하다 | ★**收获** shōuhuò 명 수확, 성과 | ★**秒** miǎo 명 (시간) 초

구문 **在 A 的路上**: A하는 길에

쓰기 Chapter 04 사진 작문-이야기

+ 본서 338~339쪽

1

풀이 1단계 사진에서 떠올릴 수 있는 단어들을 생각해 본다.

동작	捡垃圾 jiǎn lājī 쓰레기를 줍다
장소	海边 hǎibiān ⑬ 해변 沙滩 shātān ⑬ 모래사장, 백사장
인물	我和朋友们

2단계 사진을 이용하여 만들 수 있는 스토리를 생각해 본다.
나는 친구들과 해변에 놀러감 ➡ 모래사장에서 많은 쓰레기를 보고 함께 쓰레기를 주움
➡ 힘들었지만 가치 있다고 느낌

3단계 원고지의 길이를 가늠하며 가능한 한 끝에서 두 번째 줄이나 마지막 줄 안에서 끝날 수 있도록 길이를 조절하며 작문한다.

모범 답안

		今	天	，	我	和	朋	友	们	一	起	去	了	海	边。
虽	然	海	边	的	风	景	很	美	，	但	我	们	在	沙	滩
上	看	到	了	很	多	垃	圾	，	这	让	我	们	心	情	变
得	很	不	好	，	第	一	次	认	识	到	了	海	洋	污	染
是	不	能	忽	视	的	问	题	，	所	以	我	们	一	起	捡
了	垃	圾	。	虽	然	很	累	，	但	看	到	变	得	干	净
的	沙	滩	，	感	觉	非	常	值	得	。					

오늘 나와 친구들은 함께 해변에 갔다. 비록 해변의 풍경은 아름다웠지만, 우리는 모래사장에서 많은 쓰레기를 보게 되었는데, 이것은 우리들의 기분을 매우 좋지 않게 만들었으며, 처음으로 해양 오염이 소홀히 할 수 없는 문제라는 것을 인식하게 되었고, 그래서 우리는 함께 쓰레기를 주웠다. 비록 힘들었지만 깨끗하게 변한 모래사장을 보고 매우 가치 있다고 느꼈다.

단어 ★风景 fēngjǐng ⑬ 풍경, 경치 | ★海洋 hǎiyáng ⑬ 해양, 바다 | ★忽视 hūshì ⑤ 소홀히 하다, 경시하다, 간과하다 | ★值得 zhíde ⑬ 가치가 있다 ⑤ ~할 만한 가치가 있다

구문 虽然 A, 但(是) B: 비록 A하지만, 그러나 B하다

2

[풀이] [1단계] 사진에서 떠올릴 수 있는 단어들을 생각해 본다.

동작	提供服务 서비스를 제공하다 微笑 wēixiào [명][동] 미소 (짓다)
태도	热情 rèqíng [형] 친절하다
장소	飞机上
사물	饮料 yǐnliào [명] 음료
인물	空姐 kōngjiě [명] 스튜어디스 我和男朋友

[2단계] 사진을 이용하여 만들 수 있는 스토리를 생각해 본다.
나와 남자 친구는 비행기를 타고 여행을 감 ➡ 스튜어디스가 친절한 서비스를 제공함
➡ 미소를 띠며 어떤 음료가 필요한지 물어봄 ➡ 서비스에 만족함

[3단계] 원고지의 길이를 가늠하며 가능한 한 끝에서 두 번째 줄이나 마지막 줄 안에서 끝날 수 있도록 길이를 조절하며 작문한다.

모범 답안

		今	天	我	和	男	朋	友	坐	飞	机	去	中	国	旅
行	，	飞	机	上	的	空	姐	给	我	们	提	供	了	非	常
热	情	的	服	务	。	她	穿	着	干	净	漂	亮	的	工	作
服	，	脸	上	带	着	微	笑	，	耐	心	地	问	我	们	需
要	什	么	饮	料	。	虽	然	我	不	喜	欢	坐	飞	机	，
但	是	她	的	服	务	让	我	觉	得	非	常	满	意	，	给
我	留	下	了	非	常	深	刻	的	印	象	。				

오늘 나와 남자 친구는 비행기를 타고 중국으로 여행을 가는데, 비행기 위의 스튜어디스는 우리에게 매우 친절한 서비스를 제공했다. 그녀는 깨끗하고 예쁜 업무복을 입고 얼굴에 미소를 띠면서, 인내심 있게 우리에게 어떤 음료가 필요한지 물었다. 비록 나는 비행기를 타는 것을 좋아하지 않지만, 그녀의 서비스는 내가 매우 만족스럽다고 느끼게 했고, 나에게 매우 깊은 인상을 남겼다.

[단어] ★深刻 shēnkè [형] 깊다, 핵심을 찌르다 | ★印象 yìnxiàng [명] 인상

[구문] (1) **给/为 A 提供 B**: A에게 B를 제공하다
(2) **给 A 留下深刻的印象**: A에게 깊은 인상을 남기다

쓰기

제2부분

쓰기 Chapter 05 사진 작문-논설문

+ 본서 343~344쪽

1

풀이

1단계 사진을 보고 논점을 먼저 정한다.
➡ 낚시 금지 표지가 있다면 규정을 준수해야 한다.

2단계 사진에서 떠올릴 수 있는 단어들을 생각해 본다.

동작	禁止钓鱼 jìnzhǐ diàoyú 낚시하는 것을 금지하다

3단계 논거로 제시할 수 있는 내용들을 생각해 본다.
(1) 낚시로 인해 위험이 발생하는 것을 피할 수 있음
(2) 환경과 기타 생물을 보호하는 것임

4단계 원고지의 길이를 가늠하며 가능한 한 끝에서 두 번째 줄이나 마지막 줄 안에서 끝날 수 있도록 길이를 조절하며 작문한다.

모범 답안

		我	们	经	常	在	一	些	池	塘	或	者	湖	边	看
到	禁	止	钓	鱼	的	标	志	，	在	这	样	的	地	方	禁
止	钓	鱼	是	有	必	要	的	。	一	方	面	可	以	避	免
因	为	钓	鱼	而	发	生	危	险	，	比	如	不	小	心	掉
入	水	中	；	另	一	方	面	这	也	是	人	类	保	护	环
境	和	其	他	生	物	的	体	现	。	所	以	我	们	看	到
这	样	的	标	志	，	应	该	自	觉	遵	守	规	定	。	

우리는 종종 일부 연못이나 호숫가에서 낚시를 금지한다는 표지판을 보게 되는데, 이런 곳에서 낚시를 금지하는 것은 필요한 것이다. 한편으로는 낚시로 인해 위험이 발생하는 것을 피할 수 있는데, 예를 들어 부주의하게 물에 빠지는 것이다. 다른 한편으로 이것은 인류가 환경과 기타 생물을 보호하는 것을 구체적으로 드러내는 것이기도 하다. 그래서 우리는 이런 표지판을 보게 되면, 스스로 규정을 준수해야 한다.

단어 ★**池塘** chítáng ㊔ (연)못 | **湖** hú ㊔ 호수 | ★**标志** biāozhì ㊔ 표지, 지표 | ★**必要** bìyào ㊔㊕ 필요(하다) | ★**人类** rénlèi ㊔ 인류 | **生物** shēngwù ㊔ 생물 | ★**体现** tǐxiàn ㊖ 구체적으로 드러내다, 구현하다 | ★**自觉** zìjué ㊕ 자각적이다 ㊖ 자각하다, 스스로 느끼다 | ★**遵守** zūnshǒu ㊖ 준수하다, 지키다 | ★**规定** guīdìng ㊔㊖ 규정(하다)

구문 **一方面 A, 另一方面 B**: 한편으로 A하고, 또 다른 한편으로 B하다

2

풀이 1단계 사진을 보고 논점을 먼저 정한다.
➡ 교통사고를 피하기 위해 교통규칙을 준수해야 한다.

2단계 사진에서 떠올릴 수 있는 단어들을 생각해 본다.

동작	**遵守交通规则** zūnshǒu jiāotōng guīzé 교통규칙을 준수하다 **穿过马路** chuānguò mǎlù 도로를 횡단하다
사물	**人行道** rénxíngdào 명 인도, 횡단보도
인물	**交通警察** jiāotōng jǐngchá 교통경찰

3단계 논거로 제시할 수 있는 내용들을 생각해 본다.
(1) 도로를 건널 때 횡단보도로 가야 함
(2) 줄을 서거나 교통경찰의 지시에 따라야 함
(3) 노인과 아이를 살펴야 함

4단계 원고지의 길이를 가늠하며 가능한 한 끝에서 두 번째 줄이나 마지막 줄 안에서 끝날 수 있도록 길이를 조절하며 작문한다.

모범 답안

		为	了	避	免	交	通	事	故	，	我	们	应	该	遵
守	交	通	规	则	，	尤	其	是	在	过	马	路	的	时	候，
一	定	要	走	人	行	道	。	而	且	最	好	排	队	，	不
要	拥	挤	，	或	者	在	交	通	警	察	的	指	挥	下	有
秩	序	地	穿	过	马	路	，	同	时	照	顾	好	身	边	的
老	人	和	孩	子	。	如	果	每	个	人	都	自	觉	一	点
儿	，	就	能	保	证	自	己	和	他	人	的	安	全	。	

교통사고를 피하기 위해, 우리는 교통규칙을 준수해야 하는데, 특히 도로를 건널 때는 반드시 횡단보도로 가야 한다. 게다가 줄을 서는 것이 가장 좋고, 밀치지 말고 혹은 교통경찰의 지휘하에 질서 있게 도로를 횡단해야 하며, 동시에 근처의 노인과 아이를 잘 살펴야 한다. 만약 모든 사람이 좀 자각적이라면, 자신과 타인의 안전을 보증할 수 있다.

단어 ★**拥挤** yōngjǐ 동 밀치다, 한 데 모이다 형 붐비다, 혼잡하다 | ★**指挥** zhǐhuī 명동 지휘(하다) | ★**秩序** zhìxù 명 질서 | ★**保证** bǎozhèng 동 보증하다

구문 如果 A，就 B : 만약 A하면, B하다

쓰기 Chapter 06 사진 작문-관용 표현

+ 본서 349~350쪽

1

풀이 1단계 이야기와 논설문 중 어떤 형식으로 작문할 것인지 선택한다. ➡ 이야기로 작문하기를 선택

2단계 사진에서 떠올릴 수 있는 단어들을 생각해 본다.

동작	买车
인물	销售人员 xiāoshòu rényuán 판매 직원

3단계 사진 속 상황을 활용하여 만들 수 있는 스토리를 생각해 본다.
가족이 함께 차를 사러 감 ➡ 아빠는 고급 수입차를 마음에 들어함
➡ 판매 직원도 추천하고 나와 엄마도 만족함 ➡ 이 차를 구매함

4단계 원고지의 길이를 가늠하며 가능한 한 끝에서 두 번째 줄이나 마지막 줄 안에서 끝날 수 있도록 길이를 조절하며 작문한다.

모범 답안

		今	天	我	们	一	家	人	一	起	去	买	车	，	看
车	的	时	候	，	爸	爸	被	一	辆	高	级	进	口	车	吸
引	了	，	忍	不	住	停	下	来	仔	细	欣	赏	。	销	售
人	员	介	绍	说	，	这	辆	车	虽	然	贵	，	但	是	一
分	钱	一	分	货	，	买	了	一	定	不	会	失	望	。	我
和	妈	妈	也	对	它	非	常	满	意	，	于	是	我	们	最
后	买	下	了	这	辆	车	。								

오늘 우리 가족은 함께 차를 사러 갔는데, 차를 볼 때 아빠는 고급 수입차 한 대에 매료되어서, 참지 못하고 멈추어 서 자세히 감상했다. 판매 직원이 소개하며 이 차가 비록 비싸지만, 싼 게 비지떡이라 (비싼 걸) 사면 분명 실망하지 않을 것이라고 말했다. 나와 엄마도 그것에 대해 매우 만족했고, 그래서 우리는 결국에 이 차를 샀다.

단어 ★高级 gāojí 명형 고급(의) | ★进口 jìnkǒu 동 수입하다 | ★忍不住 rěnbúzhù 참을 수 없다, ~하지 않을 수 없다 | ★欣赏 xīnshǎng 동 감상하다, 마음에 들어하다, 좋아하다

관용 표현 一分钱一分货 yìfēn qián yìfēn huò 싼 게 비지떡이다

2

풀이 **1단계** 이야기와 논설문 중 어떤 형식으로 작문할 것인지 선택한다. ➡ 논설문으로 작문하기를 선택

2단계 사진을 보고 논점을 먼저 정한다.
➡ 노인들의 노년 생활이 더 풍부해졌다.

3단계 사진에서 떠올릴 수 있는 단어들을 생각해 본다.

장소	老年大学 lǎonián dàxué 노인대학
인물	老(年)人, 老师

4단계 논거로 제시할 수 있는 내용들을 생각해 본다.
(1) 새로운 취미를 기름
(2) 매일 운동하는 습관을 기름
(3) 노인대학에 감

5단계 원고지의 길이를 가늠하며 가능한 한 끝에서 두 번째 줄이나 마지막 줄 안에서 끝날 수 있도록 길이를 조절하며 작문한다.

모범 답안

		很	多	老	年	人	退	休	后	，	并	不	是	每	天
在	家	休	息	，	而	是	会	选	择	利	用	空	闲	时	间，
培	养	一	些	新	的	爱	好	，	养	成	每	天	运	动	的
习	惯	。	有	些	老	人	还	会	选	择	去	老	年	大	学
学	习	各	种	文	化	活	动	课	程	，	他	们	的	老	年
生	活	也	因	此	变	得	丰	富	，	真	正	做	到	了	“
活	到	老	，	学	到	老	。”								

많은 노인들은 퇴직 후, 매일 집에서 쉬는 것이 아니라 여가 시간을 이용하여 새로운 취미들을 기르고, 매일 운동하는 습관을 기르는 것을 선택한다. 어떤 노인들은 노인대학에 가서 각종 문화 과정을 배우는 것을 선택하는데, 그들의 노년 생활은 이로 인해 풍부해지고, 진정으로 '배움의 길은 끝이 없음'을 실천하게 된다.

단어 ★**退休** tuìxiū 명동 퇴직(하다) | ★**空闲** kòngxián 명 여가, 짬, 틈 | ★**培养** péiyǎng 동 기르다, 양성하다, 키우다 | ★**课程** kèchéng 명 (교육) 과정

관용 표현 **活到老，学到老** huódàolǎo, xuédàolǎo 배움의 길은 끝이 없다

新HSK 5급

최은정 저자의 필승 공략법으로 HSK 5급 최단기 고득점 합격!

해설서

실전 모의고사

정답 및 해설

듣기 1부분 실전 모의고사 해설

듣기 정답 Track 50

1 A	2 A	3 B	4 C	5 C	6 C	7 A	8 B	9 B	10 B
11 D	12 C	13 A	14 C	15 D	16 B	17 B	18 D	19 C	20 C

1

女：你们这些球迷简直太疯狂了。
男：这是我们支持的球队第一次踢进世界杯决赛，这种心情你很难体会到。

问：女的觉得那些球迷怎么样？

여: 너희 이 축구팬들은 정말 너무 미친 듯해.
남: 이건 우리가 응원하는 축구팀이 처음으로 월드컵 결승전에 들어간 거야. 이런 마음을 너는 이해하기 어려울 거야.

질문: 여자는 그 축구팬들이 어떠하다고 생각하는가?

A 太疯狂　B 太悲观
C 很平静　D 有纪律

A 너무 미친 듯하다　B 너무 비관적이다
C 차분하다　D 규율이 있다

풀이 주로 형용사가 포함된 보기를 통해 평가형 질문임을 예상할 수 있다. 여자가 축구팬들에 대해 너무 미친 듯하다고 직접적으로 말했으므로 정답은 A이다.

단어 ★球迷 qiúmí ⓜ (구기 종목의) 팬 | ★简直 jiǎnzhí ⓟ 정말이지, 그야말로 | ★疯狂 fēngkuáng ⓗ 미친 듯하다, 미치다 | ★决赛 juésài ⓜ 결승전 | ★体会 tǐhuì ⓓ 체험하여 이해하다 | ★悲观 bēiguān ⓗ 비관적이다 | ★平静 píngjìng ⓗ (태도나 감정이) 차분하다 | ★纪律 jìlǜ ⓜ 규율, 기율

2

男：你上次买的那个股票怎么样？
女：不太稳定，风险比较大。我劝你谨慎购买。

问：关于那个股票，下列哪项正确？

남: 네가 지난번에 산 그 주식 어때?
여: 그다지 안정적이지 않아서 리스크가 비교적 커. 나는 네게 신중하게 구매하라고 권하고 싶어.

질문: 그 주식에 관해, 다음 중 옳은 것은 무엇인가?

A 不稳定
B 跌了40%
C 不允许个人投资
D 卖出时无手续费

A 안정적이지 않다
B 40% 떨어졌다
C 개인 투자를 허가하지 않는다
D 팔 때 수속비가 없다

풀이 보기로는 문제 유형을 정확히 알 수 없지만 질문의 '**哪项正确**'를 통해 판단형임을 알 수 있다. 보기에 주어가 없으므로 문제에서 질문의 대상을 잘 들어야 한다. 여자가 주식에 대해 안정적이지 않다고 말했으므로 정답은 A이다.

단어 ★股票 gǔpiào 명 주식 | ★稳定 wěndìng 형 안정적이다 동 안정시키다 | ★风险 fēngxiǎn 명 리스크, 위험(성) | ★劝 quàn 동 충고하다, 권하다, 타이르다, 설득하다 | ★谨慎 jǐnshèn 형 신중하다 | 跌 diē 동 (물가가) 떨어지다, 내리다 | ★允许 yǔnxǔ 동 허가하다, 허락하다 | ★投资 tóuzī 명동 투자(하다) | ★手续 shǒuxù 명 수속

3

女：喂！这儿有人受伤了，请赶快派辆车过来。 男：好的！请将具体地址告诉我们，我们马上过去。 问：女的为什么打电话？	여: 여보세요! 여기 부상당한 사람이 있어요. 빨리 차를 여기로 보내 주세요. 남: 네! 구체적인 주소를 저희에게 알려 주세요. 저희가 바로 가겠습니다. 질문: 여자는 왜 전화했는가?
A 想挂专家号 B 想叫救护车 C 联系伤者的亲友 D 在森林里迷路了	A 전문의 접수를 하고 싶다 B 구급차를 부르고 싶다 C 부상자의 친척과 친구에게 연락한다 D 숲에서 길을 잃었다

풀이 보기로는 문제 유형을 정확히 알 수 없지만 질문의 '**为什么**'를 통해 원인형임을 알 수 있다. 여자가 부상자가 있으니 차를 보내 달라고 말한 것으로 보아 정답이 B임을 유추할 수 있다.

단어 ★受伤 shòushāng 동 부상을 당하다, 상처를 입다 | ★赶快 gǎnkuài 부 빨리, 얼른, 어서 | ★派 pài 동 보내다, 파견하다 | ★具体 jùtǐ 형 구체적이다 | ★挂号 guàhào 동 (병원에서) 접수하다 | ★救护车 jiùhùchē 명 구급차 | 亲友 qīnyǒu 명 친척과 친구 | ★森林 sēnlín 명 숲, 삼림 | ★迷路 mílù 동 길을 잃다

4

男：你平时爱看哪种类型的电视节目？ 女：我很少看电视，偶尔会看看地理方面的纪录片。 问：关于女的，可以知道什么？	남: 당신은 평소 어떤 유형의 TV 프로그램 보는 것을 좋아하나요? 여: 저는 TV를 거의 보지 않는데, 가끔 지리 방면의 다큐멘터리를 보긴 해요. 질문: 여자에 관해, 무엇을 알 수 있는가?
A 是地理学专家 B 在下载娱乐节目 C 平常很少看电视 D 有拍纪录片的经验	A 지리학 전문가이다 B 오락 프로그램을 다운로드하고 있다 C 평소 TV를 거의 보지 않는다 D 다큐멘터리를 찍은 경험이 있다

풀이 보기로는 문제 유형을 정확히 알 수 없지만 질문의 '**可以知道什么**'를 통해 함의형임을 알 수 있다. 보기에 주어가 없으므로 문제에서 질문의 대상을 잘 들어야 한다. 여자가 TV를 거의 보지 않는다고 말했으므로 정답은 C이다.

단어 ★**地理** dìlǐ 명 지리(학) | ★**类型** lèixíng 명 유형 | ★**偶尔** ǒu'ěr 부 간혹, 이따금 | **纪录片** jìlùpiàn 명 다큐멘터리 | ★**下载** xiàzài 동 다운로드하다 | ★**娱乐** yúlè 명 오락, 레저 | ★**平常** píngcháng 명 평소 형 평범하다, 보통이다 | ★**拍** pāi 동 (사진을) 찍다, 촬영하다

5

女：我跑不动了，都快喘不上气来了。 男：别蹲下！才跑了三百米，你就累成这样，得好好儿锻炼了。 问：他们最可能在哪儿？	여: 저는 못 달리겠어요. 곧 숨을 쉴 수 없을 것 같아요. 남: 쪼그리고 앉지 마! 겨우 300미터를 뛰고 너는 이렇게 힘들어하니 정말 열심히 운동해야겠구나. 질문: 그들은 어디에 있을 가능성이 가장 큰가?
A 商场　　B 机场 C 操场　　D 菜市场	A 쇼핑몰　　B 공항 C 운동장　　D 채소시장

풀이 보기를 통해 장소와 관련된 질문임을 예상할 수 있다. '300미터를 뛰었다'와 '운동하다'라는 표현을 통해 정답이 C임을 유추할 수 있다.

단어 **喘气** chuǎnqì 동 숨을 쉬다, 심호흡하다 | ★**蹲** dūn 동 쪼그리고 앉다, 웅크려 앉다 | **商场** shāngchǎng 명 쇼핑몰, 상가 | ★**操场** cāochǎng 명 운동장 | ★**市场** shìchǎng 명 시장

6

男：公司五月份的销售数据统计出来了吗？下周三开会时要用。 女：放心吧，老板。我尽快统计，不会耽误的。 问：男的让女的做什么？	남: 회사 5월분의 판매 데이터는 통계 냈어요? 다음 주 수요일 회의 때 사용해야 합니다. 여: 안심하세요, 사장님. 제가 되도록 빨리 통계 내서, 지체되지 않을 겁니다. 질문: 남자는 여자에게 무엇을 하라고 했는가?
A 制定方案　　B 安排会议 C 统计数据　　D 接待客人	A 방안을 세우다　　B 회의를 안배하다 C 데이터를 통계 내다　　D 손님을 맞이하다

풀이 모두 동사로 이루어진 보기를 통해 동작형 질문임을 예상할 수 있다. 남자가 여자에게 데이터를 통계 냈는지 묻고 있으므로 정답은 C이다.

단어 ★**销售** xiāoshòu 동 판매하다, 팔다 | ★**数据** shùjù 명 데이터, 통계 수치 | **统计** tǒngjì 명동 통계(하다) | ★**老板** lǎobǎn 명 사장, 주인 | ★**尽快** jǐnkuài 부 되도록 빨리 | ★**耽误** dānwu 동 시간을 지체하다, 일을 그르치다 | ★**制定** zhìdìng 동 세우다, 제정하다 | ★**方案** fāng'àn 명 방안 | ★**接待** jiēdài 동 맞이하다, 응대하다

7

女：这次去参加夏令营感受如何？ 男：收获很大。不仅挑战了自己，还认识了一群小伙伴。 问：男的通过什么认识了新朋友？	여: 이번에 하계 캠프에 참가하러 간 느낌이 어떠니? 남: 소득이 컸어요. 자신에게 도전했을 뿐만 아니라, 또한 한 무리의 친구들을 알게 되었어요. 질문: 남자는 무엇을 통해 새 친구를 알게 되었는가?
A 夏令营　　B 公司宴会 C 同学聚会　　D 亲戚的婚礼	A 하계 캠프　　B 회사 연회 C 동창 모임　　D 친척 결혼식

풀이 모두 활동명으로 이루어진 보기를 통해 열거형 질문임을 예상할 수 있다. 하계 캠프의 소감을 묻는 여자의 질문에 남자가 한 무리의 친구들을 알게 되었다고 말했으므로 정답은 A이다.

단어 ★**夏令营** xiàlìngyíng 명 하계 캠프 | ★**感受** gǎnshòu 명 느낌, 감상 동 느끼다 | ★**如何** rúhé 대 어떠하다 | ★**收获** shōuhuò 명 소득, 수확, 성과 | ★**挑战** tiǎozhàn 명동 도전(하다) | ★**群** qún 명양 무리, 떼 | ★**伙伴** huǒbàn 명 짝, 동료, 동업자 | ★**宴会** yànhuì 명 연회 | ★**聚会** jùhuì 명 모임 동 모이다 | ★**亲戚** qīnqi 명 친척 | ★**婚礼** hūnlǐ 명 결혼식, 혼례

8

男：护士小姐，我老婆现在是什么情况？ 女：已经生了，母子平安。恭喜你！ 问：根据对话，可以知道什么？	남: 간호사님, 제 아내는 지금 어떤 상황인가요? 여: 이미 출산했고, 모자가 무사합니다. 축하합니다! 질문: 대화에 근거하여, 무엇을 알 수 있는가?
A 他们在幼儿园　　B 男的当父亲了 C 女的叫了救护车　　D 男的刚做了手术	A 그들은 유치원에 있다　　B 남자는 아빠가 되었다 C 여자는 구급차를 불렀다　　D 남자는 막 수술을 했다

풀이 보기로는 문제 유형을 정확히 알 수 없지만 질문의 '**可以知道什么**'를 통해 함의형임을 알 수 있다. 보기에 이미 주어가 제시되었으므로 남녀에 관한 내용을 잘 구분하며 들어야 한다. 여자가 이미 출산했고 모자가 무사하다고 말한 것으로 보아 남자가 아빠가 되었다는 것을 알 수 있으므로 B가 정답이다.

단어 ★**护士** hùshi 명 간호사 | ★**老婆** lǎopo 명 아내 | ★**平安** píng'ān 형 무사하다, 평안하다 | ★**恭喜** gōngxǐ 동 축하하다 | ★**幼儿园** yòu'éryuán 명 유치원 | ★**救护车** jiùhùchē 명 구급차 | ★**手术** shǒushù 명 수술

9

女：别伤心了，你没考好是因为这次的物理考试太难了。 男：这只是借口，还是我没有完全掌握所学的知识。 问：男的怎么了？	여: 상심하지 마. 네가 시험을 잘 못 친 건 이번 물리 시험이 너무 어려웠기 때문이야. 남: 이건 단지 핑계일 뿐이야. 내가 배운 지식을 완전히 익히지 못했어. 질문: 남자는 어떻게 된 것인가?

A 没想好借口 B 物理没考好 C 受到了批评 D 成绩被取消了	A 핑계를 생각하지 못했다 B 물리 시험을 잘 치지 못했다 C 비판을 받았다 D 성적이 취소되었다

풀이 보기로는 문제 유형을 정확히 알 수 없지만 질문의 '**怎么了**'를 통해 사건형임을 알 수 있다. 여자는 남자가 잘 못 본 시험이 물리 시험이라고 말했으므로 정답은 B이다.

단어 ★**伤心** shāngxīn ⓢ 상심하다, 슬퍼하다 | ★**物理** wùlǐ ⓜ 물리 | ★**借口** jièkǒu ⓜ 핑계, 구실 ⓢ 핑계로 삼다 | ★**掌握** zhǎngwò ⓢ 숙달하다, 정통하다 | ★**取消** qǔxiāo ⓢ 취소하다

10

男：你看中文纪录片都不需要字幕啊！太厉害了！ 女：我也是反复看了很多遍才基本看懂的。 **问：男的觉得女的怎么样？**	남: 너는 중국어 다큐멘터리를 보는데 자막이 필요하지 않구나! 너무 대단하다! 여: 나도 반복해서 여러 번 보고서야 대체로 보고 이해하는 거야. **질문: 남자는 여자가 어떠하다고 생각하는가?**
A 太谦虚了 B 中文很厉害 C 适合拍纪录片 D 字幕翻译得很好	A 너무 겸손하다 B 중국어 실력이 대단하다 C 다큐멘터리를 촬영하기에 적합하다 D 자막을 잘 번역한다

풀이 주로 형용사가 포함된 보기를 통해 평가형 질문임을 예상할 수 있다. 남자가 여자의 중국어 실력에 대해 너무 대단하다고 말했으므로 정답은 B이다.

단어 **纪录片** jìlùpiàn ⓜ 다큐멘터리 | ★**字幕** zìmù ⓜ 자막 | ★**厉害** lìhai ⓗ 대단하다, 심하다, 지독하다 | ★**反复** fǎnfù ⓢ 반복하다 | ★**基本** jīběn ⓜ 기본 ⓑ 대체로, 거의, 기본적으로 | ★**谦虚** qiānxū ⓗ 겸손하다 | ★**拍** pāi ⓢ 촬영하다 | ★**翻译** fānyì ⓜⓢ 번역(하다), 통역(하다)

11

女：那个软件我下载好了，但显示安装不成功。 男：可能是你的电脑系统太老了。那个软件只能在最新的系统上运行。 **问：男的怀疑是什么原因？**	여: 그 소프트웨어를 내가 다 다운받았는데, 하지만 설치가 성공하지 못했다고 떠. 남: 아마도 네 컴퓨터 시스템이 너무 오래돼서 그럴 거야. 그 소프트웨어는 최신 시스템에서만 작동할 수 있어. **질문: 남자는 무슨 원인이라고 의심하는가?**
A 软件下载失败 B 手机中病毒了 C 网线突然断了 D 电脑系统太老	A 소프트웨어 다운로드를 실패했다 B 휴대전화가 바이러스에 걸렸다 C 인터넷이 갑자기 끊겼다 D 컴퓨터 시스템이 너무 오래됐다

풀이 보기로는 문제 유형을 정확히 알 수 없지만 질문의 '**为什么**'를 통해 원인형임을 알 수 있다. 남자가 컴퓨터 시스템이 너무 오래됐다고 말했으므로 정답은 D이다.

단어 ★**软件** ruǎnjiàn 명 소프트웨어 | ★**下载** xiàzài 동 다운로드하다 | ★**显示** xiǎnshì 동 나타내다, 드러내 보이다 | ★**安装** ānzhuāng 동 설치하다 | ★**成功** chénggōng 동 성공하다 | ★**系统** xìtǒng 명 시스템, 체계 형 체계적이다 | **运行** yùnxíng 동 작동하다, 운행하다 | ★**怀疑** huáiyí 동 의심하다 | ★**病毒** bìngdú 명 바이러스 | **中病毒** zhòng bìngdú 바이러스에 걸리다

12

男：真糟糕，出去一趟全身都湿透了。 女：就是。天气预报上明明说没雨，这雷阵雨来得太突然了。 问：根据对话，下列哪项正确？	남: 정말 야단났어. 한 번 나갔다 왔더니 온몸이 흠뻑 젖었어. 여: 그러게. 일기예보에서는 분명히 비가 안 온다고 말했는데, 이 소나기는 너무 갑작스럽게 내렸네. 질문: 대화에 근거하여, 다음 중 옳은 것은 어느 것인가?
A 女的滑倒了 B 男的着凉了 C 男的被雨淋湿了 D 女的没看天气预报	A 여자는 미끄러져 넘어졌다 B 남자는 감기에 걸렸다 C 남자는 비에 흠뻑 젖었다 D 여자는 일기예보를 보지 않았다

풀이 보기로는 문제 유형을 정확히 알 수 없지만 질문의 '**哪项正确**'를 통해 판단형임을 알 수 있다. 보기에 이미 주어가 제시되었으므로 남녀에 관한 내용을 잘 구분하며 들어야 한다. 남자가 온몸이 흠뻑 젖었다고 했고, 여자가 소나기를 언급한 것으로 보아 정답이 C임을 유추할 수 있다.

단어 ★**糟糕** zāogāo 야단났다, 아뿔싸, 아차 | **湿透** shītòu 동 흠뻑 젖다 | ★**预报** yùbào 명동 예보(하다) | **明明** míngmíng 부 분명히 | **雷阵雨** léizhènyǔ 명 천둥과 번개를 동반한 소나기 | ★**滑** huá 동 미끄러지다 형 미끄럽다, 반들반들하다 | ★**着凉** zháoliáng 동 감기에 걸리다 | **淋湿** línshī 동 (비에) 흠뻑 젖다

13

女：你在北京发展得不错，怎么突然辞职回家了呢？ 男：这几年家乡变化很大，我想抓住这个机会自己创业。 问：关于男的，可以知道什么？	여: 당신은 베이징에서 잘 발전하고 있었는데, 어째서 갑자기 사직하고 집으로 돌아가게 된 거죠? 남: 요 몇 년 고향의 변화가 커서, 저는 이 기회를 잡아 스스로 창업하고 싶어요. 질문: 남자에 관해, 알 수 있는 것은 무엇인가?
A 辞职了 B 破产了 C 实习刚结束 D 要回家办婚礼	A 사직했다 B 파산했다 C 실습이 막 끝났다 D 집으로 돌아가 결혼식을 올리려고 한다

풀이 보기로는 문제 유형을 정확히 알 수 없지만 질문의 '**可以知道什么**'를 통해 함의형임을 알 수 있다. 보기 대부분이 주어가 없으므로 문제에서 질문의 대상을 잘 들어야 한다. 여자가 남자에게 왜 갑자기 사직했냐고 물었으므로 정답은 A이다.

단어 ★辞职 cízhí ⓢ 사직하다 | ★家乡 jiāxiāng ⓜ 고향 | ★抓 zhuā ⓢ 잡다 | 创业 chuàngyè ⓢ 창업하다 | ★破产 pòchǎn ⓢ 파산하다 | ★实习 shíxí ⓜⓢ 실습(하다) | ★婚礼 hūnlǐ ⓜ 결혼식, 혼례

14

男：小孙，你们哪天举行婚礼？ 女：我们不办婚礼了，打算把钱省下来去欧洲旅行。 问：男的想知道什么？	남: 얘야(손녀), 너희들은 언제 결혼식을 올리니? 여: 저희는 결혼식을 하지 않고, 돈을 아껴서 유럽으로 여행 갈 계획이에요. 질문: 남자는 무엇을 알고 싶어 하는가?
A 参加人数　　B 婚宴地点 C 婚礼日期　　D 离婚原因	A 참가 인원수　　B 피로연 장소 C 결혼식 날짜　　D 이혼 원인

풀이 모두 결혼과 관련된 명사로 이루어진 보기를 통해 열거형 질문임을 예상할 수 있다. 남자가 언제 결혼을 하는지 묻는 것으로 보아 C가 정답임을 유추할 수 있다.

단어 ★举行 jǔxíng ⓢ 거행하다, 개최하다 | ★婚礼 hūnlǐ ⓜ 결혼식, 혼례 | ★欧洲 Ōuzhōu ⓜ 유럽 | 婚宴 hūnyàn ⓜ 결혼 피로연 | ★地点 dìdiǎn ⓜ 장소, 지점 | ★日期 rìqī ⓜ 날짜 | ★离婚 líhūn ⓜⓢ 이혼(하다)

15

女：师傅，您确定这是去机场的路？我以前走的不是这儿啊。 男：这条高速是上个月中旬才正式通车的，走这条路能节省不少时间。 问：关于那条路，可以知道什么？	여: 기사님, 이곳이 공항으로 가는 길이 확실한가요? 제가 이전에 간 길은 여기가 아니에요. 남: 이 고속도로는 지난달 중순에서야 정식으로 개통한 것인데, 이 길로 가면 시간을 많이 아낄 수 있습니다. 질문: 그 고속도로에 관해, 무엇을 알 수 있는가?
A 变宽了　　B 正在维修 C 通向火车站　　D 上个月中旬通车	A 넓어졌다　　B 수리 중이다 C 기차역으로 통한다　　D 지난달 중순에 개통했다

풀이 보기로는 문제 유형을 정확히 알 수 없지만 질문의 '**可以知道什么**'를 통해 함의형임을 알 수 있다. 보기에 주어가 없으므로 문제에서 질문의 대상을 잘 들어야 한다. 남자가 이 고속도로는 지난달 중순에 정식으로 개통했다고 말했으므로 정답은 D이다.

단어 ★确定 quèdìng ⓢ 확정하다 ⓗ 확정적이다 | ★中旬 zhōngxún ⓜ 중순 | ★节省 jiéshěng ⓢ 아끼다, 절약하다 | ★宽 kuān ⓗ (폭이) 넓다 | ★维修 wéixiū ⓢ 수리하다, 보수하다

16

男：市博物馆明天有个明清字画展览，你去现场采访报道一下吧。 女：好的，我这就去准备。	남: 시 박물관에서 내일 명청서화 전람회가 있다고 하니, 당신이 현장에 가서 인터뷰하고 보도를 좀 해요. 여: 네. 제가 지금 바로 준비하러 가겠습니다.
问：女的最可能从事什么工作？	**질문: 여자는 어떤 일에 종사할 가능성이 가장 큰가?**
A 中介　B 记者 C 主持人　D 工程师	A 중개인　B 기자 C 사회자　D 엔지니어

풀이 보기를 통해 신분과 관련된 질문임을 예상할 수 있다. 남자가 여자에게 인터뷰와 보도를 하라고 말한 것으로 보아 여자가 기자임을 유추할 수 있으므로 정답은 B이다.

단어 ★**博物馆** bówùguǎn 명 박물관 | **字画** zìhuà 명 서화 | ★**展览** zhǎnlǎn 명 전람회 동 전람하다 | **现场** xiànchǎng 명 현장 | ★**采访** cǎifǎng 명동 인터뷰(하다) | ★**报道** bàodào 명동 보도(하다) | ★**中介** zhōngjiè 명 중개(인) | ★**主持** zhǔchí 동 사회를 보다, 주관하다 | ★**工程师** gōngchéngshī 명 엔지니어, 기사

17

女：地图上显示这家店就在这儿，怎么找不到呢？ 男：就是这里了。你看那儿贴着"正在装修，暂停营业"。	여: 지도상에는 이 가게가 바로 여기 있다고 나오는데, 어째서 찾을 수가 없는 거야? 남: 바로 여기야. 너 봐, 저기 '인테리어 중이라 잠시 휴업합니다'라고 붙어 있잖아.
问：根据对话，下列哪项正确？	**질문: 대화에 근거하여, 다음 중 옳은 것은 무엇인가?**
A 有很多人在排队 B 那家店正在装修 C 女的记错了地址 D 地图上的信息有误	A 많은 사람들이 줄을 서 있다 B 그 가게는 인테리어 중이다 C 여자는 주소를 잘못 기억했다 D 지도상의 정보에 오류가 있다

풀이 보기로는 문제 유형을 정확히 알 수 없지만 질문의 '**哪项正确**'를 통해 판단형임을 알 수 있다. 보기에 이미 주어가 제시되었으므로 남녀 혹은 사람들, 가게, 지도 정보에 관한 내용을 잘 구분하며 들어야 한다. 남자가 저기는 '인테리어 중'이라 잠시 휴업한다는 공지가 붙어있다고 말했으며 문맥상 '저기'가 지칭하는 곳이 '가게'임을 알 수 있으므로 정답은 B이다.

단어 **贴** tiē 동 붙이다 | ★**装修** zhuāngxiū 동 인테리어하다 | **暂停** zàntíng 동 잠시 중지하다 | ★**营业** yíngyè 동 영업하다 | ★**排队** páiduì 동 줄을 서다 | ★**信息** xìnxī 명 정보

18

男：项目顺利完成了，我们晚上去酒吧喝一杯庆祝一下吧。 女：好啊！最近一直忙着工作，好久没有放松了。 问：男的为什么提出去酒吧？	남: 프로젝트를 순조롭게 완성했으니, 우리 저녁에 술집에 가서 한잔하며 축하를 좀 해요. 여: 좋아요! 최근에 줄곧 일하느라 바빠서, 오랫동안 긴장을 풀지 못했어요. 질문: 남자는 왜 술집에 가자고 제안했는가?
A 减轻压力　　B 结交新朋友 C 生活太单调　　D 庆祝项目完成	A 스트레스를 덜려고　　B 새 친구를 사귀려고 C 생활이 너무 단조로워서　　D 프로젝트 완성을 축하하려고

풀이 보기로는 문제 유형을 정확히 알 수 없지만 질문의 '**为什么**'를 통해 원인형임을 알 수 있다. 남자가 프로젝트를 완성해서 술집에 가서 한잔하며 축하하자고 말했으므로 정답은 D이다.

단어 ★**项目** xiàngmù ⓜ 프로젝트, 항목, 종목 | ★**顺利** shùnlì ⓗ 순조롭다 | ★**庆祝** qìngzhù ⓓ 축하하다, 경축하다 | **提出** tíchū ⓓ 제의하다, 제기하다 | ★**酒吧** jiǔbā ⓜ 술집, 바 | **减轻** jiǎnqīng ⓓ 덜다, 경감하다, 가볍게 하다 | **结交** jiéjiāo ⓓ 사귀다, 친구가 되다 | ★**单调** dāndiào ⓗ 단조롭다

19

女：怎么这么热闹？难道有什么好消息？ 男：弟弟通过教师资格证考试了，我们在祝贺他呢。 问：男的在做什么？	여: 왜 이렇게 시끌벅적해? 무슨 좋은 소식이라도 있는 거야? 남: 남동생이 교사자격증 시험을 통과해서, 우리는 그를 축하하고 있는 중이야. 질문: 남자는 무엇을 하고 있는가?
A 合影留念 B 批评弟弟 C 祝贺弟弟 D 和男的告别	A 단체 사진을 찍어 기념으로 남긴다 B 남동생을 비판한다 C 남동생을 축하한다 D 남자와 작별 인사를 한다

풀이 모두 동사가 포함된 보기를 통해 동작형 질문임을 예상할 수 있다. 남자가 남동생을 언급한 뒤 '그를 축하한다'고 말했으므로 정답은 C이다.

단어 ★**热闹** rènao ⓗ 시끌벅적하다, 번화하다 | ★**难道** nándào ⓑ 그래 ~란 말인가 | ★**资格** zīgé ⓜ 자격 | ★**祝贺** zhùhè ⓓ 축하하다 | ★**合影** héyǐng ⓜ 단체 사진 ⓓ 함께 사진을 찍다 | **留念** liúniàn ⓓ 기념으로 남기다 | ★**告别** gàobié ⓓ 작별 인사를 하다

20

男：今天是除夕，咱们也出去放鞭炮吧！ 女：我喜欢的明星马上要出场了，看完他的节目再去吧。 问：女的是什么意思？	남: 오늘 제야인데, 우리도 나가서 폭죽 터뜨려요! 여: 제가 좋아하는 스타가 곧 무대에 나오니까, 그의 프로그램을 다 보고 가요. 질문: 여자는 무슨 뜻인가?
A 要和明星合影 B 赶紧订演出门票 C 等会儿再放鞭炮 D 今年除夕不热闹	A 스타와 함께 사진을 찍으려고 한다 B 서둘러 공연 입장권을 예약한다 C 잠시 후에 폭죽을 터뜨린다 D 올해 제야는 떠들썩하지 않다

[풀이] 보기로는 문제 유형을 정확히 알 수 없지만 질문의 '**是什么意思**'를 통해 함의형임을 알 수 있다. 보기 대부분이 주어가 없으므로 문제에서 질문의 대상을 잘 들어야 한다. 남자가 나가서 폭죽을 터뜨리자고 하자, 여자가 자신이 좋아하는 스타의 무대를 보고 가자고 말한 것으로 보아 여자의 뜻은 C임을 유추할 수 있다.

[단어] ★**除夕** chúxī [명] 제야, 섣달그믐날 | ★**鞭炮** biānpào [명] 폭죽 | ★**明星** míngxīng [명] 스타, 인기 있는 배우나 운동선수 | **出场** chūchǎng [동] (배우나 가수가) 무대에 나오다, (선수가) 출장하다 | ★**合影** héyǐng [명] 단체 사진 [동] 함께 사진을 찍다 | ★**赶紧** gǎnjǐn [부] 서둘러, 재빨리

실전 모의고사 해설

듣기 정답 Track 50

21 B	22 B	23 B	24 D	25 C	26 D	27 A	28 B	29 D	30 A
31 B	32 C	33 A	34 B	35 A	36 B	37 D	38 D	39 D	40 B
41 B	42 C	43 A	44 A	45 C					

21

女：你元旦那天有空儿吗？能来帮我搬家吗？
男：没问题。不过你怎么突然要搬家？
女：现在的公寓面积小，装修差。最近涨工资了，我想换个好点儿的。
男：那倒是，住得舒服很重要。

问：关于女的，可以知道什么？

여: 너 1월 1일 그날 시간 있어? 와서 내가 이사하는 것을 도와 줄 수 있니?
남: 문제없어. 그런데 너는 어째서 갑자기 이사를 하려고 하는 거야?
여: 지금 아파트는 면적이 작고 인테리어가 별로야. 최근 월급이 올라서, 나는 좀 좋은 곳으로 옮기고 싶어.
남: 그건 그래. 편안하게 사는 것은 중요해.

질문: 여자에 관해, 무엇을 알 수 있는가?

A 在做家务
B 涨工资了
C 元旦要值班
D 贷款买了套房子

A 집안일을 하고 있다
B 월급이 올랐다
C 양력 설날에 당직을 서야 한다
D 대출해서 집을 샀다

[풀이] 보기로는 문제 유형을 정확히 알 수 없지만 질문의 '**可以知道什么**'를 통해 함의형임을 알 수 있다. 보기에 주어가 없으므로 문제에서 질문의 대상을 잘 들어야 한다. 여자가 월급이 올랐다고 말했으므로 정답은 B이다.

[단어] ★**元旦** yuándàn [명] 양력 설날 | ★**公寓** gōngyù [명] 아파트 | ★**面积** miànjī [명] 면적 | ★**装修** zhuāngxiū [동] 인테리어하다, 내부 공사하다 | ★**涨** zhǎng [동] (가격이) 오르다 | ★**工资** gōngzī [명] 월급, 임금 | ★**家务** jiāwù [명] 집안일, 가사 | **值班** zhíbān [명][동] 당직(을 서다) | ★**贷款** dàikuǎn [명] 대출금 [동] 대출하다

22

男：家里还有七号电池吗？我的鼠标没电了。 女：你去看看书桌的抽屉里。 男：我找过了，没有。 女：要不你先把电视遥控器里的拿出来用用。	남: 집에 아직 7번 사이즈 건전지가 있어요? 내 마우스 배터리가 다 떨어졌어요. 여: 당신 가서 책상의 서랍 안을 좀 봐요. 남: 내가 찾아봤는데 없네요. 여: 아니면 우선 텔레비전 리모컨 안의 것을 꺼내서 사용하도록 해요.
问：男的在找什么？	질문: 남자는 무엇을 찾고 있는가?
A 鼠标　　B 电池 C 麦克风　　D 充电器	A 마우스　　B 건전지 C 마이크　　D 충전기

풀이 모두 사물로 이루어진 보기를 통해 열거형 질문임을 예상할 수 있다. 남자가 여자에게 건전지가 있는지 물었으므로 정답은 B이다.

단어 ★电池 diànchí 명 전지 | ★鼠标 shǔbiāo 명 (컴퓨터의) 마우스 | ★抽屉 chōuti 명 서랍 | ★要不 yàobù 접 아니면, 그렇지 않으면 | 遥控器 yáokòngqì 명 리모컨 | ★麦克风 màikèfēng 명 마이크 | 充电器 chōngdiànqì 명 충전기

23

女：你的论文写得怎么样了？ 男：有部分关键资料怎么都找不到，正发愁呢。 女：你可以去问问周教授。他是这个领域的专家，说不定可以帮到你。 男：我也想过。可是他出国了，目前不在学校。	여: 네 논문은 어떻게 써가고 있니? 남: 부분적인 중요한 자료를 어떻게 해도 찾을 수 없어서, 걱정하고 있는 중이야. 여: 너는 저우 교수님을 찾아가서 여쭤보면 돼. 그는 이 분야의 전문가라서, 아마도 너를 도와줄 수 있을 거야. 남: 나도 생각해 봤어. 그런데 그는 출국을 해서, 지금 학교에 안 계셔.
问：女的建议男的怎么做？	질문: 여자는 남자에게 어떻게 하라고 제안했는가?
A 找资料　　B 请教专家 C 发表文章　　D 发电子邮件	A 자료를 찾는다　　B 전문가에게 가르침을 청한다 C 글을 발표한다　　D 이메일을 보낸다

풀이 모두 동사가 포함된 보기를 통해 동작형 질문임을 예상할 수 있다. 여자가 남자에게 저우 교수님께 여쭤보라고 말한 것으로 보아 B가 정답임을 유추할 수 있다.

단어 ★论文 lùnwén 명 논문 | ★关键 guānjiàn 형 매우 중요한 명 관건, 키포인트 | ★资料 zīliào 명 자료 | ★发愁 fāchóu 동 걱정하다, 근심하다, 우려하다 | ★领域 lǐngyù 명 (학술이나 사상의) 분야, 영역 | ★专家 zhuānjiā 명 전문가 | ★说不定 shuōbudìng 아마 ~일 것이다 | 请教 qǐngjiào 동 가르침을 청하다 | ★发表 fābiǎo 동 발표하다 | ★文章 wénzhāng 명 글

24

男：你毕业旅行决定去哪里玩儿？ 女：我们宿舍打算乘火车去俄罗斯玩儿。 男：要很久吧？怎么不坐飞机？ 女：要坐五天火车。听说火车沿途景色很美，我们想体验一下。 问：女的为什么要坐火车去那儿玩儿？	남: 너 졸업 여행은 어디로 놀러갈지 결정했어? 여: 우리 기숙사는 기차를 타고 러시아로 놀러갈 계획이야. 남: 오래 걸리지? 어째서 비행기를 타지 않는 거야? 여: 5일 동안 기차를 타야 해. 듣기로 기차 타고 가는 길의 경치가 아름답다고 해서, 우리는 한번 체험해 보고 싶어. 질문: 여자는 왜 기차를 타고 그곳에 놀러 가려고 하는가?
A 距离较短 B 觉得很刺激 C 比飞机舒适 D 想欣赏沿途景色	A 거리가 비교적 짧다 B 자극적이라고 느낀다 C 비행기보다 편하다 D 가는 길의 경치를 감상하고 싶다

풀이 보기로는 문제 유형을 정확히 알 수 없지만 질문의 '**为什么**'를 통해 원인형임을 알 수 있다. 여자가 기차 타고 가는 길의 경치를 체험해 보고 싶다고 말한 것으로 보아 정답이 D임을 유추할 수 있다.

단어 **乘** chéng ⓢ 타다 | **俄罗斯** Éluósī ⓜ 러시아 | **沿途** yántú ⓜ 길가 ⓢ 길을 따라가다 | ★**景色** jǐngsè ⓜ 경치, 풍경 | ★**体验** tǐyàn ⓜⓢ 체험(하다) | ★**距离** jùlí ⓜ 거리 ⓢ ~로부터 떨어지다 | ★**刺激** cìjī ⓜ 자극 ⓗ 자극적이다 ⓢ 자극하다 | ★**舒适** shūshì ⓗ 편하다, 쾌적하다 | ★**欣赏** xīnshǎng ⓢ 감상하다, 좋다고 여기다, 마음에 들어 하다

25

女：张先生，这是您的房卡。 男：麻烦你了，小王。你安排得太周到了。 女：您别客气。时间不早了，不耽误您休息，明天见。 男：好的，那明天见。 问：男的认为女的安排得怎么样？	여: 장 선생님, 이것은 당신의 방 카드입니다. 남: 번거롭게 했네요, 샤오왕. 당신은 너무도 세심하게 준비했어요. 여: 천만해요. 시간이 늦었으니 당신이 쉬시도록 지체하지 않겠습니다. 내일 뵙겠습니다. 남: 그래요. 그럼 내일 봐요. 질문: 남자는 여자의 준비가 어떠하다고 생각하는가?
A 很刺激　　B 太匆忙了 C 十分周到　　D 有点儿单调	A 자극적이다　　B 너무 서두른다 C 매우 세심하다　　D 조금 단조롭다

풀이 모두 형용사가 포함된 보기를 통해 평가형 질문임을 예상할 수 있다. 남자가 여자의 준비에 대해 너무도 세심하다고 말했으므로 정답은 C이다.

단어 ★**周到** zhōudào ⓗ 세심하다, 빈틈없다 | ★**耽误** dānwu ⓢ 지체하다, 시간을 허비하다 | ★**匆忙** cōngmáng ⓗ 서두르다 , 매우 바쁘다 | ★**单调** dāndiào ⓗ 단조롭다

26

男：明天的辩论比赛，你有信心吗？ 女：说实话，我没有把握赢。 男：你的分析能力强，逻辑也很清楚，一定没问题的。 女：希望如此。谢谢你的鼓励！ 问：男的是什么意思？	남: 내일 토론대회에 당신은 자신 있어요? 여: 사실대로 말하면, 저는 이길 자신이 없어요. 남: 당신의 분석 능력은 강하고 논리도 분명해서, 반드시 문제 없을 거예요. 여: 그렇기를 바라요. 당신의 격려에 고마워요! 질문: 남자는 무슨 뜻인가?
A 辩论赛推迟了 B 认为重在参与 C 要把握住机会 D 鼓励女的加油	A 토론대회가 연기되었다 B 중요한 것은 참여에 있다고 생각한다 C 기회를 잡아야 한다 D 여자에게 힘을 내라고 격려한다

풀이 보기로는 문제 유형을 정확히 알 수 없지만 질문의 '**是什么意思**'를 통해 함의형임을 알 수 있다. 보기 대부분이 주어가 없으므로 문제에서 질문의 대상을 잘 들어야 한다. 남자가 토론대회를 언급하며, 여자에게 문제없을 것이라고 말하는 것으로 보아 남자의 뜻이 D임을 유추할 수 있다.

단어 ★**辩论** biànlùn ⓜⓓ 토론(하다), 변론(하다) | ★**把握** bǎwò ⓜ 자신, 가망, 성공의 가능성 ⓓ 잡다, 파악하다 | ★**赢** yíng ⓓ 이기다 | **分析** fēnxī ⓜⓓ 분석(하다) | ★**逻辑** luójí ⓜ 논리 | **如此** rúcǐ 이와 같다, 이러하다 | ★**鼓励** gǔlì ⓜⓓ 격려(하다) | ★**推迟** tuīchí ⓓ 연기하다, 미루다 | ★**参与** cānyù ⓓ 참여하다

27

女：你的演讲准备得怎么样了？ 男：还行。不过我从没参加过大型比赛，有点儿紧张。 女：放心吧。以你的水平只要正常发挥肯定能进入决赛。 男：谢谢，我会努力的。 问：男的在准备什么？	여: 너의 연설은 준비가 어떻게 되어가니? 남: 그럭저럭이에요. 그런데 저는 대형 대회에 참가한 적이 없어서 조금 긴장돼요. 여: 안심해. 네 수준으로는 정상적으로 발휘하기만 해도 분명히 결승전에 들어갈 수 있어. 남: 감사합니다. 제가 열심히 할게요. 질문: 남자는 무엇을 준비하고 있는가?
A 演讲比赛　B 课程报告 C 应聘简历　D 京剧表演	A 연설 대회　B 커리큘럼 보고서 C 지원 이력서　D 경극 공연

풀이 모두 명사로 이루어진 보기를 통해 열거형 질문임을 예상할 수 있다. 여자가 말한 '연설'과 남자가 언급한 '대회'로 보아 정답이 A임을 알 수 있다.

단어 ★**演讲** yǎnjiǎng ⓜⓓ 연설(하다), 강연(하다) | ★**大型** dàxíng ⓜ 대형의 | ★**以** yǐ ⓟ ~로써, ~을 가지고, ~을 근거로 | ★**发挥** fāhuī ⓓ 발휘하다 | ★**决赛** juésài ⓜ 결승전 | ★**课程** kèchéng ⓜ (교육) 커리큘럼, 과정 | ★**报告** bàogào ⓜ 보고(서), 리포트 ⓓ 보고하다 | ★**应聘** yìngpìn ⓓ 지원하다 | ★**简历** jiǎnlì ⓜ 이력서, 약력

28

男：你是在准备下周的演讲比赛吗？ 女：对，我最近每天清晨都来练习。 男：看你这么认真，应该有把握拿奖吧？ 女：其实是因为没把握才这么努力的。 问：女的是什么意思？	남: 당신은 다음 주 연설 대회를 준비하고 있나요? 여: 맞아요. 나는 요즘 매일 이른 아침에 와서 연습해요. 남: 당신이 이렇게 열심히 하는 것을 보니, 상을 받을 자신이 있는 거죠? 여: 사실 자신이 없기 때문에 이렇게 노력하는 거예요. 질문: 여자는 무슨 뜻인가?
A 很有精力　　B 没把握拿奖 C 男的不用功　　D 资格被取消了	A 매우 활력이 있다　　B 상을 받을 자신이 없다 C 남자는 노력하지 않는다　　D 자격이 취소되었다

풀이 보기로는 문제 유형을 정확히 알 수 없지만 질문의 **'是什么意思'**를 통해 함의형임을 알 수 있다. 보기 A, B에 주어가 없으므로 문제에서 질문의 대상을 잘 들어야 한다. 남자가 상을 받을 자신이 있냐고 묻자 여자가 자신이 없다고 말했으므로 정답은 B이다.

단어 **清晨** qīngchén ⓜ 이른 아침 | ★**把握** bǎwò ⓜ 자신, 가망, 성공의 가능성 ⓢ 잡다, 파악하다 | ★**精力** jīnglì ⓜ 활력, 기운, 에너지 | ★**用功** yònggōng ⓢ (공부 등에) 노력하다 힘쓰다 | ★**资格** zīgé ⓜ 자격 | ★**取消** qǔxiāo ⓢ 취소하다

29

女：你实习期的表现我很满意，想留下来成为正式员工吗？ 男：当然！我非常喜欢这份工作。 女：好，我会让人事部尽快帮你办理入职手续。 男：好的，谢谢您。 问：女的希望男的怎么做？	여: 당신의 실습 기간의 활약에 저는 만족하는데, 남아서 정식 직원이 되고 싶나요? 남: 당연합니다! 저는 이 일을 매우 좋아합니다. 여: 좋아요. 제가 인사부로 하여금 되도록 빨리 당신의 입사 수속을 처리하도록 하죠. 남: 네, 감사합니다. 질문: 여자는 남자가 어떻게 하기를 희망하는가?
A 签实习合同　　B 先熟练业务 C 调到人事部　　D 成为正式员工	A 실습 계약을 한다　　B 먼저 업무에 익숙해진다 C 인사부로 이동한다　　D 정식 직원이 된다

풀이 모두 동사가 포함된 보기를 통해 동작형 질문임을 예상할 수 있다. 여자가 남자에게 정식 직원이 되고 싶은지 질문했으므로 정답은 D이다.

단어 ★**实习** shíxí ⓜⓢ 실습(하다) | ★**表现** biǎoxiàn ⓜ 활약, 태도, 품행 ⓢ (태도나 능력을) 드러내다, 나타내다 | ★**员工** yuángōng ⓜ 직원, 사원 | ★**人事** rénshì ⓜ 인사 | ★**尽快** jǐnkuài ⓟ 되도록 빨리 | ★**办理** bànlǐ ⓢ 처리하다, (수속 등을) 하다 | **入职** rùzhí ⓜ 입사 | ★**手续** shǒuxù ⓜ 수속 | ★**签** qiān ⓢ 서명하다, 사인하다 | ★**合同** hétong ⓜ 계약(서) | ★**熟悉** shúxī ⓗ 익숙하다 ⓢ 잘 알다, 상세히 알다, 숙지하다 | ★**业务** yèwù ⓜ 업무 | **调** diào ⓢ 이동하다, 파견하다

30

男：你能推荐一款适合三到五岁孩子玩儿的玩具吗？ 女：这一款组装玩具，卖得非常火。 男：它有什么特色？ 女：可以训练孩子们的动手能力和想象力，安全性也很高。 问：关于那款玩具，下列哪项正确？	남: 3살에서 5살 아이가 놀기에 적합한 장난감 하나를 추천해 주실 수 있을까요? 여: 이 조립 장난감이 아주 잘 팔립니다. 남: 그것은 무슨 특색이 있나요? 여: 아이들의 손을 쓰는 능력과 상상력을 훈련할 수 있고, 안전성도 높습니다. 질문: 그 장난감에 관해, 다음 중 옳은 것은 무엇인가?
A 很受欢迎 B 价格很高 C 适合5岁以上儿童 D 能增强逻辑思维能力	A 인기가 많다 B 가격이 높다 C 5세 이상의 아이에게 적합하다 D 논리 사고력을 강화할 수 있다

풀이 보기로는 문제 유형을 정확히 알 수 없지만 질문의 '**哪项正确**'를 통해 판단형임을 알 수 있다. 보기에 주어가 없으므로 문제에서 질문의 대상을 잘 들어야 한다. 여자가 장난감이 아주 잘 팔린다고 말했으므로 정답은 A이다.

단어 ★**推荐** tuījiàn ⓢ 추천하다 | ★**玩具** wánjù ⓜ 장난감, 완구 | **组装** zǔzhuāng ⓢ 조립하다 | ★**特色** tèsè ⓜ 특색 | ★**训练** xùnliàn ⓜⓢ 훈련(하다) | ★**想象** xiǎngxiàng ⓜⓢ 상상(하다) | **增强** zēngqiáng ⓢ 강화하다 | ★**逻辑** luójí ⓜ 논리 | **思维** sīwéi ⓜⓢ 숙고(하다), 사유(하다) | **思维能力** sīwéi nénglì 사고력

31-32 녹음 해석

주제형 이야기

有个小孩到商店里买糖，总喜欢找同一个售货员。因为别的售货员都是先抓一大把，拿去称，再把多了的糖拿走。而[31 B]那个售货员，每次都会先少抓一些糖，然后再一颗一颗往上加。虽然最后买到糖的数量一样，但小孩儿就是喜欢后者。这一"卖糖哲学"告诉我们：[32 C]同样的付出，仅仅因为方法不同，其效果很可能会不一样。	한 아이가 상점에 가서 사탕을 사는데, 항상 같은 점원을 찾는 것을 좋아했다. 왜냐하면 다른 점원은 모두 먼저 크게 한 웅큼 잡아 가져가서 무게를 달고, 그런 다음 무게를 초과하는 사탕을 가져갔다. 반면 [31 B]그 점원은 매번 먼저 약간의 사탕을 조금 잡고, 그런 다음 다시 한 알 한 알씩 위로 더했다. 비록 마지막에 사는 사탕의 수량은 같지만, 아이는 후자를 좋아했다. 이 '사탕판매 철학'은 우리에게 다음과 같은 사실을 알려준다: [32 C]똑같은 지출이라도 단지 방법이 다르기 때문에, 그 효과는 아마도 다를 수 있다.
31. 小孩儿为什么喜欢那个售货员？ A 很爱讲故事 B 会一直加糖 C 会对他微笑 D 会免费送他糖	31. 아이는 왜 그 점원을 좋아하는가? A 이야기하는 것을 매우 좋아한다 B 줄곧 사탕을 더해준다 C 그에게 미소 짓는다 D 무료로 그에게 사탕을 선물한다

32. "卖糖哲学"告诉我们什么？ A 付出是关键 B 数量是第一位的 C 做事要讲究方法 D 如何能卖出更多糖	32. '사탕판매 철학'은 우리에게 무엇을 알려주는가? A 지출이 관건이다 B 수량이 최우선이다 C 일을 할 때는 방법에 주의해야 한다 D 어떻게 더 많은 사탕을 판매할 것인가

풀이 ㉛ 녹음과 보기가 일치하는/내용을 통해 유추해야 하는 원인형 문제이다. 그 점원은 먼저 사탕을 조금 잡고 조금씩 더한다고 했으므로 정답은 B이다.

㉜ 내용을 통해 유추해야 하는 주제형 문제이다. 마지막에 방법이 다르면 효과가 다르다고 했으므로 정답은 C이다.

단어 ★**售货员** shòuhuòyuán ㊍ 점원, 판매원 | ★**抓** zhuā ㊐ 잡다 | ★**把** bǎ ㊣ 한 웅큼, 한 줌 | ★**称** chēng ㊐ (1)무게를 달다 (2)부르다, 칭하다 | ★**颗** kē ㊣ 알, 방울(둥글고 작은 알맹이를 세는 단위) | ★**数量** shùliàng ㊍ 수량 | ★**哲学** zhéxué ㊍ 철학 | **付出** fùchū ㊐ 지출하다, 지불하다, 들이다 | ★**微笑** wēixiào ㊍㊐ 미소(짓다) | ★**免费** miǎnfèi ㊐ 무료로 하다 | ★**关键** guānjiàn ㊍ 관건, 키포인트 ㊓ 매우 중요한 | ★**讲究** jiǎngjiu ㊐ 주의하다, 문제 삼다, 따지다, 신경을 쓰다

33-35 실용문

《健康之路》[33 A]自去年年底播放以来，已经成为了综合健康频道的王牌节目。[35 A]节目以讲座、现场表演、观众访谈相结合的方式进行，同时专业人员在线接听电话，解答场外观众的疑问。开播以来，节目共[34 B]邀请了国内外医学健康领域的专家二百多名，为观众讲解健康知识，深受观众喜爱。节目每天下午五点播出，请锁定综合健康频道准时收看。	≪건강의 길≫은 [33 A]작년 연말 방영한 이래로부터, 이미 종합건강채널의 간판 프로그램이 되었습니다. [35 A]프로그램은 강좌, 현장 시범, 관중 대담이 서로 결합된 방식으로 진행되며, 동시에 전문요원이 온라인에서 전화를 받아 현장 밖 시청자들의 질문에 대답합니다. 방송을 시작한 이래, 프로그램은 [34 B]국내외 의학 건강 분야의 전문가 200여 명을 초청해 시청자들을 위해 건강 지식을 설명하여 시청자들의 사랑을 깊이 받고 있습니다. 프로그램은 매일 오후 5시에 방영하니, 종합건강채널에 고정하시고 제시간에 시청해 주세요.
33. 那个节目是从什么时候开始播出的？ A 去年年底 B 去年元旦 C 今年年初 D 今年国庆节	33. 그 프로그램은 언제 방영을 시작했는가? A 작년 연말 B 작년 양력 설날 C 올해 연초 D 올해 국경절
34. 谁最有可能被邀请为节目嘉宾？ A 家庭主妇 B 医学专家 C 健身教练 D 著名模特	34. 누가 프로그램 게스트로 초청되었을 가능성이 가장 큰가? A 가정주부 B 의학 전문가 C 헬스코치 D 유명한 모델
35. 关于那个节目，下列哪项正确？ A 形式多样 B 主题为农业 C 通常早上播出 D 是知识问答竞赛节目	35. 그 프로그램에 관해, 다음 중 옳은 것은 무엇인가? A 형식이 다양하다 B 주제가 농업이다 C 일반적으로 아침에 방영한다 D 지식 퀴즈 경쟁 프로그램이다

풀이 ㉝ 녹음과 보기가 일치하는 시간형 문제이다. 작년 연말 방영했다고 했으므로 정답은 A이다.

㉞ 녹음과 보기가 거의 일치하는 신분형 문제이다. 의학 건강 분야의 전문가 200여 명을 초청했다고 했으므로 정답은 B이다.

㉟ 녹음 내용을 통해 유추해야 하는 판단형 문제이다. 프로그램은 강좌, 현장 시범, 관중 대답이 서로 결합된 방식 외에도, 온라인에서 전화를 받아 현장 밖 시청자들의 질문에 대답한다고 했으므로 형식이 다양함을 알 수 있다. 따라서 정답은 A이다.

단어 ★播放 bōfàng ⓢ 방영하다, 방송하다 | ★综合 zōnghé ⓢ 종합하다 | ★频道 píndào ⓜ 채널 | 王牌 wángpái ⓜ 간판, 제일인자 | ★讲座 jiǎngzuò ⓜ 강좌 | 现场 xiànchǎng ⓜ 현장 | 访谈 fǎngtán ⓢ 대담하다, 탐방하다, 인터뷰하다 | ★结合 jiéhé ⓢ 결합하다 | ★人员 rényuán ⓜ 요원, 인원 | 在线 zàixiàn ⓜ 온라인 | 解答 jiědá ⓜⓢ 대답(하다), 해답(하다) | ★疑问 yíwèn ⓜ 의문 | 开播 kāibō ⓢ 방송을 시작하다 | ★领域 lǐngyù ⓜ (학술이나 사상의) 분야, 영역, (국가의) 영역 | ★专家 zhuānjiā ⓜ 전문가 | 讲解 jiǎngjiě ⓢ 설명하다, 해설하다 | 锁定 suǒdìng ⓢ 고정하다, 고정시키다 | 收看 shōukàn ⓢ (텔레비전을) 시청하다 | ★元旦 yuándàn ⓜ 양력 설날 | ★嘉宾 jiābīn ⓜ 게스트, 내빈 | ★家庭 jiātíng ⓜ 가정 | 主妇 zhǔfù ⓜ 주부 | ★健身 jiànshēn ⓢ 헬스하다 | ★教练 jiàoliàn ⓜ 코치, 감독 | ★模特 mótè ⓜ 모델 | ★形式 xíngshì ⓜ 형식 | ★主题 zhǔtí ⓜ 주제 | ★农业 nóngyè ⓜ 농업 | ★通常 tōngcháng ⓗ 일반적이다, 통상적이다 | 竞赛 jìngsài ⓢ 경쟁하다, 시합하다

36-38

설명문

维生素D不仅可以促进儿童的骨骼生长，还[36 B]能预防成人骨质疏松、类风湿性关节炎等疾病。那么，人体怎样才能获得维生素D呢？晒太阳是个不错的方法，因为阳光中的紫外线能够促进人体中维生素D的合成。人们往往喜欢在寒冷的冬季晒太阳，却不知冬天晒太阳也需要挑选适宜的时间段。一般来讲，[37 D]上午九点到十点、下午四点到五点这两个时间段是储备维生素D的大好时段。冬天经常刮风，于是很多人选择隔着玻璃在室内晒太阳。但[38 D]玻璃会将阳光中50-70%的紫外线阻拦在外，大大降低维生素D的合成，在室内晒太阳并没什么作用。因而，最好选择在户外环境中晒太阳。

비타민D는 아동의 골격 성장을 촉진시킬 뿐만 아니라, 성인의 골밀도 저하와 류머티즘 관절염 등의 [36 B]질병을 예방할 수 있다. 그럼 인체는 어떻게 해야만 비타민D를 얻을 수 있을까? 햇볕을 쬐는 것이 좋은 방법인데, 왜냐하면 햇빛 속의 자외선은 인체 속 비타민D의 합성을 촉진시킬 수 있기 때문이다. 사람들은 종종 추운 겨울에 햇볕을 쬐는 것을 좋아하지만, 겨울에 햇볕을 쬐는 것도 적합한 시간대를 선택할 필요가 있다는 것을 모른다. 일반적으로 말해서, [37 D]오전 9시에서 10시와 오후 4시에서 5시, 이 두 시간대가 비타민D를 축적하기에 매우 좋은 시간대이다. 겨울은 종종 바람이 불고, 그래서 많은 사람들은 유리 너머 실내에서 햇볕을 쬔다. 그러나 [38 D]유리는 햇빛 속의 50-70%의 자외선을 외부에서 차단하고 비타민D의 합성을 크게 떨어뜨려서, 실내에서 햇볕을 쬐는 것은 결코 아무런 작용도 없다. 그러므로 실외 환경에서 햇볕을 쬐는 것을 선택하는 것이 가장 좋다.

36. 关于维生素D，可以知道什么？

A 能杀死病毒　B 能预防疾病
C 存在于海洋中　D 会使皮肤变差

36. 비타민D에 관해, 무엇을 알 수 있는가?

A 바이러스를 죽일 수 있다　B 질병을 예방할 수 있다
C 해양 속에 존재한다　D 피부를 나빠지게 만든다

37. 冬季，哪个时段适合晒太阳？

A 清晨6-7点　B 上午11-12点
C 午后1-2点　D 下午4-5点

37. 겨울에 어느 시간대가 햇볕을 쬐기에 적합한가?

A 새벽 6-7시　B 오전 11-12시
C 오후 1-2시　D 오후 4-5시

38. 为什么最好不要隔着玻璃晒太阳？
A 易堵塞血管
B 会使人感到疲劳
C 易对眼睛造成损伤
D 会挡住大部分紫外线

38. 왜 유리 너머에서 햇볕을 쬐지 않는 것이 가장 좋은가?
A 혈관이 쉽게 막힌다
B 사람에게 피로하다고 느끼게 한다
C 쉽게 눈에 손상을 초래한다
D 대부분 자외선을 막게 된다

풀이 ㊱ 녹음과 보기가 일치하는 함의형 문제이다. 전문 용어들을 몰라도 문장의 서술어와 목적어의 큰 흐름만 봐도 질병을 예방할 수 있다는 의미이므로 정답은 B이다.

㊲ 녹음과 보기가 일치하는 열거형 문제이다. 오전 9-10시와 오후 4-5시 두 개의 시간대를 나열했으므로 정답은 D이다.

㊳ 녹음 내용을 통해 유추해야 하는 원인형 문제이다. 유리는 50-70%의 자외선을 외부에서 차단한다고 했으므로 정답은 D이다.

단어 **维生素** wéishēngsù ㊔ 비타민 | ★**促进** cùjìn ㊐ 촉진하다 | ★**儿童** értóng ㊔ 아동, 어린이 | **骨骼** gǔgé ㊔ 골격 | ★**生长** shēngzhǎng ㊐ 성장하다, 자라다 | ★**预防** yùfáng ㊔㊐ 예방(하다) | ★**成人** chéngrén ㊔ 성인 | **疏松** shūsōng ㊖ 느슨하다, 푸석하다 | **类风湿性关节炎** lèifēngshīxìng guānjiéyán 류머티즘 관절염 | **疾病** jíbìng ㊔ 질병 | ★**晒** shài ㊐ 햇볕을 쬐다, 햇볕에 말리다 | **紫外线** zǐwàixiàn ㊔ 자외선 | **合成** héchéng ㊔㊐ 합성(하다) | **寒冷** hánlěng ㊖ 몹시 춥다 | **挑选** tiāoxuǎn ㊐ 선택하다, 고르다 | **适宜** shìyí ㊖ 적합하다, 적절하다 | **储备** chǔbèi ㊐ 비축하다, 저장하다 | **时段** shíduàn ㊔ 시간대 | **隔** gé ㊐ 차단하다, 막다, 격리하다 | ★**玻璃** bōli ㊔ 유리 | **阻拦** zǔlán ㊐ 막다, 저지하다 | ★**因而** yīn'ér ㊋ 그러므로, 따라서 | **户外** hùwài ㊔ 실외, 야외 | **杀死** shāsǐ ㊐ 죽이다 | ★**病毒** bìngdú ㊔ 바이러스, 컴퓨터 바이러스 | ★**存在** cúnzài ㊐ 존재하다 | ★**海洋** hǎiyáng ㊔ 해양 | ★**皮肤** pífū ㊔ 피부 | **清晨** qīngchén ㊔ 새벽녘, 이른 아침 | **堵塞** dǔsè ㊐ 막히다 | **血管** xuèguǎn ㊔ 혈관 | ★**疲劳** píláo ㊖ 피로하다, 지치다 | ★**造成** zàochéng ㊐ (부정적인 상황을) 초래하다, 야기하다 | **损伤** sǔnshāng ㊔㊐ 손상(되다) | ★**挡** dǎng ㊐ 막다, 가리다

39-41

서술형 이야기

[39 D]一位音乐家和一位画家是好朋友。一次，音乐家发现画家连续几个月都在画同样的东西。等画家画了将近五十幅同样的作品后，音乐家终于忍不住问画家："你每天都在重复画同样的东西，难道不烦吗？"画家听后说："难道你不知道吗？在不同的时间里，天气、光线都不同，形成的画面和给人的感觉也就不同。画家就是要捕捉其中的微妙变化，以此来[40 B]提高自己的观察能力和绘画技巧。所以，虽然你看起来我每天都在画同样的东西，但其实每一幅画儿都有自己独特的内容。"听了画家的话，[41 B]音乐家深受启发。从此，他在弹奏同一首曲子时，也能弹出不一样的韵味了。

[39 D]한 음악가와 한 화가는 좋은 친구였다. 한 번은 화가가 몇 개월 연속해서 같은 그림을 그리고 있다는 것을 음악가가 발견했다. 화가가 50폭에 가까운 똑같은 작품을 그린 후, 음악가는 마침내 참지 못하고 화가에게 물었다. "너는 매일 같은 그림을 중복해서 그리는데, 짜증나지도 않아?" 화가는 이 말을 듣고 말했다. "너 설마 모르는 거야? 다른 시간 속에서는, 날씨와 빛이 모두 다르고, 형성하는 화면과 사람에게 주는 느낌도 달라. 화가는 그 속의 미묘한 변화를 포착하려고 하고, 이로써 [40 B]자신의 관찰 능력과 회화 테크닉을 향상시키는 거야. 그래서 비록 네가 보기에는 내가 매일 같은 것을 그리고 있겠지만, 사실 모든 그림은 자신의 독특한 내용이 있어." 화가의 말을 듣고, [41 B]음악가는 깊은 깨달음을 받았다. 이때부터, 그는 같은 곡을 연주할 때도 다른 정취를 연주해낼 수 있게 되었다.

39. 关于画家，可以知道什么？
A 准备办画展
B 人物画得最好
C 在当地很有名
D 和音乐家是朋友

39. 화가에 관해, 무엇을 알 수 있는가?
A 그림 전시회를 준비한다
B 인물을 가장 잘 그린다
C 현지에서 유명하다
D 음악가와 친구이다

40. 画家为什么要画很多相同的作品？
A 赚更多的钱
B 提高观察能力
C 锻炼自己的反应
D 想得到音乐家的称赞

40. 화가는 왜 다수의 똑같은 그림을 그리려고 하는가?
A 더 많은 돈을 벌려고
B 관찰 능력을 향상시키려고
C 자신의 반응을 단련하려고
D 음악가의 칭찬을 받고 싶어서

41. 听了画家的话后音乐家怎么样？
A 非常感动
B 受到了启发
C 创作了新曲子
D 考虑去学画画儿

41. 화가의 말을 듣고 음악가는 어떠했는가?
A 매우 감동했다
B 깨달음을 받았다
C 새 곡을 창작했다
D 그림 그리는 것을 배우러 가는 것을 고려했다

풀이 ㊴ 녹음과 보기가 일치하는 함의형 문제이다. 녹음 초반에 음악가와 화가가 친구라고 했으므로 정답은 D이다.

㊵ 녹음과 보기가 일치하는 원인형 문제이다. 화가가 자신의 관찰 능력을 향상시킨다고 말했으므로 정답은 B이다.

㊶ 녹음과 보기가 일치하는 평가형 문제이다. 음악가가 깊은 깨달음을 받았다고 했으므로 정답은 B이다.

단어 ★**连续** liánxù ⓢ 연속하다 | **将近** jiāngjìn ⓢ 거의 ~에 가깝다 | ★**幅** fú ⓒ 폭(그림을 세는 단위) | ★**作品** zuòpǐn ⓜ 작품 | ★**忍不住** rěnbuzhù 참을 수 없다, ~하지 않을 수 없다 | ★**重复** chóngfù ⓜⓢ 중복(하다) | ★**难道** nándào ⓑ 설마 ~이겠는가, 그래 ~란 말인가 | **光线** guāngxiàn ⓜ 빛, 광선 | ★**形成** xíngchéng ⓢ 형성하다, 이루다 | **画面** huàmiàn ⓜ 화면 | ★**感觉** gǎnjué ⓜ 느낌, 감각 ⓢ 느끼다 | **捕捉** bǔzhuō ⓢ 포착하다, 잡다 | **微妙** wēimiào ⓗ 미묘하다 | ★**观察** guānchá ⓜⓢ 관찰(하다) | **绘画** huìhuà ⓜⓢ 그림(을 그리다) | **技巧** jìqiǎo ⓜ 테크닉, 기교 | ★**独特** dútè ⓗ 독특하다 | ★**启发** qǐfā ⓜ 깨우침, 영감 ⓢ 일깨우다, 영감을 주다 | ★**从此** cóngcǐ 이때부터, 이제부터, 여기부터 | **弹奏** tánzòu ⓢ 연주하다 | ★**首** shǒu ⓒ 곡(시나 노래를 세는 단위), 수 | **曲子** qǔzi ⓜ 곡 | **韵味** yùnwèi ⓜ 정취, 여운 | ★**当地** dāngdì ⓜ 현지, 그 지방 | ★**相同** xiāngtóng ⓗ 똑같다, 서로 같다 | ★**赚** zhuàn ⓢ (돈을) 벌다 | ★**反应** fǎnyìng ⓜⓢ 반응(하다) | ★**称赞** chēngzàn ⓜⓢ 칭찬(하다) | **创作** chuàngzuò ⓢ (문예 작품을) 창작하다

42-43

실용문

据调查，全世界的人每年要喝掉四千亿杯咖啡，但中国人每年消费的咖啡仅四十五亿杯。虽然近年来中国人对咖啡的热情越来越高，但还是有很多人 42 C 把咖啡和不健康联系起来。实际上，喝咖啡有很多好处，比如保护心血管、提高记忆力等。海南有个咖啡之乡，43 A 也是长寿之乡，人平均寿命高达77岁，而那里的长寿老人都有喝咖啡的习惯。

조사에 따르면, 전 세계 사람들은 매년 4천억 잔의 커피를 마시는데, 그러나 중국인이 매년 소비하는 커피는 겨우 45억 잔이다. 비록 최근 들어 중국인의 커피에 대한 열정이 갈수록 높아지고 있지만, 여전히 많은 사람들이 42 C 커피를 건강하지 않은 것과 연관 짓는다. 사실 커피를 마시는 것은 많은 좋은 점이 있는데, 예를 들어 심혈관을 보호하고 기억력을 향상시키는 등이다. 하이난에 커피의 고장이 있는데 43 A 장수의 고장이기도 해서, 사람들의 평균 수명이 높게는 77세에 이르며, 그곳의 장수하는 노인은 모두 커피를 마시는 습관이 있다.

42. 很多中国人对咖啡有什么误解？

A 会上瘾 B 易变质
C 不健康 D 没营养

42. 많은 중국인은 커피에 대해 어떤 오해가 있는가?

A 중독될 수 있다 B 쉽게 변질된다
C 건강하지 않다 D 영양이 없다

43. 关于海南的咖啡之乡，下列哪项正确？

A 人均寿命高
B 年产45亿吨咖啡
C 咖啡种植历史长
D 百岁老人超100位

43. 하이난 커피의 고장에 관해, 다음 중 옳은 것은 무엇인가?

A 사람들의 평균 수명이 높다
B 매년 45억 톤의 커피를 생산한다
C 커피 재배 역사가 길다
D 백세 노인이 100명을 넘는다

풀이 ㊷ 녹음과 보기가 일치하는 문제이나 글의 흐름을 정확히 파악해야 하는 열거형 문제이다. 많은 사람들이 커피를 건강하지 않은 것과 연관 짓지만 사실 그렇지 않다는 정보가 제시되었으므로 정답은 C이다.

㊸ 내용을 통해 유추해야 하는 판단형 문제이다. 그곳은 장수의 고장이며 평균 수명이 77세에 이른다고 했으므로 정답은 A이다.

단어 ★亿 yì ㊄ 억 | ★消费 xiāofèi ㊐㊍ 소비(하다) | 心血管 xīnxuèguǎn ㊐ 심혈관 | 长寿 chángshòu ㊐㊍ 장수(하다) | ★平均 píngjūn ㊐㊒ 평균(의), 평균(적인) | 上瘾 shàngyǐn ㊍ 중독되다 | 变质 biànzhì ㊍ 변질하다 | ★营养 yíngyǎng ㊐ 영양 | ★吨 dūn ㊖ 톤 | 种植 zhòngzhí ㊍ 재배하다, 심다

44-45

설명문

无影灯，顾名思义就是没有影子的灯。它是将发光强度很大的灯排列成一个圆形的灯盘，合成一个大面积的光源。这种灯能从不同角度把光线照射到固定位置上，既保证足够的亮度，又 44 A 不会产生明显的灯影，因而称为无影灯。“无影灯效应”比喻人们在做事时，45 C 如果能全面地考虑问题从各个角度入手，便能找到最完美的解决方案。

무영등은 이름 그대로 그림자가 없는 등이다. 그것은 발광 강도가 매우 큰 등을 원형의 등판으로 배열하여 큰 면적으로 합쳐진 광원이다. 이런 등은 서로 다른 각도로부터 빛을 고정된 위치로 비출 수 있어서, 충분한 빛의 밝기를 보증하기도 하고, 또한 44 A 뚜렷한 등 그림자를 발생시키지 않아서 무영등이라고 부른다. '무영등 효과'는 사람들이 일을 할 때, 45 C 만약 전반적으로 문제를 고려하고 각각의 각도로부터 착수할 수 있으면 가장 완벽한 해결 방안을 찾아낼 수 있다는 것을 비유한다.

44. 关于无影灯，下列哪项正确？ A 灯影不明显 B 比普通灯暗 C 有很多样式 D 照射范围极小	44. 무영등에 관해, 다음 중 옳은 것은 무엇인가? A 등 그림자가 뚜렷하지 않다 B 일반적인 등보다 어둡다 C 여러 가지 모양이 있다 D 비추는 범위가 극히 작다
45. "无影灯效应"告诉我们什么？ A 如何设计灯 B 要有奉献精神 C 考虑问题要全面 D 要敢于承认缺点	45. '무영등 효과'는 우리에게 무엇을 알려주는가? A 어떻게 등을 설계하는가 B 봉사정신이 있어야 한다 C 문제를 고려하려면 전반적이어야 한다 D 용감하게 단점을 인정해야 한다

풀이 ㊹ 녹음의 내용을 통해 유추해야 하는 판단형 문제이다. 이런 문제의 경우 확실하게 아닌 보기를 소거하면서 들으면 동시에 봐야 하는 보기의 개수를 줄일 수 있고, 정답의 범위를 좁힐 수 있어서 정답을 찾아내기 훨씬 쉬워진다. 무영등은 큰 면적으로 합쳐진 광원이라고 했으므로 D는 틀린 말이고, 충분한 빛의 밝기를 보증한다고 했으므로 B 또한 틀렸다. 따라서 뚜렷한 등 그림자를 발생시키지 않는다고 한 A가 정답이다.

㊺ 내용을 통해 유추해야 하는 주제형 문제이다. 전반적으로 문제를 고려하면 가장 완벽한 해결 방안을 찾아낼 수 있다고 했으므로 정답은 C이다.

단어 顾名思义 gùmíngsīyì 성어 이름 그대로, 말 그대로 | ★影子 yǐngzi 명 그림자 | 强度 qiángdù 명 강도 | ★排列 páiliè 동 배열하다 | ★圆 yuán 명 원 | 盘 pán 명 판, 접시 | ★面积 miànjī 명 면적 | ★角度 jiǎodù 명 각도 | 光线 guāngxiàn 명 빛, 광선 | 照射 zhàoshè 동 비추다, 비치다 | ★固定 gùdìng 형 고정된 동 고정하다, 고정시키다 | ★位置 wèizhì 명 위치, 지위 | ★保证 bǎozhèng 동 보증하다 | 足够 zúgòu 형 충분하다 | 亮度 liàngdù 명 광도 | ★产生 chǎnshēng 동 발생하다, 생기다 | ★明显 míngxiǎn 형 뚜렷하다, 분명하다 | ★因而 yīn'ér 접 따라서, 그러므로 | 称为 chēngwéi 동 ~로 부르다 | 效应 xiàoyìng 명 효과, 이펙트(주로 이론의 명칭에 사용) | 比喻 bǐyù 명동 비유(하다) | ★全面 quánmiàn 형 전반적이다, 전면적이다 | 入手 rùshǒu 동 착수하다, 손을 대다 | ★完美 wánměi 형 완벽하다 | ★方案 fāng'àn 명 방안 | ★暗 àn 형 어둡다, 캄캄하다 | ★样式 yàngshì 명 모양, 양식, 형식 | ★范围 fànwéi 명 범위 | ★设计 shèjì 명동 설계(하다), 디자인(하다) | 奉献 fèngxiàn 동 봉사하다, 바치다, 공헌하다 | ★精神 jīngshén 형 정신을 쓰다, 주의하다 | 敢于 gǎnyú 동 용감하게 ~하다, 과감하게 ~하다 | ★承认 chéngrèn 동 인정하다, 시인하다

독해 1부분 실전 모의고사 해설

독해 정답

46 A	47 C	48 C	49 B	50 D	51 A	52 D	53 C	54 A	55 B
56 C	57 A	58 B	59 D	60 C					

46-48

投壶是先秦时期宴会上的一种助兴游戏，主要[46 A]规则是把箭往壶里投，投中多的人为胜，输的人要罚酒。因为射箭是当时士人必须[47 C]掌握的技能，所以先秦时期人们经常在宴会上比试射箭。但也有一些客人射箭技艺不佳，于是人们便发明了投壶游戏来代替射箭，这样既能模仿射箭，又简便易行。后来投壶就[48 C]逐渐成为了一项很受欢迎的娱乐项目。

투호는 선진시기 연회에서 분위기를 띄우는 게임으로, 주요 [46 A]규칙은 병을 향해 화살을 던져서 정확히 넣은 개수가 많은 사람이 이기고, 진 사람은 벌주를 마셔야 했다. 화살을 쏘는 것은 당시 선비들이 반드시 [47 C]익혀야 할 기능이었기 때문에, 그래서 선진시기 사람들은 연회에서 늘 화살을 쏘는 시합을 했다. 그러나 일부 손님들은 화살을 쏘는 기예가 좋지 않았고, 그래서 사람들은 투호 게임을 발명해서 화살을 쏘는 것을 대신하게 되었는데, 이렇게 하면 화살을 쏘는 것을 흉내 낼 수도 있고, 간편하고 쉽게 할 수도 있었다. 후에 투호는 [48 C]점차 환영받는 오락 종목이 되었다.

46. A 规则 B 特色 C 理论 D 方案
47. A 建立 B 奋斗 C 掌握 D 吸收
48. A 赶紧 B 曾经 C 逐渐 D 迟早

46. A 규칙 B 특색 C 이론 D 방안
47. A 설립하다 B 분투하다 C 익히다 D 흡수하다
48. A 서둘러 B 일찍이 C 점차 D 조만간

풀이 ㊻ 보기가 모두 명사이고 관형어 '**主要**'의 수식을 받아 주어 역할을 하고 있지만 그것만으로는 정답을 찾기 어렵다. 빈칸 앞의 문장에서 '투호가 게임이다'라고 했고 빈칸 뒤는 게임의 '규칙'을 설명하고 있으므로 내용의 흐름상 정답으로 A가 가장 적합하다.

TIP!

A 规则 guīzé ⓜ 규칙	遵守规则 zūnshǒu guīzé 규칙을 지키다 制定规则 zhìdìng guīzé 규칙을 세우다
B 特色 tèsè ⓜ 특색	富有特色 fùyǒu tèsè 특색이 풍부하다 没有特色 méiyǒu tèsè 특색이 없다
C 理论 lǐlùn ⓜ 이론	研究理论 yánjiū lǐlùn 이론을 연구하다 发表理论 fābiǎo lǐlùn 이론을 발표하다
D 方案 fāng'àn ⓜ 방안	解决方案 jiějué fāng'àn 해결 방안 改善方案 gǎishàn fāng'àn 개선 방안 改革方案 gǎigé fāng'àn 개혁 방안

㊼ 보기가 모두 동사이고 부사 '**必须**'와 함께 명사 '**技能**'을 수식하고 있다. 기능은 익히고 숙달해야 하는 것이므로 정답은 C이다.

TIP!

A 建立 jiànlì [동] 설립하다, 맺다, 세우다	建立组织 jiànlì zǔzhī 조직을 설립하다 建立关系 jiànlì guānxi 관계를 맺다 建立信心 jiànlì xìnxīn 자신감을 세우다
B 奋斗 fèndòu [동] (목적에 도달하기 위해) 분투하다	为……奋斗 wèi……fèndòu ~하기 위해 분투하다
C 掌握 zhǎngwò [동] 익히다, 정통하다, 숙달하다	掌握知识 zhǎngwò zhīshi 지식을 익히다 掌握技术 zhǎngwò jìshù 기술에 정통하다 掌握外语 zhǎngwò wàiyǔ 외국어를 숙달하다
D 吸收 xīshōu [동] 흡수하다, 받아들이다	吸收营养 xīshōu yíngyǎng 영양을 흡수하다 吸收阳光 xīshōu yángguāng 햇빛을 흡수하다

㊽ 보기가 모두 부사이고 동사 '成为'를 수식하고 있다. 동사 뒤에 완료를 나타내는 동태조사 '了'가 있으므로 동태조사 '过'와 함께 사용하는 B와 아직 일어나지 않은 일을 나타내는 D는 소거한다. 따라서 의미상 정답으로 C가 가장 적합하다.

TIP!

A 赶紧 gǎnjǐn [부] 서둘러, 급히	赶紧出去 gǎnjǐn chūqù 서둘러 나가다
B 曾经 céngjīng [부] 일찍이, 이전에	
C 逐渐 zhújiàn [부] 점차, 점점	逐渐减少 zhújiàn jiǎnshǎo 점차 감소하다
D 迟早 chízǎo [부] 조만간, 언젠가는	

[단어] 投 tóu [동] 던지다 | ★壶 hú [명] 술병, 단지, 주전자 | ★时期 shíqī [명] 시기 | ★宴会 yànhuì [명] 연회 | 助兴 zhùxìng [동] 흥을 돋우다 | 箭 jiàn [명] 화살 | 罚酒 fájiǔ [동] 벌주를 마시다 | 射 shè [동] 쏘다, 발사하다 | 士人 shìrén [명] 선비 | 技能 jìnéng [명] 기능, 솜씨 | 比试 bǐshì [동] 시합을 하다 | ★发明 fāmíng [명][동] 발명(하다) | ★代替 dàitì [동] 대신하다, 대체하다 | ★模仿 mófǎng [동] 흉내내다, 모방하다 | 简便 jiǎnbiàn [형] 간편하다 | ★娱乐 yúlè [명] 오락, 레저 | ★项目 xiàngmù [명] 종목, 항목, 조항, 프로젝트

49-52

有研究人员发现，啼哭声声调变化越丰富的婴儿，长大后的语言能力就越强。他们选取了35名婴儿作为49 B 对象，进行了长期的研究。他们先对婴儿发出的声音进行了分析，然后再从啼哭声中50 D 归纳出不同的声调来。结果发现，刚出生的婴儿啼哭时声调没有太多起伏变化，而从第二个星期开始，他们的声调就开始变得复杂起来。

那些越早发出丰富声调的婴儿，在日后学说话时，越能更早地学会较多的语句。所以，如果你家宝贝的哭声过于51 A 活跃的话，你可以尝试进行有针对性的训练，52 D 从而培养他的语言能力。

연구자들이 발견하기를, 우는 소리의 톤 변화가 풍부한 아기일수록 자란 후의 언어 능력이 강하다고 한다. 그들은 35명의 아기들을 선별하여 49 B 대상으로 삼아, 장기간의 연구를 했다. 그들은 먼저 아기들이 내는 소리에 대해 분석했고, 그런 후에 울음 소리로부터 서로 다른 톤을 50 D 추려냈다. 결과에서 발견하길, 막 출생한 아기들은 울 때 톤에 너무 많은 기복 변화가 없었지만, 2주째부터 시작해서 그들의 톤이 복잡하게 변하기 시작했다.

일찍 풍부한 톤을 내는 아기일수록, 이후 말을 배울 때 비교적 많은 어구를 더 일찍 배울 수 있었다. 그래서 만약 당신의 귀여운 아기의 울음소리가 지나치게 51 A 활기차다면, 당신은 목적성 있는 훈련을 하고, 52 D 따라서 그의 언어 능력을 키우는 것을 시도해 볼 수 있다.

49. A 人物 B 对象 C 对方 D 伙伴	49. A 인물 B 대상 C 상대방 D 동료
50. A 制造 B 录音 C 评价 D 归纳	50. A 만들다 B 녹음하다 C 평가하다 D 도출하다
51. A 活跃 B 温柔 C 发达 D 单调	51. A 활기차다 B 상냥하다 C 발달하다 D 단조롭다
52. A 使他成为音乐家 B 所以他会热爱交流 C 他必然会变得敏感 D 从而培养他的语言能力	52. A 그로 하여금 음악가가 되게 한다 B 따라서 그는 교류를 매우 좋아하게 될 것이다 C 그는 필연적으로 민감하게 변할 것이다 D 따라서 그의 언어 능력을 키운다

풀이 ㊾ 보기가 모두 명사이고 동사 '**作为**(~로 삼다)'의 목적어 역할을 하고 있지만 그것만으로는 정답을 찾기 어렵다. 빈칸 뒤에 연구를 했다는 내용이 나오므로 연구 '대상'을 나타내는 B가 정답이다.

TIP!

A 人物 rénwù 명 인물	代表人物 dàibiǎo rénwù 대표 인물 核心人物 héxīn rénwù 핵심 인물
B 对象 duìxiàng 명 대상	研究对象 yánjiū duìxiàng 연구 대상 结婚对象 jiéhūn duìxiàng 결혼 상대
C 对方 duìfāng 명 상대방, 상대편	原谅对方 yuánliàng duìfāng 상대방을 용서하다 责备对方 zébèi duìfāng 상대방을 탓하다
D 伙伴 huǒbàn 명 동료, 짝	合作伙伴 hézuò huǒbàn 동업자 生意伙伴 shēngyi huǒbàn 사업 파트너

(50) 보기가 모두 동사이고 수식어를 포함한 목적어 '**不同的声调**'의 서술어 역할을 하고 있다. 분석을 통해 서로 다른 톤을 추려내는 것이므로 정답은 D이다.

TIP!

A 制造 zhìzào 동 만들다, 제조하다	制造产品 zhìzào chǎnpǐn 제품을 만들다
B 录音 lùyīn 명동 녹음(하다)	录音功能 lùyīn gōngnéng 녹음 기능
C 评价 píngjià 명동 평가(하다)	评价标准 píngjià biāozhǔn 평가 기준
D 归纳 guīnà 동 도출하다, 간추리다	归纳知识 guīnà zhīshi 지식을 정리하다 归纳方法 guīnà fāngfǎ 방법을 도출하다 归纳内容 guīnà nèiróng 내용을 간추리다

(51) 보기가 모두 형용사이고 주어 '**哭声**'의 서술어 역할을 하고 있다. 소리를 묘사할 수 있는 형용사는 A와 B가 있지만, 우는 소리의 톤이 풍부한 경우를 이야기하고 있으므로 흐름상 정답은 A이다.

TIP!

A 活跃 huóyuè 형 활기차다, 활기 있다	活跃的气氛 huóyuè de qìfēn 활기찬 분위기 活跃的活动 huóyuè de huódòng 활발한 활동
B 温柔 wēnróu 형 상냥하다, 부드럽다	温柔的人 wēnróu de rén 상냥한 사람 温柔的性格 wēnróu de xìnggé 상냥한 성격 温柔的声音 wēnróu de shēngyīn 부드러운 목소리
C 发达 fādá 형 발달하다	经济发达 jīngjì fādá 경제가 발달하다 社会发达 shèhuì fādá 사회가 발달하다 发达国家 fādá guójiā 선진국
D 单调 dāndiào 형 단조롭다	内容单调 nèiróng dāndiào 내용이 단조롭다 色彩单调 sècǎi dāndiào 색채가 단조롭다

⑫ 두 번째 단락에서 풍부한 톤을 가진 아기들이 더 일찍 많은 말을 배울 수 있다고 했다. 따라서 빈칸 바로 앞의 '훈련'을 통해 언어 능력을 키우는 D가 흐름상 정답으로 가장 적합하다.

단어 啼哭 tíkū ⓢ 큰 소리로 울다 | ★声调 shēngdiào ⓜ 톤, 말투, 어조, 성조 | 婴儿 yīng'ér ⓜ 아기, 영아 | 选取 xuǎnqǔ ⓢ 선별하다, 골라잡다 | 起伏 qǐfú ⓜ 기복 | ★宝贝 bǎobèi ⓜ 귀여운 아기, 귀염둥이, 보배, 보물 | 过于 guòyú ⓟ 지나치게 | 尝试 chángshì ⓢ 시험해 보다 | ★针对 zhēnduì ⓢ 겨누다, 맞추다, 겨냥하다 | ★训练 xùnliàn ⓜⓢ 훈련(하다) | ★热爱 rè'ài ⓢ 매우 좋아하다, 열렬히 사랑하다 | ★必然 bìrán ⓗ 필연적이다 | ★敏感 mǐngǎn ⓗ 민감하다, 예민하다 | ★培养 péiyǎng ⓢ (1)키우다, 기르다, 양성하다 (2)배양하다

53-56

正如我们吃饭是为了获得营养一样，阅读可以为我们的精神世界提供营养。我们都知道在饮食上只有营养均衡才能 53 C 保持最健康的状态，但是很少有人会考虑精神营养的均衡。因为饮食不健康带来的身体问题是直接的，而阅读不平衡带来的问题则没有那么明显，但却 54 A 悄悄地影响着我们的生活。

不少人每天在互联网中无目的地浏览，浪费掉很多 55 B 宝贵的时间，这就像人们去一家豪华的自助餐厅，虽然有各种各样的食物，却只吃甜点，导致没有胃口再吃其他的食物一样。因此，无论是饮食还是阅读，56 C 合理的搭配都必不可少，这样才有利于身体和精神的健康。

마치 우리가 밥을 먹는 것이 영양을 얻기 위한 것과 같이, 책을 읽는 것은 우리들의 정신 세계에 영양을 제공한다. 우리는 음식에서 영양이 균형 잡혀야만 가장 건강한 상태를 53 C 유지할 수 있다는 것을 알지만, 정신 영양의 균형을 고려하는 사람은 거의 없다. 음식이 건강하지 않아 가져오는 신체 문제는 직접적인 것이지만, 독서의 불평형이 가져오는 문제는 그다지 분명하지 않은데, 그러나 54 A 소리 없이 우리들의 생활에 영향을 주고 있다.

적지 않은 사람들이 매일 인터넷에서 목적 없이 둘러보며 많은 55 B 소중한 시간을 낭비해 버리는데, 이것은 마치 사람들이 호화로운 뷔페에 가서 비록 각양각색의 음식이 있지만, 디저트만 먹고 다른 음식을 먹을 입맛이 없는 결과를 초래하는 것과 같다. 따라서 음식이든 아니면 독서이든 관계없이 56 C 합리적인 안배가 반드시 필요한데, 이렇게 해야만 신체와 정신 건강에 이롭다.

53. A 包括　　B 促使
　C 保持　　D 构成
54. A 悄悄　　B 毕竟
　C 尽量　　D 陆续
55. A 特殊　　B 宝贵
　C 实用　　D 充分
56. A 逃避都不可取
　B 除非拒绝其中一个
　C 合理的搭配都必不可少
　D 都应尽可能控制时间

53. A 포함하다　　B ~로 하여금 ~하게 하다
　C 유지하다　　D 이루다
54. A 소리 없이　　B 어쨌든
　C 가능한 한　　D 계속하여
55. A 특수하다　　B 소중하다
　C 실용적이다　　D 충분하다
56. A 도피는 옳지 않고
　B 오직 그중의 하나를 거절해야만
　C 합리적인 안배가 반드시 필요한데
　D 가능한 한 시간을 통제해야 하고

풀이 ⑬ 보기가 모두 동사이고 목적어 **'状态'**의 서술어 역할을 하고 있다. 의미상 가능한 단어는 C밖에 없다.

TIP!

A 包括 bāokuò ⓢ 포함하다	包括 bāokuò + 사람·사물 + 在内 zàinèi (사람·사물)을 포함해서

B 促使 cùshǐ ⓢ ~로 하여금 ~하게 (재촉)하다	促使 cùshǐ + 명사 + 동사
C 保持 bǎochí ⓢ 유지하다	保持联系 bǎochí liánxì 연락을 유지하다 保持距离 bǎochí jùlí 거리를 유지하다 保持状态 bǎochí zhuàngtài 상태를 유지하다 保持平衡 bǎochí pínghéng 평형을 유지하다
D 构成 gòuchéng ⓢ 이루다, 구성하다	由……构成 yóu……gòuchéng ~으로 이루어지다

54 보기가 모두 부사이고 구조조사 '**地**'를 사용하여 동사 '**影响**'을 수식하고 있다. 빈칸 앞의 '그다지 분명하지 않다'라는 말에 이어지는 문장이므로 의미상 A가 가장 적합하다.

TIP!

A 悄悄 qiāoqiāo ⓑ 소리 없이, 몰래, 조용히	悄悄出现 qiāoqiāo chūxiàn 소리 없이 나타나다
B 毕竟 bìjìng ⓑ 어쨌든, 아무래도, 역시	
C 尽量 jǐnliàng ⓑ 가능한 한, 되도록	
D 陆续 lùxù ⓑ 잇따라, 계속하여	陆续进来 lùxù jìnlái 잇따라 들어오다

55 보기가 모두 형용사이고 명사 '**时间**'을 수식하고 있다. 빈칸 앞에 '**浪费**'와 연결하여 볼 때 흐름상 B가 가장 적합하다.

TIP!

A 特殊 tèshū ⓗ 특수하다	特殊的地位 tèshū de dìwèi 특수한 지위 特殊的身份 tèshū de shēnfen 특수한 신분 特殊的作用 tèshū de zuòyòng 특수한 작용
B 宝贵 bǎoguì ⓗ 소중하다, 귀중하다	宝贵的时间 bǎoguì de shíjiān 소중한 시간 宝贵的生命 bǎoguì de shēngmìng 소중한 생명
C 实用 shíyòng ⓗ 실용적이다	实用性 shíyòngxìng 실용성 实用价值 shíyòng jiàzhí 실용적 가치
D 充分 chōngfèn ⓗ 충분하다	充分的信心 chōngfèn de xìnxīn 충분한 자신감 充分的准备 chōngfèn de zhǔnbèi 충분한 준비

56 빈칸 앞의 접속사 '**无论**'은 종종 부사 '**都**'와 짝을 지어 사용하는데 A, C, D에 모두 '**都**'가 있다. B의 '**除非**'는 뒤의 흐름과 맞지 않으므로 소거한다. 빈칸이 포함된 문장이 '**因此**'로 시작하는 것으로 보아 이 글의 주제를 나타내고 있음을 알 수 있다. 53번의 '영향이 균형 잡혀야만 건강한 상태를 유지할 수 있다', 54번의 '독서의 불평형이 소리 없이 우리들의 생활에 영향을 주고 있다', 55번의 '많은 사람들이 인터넷에서 소중한 시간을 낭비한다' 등의 내용으로 볼 때 정답으로 가장 적합한 것은 C이다.

단어 ★营养 yíngyǎng ⓜ 영양 | ★精神 jīngshén ⓜ 정신 | 饮食 yǐnshí ⓜ 음식 | 均衡 jūnhéng ⓜ 균형 ⓗ 고르다, 균형이 잡히다 | ★状态 zhuàngtài ⓜ 상태 | ★平衡 pínghéng ⓜⓢ 평형(되게 하다) | ★明显 míngxiǎn ⓗ 분명하다, 뚜렷하다 | ★浏览 liúlǎn ⓢ 대강 둘러보다, 대충 훑어보다 | ★豪华 háohuá ⓗ 호화롭다, 사치스럽다 | 自助餐厅 zìzhùcāntīng ⓜ 뷔페 | ★食物 shíwù ⓜ 음식(물) | 甜点 tiándiǎn ⓜ 디저트 | ★导致 dǎozhì ⓢ (부정적인 상황을) 초래하다, 야기하다 | ★胃口 wèikǒu ⓜ 입맛, 식욕 | ★有利 yǒulì ⓗ 이롭다, 유리하다 | ★逃避 táobì ⓢ 도피하다 | 不可取 bùkěqǔ 옳지 않다, 좋지 않다 | ★合理 hélǐ ⓗ 합리적이다 | 搭配 dāpèi ⓜⓢ 조합(하다), 배합(하다) | 必不可少 bìbùkěshǎo 성어 없어서는 안 된다 | 尽可能 jǐnkěnéng ⓑ 가능한 한 | ★控制 kòngzhì ⓢ 제어하다, 억제하다

57-60

在我们的印象中，几乎所有的食品都有保质期。但[57 A]事实上，有四类食品可以不标注保质期，它们分别是：食醋、食用盐、固态食糖类和酒精含量10%以上的饮料酒。因为这四类食品成分稳定，在常温下不容易变质，但是不标注保质期并不是说这些食物就可以永久[58 B]保存。

一般而言，这些食物从购买到食用完所用的时间都不会太长。在这段时间内，[59 D]食物的品质能得到保证，但如果两三年都吃不完，那就需要注意了。就拿盐来说，如果长期处在风吹日晒和受热的条件下，食用盐中的碘含量会降低，[60 C]从而影响补碘效果。

우리의 인상 속에서 거의 모든 식품은 품질보증 기간이 있다. 그러나 [57 A]사실상, 네 가지 종류의 식품은 품질보증 기간을 표기하지 않을 수 있는데, 그것들은 각각 식초, 식용 소금, 고체 설탕류, 그리고 알코올 함량 10% 이상의 음료술이다. 이 네 가지 식품은 성분이 안정적이어서 상온에서 쉽게 변질되지 않는데, 그러나 품질보증 기간을 표기하지 않았다는 것이 이 식품을 영원히 [58 B]보존할 수 있다는 것을 말하는 것은 결코 아니다.

일반적으로 말해서 이런 식품은 구매에서 다 먹는 데까지 드는 모든 시간이 너무 길지는 않다. 이 시간 내에는 [59 D]식품의 품질이 보증받을 수 있지만, 만약 2, 3년 내에 다 먹지 못하면 주의할 필요가 있다. 소금을 예로 들어 말하자면, 만약 장기간 바람이 불고 햇볕에 쪼이며 열을 받는 조건에 있으면, 식용 소금 속의 요오드 함량이 떨어지고, [60 C]따라서 요오드를 보충하는 효과에 영향을 주게 된다.

57. A 事实　　B 传统
    C 教材　　D 结论
58. A 运用　　B 保存
    C 流传　　D 生产
59. A 口感会越来越差
    B 过期了就要扔掉
    C 更易被人体吸收
    D 食物的品质能得到保证
60. A 不然　　B 何况
    C 从而　　D 此外

57. A 사실　　B 전통
    C 교재　　D 결론
58. A 활용하다　　B 보존하다
    C 전해지다　　D 생산하다
59. A 식감이 갈수록 떨어질 것이고
    B 기한이 지나면 버려야 하고
    C 더욱 쉽게 인체에 흡수되고
    D 식품의 품질이 보증받을 수 있지만
60. A 그렇지 않으면　　B 하물며
    C 따라서　　D 이 밖에

[풀이] [57] 보기가 모두 명사이고, 접속사 '**但**'을 사용하여 우리의 인상과 실제가 다름을 나타내고 있다. 또한, 뒤에 '**上**'이 있는 것으로 보아 사실을 밝힐 때 쓰는 '**事实上**', 즉 A가 정답이다.

TIP!

A **事实** shìshí [명] 사실	**证明**事实 zhèngmíng shìshí 사실을 증명하다 **符合**事实 fúhé shìshí 사실에 부합하다
B **传统** chuántǒng [명][형] 전통(적이다)	传统**文化** chuántǒng wénhuà 전통 문화
C **教材** jiàocái [명] 교재	**中文**教材 Zhōngwén jiàocái 중국어 교재
D **结论** jiélùn [명] 결론	**下**结论 xià jiélùn 결론을 내리다 **得出**结论 déchū jiélùn 결론을 얻다

[58] 보기가 모두 동사이고 주어 '**食物**'의 서술어 역할을 하고 있다. 의미상 가능한 단어는 B밖에 없다.

TIP!

A **运用** yùnyòng [동] 활용하다	运用**知识** yùnyòng zhīshi 지식을 활용하다 运用**技术** yùnyòng jìshù 기술을 활용하다 运用**本领** yùnyòng běnlǐng 능력을 활용하다

B 保存 bǎocún 동 보존하다	保存食物 bǎocún shíwù 음식을 보존하다 保存文件 bǎocún wénjiàn 문서를 보존하다 保存资料 bǎocún zīliào 자료를 보존하다
C 流传 liúchuán 동 전해지다	故事流传 gùshi liúchuán 이야기가 전해지다 传说流传 chuánshuō liúchuán 전설이 전해지다 风俗流传 fēngsú liúchuán 풍속이 전해지다
D 生产 shēngchǎn 동 생산하다	生产日期 shēngchǎn rìqī 생산 날짜

59 빈칸 뒤에 전환을 나타내는 '**但**'이라는 접속사가 있고 '2, 3년 내에 다 먹지 못하면 주의해야 한다'라고 했으므로 빈칸에는 그와 반대되는 내용인 D가 가장 적합하다.

60 보기가 모두 접속사이다. 빈칸 앞에 '요오드 함량이 떨어진다'는 내용이 있고, 빈칸 뒤에 '효과에 영향을 준다'는 내용이 있으므로 결과를 이끌어내는 C가 정답으로 가장 적합하다.

TIP!

A 不然 bùrán 접 그렇지 않으면
B 何况 hékuàng 접 하물며, 더군다나
C 从而 cóng'ér 접 따라서
D 此外 cǐwài 접 이 밖에

단어 **保质期** bǎozhìqī 명 품질보증 기간 | **标注** biāozhù 동 표기하다, 표시하다 | **饮食** yǐnshí 명 음식 | ★**分别** fēnbié 부 각각 | ★**盐** yán 명 소금 | **固态** gùtài 명 고체 (상태) | **酒精** jiǔjīng 명 알코올 | **含量** hánliàng 명 함량 | ★**成分** chéngfèn 명 성분 | ★**稳定** wěndìng 형 안정적이다 동 안정시키다 | **常温** chángwēn 명 상온 | **变质** biànzhì 동 변질하다 | **永久** yǒngjiǔ 형 영원한 | **购买** gòumǎi 동 구매하다 | ★**吹** chuī 동 (바람이) 불다 | ★**晒** shài 동 햇볕이 내리쬐다, 햇볕에 말리다 | **碘** diǎn 명 요오드 | ★**醋** cù 명 식초 | **口感** kǒugǎn 명 식감 | ★**过期** guòqī 동 기일이 지나다, 기한을 넘기다 | ★**吸收** xīshōu 동 흡수하다, 받아들이다 | **品质** pǐnzhì 명 품질, 품성, 인품 | ★**保证** bǎozhèng 동 보증하다

독해 2부분 실전 모의고사 해설

독해 정답

61 C	62 D	63 A	64 B	65 C	66 A	67 B	68 A	69 D	70 A

61 유사형

经验丰富的木匠会告诉徒弟，制作家具时要在木材接口处留有空隙，别完全钉死。因为随着冷热干湿的变化，木头也会发生微小的变化，而小小的空隙则可以包容这种变化，使家具的整体结构不会发生改变。

경험이 풍부한 목공이라면 견습공에게 가구를 제작할 때 목재 이음새에 틈을 남겨놓고, 완전히 단단하게 못질하면 안 된다고 알려줄 것이다. 왜냐하면 추위와 더위, 건조함과 습함의 변화에 따라, 나무도 미세한 변화가 생기는데, 매우 작은 틈이 이러한 변화를 수용할 수 있어서 가구의 전체 구조에 변화가 생기지 않게 한다.

A 木制家具显得更高档
B 木材的表面越光滑越好
C 木头会随温度的变化而改变
D 家具做好以后不能立即使用

A 나무로 제작한 가구는 더 고급스러워 보인다
B 목재의 표면이 매끄러울수록 좋다
C 나무는 온도의 변화에 따라 바뀔 수 있다
D 가구를 다 만든 후에 즉시 사용해서는 안 된다

보기 분석

A **木制家具显得更高档** ➡ 언급되지 않음

B **木材的表面越光滑越好** ➡ 언급되지 않음

C **木头会随温度的变化而改变** ➡ 지문의 '추위와 더위에 따라 나무도 변화가 생긴다'라는 말이 보기에서는 '온도 변화에 따라 바뀐다'라는 유사한 표현으로 대체되었으므로 정답은 C이다.

D **家具做好以后不能立即使用** ➡ 언급되지 않음

TIP! 내용을 빠르게 상기시키는 데 도움이 되는 표현에 밑줄을 그으며 보기를 읽는다.

단어 **木匠** mùjiàng 명 목공 | **徒弟** túdì 명 견습공, 제자 | ★**制作** zhìzuò 동 제작하다, 만들다 | **接口** jiēkǒu 명 이은 곳 | **空隙** kòngxì 명 틈, 간격 | **钉死** dìngsǐ 동 단단히 못질을 해놓다 | **微小** wēixiǎo 형 미세하다, 미미하다 | **包容** bāoróng 동 포용하다, 수용하다 | ★**整体** zhěngtǐ 명 (집단이나 사물의) 전체 | ★**结构** jiégòu 명 구조, 구성 | ★**显得** xiǎnde 동 ~하게 보이다 | ★**高档** gāodàng 형 고급의 | **木材** mùcái 명 목재 | ★**表面** biǎomiàn 명 표면 | ★**光滑** guānghuá 형 매끄럽다, 반들반들하다 | ★**温度** wēndù 명 온도 | ★**立即** lìjí 부 즉시, 당장

62 일치형

做记者少不了要采访，但采访并不像表面看起来那么简单，光是采访前就需要做很多准备工作。首先，你要查找相关资料，充分了解采访对象。其次还要制定采访提纲，设计好想问的问题，其中提问的方式尤其需要注意。

기자를 하면 인터뷰하는 것은 빠뜨릴 수 없는데, 인터뷰는 겉으로 보는 것처럼 그렇게 간단하지 않아서 단지 인터뷰 전에만 해도 많은 준비 업무를 해야 한다. 먼저 당신은 관련 자료를 찾고, 인터뷰 대상을 충분히 이해해야 한다. 다음으로 인터뷰 개요를 만들고, 묻고 싶은 질문을 잘 설계해야 하는데, 그중 질문하는 방식은 특히 주의해야 할 필요가 있다.

A 采访过程中要灵活 B 采访时语气要亲切 C 采访时可以随便提问 D 采访前要做很多准备	A 인터뷰 과정에서는 융통성이 있어야 한다 B 인터뷰할 때 말투는 친절해야 한다 C 인터뷰할 때 마음대로 질문해도 된다 D 인터뷰 전에 많은 준비를 해야 한다

A 采访过程中|要灵活 ➡ 언급되지 않음

B 采访时|语气要亲切 ➡ 언급되지 않음

C 采访时|可以随便提问 ➡ 질문하는 방식에 주의해야 하므로 정답이 아니다.

D 采访前|要做很多准备 ➡ 지문과 거의 일치하므로 정답은 D이다.

TIP! '인터뷰 과정', '인터뷰 때', '인터뷰 전'의 규칙성이 있으므로 세로줄로 분리한다. 세로줄 뒤에서 내용을 빠르게 상기시키는 데 도움이 되는 표현에 밑줄을 그으며 보기를 읽는다.

단어 少不了 shǎobuliǎo 빼놓을 수 없다, ~하지 않을 수 없다 | ★采访 cǎifǎng 명동 인터뷰(하다) | ★表面 biǎomiàn 명 겉, 표면, 외관 | ★光 guāng 부 다만, 오직 | 查找 cházhǎo 동 찾다, 조사하다 | ★相关 xiāngguān 동 관련되다, 상관되다 | ★资料 zīliào 명 자료 | ★充分 chōngfèn 형 충분하다 | ★对象 duìxiàng 명 대상, 결혼 상대 | ★制定 zhìdìng 동 만들다, 제정하다, 세우다 | ★提纲 tígāng 명 개요, 요점 | ★方式 fāngshì 명 방식 | ★尤其 yóuqí 부 특히, 더욱 | ★灵活 línghuó 형 융통성이 있다, 민첩하다, 재빠르다 | ★语气 yǔqì 명 말투, 어기 | ★亲切 qīnqiè 형 친절하다, 친근하다 | ★提问 tíwèn 동 질문하다

63

유추형

滑冰运动有悠久的历史。古时候，生活在寒冷地带的人们，在冬季冰封的江河湖泊上把滑冰作为交通运输的方式。之后，随着社会的进步，逐步发展为滑冰游戏，最后形成了现代的速滑运动。	스케이팅 운동은 유구한 역사가 있다. 옛날에 추운 지역에 사는 사람들은 겨울에 얼음으로 뒤덮힌 강과 호수 위에서 스케이트를 교통 운송의 방식으로 삼았다. 후에 사회의 진보에 따라, 점차 스케이팅 게임으로 발전했고, 마지막으로 현대의 스피드 스케이팅 운동을 형성했다.
A 滑冰最初是服务于生活的 B 滑冰游戏在春季更常见 C 速滑运动在少数国家流行 D 速滑运动是儿童的运动首选	A 스케이팅은 처음에 생활에 봉사하는 것이었다 B 스케이팅 운동은 봄에 더 자주 보인다 C 스피드 스케이팅은 소수 국가에서 유행한다 D 스피드 스케이팅은 아동 운동의 첫 번째 선택이다

A 滑冰|最初是服务于生活的 ➡ 지문에서 '옛날에는 스케이트를 교통 운송의 방식으로 삼았다'라고 한 것으로 보아 최초에는 스케이트가 생활에 사용되었다는 것을 유추할 수 있으므로 정답은 A이다.

B 滑冰游戏|在春季更常见 ➡ 언급되지 않음

C 速滑运动|在少数国家流行 ➡ 언급되지 않음

D 速滑运动|是儿童的运动首选 ➡ 언급되지 않음

TIP! 주어에 규칙성이 있으므로 세로줄로 분리한다. 세로줄 뒤에서 내용을 빠르게 상기시키는 데 도움이 되는 표현에 밑줄을 그으며 보기를 읽는다.

단어 滑冰 huábīng 명 스케이팅 동 스케이트를 타다 | ★悠久 yōujiǔ 형 유구하다 | 地带 dìdài 명 지역, 지대 | 冰封 bīngfēng 동 얼음으로 뒤덮히다 | 湖泊 húpō 명 호수 | ★作为 zuòwéi 동 ~로 삼다, ~로 여기다 전 ~의 신분으로서, ~의 자격으로서 | ★运输 yùnshū 명동 운송(하다), 수송(하다) | ★进步 jìnbù 명동 진보(하다) | ★形成 xíngchéng 동 형성하다, 이루다 | ★现代 xiàndài 명 현대 | ★最初 zuìchū 명 맨 처음, 최초 | 速滑 sùhuá 명 스피드 스케이팅 | 首选 shǒuxuǎn 동 우선하여 선택하다

64

유사형

人体内的各个组织器官开始衰老的时间是不一样的。人的味觉和嗅觉衰老得最快，从6岁开始味觉和嗅觉细胞就开始减少了。皮肤在25岁左右开始老化，但是肝脏的衰老要到70岁时才开始。因此生物学意义上的衰老其实是一个平均值和中位数，这个平均值在35岁左右。	인체 내의 각 조직기관이 노화를 시작하는 시간은 다르다. 사람의 미각과 후각은 노화가 가장 빠른데, 6세부터 미각과 후각 세포가 감소되기 시작한다. 피부는 25세 정도에 노화가 시작되지만, 간의 노화는 70세에 이르러서야 시작된다. 따라서 생물학적 의미에서의 노화는 사실 하나의 평균치와 중앙값인데, 이 평균치는 35세 정도이다.
A 衰老是可以预防的 B 味觉和嗅觉器官最先衰老 C 皮肤大约35岁开始老化 D 人类各组织器官衰老时间差不多	A 노화는 예방할 수 있는 것이다 B 미각과 후각 기관이 가장 먼저 노화된다 C 피부는 대략 35세에 노화가 시작된다 D 인류의 각 조직기관이 노화되는 시간은 비슷하다

풀이 A **衰老是可以预防的** ➡ 언급되지 않음

B **味觉和嗅觉器官(最)先衰老** ➡ 지문의 '사람의 미각과 후각은 노화가 가장 빠르다'라는 말이 보기에서는 '미각과 후각 기관이 가장 먼저 노화된다'라는 유사한 표현으로 대체되었으며, '가장'이라는 절대성의 의미를 갖는 어휘는 동일하게 사용되었으므로 정답은 B이다.

C **皮肤大约35岁开始老化** ➡ 피부는 25세 정도에 노화가 시작된다고 언급되었다.

D **人类各组织器官衰老时间差不多** ➡ 각 조직의 노화 시작 시간은 다르다고 언급되었다.

TIP! 내용을 빠르게 상기시키는 데 도움이 되는 표현에 밑줄을 그으며 보기를 읽는다. 이때 절대성의 의미를 갖는 어휘인 '**最**'는 동그라미를 쳐서 일치 여부를 확인한다.

단어 **器官** qìguān ⓜ (생물의) 기관 | **衰老** shuāilǎo ⓗ 노화하다, 노쇠하다 | **味觉** wèijué ⓜ 미각 | **嗅觉** xiùjué ⓜ 후각 | **细胞** xìbāo ⓜ 세포 | **肝脏** gānzàng ⓜ 간, 간장 | **生物** shēngwù ⓜ 생물 | ★**平均** píngjūn ⓗ 평균의, 평균적인 | **平均值** píngjūnzhí 평균치 | **中位数** zhōngwèishù ⓜ 중앙값 | ★**预防** yùfáng ⓜⓓ 예방(하다) | ★**人类** rénlèi ⓜ 인류 | ★**组织** zǔzhī ⓜⓓ 조직(하다)

65

유추형

现在，一些大学生毕业后既不立即找工作，也不继续深造，而是选择留学、在家陪父母或创业考察，给自己一段时间考虑未来的人生道路。据统计，中国越来越多的年轻人告别了传统的"一毕业就工作"模式，成为了"慢就业"人群中的一员。	현재 일부 대학생들은 졸업 후 즉시 직업을 찾지도 않고, 계속해서 연구를 하지도 않으며, 대신에 유학이나 집에서 부모님과 함께하는 것 혹은 창업에 대한 고찰을 선택하여 자신에게 일정 시간을 주어 미래의 인생의 길을 고려한다. 통계에 따르면, 중국의 갈수록 많은 젊은이들이 전통적인 '졸업하자마자 일한다'는 패턴과 작별하고, '느린 취업' 무리의 일원이 되었다.
A 高学历人才更受欢迎 B 多数"90后"有留学经历 C "慢就业"逐渐成为一种趋势 D 毕业生通常都缺乏创业的勇气	A 고학력의 인재가 더 환영받는다 B 대다수의 '90년대생'은 유학 경험이 있다 C '느린 취업'은 점점 일종의 추세가 되었다 D 졸업생은 일반적으로 모두 창업하려는 용기가 부족하다

보기 분석 A **高学历人才更受欢迎** ➡ 언급되지 않음

B **多数"90后"有留学经历** ➡ 언급되지 않음

C "**慢就业**" **逐渐成为一种趋势** ➡ 지문에서 '중국의 갈수록 많은 젊은이들이 '느린 취업' 무리의 일원이 되었다'라고 한 것으로 보아 '느린 취업'이 추세가 되어간다는 것을 것을 유추할 수 있으므로 정답은 C이다.

D **毕业生通常都缺乏创业的勇气** ➡ 창업을 고찰한다고 언급되었다.

TIP! 내용을 빠르게 상기시키는 데 도움이 되는 표현에 밑줄을 그으며 보기를 읽는다. 이때 절대성의 의미를 갖는 어휘인 '**都**'는 동그라미를 쳐서 일치 여부를 확인한다.

단어 ★**立即** lìjí ⓟ 즉시, 당장 | **深造** shēnzào ⓢ 깊이 연구하다 | **创业** chuàngyè ⓢ 창업하다 | **考察** kǎochá ⓢ 고찰하다, 현지 조사하다, 시찰하다 | ★**人生** rénshēng ⓜ 인생 | **统计** tǒngjì ⓜⓢ 통계(하다) | ★**告别** gàobié ⓢ 작별 인사를 하다, 헤어지다 | ★**传统** chuántǒng ⓜⓗ 전통(적이다) | **模式** móshì ⓜ 패턴, 표준양식 | **就业** jiùyè ⓢ 취업하다, 취직하다 | ★**学历** xuélì ⓜ 학력 | ★**人才** réncái ⓜ 인재 | ★**逐渐** zhújiàn ⓟ 점점, 점차 | ★**趋势** qūshì ⓜ 추세, 경향 | ★**缺乏** quēfá ⓢ 부족하다, 모자라다 | ★**勇气** yǒngqì ⓜ 용기

66

주제형

运动前要做热身运动，可以让身体从静止的状态逐渐进入到运动状态中，从而更好地满足身体接下来的运动需求。同样，冷身运动是使身体从运动的状态转化为静止状态的适应过程，可以避免运动者血压下降过快。因此，冷身运动与热身运动同样重要，都不可忽视。	운동 전에는 워밍업 운동을 해야 하는데, 신체를 정지 상태로부터 점차 운동 상태로 들어가게 할 수 있고, 따라서 신체에 이어지는 운동 요구를 더욱 잘 만족시킨다. 마찬가지로 마무리 운동은 신체가 운동 상태로부터 정지 상태로 변하게 하는 적응 과정으로, 운동자의 혈압 하락이 지나치게 빠른 것을 피할 수 있다. 따라서, 마무리 운동은 워밍업 운동과 똑같이 중요하며, 모두 소홀히 해서는 안 된다.
A 做冷身运动很有必要 B 冷身运动可以预防疲劳 C 激烈运动对身体健康不利 D 热身运动比冷身运动更重要	A 마무리 운동을 하는 것은 매우 필요하다 B 마무리 운동은 피로를 예방할 수 있다 C 격렬한 운동은 신체 건강에 이롭지 않다 D 워밍업 운동이 마무리 운동보다 더 중요하다

A **做冷身运动**|**很有必要** ➡ 지문의 마지막 문장이 주제나 결론을 나타내는 '因此'로 시작하므로 먼저 읽어 본다. '마무리 운동은 워밍업 운동과 똑같이 중요하다'고 한 것으로 보아 마무리 운동이 매우 필요하다는 것을 유추할 수 있으므로 정답은 A이다.

B **冷身运动**|**可以预防疲劳** ➡ 언급되지 않음

C **激烈运动**|**对身体健康不利** ➡ 언급되지 않음

D **热身运动**|**比冷身运动更重要** ➡ 똑같이 중요하다고 언급되었다.

TIP! 주어가 모두 '운동'으로 시작하므로 세로줄로 분리한다. 세로줄 뒤에서 내용을 빠르게 상기시키는 데 도움이 되는 표현에 밑줄을 그으며 보기를 읽는다.

단어 **热身** rèshēn ⓢ 워밍업하다 | **静止** jìngzhǐ ⓢ 정지하다 | ★**状态** zhuàngtài ⓜ 상태 | ★**逐渐** zhújiàn ⓟ 점차, 점점 | ★**从而** cóng'ér ⓙ 따라서 | ★**满足** mǎnzú ⓢ 만족시키다 ⓗ 만족하다 | **需求** xūqiú ⓜ 요구, 수요 | **同样** tóngyàng ⓙ 마찬가지로 ⓗ 마찬가지다, 같다 | **冷身** lěngshēn ⓢ 몸을 식히다 | **转化** zhuǎnhuà ⓢ 변하다, 전환하다 | ★**避免** bìmiǎn ⓢ 피하다 | **血压** xuèyā ⓜ 혈압 | ★**忽视** hūshì ⓢ 소홀히 하다, 경시하다 | ★**疲劳** píláo ⓜⓗ 피로(하다) | ★**激烈** jīliè ⓗ 격렬하다

67

유추형

一次，一位太太问萧伯纳："您知道什么药减肥最有效吗？"萧伯纳回答："我知道一种药，不过很遗憾，药的名字我翻译不出来。"那位太太不信，"您可是大学问家，什么词能难住您呢？"萧伯纳说："尊敬的夫人，因为'劳动'一词，对您来说，简直就是外国文字。"	한 번은 한 부인이 버나드 쇼에게 물었다. "당신은 어떤 약이 다이어트에 가장 효과가 있는지 아시나요?" 버나드 쇼가 대답했다. "제가 한 가지 약을 알지만, 유감스럽게도 약의 이름은 제가 번역해낼 수 없습니다." 그 부인은 믿지 않았다. "당신은 대학자인데, 어떤 단어가 당신을 곤혹스럽게 할 수 있겠어요?" 버나드 쇼가 말했다. "존경하는 부인. 왜냐하면 '노동'이라는 단어는 당신에게 있어서 그야말로 외국 문자일 것이기 때문입니다."
A 那位太太不信任萧伯纳 B 那位太太可能很少劳动 C 萧伯纳不会翻译"劳动" D 萧伯纳不想帮那位太太减肥	A 그 부인은 버나드 쇼를 신임하지 않는다 B 그 부인은 아마도 노동을 거의 하지 않을 것이다 C 버나드 쇼는 '노동'을 번역할 줄 모른다 D 버나드 쇼는 그 부인이 다이어트하는 것을 돕고 싶지 않다

보기 분석

A **那位太太|不信任萧伯纳** ➡ 부인은 버나드 쇼가 약의 이름을 번역할 수 없다는 말을 믿지 못한 것일 뿐, 신임하지 않은 것이 아니다.

B **那位太太|可能很少劳动** ➡ 거의 전체 이야기의 맥락을 이해해야 풀 수 있다. 지문에서 버나드 쇼가 좋은 다이어트 약이 있지만 자신은 번역할 수 없다고 말한 부분과 '노동'이라는 단어가 부인에게는 외국 문자일 것이라고 말한 부분으로 보아 '노동'이 가장 좋은 다이어트 약이지만, 부인은 거의 노동을 하지 않는 사람이라는 것을 유추할 수 있으므로 정답은 B이다.

C **萧伯纳|不会翻译"劳动"** ➡ 실제 '번역'을 못 한다는 뜻이 아니다.

D **萧伯纳|不想帮那位太太减肥** ➡ 언급되지 않음

TIP! 주어에 각각 규칙성이 있으므로 세로줄로 분리한다. 세로줄 뒤에서 내용을 빠르게 상기시키는 데 도움이 되는 표현에 밑줄을 그으며 보기를 읽는다.

단어 ★**太太** tàitai 명 부인, 처, 아내 | **萧伯纳** Xiāobónà 버나드 쇼(영국의 작가) | ★**遗憾** yíhàn 명형 유감(스럽다) | ★**学问** xuéwèn 명 학문, 학식 | **难住** nánzhù 동 곤혹스럽게 하다, 난처하게 하다 | ★**尊敬** zūnjìng 명동 존경(하다) | ★**劳动** láodòng 명동 노동(하다) | ★**简直** jiǎnzhí 부 그야말로, 정말 | ★**文字** wénzì 명 문자, 글자 | ★**信任** xìnrèn 명동 신임(하다)

68

일치형

据媒体报道，目前科学家研制出一种"手指阅读器"。当用户佩戴上这种外形像戒指的手指阅读器时，手指所指之处的文字就能转换成声音。手指阅读器主要是为视力不佳的人群，尤其是盲人而设计的。它能帮助他们读出公交车标志、药物说明、餐厅菜单等。	매스컴 보도에 따르면, 현재 과학자들은 '손가락리더기'를 연구 제작해냈다. 사용자가 이러한 외형이 반지와 같은 손가락리더기를 끼었을 때, 손가락이 가리키는 모든 곳의 문자를 소리로 바꿀 수 있다. 손가락리더기는 주로 시력이 좋지 않은 사람들, 특히 시각장애인을 위해 설계된 것이다. 그것은 그들을 도와 버스 표지판, 약품 설명, 식당 메뉴판 등을 읽어낸다.
A 手指阅读器外形像戒指 B 手指阅读器无法识别菜单 C 手指阅读器是为老人研制的 D 手指阅读器能锻炼手部肌肉	A 손가락리더기는 외형이 반지와 같다 B 손가락리더기는 메뉴를 식별할 수 없다 C 손가락리더기는 노인을 위해 연구 제작된 것이다 D 손가락리더기는 손 부위 근육을 단련할 수 있다

A 手指阅读器|外形像戒指 ➡ 지문 내용과 완전히 일치하므로 정답은 A이다.

B 手指阅读器|无法识别菜单 ➡ 메뉴도 읽어낼 수 있다고 언급되었다.

C 手指阅读器|是为老人研制的 ➡ 시각장애인을 위해 설계된 것이라고 언급되었다.

D 手指阅读器|能锻炼手部肌肉 ➡ 언급되지 않음

TIP! 앞부분의 시작이 같으므로 세로줄로 분리한다. 세로줄 뒤에서 내용을 빠르게 상기시키는 데 도움이 되는 표현에 밑줄을 그으며 보기를 읽는다.

단어 ★媒体 méitǐ 명 매스컴, 미디어, 매체 | ★报道 bàodào 명동 보도(하다) | ★目前 mùqián 명 현재, 지금 | 研制 yánzhì 동 연구 제작하다 | ★手指 shǒuzhǐ 명 손가락 | 用户 yònghù 명 사용자, 가입자 | 佩戴 pèidài 동 (몸에) 달다, 차다 | 外形 wàixíng 명 외형 | ★戒指 jièzhi 명 반지 | ★指 zhǐ 동 가리키다 | ★文字 wénzì 명 문자 | 转换 zhuǎnhuàn 동 바꾸다, 전환하다 | 视力 shìlì 명 시력 | 佳 jiā 형 좋다 | 人群 rénqún 명 사람의 무리, 군중 | 盲人 mángrén 명 시각장애인 | ★标志 biāozhì 명 표지, 지표, 상징 | 药物 yàowù 명 약품, 약물 | 识别 shíbié 동 식별하다 | ★肌肉 jīròu 명 근육

69

유추형

在社会交往中，我们应该学会恰当地赞美他人。因为这样能满足他人被理解被信任的心理需求，从而使他人对你更有好感。赞美得当能使他人更积极、热情，增强他人的上进心和责任感；而赞美不得当不仅不能起到应有的效果，反而可能会使他人对你生厌，不利于人际关系的发展。	사회 교제에서, 우리는 적절하게 타인을 찬미하는 것을 배워야만 한다. 왜냐하면 이렇게 해야 타인의 이해를 받고 신임을 받으려는 심리적 요구를 만족시킬 수 있고, 따라서 타인으로 하여금 당신에 대해 더욱 호감이 생기게 하기 때문이다. 찬미가 적절하면 타인을 더 적극적이고 친절하게 만들고, 타인의 성취욕과 책임감을 강화할 수 있다. 반면 찬미가 적절하지 않으면 있어야 할 효과를 일으키지 못할 뿐만 아니라, 오히려 타인으로 하여금 당신에 대해 싫증이 나게 만들어, 인간 관계의 발전에 이롭지 않다.
A 赞美比批评更重要 B 同事之间应互相帮助 C 在交往中要学会理解他人 D 不是所有赞美都能促进交往	A 찬미가 비판보다 더 중요하다 B 동료 간에는 서로 도와주어야 한다 C 교제에서는 타인을 이해하는 것을 배워야 한다 D 모든 찬미가 다 교제를 촉진하는 것은 아니다

A 赞美比批评更重要 ➡ 언급되지 않음

B 同事之间应互相帮助 ➡ 언급되지 않음

C 在交往中要学会理解他人 ➡ 언급되지 않음

D 不是所有赞美都能促进交往 ➡ 지문에서 '찬미가 적절하지 않으면 인간 관계의 발전에 이롭지 않다'라고 한 것으로 보아 모든 찬미가 교제를 촉진하는 것은 아니라는 것을 유추할 수 있으므로 정답은 D이다.

TIP! 내용을 빠르게 상기시키는 데 도움이 되는 표현에 밑줄을 그으며 보기를 읽는다.

단어 ★交往 jiāowǎng 명동 교제(하다), 왕래(하다) | 恰当 qiàdàng 형 적절하다, 알맞다 | ★赞美 zànměi 명동 찬미(하다) | ★满足 mǎnzú 동 만족시키다 형 만족하다 | ★信任 xìnrèn 명동 신임(하다) | ★心理 xīnlǐ 명 심리 | 需求 xūqiú 명 요구, 수요 | ★从而 cóng'ér 접 따라서 | 得当 dédàng 형 알맞다 | 增强 zēngqiáng 동 강화하다 | 上进心 shàngjìnxīn 성취욕 | 应有 yīngyǒu 형 응당 있어야 할, 당연한 | ★反而 fǎn'ér 부 오히려, 역으로 | 生厌 shēngyàn 동 싫증이 나다 | ★促进 cùjìn 동 촉진하다

70

유사형

中国古人有“饮温酒”的习惯，就是喝酒时一般要“烫”一下再喝。这是因为古代的酒完全由粮食酿造，加热之后其香味儿更充分，口感也更佳。同时，天冷时喝一杯热酒，还能起到暖身的功效。后来，饮温酒逐渐成为古人交往时的一种礼仪。	중국의 옛날 사람들은 '따뜻한 술을 마시는' 습관이 있었는데, 술을 마실 때 일반적으로 한 번 데운 다음 마시는 것이었다. 이것은 고대의 술이 완전히 양식으로 양조하여, 열을 가한 후 그 향기가 더 충분하고 맛이 더 좋기 때문이었다. 동시에 날씨가 추울 때 뜨거운 술을 한 잔 마시면 몸을 따뜻하게 하는 효과도 일으킬 수 있었다. 후에 따뜻한 술을 마시는 것은 점차 고대 사람들이 왕래할 때의 예의가 되었다.
A 饮用温酒可以暖身 B 喝烫过的酒不容易醉 C 古代人每天都会饮酒 D 烫酒主要是为了活跃气氛	A 따뜻한 술을 마시면 몸을 따뜻하게 할 수 있다 B 데운 술을 마시면 쉽게 취하지 않는다 C 고대인은 매일 술을 마셨다 D 술을 데우는 것은 주로 분위기를 활기차게 하기 위한 것이다

[보기 분석] A **饮用温酒可以暖身** ➡ 지문의 '뜨거운 술을 마시면 몸을 따뜻하게 할 수 있다'라는 말이 보기에서는 '따뜻한 술'이라는 유사한 표현으로 대체되었으므로 정답은 A이다.

B **喝烫过的酒不容易醉** ➡ 언급되지 않음

C **古代人 (每天都) 会饮酒** ➡ 언급되지 않음

D **烫酒主要是为了活跃气氛** ➡ 언급되지 않음

[TIP!] 내용을 빠르게 상기시키는 데 도움이 되는 표현에 밑줄을 그으며 보기를 읽는다. 이때 절대성의 의미를 갖는 어휘인 '**每天都**'는 동그라미를 쳐서 일치 여부를 확인한다.

[단어] ★**烫** tàng [동] (1)데우다, 화상 입다 (2)파마하다 [형] 뜨겁다 | ★**古代** gǔdài [명] 고대 | ★**粮食** liángshi [명] 양식, 식량 | **酿造** niàngzào [동] 양조하다 | **香味儿** xiāngwèir [명] 향기 | ★**充分** chōngfèn [동] 충분하다 | **口感** kǒugǎn [명] 식감 | **佳** jiā [형] 좋다 | **功效** gōngxiào [명] 효과, 효능 | ★**逐渐** zhújiàn [부] 점차, 점점 | ★**交往** jiāowǎng [동] 왕래하다, 교제하다 | **礼仪** lǐyí [명] 예의 | **饮用** yǐnyòng [동] 마시다 | ★**醉** zuì [동] 취하다 | ★**活跃** huóyuè [동] 활기를 띠게 하다 [형] 활기차다, 활기 있다 | ★**气氛** qìfēn [명] 분위기

독해 3부분 실전 모의고사 해설

독해 정답

71 A	72 D	73 B	74 D	75 D	76 C	77 B	78 D	79 C	80 D
81 D	82 B	83 A	84 C	85 D	86 C	87 A	88 D	89 D	90 C

71-74 지문 해석

①上世纪30年代，有个小女孩儿出生在乡下，她的家庭非常贫穷。在这样的环境中，小女孩儿一天天地长大，转眼就高中毕业了。她虽然想读大学，但根本没有足够的钱支付学费，只能靠当会计为生。但是，从小就喜欢动物的她，心中一直有个梦想："有朝一日我一定要去非洲，去看看那里的动物。"身边所有人听了都捧腹大笑，71A 人们纷纷讽刺她："你这么穷，什么时候能挣到那么多旅费呢？"

②但女孩儿非常固执，无论别人怎么说，她都没有动摇。为了凑够旅费，她除了当会计以外，72D 还兼职在餐馆里端盘子。业余时间，她就去图书馆，阅读有关动物的书籍，不断地充实自己。尽管她并没有赚到那么多钱，但她梦想的那一天，真的被她等到了。

③一位朋友知道她十分熟悉动物，给她介绍了一份工作——到非洲给一位动物学家当秘书。于是，她跳上开往非洲的船，踏上了梦想中的大陆。那时她才20多岁。而那位动物学家很快就发现，这个年轻的女孩儿竟对动物如此了解，73B 便邀请她担任自己的研究助理。后来，她真的成为了全球知名的动物学家。

④很多人习惯羡慕别人的成就，同时觉得"为什么我没有那种好运"。74D 其实，所谓的"好运"大都只是一步步脚踏实地的努力和永不言弃的坚持。

① 지난 세기 30년대, 한 여자아이는 시골에서 태어났고, 그녀의 가정은 매우 가난했다. 이러한 환경 속에서, 어린 소녀는 하루하루 성장했고, 눈 깜짝할 사이에 고등학교를 졸업했다. 그녀는 비록 대학에 가고 싶었지만, 학비를 지불할 충분한 돈이 전혀 없었고, 회계사를 하여 생계를 유지할 수밖에 없었다. 그러나 어렸을 때부터 동물을 좋아했던 그녀는 마음속에 줄곧 '언젠가 나는 반드시 아프리카에 가서, 그곳의 동물을 볼 거야'라는 꿈이 있었다. 주변의 모든 사람들은 들은 후 포복절도했고, 71A 사람들은 잇달아 그녀를 비꼬았다. "너는 이렇게 가난한데, 언제 그렇게 많은 여행비를 벌 수 있겠어?"

② 그러나 여자아이는 매우 고집스러워서, 다른 사람이 어떻게 말하든 관계없이 그녀는 흔들리지 않았다. 여행비를 충분히 모으기 위해, 그녀는 회계사를 하는 것을 제외하고도, 72D 식당에서 접시를 나르는 일도 겸직했다. 여가 시간에 그녀는 도서관에 가서, 동물과 관련된 서적을 읽어 끊임없이 자신을 계발했다. 비록 그녀는 그렇게 많은 돈을 벌지 못했지만, 그녀가 꿈꾸던 그날이 정말 왔다.

③ 한 친구는 그녀가 동물에 익숙하다는 것을 알고, 그녀에게 아프리카에 가서 한 동물학자에게 비서가 되어주는 일을 소개했다. 그래서 그녀는 아프리카로 가는 배에 올라탔고, 꿈 속의 대륙에 발을 디뎠다. 그때 그녀는 겨우 20세가 넘었다. 그 동물학자는 이 젊은 여자아이가 뜻밖에도 동물에 대해 이렇게 이해하고 있다는 것을 빠르게 발견했고, 73B 그녀에게 자신의 연구 조수를 맡기를 요청했다. 후에 그녀는 정말 전 세계적으로 유명한 동물학자가 되었다.

④ 많은 사람들은 다른 사람의 성취를 부러워하고, 동시에 '왜 나는 그런 행운이 없을까'라고 생각하는 데 익숙하다. 74D 사실 소위 '행운'의 대다수는 단지 한 걸음 한 걸음의 착실한 노력과 절대 포기하지 않는 꾸준함일 뿐이다.

단어 乡下 xiāngxia 명 시골 | ★家庭 jiātíng 명 가정 | 贫穷 pínqióng 형 가난하다 | 转眼 zhuǎnyǎn 눈 깜짝할 사이 | ★根本 gēnběn 부 전혀, 아예 명형 근본(적이다) | 支付 zhīfù 동 지불하다 | ★靠 kào 동 기대다, 의지하다 | ★会计 kuàijì 명 회계(사) | 为生 wéishēng 동 생계를 유지하다 | ★梦想 mèngxiǎng 명동 꿈(꾸다) | 有朝一日 yǒuzhāoyírì 성어 언젠가는 | 非洲 Fēizhōu 명 아프리카(주) | 捧腹大笑 pěngfù dàxiào 성어 포복절도하다 | ★纷纷 fēnfēn 부 잇달아, 계속하여 | ★讽刺 fěngcì 동 비꼬다, 풍자하다 | ★挣 zhèng 동 일하여 벌다 | 旅费 lǚfèi 명 여(행)비 | 固执 gùzhí 형 고집스럽다 | 动摇 dòngyáo 동 흔들리다, 동요하다 | 凑 còu 동 모으다 | ★兼职 jiānzhí 명동 겸직(하다) | 端 duān 동 들어 나르다, 두 손으로 받쳐들다 | ★业余 yèyú 형 여가의, 아마추어의 | 书籍 shūjí 명 서적 | 充实 chōngshí 동 알차게 하다, 보강하다, 강화하다 형 알차다, 충실하다 | ★秘书 mìshū 명 비서 | 踏 tà 동 (발로) 밟다, 디디다 | 大陆 dàlù 명 대륙 | ★担任 dānrèn 동 맡다, 담당하다 | 助理 zhùlǐ 명 조수, 보조 | ★羡慕 xiànmù 동 부러워하다 | ★成就 chéngjiù 명동 업적, 성취(하다), 이루다 | 好运 hǎoyùn 명 행운 | 所谓 suǒwèi 소위, 이른바 | 脚踏实地 jiǎotàshídì 성어 일하는 것이 착실하다 | 永不言弃 yǒngbùyánqì 절대 포기하지 않다

71

听说女孩儿要去非洲后，身边很多人都： A 讽刺她　　B 表示佩服 C 表现很冷淡　　D 觉得无所谓	여자아이가 아프리카에 가려고 한다는 것을 듣고, 주변 많은 사람들은 모두: A 그녀를 비꼬았다　　B 감탄을 표했다 C 태도가 냉담했다　　D 상관없다고 생각했다

풀이 (1) 힌트가 될 만한 표현은 '**身边很多人**'이므로 밑줄을 그어 둔다.

(2) 먼저 보기를 읽는다.

(3) 처음부터 '**身边很多人**'과 같거나 유사한 표현이 언급되는 위치를 빠르게 찾고 그 부분을 자세히 읽어 본다.
① …… **身边所有人听了都捧腹大笑**，人们纷纷讽刺她：……

(4) '**讽刺她**'라는 같은 표현이 있으므로 정답은 A이다.

단어 ★佩服 pèifú 동 감탄하다, 탄복하다 | ★表现 biǎoxiàn 명 태도, 품행, 활약 동 표현하다, (자신의 태도, 품행, 능력 등을) 드러내다, 나타내다 | ★冷淡 lěngdàn 형 냉담하다, 냉정하다 | ★无所谓 wúsuǒwèi 상관없다

72

为了凑够旅费，女孩儿： A 生活很节俭 B 申请了贷款 C 放弃了当会计 D 在餐馆里打工	여행비를 충분히 모으기 위해, 여자아이는: A 생활에서 절약했다 B 대출을 신청했다 C 회계사가 되는 것을 포기했다 D 식당에서 아르바이트 했다

풀이 (1) 힌트가 될 만한 표현은 '**凑够旅费**'이므로 밑줄을 그어 둔다.

(2) 먼저 보기를 읽는다.

(3) '**凑够旅费**'라는 표현이 나오는 위치를 빠르게 찾고 그 부분을 자세히 읽어 본다.
② ……。**为了凑够旅费，她除了当会计以外，**还兼职在餐馆里端盘子。……

(4) '식당에서 접시를 날랐다'라는 표현에서 답이 D임을 알 수 있다.

[단어] 节俭 jiéjiǎn [동] 절약하다 | ★申请 shēnqǐng [명][동] 신청(하다) | ★贷款 dàikuǎn [명] 대출(금) [동] 대출하다 | ★打工 dǎgōng [동] 아르바이트 하다

73

那位动物学家：	그 동물학자는:
A 爱好动物摄影	A 동물 촬영을 좋아한다
B 给女孩儿提供了工作	B 여자아이에게 직업을 주었다
C 成立了动物保护组织	C 동물보호조직을 설립했다
D 是女孩儿的博士生导师	D 여자아이의 박사생 지도 교수였다

[풀이] (1) 힌트가 될 만한 표현은 '**动物学家**'이므로 밑줄을 그어 둔다.

(2) 먼저 보기를 읽는다.

(3) '**动物学家**'가 처음 나오는 위치를 빠르게 찾고 그 부분부터 자세히 읽어 본다.

③ **一位朋友知道她十分熟悉动物，给她介绍了一份工作——到非洲给一位动物学家当秘书。于是，她跳上开往非洲的船，踏上了梦想中的大陆。那是她才20多岁。而那位动物学家很快就发现，这个年轻的女孩儿竟对动物如此了解，**便邀请她担任自己的研究助理。……

(4) '**动物学家**'가 처음 나온 부분부터 읽어 내려가면 '그녀에게 자신의 연구 조수를 맡기를 요청했다'라는 말이 있다. 이 말을 통해 정답이 B임을 유추할 수 있다.

[단어] ★摄影 shèyǐng [동] 촬영하다, 사진 찍다 | ★成立 chénglì [동] 설립하다, 창립하다 | ★组织 zǔzhī [명][동] 조직(하다) | 导师 dǎoshī [명] 지도 교수

74

上文主要告诉我们：	윗글은 우리에게 무엇을 알리려고 하는가:
A 要珍惜每个机会	A 모든 기회를 소중하게 여겨야 한다
B 运气有时也很重要	B 운도 때로는 중요하다
C 命运对每个人都很公平	C 운명은 모든 사람들에게 공평하다
D 实现梦想需要努力和坚持	D 꿈을 실현하려면 노력과 꾸준함이 필요하다

[풀이] (1) 주제를 찾는 문제 중 하나이다. 특히 이 지문은 ④번 단락에서 명확하게 주제를 제시하고 있다.

(2) 먼저 보기를 읽는다.

④ ……。**其实，所谓的**"好运"**大都**只是**一步步脚踏实地的**努力和**永不言弃的**坚持。

(3) '행운은 단지 노력과 꾸준함일 뿐이다'라는 말에서 정답이 D임을 알 수 있다.

[단어] ★珍惜 zhēnxī [동] 소중하게 여기다, 아끼다 | ★命运 mìngyùn [명] 운명 | ★公平 gōngpíng [형] 공평하다 | ★实现 shíxiàn [동] 실현하다

75-78 지문 해석

①联合国开发计划署在全球碳市场报告里，专门辟出章节介绍蚂蚁金服旗下的蚂蚁森林。该报告认为：蚂蚁森林是以数字金融为主的技术创新，在全球碳市场具有独一无二的意义。

②此外，蚂蚁金服还发起了首个绿色数字金融联盟，吸纳全球金融科技伙伴加入，75 D 共同寻求推动全球可持续发展的新路径。

③几乎每个人都抱怨过环境差，但又无能为力，不知道怎么去改变现状。蚂蚁森林的出现让个人参与环保成为了可能。目前，许多用户都参与了蚂蚁森林的公益活动。通俗地讲，76 C 用户进行线下支付、生活缴费、网络购票等方式，所节省下来的碳排放量，将被计算为虚拟的"能量"，用来浇灌一棵虚拟的树木。虚拟树长成后，蚂蚁金服和公益合作伙伴就会在地球上种下一棵真树，以培养和激励用户的低碳环保行为。

④据蚂蚁金服最新公布的数据显示，77 B 现在已经有超过两亿人开通了蚂蚁森林，总人数约占中国网民总数量的三分之一，每天有五六万棵虚拟树长成。换句话说，平均每日会有五六万棵树在中国沙漠地带被种植。可以想象，78 D 如此坚持下去，我们的生存环境一定会得到改善。

① 유엔 개발계획처는 전 세계 탄소 시장 보고서에서, 특별히 한 장을 내어 마이금융 기치하의 개미숲을 소개했다. 이 보고서는 개미숲이 디지털 금융 위주의 기술 혁신이며, 전 세계 탄소 시장에서 유일무이한 의미가 있다고 여겼다.

② 이 외에, 마이금융은 첫 번째 친환경 디지털 금융연맹을 발기하여, 전 세계 금융 과학 기술 파트너들의 가입을 받고, 75 D 전 세계의 지속적인 발전을 추진할 새로운 방법을 함께 찾는다.

③ 거의 모든 사람들은 환경이 좋지 않다고 불평한 적이 있겠지만, 그러나 아무 일도 할 수 없고, 어떻게 현재 상황을 바꾸어야 할지 모른다. 개미숲의 출현은 개인이 환경보호에 참여하는 것을 가능하게 만들었다. 지금 많은 사용자들이 모두 개미숲의 공익 활동에 참여했다. 쉽게 말해서 사용자는 76 C 오프라인 지불 생활비 납부, 인터넷 티켓 구매 등의 방식으로 절약한 탄소 배출량을 가상의 '에너지'로 계산하고, 그것을 사용하여 한 그루의 가상의 나무에 물을 준다. 가상의 나무가 자란 후, 마이금융과 공익 협력 파트너들은 지구에 한 그루의 진짜 나무를 심어, 사용자의 저탄소 환경보호 활동을 양성하고 격려한다.

④ 마이금융이 새로 공표한 데이터가 드러내는 바에 따르면, 77 B 지금 이미 2억이 넘는 사람이 개미숲을 개통했고, 총 인원수는 중국 전체 네티즌 수의 약 3분의 1을 차지하는데, 매일 5, 6만 그루의 가상나무가 성장한다. 바꾸어 말하면, 평균 매일 5, 6만 그루의 나무가 중국 사막 지대에 심어지는 것이다. 78 D 이렇게 꾸준히 나간다면, 우리의 생존 환경이 반드시 개선될 것이라고 상상할 수 있다.

단어 联合国 Liánhéguó ㊐ 유엔(UN) | 署 shǔ ㊐ (관공)서, (관)청 | 碳 tàn ㊐ 탄소 | ★专门 zhuānmén ㊎ 일부러, 전문적으로 | 辟 pì ㊕ 열다, 개설하다 | 章节 zhāngjié ㊐ (글의 내용을 구분하는) 장 | 蚂蚁 mǎyǐ ㊐ 개미 | 蚂蚁金服 mǎyǐ jīnfú 마이금융, 앤트 파이낸셜(알리바바의 금융 자회사) | 旗 qí ㊐ 기, 깃발 | ★数字 shùzì ㊐ 디지털 | ★金融 jīnróng ㊐ 금융 | 创新 chuàngxīn ㊐ 혁신, 창조성 ㊕ 새 것을 창조하다 | 独一无二 dúyī wúèr 성어 유일무이하다 | ★意义 yìyì ㊐ 의미, 의의 | 发起 fāqǐ ㊕ 발기하다, 제창하다, 시작하다 | 联盟 liánméng ㊐ 연맹 | 吸纳 xīnà ㊕ 받아들이다, 흡수하다, 끌어들이다 | 加入 jiārù ㊕ 가입하다, 참가하다 | 寻求 xúnqiú ㊕ 찾다, 구하다 | 推动 tuīdòng ㊕ 추진하다 | ★持续 chíxù ㊕ 지속하다 | 路径 lùjìng ㊐ 방법, 수단, 경로 | ★抱怨 bàoyuàn ㊕ 불평하다, 원망하다 | 无能为力 wúnéng wéilì 성어 무능해서 아무 일도 못하다 | 现状 xiànzhuàng ㊐ 현재 상황, 현황 | 公益 gōngyì ㊐ 공익 | 通俗 tōngsú ㊔ 이해하기 쉽다, 평이하다 | 线下 xiànxià ㊐ 오프라인 | 缴费 jiǎofèi ㊕ 비용을 납부하다 | ★网络 wǎngluò ㊐ 인터넷, 네트워크 | 排放 páifàng ㊕ 배출하다 | ★计算 jìsuàn ㊐㊕ 계산(하다) | 虚拟 xūnǐ ㊔ 가상의, 허구의 | 能量 néngliàng ㊐ 에너지 | 浇灌 jiāoguàn ㊕ (식물에) 물을 주다 | ★合作 hézuò ㊐㊕ 협력(하다), 합작(하다) | 激励 jīlì ㊕ 격려하다 | ★行为 xíngwéi ㊐ 행동, 행위 | ★公布 gōngbù ㊕ 공표하다, 공포하다 | 开通 kāitōng ㊕ 개통하다, 열다 | ★沙漠 shāmò ㊐ 사막 | 生存 shēngcún ㊐㊕ 생존(하다) | ★改善 gǎishàn ㊕ 개선하다

75

绿色数字金融联盟的目的是:	친환경 디지털 금융연맹의 목적은:
A 加强区域合作	A 지역 협력을 강화한다
B 防止金融危机的发生	B 금융 위기의 발생을 방지한다
C 保证蚂蚁金服的经济利益	C 마이금융의 경제적 이익을 보증한다
D 寻求可持续发展的新路径	D 지속 가능한 발전의 새로운 방법을 찾는다

풀이 (1) 힌트가 될 만한 표현은 '**绿色数字金融联盟**'이므로 밑줄을 그어 둔다.

(2) 먼저 보기를 읽는다.

(3) '**绿色数字金融联盟**'이 처음 나오는 부분을 빠르게 찾고 그 부분을 자세히 읽어 본다.

② **此外，蚂蚁金服还发起了首个绿色数字金融联盟，吸纳全球金融科技伙伴加入，**共同寻求推动全球可持续发展的新路径。

(4) '**寻求推动全球可持续发展的新路径**'이라는 거의 유사한 표현이 있으므로 정답은 D이다.

단어 **区域** qūyù ⓜ 지역, 구역 | **防止** fángzhǐ ⓓ 방지하다 | **危机** wēijī ⓜ 위기 | ★**保证** bǎozhèng ⓓ 보증하다 | ★**利益** lìyì ⓜ 이익

76

怎样才能获得"虚拟的'能量'"?	어떻게 해야만 '가상의 에너지'를 얻을 수 있는가?
A 使用购物券	A 구매권을 사용한다
B 邀请好友加入	B 친한 친구가 가입하도록 초대한다
C 进行线下支付	C 오프라인 지불을 한다
D 定期参与植树活动	D 정기적으로 나무 심기 활동에 참여한다

풀이 (1) 큰따옴표로 표시된 표현은 반드시 지문에 그대로 나오므로 좋은 힌트가 된다.

(2) 먼저 보기를 읽는다.

(3) '**虚拟的能量**'이 나오는 부분을 빠르게 찾고 그 부분을 자세히 읽어 본다.

③ ……。**通俗地讲，**用户进行线下支付、**生活缴费、网络购票等方式，所节省下来的碳排放量，将被计算为虚拟的"能量"，**……

(4) '**虚拟的能量**'이 포함된 문장을 읽어 보면 '**进行线下支付**'라는 똑같은 표현이 나오므로 정답은 C이다.

단어 **券** quàn ⓜ 권, 쿠폰 | **定期** dìngqī ⓜ 정기적인 ⓓ 기한을 정하다 | **植树** zhíshù ⓓ 나무를 심다

77

根据第四段，下列哪项正确?	네 번째 단락에 근거하여, 다음 중 옳은 것은 무엇인가?
A 树木成活率相当低	A 나무의 생존율이 상당히 낮다
B 蚂蚁森林的用户众多	B 개미숲의 사용자는 매우 많다
C 蚂蚁森林受到了质疑	C 개미숲은 의문을 받았다
D 蚂蚁森林存在安全漏洞	D 개미숲은 안전상의 빈틈이 존재한다

풀이 (1) 이 문제는 힌트가 없다.

(2) 힌트가 없는 문제일수록 보기를 먼저 읽는 것이 중요하다. 그래야 답이 나오면 계속 지문을 읽는 것을 멈출 수 있다.

(3) ④번 단락부터 답이 나올 때까지 읽어 본다.

④ ……，现在已经有超过两亿人开通了蚂蚁森林，……

(4) '지금 이미 2억이 넘는 사람이 개미숲을 개통했다'라는 표현에서 B가 정답임을 유추할 수 있다.

단어 **成活率** chénghuólǜ 명 생존율 | **众多** zhòngduō 형 매우 많다 | **质疑** zhìyí 명동 의문, 질의(하다), 의심(하다) | ★**存在** cúnzài 명동 존재(하다) | **漏洞** lòudòng 명 빈틈, 약점, 구멍

78

最适合做上文标题的是：	윗글의 제목이 되기에 가장 적합한 것은:
A 蚂蚁金服的两难选择	A 마이금융의 두 가지 어려운 선택
B 跨国合作的另一种方式	B 국경을 뛰어넘는 협력의 또 다른 방식
C 蚂蚁森林背后的巨大利润	C 마이금융 뒤의 거대한 이윤
D 蚂蚁森林，让人人参与环保	D 개미숲이 모든 사람을 환경보호에 참여하게 한다

풀이 (1) 제목을 찾는 문제는 주제를 찾는 문제 중 하나이다. 일반적으로 제목을 찾는 문제는 위의 세 문제를 푸는 과정에서 본 내용으로 어느 정도 정답을 찾을 수 있다.

(2) 지문에서도 주제를 유추할 수 있는 부분이 있다. 보통 주제는 지문의 제일 처음이나 끝에 제시된다.

④ ……。**可以想象**，如此坚持下去，我们的生存环境一定会得到改善。(이렇게 꾸준히 나간다면, 우리의 생존 환경은 반드시 개선될 것이다.)

(3) 위의 세 문제와 지문의 마지막 문장으로 볼 때 D가 정답임을 알 수 있다.

단어 **跨国** kuàguó 동 국경을 뛰어넘다 | **背后** bèihòu 명 배후, 뒤쪽, 뒷면 | ★**利润** lìrùn 명 이윤

79-82 지문 해석

①杭州图书馆十多年来[79 C]从不拒绝乞丐和捡垃圾者入内阅读，唯一的要求就是将手洗干净。这引发了人们的讨论，有人称赞其为"最温暖的图书馆"，也有人质疑此举会影响其他读者阅读。

②面对各种不同的声音，图书馆馆长表示，他们没有权利拒绝任何人入内读书，如果某些读者觉得不便可以更换座位。他们希望通过这样的方式来告诉人们：[80 D]知识面前，人人平等。

③[81 D]尊重每个人阅读的权利，让更多的人走进图书馆，是图书馆理应承担的社会责任，也是图书馆必须提供的公共服务。图书馆的宗旨应该是为一切读者服务，而入内者衣着如何、是何种身份，本来就不重要，因为在图书馆面前他们都有同一个名字：读者。

① 항저우도서관은 십여 년간 [79 C]여태껏 거지와 쓰레기 줍는 사람들이 들어와 책을 읽는 것을 거절하지 않았고, 유일한 요구는 손을 깨끗이 씻는 것이다. 이것은 사람들의 토론을 불러일으켰는데, 누군가는 그것을 '가장 따뜻한 도서관'이라고 칭찬했고, 또 누군가는 이 같은 행동이 다른 독자들이 책을 읽는 것에 영향을 줄 수 있다고 의문을 가졌다.

② 각각의 서로 다른 목소리에 대해, 그들은 어떠한 사람이 들어와 책을 읽는 것을 거절할 권리가 없으며, 만약 어떤 독자들이 불편하다고 느끼면 자리를 옮기면 된다고 도서관 관장은 말했다. 그들은 이러한 방식을 통해 사람들에게 '[80 D]지식 앞에 모든 사람은 평등하다'는 것을 알리기를 희망한다.

③ [81 D]모든 사람의 책 읽는 권리를 존중하고, 더 많은 사람들이 도서관으로 들어오게 하는 것은, 도서관이 응당 맡아야 할 사회적 책임이며, 또한 도서관이 반드시 제공해야 하는 공공서비스이다. 도서관의 취지는 모든 독자들을 위해 봉사하는 것이어야 하고, 들어오는 사람의 옷차림이 어떠한지, 어떤 종류의 신분인지는 본래 중요하지 않은데, 왜냐하면 도서관 앞에서 그들은 모두 '독자'라는 같은 이름을 갖기 때문이다.

④据一位经常来杭州图书馆的市民反映，他注意到来图书馆的读者，在看书之前，都很自觉地去卫生间洗脸、洗手，说话声音也很轻，82 B 人人都能文明阅读，整体素质在不断提高。	④ 항저우도서관에 자주 오는 한 시민이 말한 바에 따르면, 그는 도서관에 오는 독자들이 책을 보기 전에 모두 자발적으로 화장실에 가서 얼굴을 씻고 손을 씻으며, 말하는 목소리도 가벼운 등, 82 B 모든 사람들이 교양 있게 책을 읽고, 전체 소양이 끊임없이 향상되고 있음에 주목했다.

단어 乞丐 qǐgài 명 거지 | ★捡 jiǎn 동 줍다 | ★唯一 wéiyī 형 유일한 | 引发 yǐnfā 동 일으키다, 야기하다 | ★温暖 wēnnuǎn 형 따뜻하다, 따스하다 | 质疑 zhìyí 명동 의문, 질의(하다), 의심(하다) | 此举 cǐjǔ 명 이 같은 행동 | ★面对 miànduì 동 마주 보다, 직면하다, 대면하다 | ★权利 quánlì 명 권리 | 更换 gēnghuàn 동 옮기다, 교체하다, 변경하다 | ★平等 píngděng 형 평등하다 | 理应 lǐyīng 응당, 당연히 | ★承担 chéngdān 동 맡다, 담당하다 | 宗旨 zōngzhǐ 명 취지, 주지 | 衣着 yīzhuó 명 옷차림 | ★身份 shēnfen 명 신분 | ★反映 fǎnyìng 동 반영하다, 보고하다, 전달하다 | ★自觉 zìjué 형 자발적이다, 자각적이다 동 자각하다, 스스로 느끼다 | ★文明 wénmíng 형 교양이 있다 명 문명 | 素质 sùzhì 명 소양, 자질

79

为什么杭州图书馆被称为"最温暖的图书馆"？ A 环境温暖舒适 B 可以免费借阅图书 C 允许捡垃圾者入馆 D 会为读者提供食物	왜 항저우도서관은 '가장 따뜻한 도서관'이라고 불리는가? A 환경이 따뜻하고 쾌적하다 B 무료로 도서를 빌려서 읽을 수 있다 C 쓰레기 줍는 사람이 도서관에 들어오는 것을 허락한다 D 독자들을 위해 음식을 제공한다

풀이 (1) 힌트가 될 만한 표현은 지문에 그대로 나온다는 표시("")가 되어 있는 '**最温暖的图书馆**'이므로 밑줄을 그어 둔다.

(2) 먼저 보기를 읽는다.

(3) ①번 단락에서 '**最温暖的图书馆**'을 찾을 수 있고, 그 부분을 자세히 읽어 본다.

① **杭州图书馆十多年来**从不拒绝乞丐和捡垃圾者入内阅读，**唯一的要求就是将手洗干净。这引发了人们的讨论，有人称赞其为"最温暖的图书馆"**，……

(4) '**最温暖的图书馆**'이 포함된 문장의 시작이 '**这**'이므로, '**这**'가 가리키는 것을 찾기 위해서는 그 앞의 문장부터 확인해야 한다. 앞의 문장에서 항저우도서관이 거지와 쓰레기 줍는 사람들을 거절하지 않는다고 했으므로 정답은 C이다.

단어 ★舒适 shūshì 형 쾌적하다, 편하다 | 借阅 jièyuè 동 빌려서 읽다 | ★允许 yǔnxǔ 동 허락하다, 허가하다

80

下列哪项是杭州图书馆馆长的观点？ A 书是人类进步的阶梯 B 读者没有占座的权利 C 我们需要进行教育改革 D 在知识面前每个人都平等	다음 중 어느 것이 항저우도서관 관장의 관점인가? A 책은 인류 진보의 계단이다 B 독자는 자리를 차지할 권리가 없다 C 우리는 교육 개혁을 할 필요가 있다 D 지식 앞에서 모든 사람은 평등하다

풀이 (1) 힌트가 될 만한 표현은 '**杭州图书馆馆长**'이므로 밑줄을 그어 둔다.

(2) 먼저 보기를 읽는다.

(3) ②번 단락에서 도서관 관장이 하는 말이 나오므로 보기와 유사하거나 일치하는 표현이 나올 때까지 읽어 본다.

② ……，图书馆馆长表示，他们没有权利拒绝任何人入内读书，如果某些读者觉得不便可以更换座位。他们希望通过这样的方式来告诉人们：知识面前，人人平等。

(4) '知识面前，人人平等'이라고 직접 언급했으므로 D가 정답이다.

단어 阶梯 jiētī 명 계단 | ★改革 gǎigé 명동 개혁(하다)

81

根据第三段，公共图书馆应该：	세 번째 단락에 근거하여, 공공도서관은 어떠해야 하는가:
A 传播优秀传统文化	A 우수한 전통문화를 전파한다
B 向国际化方向发展	B 국제화의 방향으로 발전한다
C 补充学校教育的不足	C 학교 교육의 부족함을 보충한다
D 尊重每个人的阅读权利	D 모든 사람의 책 읽는 권리를 존중한다

풀이 (1) 이 글 전체가 도서관에 대한 내용이므로 크게 힌트가 될 만한 표현은 없다.

(2) 힌트가 없는 문제일수록 보기를 먼저 읽는 것이 중요하다. 그래야 답이 나오면 계속 지문을 읽는 것을 멈출 수 있다.

(3) 답을 찾을 때까지 ③번 단락을 읽어 본다.

③ 尊重每个人阅读的权利，……

(4) 단락의 시작 부분에서 답이 D임을 빠르게 찾을 수 있다.

단어 ★传播 chuánbō 동 전파하다, 널리 퍼뜨리다 | ★补充 bǔchōng 동 보충하다 | ★不足 bùzú 명형 부족(하다)

82

那位杭州市民的反映说明了：	그 항저우 시민의 의견이 설명하는 것은:
A 图书馆卫生设施齐全	A 도서관의 위생 시설은 완비되어 있다
B 读者文明阅读程度提高	B 독자가 교양 있게 책을 읽는 정도가 향상되었다
C 图书馆读者数量逐渐增多	C 도서관의 독자 수가 점차 증가한다
D 人们的生活质量明显改善	D 사람들의 생활의 질이 분명히 개선되었다

풀이 (1) 힌트가 될 만한 표현은 '市民'이므로 밑줄을 그어 둔다.

(2) 먼저 보기를 읽는다.

(3) '市民'이 나오는 위치를 빠르게 찾고 그 부분부터 자세히 읽어 본다.

④ 据一位经常来杭州图书馆的市民反映，他注意到来图书馆的读者，在看书之前，都很自觉地去卫生间洗脸、洗手，说话声音也很轻，人人都能文明阅读，整体素质在不断提高。

(4) '人人都能文明阅读，整体素质在不断提高'라는 말에서 B가 정답임을 알 수 있다.

단어 ★设施 shèshī 명 시설 | 齐全 qíquán 형 완비하다, 완전히 갖추다 | ★逐渐 zhújiàn 부 점차, 점점 | ★明显 míngxiǎn 형 분명하다, 뚜렷하다 | ★改善 gǎishàn 명동 개선(하다)

83-86 지문 해석

①客家民居建筑中最具代表性的就是围龙屋。围龙屋的[83 A]整体布局呈圆形，看起来像一个太极图。围龙屋的前半部为半月形池塘，后半部为半月形的房舍建筑。两个半部的接合部位由一长方形空地隔开，是居民活动或晾晒衣服的场所。半月形的池塘主要用来放养鱼虾、[84 A]浇灌菜地和[84 D]蓄水防旱、防火等，它既是天然的肥料仓库，[84 B]也是污水自然净化池。围龙屋内的大小天井一般配置有小型假山、鱼池和盆景，正屋前后和池塘四围均栽有各种花木和果树。整座建筑掩映在万绿丛中，环境十分优美。

②据历史学家考察，围龙屋与古代贵族大院屋型十分相似，这是有历史渊源的。古时，因战乱、灾荒等原因，客家先民辗转南迁并最终定居岭南，[85 D]他们带去了先进的耕作技术，建筑民宅也保持了原有的传统风格。

③作为一种极具岭南特色的客家民居建筑，客家围龙屋与北京的“四合院”、陕西的“窑洞”、广西的“杆栏式”和云南的“一颗印”，合称为[86 C]中国最具乡土风情的五大传统住宅建筑形式。

① 객가 민가 건축 중 가장 대표성이 있는 것은 바로 위룽옥이다. 위룽옥의 [83 A]전체 배치는 원형을 띠고, 보기에 마치 하나의 태극도와 같다. 위룽옥의 전반부는 반달형 연못이고, 후반부는 반달형의 가옥 건축물이다. 두 개의 반 부분이 합쳐지는 곳은 직사각형의 공터로 분리되어 있는데, 주민들이 활동하거나 옷을 널어 말리는 장소이다. 반달형 연못은 주로 물고기와 새우를 놓아 기르고 [84 A]채소밭에 물을 주거나 [84 D]물을 저장하여 가뭄을 막고 화재를 막는 등에 사용되는데, 그것은 천연의 비료 창고이기도 하고, 또한 [84 B]오수의 자연 정화못이기도 하다. 위룽옥 내의 크고 작은 뜰에는 작은 인공산, 양어장, 분재 등이 배치되어 있고, 본채 앞뒤와 연못 사방에는 모두 각종 꽃나무와 과일나무가 심어져 있다. 전체 건축물은 수많은 잎의 무리 속에서 서로 어우러지면서 돋보이고, 환경이 매우 아름답다.

② 역사학자의 조사에 따르면, 위룽옥과 고대 귀족의 정원은 집의 형태가 매우 비슷한데, 이것은 역사적 유래가 있는 것이다. 옛날에 전란, 흉년 등 원인 때문에 객가 고대인은 여러 곳을 전전하며 남쪽으로 이주했고 마지막으로 링난에 정착했는데, [85 D]그들은 선진적인 경작 기술을 가지고 갔고, 민가를 건축할 때도 원래 있던 전통적 풍격을 유지했다.

③ 링난의 특색이 풍부한 객가 민가 건축으로서, 객가의 위룽옥은 베이징의 '사합원', 산시의 '요동', 광시의 '간란식', 윈난의 '일과인'과 함께 [86 C]중국의 가장 향토적 정취가 있는 5대 전통 주택 건축 형식이라고 부른다.

단어 **民居** mínjū 명 민가 | ★**建筑** jiànzhù 명 건축(물) | ★**代表** dàibiǎo 명 대표(자) 동 대표하다 | **布局** bùjú 명 배치, 구성, 안배 | **呈** chéng 동 드러내다, 나타내다 | ★**池塘** chítáng 명 (연)못 | **房舍** fángshè 명 가옥, 집 | **接合** jiēhé 명동 접합(하다) | **长方形** chángfāngxíng 명 직사각형 | **隔开** gékāi 동 분리하다, 막다, 나누다 | **居民** jūmín 명 (거)주민 | **晾晒** liàngshài 동 햇볕에 널어 말리다 | **场所** chǎngsuǒ 명 장소 | **放养** fàngyǎng 동 놓아 기르다 | **鱼虾** yúxiā 명 물고기와 새우 | **蓄水** xùshuǐ 동 저수하다 | **防旱** fánghàn 동 가뭄을 막다 | **肥料** féiliào 명 비료 | **仓库** cāngkù 명 창고 | **净化** jìnghuà 동 정화하다 | **天井** tiānjǐng 명 뜰, 마당 | **配置** pèizhì 동 배치하다 | **盆景** pénjǐng 명 분재 | **正屋** zhèngwū 명 본채 | **四围** sìwéi 명 주위, 주변 | **均** jūn 부 모두, 다 | **栽** zāi 동 심다, 재배하다 | **掩映** yǎnyìng 동 서로 어울려 돋보이다 | **万绿丛** wànlǜcóng 수많은 잎 무리 | ★**优美** yōuměi 형 우아하고 아름답다 | **考察** kǎochá 동 현지 조사하다, 시찰하다, 정밀히 관찰하다 | **贵族** guìzú 명 귀족 | **大院** dàyuàn 명 (가옥이 여러 채로 된) 정원, 뜰, 마당 | ★**相似** xiāngsì 형 비슷하다, 닮다 | **渊源** yuānyuán 명 유래, 근원 | **战乱** zhànluàn 명 전란 | **灾荒** zāihuāng 명 흉년, 기근 | **先民** xiānmín 명 고대인 | **辗转** zhǎnzhuǎn 동 여러 장소를 전전하다 | **迁** qiān 동 옮기다, 이사하다 | **定居** dìngjū 동 정착하다 | **先进** xiānjìn 형 선진적이다 | **耕作** gēngzuò 명동 경작(하다) | **民宅** mínzhái 명 민가 | ★**保持** bǎochí 동 유지하다 | ★**风格** fēnggé 명 풍격, 스타일 | ★**作为** zuòwéi 전 ~신분[자격]으로서 동 ~로 삼다, ~로 여기다 | **乡土** xiāngtǔ 명 향토 | **风情** fēngqíng 명 정취, 운치

83

第一段主要谈的是围龙屋的：	첫 번째 단락이 주로 이야기하는 것은 위룡옥의:
A 整体结构　　B 分布地区	A 전체 구조　　B 분포 지역
C 建造过程　　D 设计理念	C 건축 과정　　D 설계 이념

[풀이] (1) 이 글 전체가 '**围龙屋**'에 대한 내용이므로 크게 힌트가 될 만한 표현은 없다.

(2) 먼저 보기를 읽는다.

(3) 이 문제는 ①번 단락의 주제를 찾는 문제이므로 단락의 앞부분이나 뒷부분을 살펴본다.
① **客家民居建筑中最具代表性的就是围龙屋。围龙屋的**整体布局**呈圆形，** ……

(4) 본격적으로 '**围龙屋**'에 대한 설명이 시작되는 두 번째 문장에서 '전체 배치'에 대해 언급하고 있으므로 정답은 A이다.

[단어] ★**分布** fēnbù [동] 분포하다 | ★**地区** dìqū [명] 지역 | **建造** jiànzào [동] 건축하다, 짓다 | **理念** lǐniàn [명] 이념

84

下列哪项不是半月形池塘的用途？	다음 중 반달형 연못의 용도가 아닌 것은 어느 것인가?
A 浇菜　　B 净化污水	A 채소에 물을 준다　　B 오수를 정화한다
C 孩童游泳　　D 防火防旱	C 아이들이 수영한다　　D 화재를 막고 가뭄을 막는다

[풀이] (1) 힌트가 될 만한 표현은 '**半月形池塘**'이므로 밑줄을 그어 둔다.

(2) 먼저 보기를 읽는다.

(3) '**半月形池塘**'이 나오는 위치를 빠르게 찾고 아닌 것을 찾는 문제이므로 보기 중 세 가지가 나올 때까지 확인한다.
① ……。**半月形的池塘主要用来放养鱼虾、**浇灌菜地和蓄水防旱、防火等，**它既是天然的肥料仓库，**也是污水自然净化池。……

(4) '**半月形池塘**'에 대한 용도를 설명하는 문장에서 '아이들이 수영한다'는 표현을 찾을 수 없으므로 정답은 C이다.

[단어] ★**浇** jiāo [동] 물을 주다

85

客家先民定居岭南后：	객가 고대인은 링난에 정착한 후 어떠했는가?
A 遇到了饥荒问题	A 기근 문제에 부딪혔다
B 难以适应岭南的气候	B 링난의 기후에 적응하기 어려웠다
C 与当地人产生了矛盾	C 현지인과 갈등이 생겼다
D 带去了先进的农耕技术	D 선진적인 농경 기술을 가지고 갔다

[풀이] (1) 힌트가 될 만한 표현은 '**定居岭南**'이므로 밑줄을 그어 둔다.

(2) 먼저 보기를 읽는다.

(3) '**定居岭南**'이 나오는 위치를 빠르게 찾고 그 부분을 자세히 읽어 본다.
② ……，**客家先民辗转南迁并最终定居岭南，**他们带去了先进的耕作技术，……

(4) '선진적인 경작 기술을 가지고 갔다'라고 언급했으므로 D가 정답이다.

[단어] **饥荒** jīhuāng [명] 기근 | ★**当地** dāngdì [명] 현지, 그 지방 | ★**产生** chǎnshēng [동] 생기다, 발생하다 | ★**矛盾** máodùn [명][동] 갈등, 모순(되다) | **农耕** nónggēng [명] 농경

86

根据上文，下列哪项正确？	윗글에 근거하여, 다음 중 옳은 것은 무엇인가?
A 池塘内不可养鱼	A 연못 내에 고기를 기를 수 없다
B 围龙屋来源于四合院	B 위룡옥은 사합원에서 유래한다
C 围龙屋极具乡土风情	C 위룡옥은 매우 향토적 정취가 있다
D 房舍在围龙屋前半部分	D 가옥은 위룡옥의 전반부에 있다

풀이 (1) 이 문제는 힌트가 없다.

(2) 힌트가 없는 문제일수록 보기를 먼저 읽는 것이 중요하다. 그래야 답이 나오면 계속 지문을 읽는 것을 멈출 수 있다.

(3) 앞의 세 문제를 풀면서 정답을 찾을 수 없으므로 아직 읽지 않은 남은 부분, 즉 ③번 단락을 먼저 읽어 본다.

③ ……，**合称为中国最具乡土风情的五大传统住宅建筑形式**。

(4) 다른 지역의 네 가지 건축과 함께 '중국의 가장 향토적 정취가 있는' 건축 형식이라고 했으므로 정답은 C이다.

단어 **来源** láiyuán 명동 유래(하다), 근원, 출처

87-90 지문 해석

①2017年，除了以共享单车为代表的"共享经济"风生水起外，"分享经济"也迅速蹿红，以90后为代表的年轻人越来越倾向于 87 A 选择二手交易。这样不仅可以降低生活开支，还可以轻松获得较高品质的生活。

②据国内最大的分享经济平台——"闲鱼"，网站提供的数据显示，目前闲鱼的用户超过两亿，88 D 其中52%是90后。他们不仅数量庞大，而且互动更为频繁，比所有用户平均互动率高出20%。他们在闲置物品交易中愿意花费更长的时间与分享方沟通商品的相关信息，普遍具有"货比三家"的消费意识。

③闲鱼总经理谌伟业表示："无闲置社会的真正价值不在于促进二手市场的繁荣，89 D 而是要把全新的生活方式和理念带给年轻人。闲鱼本质上是一种分享行为，而分享是绿色生活的重要环节。"

④闲鱼帮助越来越多的年轻人摆脱了"扔了可惜，留着没用"的烦恼，除了 90 B 交易闲置物品，90 A 他们还把多余的空间分享租住，用自己的一技之长为他人提供所需，90 D 出售自己的发明创造等。如果说淘宝改变了人们的消费方式，闲鱼则改变了人们的生活方式。无闲置社会的普及，将让低碳生活、绿色生态触手可及。

① 2017년, 공용자전거로 대표되는 '공용경제'가 일어난 것을 제외하고, '나눔경제'도 신속하게 인기가 생겨서, 90년대생을 대표로 하는 젊은이들은 갈수록 87 A 중고 거래를 선택하는 쪽으로 치우치고 있다. 이렇게 되면 생활 지출을 낮출 수 있을 뿐만 아니라, 비교적 높은 질의 생활을 쉽게 얻을 수 있다.

② 국내 가장 큰 나눔 플랫폼인 '시엔위'에 따르면, 사이트가 제공한 데이터에서 현재 시엔위의 사용자는 2억을 넘고, 88 D 그 중 52%가 90년대생이라는 것을 나타냈다. 그들은 수가 방대할 뿐만 아니라, 게다가 정보 공유가 더욱 빈번해서, 모든 사용자들의 평균 정보 공유율보다 20%가 높다. 그들은 방치된 물품의 거래에서 더욱 긴 시간을 써서 나눔자와 상품의 관련 정보를 소통하길 원하며, 보편적으로 '여러 곳과 비교해 보고 구입하는' 소비의식이 있다.

③ 시엔위의 회장 천웨이예는 "방치하는 것이 없는 사회의 진정한 가치는 중고 시장의 번영을 촉진하는 데 있는 것이 아니라, 89 D 완전히 새로운 생활방식과 이념을 젊은이들에게 가져다주었다는 것입니다. 시엔위는 본질적으로 일종의 나눔 행위이고, 나눔은 친환경 생활의 중요한 부분입니다."라고 말했다.

④ 시엔위는 갈수록 많은 젊은이들이 '버리자니 아깝고, 남겨두자니 쓸모없는' 고민을 벗어나게 도와주었고, 90 B 방치된 물품을 거래하는 것 외에도, 90 A 그들은 또한 남는 공간을 나누어 거주하고, 자신의 장기를 사용하여 타인에게 필요한 것을 제공하며, 90 D 자신의 발명과 창조 등을 판매하기도 한다. 만약 타오바오가 사람들의 소비방식을 바꿨다고 말한다면, 시엔위는 사람들의 생활방식을 바꿔 놓았다. 방치되는 것이 없는 사회의 보급은 장차 저탄소 생활과 친환경 생태가 손만 뻗으면 닿을 수 있도록 만들 것이다.

단어 **共享单车** gòngxiǎng dānchē 공용 자전거 | **风生水起** fēngshēng shuǐqǐ (재물이나 기운이) 일다 | ★**迅速** xùnsù ㊞ 신속하다, 빠르다 | **蹿红** cuānhóng ㊍ 갑자기 인기가 오르다 | **倾向** qīngxiàng ㊍ 치우치다, 기울다('倾向于'로 사용) ㊔ 경향 | **二手** èrshǒu ㊞ 중고의, 간접적인 | **交易** jiāoyì ㊔㊍ 교역(하다) | **开支** kāizhī ㊔㊍ 지출(하다) | **分享** fēnxiǎng ㊍ 함께 나누다, 함께 누리다 | **平台** píngtái ㊔ 플랫폼 | **用户** yònghù ㊔ 사용자, 가입자 | **庞大** pángdà ㊞ 방대하다, 거대하다 | **互动** hùdòng ㊔ 상호작용 ㊍ 서로 영향을 주다 | **频繁** pínfán ㊞ 빈번하다, 잦다 | **闲置** xiánzhì ㊍ 방치하다, 쓰지 않고 내버려두다 | ★**沟通** gōutōng ㊍ 소통하다 | **货比三家** huòbǐsānjiā 여러 곳과 비교해 보고 구입하다 | **意识** yìshi ㊔㊍ 의식(하다) | ★**价值** jiàzhí ㊔ 가치 | ★**本质** běnzhì ㊔ 본질 | **绿色** lǜsè ㊞ 친환경의 ㊔ 녹색 | **环节** huánjié ㊔ 부분, 일환, 단계 | **摆脱** bǎituō ㊍ (부정적인 상황에서) 벗어나다, 빠져나오다 | ★**烦恼** fánnǎo ㊔㊍ 고민(하다), 걱정(하다) | ★**多余** duōyú ㊞ 나머지의, 여분의, 쓸데없는, 필요 없는 | ★**空间** kōngjiān ㊔ 공간 | **租住** zūzhù ㊍ 임대 거주하다 | **一技之长** yíjìzhīcháng 성어 장기, 뛰어난 재주 | ★**创造** chuàngzào ㊍ 창조하다, 만들다 | **普及** pǔjí ㊍ 보급하다 | **低碳** dītàn 저탄소 | **生态** shēngtài ㊔ 생태 | **触手可及** chùshǒu kějí 성어 손을 뻗으면 닿을 곳에 있다

87

第一段中，画线词语"这样"指的是：	첫 번째 단락에서, 밑줄 친 단어 '这样'이 가리키는 것은:
A 二手交易　B 移动支付	A 중고 거래　B 모바일 결제
C 网上购物　D 骑共享单车	C 인터넷 구매　D 공용자전거를 타다

풀이 (1) 의미파악형 문제이다. 당연히 '**这样**'이 힌트지만 어차피 밑줄이 그어져 있기 때문에 위치를 찾는 것은 어렵지 않다.

(2) 먼저 보기를 읽는다.

(3) '**这**'가 가리키는 것은 바로 앞의 내용이므로, 밑줄 친 단어 바로 앞부분의 문장을 쉼표 단위로 거꾸로 올라가면서 읽어 본다.

① ……, **以90后为代表的年轻人越来越倾向于**选择二手交易。**这样不仅可以降低生活开支**, ……

(4) '**这样**' 바로 앞에 '중고 거래를 선택한다'는 표현이 있으므로 정답은 A이다.

단어 ★**移动** yídòng ㊔㊍ 이동(하다)

88

根据第二段，90后：	두 번째 단락에 근거하여, 90년대생은:
A 十分节省	A 매우 절약한다
B 消费观念落后	B 소비 관념이 낙후되었다
C 更看重商品质量	C 상품의 품질을 더욱 중시한다
D 是闲鱼的主要使用人群	D 시엔위의 주요 사용 집단이다

풀이 (1) 힌트가 될 만한 표현인 '**90后**'에 밑줄을 그어 둔다.

(2) 먼저 보기를 읽는다.

(3) 87번 답을 찾은 뒷부분부터 힌트가 나오는 위치를 빠르게 찾고 그 부분을 자세히 읽어 본다.

② ……, 其中52%是90后。……

(4) 52%가 90년대생이라는 말에서 정답이 D임을 유추할 수 있다.

단어 ★**观念** guānniàn ㊔ 관념, 사고방식 | ★**落后** luòhòu ㊞ 낙후되다

89

无闲置社会的真正价值是:	방치하는 것이 없는 사회의 진정한 가치는:
A 合理分配资源	A 합리적으로 자원을 배분한다
B 鼓励人们消费	B 사람들이 소비하도록 격려한다
C 促进二手市场的繁荣	C 중고시장의 번영을 촉진한다
D 提倡新的生活方式和理念	D 새로운 생활방식과 이념을 제창한다

풀이 (1) 힌트가 될 만한 표현인 '**无闲置社会**'에 밑줄을 그어 둔다.

(2) 먼저 보기를 읽는다.

(3) 힌트가 나오는 위치를 빠르게 찾고 그 부분을 자세히 읽어 본다.

③ …… : "**无闲置社会的真正价值不在于促进二手市场的繁荣**, 而是要把全新的生活方式和理念带给年轻人。……

(4) '**不A, 而(是)B**'는 'A가 아니라 B이다'라는 뜻의 구문이므로, 말하고자 하는 '**而是**' 뒷부분만 읽어 보면 된다. '완전히 새로운 생활방식과 이념'을 언급했으므로 정답은 D이다.

단어 ★**分配** fēnpèi ⓢ 분배하다, 배치하다, 안배하다 | ★**资源** zīyuán ⓜ 자원 | ★**繁荣** fánróng ⓗ 번영하다 ⓢ 번영시키다 | ★**提倡** tíchàng ⓢ 제창하다

90

闲鱼网的用途不包括:		시엔위 사이트의 용도에 포함되지 않는 것은:	
A 出租房屋	B 出售闲置物品	A 집을 세준다	B 방치된 물품을 판매한다
C 下载最新电影	D 售卖自己的发明	C 최신 영화를 다운로드한다	D 자신의 발명을 판매한다

풀이 (1) 아닌 것을 찾는 문제는 보기 중 세 개가 지문에 나온다는 뜻이므로, 특히 보기를 먼저 읽고 세 가지를 찾을 때까지 지문을 읽어야 한다.

(2) 89번 정답을 찾은 뒷부분부터 보기와 일치하는 내용이 나오는 부분을 빠르게 찾아본다.

④ ……, **除了** [B]交易闲置物品, [A]他们还把多余的空间分享租住, **用自己的一技之长为他人提供所需**, [D]出售自己的发明创造等。……

(3) 연이어 세 가지가 언급되고 있으므로 정답은 C이다.

단어 ★**下载** xiàzài ⓢ 다운로드하다

실전 모의고사 해설

쓰기 정답

91 那张照片的背景太暗了。
92 这篇采访提纲写得很不错。
93 她向法院交了五万元罚款。
94 他把精力都放在了写作上。
95 信用卡结账需要本人签字。
96 摄影只是我的业余爱好之一。
97 签证的办理比想象中简单。
98 请大家围绕这个主题进行讨论。

91

那张照片的背景太暗了。	저 사진의 배경은 너무 어둡다.

풀이 1단계 먼저 수식성분인 정도부사 '**太**'와 '**那张照片的**'는 괄호로 표시하여 문장의 핵심성분에서 제외한다. 이때 정도부사 '**太**'는 습관적으로 어기조사 '**了**'와 함께 쓰는 경우가 많다.

2단계 서술어가 될 수 있는 단어는 형용사 '**暗**'밖에 없다.

3단계 서술어 '**暗**'과 맞는 주어는 '**照片**'이다.

4단계 남은 단어나 구를 의미에 맞게 수식하는 곳에 넣어 문장을 완성한다.

단어 ★**背景** bèijǐng ⓜ 배경 | ★**暗** àn ⓗ 어둡다, 깜깜하다

92

这篇采访提纲写得很不错。	이 인터뷰 개요는 매우 잘 썼다.

풀이 1단계 먼저 수식성분인 정도부사 '**很**'은 괄호로 표시하여 문장의 핵심성분에서 제외한다.

2단계 서술어가 될 수 있는 단어는 형용사 '**不错**'와 동사 '**写**'가 있지만 '**写**'에 이미 구조조사 '**得**'가 있는 것으로 보아 '쓴 정도가 잘 썼다'의 의미구조를 이루어야 한다.

3단계 주어가 될 수 있는 단어는 '**采访提纲**'밖에 없다.

4단계 남은 단어를 의미에 맞게 수식하는 곳에 넣어 문장을 완성한다.

단어 ★**采访** cǎifǎng ⓓ 인터뷰하다, 취재하다 | ★**提纲** tígāng ⓜ 개요, 요강

93

她向法院交了五万元罚款。	그녀는 법원에 5만 위안의 벌금을 냈다.

풀이 1단계 먼저 전치사 '**向**'이 있으므로 전치사구가 있는 문장임을 알 수 있다.

2단계 서술어가 될 수 있는 단어는 뒤에 동태조사 '**了**'가 있는 동사 '**交**'이다.

3단계 서술어 '**交**'와 맞는 목적어는 '**五万元罚款**'이다.

4단계 '**五万元罚款**'과 '**她**' 중 의미상 '그녀가 법원에' 벌금을 내는 것이 맞다.

5단계 전치사구 '**向法院**'을 동사서술어 앞에 두어 문장을 완성한다.

단어 ★**法院** fǎyuàn 명 법원 | ★**交** jiāo 명 내다, 제출하다, 넘기다, 주다 | ★**罚款** fákuǎn 명동 벌금(을 내다)

94

他把精力都放在了写作上。	그는 에너지를 모두 글쓰기에 쏟아 부었다.

풀이 1단계 '**把**'를 통해 '**把**자문'임을 알 수 있다.

2단계 서술어가 될 수 있는 단어는 동사 '**放**'이고 뒤에 기타성분으로 동태조사 '**了**'와 전치사구보어 '**在写作上**'을 갖고 있다.

3단계 주어는 동작의 주체가 되는 '**他**'이다.

4단계 '**把**전치사구' 뒤에 올 수 있는 부사 '**都**'는 뒤에 둔다.

5단계 '**把**' 뒤에 동작의 처리 대상인 '**精力**'를 넣어 문장을 완성한다.

단어 ★**精力** jīnglì 명 에너지, 기력, 활력 | ★**写作** xiězuò 명 (문예) 작품, 창작 동 글을 짓다, 저작하다

95

信用卡结账需要本人签字。	신용카드 결제는 본인이 서명할 필요가 있다.

풀이 1단계 서술어가 될 수 있는 단어는 동사 '**签**'과 '**需要**'가 있다. 그중 '**需要**'는 명사목적어를 가질 수도 있지만 동사목적어를 가져서 '~할 필요가 있다'라는 뜻을 나타낼 수 있다. 지금은 의미상 '**需要**'가 '**本人签字**'를 목적어로 가지고 있다.

2단계 주어가 될 수 있는 표현은 '**信用卡结账**'이다.

단어 ★**结账** jiézhàng 동 계산하다 | **本人** běnrén 명 본인, 나 | ★**签** qiān 동 서명하다, 사인하다

96

摄影只是我的业余爱好之一。	촬영은 단지 나의 여가 취미 중 하나이다.

풀이 1단계 먼저 수식성분인 '**我的**'는 괄호로 표시하여 문장의 핵심성분에서 제외한다.

2단계 서술어가 될 수 있는 동사가 '**是**'밖에 없으므로 그것을 기준으로 주어와 목적어를 찾는다.

3단계 주어 '**摄影**'과 목적어 '**业余爱好之一**'가 동등관계를 이루고 있다.

4단계 남은 표현을 의미에 맞게 수식하는 곳에 넣어 문장을 완성한다.

단어 ★**摄影** shèyǐng 명동 촬영(하다)

97

签证的办理比想象中简单。	비자의 발급은 생각보다 간단하다.

풀이 1단계 먼저 수식성분인 '**签证的**'는 괄호로 표시하여 문장의 핵심성분에서 제외한다.
2단계 '**比**'가 있는 것으로 보아 '**比**비교문'인 것을 알 수 있다. 따라서 A와 B가 될 단어를 찾는다.
3단계 전체적인 의미로 볼 때 A는 비자의 '**办理**', B는 '**想象中**'이다.
4단계 서술어가 될 수 있는 단어는 형용사 '**简单**'밖에 없다.
5단계 남은 표현을 의미에 맞게 수식하는 곳에 넣어 문장을 완성한다.

단어 ★**签证** qiānzhèng ⓜ 비자 | ★**办理** bànlǐ ⓢ (수속 등을) 하다, 처리하다, 취급하다

98

请大家围绕这个主题进行讨论。	모두들 이 주제를 중심으로 토론을 진행해 주세요.

풀이 1단계 먼저 수식성분인 '**这个**'는 괄호로 표시하여 문장의 핵심성분에서 제외한다.
2단계 총 3개의 동사가 있지만 '**请**'이 있으므로 일단 겸어문을 생각해 본다. '**大家**'는 '**请大家**'(모두에게 부탁하다)에서는 '**请**'의 목적어, '**大家**……(모두들 ~하다)'에서는 주어를 겸하고 있는 겸어이다.
3단계 '**大家**'를 주어로 뒤의 문장은 연동문이다. 서술어가 될 수 있는 동사로 '**进行**'과 '**围绕**'가 있으므로 목적어와 함께 순서를 배열하자. 일단 주제를 중심에 놓아야(**围绕主题**) 토론을 진행(**进行讨论**)할 수 있다.
4단계 남은 단어나 구를 의미에 맞게 수식하는 곳에 넣어 문장을 완성한다.

단어 ★**围绕** wéirào ⓢ (일이나 문제를) 둘러싸다, ~을 중심에 놓다, 주위를 돌다 | ★**主题** zhǔtí ⓜ 주제

99

풀이 **1단계** 각 단어의 뜻, 품사, 용법을 파악한다.

迅速 xùnsù	ⓗ 신속하다, 빠르다
火灾 huǒzāi	ⓜ 화재 ➡ **发生** + 火灾: 화재가 발생하다
千万 qiānwàn	ⓑ 제발, 절대(로) ➡ 주로 부정을 강조 ➡ 千万 + **不要/别**: 절대 ~하지 마라
措施 cuòshī	ⓜ 조치 ➡ **采取** cǎiqǔ + 措施: 조치를 취하다
冷静 lěngjìng	ⓗ 냉정하다, 침착하다 ➡ **保持** bǎochí + 冷静: 냉정함을 유지하다

2단계 제시된 단어들 중 연결해서 사용 가능한 것이 있는지 확인한다.(없음)

3단계 이야기와 논설문 중 어떤 형식으로 작문을 할 것인지 선택한다. ➡ 논설문으로 작문하기를 선택
화재가 발생하면 냉정함을 유지해야 함 ➡ 조치를 취하여 신속하게 떠나야 함
➡ 절대 재산만 보호하면 안 됨

4단계 원고지의 길이를 가늠하며 가능한 한 마지막 줄 안에서 끝날 수 있도록 길이를 조절하며 작문한다.

5단계 5개 단어를 모두 사용했는지 확인한다.

		如	果	生	活	中	发	生	火	灾	，	我	们	一	定
要	保	持	冷	静	，	不	要	慌	张	或	害	怕	，	应	该
使	用	我	们	学	过	的	一	些	可	以	保	护	自	己	的
措	施	，	迅	速	离	开	着	火	的	地	方	，	比	如	用
湿	毛	巾	盖	住	口	鼻	，	尽	量	贴	近	地	面	移	动
等	等	。	千	万	不	要	只	顾	着	保	护	财	物	，	毕
竟	生	命	安	全	才	是	第	一	位	的	。				

만약 생활 중에 화재가 발생하면, 우리는 반드시 냉정함을 유지해야 하고, 당황하거나 두려워하지 말고 우리가 배운 적이 있는 자신을 보호하는 조치들을 사용하여 신속하게 불이 난 곳을 떠나야 하는데, 예를 들면 젖은 수건으로 입과 코를 가리고, 가능한 한 지면에 붙어서 이동하는 것 등이 있다. 절대 재산을 보호하는 것만 생각하지 말아야 하는데, 그래도 생명 안전이 1등이다.

단어 ★慌张 huāngzhāng ⓗ 당황하다, 허둥대다, 안절부절못하다 | ★着火 zháohuǒ ⓓ 불이 나다 | ★盖 gài ⓓ 가리다, 덮다, 씌우다, 집을 짓다 | 贴近 tiējìn ⓓ (아주 가까이) 접근하다 | 只顾 zhǐgù ⓓ 오직 ~만 생각하다 | 财物 cáiwù ⓜ 재산, 재물

100

풀이

1단계 이야기와 논설문 중 어떤 형식으로 작문을 할 것인지 선택한다. ➡ 이야기로 작문하기를 선택

2단계 사진에서 떠올릴 수 있는 단어들을 생각해 본다.

동작	**剪头发** jiǎn tóufà 머리카락을 자르다
장소	**美发店** měifàdiàn 미용실
인물	**理发师** lǐfàshī 미용사, 이발사

3단계 사진 속 상황을 활용하여 만들 수 있는 스토리를 생각해 본다.
언니가 미용실에 머리카락을 자르러 감 ➡ 미용사가 예쁜 헤어 스타일을 만들어 줌
➡ 언니는 매우 만족함

4단계 원고지의 길이를 가늠하며 가능한 한 끝에서 두 번째 줄이나 마지막 줄 안에서 끝날 수 있도록 길이를 조절하며 작문한다.

모범 답안

		姐	姐	今	天	去	美	发	店	剪	头	发	，	理	发
师	不	但	很	有	耐	心	，	而	且	很	有	经	验	。	他
仔	细	地	问	了	姐	姐	的	意	见	后	，	按	照	姐	姐
的	想	法	为	她	设	计	了	一	个	很	漂	亮	的	发	型
剪	完	头	发	以	后	，	姐	姐	看	着	镜	子	里	的	自
己	非	常	满	意	，	她	很	高	兴	地	夸	奖	了	理	发
师	并	跟	他	约	定	下	次	再	来	。					

언니는 오늘 미용실에 머리카락을 자르러 갔는데, 미용사는 인내심이 있을 뿐만 아니라, 게다가 많은 경험이 있었다. 그는 언니의 의견을 꼼꼼하게 물은 후, 언니의 생각에 따라 매우 예쁜 헤어스타일을 디자인했다. 머리카락을 다 자른 후, 언니는 거울 속의 자신을 보면서 매우 만족했고, 그녀는 매우 기뻐하며 미용사를 칭찬하고, 또한 다음에 다시 오겠다고 그와 약속했다.

단어 ★耐心 nàixīn ⓜⓗ 인내심(이 강하다), 참을성(이 있다) | 发型 fàxíng ⓜ 헤어스타일 | 夸奖 kuājiǎng ⓓ 칭찬하다 | 约定 yuēdìng ⓜⓓ 약속(하다)

구문 不但 A，而且 B：A할 뿐만 아니라, 게다가 B하다

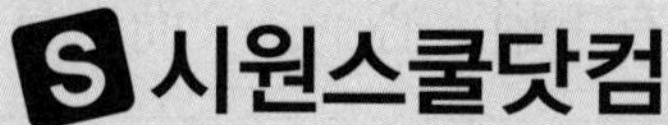
시원스쿨닷컴

시원스쿨 新HSK 5급

필수 어휘집

시원스쿨닷컴

시원스쿨 新HSK

필 수 어 휘 집

시원스쿨닷컴

□ 잘 외워지지 않는 단어는 박스에 체크 후 다시 외워 보세요.

A

번호	체크	단어	병음	뜻
1	□	哎	āi	감탄 어, 야(놀람, 불만을 나타냄)
2	□	唉	āi	감탄 (애석함·안타까움을 나타내어) 에이
3	□	爱护	àihù	동 잘 보살피다, 사랑하고 보호하다
4	□	爱惜	àixī	동 아끼다, 소중히 여기다
5	□	爱心	àixīn	명 (인간이나 환경에 대한) 관심과 사랑
6	□	安慰	ānwèi	동 위로하다 형 위로가 되다
7	□	安装	ānzhuāng	동 (기계·기자재 등을) 설치하다
8	□	岸	àn	명 해안, 기슭
9	□	暗	àn	형 어둡다
10	□	熬夜	áoyè	이합 밤새다

B

번호	체크	단어	병음	뜻
11	□	把握	bǎwò	동 파악하다, 장악하다
12	□	摆	bǎi	동 놓다, 벌여 놓다
13	□	办理	bànlǐ	동 처리하다, 취급하다
14	□	傍晚	bàngwǎn	명 저녁 무렵
15	□	包裹	bāoguǒ	명 소포 동 싸다, 포장하다
16	□	包含	bāohán	동 포함하다, 내포하다
17	□	包括	bāokuò	동 포함하다, 포괄하다
18	□	薄	báo	형 얇다
19	□	宝贝	bǎobèi	명 보물, 보배, 귀염둥이
20	□	宝贵	bǎoguì	동 소중히 여기다 형 진귀한, 소중한

21	☐	保持	bǎochí	동 (지속적으로) 유지하다, 지키다
22	☐	保存	bǎocún	동 보존하다, 간직하다
23	☐	保留	bǎoliú	동 보류하다, 남겨두다
24	☐	保险	bǎoxiǎn	명 보험
25	☐	报到	bàodào	이합 도착함을 보고하다
26	☐	报道	bàodào	명 보도 동 보도하다
27	☐	报告	bàogào	명 보고서 동 보고하다
28	☐	报社	bàoshè	명 신문사
29	☐	抱怨	bàoyuàn	동 원망하다
30	☐	悲观	bēiguān	형 비관적이다, 비관하다
31	☐	背	bèi	동 외우다, 암기하다
32	☐	背景	bèijǐng	명 배경
33	☐	被子	bèizi	명 이불
34	☐	本科	běnkē	명 (대학교의) 학부, 본과
35	☐	本领	běnlǐng	명 기량, 능력, 재능
36	☐	本质	běnzhì	명 본질, 본성
37	☐	彼此	bǐcǐ	대 피차, 상호, 서로
38	☐	比例	bǐlì	명 비례, 비율
39	☐	必然	bìrán	형 필연적이다 부 꼭, 반드시
40	☐	必要	bìyào	명 필요(성) 형 필요로 하다

□ 잘 외워지지 않는 단어는 박스에 체크 후 다시 외워 보세요.

41	□	毕竟	bìjìng	[부] 결국, 필경, 끝내
42	□	避免	bìmiǎn	[동] 피하다, 모면하다
43	□	编辑	biānjí	[명] 편집자, 편집인 [동] 편집하다
44	□	鞭炮	biānpào	[명] 폭죽의 총칭
45	□	便	biàn	[형] 편리하다, 편하다 [부] 곧, 바로
46	□	辩论	biànlùn	[명] 변론, 토론 [동] 변론하다, 토론하다
47	□	标点	biāodiǎn	[명] 구두점 [동] 구두점을 찍다
48	□	标志	biāozhì	[명] 표지, 상징 [동] 상징하다, 명시하다
49	□	表达	biǎodá	[동] (자신의 생각·감정을) 표현하다, 나타내다
50	□	表面	biǎomiàn	[명] 표면, 외관, 외재적인 현상
51	□	表明	biǎomíng	[동] 분명하게 밝히다, 표명하다
52	□	表情	biǎoqíng	[명] 표정
53	□	表现	biǎoxiàn	[명] 태도, 품행 [동] 나타내다, 표현하다
54	□	冰激凌	bīngjīlíng	[명] 아이스크림
55	□	病毒	bìngdú	[명] 병균, 바이러스
56	□	播放	bōfàng	[동] 방송하다, 방영하다
57	□	玻璃	bōli	[명] 유리
58	□	博物馆	bówùguǎn	[명] 박물관
59	□	脖子	bózi	[명] 목(신체)
60	□	补充	bǔchōng	[동] 추가하다, 보충하다

61	☐	不安	bù'ān	형 불안하다
62	☐	不得了	bùdéliǎo	형 (정도가) 심하다, 큰일났다
63	☐	不断	búduàn	부 계속해서, 끊임없이
64	☐	不见得	bújiànde	부 꼭 ~인 것은 아니다
65	☐	不耐烦	búnàifán	형 성가시다, 귀찮다
66	☐	不然	bùrán	접 그렇지 않으면, 아니면
67	☐	不如	bùrú	동 ~만 못하다, ~하는 편이 낫다
68	☐	不要紧	búyàojǐn	형 괜찮다, 문제없다
69	☐	不足	bùzú	형 부족하다, 모자라다
70	☐	布	bù	명 천, 옷감
71	☐	部门	bùmén	명 부서, 부문
72	☐	步骤	bùzhòu	명 (일의 진행) 순서, 절차, 차례

C

73	☐	财产	cáichǎn	명 (금전·물자·가옥 등의) 재산
74	☐	踩	cǎi	동 (발로) 밟다
75	☐	采访	cǎifǎng	동 탐방하다, 인터뷰하다, 취재하다
76	☐	彩虹	cǎihóng	명 무지개
77	☐	采取	cǎiqǔ	동 채택하다, 취하다
78	☐	参考	cānkǎo	동 참고하다, 참조하다
79	☐	参与	cānyù	동 참여하다, 참가하다
80	☐	惭愧	cánkuì	형 부끄럽다, 창피하다

□ 잘 외워지지 않는 단어는 박스에 체크 후 다시 외워 보세요.

81	□	操场	cāochǎng	명 운동장
82	□	操心	cāoxīn	이합 마음을 쓰다, 신경을 쓰다
83	□	册	cè	양 권, 책(책을 세는 단위)
84	□	测验	cèyàn	명 시험, 테스트 동 시험하다, 테스트하다
85	□	曾经	céngjīng	부 일찍이, 이전에
86	□	插	chā	동 끼우다, 꽂다, 삽입하다
87	□	差距	chājù	명 격차, 차이
88	□	叉子	chāzi	명 포크
89	□	拆	chāi	동 (붙어 있는 것을) 뜯다, 떼다, 해체하다
90	□	产品	chǎnpǐn	명 생산품, 제품
91	□	产生	chǎnshēng	동 생기다, 발생하다
92	□	常识	chángshí	명 상식, 일반 지식
93	□	长途	chángtú	명 장거리 형 장거리의
94	□	抄	chāo	동 베끼다, 베껴 쓰다
95	□	超级	chāojí	형 최상급의, 뛰어난
96	□	朝	cháo	전 ~을 향하여, ~쪽으로
97	□	潮湿	cháoshī	형 습하다, 축축하다
98	□	吵	chǎo	형 시끄럽다, 떠들썩하다 동 말다툼하다
99	□	吵架	chǎojià	이합 입씨름하다, 다투다
100	□	炒	chǎo	동 (기름 따위로) 볶다

101	☐	车库	chēkù	명 차고
102	☐	车厢	chēxiāng	명 객실, 트렁크
103	☐	彻底	chèdǐ	형 철저하다 부 철저히
104	☐	沉默	chénmò	동 침묵하다 형 과묵하다, 말수가 적다
105	☐	趁	chèn	전 ~을 틈타, ~을 이용하여
106	☐	称	chēng	동 부르다, 칭하다
107	☐	称呼	chēnghu	명 호칭 동 ~라고 부르다
108	☐	称赞	chēngzàn	동 칭찬하다, 찬양하다
109	☐	成分	chéngfèn	명 (구성) 성분, 요소
110	☐	成果	chéngguǒ	명 성과, 결과
111	☐	成就	chéngjiù	명 (사업상의) 성취, 성과 동 이루다
112	☐	成立	chénglì	동 (조직·기구 등을) 창립하다, 결성하다
113	☐	成人	chéngrén	명 성인, 어른
114	☐	成熟	chéngshú	형 성숙하다, 숙련되다
115	☐	成语	chéngyǔ	명 성어
116	☐	成长	chéngzhǎng	동 성장하다, 자라다
117	☐	诚恳	chéngkěn	형 (태도가) 진실하다, 간절하다
118	☐	承担	chéngdān	동 맡다, 담당하다
119	☐	承认	chéngrèn	동 승인하다, 인정하다
120	☐	承受	chéngshòu	동 받아들이다, 감당하다

ㅁ 잘 외워지지 않는 단어는 박스에 체크 후 다시 외워 보세요.

121	☐	程度	chéngdù	명 정도
122	☐	程序	chéngxù	명 순서, 절차
123	☐	吃亏	chīkuī	이합 손해를 보다, 손실을 입다
124	☐	池塘	chítáng	명 (비교적 작고 얕은) 못
125	☐	持续	chíxù	동 지속하다
126	☐	迟早	chízǎo	부 조만간
127	☐	尺子	chǐzi	명 자
128	☐	翅膀	chìbǎng	명 날개
129	☐	冲	chōng	동 (물로) 씻어 내다, 돌진하다
130	☐	充电器	chōngdiànqì	명 충전기
131	☐	充分	chōngfèn	형 충분하다 부 충분히
132	☐	充满	chōngmǎn	동 가득 차다, 넘치다, 충만하다
133	☐	重复	chóngfù	동 (같은 일을) 반복하다, 중복하다
134	☐	宠物	chǒngwù	명 반려동물
135	☐	抽屉	chōuti	명 서랍
136	☐	抽象	chōuxiàng	형 추상적이다
137	☐	丑	chǒu	형 추하다, 못생기다
138	☐	臭	chòu	형 (냄새가) 고약하다, 역겹다
139	☐	出版	chūbǎn	동 출판하다, 출간하다
140	☐	出口	chūkǒu	명 출구 동 수출하다

141	□	出色	chūsè	ⓗ 대단히 뛰어나다, 출중하다
142	□	出示	chūshì	ⓓ 내보이다, 제시하다
143	□	出席	chūxí	ⓓ 회의에 참가하다, 출석하다
144	□	初级	chūjí	ⓗ 초급의, 초등의
145	□	除非	chúfēi	ⓙ 오직 ~해야 ⓙ ~을 제외하고는
146	□	除夕	chúxī	ⓜ 섣달그믐날
147	□	处理	chǔlǐ	ⓓ 처리하다, 해결하다
148	□	传播	chuánbō	ⓓ 전파하다, 유포하다
149	□	传染	chuánrǎn	ⓓ 전염하다, 전염시키다
150	□	传说	chuánshuō	ⓜ 전설
151	□	传统	chuántǒng	ⓜ 전통 ⓗ 전통적이다
152	□	窗帘	chuānglián	ⓜ 커튼
153	□	闯	chuǎng	ⓓ 돌진하다, 갑자기 뛰어들다
154	□	创造	chuàngzào	ⓓ 창조하다, 만들다
155	□	吹	chuī	ⓓ 불다
156	□	词汇	cíhuì	ⓜ 어휘
157	□	辞职	cízhí	이합 사직하다, 직장을 그만두다
158	□	此外	cǐwài	ⓙ 이 외에, 이 밖에
159	□	刺激	cìjī	ⓜ 자극 ⓓ 자극하다
160	□	次要	cìyào	ⓗ 부차적인, 이차적인

☐ 잘 외워지지 않는 단어는 박스에 체크 후 다시 외워 보세요.

161	☐	匆忙	cōngmáng	형 매우 바쁘다, 분주하다
162	☐	从此	cóngcǐ	부 이후로, 그로부터, 이로부터
163	☐	从而	cóng'ér	접 따라서, 그리하여
164	☐	从前	cóngqián	명 이전, 옛날
165	☐	从事	cóngshì	동 종사하다
166	☐	粗糙	cūcāo	형 (표면이) 거칠다, 조잡하다
167	☐	醋	cù	명 식초, (남녀 관계에서) 질투
168	☐	促进	cùjìn	동 촉진하다, 추진하다
169	☐	促使	cùshǐ	동 ~하도록 (재촉)하다
170	☐	催	cuī	동 재촉하다, 다그치다
171	☐	存在	cúnzài	동 존재하다
172	☐	措施	cuòshī	명 조치, 대책

D	173	☐	答应	dāying	동 응답하다, 동의하다, 허락하다
	174	☐	达到	dádào	동 도달하다, 이르다
	175	☐	打工	dǎgōng	이합 아르바이트를 하다, 일하다
	176	☐	打交道	dǎ jiāodao	(사람끼리) 왕래하다
	177	☐	打喷嚏	dǎ pēntì	재채기를 하다
	178	☐	打听	dǎting	동 물어보다, 알아보다
	179	☐	大方	dàfang	형 인색하지 않다, (언행이) 시원시원하다
	180	☐	大厦	dàshà	명 빌딩

181	□	大象	dàxiàng	[명] 코끼리
182	□	大型	dàxíng	[형] 대형의
183	□	呆	dāi	[동] 머무르다 [형] (머리가) 둔하다, 멍청하다
184	□	代表	dàibiǎo	[명] 대표 [동] 대표하다
185	□	代替	dàitì	[동] 대체하다, 대신하다
186	□	贷款	dàikuǎn	[명] 대출금, 대여금 [이합] (은행에서) 대출하다
187	□	待遇	dàiyù	[명] 대우, 대접 [동] 대우하다
188	□	单纯	dānchún	[형] 단순하다
189	□	单调	dāndiào	[형] 단조롭다
190	□	单独	dāndú	[부] 단독으로, 혼자서
191	□	单位	dānwèi	[명] 단위, 직장, 기관
192	□	单元	dānyuán	[명] (아파트·빌딩 등의) 현관, (교재 등의) 단원
193	□	担任	dānrèn	[동] 맡다, 담당하다
194	□	耽误	dānwu	[동] 시간을 지체하다, 일을 그르치다
195	□	胆小鬼	dǎnxiǎoguǐ	[명] 겁쟁이
196	□	淡	dàn	[형] 싱겁다, (농도가) 낮다
197	□	当地	dāngdì	[명] 현장, 현지, 그 지방
198	□	当心	dāngxīn	[동] 조심하다, 주의하다
199	□	挡	dǎng	[동] 막다, 차단하다
200	□	倒霉	dǎoméi	[형] 재수 없다, 운이 없다

□ 잘 외워지지 않는 단어는 박스에 체크 후 다시 외워 보세요.

201	□	导演	dǎoyǎn	명 연출자, 감독 동 감독하다
202	□	导致	dǎozhì	동 (어떤 사태를) 야기하다, 초래하다
203	□	岛屿	dǎoyǔ	명 섬
204	□	到达	dàodá	동 도달하다, 도착하다
205	□	道德	dàodé	명 도덕, 윤리
206	□	道理	dàolǐ	명 도리, 이치
207	□	登记	dēngjì	동 등기하다, 등록하다
208	□	等待	děngdài	동 기다리다
209	□	等于	děngyú	동 (수량이) ~와 같다
210	□	滴	dī	동 (액체가 한 방울씩) 떨어지다 양 방울
211	□	的确	díquè	부 확실히, 분명히
212	□	敌人	dírén	명 적
213	□	递	dì	동 넘겨주다, 전해주다
214	□	地道	dìdao	형 순수하다, 진짜의
215	□	地理	dìlǐ	명 지리
216	□	地区	dìqū	명 지역, 지구
217	□	地毯	dìtǎn	명 양탄자, 카펫
218	□	地位	dìwèi	명 지위, 위치
219	□	地震	dìzhèn	명 지진
220	□	点心	diǎnxin	명 간식

221	□	电池	diànchí	[명] 건전지
222	□	电台	diàntái	[명] 라디오 방송국
223	□	钓	diào	[동] 낚다, 낚시하다
224	□	顶	dǐng	[명] 꼭대기 [양] 개, 채(꼭대기가 있는 물건을 세는 단위)
225	□	冻	dòng	[동] 얼다
226	□	洞	dòng	[명] 구멍, 동굴
227	□	动画片	dònghuàpiān	[명] 만화영화
228	□	逗	dòu	[동] 놀리다 [형] 재미있다
229	□	豆腐	dòufu	[명] 두부
230	□	独立	dúlì	[동] 독립하다, 독자적으로 하다
231	□	独特	dútè	[형] 독특하다
232	□	度过	dùguò	[동] (시간을) 보내다, 지내다
233	□	断	duàn	[동] 자르다, 끊다
234	□	堆	duī	[명] 무더기 [동] 쌓여있다
235	□	对比	duìbǐ	[동] 대비하다, 대조하다
236	□	对待	duìdài	[동] 대응하다, 대처하다
237	□	对方	duìfāng	[명] 상대방, 상대편
238	□	对手	duìshǒu	[명] 상대(방), 적수
239	□	对象	duìxiàng	[명] 대상, 결혼 상대
240	□	兑换	duìhuàn	[동] 환전하다

□ 잘 외워지지 않는 단어는 박스에 체크 후 다시 외워 보세요.

	번호	체크	단어	병음	뜻
	241	☐	吨	dūn	㊣ 톤(ton)
	242	☐	蹲	dūn	㊍ 쪼그리고 앉다
	243	☐	顿	dùn	㊣ 끼니, 번, 차례(식사·질책·권고·욕 등의 횟수를 세는 단위)
	244	☐	多亏	duōkuī	㊍ 덕택이다, 은혜를 입다
	245	☐	多余	duōyú	㊖ 여분의, 나머지의
	246	☐	朵	duǒ	㊣ 송이, 조각(꽃·구름이나 그와 비슷한 물건을 세는 단위)
	247	☐	躲藏	duǒcáng	㊍ 숨다, 피하다
E	248	☐	恶劣	èliè	㊖ 아주 나쁘다, 열악하다
	249	☐	耳环	ěrhuán	㊔ 귀걸이
F	250	☐	发表	fābiǎo	㊍ 발표하다
	251	☐	发愁	fāchóu	이합 걱정하다, 근심하다
	252	☐	发达	fādá	㊍ 발전시키다 ㊖ 발달하다
	253	☐	发抖	fādǒu	㊍ 떨다, 떨리다
	254	☐	发挥	fāhuī	㊍ 발휘하다
	255	☐	发明	fāmíng	㊔ 발명 ㊍ 발명하다
	256	☐	发票	fāpiào	㊔ 영수증
	257	☐	发言	fāyán	㊔ 발언 이합 발언하다
	258	☐	罚款	fákuǎn	㊔ 벌금 이합 벌금을 부과하다
	259	☐	法院	fǎyuàn	㊔ 법원
	260	☐	翻	fān	㊍ 뒤집다, 들추다, 펴다

261	☐	繁荣	fánróng	ⓗ (경제나 사업이) 번영하다 ⓓ 번영시키다
262	☐	反而	fǎn'ér	ⓑ 반대로, 도리어, 오히려
263	☐	反复	fǎnfù	ⓓ 거듭하다, 반복하다 ⓑ 반복하여
264	☐	反应	fǎnyìng	ⓜ 반응 ⓓ 반응하다
265	☐	反映	fǎnyìng	ⓓ 반영하다, 보고하다
266	☐	反正	fǎnzhèng	ⓑ 아무튼, 어쨌든
267	☐	范围	fànwéi	ⓜ 범위
268	☐	方	fāng	ⓜ 사각형, 방향
269	☐	方案	fāng'àn	ⓜ 방안
270	☐	方式	fāngshì	ⓜ 방식, 방법
271	☐	妨碍	fáng'ài	ⓓ 지장을 주다, 방해하다
272	☐	仿佛	fǎngfú	ⓑ 마치 ~인 것 같다
273	☐	非	fēi	ⓓ ~이 아니다 ⓑ 반드시, 꼭
274	☐	肥皂	féizào	ⓜ 비누
275	☐	废话	fèihuà	ⓜ 쓸데없는 말
276	☐	分别	fēnbié	ⓓ 구별하다, 헤어지다 ⓑ 각각, 따로따로
277	☐	分布	fēnbù	ⓓ 분포하다, 널려 있다
278	☐	分配	fēnpèi	ⓓ 분배하다, 배급하다
279	☐	分手	fēnshǒu	이합 헤어지다, 이별하다
280	☐	分析	fēnxī	ⓓ 분석하다

□ 잘 외워지지 않는 단어는 박스에 체크 후 다시 외워 보세요.

281	□	纷纷	fēnfēn	부 쉴 새 없이, 계속, 연이어
282	□	奋斗	fèndòu	동 분투하다
283	□	风格	fēnggé	명 스타일, 풍격
284	□	风景	fēngjǐng	명 풍경, 경치
285	□	风俗	fēngsú	명 풍속
286	□	风险	fēngxiǎn	명 위험, 모험
287	□	疯狂	fēngkuáng	형 미치다
288	□	讽刺	fěngcì	명 풍자 동 풍자하다
289	□	否定	fǒudìng	동 부정하다 형 부정의
290	□	否认	fǒurèn	동 부인하다, 부정하다
291	□	扶	fú	동 (손으로) 일으키다, 부축하다
292	□	幅	fú	명 너비, 넓이 양 폭(그림이나 천을 세는 단위)
293	□	服装	fúzhuāng	명 복장, 의류
294	□	辅导	fǔdǎo	동 학습을 도우며 지도하다
295	□	妇女	fùnǚ	명 부녀자
296	□	复制	fùzhì	동 복제하다

G	297	□	改革	gǎigé	명 개혁 동 개혁하다
	298	□	改进	gǎijìn	동 개선하다, 개량하다
	299	□	改善	gǎishàn	동 개선하다
	300	□	改正	gǎizhèng	동 (착오를) 개정하다, 시정하다

301	□	盖	gài	명 뚜껑, 덮개 동 덮다
302	□	概括	gàikuò	동 개괄하다, 요약하다
303	□	概念	gàiniàn	명 개념
304	□	干脆	gāncuì	형 시원스럽다, 명쾌하다 부 아예, 차라리
305	□	干燥	gānzào	형 건조하다
306	□	赶紧	gǎnjǐn	부 서둘러, 재빨리
307	□	赶快	gǎnkuài	부 황급히, 재빨리
308	□	感激	gǎnjī	동 감격하다
309	□	感受	gǎnshòu	명 느낌, 체험 동 느끼다
310	□	感想	gǎnxiǎng	명 감상, 소감
311	□	干活(儿)	gànhuó(r)	이합 (육체적인) 일하다
312	□	钢铁	gāngtiě	명 강철
313	□	高档	gāodàng	형 고급의, 상등의
314	□	高级	gāojí	형 (품질·수준의) 고급의
315	□	搞	gǎo	동 하다, 처리하다
316	□	告别	gàobié	이합 이별을 고하다
317	□	隔壁	gébì	명 이웃집, 옆집
318	□	格外	géwài	부 각별히, 특별히
319	□	个别	gèbié	형 개개의, 개별적인
320	□	个人	gèrén	명 개인

□ 잘 외워지지 않는 단어는 박스에 체크 후 다시 외워 보세요.

321	□	个性	gèxìng	명 개성
322	□	各自	gèzì	대 각자, 제각기
323	□	根	gēn	명 뿌리 양 개, 가닥(가늘고 긴 것을 세는 단위)
324	□	根本	gēnběn	명 근본 부 전혀, 아예
325	□	公布	gōngbù	동 공포하다
326	□	公开	gōngkāi	동 공개하다 형 공개적이다
327	□	公平	gōngpíng	형 공평하다
328	□	公寓	gōngyù	명 아파트
329	□	公元	gōngyuán	명 서기
330	□	公主	gōngzhǔ	명 공주
331	□	工厂	gōngchǎng	명 공장
332	□	工程师	gōngchéngshī	명 엔지니어
333	□	工具	gōngjù	명 공구, 작업 도구
334	□	工人	gōngrén	명 노동자
335	□	工业	gōngyè	명 공업
336	□	功能	gōngnéng	명 기능, 효능
337	□	恭喜	gōngxǐ	동 축하하다
338	□	贡献	gòngxiàn	명 공헌 동 공헌하다
339	□	沟通	gōutōng	동 교류하다, 소통하다
340	□	构成	gòuchéng	명 구조, 구성 동 구성하다, 이루다

341	☐	姑姑	gūgu	ⓜ 고모
342	☐	姑娘	gūniang	ⓜ 처녀, 아가씨
343	☐	古代	gǔdài	ⓜ 고대
344	☐	古典	gǔdiǎn	ⓜ 고전 ⓗ 고전의, 고전적인
345	☐	股票	gǔpiào	ⓜ 주식
346	☐	骨头	gǔtou	ⓜ 뼈
347	☐	鼓舞	gǔwǔ	ⓓ 격려하다, 고무하다
348	☐	鼓掌	gǔzhǎng	이합 손뼉을 치다, 박수치다
349	☐	固定	gùdìng	ⓓ 고정하다
350	☐	挂号	guàhào	이합 등록하다, 접수시키다
351	☐	乖	guāi	ⓗ (어린아이가) 얌전하다, 착하다
352	☐	拐弯	guǎiwān	이합 굽이(커브)를 돌다, 방향을 틀다
353	☐	怪不得	guàibude	ⓑ 과연, 어쩐지
354	☐	官	guān	ⓜ 관리, 공무원
355	☐	关闭	guānbì	ⓓ 닫다
356	☐	观察	guānchá	ⓓ 관찰하다, 살피다
357	☐	观点	guāndiǎn	ⓜ 관점, 견해
358	☐	观念	guānniàn	ⓜ 관념, 생각
359	☐	管子	guǎnzi	ⓜ 관, 호스, 파이프
360	☐	冠军	guànjūn	ⓜ 챔피언, 우승자

ㅁ 잘 외워지지 않는 단어는 박스에 체크 후 다시 외워 보세요.

361	☐	光滑	guānghuá	ⓗ (물체의 표면이) 매끌매끌하다
362	☐	光临	guānglín	ⓓ 오다, 광림하다
363	☐	光明	guāngmíng	ⓜ 광명, 빛 ⓗ 밝다
364	☐	光盘	guāngpán	ⓜ CD, 콤팩트디스크
365	☐	广场	guǎngchǎng	ⓜ 광장
366	☐	广大	guǎngdà	ⓗ 광대하다, 크고 넓다
367	☐	广泛	guǎngfàn	ⓗ 광범위하다, 폭넓다
368	☐	规矩	guīju	ⓜ 법칙, 규칙
369	☐	规律	guīlǜ	ⓜ 규율, 규칙
370	☐	规模	guīmó	ⓜ 규모
371	☐	规则	guīzé	ⓜ 규칙, 규정
372	☐	归纳	guīnà	ⓓ 귀납하다
373	☐	柜台	guìtái	ⓜ 계산대, 카운터
374	☐	滚	gǔn	ⓓ 구르다, 뒹굴다
375	☐	锅	guō	ⓜ 솥, 냄비
376	☐	国庆节	Guóqìngjié	고유 국경절(10월 1일)
377	☐	国王	guówáng	ⓜ 국왕
378	☐	果然	guǒrán	ⓑ 과연, 아니나 다를까
379	☐	果实	guǒshí	ⓜ 과실, 열매
380	☐	过分	guòfèn	ⓗ 지나치다, 과분하다

	381	过敏	guòmǐn	동 알레르기 반응을 나타내다 형 과민하다
	382	过期	guòqī	이합 기한을 넘기다, 기일이 지나다

H	383	哈	hā	감탄 하하, 아하! 오!
	384	海关	hǎiguān	명 세관
	385	海鲜	hǎixiān	명 해산물, 해물
	386	喊	hǎn	동 외치다, 소리치다
	387	行业	hángyè	명 직업, 직종, 업종
	388	豪华	háohuá	형 호화스럽다, 사치스럽다
	389	好客	hàokè	형 손님 대접을 좋아하다
	390	好奇	hàoqí	형 호기심을 가지다
	391	何必	hébì	부 구태여 ~할 필요가 있는가
	392	何况	hékuàng	접 하물며
	393	合法	héfǎ	형 합법적이다
	394	合理	hélǐ	형 합리적이다
	395	合同	hétong	명 계약(서)
	396	合影	héyǐng	명 단체 사진 이합 함께 사진을 찍다
	397	合作	hézuò	동 합작하다, 협력하다
	398	和平	hépíng	명 평화 형 평화롭다
	399	核心	héxīn	명 핵심
	400	恨	hèn	동 원망하다

□ 잘 외워지지 않는 단어는 박스에 체크 후 다시 외워 보세요.

401	□	猴子	hóuzi	명 원숭이
402	□	后背	hòubèi	명 등
403	□	后果	hòuguǒ	명 (주로 안 좋은) 결과
404	□	忽然	hūrán	부 갑자기
405	□	忽视	hūshì	동 소홀히 하다
406	□	呼吸	hūxī	동 호흡하다
407	□	壶	hú	명 항아리, 주전자
408	□	蝴蝶	húdié	명 나비
409	□	胡说	húshuō	동 헛소리하다, 함부로 지껄이다
410	□	胡同	hútòng	명 골목
411	□	糊涂	hútu	형 어리석다, 멍청하다
412	□	花生	huāshēng	명 땅콩
413	□	滑	huá	형 미끄럽다
414	□	华裔	huáyì	명 화교
415	□	划	huà	동 (선을) 긋다, 가르다
416	□	话题	huàtí	명 화제, 논제
417	□	化学	huàxué	명 화학
418	□	怀念	huáiniàn	동 회상하다, 추억하다
419	□	怀孕	huáiyùn	이합 임신하다
420	□	缓解	huǎnjiě	동 (정도가) 완화되다, 호전되다

421	□	幻想	huànxiǎng	[명] 환상 [동] 환상을 가지다, 상상하다
422	□	慌张	huāngzhāng	[형] 당황하다, 쩔쩔매다
423	□	黄金	huángjīn	[명] 황금
424	□	挥	huī	[동] 휘두르다, 흔들다
425	□	灰	huī	[명] 재, 먼지
426	□	灰尘	huīchén	[명] 먼지
427	□	灰心	huīxīn	[형] 낙담하다, 낙심하다
428	□	恢复	huīfù	[동] 회복하다, 회복되다
429	□	汇率	huìlǜ	[명] 환율
430	□	婚礼	hūnlǐ	[명] 결혼식
431	□	婚姻	hūnyīn	[명] 혼인, 결혼
432	□	活跃	huóyuè	[동] 활약하다 [형] 활동적이다, 활기있다
433	□	伙伴	huǒbàn	[명] 동료, 동반자
434	□	火柴	huǒchái	[명] 성냥
435	□	或许	huòxǔ	[부] 아마, 어쩌면

J

436	□	基本	jīběn	[명] 기본 [형] 기본적이다 [부] 거의, 대체로
437	□	激烈	jīliè	[형] 격렬하다, 치열하다
438	□	机器	jīqì	[명] 기계
439	□	肌肉	jīròu	[명] 근육
440	□	及格	jígé	[동] 합격하다

□ 잘 외워지지 않는 단어는 박스에 체크 후 다시 외워 보세요.

441	□	集合	jíhé	[동] 집합하다, 모으다
442	□	集体	jítǐ	[명] 단체, 집단
443	□	集中	jízhōng	[동] 집중하다
444	□	急忙	jímáng	[부] 급히, 황급히
445	□	急诊	jízhěn	[명] 급진, 응급 진료
446	□	极其	jíqí	[부] 아주, 매우
447	□	系领带	jì lǐngdài	넥타이를 매다
448	□	记录	jìlù	[명] 기록 [동] 기록하다
449	□	记忆	jìyì	[명] 기억 [동] 기억하다
450	□	纪录	jìlù	[명] 최고 기록
451	□	纪律	jìlǜ	[명] 규율
452	□	纪念	jìniàn	[명] 기념 [동] 기념하다
453	□	寂寞	jìmò	[형] 외롭다, 적막하다
454	□	计算	jìsuàn	[동] 계산하다, 셈하다
455	□	嘉宾	jiābīn	[명] 귀빈, 손님
456	□	家庭	jiātíng	[명] 가정
457	□	家务	jiāwù	[명] 가사, 집안일
458	□	家乡	jiāxiāng	[명] 고향
459	□	夹子	jiāzi	[명] 집게, 클립
460	□	甲	jiǎ	[명] (순서나 등급의) 첫 번째, 갑

461	□	假如	jiărú	[접] 가령, 만약, 만일
462	□	假设	jiăshè	[동] 가정하다
463	□	假装	jiăzhuāng	[동] 가장하다, ~체하다
464	□	嫁	jià	[동] 시집가다, 출가하다
465	□	驾驶	jiàshǐ	[동] 운전하다
466	□	价值	jiàzhí	[명] 가치
467	□	肩膀	jiānbăng	[명] 어깨
468	□	坚决	jiānjué	[형] 단호하다, 결연하다
469	□	坚强	jiānqiáng	[형] 굳세다, 강인하다
470	□	艰巨	jiānjù	[형] 어렵고 힘들다
471	□	艰苦	jiānkǔ	[형] 어렵고 고달프다
472	□	兼职	jiānzhí	[명] 겸직, 겸임한 업무 [이합] 겸직하다
473	□	捡	jiăn	[동] 줍다
474	□	剪刀	jiăndāo	[명] 가위
475	□	简历	jiănlì	[명] 약력, 이력서
476	□	简直	jiănzhí	[부] 그야말로, 너무나
477	□	建立	jiànlì	[동] 세우다, 건립하다
478	□	建设	jiànshè	[동] 세우다, 건설하다
479	□	建筑	jiànzhù	[명] 건축물 [동] 건축하다
480	□	键盘	jiànpán	[명] 키보드

□ 잘 외워지지 않는 단어는 박스에 체크 후 다시 외워 보세요.

481	□	健身	jiànshēn	ⓓ 신체를 건강하게 하다
482	□	讲究	jiǎngjiu	ⓓ 중요시하다, 주의하다
483	□	讲座	jiǎngzuò	ⓜ 강좌
484	□	酱油	jiàngyóu	ⓜ 간장
485	□	浇	jiāo	ⓓ 관개하다, 물을 대다
486	□	交换	jiāohuàn	ⓓ 교환하다
487	□	交际	jiāojì	ⓓ 교제하다
488	□	交往	jiāowǎng	ⓓ 왕래하다, 사귀다
489	□	胶水	jiāoshuǐ	ⓜ 풀
490	□	角度	jiǎodù	ⓜ 각도
491	□	狡猾	jiǎohuá	ⓗ 교활하다, 간사하다
492	□	教材	jiàocái	ⓜ 교재
493	□	教练	jiàoliàn	ⓜ 감독, 코치 ⓓ 훈련하다
494	□	教训	jiàoxùn	ⓜ 교훈 ⓓ 훈계하다, 가르치고 타이르다
495	□	接触	jiēchù	ⓓ 닿다, 접촉하다
496	□	接待	jiēdài	ⓓ 접대하다, 영접하다
497	□	接近	jiējìn	ⓓ 접근하다, 가까이하다
498	□	阶段	jiēduàn	ⓜ 단계, 계단
499	□	结实	jiēshi	ⓗ 굳다, 단단하다
500	□	结构	jiégòu	ⓜ 구조, 구성

501	□	结合	jiéhé	ⓢ 결합하다
502	□	结论	jiélùn	ⓜ 결론
503	□	结账	jiézhàng	이합 계산하다, 결제하다
504	□	节省	jiéshěng	ⓢ 아끼다, 절약하다
505	□	届	jiè	ⓠ 회, 기(정기 회의나 졸업 연차를 세는 단위)
506	□	戒	jiè	ⓢ (나쁜 습관을) 끊다
507	□	戒指	jièzhi	ⓜ 반지
508	□	借口	jièkǒu	ⓜ 구실, 핑계 ⓢ 구실로 삼다, 핑계를 대다
509	□	金属	jīnshǔ	ⓜ 금속
510	□	紧急	jǐnjí	ⓗ 긴급하다, 긴박하다
511	□	尽快	jǐnkuài	ⓑ 되도록 빨리
512	□	尽量	jǐnliàng	ⓑ 가능한 한
513	□	谨慎	jǐnshèn	ⓗ 신중하다, 조심스럽다
514	□	进步	jìnbù	ⓜ 진보 ⓢ 진보하다 ⓗ 진보적이다
515	□	进口	jìnkǒu	ⓢ 수입하다
516	□	近代	jìndài	ⓜ 근대, 근세
517	□	尽力	jìnlì	이합 전력을 다하다, 힘을 다하다
518	□	经典	jīngdiǎn	ⓜ 경전, 고전
519	□	经商	jīngshāng	이합 장사하다
520	□	经营	jīngyíng	ⓢ 운영하다, 경영하다

□ 잘 외워지지 않는 단어는 박스에 체크 후 다시 외워 보세요.

521	□	精力	jīnglì	명 정력, 정신과 체력
522	□	精神	jīngshén jīngshen	명 정신, 원기, 활력 형 활기차다, 생기발랄하다
523	□	酒吧	jiǔbā	명 술집, 바
524	□	救	jiù	동 구하다, 구조하다, 구제하다
525	□	救护车	jiùhùchē	명 구급차
526	□	舅舅	jiùjiu	명 외삼촌
527	□	居然	jūrán	부 뜻밖에, 예상외로, 의외로
528	□	桔子	júzi	명 귤
529	□	具备	jùbèi	동 갖추다, 구비하다
530	□	具体	jùtǐ	형 구체적이다
531	□	巨大	jùdà	형 거대하다, 아주 크다
532	□	俱乐部	jùlèbù	명 클럽, 동호회
533	□	据说	jùshuō	동 듣자하니 ~라고 한다
534	□	捐	juān	동 바치다, 기부하다
535	□	绝对	juéduì	형 절대적인 부 절대로
536	□	决赛	juésài	명 결승
537	□	决心	juéxīn	명 결심 동 결심하다
538	□	角色	juésè	명 배역, 역, 역할
539	□	军事	jūnshì	명 군사
540	□	均匀	jūnyún	형 균등하다, 고르다

K

번호		단어	병음	뜻
541	☐	卡车	kǎchē	명 트럭
542	☐	开发	kāifā	동 개발하다, 개척하다
543	☐	开放	kāifàng	동 개방하다, 해방하다
544	☐	开幕式	kāimùshì	명 개막식
545	☐	开水	kāishuǐ	명 끓인 물
546	☐	砍	kǎn	동 (도기 등으로) 찍다, 패다
547	☐	看不起	kànbuqǐ	동 경시하다, 얕보다
548	☐	看望	kànwàng	동 방문하다
549	☐	靠	kào	동 기대다
550	☐	颗	kē	양 알, 방울(둥글고 작은 것을 세는 단위)
551	☐	可见	kějiàn	접 ~라는 것을 알 수 있다
552	☐	可靠	kěkào	형 믿을 만하다
553	☐	可怕	kěpà	형 두렵다, 무섭다
554	☐	克	kè	양 그램(g)
555	☐	克服	kèfú	동 극복하다, 이겨내다
556	☐	课程	kèchéng	명 교과목, 교육 과정
557	☐	客观	kèguān	형 객관적이다
558	☐	刻苦	kèkǔ	형 몹시 애를 쓰다
559	☐	空间	kōngjiān	명 공간
560	☐	空闲	kòngxián	명 여가, 자유 시간

□ 잘 외워지지 않는 단어는 박스에 체크 후 다시 외워 보세요.

561	□	控制	kòngzhì	ⓢ 통제하다, 제어하다
562	□	口味	kǒuwèi	명 맛, 향미, 풍미
563	□	夸	kuā	ⓢ 칭찬하다
564	□	夸张	kuāzhāng	ⓢ 과장하다
565	□	会计	kuàijì	명 회계
566	□	宽	kuān	형 넓다
567	□	昆虫	kūnchóng	명 곤충
568	□	扩大	kuòdà	ⓢ 확대하다, 넓히다

L

569	□	辣椒	làjiāo	명 고추
570	□	拦	lán	ⓢ 막다, 저지하다
571	□	烂	làn	형 썩다, 부패하다
572	□	朗读	lǎngdú	ⓢ 낭독하다, 큰소리로 읽다
573	□	劳动	láodòng	명 노동 ⓢ 노동하다
574	□	劳驾	láojià	이합 실례합니다, 수고하십니다
575	□	老百姓	lǎobǎixìng	명 백성, 국민
576	□	老板	lǎobǎn	명 사장
577	□	老婆	lǎopo	명 아내, 처
578	□	老实	lǎoshi	형 성실하다, 솔직하다
579	□	老鼠	lǎoshǔ	명 쥐
580	□	姥姥	lǎolao	명 외할머니, 외조모

581	☐	乐观	lèguān	ⓗ 낙관적이다
582	☐	雷	léi	ⓜ 천둥, 우레
583	☐	类型	lèixíng	ⓜ 종류, 유형
584	☐	冷淡	lěngdàn	ⓗ 쌀쌀하다, 냉담하다
585	☐	梨	lí	ⓜ 배(과일)
586	☐	离婚	líhūn	이합 이혼하다
587	☐	厘米	límǐ	ⓨ 센티미터(cm)
588	☐	理论	lǐlùn	ⓜ 이론 ⓓ 시비를 논하다
589	☐	理由	lǐyóu	ⓜ 이유
590	☐	立即	lìjí	ⓑ 곧, 즉시
591	☐	立刻	lìkè	ⓑ 즉시, 바로
592	☐	力量	lìliàng	ⓜ 힘, 역량
593	☐	利润	lìrùn	ⓜ 이윤
594	☐	利息	lìxī	ⓜ 이자
595	☐	利益	lìyì	ⓜ 이익, 이득
596	☐	利用	lìyòng	ⓓ 이용하다
597	☐	联合	liánhé	ⓓ 연합하다, 결합하다
598	☐	连忙	liánmáng	ⓑ 얼른, 재빨리
599	☐	连续	liánxù	ⓓ 연속하다, 계속하다
600	☐	恋爱	liàn'ài	ⓜ 연애 ⓓ 연애하다

ㅁ 잘 외워지지 않는 단어는 박스에 체크 후 다시 외워 보세요.

번호	체크	단어	병음	뜻
601	☐	良好	liánghǎo	형 좋다, 양호하다
602	☐	粮食	liángshi	명 양식, 식량
603	☐	亮	liàng	형 밝다, 빛나다
604	☐	了不起	liǎobuqǐ	형 뛰어나다, 대단하다
605	☐	列车	lièchē	명 열차
606	☐	临时	línshí	형 잠시의 부 때에 이르다
607	☐	铃	líng	명 방울, 종, 벨
608	☐	灵活	línghuó	형 민첩하다, 재빠르다
609	☐	零件	língjiàn	명 부속품
610	☐	零食	língshí	명 간식, 군것질
611	☐	领导	lǐngdǎo	명 지도자 동 지도하다, 이끌다
612	☐	领域	lǐngyù	명 분야, 영역
613	☐	流传	liúchuán	동 퍼지다, 전해지다, 유전되다
614	☐	流泪	liúlèi	이합 눈물을 흘리다
615	☐	浏览	liúlǎn	동 대강 둘러보다
616	☐	龙	lóng	명 용
617	☐	漏	lòu	동 새다, 새나가다
618	☐	陆地	lùdì	명 땅, 육지
619	☐	录取	lùqǔ	동 채용하다, 뽑다, 합격시키다
620	☐	录音	lùyīn	명 녹음 이합 녹음하다

621	□	陆续	lùxù	부 끊임없이, 연이어
622	□	轮流	lúnliú	동 교대로 하다, 돌아가면서 하다
623	□	论文	lùnwén	명 논문
624	□	逻辑	luójí	명 논리
625	□	落后	luòhòu	동 뒤처지다 형 낙후되다

M

626	□	骂	mà	동 욕하다
627	□	麦克风	màikèfēng	명 마이크
628	□	馒头	mántou	명 만터우, (소가 없는) 찐빵
629	□	满足	mǎnzú	동 만족하다
630	□	毛病	máobìng	명 고장, 결점
631	□	矛盾	máodùn	명 갈등, 대립
632	□	冒险	màoxiǎn	이합 모험하다, 위험을 무릅쓰다
633	□	贸易	màoyì	명 무역
634	□	眉毛	méimao	명 눈썹
635	□	煤炭	méitàn	명 석탄
636	□	媒体	méitǐ	명 대중 매체
637	□	美术	měishù	명 미술
638	□	魅力	mèilì	명 매력
639	□	梦想	mèngxiǎng	명 꿈, 몽상
640	□	蜜蜂	mìfēng	명 꿀벌

□ 잘 외워지지 않는 단어는 박스에 체크 후 다시 외워 보세요.

641	□	秘密	mìmì	명 비밀, 기밀
642	□	秘书	mìshū	명 비서
643	□	密切	mìqiè	형 밀접하다, 긴밀하다
644	□	面对	miànduì	동 마주보다, 직면하다
645	□	面积	miànjī	명 면적
646	□	面临	miànlín	동 직면하다, 당면하다
647	□	苗条	miáotiao	형 날씬하다
648	□	描写	miáoxiě	동 묘사하다
649	□	敏感	mǐngǎn	형 민감하다, 예민하다
650	□	名牌	míngpái	명 유명 상표, 브랜드
651	□	名片	míngpiàn	명 명함
652	□	名胜古迹	míngshèng gǔjì	명 명승고적
653	□	明确	míngquè	형 명확하다
654	□	明显	míngxiǎn	형 뚜렷하다, 분명하다
655	□	明星	míngxīng	명 스타
656	□	命令	mìnglìng	명 명령 동 명령하다
657	□	命运	mìngyùn	명 운명
658	□	摸	mō	동 어루만지다, 쓰다듬다
659	□	模仿	mófǎng	동 모방하다
660	□	模糊	móhu	형 모호하다, 애매하게 하다

661	☐	模特	mótè	ⓜ 모델
662	☐	摩托车	mótuōchē	ⓜ 오토바이
663	☐	陌生	mòshēng	ⓗ 생소하다, 낯설다
664	☐	某	mǒu	ⓓ 아무, 어느
665	☐	目标	mùbiāo	ⓜ 목표
666	☐	目录	mùlù	ⓜ 목록, 목차
667	☐	目前	mùqián	ⓜ 지금, 현재
668	☐	木头	mùtou	ⓜ 나무, 목재

N

669	☐	哪怕	nǎpà	ⓙ 설령 ~라 해도
670	☐	难怪	nánguài	ⓑ 어쩐지, 과연
671	☐	难免	nánmiǎn	ⓗ 피하기 어렵다
672	☐	脑袋	nǎodai	ⓜ 두뇌, 머리
673	☐	内部	nèibù	ⓜ 내부
674	☐	内科	nèikē	ⓜ 내과
675	☐	嫩	nèn	ⓗ 부드럽다, 연하다
676	☐	能干	nénggàn	ⓗ 유능하다
677	☐	能源	néngyuán	ⓜ 에너지원, 에너지
678	☐	嗯	ǹg(èng)	감탄 응, 그래
679	☐	年代	niándài	ⓜ 시대, 연대
680	☐	年纪	niánjì	ⓜ 나이, 연령

□ 잘 외워지지 않는 단어는 박스에 체크 후 다시 외워 보세요.

	번호		단어	병음	뜻
	681	□	念	niàn	ⓢ 읽다, 낭독하다, 그리워하다
	682	□	宁可	nìngkě	ⓟ 차라리 ~할지언정
	683	□	牛仔裤	niúzǎikù	ⓜ 청바지
	684	□	浓	nóng	ⓗ 진하다, 짙다
	685	□	农村	nóngcūn	ⓜ 농촌
	686	□	农民	nóngmín	ⓜ 농민, 농부
	687	□	农业	nóngyè	ⓜ 농업
	688	□	女士	nǚshì	ⓜ 여사
O	689	□	欧洲	Ōuzhōu	고유 유럽
	690	□	偶然	ǒurán	ⓟ 우연히, 뜻밖에
P	691	□	拍	pāi	ⓢ 치다, (사진을) 찍다
	692	□	派	pài	ⓢ 파견하다, 지명하다
	693	□	盼望	pànwàng	ⓢ 간절히 바라다, 희망하다
	694	□	赔偿	péicháng	ⓢ 배상하다, 변상하다
	695	□	培训	péixùn	ⓢ 양성하다, 훈련하다
	696	□	培养	péiyǎng	ⓢ 기르다, 양성하다
	697	□	佩服	pèifú	ⓢ 탄복하다, 감탄하다
	698	□	配合	pèihé	ⓢ 협동하다, 협력하다
	699	□	盆	pén	ⓜ 대야, 화분
	700	□	碰	pèng	ⓢ 우연히 만나다, 부딪치다

701	☐	披	pī	동 (겉옷을) 덮다, 걸치다
702	☐	批	pī	양 무리, 떼 , 무더기
703	☐	批准	pīzhǔn	동 비준하다, 허가하다
704	☐	疲劳	píláo	형 피곤하다, 지치다
705	☐	匹	pǐ	양 필(말이나 비단 등을 세는 단위)
706	☐	片	piàn	양 편(조각이나 면적 등을 세는 단위)
707	☐	片面	piànmiàn	형 일방적이다, 단편적이다
708	☐	飘	piāo	동 바람에 나부끼다, 흩날리다
709	☐	拼音	pīnyīn	명 병음(중국어의 발음 표기법)
710	☐	频道	píndào	명 채널
711	☐	平	píng	형 평평하다, 평탄하다
712	☐	平安	píng'ān	형 평안하다, 무사하다
713	☐	平常	píngcháng	명 평상시, 평소 형 평범하다
714	☐	平等	píngděng	형 평등하다
715	☐	平方	píngfāng	명 제곱, 제곱미터(m^2)
716	☐	平衡	pínghéng	형 균형이 맞다
717	☐	平静	píngjìng	형 조용하다, 평온하다
718	☐	平均	píngjūn	동 균등히 하다, 고르게 하다 형 균등한, 평균적인
719	☐	凭	píng	동 기대다, 의지하다 전 ~에 근거하여
720	☐	评价	píngjià	명 평가 동 평가하다

□ 잘 외워지지 않는 단어는 박스에 체크 후 다시 외워 보세요.

721	□	破产	pòchǎn	이합 파산하다, 부도나다
722	□	破坏	pòhuài	동 파괴하다, 손상시키다
723	□	迫切	pòqiè	형 절박하다, 다급하다

Q

724	□	期待	qīdài	동 기대하다, 바라다
725	□	期间	qījiān	명 기간, 시간
726	□	奇迹	qíjì	명 기적
727	□	其余	qíyú	대 나머지, 남은 것
728	□	启发	qǐfā	동 일깨우다, 영감을 주다
729	□	企业	qǐyè	명 기업
730	□	气氛	qìfēn	명 분위기
731	□	汽油	qìyóu	명 휘발유, 가솔린
732	□	签	qiān	동 서명하다, 사인하다
733	□	谦虚	qiānxū	형 겸손하다, 겸허하다
734	□	前途	qiántú	명 앞길, 전망
735	□	浅	qiǎn	형 얕다, 좁다
736	□	欠	qiàn	동 빚지다
737	□	枪	qiāng	명 총
738	□	墙	qiáng	명 벽, 담장
739	□	强调	qiángdiào	동 강조하다
740	□	强烈	qiángliè	형 강렬하다, 맹렬하다

741	□	抢	qiǎng	ⓢ 빼앗다, 약탈하다
742	□	悄悄	qiāoqiāo	ⓗ 조용하다 ⓑ 은밀히, 몰래
743	□	瞧	qiáo	ⓢ 보다
744	□	巧妙	qiǎomiào	ⓗ 교묘하다
745	□	切	qiē	ⓢ (칼로) 썰다, 자르다
746	□	亲爱	qīn'ài	ⓗ 친애하다, 사랑하다
747	□	亲切	qīnqiè	ⓗ 친절하다
748	□	亲自	qīnzì	ⓑ 직접, 손수, 친히
749	□	勤奋	qínfèn	ⓗ 부지런하다, 열심히 하다
750	□	青	qīng	ⓗ 푸르다
751	□	青春	qīngchūn	ⓜ 청춘
752	□	青少年	qīngshàonián	ⓜ 청소년
753	□	清淡	qīngdàn	ⓗ 음식이 기름지지 않고 담백하다
754	□	轻视	qīngshì	ⓢ 경시하다, 무시하다
755	□	轻易	qīngyì	ⓗ 함부로 하다, 경솔하다 ⓑ 함부로, 경솔하게
756	□	情景	qíngjǐng	ⓜ 정경, 광경
757	□	情绪	qíngxù	ⓜ 정서, 기분
758	□	请求	qǐngqiú	ⓜ 요구, 요청 ⓢ 요청하다, 부탁하다
759	□	庆祝	qìngzhù	ⓢ 경축하다
760	□	球迷	qiúmí	ⓜ 구기 운동 팬

□ 잘 외워지지 않는 단어는 박스에 체크 후 다시 외워 보세요.

	번호		단어	병음	뜻
	761	□	趋势	qūshì	명 추세, 경향
	762	□	娶	qǔ	동 아내를 얻다, 장가들다
	763	□	取消	qǔxiāo	동 취소하다
	764	□	去世	qùshì	이합 세상을 뜨다
	765	□	圈	quān	명 주위, 둘레
	766	□	权力	quánlì	명 권력
	767	□	权利	quánlì	명 권리
	768	□	全面	quánmiàn	명 전면 형 전반적이다
	769	□	劝	quàn	동 권하다, 타이르다
	770	□	缺乏	quēfá	동 모자라다, 결핍되다
	771	□	确定	quèdìng	동 확정하다 형 확고하다
	772	□	确认	quèrèn	동 확인하다
	773	□	群	qún	명양 무리, 떼
R	774	□	燃烧	ránshāo	동 연소하다, 타다
	775	□	绕	rào	동 휘감다, 우회하다
	776	□	热爱	rè'ài	동 뜨겁게 사랑하다
	777	□	热烈	rèliè	형 열렬하다
	778	□	热心	rèxīn	형 열성적이다, 친절하다
	779	□	人才	réncái	명 인재
	780	□	人口	rénkǒu	명 인구

781	□	人类	rénlèi	명 인류
782	□	人民币	rénmínbì	명 런민비, 인민폐(중국의 화폐)
783	□	人生	rénshēng	명 인생
784	□	人事	rénshì	명 인사
785	□	人物	rénwù	명 인물
786	□	人员	rényuán	명 인원, 요원
787	□	忍不住	rěnbuzhù	견딜 수 없다, 참을 수 없다
788	□	日常	rìcháng	형 일상의, 일상적인
789	□	日程	rìchéng	명 일정
790	□	日历	rìlì	명 달력, 일력
791	□	日期	rìqī	명 날짜, 기간
792	□	日用品	rìyòngpǐn	명 일용품, 생활용품
793	□	日子	rìzi	명 날짜, 기간, 생활
794	□	如何	rúhé	대 어떠한가, 어떻게
795	□	如今	rújīn	명 지금, 오늘날
796	□	软	ruǎn	형 부드럽다
797	□	软件	ruǎnjiàn	명 소프트웨어
798	□	弱	ruò	형 약하다, 허약하다

S

799	□	洒	sǎ	동 뿌리다, 엎지르다
800	□	嗓子	sǎngzi	명 목소리, 목(구멍)

□ 잘 외워지지 않는 단어는 박스에 체크 후 다시 외워 보세요.

801	□	色彩	sècǎi	[명] 색채, 색깔
802	□	杀	shā	[동] 죽이다
803	□	沙漠	shāmò	[명] 사막
804	□	沙滩	shātān	[명] 모래사장, 백사장
805	□	傻	shǎ	[형] 어리석다, 우둔하다
806	□	晒	shài	[동] 햇볕을 쬐다, 햇볕에 말리다
807	□	删除	shānchú	[동] 삭제하다, 지우다
808	□	闪电	shǎndiàn	[명] 번개
809	□	善良	shànliáng	[형] 선량하다, 착하다
810	□	善于	shànyú	[동] ~을 잘하다, ~에 능하다
811	□	扇子	shànzi	[명] 부채
812	□	伤害	shānghài	[동] 상처를 주다, 손상시키다, 해치다
813	□	商品	shāngpǐn	[명] 상품, 제품
814	□	商务	shāngwù	[명] 비즈니스, 상업상의 용무
815	□	商业	shāngyè	[명] 상업
816	□	上当	shàngdàng	[이합] 속다, 사기를 당하다
817	□	蛇	shé	[명] 뱀
818	□	舍不得	shěbude	[동] 섭섭하다, ~하기 아까워하다
819	□	设备	shèbèi	[명] 설비, 시설 [동] 갖추다, 설비하다
820	□	设计	shèjì	[명] 설계, 디자인 [동] 설계하다, 디자인하다

821	☐	设施	shèshī	명 시설
822	☐	射击	shèjī	명 사격 동 사격하다
823	☐	摄影	shèyǐng	동 사진을 찍다, 영화를 촬영하다
824	☐	伸	shēn	동 (신체 일부를) 펴다, 펼치다
825	☐	身材	shēncái	명 몸매, 체격
826	☐	身份	shēnfèn	명 신분
827	☐	深刻	shēnkè	형 (인상이) 깊다, (느낌이) 강렬하다
828	☐	神话	shénhuà	명 신화
829	☐	神秘	shénmì	형 신비하다
830	☐	升	shēng	동 오르다, (등급 따위를) 올라가다
831	☐	生产	shēngchǎn	동 생산하다, 만들다
832	☐	生动	shēngdòng	형 생동감 있다
833	☐	生长	shēngzhǎng	동 성장하다, 자라다
834	☐	声调	shēngdiào	명 성조
835	☐	绳子	shéngzi	명 노끈, 밧줄
836	☐	省略	shěnglüè	동 생략하다, 삭제하다
837	☐	胜利	shènglì	명 승리 동 승리하다
838	☐	诗	shī	명 시
839	☐	失眠	shīmián	이합 잠을 이루지 못하다
840	☐	失去	shīqù	동 잃다, 잃어버리다

□ 잘 외워지지 않는 단어는 박스에 체크 후 다시 외워 보세요.

841	□	失业	shīyè	이합 직업을 잃다, 실직하다
842	□	湿润	shīrùn	형 촉촉하다, 습윤하다
843	□	狮子	shīzi	명 사자
844	□	时差	shíchā	명 시차
845	□	时代	shídài	명 시대, 시기
846	□	时刻	shíkè	명 시각, 때 부 시시각각
847	□	时髦	shímáo	형 유행이다, 현대적이다
848	□	时期	shíqī	명 (특정한) 시기
849	□	时尚	shíshàng	명 시대적 유행, 시류
850	□	实话	shíhuà	명 실화, 참말
851	□	实践	shíjiàn	명 실천 동 실천하다
852	□	实习	shíxí	동 실습하다
853	□	实现	shíxiàn	동 실현하다, 달성하다
854	□	实验	shíyàn	명 실험 동 실험하다
855	□	实用	shíyòng	형 실용적이다
856	□	石头	shítou	명 돌
857	□	食物	shíwù	명 음식물
858	□	使劲(儿)	shǐjìn(r)	이합 힘을 쓰다
859	□	始终	shǐzhōng	부 한결같이 명 처음과 끝
860	□	士兵	shìbīng	명 병사, 사병

861	☐	市场	shìchǎng	명 시장
862	☐	似的	shìde	조 ~와 같다
863	☐	试卷	shìjuàn	명 시험지
864	☐	事实	shìshí	명 사실
865	☐	事物	shìwù	명 사물
866	☐	事先	shìxiān	명 사전, 미리
867	☐	收获	shōuhuò	명 수확, 성과 동 수확하다
868	☐	收据	shōujù	명 영수증
869	☐	首	shǒu	명 시작, 머리, 우두머리
870	☐	手工	shǒugōng	명 수공, 손으로 하는 일
871	☐	手术	shǒushù	명 수술 동 수술하다
872	☐	手套	shǒutào	명 장갑
873	☐	手续	shǒuxù	명 수속, 절차
874	☐	手指	shǒuzhǐ	명 손가락
875	☐	寿命	shòumìng	명 수명
876	☐	受伤	shòushāng	이합 상처를 입다
877	☐	蔬菜	shūcài	명 채소
878	☐	书架	shūjià	명 책꽂이
879	☐	输入	shūrù	동 입력하다
880	☐	舒适	shūshì	형 쾌적하다

□ 잘 외워지지 않는 단어는 박스에 체크 후 다시 외워 보세요.

881	□	梳子	shūzi	명 빗
882	□	熟练	shúliàn	형 숙련되어 있다, 능숙하다
883	□	鼠标	shǔbiāo	명 마우스
884	□	属于	shǔyú	동 ~에 속하다
885	□	数	shǔ	동 세다, 헤아리다
886	□	数据	shùjù	명 데이터, 통계 수치
887	□	数码	shùmǎ	명 디지털, 숫자
888	□	摔倒	shuāidǎo	동 넘어지다, 쓰러지다
889	□	甩	shuǎi	동 휘두르다, 내던지다
890	□	双方	shuāngfāng	명 쌍방, 양측
891	□	税	shuì	명 세금, 세
892	□	说不定	shuōbudìng	동 단언하기 어렵다 부 아마, 대개
893	□	说服	shuōfú	동 설득하다
894	□	撕	sī	동 (손으로) 찢다, 뜯다
895	□	丝绸	sīchóu	명 비단
896	□	丝毫	sīháo	부 조금도, 추호도
897	□	思考	sīkǎo	동 사고하다, 숙고하다
898	□	思想	sīxiǎng	명 사상, 생각
899	□	私人	sīrén	명 민간, 개인
900	□	似乎	sìhū	부 마치 (~인 것 같다)

901	搜索	sōusuǒ	ⓢ (인터넷에) 검색하다, 수색하다
902	宿舍	sùshè	ⓜ 기숙사
903	随身	suíshēn	ⓗ 곁에 따라 다니다, 휴대하다
904	随时	suíshí	ⓑ 수시로, 언제나
905	随手	suíshǒu	ⓑ ~하는 김에
906	碎	suì	ⓢ 부수다, 깨지다
907	损失	sǔnshī	ⓜ 손실 ⓢ 손실되다
908	缩短	suōduǎn	ⓢ 단축하다, 줄이다
909	所	suǒ	ⓨ 채, 동(집이나 학교 등을 세는 단위)
910	锁	suǒ	ⓜ 자물쇠 ⓢ 잠그다

T

911	台阶	táijiē	ⓜ 층계, 계단
912	太极拳	tàijíquán	ⓜ 태극권
913	太太	tàitai	ⓜ 아내, 부인(결혼한 여자에 대한 존칭)
914	谈判	tánpàn	ⓢ 담판하다
915	坦率	tǎnshuài	ⓗ 솔직하다, 담백하다
916	烫	tàng	ⓗ 몹시 뜨겁다
917	逃	táo	ⓢ 도망치다, 달아나다
918	逃避	táobì	ⓢ 도피하다
919	桃	táo	ⓜ 복숭아
920	淘气	táoqì	ⓗ 장난이 심하다, 말을 듣지 않다

□ 잘 외워지지 않는 단어는 박스에 체크 후 다시 외워 보세요.

921	□	讨价还价	tǎojià-huánjià	성어 값을 흥정하다
922	□	套	tào	양 세트
923	□	特色	tèsè	명 특색, 특징
924	□	特殊	tèshū	형 특수하다, 특별하다
925	□	特征	tèzhēng	명 특징
926	□	疼爱	téng'ài	동 매우 귀여워하다
927	□	提倡	tíchàng	동 제창하다, 부르짖다
928	□	提纲	tígāng	명 요점, 요강
929	□	提问	tíwèn	동 질문하다
930	□	题目	tímù	명 제목
931	□	体会	tǐhuì	명 체득 동 체득하다
932	□	体贴	tǐtiē	동 자상하게 돌보다
933	□	体现	tǐxiàn	동 구현하다, 체현하다
934	□	体验	tǐyàn	명 체험 동 체험하다
935	□	天空	tiānkōng	명 하늘
936	□	天真	tiānzhēn	형 천진하다, 순진하다
937	□	调皮	tiáopí	형 장난스럽다
938	□	调整	tiáozhěng	동 조정하다, 조절하다
939	□	挑战	tiǎozhàn	명 도전 동 도전하다
940	□	通常	tōngcháng	형 일반적이다 부 일반적으로

941	☐	统一	tǒngyī	동 통일하다 형 통일된
942	☐	痛苦	tòngkǔ	형 고통스럽다
943	☐	痛快	tòngkuài	형 통쾌하다, 즐겁다
944	☐	偷	tōu	동 훔치다 부 남몰래, 슬그머니
945	☐	投入	tóurù	동 뛰어들다, 투입하다 형 몰두하다
946	☐	投资	tóuzī	명 투자 동 투자하다
947	☐	透明	tòumíng	형 투명하다
948	☐	突出	tūchū	동 돌파하다 형 돌출하다, 뛰어나다
949	☐	土地	tǔdì	명 땅, 토지
950	☐	土豆	tǔdòu	명 감자
951	☐	吐	tù	동 토하다, (내)뱉다
952	☐	兔子	tùzi	명 토끼
953	☐	团	tuán	명 단체
954	☐	推辞	tuīcí	동 거절하다, 사양하다
955	☐	推广	tuīguǎng	동 널리 보급하다
956	☐	推荐	tuījiàn	동 추천하다
957	☐	退	tuì	동 물러나다, 물러서다
958	☐	退步	tuìbù	이합 퇴보하다, 후퇴하다
959	☐	退休	tuìxiū	동 퇴직하다

W

960	☐	歪	wāi	형 비뚤다

☐ 잘 외워지지 않는 단어는 박스에 체크 후 다시 외워 보세요.

961	☐	外公	wàigōng	명 외조부, 외할아버지
962	☐	外交	wàijiāo	명 외교
963	☐	玩具	wánjù	명 장난감, 완구
964	☐	完美	wánměi	형 완벽하다, 매우 훌륭하다
965	☐	完善	wánshàn	형 완벽하다, 나무랄 데가 없다
966	☐	完整	wánzhěng	형 온전하다, 완전히 갖추어져 있다
967	☐	万一	wànyī	접 만일, 만약
968	☐	王子	wángzǐ	명 왕자
969	☐	往返	wǎngfǎn	동 왕복하다
970	☐	网络	wǎngluò	명 네트워크
971	☐	危害	wēihài	명 손상, (위)해 동 해를 끼치다
972	☐	微笑	wēixiào	명 미소 동 미소를 짓다
973	☐	威胁	wēixié	명 위협 동 위협하다
974	☐	违反	wéifǎn	동 (법률·규정 등을) 위반하다
975	☐	围巾	wéijīn	명 목도리, 스카프
976	☐	围绕	wéirào	동 (문제나 일을) 둘러싸다
977	☐	维修	wéixiū	동 수리하다, 수선하다
978	☐	唯一	wéiyī	형 유일한
979	☐	尾巴	wěiba	명 꼬리
980	☐	伟大	wěidà	형 위대하다

981	□	委屈	wěiqū	형 억울하다
982	□	胃	wèi	명 위(신체)
983	□	胃口	wèikǒu	명 식욕
984	□	未必	wèibì	부 반드시 ~한 것은 아니다
985	□	未来	wèilái	명 미래
986	□	位于	wèiyú	동 ~에 위치하다
987	□	位置	wèizhì	명 위치
988	□	温暖	wēnnuǎn	형 따뜻하다, 포근하다
989	□	温柔	wēnróu	형 다정하다, 부드럽다
990	□	闻	wén	동 냄새를 맡다
991	□	文件	wénjiàn	명 공문, 서류
992	□	文具	wénjù	명 문구, 문방구
993	□	文明	wénmíng	명 문명 형 교양이 있다
994	□	文学	wénxué	명 문학
995	□	文字	wénzì	명 문자, 글자
996	□	吻	wěn	동 입맞춤하다
997	□	稳定	wěndìng	형 안정되다
998	□	问候	wènhòu	동 안부를 묻다, 문안드리다
999	□	卧室	wòshì	명 침실
1000	□	握手	wòshǒu	이합 악수하다, 손을 잡다

□ 잘 외워지지 않는 단어는 박스에 체크 후 다시 외워 보세요.

1001	□	屋子	wūzi	명 방
1002	□	无奈	wúnài	동 하는 수 없다, 방법이 없다
1003	□	无数	wúshù	형 무수하다, 셀 수 없다
1004	□	无所谓	wúsuǒwèi	상관없다
1005	□	武术	wǔshù	명 무술
1006	□	勿	wù	부 ~하지 마라
1007	□	雾	wù	명 안개
1008	□	物理	wùlǐ	명 물리
1009	□	物质	wùzhì	명 물질

X

1010	□	吸取	xīqǔ	동 흡수하다, 빨아들이다
1011	□	吸收	xīshōu	동 흡수하다, 받아들이다
1012	□	系	xì	명 학과
1013	□	系统	xìtǒng	명 계통, 체계, 시스템 형 체계적이다
1014	□	细节	xìjié	명 세부 사항, 자세한 부분
1015	□	戏剧	xìjù	명 희극, 연극
1016	□	瞎	xiā	동 눈이 멀다, 실명하다 부 제멋대로, 함부로
1017	□	吓	xià	동 놀라다, 무서워하다
1018	□	夏令营	xiàlìngyíng	명 여름 캠프
1019	□	下载	xiàzài	동 다운로드하다
1020	□	鲜艳	xiānyàn	형 화려하다, 산뜻하고 아름답다

1021	□	显得	xiǎnde	ⓢ ~처럼 보이다, (상황이) 드러나다
1022	□	显然	xiǎnrán	ⓗ 명백하다, 뚜렷하다
1023	□	显示	xiǎnshì	ⓢ 드러내다, 나타내 보이다
1024	□	县	xiàn	ⓜ 현(중국 행정 구역)
1025	□	现代	xiàndài	ⓜ 현대
1026	□	现实	xiànshí	ⓜ 현실 ⓗ 현실적이다
1027	□	现象	xiànxiàng	ⓜ 현상
1028	□	限制	xiànzhì	ⓜ 제한 ⓢ 제한하다
1029	□	香肠	xiāngcháng	ⓜ 소시지
1030	□	相处	xiāngchǔ	ⓢ 함께 지내다
1031	□	相当	xiāngdāng	ⓗ 상당하다 ⓑ 상당히, 꽤
1032	□	相对	xiāngduì	ⓢ 마주하다 ⓗ 상대적이다
1033	□	相关	xiāngguān	ⓢ 관계가 있다
1034	□	相似	xiāngsì	ⓗ 닮다, 비슷하다
1035	□	想念	xiǎngniàn	ⓢ 그리워하다, 생각하다
1036	□	想象	xiǎngxiàng	ⓜ 상상 ⓢ 상상하다
1037	□	享受	xiǎngshòu	ⓢ 누리다, 즐기다
1038	□	项	xiàng	ⓜ 항목 ⓨ 항, 조항(조항을 세는 단위)
1039	□	项链	xiàngliàn	ⓜ 목걸이
1040	□	项目	xiàngmù	ⓜ 항목, 프로젝트

☐ 잘 외워지지 않는 단어는 박스에 체크 후 다시 외워 보세요.

1041	☐	象棋	xiàngqí	명 중국식 장기
1042	☐	象征	xiàngzhēng	명 상징 동 상징하다
1043	☐	消费	xiāofèi	동 소비하다
1044	☐	消化	xiāohuà	동 소화하다
1045	☐	消极	xiāojí	형 소극적이다, 부정적이다
1046	☐	消失	xiāoshī	동 소실되다, 없어지다
1047	☐	销售	xiāoshòu	동 팔다, 판매하다
1048	☐	小麦	xiǎomài	명 밀
1049	☐	小气	xiǎoqi	형 인색하다
1050	☐	效率	xiàolǜ	명 능률, 효율
1051	☐	孝顺	xiàoshùn	동 효도하다
1052	☐	歇	xiē	동 쉬다, 휴식하다
1053	☐	斜	xié	형 기울다 동 기울(이)다
1054	☐	血	xiě/xuè	명 피
1055	☐	写作	xiězuò	동 글을 짓다
1056	☐	心理	xīnlǐ	명 심리, 기분
1057	☐	心脏	xīnzàng	명 심장
1058	☐	欣赏	xīnshǎng	동 감상하다, 마음에 들다
1059	☐	信号	xìnhào	명 신호, 사인
1060	☐	信任	xìnrèn	명 신임, 신뢰 동 신임하다, 신뢰하다

1061	☐	形成	xíngchéng	ⓢ 형성하다, 이루다
1062	☐	形容	xíngróng	ⓢ 형용하다, 묘사하다
1063	☐	形式	xíngshì	ⓜ 형식, 형태
1064	☐	形势	xíngshì	ⓜ 형편, 상황
1065	☐	形象	xíngxiàng	ⓜ 이미지, 형상 ⓗ 생동적이다
1066	☐	形状	xíngzhuàng	ⓜ 형상, 물체의 외관
1067	☐	行动	xíngdòng	ⓜ 행동 ⓢ 행동하다
1068	☐	行人	xíngrén	ⓜ 행인, 길을 걷는 사람
1069	☐	行为	xíngwéi	ⓜ 행위, 행동
1070	☐	幸亏	xìngkuī	ⓑ 다행히
1071	☐	幸运	xìngyùn	ⓜ 행운 ⓗ 운이 좋다
1072	☐	性质	xìngzhì	ⓜ 성질
1073	☐	胸	xiōng	ⓜ 가슴, 흉부
1074	☐	兄弟	xiōngdì	ⓜ 형제
1075	☐	修改	xiūgǎi	ⓢ 고치다, 수정하다
1076	☐	休闲	xiūxián	ⓢ 한가하다, 여가활동을 하다
1077	☐	虚心	xūxīn	ⓗ 겸손하다, 겸허하다
1078	☐	叙述	xùshù	ⓢ 서술하다, 기술하다
1079	☐	宣布	xuānbù	ⓢ 선포하다, 공표하다
1080	☐	宣传	xuānchuán	ⓢ 선전하다, 홍보하다

□ 잘 외워지지 않는 단어는 박스에 체크 후 다시 외워 보세요.

1081	□	学历	xuélì	[명] 학력
1082	□	学术	xuéshù	[명] 학술
1083	□	学问	xuéwèn	[명] 학문, 학식
1084	□	询问	xúnwèn	[동] 알아보다, 물어보다
1085	□	寻找	xúnzhǎo	[동] 찾다, 구하다
1086	□	训练	xùnliàn	[동] 훈련하다
1087	□	迅速	xùnsù	[형] 신속하다, 재빠르다

Y

1088	□	押金	yājīn	[명] 보증금
1089	□	牙齿	yáchǐ	[명] 이, 치아
1090	□	延长	yáncháng	[동] 연장하다, 늘이다
1091	□	严肃	yánsù	[형] 엄숙하다
1092	□	演讲	yǎnjiǎng	[명] 연설 [동] 연설하다
1093	□	宴会	yànhuì	[명] 연회, 파티
1094	□	阳台	yángtái	[명] 발코니, 베란다
1095	□	痒	yǎng	[형] 가렵다, 간지럽다
1096	□	样式	yàngshì	[명] 양식, 스타일
1097	□	腰	yāo	[명] 허리
1098	□	摇	yáo	[동] 흔들다
1099	□	咬	yǎo	[동] 물다, 깨물다
1100	□	要不	yàobù	[접] 그렇지 않으면

1101	☐	夜	yè	명 밤
1102	☐	业务	yèwù	명 업무
1103	☐	业余	yèyú	명 여가 형 아마추어의
1104	☐	依然	yīrán	부 여전히
1105	☐	一辈子	yíbèizi	명 한평생, 일생
1106	☐	一旦	yídàn	부 일단
1107	☐	一律	yílǜ	형 일률적이다 부 예외 없이
1108	☐	一再	yízài	부 거듭, 반복해서
1109	☐	一致	yízhì	형 일치하다
1110	☐	移动	yídòng	동 옮기다, 움직이다
1111	☐	移民	yímín	명 이민 이합 이민하다
1112	☐	遗憾	yíhàn	명 유감 형 유감스럽다
1113	☐	疑问	yíwèn	명 의문, 의혹
1114	☐	乙	yǐ	명 (순서나 등급의) 두 번째, 을
1115	☐	以及	yǐjí	접 및, 그리고
1116	☐	以来	yǐlái	명 이래, 이후
1117	☐	亿	yì	수 억
1118	☐	议论	yìlùn	동 의논하다, 비평하다
1119	☐	意外	yìwài	형 의외이다, 뜻밖이다 명 뜻밖의 사고, 의외의 재난
1120	☐	意义	yìyì	명 의의, 의미

□ 잘 외워지지 않는 단어는 박스에 체크 후 다시 외워 보세요.

1121	□	义务	yìwù	명 의무
1122	□	因而	yīn'ér	접 그러므로
1123	□	因素	yīnsù	명 요소, 성분
1124	□	银	yín	명 은
1125	□	印刷	yìnshuā	동 인쇄하다
1126	□	英俊	yīngjùn	형 준수하다, 재능이 출중하다
1127	□	英雄	yīngxióng	명 영웅
1128	□	迎接	yíngjiē	동 영접하다, 마중하다
1129	□	营养	yíngyǎng	명 영양
1130	□	营业	yíngyè	동 영업하다
1131	□	影子	yǐngzi	명 그림자
1132	□	硬	yìng	형 단단하다, 딱딱하다
1133	□	硬件	yìngjiàn	명 하드웨어
1134	□	应付	yìngfu	동 대응하다, 대처하다
1135	□	应用	yìngyòng	동 응용하다
1136	□	拥抱	yōngbào	동 포옹하다, 껴안다
1137	□	拥挤	yōngjǐ	형 붐비다, 혼잡하다
1138	□	勇气	yǒngqì	명 용기
1139	□	用功	yònggōng	동 노력하다, 열심히 공부하다
1140	□	用途	yòngtú	명 용도

1141	□	优惠	yōuhuì	[형] 특혜의, 우대의
1142	□	优美	yōuměi	[형] 아름답다
1143	□	优势	yōushì	[명] 우세
1144	□	悠久	yōujiǔ	[형] 오래되다, 유구하다
1145	□	游览	yóulǎn	[동] 유람하다
1146	□	犹豫	yóuyù	[형] 주저하다, 망설이다
1147	□	油炸	yóuzhá	[동] (끓는) 기름에 튀기다
1148	□	有利	yǒulì	[형] 유리하다, 이롭다
1149	□	幼儿园	yòu'éryuán	[명] 유치원
1150	□	娱乐	yúlè	[명] 오락, 예능
1151	□	与其	yǔqí	[접] ~하기보다는
1152	□	语气	yǔqì	[명] 어기, 말투, 어투
1153	□	预报	yùbào	[명] 예보 [동] 예보하다
1154	□	预订	yùdìng	[동] 예약하다
1155	□	预防	yùfáng	[동] 예방하다
1156	□	玉米	yùmǐ	[명] 옥수수
1157	□	圆	yuán	[명] 원 [형] 둥글다
1158	□	元旦	Yuándàn	[고유] 원단(양력 1월 1일)
1159	□	员工	yuángōng	[명] 종업원
1160	□	原料	yuánliào	[명] 원료, 소재

□ 잘 외워지지 않는 단어는 박스에 체크 후 다시 외워 보세요.

1161	□	原则	yuánzé	명 원칙
1162	□	愿望	yuànwàng	명 희망, 바람
1163	□	乐器	yuèqì	명 악기
1164	□	晕	yūn	형 어지럽다 동 기절하다
1165	□	运气	yùnqi	명 운수, 운세
1166	□	运输	yùnshū	동 운반하다, 수송하다
1167	□	运用	yùnyòng	동 운용하다, 활용하다

Z

1168	□	灾害	zāihài	명 재해, 재난
1169	□	在乎	zàihu	동 신경 쓰다
1170	□	在于	zàiyú	동 ~에 있다
1171	□	再三	zàisān	부 다시, 재차
1172	□	赞成	zànchéng	동 찬성하다
1173	□	赞美	zànměi	동 찬미하다
1174	□	糟糕	zāogāo	형 엉망이 되다, 망치다
1175	□	造成	zàochéng	동 조성하다, 야기하다
1176	□	则	zé	부 바로 (~이다) 접 그러나
1177	□	责备	zébèi	동 꾸짖다, 나무라다
1178	□	摘	zhāi	동 따다, 떼다
1179	□	窄	zhǎi	형 좁다
1180	□	粘贴	zhāntiē	동 붙이다, 바르다

1181	☐	展开	zhǎnkāi	ⓢ 펴다, 펼치다
1182	☐	展览	zhǎnlǎn	ⓢ 전람하다
1183	☐	占	zhàn	ⓢ 차지하다
1184	☐	战争	zhànzhēng	ⓜ 전쟁
1185	☐	涨	zhǎng	ⓢ (수위나 물가 등이) 올라가다
1186	☐	长辈	zhǎngbèi	ⓜ 손윗사람, 연장자
1187	☐	掌握	zhǎngwò	ⓢ 장악하다, 정복하다
1188	☐	账户	zhànghù	ⓜ 계좌
1189	☐	招待	zhāodài	ⓢ 접대하다, 대접하다
1190	☐	着火	zháohuǒ	이합 불나다, 불붙다
1191	☐	着凉	zháoliáng	이합 감기에 걸리다, 바람을 맞다
1192	☐	照常	zhàocháng	ⓢ 평소대로 하다 ⓑ 평상시대로
1193	☐	召开	zhàokāi	ⓢ 열다, 개최하다
1194	☐	哲学	zhéxué	ⓜ 철학
1195	☐	针对	zhēnduì	ⓢ 겨누다, 겨냥하다
1196	☐	真实	zhēnshí	ⓗ 진실하다
1197	☐	珍惜	zhēnxī	ⓢ 아끼다, 소중히 하다
1198	☐	诊断	zhěnduàn	ⓢ 진단하다
1199	☐	阵	zhèn	ⓨ 차례, 바탕(잠시 지속되는 동작을 세는 단위)
1200	☐	振动	zhèndòng	ⓢ 진동하다

□ 잘 외워지지 않는 단어는 박스에 체크 후 다시 외워 보세요.

1201	□	睁	zhēng	[동] (눈을) 크게 뜨다
1202	□	争论	zhēnglùn	[동] 논쟁하다
1203	□	争取	zhēngqǔ	[동] 쟁취하다, 얻다
1204	□	征求	zhēngqiú	[동] (의견이나 허락 등을) 구하다
1205	□	整个	zhěnggè	[형] 전부의, 전체의
1206	□	整齐	zhěngqí	[형] 가지런하다, 깔끔하다
1207	□	整体	zhěngtǐ	[명] (한 집단의) 전부, 전체
1208	□	正	zhèng	[형] 바르다 [부] 마침
1209	□	挣	zhèng	[동] (돈을) 벌다
1210	□	政府	zhèngfǔ	[명] 정부
1211	□	政治	zhèngzhì	[명] 정치
1212	□	证件	zhèngjiàn	[명] 증거 서류
1213	□	证据	zhèngjù	[명] 증거
1214	□	支	zhī	[양] 자루(막대 모양의 물건을 세는 단위)
1215	□	支票	zhīpiào	[명] 수표
1216	□	直	zhí	[형] 곧다
1217	□	执照	zhízhào	[명] 면허증, 허가증
1218	□	指导	zhǐdǎo	[동] 지도하다
1219	□	指挥	zhǐhuī	[동] 지휘하다
1220	□	制定	zhìdìng	[동] 제정하다

1221	□	制度	zhìdù	명 제도
1222	□	制造	zhìzào	동 제조하다, 만들다
1223	□	制作	zhìzuò	동 제작하다, 만들다
1224	□	至今	zhìjīn	부 지금까지
1225	□	至于	zhìyú	동 ~에 이르다 전 ~에 대해서
1226	□	智慧	zhìhuì	명 지혜
1227	□	治疗	zhìliáo	동 치료하다
1228	□	秩序	zhìxù	명 질서
1229	□	志愿者	zhìyuànzhě	명 지원자, 자원봉사자
1230	□	中介	zhōngjiè	명 중개 동 중개하다
1231	□	中心	zhōngxīn	명 중심, 센터
1232	□	中旬	zhōngxún	명 중순
1233	□	种类	zhǒnglèi	명 종류
1234	□	重大	zhòngdà	형 중대하다
1235	□	重量	zhòngliàng	명 중량, 무게
1236	□	周到	zhōudào	형 주도면밀하다, 세심하다
1237	□	猪	zhū	명 돼지
1238	□	逐步	zhúbù	부 점차
1239	□	逐渐	zhújiàn	부 점점, 점차
1240	□	竹子	zhúzi	명 대나무

□ 잘 외워지지 않는 단어는 박스에 체크 후 다시 외워 보세요.

1241	□	煮	zhǔ	동 삶다, 익히다
1242	□	主持	zhǔchí	동 주최하다, 진행하다
1243	□	主动	zhǔdòng	형 능동적이다, 자발적이다
1244	□	主观	zhǔguān	형 주관적이다
1245	□	主人	zhǔrén	명 주인
1246	□	主任	zhǔrèn	명 주임
1247	□	主题	zhǔtí	명 주제
1248	□	主席	zhǔxí	명 주석, 위원장
1249	□	主张	zhǔzhāng	명 주장 동 주장하다
1250	□	注册	zhùcè	동 등록하다, 등기하다
1251	□	祝福	zhùfú	명 축복 동 축복하다
1252	□	抓	zhuā	동 꽉 쥐다, 붙잡다, 체포하다
1253	□	抓紧	zhuājǐn	동 꽉 쥐다, 단단히 잡다
1254	□	专家	zhuānjiā	명 전문가
1255	□	专心	zhuānxīn	형 전념하다, 몰두하다
1256	□	转变	zhuǎnbiàn	동 바뀌다, 바꾸다
1257	□	转告	zhuǎngào	동 (말을) 전하다
1258	□	装	zhuāng	동 싣다, 포장하다
1259	□	装饰	zhuāngshì	명 장식 동 장식하다
1260	□	装修	zhuāngxiū	동 (가옥을) 장식하고 꾸미다

1261	撞	zhuàng	ⓢ 부딪히다
1262	状况	zhuàngkuàng	ⓜ 상황, 형편, 상태
1263	状态	zhuàngtài	ⓜ 상태
1264	追	zhuī	ⓢ 뒤쫓다, 쫓아가다
1265	追求	zhuīqiú	ⓢ 추구하다, 탐구하다
1266	资格	zīgé	ⓜ 자격
1267	资金	zījīn	ⓜ 자금
1268	资料	zīliào	ⓜ 자료
1269	资源	zīyuán	ⓜ 자원
1270	姿势	zīshì	ⓜ 자세, 포즈
1271	咨询	zīxún	ⓢ 자문하다, 상의하다
1272	紫	zǐ	ⓜ 자줏빛 ⓗ 자줏빛의
1273	自从	zìcóng	ⓙ ~에서, ~부터
1274	自动	zìdòng	ⓗ 자동이다 ⓑ 자발적으로
1275	自豪	zìháo	ⓗ 스스로 자랑스럽게 생각하다
1276	自觉	zìjué	ⓢ 자각하다, 스스로 느끼다
1277	自私	zìsī	ⓗ 이기적이다
1278	自由	zìyóu	ⓜ 자유 ⓗ 자유롭다
1279	自愿	zìyuàn	ⓢ 자원하다
1280	字母	zìmǔ	ⓜ 알파벳

□ 잘 외워지지 않는 단어는 박스에 체크 후 다시 외워 보세요.

1281	□	字幕	zìmù	㊔ 자막
1282	□	综合	zōnghé	㊖ 종합하다
1283	□	总裁	zǒngcái	㊔ 총재
1284	□	总共	zǒnggòng	㊕ 모두, 전부
1285	□	总理	zǒnglǐ	㊔ 총리
1286	□	总算	zǒngsuàn	㊕ 마침내, 드디어
1287	□	总统	zǒngtǒng	㊔ 총통, 대통령
1288	□	总之	zǒngzhī	㊘ 요컨대, 한마디로 말하면
1289	□	组	zǔ	㊔ 조, 그룹 ㊖ 짜다
1290	□	组成	zǔchéng	㊖ 짜다, 조성하다
1291	□	组合	zǔhé	㊔ 조합 ㊖ 조합하다
1292	□	组织	zǔzhī	㊔ 조직 ㊖ 조직하다
1293	□	阻止	zǔzhǐ	㊖ 저지하다, 막다
1294	□	醉	zuì	㊖ 취하다
1295	□	最初	zuìchū	㊔ 최초, 처음
1296	□	尊敬	zūnjìng	㊖ 존경하다
1297	□	遵守	zūnshǒu	㊖ 준수하다, 지키다
1298	□	作品	zuòpǐn	㊔ 작품
1299	□	作为	zuòwéi	㊖ ~로 여기다 ㊗ ~의 신분(자격)으로서
1300	□	作文	zuòwén	㊔ 작문

MEMO

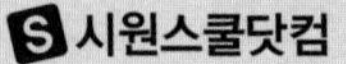
시원스쿨닷컴

시원스쿨
新HSK

S 시원스쿨닷컴